구미학계의 중국사 인식과
한국사 서술 연구

일러두기
- 이 책은 2020년 12월 10일 재단이 개최한 '구미학계의 중국사 인식과 한국사 서술 연구 학술회의'의 결과물임.

동북아역사재단
연구총서 132

구미학계의
중국사 인식과
한국사 서술 연구

동북아역사재단 한국고중세사연구소 편

책머리에

 이 책은 지난 2020년 12월 10일 재단이 개최한 '구미학계의 중국사 인식과 한국사 서술 연구 학술회의'의 결과를 묶은 것이다. 구미학계의 중국사 개설서 내지는 시대사가 『케임브리지 중국사(The Cambridge History of China)』 시리즈만 있는 것은 아니지만 이 시리즈는 구미학계에서 여전히 독보적인 위치를 차지하고 있다.

 『케임브리지 중국사』 시리즈는 중국 선진시대부터 중화인민공화국사까지 각 시대별로 구미학계의 중국사 연구성과를 반영한 시리즈라고 할 수 있다. 지난 40여 년간 출판되어 완간을 앞두고 있는 『케임브리지 중국사』 시리즈는 출간한 시기의 연구 수준을 반영하고 있기 때문에 각 권마다 시각과 관점, 내용에서도 상당한 차이를 노정할 수밖에 없다. 그러나 이 시리즈는 내부의 시각이 다양하더라도 구미학계와 중국학계가 중국사 이해에 서로 다른 결을 보여 주고 있을 뿐만 아니라 세계 학계가 교류하는 모습을 담고 있기도 하다.

 최근 출간된 제2권 육조(六朝, 220~589년) 편에서는 부여, 고구려, 신라, 가야, 백제 등 한국고대사 관련 내용을 다수 확인할 수 있었고, 한중 관계를 비롯한 동아시아 외교관계 관련 내용이 적지 않게 서술되어 있었다. 이에 재단은 지난 40여 년간 출판되어 온 『케임브리지 중국사』 시리즈의 완간이 얼마 남지 않은 시점에서 『케임브리지 중국사』 전편의 한중 관계 관련 서술 내용을 포함한 중국사 인식에 대해 포괄적으로 분석하는 공동 연구를 기획하게 되었다. 『케임브리지 중국사』는 동아시아사에 대해 비교적 균형잡힌 시각으로 기술하였고 고대한국사의 독자성을 인정하는 서구학계의 인식도 반영한 것으로 평가되고 있기 때문이다.

이 책은 중국사, 한국사, 동양사의 각 분야를 대표하여 국내외 학계에서 많은 연구성과를 낸 중견학자들로 집필진을 구성하여 전체적으로 충실하게 각 권의 기조와 특성, 주요 내용 및 한국사 서술에 대한 동향을 분석하였다. 학술회의 발표와 토론의 주요 내용을 요약하고 정리하면 다음과 같이 두 주제로 분류할 수 있다.

『케임브리지 중국사』 시리즈의 특권, 선진사(先秦史) 편에서는 선진 시기 중국사에 관한 전래 문헌 자료 활용과 태도를 기준으로 구분된 의고(疑古)와 신고(信古)를 키워드로 삼아 구미학계 내 논쟁을 다루었다. 중국에서 새롭게 쏟아지는 고고학 발굴성과로 인해 만연한 국수주의에 영향을 받은 서구학계의 의고학풍과 이에 대해 노골적인 편견을 지적하는 신고학풍을 중심으로 분석하였다.

제1권 진한사 편에서는 구미학계와 중국학계의 역사 관점에 대한 차이로 '제국'과 '천하'에 대한 해석에 주목하였다. 중국학계에서 '제국'은 불편한 용어로 이는 20세기 초반, 반식민지에 빠진 중국 지식인들에게 강한 반제국주의 의식과 연결되어 있는 입장이 논의되었다.

제2권 육조 편에서는 중국학계와 국내학계에서 일반적으로 북방민족 5호(胡)가 세운 5호16국시대와 북위(北魏), 동위(東魏)와 서위(西魏), 북제(北齊)와 북주(北周)로 교체된 북조, 동시에 남조에 해당하는 육조(六朝, 오·동진·송·제·양·진)시대를 '위진남북조'라고 부르는데, 이 시대를 '육조'로 규정하는 것은 구미학계에 대한 인식을 그대로 반영한 것으로 보인다는 견해가 있었다. 같은 맥락에서 중원의 일부 혹은 전부를 정복 통치하였던 북방민족의 제국인 거란, 금, 대하(서하), 몽골에 대해 '정복왕조사'로 명명한 제

6권 정복왕조사 편은 기존 한족중심적 시각을 비판하고 북방민족의 정체성이 강조된 점을 다루었다. 제7권 명사(1부)에서는 마르크스주의 역사가들의 계급사관에 대한 비판이 매우 설득력 있다는 평가를 받았다는 소개가 있었다. 신청사론(新淸史論: 한인이 아닌 만주족을 청사의 주체로 강조하고, 청과 현대 중국을 구분하여 이해하려는 학설)을 둘러싼 중국학계의 논쟁과 부정적인 반응에 대해서는 제9권 청제국사 편에서 비교적 상세히 다루고 있다. 신청사가 시작되기 전에 출간된 제10권 만청사에서도 내륙아시아 속에서 청조를 바라보고 있는 것이 커다란 특징으로 제기되었다. 당시 서구학계에서 진행되고 있던 중국 연구를 둘러싼 시각 전환의 움직임을 반영한 제11권 청대 후기사에서는 페어뱅크의 '충격-반응론'의 반박과 조정에 대한 해석을 주목하였다. 제13권 중화민국사에서는 충격-반응론의 '외부 대 내부'의 틀을 기본적으로 유지하면서 '대륙 중국'에서 상대되는 하위 전통으로서 '해양 중국'에 주목하는 등 중국인의 주체성과 다원성, 그 역사의 연속성을 설명하려고 하였다. 제15권 중화인민공화국사에서는 수정주의적 가능성 모색과 사회주의에 대한 회의 등이 주요 논제로 제기되었다.

한편 『케임브리지 중국사』 시리즈의 각 권별 한국사에 대한 서술은 단편적이고 소략하다는 견해가 공통적으로 지적되었다. 이는 편찬한 시기의 집필진과 대다수 서구 동아시아사 전공자들의 한국사에 대한 인식과 지식이 언어상 제약 때문에 대체로 중국과 일본학계의 성과와 시각을 통해 간접적으로 형성되었던 상황에서 기인하였다고 할 수 있다는 관점도 동일하게 드러났다.

이러한 문제점을 염두에 두고 『케임브리지 중국사』에 서술된 한국사에 대한 시사점은 무엇인지 검토하였다. 제1권 진한사 편의 경우 고대 진한 시기 한반도 관련 내용을 상세히 넣고 있었는데, 최근 출간된 『하버드 중국사』 시리즈의 진한 편에서 한국사 관련 인식이 거의 없다는 점을 비교해 볼 때 서구학계의 한국사 인식을 이해하는 데 도움이 된다고 하였다. 제3권 수당사에서는 수당시대의 일본, 토욕혼, 돌궐, 고구려, 회흘, 거란, 발해, 남조 등은 모두 국제관계에 속하는 것을 명확하게 했다고 밝혔다. 고구려의 국가적 성격이나 위상을 높게 평가하고 있는 점이나 발해도 그 시대 상황으로서 현대 중국과 다르게 다루고 있다는 점을 주목할 필요가 있다. 제8권 명사(2부)에서는 명과 조선의 조공체제 관련 서술에서 비록 '중국적 세계질서'를 강조했지만 조선이 '자주'를 추구했다고 기술한 것은 명대 한중 관계의 속성을 잘 응축한 설명이라고 평가하였다. 제9권 청사(2부)에서는 대외관계 파트가 한국학자에 의해 쓰진 것을 밝히면서 청에 비친 조선의 모습이 중요한 만큼 조선에 비친 청의 모습도 중요함을 지적하는 인식의 전환을 명시하였다. 제11권 청대 후기사에서는 청이 일방적인 제국주의 침략을 당한 피해자로 서술한 점을 지적하였다. 군사적 영향력 전개하기 위해 조선에 군대를 주둔시키면서 제국주의가 청나라에 한 것을 조선에 강요한 측면은 배제된 문제점을 밝혔다.

『케임브리지 중국사』의 논평에 참여한 집필진들 모두 이구동성으로 40년이 지난 책임에도 여전히 학술적 가치가 있다고 평가하였다. 권별 발표를 통해 구미학계와 중국학계의 시각과 역사인식의 차이와 대립점, 문제점 등이 자명하게 드러나고 있음을 확인할 수 있었다. 구미학계 내에서도 서로 다른 의견의 충돌이 소개되었는데 이 역시 서구학계와 중국학계의 간극과 갈등의 한 단면이라고 지적하였다.

후기에 출간된 내용이 초기의 관점과 달라지는 경우 일부 중국학계의 관점에 동의하거나 모호하게 반응하는 사례도 있었다. 동시에 중국학계는 서구학계를 상당히 의식하고 있으며 중국학계에서 이에 대해 비판하고 문제 제기하는 서평이 지속적으로 발표되고 있다는 점은 주목할 만하다. 미중 갈등 시대에 사는 우리에게 미국과 중국을 이해하는 지침서로서의 시사점이 크다고 할 수 있다.

『케임브리지 중국사』 시리즈의 대외관계를 검토하는 가운데 어떠한 화두와 주제로 중국사와 연결되는지가 '동아시아' 해당 국가의 인상과 정체성을 크게 좌우하는 결과를 초래할 수 있다는 중요한 관점이 제시되었다. 이어 구미학계에서 한국사와 관련된 부분을 서술할 때 한국사 연구성과가 많이 인용되도록 국내학계와 재단이 긴밀하게 협력하여 구미학계와의 학술교류를 활성화해야 한다는 성찰의 목소리가 하나로 모아졌다는 점도 큰 수확이라고 생각한다.

국내학계의 각 시대별 분과 학회에서 『케임브리지 중국사』 시리즈에 대한 공동 번역과 연구를 지속하면서 우리 나름대로 중국사 속의 한국사를 어떻게 서술할 것인가, 동아시아사 속의 한국사를 어떻게 서술할 것인가에 대한 방향성을 찾아가자는 구체적인 방안도 제기되었다는 점 또한 학제 간 협력과 소통의 기폭제 역할을 할 것으로 보인다.

이 책의 출간을 통해 많은 연구자들과 대중들이 구미학계의 중국사와 한국사 인식에 대한 이해를 제고하고, 『케임브리지 한국사』 시리즈의 발간에도 일조하여 국제학계에서 한국사의 입지를 확보하기 위한 초석이 되기를 기대한다.

2021년 12월
저자들을 대표하여
박장배 씀

차례

책머리에 · 4

1장 『케임브리지 중국고대사』의 의고와 신고 _ 심재훈

   I. 머리말 · 18

   II. 신고: 전래문헌의 수용 · 22

   III. 의고: 전통적 역사상의 부정 · 25

   IV. 맺음말 · 33

2장 진한제국을 바라보는 두 시각:
     『케임브리지 중국사 1권: 진한제국』을 읽고 _ 김병준

   I. 머리말 · 42

   II. '제국'의 시각 · 43

   III. 구미학계와 중국학계의 엇갈린 시각 · 48

   IV. 대외관계 부분의 구체적 서사 방식 · 61

   V. 맺음말 · 64

3장 위진남북조사에 대한 다각적 접근:
     『케임브리지 중국사 2권: 육조, 220~589년』과
     유럽과 미국 학계의 위진남북조사 연구 현황 _ 조성우

   I. 머리말 · 70

   II. 시대의 명칭 · 72

   III. 역사 서술의 범위와 체제 · 77

   IV. 맺음말 · 87

4장 구미학계의 수당사 서술과 한국사 인식 _ 정병준

   I. 머리말 · 94

   II. 수당사 서술 형식과 주요 관심사 · 96

   III. 대외관계의 범주와 한국사 인식 · 104

   IV. 맺음말 · 112

5장 구미학계의 송대 정치사 이해 _ 이근명

   I. 머리말 · 118

   II. 송 초의 개혁과 대외관계 · 120

   III. 북송 중엽의 개혁과 당쟁 · 125

   IV. 남송의 건립과 소흥화의 · 131

   V. 맺음말 · 135

6장 구미학계의 송대사 인식과 한국사 서술 관련 내용 검토 _ 이장욱

   I. 머리말 · 140

   II. 『케임브리지 중국사』 배경 및 원칙 · 141

   III. 『케임브리지 중국사』 송대사 제2분권 목차 구성과 저자 · 142

   IV. 『케임브리지 중국사』 송대사 제2분권 중국사 인식과 한국사 관련 내용 · 145

   V. 맺음말 · 148

7장 서구학계의 정복왕조 거란・서하・금・몽골제국사 서술:
　　『케임브리지 중국사 6권: 외국정권과 변경국가, 907~1368년』_ 윤영인

　Ⅰ.『케임브리지 중국사』제6권 · 152

　Ⅱ. 정복왕조와 동아시아 국제질서 · 157

　Ⅲ. 정복왕조의 '한화' 문제 · 162

　Ⅳ.『중국사』의 한국사 인식과 서술 · 165

　Ⅴ. 탈 '중국'의 정복왕조사 · 169

8장 『케임브리지 중국사 8권』 논평:
　　한국 관련 기술을 중심으로 _ 계승범

　Ⅰ. 머리말 · 178

　Ⅱ. 장별 내용 검토 · 180

　Ⅲ. 한국 관련 내용 비평 · 196

　Ⅳ. 맺음말 · 214

9장 『케임브리지 중국사 7권: 명사』 제1부 _ 이화승

　Ⅰ. 머리말 · 220

　Ⅱ.『명사』상권의 편찬 배경과 구조 분석 · 222

　Ⅲ. 20세기 80년대 영미 역사학계의 중국사에 대한 시각과 간극 · 243

　Ⅳ. 맺음말 · 248

10장 『케임브리지 중국사 9권:
　　　 1800년까지의 청제국』 제1부 서평 _ 김선민

　I. 미국학계의 전통 · 254

　II. 『청제국』의 내용 · 257

　III. 청대의 민족, 제국, 변경 · 266

　IV. 『청제국』 이후의 연구 경향 · 270

　V. 『청제국』의 한국사 인식 · 274

11장　청제국에서 청조로, '구질서'의 연속:
　　　 『케임브리지 중국사 9권: 1800년 이전까지의 청조』 제2부 _ 손성욱

　I. 머리말 · 278

　II. '제국'에서 '왕조'로 · 281

　III. 중심에서 주변으로 · 291

　IV. 맺음말 · 298

12장　미국 사학계의 청대 후기사 연구:
　　　 『케임브리지 중국사 10권』을 중심으로 _ 홍성화

　I. 『케임브리지 중국사』의 출발점 · 304

　II. 『케임브리지 중국사 10권』의 목차와 필진 · 307

　III. 『케임브리지 중국사 10권』의 주요 내용 · 313

　IV. 결론: 『케임브리지 중국사 10권』의 서술 특징 · 327

13장 서구 중심에서 중국 중심 근대사 연구로의 전환: 『케임브리지 중국사
11권: 만청사, 1800~1911년』에 대한 논평 _ 이준갑

  I. 미국학계의 중국 근대사 연구 시각 반성과 중국 중심 접근법 · 340

  II. 근대적 양상에 대한 탐색 · 344

  III. 중국학계의 반응 · 351

  IV. 일본의 조선 침략에 관한 서술과 한계 · 356

14장 『케임브리지 중국사 12권: 중화민국사』를 통한
  충격-대응론의 시각 조정 _ 김승욱

  I. 구성과 내용 · 364

  II. 주요 논지와 문제인식 · 375

15장 『케임브리지 중국사 13권: 중화민국사, 1912~1949년』 제2부
  내용 검토 _ 박장배

  I. 머리말: 『케임브리지 중국사』 출간 배경 · 388

  II. 『케임브리지 중국사 13권』의 중화민국사 이해 · 389

  III. 서구학계와 중국학계의 중화민국사 이해의 접점 · 399

  IV. 『케임브리지 중국사 13권: 중화민국사』 하권의 한중관계사 서술 · 404

  V. 맺음말 · 406

16장 최근의 중화인민공화국사 연구 동향에 비추어 본
       『케임브리지 중국사 14권』의 연구 시각 검토 _ 박상수

   I. 머리말 · 410

   II. 1949년 전후: 연속인가, 단절인가? · 413

   III. 대중운동과 정권의 공고화 · 419

   IV. 마오시대의 국가─사회 관계 · 424

   V. 맺음말: 이용 자료의 한계와 향후 전망 · 428

17장 탈정치, 탈냉전과 국제화에 기반한 수정주의적 해석 가능성
       탐색: 『케임브리지 중국사 15권: 중화인민공화국』 제2부 _ 채준형

   I. 머리말 · 436

   II. 국가 권력의 파괴적인 자기 분열과 그것의 극복 · 440

   III. 1960~1980년대 중국 경제와 동아시아 경제 발전 모델 · 449

   IV. 농촌과 도시 생활의 사회학적 분석 · 453

   V. 맺음말 · 461

부록 1 『케임브리지 중국사』에 대한 학계의 서평 소개:
       선진사 편과 진한사 편 위주로 _ 조용준

   I. 머리말 · 468

   II. 선진사 편에 대한 학계의 서평 · 470

   III. 진한사 편에 대한 학계의 서평 · 484

   IV. 맺음말 · 490

부록 2 『케임브리지 중국사』 중세사 부분의 한국사 관련 서술과 인식 분석
_ 이동훈

I. 머리말 · 496

II. 한국사 관련 서술 · 497

III. 서양인의 한국사 인식 · 504

IV. 맺음말 · 512

부록 3 중국학계의 『케임브리지 중국사』 시리즈에 대한 평가 분석:
명청시대를 중심으로 _ 김종건

I. 머리말 · 516

II. 명대사에 대한 평가 · 519

III. 청대사에 대한 평가 · 525

IV. 맺음말 · 529

부록 4 변함없는 카운터 파트너: 중국학계의 『케임브리지 중화민국사』·
『케임브리지 중화인민공화국사』 인식 _ 손성욱

I. 머리말 · 534

II. 『검교 중화민국사』에 대한 인식 · 538

III. 『검교 중화인민공화국사』에 대한 인식 · 546

IV. 맺음말 · 559

찾아보기 · 563

1장

『케임브리지 중국고대사』의 의고와 신고

심재훈 단국대학교 사학과 교수

I. 머리말

『케임브리지 중국사 제1권: 진한제국, 기원전 221년~기원후 220년』은 1986년 출간되었다. 총 편집자인 존 페어뱅크(John K. Fairbank)와 데니스 트위체트(Denis Twitchett)는 편집자 서문에서 그 시리즈가 진한제국에서 시작될 수밖에 없었던 이유를 1920년대에 비롯되어 1970년대 이후 홍수처럼 쏟아지는 새로운 고고학자료에서 찾고 있다.[1] 그러한 새로운 증거들과 전통 문헌을 결합한 보편적으로 수용될 만한 논의는 10여 년 이후에나 가능해질 것으로 기대했다.

그 기대에 화답하듯 1994년부터 준비와 집필 과정을 거치며[2] 1999년 출간된 『케임브리지 중국고대사』[3](이하 『고대사』로 약칭)는 지난 세기 서양 고대 중국 연구의 결정체이다. 그럼에도, 페어뱅크와 트위체트가 1986년 기대했던 새로운 고고학자료와 전통 문헌의 종합이 제대로 이루어졌는지는 의문이다.

선사시대에서 진(秦)의 통일까지를 연대 혹은 주제별로 나누어 서술

---

[1] Denis Twitchett and Michael Loewe eds., 1986, *The Cambridge History of China Volume 1: The Ch'in and Han Empires, 221 B.C.-A.D. 220*, Cambridge: Cambridge University Press, p. v.

[2] 필자는 1994년 11월 초 시카고 근교의 스타브드 록(Starved Rock) 주립공원 내의 호텔에서 열린 예비 모임에 참관할 기회를 가졌다. 장광즈와 쉬조원을 제외한 모든 집필자들이 참석했고, 중국에서 리쉐에친(李學勤) 교수를 모셔서 총평을 들었다. 그 모임에 대해서는 심재훈, 2016, 『고대 중국에 빠져 한국사를 바라보다』, 푸른역사, 114-116쪽 참조.

[3] Michael Loewe and Edward L. Shaughnessy eds., 1999, *The Cambridge History of Ancient China: From the Origins of Civilization to 221 B.C.*, Cambridge: Cambridge University Press.

한 이 방대한 저작에는 서양에서 활동하던 각 분야의 대가 14명이 집필자로 참여했다. 우선 연대기적 서술에서는 선사시대를 제외한 모든 시대(상, 서주, 춘추, 전국)를 역사학과 고고학 분야로 나누어서 지난 세기 중국의 고고학 성과를 반영하며 균형을 이루었다. 선사시대와 상 사이에 언어와 문자를 다룬 장이 삽입되었고, 전국시대 다음에는 각각 고전철학과 자연·신비주의사상, 북방 변경지역을 다룬 세 장이 추가되었으며, 진한제국을 다룬 제1권과의 연결고리로서 선진시대의 유산 부분이 마지막 장을 이루었다.

『고대사』의 편집자인 케임브리지 대학의 마이클 로이(Michael Loewe)와 시카고 대학의 에드워드 쇼너시(Edward L. Shaughnessy)는 서문에서 이미 10여 년 전 페어뱅크와 트위체트가 했던 우려처럼 당시 구미학계의 상황을 의식한 듯 다음과 같이 언급하고 있다.

> (새롭게 쏟아져 나오는) 학술적(고고학적) 근거만큼이나 만연하는 현재 (중국)의 문화적 국수주의 때문에 신고에 대한 믿음을 언급한 일부 표현들이 과장된 것임은 의심의 여지가 없다.
> 그렇지만 (중국학자들의) 이러한 견해가 서양학자들이 신고에 대한 믿음을 반박하기 위해 내놓은 많은 주장보다 더 편견적이라 할 수는 없을 것이고, 각각의 의견에 장단점이 있음을 감안해야 할 것이다. 이러한 유보에도 불구하고 지난 세대의 고고학적 발견이 고대 중국의 전통 문헌 기록을 뒤엎기보다는 오히려 입증하는 경향을 보인다는 결론을 부정하기는 힘들 것이다(10쪽).

쇼너시의 견해가 반영된 듯한 이 주장은 시카고 대학의 중국계 미술사학자인 우훙(巫鴻, Wu Hung)이 1995년 출간한 『고대중국 미술과 건축의 기념비성』[4]에 대한 서양학계의 격한 반론에서 비롯되었다.[5] 우훙은 물질적인 '기념비'의 내용을 이루는 '기념비성'이라는 개념을 통해 중국 고대 미술사를 하나의 틀로 묶어 선사시대 이래 연속선상에서 체계적으로 재구성할 수 있다고 믿었다.

이에 대한 프린스턴 대학의 로버트 베글리(Robert Bagley)와 UCLA의 로타 팔켄하우젠(Lothar von Falkenhausen)의 서평은 신랄했다. 무엇보다 우훙이 선사시대부터 주대(周代)까지 도기와 옥기, 청동기를 연계시키기 위해 그 대상이 되는 시대보다 수 세기 혹은 수십 세기 이후 편찬된 『예기(禮記)』와 『의례(儀禮)』, 『주례(周禮)』의 삼례(三禮) 문헌을 활용한 것을 도저히 수용하기 어려웠다. 베글리는 특히 우훙이 비록 미국에서 활동하고 있다고 해도 고대 중국을 '문화 국외자(cultural outsider)'가 아닌 '문화 당국자(cultural insider)'의 관점에서 검토함으로써 객관성이 취약해질 수 있다고 보았다.

인종적 편견 운운한 우훙뿐만 아니라 베이징 대학의 리링(李零)까지 반론에 가세했다. 쇼너시 역시 1999년 3월 보스턴에서 있었던 아시아학회 소발표회의 토론자로 나와서 베글리의 서평을 거론하며 현재 서방의 고대 중국 연구에 노골적인 편견이 있음을 우려한 바 있다. 특히 앞의 인용문과 마찬가지로 당시까지 서방의 고대 중국 연구가 의고 학풍에

---

4   Wu Hung, *Monumentality in Early Chinese Art and Architecture*, Stanford: Stanford University Press; 우훙 저, 김병준 역, 2001, 『순간과 영원: 중국고대의 미술과 건축』, 아카넷.
5   이하 우훙의 저서를 둘러싼 논쟁은 심재훈, 2003, 「고대중국 이해의 상반된 시각: 의고와 신고 논쟁」, 『역사비평』 65, 278-284쪽에 상세히 정리되어 있다.

지배받고 있지만, 새로운 전국시대의 출토문헌을 통해 의심 가던 전래문헌에 점차 신빙성이 부여되고 있어서, 이제는 그 학풍을 신중히 재검토할 때가 되었음을 촉구했다.

그렇지만 UCLA의 데이비드 스카버그(David Schaberg)는 『고대사』에 대한 자신의 서평을 통해 베글리의 서평 중 우훙의 반론에서 언급한 것과 같은 어떤 인종적·민족적·정치적 이분법은 전혀 찾을 수 없고, 설사 최악의 경우를 가정해 그렇다고 하더라도 베글리의 정당한 방법론적인 비판이 그 어떤 동기 때문에 거부되어서는 안 될 것이라고 반박했다.[6] 쇼너시가 위의 문제를 제기했을 때 그 소발표회의 발표자 중 한 사람이었던 스카버그이기에, 그 발표 이후 나온 이 서평은 쇼너시의 절충적 제안을 거부한 것과 마찬가지다. 어떤 측면에서 이 서평은 고대 중국을 이해하는 방법론의 차이가 이제 국적 차이를 초월한 보편적 선택의 문제로까지 발전하기에 이르렀음을 보여 준다.

마찬가지로 스카버그가 적절하게 지적했듯이, 『고대사』의 집필자들이 채택한 전래문헌의 이해와 이용방법에서도 통일성을 찾기는 어렵다. 스카버그의 서평과 필자 자신의 『고대사』에 대한 이해를 토대로, 필자는 아홉 장의 연대기적 서술에 나타나는 전래문헌의 활용방법 역시 대체로 신고와 의고의 두 가지 유형으로 나눌 수 있으리라 생각한다.

---

6   David Schaberg, 2001a, "Texts and Artifacts: A Review of *The Cambridge History of Ancient China*," *Monumenta Serica* 49, p. 474.

II. 신고: 전래문헌의 수용

우선 전래문헌의 신빙성 여부에 대한 별다른 고민 없이 이를 토대로 주요 논의를 전개하는 경우로 고(故) 장광즈(張光直, Kwang-chih Chang)가 집필한 「역사시대 전야의 중국」(1장)과 피츠버그 대학 쉬조원(許倬雲, Cho-yun Hsu)의 「춘추시대사」(8장)를 들 수 있을 것이다. 이미 앞의 서술을 통해서 예상되듯 우훙이 집필한 「전국시대 미술과 건축」(10장) 역시 이 범주에 포함된다. 마지막으로 전래문헌을 비판적으로 수용할 수 있다는 쇼너시의 「서주시대사」(5장) 역시 이러한 경향을 띠고 있다.

장광즈는 고립적으로 발전하던 다양한 지역적 신석기문화들이 기원전 4000년경부터 접촉을 통해 소위 '상호영향권(interaction spheres)'을 형성하고, 룽산(龍山)시대가 시작되는 기원전 3000년까지는 이러한 '상호영향권'이 "중국"이라고 호칭되기에 부족함이 없는 역사의 단계로 접어든 것으로 파악한다(58~59쪽). 따라서 고대문헌에 나타나는 창조신화가 삼대나 그 이상, 즉 구석기시대 후기까지도 소급될 수 있을 것으로 주장하는데, 특히 『세본(世本)』에 언급된 전설상의 영웅과 그들의 영웅적 행위 역시 구석기·신석기인들로부터 전래된 영웅신화의 잔편으로 이해한다(69~70쪽). 이러한 장광즈의 서술은 최근 신석기 후기의 다양한 고고학적 성과를 삼황오제의 전설시대와 대비시켜 이해하려는 중국학계의 경향과 일맥상통한다.

쉬조원도 『좌전(左傳)』의 신빙성 여부에 대한 구체적인 언급 없이 거의 전적으로 이를 토대로 춘추시대를 정치사 위주로 서술하고 있다. 그러나 『좌전』을 기원전 4세기경까지 구전된 일화나 언설의 모음으로 파악하는 스카버그에게 그 문헌의 내용은 전국시대 중기 일부 집단의 사상가들이 보존가치가 있다고 여긴 역사적 지식일 뿐이다.[7] 따라서 전국시대 지성사의 일차적 자료인 『좌전』을 춘추시대의 연구에 이용할 때는 신중히 부차적으로 취급해야 한다고 반박한다.[8]

전국시대의 건축과 미술을 산 자(궁전과 도시, 그릇, 장식, 회화, 조각)와 죽은 자(무덤과 부장품)의 관점에서 서술한 우홍 역시 전래문헌이 전국시대 건축과 미술의 해석에 믿을 만한 지침이 될 수 있을 것으로 판단한다. 따라서 종묘와 무덤에서 사용되던 기물을 각각 제기(祭器)와 명기(明器)로 나눈 『예기』의 분류를 따르듯이(707-708쪽), 출토 유물의 해석에 문헌에 나타나는 개념과 구분을 이용하면서, 전국시대의 미술에서 이전의 전통과는 다른 일정한 동질적 체계성을 찾을 수 있다고 파악하는 것이다. 그렇지만 전국시대까지 엄연히 존재했던 것으로 나타나는 지역주의의 양상이나 그 이전의 전통이 무엇인지 불명확한 점을 지적하면서, 스카버그가 이러한 우홍의 체계화를 문헌에서 비롯된 편견으로 의심하는 것은[9] 베글리나 팔켄하우젠의 비판과 일맥상통한다.

마지막으로 쇼너시의 서주사 부분은 위의 세 장과는 달리 서주사의 자료에 대한 진지한 고민에서 출발한다. 쇼너시는 우선 왕의 책명(冊命)이 세 번이나 기록된 것으로 나타나는 서주 후기 송궤(頌簋)라는 청동기 명

---

7 David Schaberg, 2001b, *A Patterned Past: Form and Thought in Early Chinese Historiography*, Cambridge: Harvard University Asia Center의 부록 "Orality and the Origins of the *Zuozhuan* and *Guoyu*," pp. 315-324 참고.
8 David Schaberg, 2001a, 앞의 논문, pp. 489-490.
9 David Schaberg, 2001a, 위의 논문, p. 494.

문의 사례를 통해 당시 기록의 전통에 주목한다. 그는 이 책명 기록들이 조정의 문서보관소와 청동기의 주조자인 송(頌)의 집에 보관되었을 것으로 본다. 서주시대 청동기 금문(金文)은 그 문법 구조가 『상서(尙書)』의 일부 편들과 거의 일치하여, 서주시대로 연대가 소급되는 『상서』와 『시경(詩經)』의 적지 않은 부분에 대해서도 신빙성을 입증해 준다. 쇼너시는 왕의 연설이나 대화를 기록한 『상서』, 그리고 조상의 종묘와 왕실의 향연에서 불린 노래와 시를 적은 『시경』이 청동기 명문의 예와 마찬가지로 원래 왕실의 필사를 통해 문서로 보관되었을 것으로 추정한다. 따라서 고고학자료 못지않은 가치를 지닌 이러한 문헌자료를 무시하는 역사는 아주 메마른 역사가 될 뿐이라고 주장한다(293-299쪽).

그러므로 쇼너시는 후대의 문헌인 『죽서기년(竹書紀年)』과 『사기』 등을 포함한 전래문헌과 서주 당대의 청동기 금문, 고고학자료를 종합하여 선주(先周)시대에서 서주 멸망까지 연속성을 지니는 이야기식(narrative) 역사 서술을 시도한다. 요컨대 극상(克商) 전 상과 주의 관계, 상 정복의 과정, 주공(周公)과 소공(召公)의 논쟁을 통한 서주 초 통치의 철학적 기반, 서주 초 군사원정과 통치의 공고화 과정, 서주 중기의 군사·관료·토지제도 개혁, 서주 후기 왕실의 쇠퇴와 세계관의 발전, 서주의 멸망 등을 주요 내용으로 다룬다. 이러한 통시적 서술을 통하여 서주 초의 인물인 주공과 소공의 인격, 정책, 철학뿐만 아니라 서주의 제도와 예식, 문학 장르의 발전 과정까지 어느 정도 체계적으로 분석할 수 있다는 것이다.

쇼너시의 이러한 접근에 대한 스카버그의 비판은 신랄하다. 그는 무엇보다 서주에 대한 단편적 서술묶음 이상의 어떤 것을 뒷받침하는 충분한 근거가 있을지에 대해 회의적이다. 쇼너시가 서주 초기를 서술하면서 주로 의존한 『상서』의 일부 편들이 설사 당시의 실제 대화를 담은 것이라고 해도 서주시대의 문헌은 아주 고립적으로 나타날 뿐이어서 그것들이 전래된 구체적 상황이 불명확하다. 『시경』의 시들 역시 쇼너시의 용례와 달리 어떤 체계적 변화를 읽기에는 양적으로 극히 부족하다고 한다. 쇼너시가 주로 이용한 청동기 금문과 문헌자료의 상관관계에 대해서도 명백히 다른 목적으로 기술된 이 두 자료에서 어떤 접점을 찾기는 어렵다. 나아가 금문에 나타나는 군사와 관료, 토지에 관한 기록 역시 어떤 장기적인 역사적 맥락에서 취급되지 않은 것으로, 한 명문 혹은 여러 그룹의 명문들을 통해 제도의 변화를 읽기에는 위험성이 따를 수밖에 없다고 본다.

따라서 쇼너시의 서술이 일정 부분 맞을 수도 있지만 틀릴 가능성도 존재한다면, 서주사를 일관성 있게 체계적으로 서술하려는 이러한 시도는 이용 가능한 자료에 불가해한 부담만 지울 뿐이라고 한다. 스카버그가 보기에 서주까지 소급되는 일부 문헌이 존재하더라도, 서주의 연구 상황은 후대보다는 상에 가깝다. 다음 장에서 살펴볼 UC버클리(캘리포니아 대학 버클리)의 고(故) 데이비드 키틀리(David N. Keightley)가 집필한 상 시대사는 그가 평가하는 가장 바람직한 모델이다.

III. 의고: 전통적 역사상의 부정

『고대사』에 포함된 시대사 장들과 달리 스카버그가 일관적 연속성이 유지되는 것으로 평가한 고고학 장(3장 상, 6장 서주, 7장 춘추)은 의고 경향을 대표한다. 키틀리의 상 시대사(4장)와 스탠퍼드 대학 마크 에드워드 루이스(Mark Edward Lewis)의 전국 시대사(9장) 역시 이 범주에 포함될 수 있을 것이다.

우선 위에서 언급한 쇼너시의 서주사 서술과 비교를 위해 키틀리의 「상: 중국의 첫 번째 역사적 왕조」를 살펴볼 필요가 있다. 키틀리는 『사기』「은본기」에 기록된 상의 세계(世系)가 갑골문의 그것과 거의 일치하듯이 사마천이나 그보다 앞선 시대 문헌의 저자들이 상왕들의 시호와 재위 순서에 대해 비교적 정확한 지식을 가지고 있었으리라 인정한다. 다만 갑골문에 기록된 많은 사건이나 인물들에 대해서 사마천이나 그 이후의 역사가들이 무지했다는 사실 역시 지적하면서(235쪽) 전래문헌의 역사성을 의심한다. 따라서 문헌에 언급된 상의 역사는 단지 간략히 명시할 뿐, 전적으로 갑골문에 의존해서 상 시대사를 서술한다.

더욱이 절대연대 파악이 어렵고 왕들의 이름이 빠져 있는 있는 갑골문의 한계 역시 인정하면서, 키틀리는 갑골문이 뛰어난 자료여도 상 후기의 특징적인 산물로, 이를 토대로 쇼너시가 서주사의 서술에서 꾀한 것과 같은 이야기식 역사를 쓸 수는 없다고 본다. 따라서 갑골문에 나타나는 인물이나 사건들을 전래문헌에 대비하여 추론적인 이야기로 꿰어 맞추려 하지 않고, 연대기적 서술보다는 주제별 서술을 택한다. 갑골문의 점복과 정인, 연대기, 역법, 상 왕실의 종교, 상 왕조의 정치, 경제, 사회, 군사와 함께 상의 유산 등을 서술하고 있다.

키틀리의 이러한 엄격한 방법론은 『고대사』에서 가장 도발적인 장으로 손꼽히는 베글리의 상 고고학과 짝을 이룬다. 베글리는 기존의 상 고고학에 대한 학계의 이해가 시대착오적인 후대 문헌기록에 토대한 것이라고 포문을 연다. 다시 말해 기존의 기원전 두 번째 천년기 유적들에 대한 연구는 상 중심을 사실로 전제하여 다양한 유적들을 모두 상 문화의 양상으로 이해하면서 통일적이고 거대한 '상문명'의 존재를 상정하고 있다는 것이다. 그가 보기에 '상' 혹은 '상 왕조'라는 용어는 단지 안양(安陽, 殷墟)의 갑골문에 나오는 상왕의 일족을 지칭하는 것에 불과할 뿐이다. 관례에 따라 이 장의 제목을 「상 고고학」으로 명명하기는 했지만 베글리의 관점에서는 '초기 청동기시대 고고학'이 더 적절한 제목일지도 모른다.

상 후기 안양기 문화보다 이른 전기의 문화를 대표하는 정저우(鄭州) 얼리강기(二里崗期)부터 양쯔강 유역에는 얼리강의 문화와 아주 다른 청동문화가 존재했다. 이미 1970년대에 서양과 일본의 학자들은 이러한 남부 청동문화의 독자적 발전을 주장했지만, 중국학자들은 그 문화를 전래문헌에 나타나는 형초(荊楚)나 회이(淮夷)와 연관시킬 뿐이었다. 하지만 1986년 쓰촨성(四川省) 싼싱두이(三星堆) 유적과 1989년 장시성(江西省) 신간(新淦) 유적이 발굴되어 기존에 상으로 일컫던 바로 그 시기에 상의 그것과 다른 문명들이 중원 이외의 지역에도 공존하고 있었음을 알 수 있다. 이러한 지역적 다원성이 고고학적으로 인정되는 대세임에도 불구하고 중국학자들은 문헌의 덫에 걸려서 '중국에서 (다양한) 문명의 발생'이 아닌 '(단일한) 중국문명의 발생'에 초점을 맞추고 있다. 과거의 관점으로부터 왜곡되지 않은 중국 초기 청동기시대의 신선한 이미지를 찾는 데 실패하고 있다는 것이다(135쪽).[10]

10　베글리의 이러한 이해는 장광즈가 제시한 기원전 3천 년까지 다양한 지역적 '상호영향권'의 자극으로 '중국'이라는 실체가 형성되었다는 이론과 확연히 다르다. 장광즈를 포함한 많은 중국학자들이 현재 중국의 정치적 영역에 포함된 모든 다양한 신석기문화를 중국문명의 형성에 기여한 것으로 파악하지만, 베글리가 보기에 홍산(紅山)이나 양저문화(良渚文化) 같은 독특하고 이질적인 문화를 습관적으로 중국문명의 조상으로 간주하는 것은 문제가 있다(135쪽, 각주 17).

베글리가 보기에 주의 극상(克商) 무렵(기원전 11세기) 동부해안에서 쓰촨성에 이르는 양쯔강 유역에 상과는 다른 문명화된 집단이 존재했으며, 산시성(陝西省)의 웨이수(渭水) 유역과 북방지역, 산둥(山東) 지역에도 마찬가지로 청동기를 사용하는 복합사회가 있었다. 극상 전야의 문명화된 세계는 방대했고 다양했으며 상호 밀접하게 연관되어 있었다.[11]

그럼에도 전래문헌에는 단지 상과 주만이 유일하게 문명화된 사회로 묘사되어 있고, 상에서 주로의 통치세력 교체가 가장 중요한 주제로 부각되어 있다. 베글리는 이러한 도식적인 설명이 서주시대까지 소급되는 『상서』나 『시경』의 일부 편에서 비롯되는 것에 주목하면서, 상에서 주로의 단선적 역사상은 주의 관점에서 편의적으로 만들어졌을 것이라고 추정한다. 천명을 통해 신성하게 승인된 보편적 통치를 꾀했던 주의 입장에서는 자신들과 자신들 이전에 보편적 통치를 담당하던 세력과의 극적인 투쟁을 묘사할 필요성이 있었고, 그 적절한 대상이 바로 안양의 상왕들이었다는 것이다. 더욱이 하(夏)의 보편적 통치가 상으로 합법적으로 이전된 선례까지 조작해 냄으로써, 주는 보편적인 통치권이 자신들에게 이전되었음을 공인받기에 이른다. 이렇듯 고고학적 양상과 달리 주에 의해 창조된 단선적 역사상이 후대 역사가들에게 상징적인 역사로 각인되었던 것이다.

베글리는 주가 어떻게 역사를 개작했는지 알기 위해 주에 의해 기록된 역사와 고고학적으로 재생된 역사의 차이점을 탐구해야 할 것이라고 주장한다. 그렇지만 전통이 믿을 만하고 고고학의 임무는 이러한 전통

---

[11] 이는 문화적으로 상과 유사한 유적이 발견된 지역을 모두 정치적 상의 영역으로 포함시킬 수는 없고, 상 후기 왕들의 통치영역이 허난성 북부와 동부, 산둥성 서부를 포괄하는 지역으로 위축되었을 것이라는 키틀리의 추정과도 일치한다(276-277쪽).

을 입증하는 데 있다고 믿고 있는 중국학자들이 이러한 차이의 존재를 인정하기는 어려울 것이라고 안타까워 한다(231쪽). 최상의 역사가는 전래문헌을 이용하면서도 전거가 의심되는 '가공품(artifacts)'으로 조심스럽게 취급해야 한다고 믿는 스카버그에게 베글리의 엄격한 방법론은 중국의 초기 청동기시대 연구에 새로운 모델을 제시한 것이었다.[12]

옥스퍼드 대학의 고고미술사학자 제시카 로슨(Jessica Rawson)이 집필한 「서주 고고학」(6장)은 문헌과 출토문헌을 포함한 고고학 자료의 연계 가능성에 대해 베글리만큼 비판적이지는 않다. 그러나 고고학자료가 문헌에 결여된 많은 새로운 사실을 전해 준다는 점에 대해서는 베글리와 이견이 없어서, 그 역시 자신의 서술에서 거의 전적으로 고고학자료에 의존하고 있다. 다만 로슨이 선주(先周) 시대와 서주 초기, 중기, 후기로 나누어서 당시 중국 각 지역의 중요한 유적지를 망라하여 서술한 이 시대의 모습은 베글리가 그린 바로 전 시대와는 다르게 나타난다. 그는 이러한 다양한 유적지들이 분포된 모든 지역을 주 왕실이 통치했을 것이라는 주장은 비현실적이지만, 이들에게 나타나는 물질적 유사성(특히 청동기)을 통해 최소한 당시 상류층 문화에서 예전에 나타나지 않던 규모의 통일성을 찾을 수 있다고 본다. 따라서 그는 주가 "거대한 통일국가"를 이룩했다고까지 언급한다(353쪽).[13]

로슨이 주장한 또 다른 중요한 핵심은 전래문헌에는 전혀 암시되어 있

---

12 David Schaberg, 2001a, 앞의 논문, p. 475.
13 로슨이 상정한 동일문화권은 서쪽 산시성 바오지(寶鷄)에서 동북쪽 베이징까지를 포괄하는 지역으로 대략 동서 1,250킬로미터, 남북 800킬로미터에 이른다. 서주시대에 주의 세력권이 양쯔강까지 미쳤다는 근거를 찾을 수 없다는 쇼너시와 마찬가지로(319쪽), 로슨 역시 현재까지 이용가능한 고고학자료로는 당시 중국 남부와 중원의 관계를 명확하게 설정하기 어렵다고 한다(423-425쪽).

지 않은 이른바 '의례혁명(Ritual Revolution)'이다. 그는 서주 중후기 공왕(共王) 시기부터 청동예기의 모양이나 문양, 조합 등에 눈에 띄는 큰 변화에 주목하고, 이를 가족 중심의 소규모 제사에서 청중을 상대로 한 대형화된 새로운 제사 형태로의 변화로 이해하면서 "의례혁명"으로 명명하고 있다(433-438쪽). 로슨의 이러한 주장은 쇼너시가 제도적 측면에서 간과한 서주 중기의 '개혁'뿐만 아니라 서주 후기로 연대 추정되는『시경』노래들을 통해 읽은 제사의식의 변화와도 맥을 같이한다(332-333쪽). 전래문헌의 이용방법에 따른 차이로 인해 스카버그의 비평과 호평을 나누어 가졌지만, 두 학자의 서주시대 서술은 오히려 상호보완적이다.[14]

이와 달리 춘추시대 고고학을 다룬 팔켄하우젠의 「청동기시대의 쇠퇴: 물질문화와 사회발전, 기원전 770~481년」은 앞에서 언급되었던 쉬조원의 전래문헌에 의존한 춘추시대사 서술과 뚜렷한 차이를 보여 준다. 전래문헌은 당시 정치사회적 발전에 대해 주 왕실의 쇠퇴에 동반한 지역 정치체의 흥기와 각 정치체 내에서 상쟁하는 혈족으로 정권 이양, 6세기 중반 이후 중앙집권화 된 정치구조에 의한 구귀족질서의 대체 등을 언급하고 있다. 이에 발맞추어 근래 중국의 역사학과 고고학자들 역시 문헌에 언급된 각 정치체들의 지역문화와 상류층문화에 초점을 맞추어 연구를 진행하고 있다.[15]

그렇지만 춘추시대의 고고학을 취락과 청동기, 무덤 등 주제별뿐만

---

[14] 한 가지 눈에 띄는 뚜렷한 차이는 선주(先周)시대의 인식이다. 쇼너시가 갑골문과 전래문헌을 이용하여 주의 선조가 산시성(山西省) 서남부에서 산시성(陝西省)의 치산산(岐山) 지역으로 이주했다고 추정하는 반면에(303-307쪽), 로슨은 명확한 결론에 대해서는 유보적이지만 고고학 자료를 토대로 陝西省 일대를 주목하고 있다(375-385쪽).

[15] 李學勤의 『東周與秦代文明』(北京: 文物出版社, 1984)이 이러한 경향을 선도했다.

아니라 지역별로도 검토한 팔켄하우젠은 춘추시대의 상류층 문화가 서주 후기 '의례개혁(Ritual Reform)'[16] 이래로 동질성이 더 강화되었다고 주장한다. 눈에 띄는 지역성은 단지 양쯔강 유역과 그 남부, 북방 초원지역, 만주 등 변경지역에서만 나타난다는 것이다(450-451쪽). 문헌에 나타나는 춘추시대의 중국이 정치적으로는 분할되었지만, 당시 귀족들은 주의 중심지에서 비롯된 문화적 가치를 공유했고, 사회 조직 역시 동질성을 유지하고 있었다고 본다(544쪽).

팔켄하우젠은 또한 여러 정치체의 귀족무덤에서 나타나는 청동예기 부장품[특히 정(鼎)]의 숫자를 토대로, 이를 문헌에 언급된 주의 열정(列鼎)제도와 비교 검토하고 있다. 그는 몇몇 제후와 귀족 무덤의 부장품을 통해 각 지역 나름대로 일정한 규율의 열정제가 있었음을 알 수 있지만, 지역마다 차이가 있어서 춘추시대의 모든 귀족들이 문헌기록과 같이 공통된 규정을 따랐던 같지는 않다고 지적한다(478, 485, 489쪽). 따라서 스카버그는 비록 문헌과 고고학 자료 사이에 상관관계가 있는 것으로 나타나지만, 불명확한 점도 있어서 전래문헌을 이용할 때 불명확한 것을 전제로 해야 한다고 주장한다. 더욱이 『공양전(公洋傳)』과 『주례』에는 일정한 규율을 갖춘 열정제가 서주시대에 실시된 것으로 나타나지만, 서주와 춘추시대 고고학자료는 이러한 열정제가 빨라야 서주 후기 '의례혁명' 이후부터 나타나 동주시대에 정착된 것으로 보여 준다는 것이다. 따라서 문헌의 열정제는 동주시대의 관례를 도식화한 시대착오적인 기록에 불과할 뿐이다.[17]

---

16 팔켄하우젠은 통치 집단이 바뀐 정도는 아니었으므로 로슨이 사용한 '혁명'보다 '개혁'이 더 적절하다고 본다.
17 Davied Schaberg, 2001a, 앞의 논문, p. 486.

마지막으로 루이스의 「전국시대 정치사」 역시 스카버그에 의해 문헌자료를 다루는 세련된 모델로 평가받고 있다. 루이스는 전국시대의 다양한 문헌자료(출토문헌 포함)에도 불구하고 이를 사료로 이용할 때 적지 않은 문제가 있음을 지적한다. 첫째, 신뢰할 만한 연대기적 틀이 마련되어 있지 않아 사건들의 연대추정이 불가능하다. 둘째, 문헌 대부분이 수사적이거나 철학적인 논의를 담은 논쟁의 성격을 띠고 있어서, 많은 역사적 사건을 얘기하고 있음에도 불구하고, 이들의 신뢰성에 의문이 제기될 수 있다. 셋째, 연대가 불명확한 이러한 문헌들에 어떤 독립적 개인보다는 공통된 스승을 추종하는 일정한 집단의 지적인 이해관계가 반영되어 있다는 점이다. 따라서 현재 이용 가능한 전국시대의 문헌자료는 어떤 세부적인 사항보다는 시대 전체의 큰 윤곽을 파악하는 데 유용할 뿐이라고 믿는다(592-593쪽).

이러한 측면에서 루이스는 통치자 중심의 국가, 전국의 제도, 다국가(multistate) 세계의 형성, 병법, 맹약과 책사, 학자와 국가, 인문지리(Human Geography) 등을 통해 전국시대의 새로운 정치 질서를 단정적 표현을 자제하면서 조심스럽게 서술하고 있다. 루이스의 서술에서 가장 주목할 부분은 『고대사』와 거의 동시에 출판된 그의 저서를 통해서도 나타나는 전국시대 '저술'을 통한 '권위'의 형성일 것이다.[18] 그는 자신이 전국시대 이해의 핵심으로 파악하는 새로운 제도들이 집합적, 점진적으로 이루어졌을 것임에도 불구하고, 과감한 개혁가에 의한 일련의 영웅적 혁신으로 이해되고 있음을 지적한다. 이러한 원인을 전국시대 새로운 개

---

18 Mark Edward Lewis, 1999, *Writing and Authority in Early China*, Albany: State University of New York Press; 마크 에드워드 루이스 저, 최정섭 역, 2006, 『고대 중국의 글과 권위: 제국으로 가는 글의 여정』, 미토.

혁의 주체인 사(士) 계층의 관직 열망과 당시 저술의 권위에서 찾고 있다. 루이스는 또한 당시 사들이 관중(管仲)이나 주공(周公), 여상(呂尙), 이윤(伊尹) 등 재상으로 성공한 인물을 그들의 모델로 설정하면서, 당시까지 전해 내려오던 문헌들도 이들이 지은 것으로 가탁했으리라 추정한다(603-604쪽). 개인의 전기를 제도사의 관점에서 이해한 루이스의 견해 역시 문헌에 대한 맹신에서는 생겨날 수 없는 것이다.[19]

IV. 맺음말

『고대사』 속에 나타난 신고·의고 경향의 서술들은 자료 이용 방법에 큰 차이가 있고, 이들을 통해 그려진 고대 중국의 모습 역시 다르게 나타나는 듯하다. 특히 장광즈의 선사시대와 이에 연결되는 베글리의 상고고학은 도저히 접점을 찾을 수 없을 정도로 괴리가 크다. 장광즈가 전래문헌의 역사상을 등에 업고 신석기시대 이래로 연속성을 띤 하나의 중국문명을 상정한 반면, 전통적 역사상을 송두리째 부인한 베글리는 상 시대까지 중국에서 다양한 문명의 존재를 주장한다.

---

[19] 이 글에서 본격적으로 다루지는 않았지만, 진의 통일 전 어떤 철학적 저작도 저자가 불명확하거나 주 저작자 사후 수 세기 동안 층층이 덧붙여 재구성되었을 것이라는 전제하에 전국시대의 고전철학을 검토한 스탠퍼드 대학 고 데이비드 니비슨(David Nivison)의 「고전철학적 저술들」(11장)과 북방민족에 대한 고고학과 문헌기록의 불일치성에 주목한 고등연구원(Institute for Advanced Studies) 니콜라 디 코스모(Nicola Di Cosmo)의 「前 제국시대 중국의 북방변경」(13장) 역시 의고의 장으로 포함할 수 있을 것이다. 시카고 대학 도널드 하퍼(Donald Harper)가 집필한 「전국시대 자연철학과 신비주의 사상」 12장)도 마왕퇴 백서(馬王堆 帛書) 등 출토문헌에 의존하여 고전철학에 가려진 종교 사상의 이면을 추구한 점에서 같은 경향으로 볼 수 있다.

논리적 완결성을 추구해야 하는 역사학도의 입장에서 신빙성이 의심되는 후대 문헌에 의존해 반박의 여지를 남긴 장광즈의 서술보다 엄정한 자료 이용 방법을 제시한 베글리나 키이틀리의 서술에 더 정당성을 부여하는 것은 당연하다. 그렇지만 스카버그의 비판처럼 위에 언급된 신고 경향의 장들에서 나타나는 사료 이용방법을 모두 폄하하기에는 성급한 감이 있다. 자료의 상황이 다른 각 시대의 서술방법에 차이가 인정될 수 있기 때문이다.

우선 『좌전』의 무비판적 수용을 지적한 쉬조원의 「춘추시대사」 부분에서 스카버그 자신도 인정하듯이 춘추시대사의 거의 유일한 사료인 『좌전』을 배제하고 과연 이 시기의 역사 서술이 가능할지 의문이다. 더욱이 『좌전』의 구전적 성격을 주장하는 스카버그와 달리, 최근 히브리대학 유리 피네스(Yuri Pines)는 『좌전』의 중요한 부분을 이루는 주요 정치가들의 언설이 춘추시대 조정의 사관들에 의해 간독(簡牘)에 기록된 것들을 토대로 재구성한 가능성을 제시한 바 있다. 이러한 언설의 내용도 춘추시대의 지성적 분위기를 반영하고 있어 『좌전』이 당시 지성사의 일차 자료로서 손색이 없다는 것이다.[20] 거의 전적으로 『좌전』에 의존해 「춘추시대사」를 서술한 쉬조원의 방법에 문제가 없는 것은 아니지만, 이를 신고의 문제점으로 돌린 스카버그의 비판은 지나쳐 보인다.[21]

우홍의 「전국시대 미술과 건축」에 대한 스카버그의 비판 역시 같은 맥락으로 이해할 수 있을 것이다. 실제로 우홍이 이 장에서 이용한 대부

---

[20] Yuri Pines, 2002, *Foundation of Chunqiu Thought*, Honolulu: University of Hawai'i Press, 1장 "Sources of Chunqiu Thought"(pp. 13-54) 참조.
[21] 『좌전』과 출토문헌의 호환성에 대해서는 심재훈, 2006, 「출토문헌과 전래문헌의 조화: 子犯編鐘 명문과 『左傳』에 기술된 晉 文公의 霸業」, 『東洋學』 40, 89-112쪽 참조.

분의 문헌은 연대가 전국시대까지 소급되어 당시의 담론을 담고 있는 것들이다. 따라서 그러한 문헌을 신석기나 상, 서주시대까지 적용한 우훙의 『기념비성』에 대한 팔켄하우젠과 베글리의 비판은 설득력이 있지만, 전국시대 부분에 대한 스카버그의 비판은 재고의 여지가 있다.

특히 쇼너시의 「서주사」에 대한 스카버그의 비판은 서양학자들의 의고에 대한 신념 역시 큰 위험성을 내포하고 있음을 보여 주는 좋은 사례이다. 서주의 연구 상황을 상의 그것과 비슷하게 파악한 그의 견해에는 많은 문제점이 있다. 우선 갑골문이 상 후기, 그것도 무정왕(武丁王) 재위기에 편중된 자료인 반면, 금문은 서주 전시기를 포괄한다. 통치자의 기원을 담은 점복기록인 갑골문이 종교적 색채가 짙은 자료라면, 한 개인 혹은 가족의 통치자와 관련된 영광스러운 행위를 기념한 기록인 금문은 더 현세적이다. 더욱이 대부분의 갑골문은 짤막한 단문 형식을 취하고 있어 그 자체에서 어떤 이야기를 발견하기 어렵지만, 상당수 장문의 형태를 띤 금문은 완결성을 갖춘 이야기를 전해 준다.[22] 1970년대 이래 명문이 새겨진 청동기가 다수 발굴되면서 서주사 연구는 새로운 단계에 들어섰다고 해도 과언이 아니다. 이러한 당대 자료의 양적 증가는 스카버그의 지적과 달리 서주시대의 군사나 관료, 토지 등 제도의 변화를 읽는 데 상당히 유용하다. 특히 서주 중기부터 나타나기 시작하는 대량의 책명 금문을 통해 서주 통치권의 축소와 관료화를 읽은 쇼너시의 견해는 주목할 가치가 있다.

물론 필자 역시 「서주사」에서 쇼너시가 이용한 문헌이용 방법이 어떤

---

[22] 진후소편종(晋侯蘇編鐘)의 355자 명문은 좋은 예가 될 것이다(심재훈, 2018, 『중국 고대 지역국가의 발전: 진의 봉건에서 문공의 패업까지』, 일조각, 222-231쪽).

반박의 여지도 남기지 않을 만큼 완벽하다고 보지는 않는다. 더욱이 갑골문을 통해 입증되는 상 후기 이전의 역사를 전해 주는 흠 없는 문헌기록은 없다고 해도 과언이 아니기 때문에, 키틀리의 방법 역시 그 정당성을 부여받기에 충분하다. 마찬가지로 전래문헌의 역사상에 물들지 않은 상·서주·춘추시대 고고학에 대한 장과 전국시대 자료의 신중한 이용사례를 보여 준 루이스의 「전국시대 정치사」 역시 중국고대사 서술의 중요한 모델이 될 수 있을 것이다.

다른 한편으로 신고와 의고 경향으로 각각 분류한 장들에서 상충하는 모습을 찾기 어려운 점도 흥미롭다. 극상 이후 북중국의 상당 지역을 장악한 통일적 주의 모습을 그린 「서주사」와 「서주 고고학」은 전래문헌의 이용방법은 달랐지만 상호보완적이다. 각각 분열된 중국과 이전 시대보다 더욱 통일적인 동질적 중국으로의 발전을 서술한 춘추사와 고고학 장은 그 전래문헌 이용방법의 차이점만큼이나 상이한 역사를 그린 것처럼 보인다. 그러나 오히려 춘추시대를 이들이 묘사한 그대로 정치적으로 분열되었지만 문화적으로는 주(周)의 그것을 추구하며 동질성을 유지했던 시대로 이해해야 하지 않을까? 더욱 강력한 통치세력의 등장과 함께 새로운 제도를 가능케 한 능력 있는 개인의 존재를 부각시킨 「전국시대 정치사」와 새로운 정치세력에 걸맞은 거대한 도시와 건축, 개인의 부각과 함께 나타나는 세속적 사치품의 등장 등을 서술한 「전국시대 건축과 미술」 역시 상호보완적이다.

그러므로 중국과 서방 학자들의 중국고대사 서술에서 어떤 접점을 찾기는 어려울 것이라는 리링의 비관적 전망과 달리[23] 문헌이용 방법에

---

[23] 李零, 2000, 「學術 "科索沃"-場圍繞巫鴻新作的討論」, 『中國學術』 2, 202-216쪽.

대한 일관된 원칙 없이 의고·신고 경향으로 각각 서술된 『고대사』의 몇 장에서 오히려 정합의 실마리를 발견하게 됨은 역설적이다. 문헌의 신빙성 여부를 둘러싼 중국과 서양학계의 논쟁은 여전히 현재진행형이지만,[24] 『고대사』는 풍부한 내용과 함께, 그 상반적이면서도 보완적인 논의를 여실히 보여 주었다는 점에서 중국 고대사 연구에 공헌한 바가 크다.

---

24   심재훈, 2011, 「周代를 읽는 다른 방법: 자료와 체계의 양면성」, 『중국고대사연구』 26, 219-261쪽 참조. 이러한 논의는 최근까지 이어지고 있는데, 리펑의 책 *Bureaucracy and the State in Early China: Governing the Western Zhou* (Cambridge: Cambridge University Press, 2008)에 대한 서평에서 팔켄하우젠은 금문자료 활용과 이론적 한계를 지적하며 혈연적 귀족 중심의 서주 정부에서 리펑이 주장한 관료제 요소를 설정하기는 어렵다고 비평한 바 있다(『浙江大學藝術與考古研究』第一輯, 2014, 252-277쪽), 리펑 역시 새로운 이론적 토대와 명문자료를 제시하며 서주 왕들이 혈연 중심의 한계를 극복하고 관료제를 고안했다고 반박하고 있다(Li Feng, 2017, "Method, Logic, and the Debate about Western Zhou Government: A Reply to Lothar von Falkenhausen," *Front History China* 12.3, pp. 485-507).

참고문헌

심재훈, 2003, 「고대중국 이해의 상반된 시각: 의고와 신고 논쟁」, 『역사비평』 65.
_____, 2006, 「출토문헌과 전래문헌의 조화: 子犯編鐘 명문과 『左傳』에 기술된 晉 文公의 霸業」, 『東洋學』 40.
_____, 2011, 「周代를 읽는 다른 방법: 자료와 체계의 양면성」, 『중국고대사연구』 26.
_____, 2016, 『고대 중국에 빠져 한국사를 바라보다』, 푸른역사.
_____, 2018, 『중국 고대 지역국가의 발전: 진의 봉건에서 문공의 패업까지』, 일조각.

李零, 2000, 「學術"科索沃"-場圍繞巫鴻新作的討論」, 『中國學術』 2.
李學勤, 1984, 『東周與秦代文明』, 北京: 文物出版社.

Loewe, Michael and Shaughnessy, Edward L., eds., 1999, *The Cambridge History of Ancient China: From the Origins of Civilization to 221 B.C.*, Cambridge: Cambridge University Press.

Lewis, Mark Edward, 1999, *Writing and Authority in Early China*, Albany: State University of New York Press (한국어판: 마크 에드워드 루이스 저, 최정섭 역, 2006, 『고대 중국의 글과 권위: 제국으로 가는 글의 여정』, 미토).

Li Feng, 2017, "Method, Logic, and the Debate about Western Zhou Government: A Reply to Lothar von Falkenhausen," *Front History China* 12.3.

Pines, Yuri, 2002, *Foundation of Chunqiu Thought*, Honolulu: University of Hawai'i Press.

Schaberg, David, 2001a, "Texts and Artifacts: A Review of *The Cambridge History of Ancient China*," *Monumenta Serica* 49.

_____, 2001b, *A Patterned Past: Form and Thought in Early Chinese Historiography*, Cambridge: Harvard University Asia Center.

Twitchett, Denis and Loewe, Michael, eds., 1986 *The Cambridge History of China Volume 1: The Ch'in and Han Empires, 221 B.C.-A.D. 220*, Cambridge: Cambridge University Press.

von Falkenhausen, Lothar. 2014, "Review: Li Feng, *Bureaucracy and the State in Early China: Governing the Western Zhou*, Cambridge: Cambridge University Press, 2008,"『浙江大學藝術與考古研究』第一輯.

Wu Hung, 1995, *Monumentality in Early Chinese Art and Architecture*, Stanford: Stanford University Press (한국어판: 우훙 저, 김병준 역, 2001, 『순간과 영원: 중국고대의 미술과 건축』, 아카넷).

2장

진한제국을 바라보는 두 시각:
『케임브리지 중국사 1권: 진한제국』을 읽고

김병준 서울대학교 동양사학과 교수

I. 머리말

『케임브리지 중국사』 시리즈의 제1권인 진한제국 편은 1986년에 출간된 책이다. 지금으로부터 무려 34년 전이다. 34년 정도면 어떤 학문에서든 상당한 학술적 진전이 이루어지기 마련이다. 중국고대사, 특히 진한시대사의 경우는 더욱 그러하다. 1990년대 이후 중국 각지에서는 출토문헌자료가 쏟아져 나왔다. 그 내용은 국가의 기틀을 규정하는 율령, 그 율령에 기초해서 시행된 지방 행정단위의 행정문서, 지식인들이 즐겨 읽었던 서적, 그리고 일반인들이 일상적으로 사용했던 술수와 의학 관련 문헌 등 사회 전반에 걸쳐 있다. 기존 문헌자료가 역사가에 의해 다시 정리된 이차 자료라고 한다면, 출토자료는 당시 사람들이 직접 쓰고 읽었던 일차 자료에 해당한다. 문헌자료를 보완해 주는 것도 많지만, 기존 자료에서는 알 수 없었던 새로운 정보들이 가득 담겨 있기도 하다. 이러한 출토자료가 적극적으로 활용되면서 지금 고대사는 '다시 새롭게' 쓰이고 있다. 따라서 34년 전의 책, 그것도 중국학자의 연구성과를 살펴가며 이를 종합했던 구미학계의 개설서를 이제 양적으로나 질적으로나 대단히 성장한 현재의 연구성과와 비교한다면, 응당 많은 부분에서 문제점이 드러날 수밖에 없다. 이제 와서 그러한 문제점을 지적하는 것은 별 의미가 없다. 어차피 그 후 구미학계에서도 여러 차례 개설서가 출간되었으므로 그보다 오래전에 나온 책의 역사적 사실 관련 오류를 지적하는 것은 별 도움이 되지 않기 때문이다. 그래서 필자는 일단 내용보다는 진한시대를 바라보는 이 책의 시각에 주목해 보고자 한다.

II. '제국'의 시각

1. '진한제국'이라는 용어

이 책의 제목은 "The Ch'in and Han Empires: 221 B.C.~A.D. 220"이다. 진한이라는 왕조명 뒤에 '제국(empires)'이라는 단어가 붙어 있다. 이 단어는 별 의미를 담지 않은 관습적 표현일까 아니면 진한시대를 '제국'으로 규정했기 때문일까? 먼저 진한시대를 제외한 다른 시기의 『케임브리지 중국사』는 전통시대의 각 시기를 어떻게 불렀는지 살펴보자. 선진 시기는 "문명의 기원에서 기원전 221년까지(From the origin of civilization to 221 B.C.)", 위진남북조시대는 "육조(Six Dynasties)", 수당시대는 "수당 중국(Sui and T'ang China)", 오대십국과 송대는 "송 왕조와 그 선구자(Song Dynasty and its Precursors)", 요금원시대는 "외부 정권과 변경 국가(Alien Regimes and Border States)", 명대는 "명 왕조(The Ming Dynasty)", 청대는 "청제국(Ch'ing Empire)"이라고 했다. 많은 경우 왕조 혹은 정권이라 불렀고, 진한시대와 청대만 '제국'이라는 용어를 사용했다. 각 권의 편집자의 의도가 반영된 것이라서 본고에서 이를 모두 검토할 수는 없지만, 적어도 관습적 표현이라고 할 수 없음은 분명하다.[1] 또한 출간 시기를 따져보면, 수당시대를 다룬 책이 3권이지만 가장 먼저 출간되었고 그에 이어서 진한시대의 책이 나왔다. 따라서 진한

---

[1] 필자는 제국의 속성 중 영토의 팽창이라는 점을 중시한다. 이러한 기준에 맞춰 보면, 중국의 역사 중 진한시대, 수당시대, 청대가 제국의 정의에 가장 부합한다. 따라서 진한시대와 청대에 '제국'이라는 용어가 사용되었음은 충분히 수긍된다. 다만 수당시대를 굳이 수당 '중국'이라고 부른 까닭은 별도의 고찰이 필요하다.

시대의 편집자는 먼저 나온 책에서 '수당제국'이라는 말 대신에 그냥 '수당 중국(China)'라고 했던 것을 이미 인지했을 것임에 틀림없다. 그럼에도 불구하고 진한을 '중국' 혹은 '왕조'라 부르지 않고 '제국'이라고 불렀던 것은 진한 왕조의 '제국'적 성격을 의식했다고 보아야 할 것 같다.

『케임브리지 중국사: 진한제국』에는 제국을 별도로 규정하는 부분이 보이지 않는다. 그 대신 또 다른 구미의 개설서인 『하버드 중국사』의 첫머리를 보면 '제국'이라는 말이 결코 관습적 표현이 아니라는 점을 분명히 밝히고 있다.

> 서양인은 항상 중국의 역사를 '제국'이라는 개념과 밀접하게 연결하여 생각해 왔다. 중국의 역사가 시작된 후 1천여 년의 시간이 지난 뒤 제국이 등장했다. 수백 년간 서로 군사적 우위를 차지하기 위해 싸웠고, 기원전 221년 진이 경쟁국을 멸망시키고 중국을 통일했다. 제국은 군사적 정복만으로 이루어지지 않았다. 초기 진한제국에 의해 중국문화의 근본적인 재구성이 이루어졌기 때문에 중국이 오랫동안 존속할 수 있었던 것이다. 정치제도, 군사제도뿐만 아니라 학문, 종교, 친족구조, 향촌생활, 도시경관이 모두 재편되었다. 진한제국은 서양의 그리스와 로마처럼 중국 문명의 '고전' 시기에 해당한다.

이에 따르면 서양인은 중국사를 제국이라는 시각에서 보고 있으며, 그 첫 번째 제국으로서 진한시대를 이해하고 있다고 한다. 여기서 말하는 제국은 중국의 황제(皇帝)가 다스리는 나라라는 뜻의 일상적 용어가 아니라 분석 '개념'으로 제국(empire)을 말한다. 제국에 담긴 의미를 충분히 인식하고 이를 진한시대에 적극적으로 적용하고 있는 것이다.

이들이 사용하고 있는 '제국'이라는 분석 개념은 어떤 의미일까? 제국에 대한 논의가 다양하지만 대략 다음과 같이 정리할 수 있을 것 같다. (1) 가장 기본적인 형태의 제국은 특정한 인간 집단이 다른 인간 집단에 대해서 실행하는 공식적이고 직접적이며 권위주의적인 지배를 말한다. (2) 군사적 우세를 통해 영토를 확장하고 그곳을 지배하며 이윤을 추구하려고 하였다. (3) 제국은 '명령하다'라는 'imperare'라는 말에서 기원했기 때문에 제국은 최고 지배자가 명령하고 그 명령이 통용되는 영토를 뜻한다. 즉 광대한 영토 내에 최고 지배자의 명령이 전달되고 그 명령이 실행되는 곳을 말한다. (4) 군사 행동 외에 본보기를 제시하거나 설득하는 등 소프트 파워(soft power)가 동원되기도 했다.[2]

앞에 인용한 『하버드 중국사』의 구절은 매우 간단하지만 이러한 제국의 정의에 잘 부합한다. 먼저 "군사적 우위를 차지하여 경쟁국을 멸망시키고 중국을 통일했다"는 표현은 타 집단을 군사적으로 점령하여 직접적이고 군사적으로 지배하여 그곳으로부터 이익을 추구한다는 (1)과 (2)의 정의에 해당한다. 또 "정치제도, 군사제도, 학문, 종교 등 모든 분야에 걸쳐 근본적인 재구성이 이루어졌다"는 표현은 최고 지배자의 명령이 관철되며 그것은 사회 전 분야에 걸쳐 있다는 (3)과 (4)의 정의에 해당한다. 따라서 서양인이 진한시대를 '제국'의 시각에서 바라보고 있다면, 이상과 같은 '제국'의 개념이 진한시대에 부합한다고 본 것이라고 할 수 있다.

---

2   티머시 H. 파슨스 저, 장문석 역, 2012, 『제국의 지배』, 까치. 한편 渡邊信一郎, 2010, 『中國古代の財政と國家』, 東京: 汲古書院는 帝國을 "그 중심부부터 주변으로, 나아가서는 그 외부 諸地域까지 일관된 보편적 원리를 갖고, 중심으로부터 주변을 향해 무한히 확장하는 가능성과 외부 諸地域에 대한 군사적 확장 경향을 가진 廣領域國家"라고 정의했다.

2. 『케임브리지 중국사: 진한제국』의 구성

제국의 개념을 이렇게 규정할 수 있다면, 이러한 제국의 시각은 『케임브리지 중국사: 진한제국』의 서술 속에서 그대로 확인된다.

제1장 「진국과 진제국」에서는 기원전 9세기까지 올라가는 초기부터 진국(秦國)이 발전해 간 양상을 통해 제국이 어떤 기반 위에서 가능했는지, 또 진이 승리할 수 있었던 원인이 무엇이었는지, 제국을 유지하기 위한 기제는 어떤 것이었는지가 서술되어 있다. 제2장~제5장까지도 마찬가지로 한제국의 성립에서 몰락에 이르기까지의 정치적 과정을 추적했다. 우선 춘추전국 시기 이래 수백 년 이상 상이한 습속과 정치체하에서 타자라고 해야 할 집단들을 진한제국이 통일된 하나의 정치체 안에 복속시켰다고 본 이해는 다른 인간 집단에 대한 권위주의적 지배라는 제국의 첫 번째 (1)의 정의에 부합한다. 이를 구체적으로 살피기 위해서는 타자를 복속시킬 수 있었던 배경과 원인에 주목하지 않을 수 없을 것인바, 제1장~제5장은 주로 여기에 주목하면서 제국의 성립과 전개를 설명했다.

제6장은 제국의 바깥, 즉 주변세력에 대해 서술했다. 더 정확하게는 그 주변세력으로 제국이 군사적으로 확장해 간 과정을 살폈다. 이 점은 제국의 두 번째 (2)의 정의에 해당한다. 일차적으로 중원을 통일한 진한제국은 여기에 머물지 않고, 북쪽으로는 초원 유목세계에 속한 흉노를 몰아내고, 남쪽으로는 오령산맥을 넘어 월의 세계로 진입했다. 중원지역의 여러 나라들은 서로 풍습이 달랐지만, 그래도 모두 비슷한 자연환경 속에서 농경이라는 생산형태를 공유하고 있었다. 하지만 진한제국은 유목이라는 완전히 상이한 생산형태를 갖는 이질적 세계의 흉노에까지 그

영향력을 확대하려 했고, 또 덥고 습한 지역이라서 병사들이 역병에 걸려 죽어 가는 곳임에도 결국은 월의 지역까지 영역을 확장하려고 했다. 중심에서 주변으로, 더 나아가 그 바깥으로 무한히 확장해 가는 제국의 논리가 작동하였던 것이다.

제7장~제8장은 제국의 통치 구조, 즉 중앙과 지방의 행정제도를 설명하였고, 제9장은 율령을 다루었다. 제10장과 제11장은 각각 전한과 후한의 사회경제사를 서술했다. 이 부분은 제국의 세 번째 (3)의 정의를 설명하는 부분에 해당한다. 광대한 영토 내에 최고 지배자의 명령이 전달되고 그 명령이 실행되는 곳이 제국이라면, 과연 어떠한 방법으로 그것이 가능한지를 설명해야 할 것이다. 중앙의 명령이 제국의 끝까지 전달되기 위해서는 중앙집권제의 근간인 군현제도에 대한 설명이 필요하며, 그러한 명령이 전달되는 데에 그치지 않고 그것이 집행되기 위해서는 이를 강제하는 장치인 율령지배의 방식이 기술되어야 한다. 제국의 유지는 경제적인 측면에서도 지탱되어야 했다. 전국적으로 통일된 화폐제도가 시행되어야 했고, 물산이 풍부한 곳과 그렇지 못한 곳의 균형을 맞추어야 하기도 했다. 제국이 확대되면 될수록 중앙과 변경 사이에는 이러한 경제적 균형을 유지해야 할 필요가 증대된다. 사회경제적 측면도 제국의 각도에서 설정되었다는 것이다.

제12장~제16장은 이른바 사상사에 해당한다. 얼핏 제국과 거리가 먼 듯 보이지만, 실은 제국의 네 번째 (4)의 정의를 풀이하고 있다고 볼 수 있다. 제국 내에는 율령과 행정지배로, 변경과 바깥 쪽에는 군사적 공격으로 통제하고 있지만, 이보다 훨씬 효율이 높은 방식이 이른바 연성 권력, 즉 소프트 파워다. 사상과 종교가 이러한 목적에 부합한다.

이처럼 책 전편에 걸친 목차와 내용은 진한시대의 정치, 경제, 사상,

문화 전반을 다루고 있지만, 한 시기의 이모저모를 나열하는 형식이 아니라 '제국'이라는 분석 개념이 전편에 적용되어 설계되고 기술되었다고 판단된다.

III. 구미학계와 중국학계의 엇갈린 시각

1. 제국 vs. 천하

그렇다고 모든 학계에서 진한시대를 '제국'으로 부르는 것도 아니다. 먼저 구미학계에서는 '진한제국'이라는 용어가 일상화되어 있다. 『케임브리지 중국사』 외에 얼마 전 출간된 하버드 대학 중국사 시리즈 『하버드 중국사: 진한』의 원제도 "최초의 중화제국(The Early Chinese Empires)"이라고 되어 있다.[3] 옥스퍼드 대학 세계사 시리즈의 『옥스퍼드 중국사 수업』의 진한 시기 부분에도 "최초의 제국"이라는 제목이 붙어 있다.[4] 레이 황(Ray Huang, 黃仁宇)의 『거시 중국사(China: A Macro History)』도 진한 부분의 장 제목을 "최초의 통일제국"이라고 했다.[5] 미시간대학출판부에서 나온 창춘슈(Chun-shu Chang)의 책은 아예 책 제

---

[3] Mark Edward Lewis, 2007, *The Early Chinese Empires: Qin and Han*, Harvard University Press(마크 에드워드 루이스 저, 김우영 역, 2020, 『하버드 중국사 진한: 최초의 중화제국』, 너머북스).

[4] Paul Ropp, 2010, *China in World History*, Oxford University Press(폴 로프 저, 강창훈 역, 2016, 『옥스퍼드 중국사 수업』, 유유).

[5] Ray Huang, 1988, *China: A Macro History*, M. E. Sharpe, Inc.(黃仁宇 저, 홍광훈·홍순도 역, 1997, 『거시 중국사』, 까치).

목을 "중화제국의 흥기(The Rise of the Chinese Empire)"라고 했다.⁶

중국사를 바라보는 이러한 서구의 시각은 전후 일본에 전해져 1960년대 이후 일본에서도 제국이라는 시각에서 진한사를 바라보게 되었다. 주로 일본의 좌파 지식인이 그러한 입장을 대변하였는데, 『케임브리지 중국사: 진한제국』에 참여한 집필자 중의 한 사람인 니시지마 사다오(西嶋定生)도 여기에 속한다. 자연히 일본의 학계도 제국의 여러 정의에 부합하는 주제를 설정하고 연구를 진행했다. 일본에서 출간된 개설서의 대부분이 진한제국이라는 용어를 썼다. 1974년에 초간(初刊)되었다가 1997년에 다시 증보되어 고단샤(講談社)에서 출간된 중국사 시리즈 중 진한사 부분은 니시지마 사다오가 집필하였는데 그 제목을 『진한제국: 중국고대제국의 흥망(秦漢帝国: 中國古代帝國の興亡)』이라고 달았다.⁷ 그 후 2004년 고단샤의 중국사 시리즈는 쓰루마 카즈유키(鶴間和幸)가 집필했는데 그 제목은 『시황제의 유산(ファーストエンペラーの遺産): 진한제국』이었다.⁸

우리나라에서는 일본에서만큼 제국이라고 보는 시각에서 연구가 진행되었다고 보기 힘들다. 연구논문 제목에서도 진한시대를 제국이라고 일컫는 경우를 찾기 힘들다. 다만 중국사를 시기별로 나눠 출간한 『강

---

6   Chun-shu Chang, 2007, *The Rise of the Chinese Empire*, University of Michigan Press.

7   西嶋定生, 1997, 『秦漢帝国』(講談社学術文庫), 講談社.

8   鶴間和幸, 2014, 『ファーストエンペラーの遺産: 秦漢帝国』, 講談社. 그밖에 日比野丈夫, 2004, 『秦漢帝国』中国文明の歴史〈3〉(中公文庫), 中央公論新社; 渡邉義浩, 2019, 『漢帝国―400年の興亡』(中公文庫), 中央公論新社; 松島隆真, 2018, 『漢帝国の成立』, 京都大学学術出版会 등도 모두 제국이라 칭했다.

좌 중국사』중 1권의 부제는 "고대문명과 제국의 성립"이었으며,[9] 개설서가 아닌 진한시대 전문연구서로서 출간된 이성규 선생의 『중국 고대제국 성립사 연구』에도 고대제국이라 칭했다.[10] 특히 이성규 선생은 이후 제국으로서의 진을 설정하고 그 성립 과정, 그리고 넓은 영토 안에서 지배자의 명령이 관철되는 제국을 설명하기 위해 통일 이후 중앙과 지방의 군현지배, 율령지배, 관작질서 등 다방면에 걸쳐 연구를 해 왔다. 필자 역시 「진한제국의 이민족 지배」,[11] 「진한제국의 변경」[12] 등의 연구논문을 통해 진한시대를 제국으로 규정하고, 제국의 변경에서 일어나는 이민족과의 접촉을 설명해 왔다.

그런가 하면 흥미롭게도 정작 중국에서는 제국이라는 용어를 사용하지 않는다. 필자가 찾아본 바에 따르면, 개설서는 물론 연구서도 모두 "진한시대", "진한대", "진한사"라고 되어 있을 뿐, 진한제국이라고 명명한 것은 없었다.[13] 자국사인만큼 진한 시기의 정치사, 제도사, 법률, 사회경제사, 사상사를 비롯해 모든 분야에 걸쳐 상세하고 치밀하게 연구가 진

---

9   서울대학교 동양사학연구실, 1989, 『강좌 중국사』, 지식산업사.
10 이성규, 1984, 『中國古代帝國成立史研究』, 일조각.
11 김병준, 2013, 「秦漢帝國의 이민족 지배」, 『역사학보』 217.
12 金秉駿, 2016, 「秦漢帝國的邊境」, 『河南師範大學學報』 2016-9.
13 黃留珠, 1985, 『漢代仕秦制度』, 西北大學出版社; 邢義田, 1987, 『秦漢史論稿』, 台灣東大圖書公司; 楊生民, 1993, 『漢代司會性質研究』, 北京師範學院出版社; 廖伯源, 1997, 『歷史與制度-漢代政治制度試釋』, 香港教育圖書公司; 王子今, 1998, 『秦漢區域研究』, 四川人民出版社; 王彥輝, 2001, 『漢代豪民研究』, 東北師範大學出版社; 卜憲群, 2002, 『秦漢官僚制度』, 社會科學文獻出版社; 張榮芳, 2005, 『秦漢史與嶺南文化論稿』, 中華書局; 林劍鳴, 2019, 『秦漢史』, 上海人民出版社 등 이루 헤아릴 수 없다. 관견에 한한 한, 구미에서 학습하여 그 영향을 받은 극히 일부의 연구자의 경우 제국이라는 용어를 사용했다. 黎明釗, 2013, 『輻輳與秩序-漢帝國地方社會研究』, 香港中文大學出版社의 저자는 캐나다에서 학위를 받았다.

행되었지만, 여기에는 '제국'이라는 개념이 빠져 있었다. 물론 제국을 전제하지 않아도 구체적인 역사상을 이해하는 데에는 큰 문제가 없다고 할지 모른다. 하지만 제국이라는 분석개념을 사용했는지 여부는 진한이라는 왕조를 총체적으로 이해하는 데 큰 차이를 가져온다. 적어도 주변 세력과의 관계를 논할 때만큼은 제국의 시각을 갖고 있는지 여부가 매우 중요하다.

중국에서는 '제국'이라는 용어를 사용하지 않는 대신 그 공간을 '천하'라는 개념으로 치환한다. '천하'란 문자 그대로 '하늘 아래의 모든 지상' 혹은 '천명을 받은 천자가 통치하는 질서가 구현되어야 하는 장소'라는 뜻을 갖는다. 도식적으로 설명하면, '천하'='중국'+사이(四夷) 혹은 '천하'=왕화문명(王化文明)의 세계+화외야만(化外野蠻)의 세계라고 할 수 있다.[14] 얼핏 제국으로서의 중국과 그 경계 바깥에 존재하는 주변세력이라는 개념과 별반 차이가 없어 보이지만, 문제는 중국과 만이라는 적대적 세력이 길항하는 현 실태를 부정하고 '중국'만이 아니라 '사이'의 세계를 포함하는 천하를 천자가 통치해야 하는 당위적 공간으로 이해하는 데에 있다. 천하를 마땅히 다스려야 한다는 상상의 개념이 역으로 현실에 투영되어 천하를 선험적인 대상으로 받아들였다. 그렇게 되면 천하 안에 속하는 '사이', 즉 이적의 국가를 중국과 대등한 독립적 객체가 아니라 지배되어야 할 대상으로밖에 바라보지 못하게 된다. 자연히 진한제국과 주변 국가 사이의 적대적 관계가 천하 내의 이민족 지배라는 틀로 치환되어 설명되는 것이다. 이러한 사고는 실제 전통적 역사 서술에 반영되었을 뿐만 아니라 현대 중국 역사학계에서까지 그러한 경향이 이

---

14 이성규, 1992, 「중화사상과 민족주의」, 『哲學』 37, 한국철학회.

어지고 있다.

이 점이 제국의 시각과 정면으로 부딪히게 되는 부분이다. 제국의 시각이란 특정 집단이 다른 집단을 점령하여 이를 강제적으로 지배한다는 데에서 출발한다. 중국이 자신과는 다른 습속과 전통을 가진 집단인 '사이'를 군사적으로 점령하는 과정이 중시되어야 한다는 것인데, 천하 관념에서는 이러한 군사적 점령과 강압적 지배라는 요소가 사라지게 된다. 자연히 본래 중국이 어느 정도의 규모였고 군사적 점령과 지배를 거쳐 확대되어 갔는지의 과정이 없이, 결과적으로 만들어진 영역을 '천하'로서 당연시했다는 것이다. 팽창, 그에 따른 이적의 저항, 그러한 저항을 다시 진압하려는 강제력이 모두 '천하'라는 개념 속에 숨어버린다.

『케임브리지 중국사: 진한제국』의 제6장을 집필한 위잉스(余英時)는 제국과 그 주변 세력을 다루면서 전통적인 '천하' 관념을 분석했다. 그는 전국시대 추연의 대구주설(大九州說)이 등장하면서 지리적으로 중국 이외의 영역을 상정했지만, 정치·문화적으로는 중국을 '천하'로 등치하는 관념이 여전히 강했다는 점을 강조한다. 나아가 이러한 중국적 천하질서는 단지 관념에 머물지 않고 제도적 형태로 드러나기도 했다는 점을 지적했다. 또 오복(五服)이라는 관념 역시 실제로는 안과 밖, 한제국과 주변세력과의 관계를 인식한 것임에도 불구하고 이를 전형적인 중국적 천하질서가 도식화한 것임을 설명했다. 한편 이러한 중국적 천하질서에 기초하여 이를 제도화한 것이 조공 시스템인데, 이 논리는 기본적으로 중국 내에서 바치는 공납과 외부 세력의 공납을 동일시하는 데에서 출발한 것으로, 중국 바깥의 세력이 조공을 해야 하는 이유는 중국 안쪽의 신민과 똑같이 천하의 신민이기 때문에 중국 내의 신민이 조공을 바쳐야 하는 것과 동일한 이유로 중국 바깥의 신민도 조공을 바쳐야 한다는 것에 근거한다고 한다. 그러나 위잉스는 천하라는 관념으로 포장된 중국적 천하질서는 실제 중국과 그 주변의 다양한 세력으로 구성되어 있고, 또 반드시 양자를 구별해야 한다고 주장한다. 중국의 천하질서 관념이 제국의 현실의 모습을 그대로 표현한 것이 아니라 이를 정치적으로 왜곡한 결과라는 점을 강조했던 것이다.

필자는 위잉스의 구체적 고증 모두에 동의하는 것은 아니지만, 현실 세계 속의 제국이라는 시각에서 전통적인 중국의 천하질서가 담고 있는 정치적 허구성을 드러내고 있다는 점에 주목한다. 제국의 국경 안팎에 존재하는 이민족을 천하질서의 관념하에 단순히 이적(夷狄)으로 통칭하고 있는 한, 그들이 제국의 팽창에 어떻게 대응했는지 또 그러한 저항에 제국은 다시 어떻게 대처했는지를 알 수 없다. 필자 역시 위잉스와 유사한 입장에서 진한의 제국적 성격을 드러내고자 한 바 있다. 일단 제국의 국경에 대한 관념을 정리하고, 그 국경 바깥에 위치하는 이민족과 그 안에 위치하는 이민족을 구별하여 그들에 대한 차별적 정책을 구명하였다. 또 국경 바깥의 이민족을 군사적으로 점령하기 위해 어떤 방식이 동원되었는지, 또 이미 점령한 이민족을 어떻게 지배하려고 했는지를 분석함으로써 제국의 팽창과 지배의 모습을 드러내 보이고자 했다.[15]

이상에서 설명한 바와 같이 제국이라는 틀에서 진한시대를 들여다보면 자연스럽게 군사적 확장을 통해 귀속시킨 이민족과 귀속되었음에도 불구하고 자신의 습속을 고집하는 이민족, 그리고 제국의 국경 바깥쪽의 이민족 등의 다양한 층차가 드러나게 된다. 하지만 전통적인 천하질서라는 틀로 진한시대 이민족 문제를 바라보면 여러 층차 간의 경계는

---

15 김병준, 2013, 앞의 글, 110-150쪽.

모두 희미해져 버릴 뿐만 아니라, 군사적 팽창과 강압적 지배, 이에 대한 저항과 제압이라는 주요한 역사적 성격이 사라지고 만다.

2. 제국 vs. 정전론

앞 절에서 제국이라는 용어에 주목해서 진한사를 바라보는 구미와 중국학계의 차이에 대해 살펴보았다. 그런데 제국의 서사 방식과 관련해서 또 하나의 문제를 언급해 두어야 할 필요가 있다. 중국학계에서 주변 이민족과의 전쟁을 기록한 문헌기록을 그대로 받아들이는 경향과 달리 이 책에서는 비판적 태도를 강조하고 있는 점이다.

『사기』와 『한서』 등에서는 조선을 비롯해 남월과 동월에 대한 한의 선제공격이 있었음에도 불구하고 이를 이른바 정전론(正戰論, Just War Theory)에 입각해서 다시 쓰고 있다.[16] 가령 『사기』 조선열전은 먼저 고조선의 위만이 연(燕) 출신이며 전국시대 연부터 진(秦)에 이르기까지 고조선 지역을 지배하고 있었다는 점을 굳이 서술할 뿐 아니라, 이미 고조선과 요동태수 사이에 외신 관계를 맺고 있었음을 강조했다. 그리고는 한이 고조선을 침공하게 되었던 일차적 합리화를 외신(外臣)의 의무 불이행에서 찾았다. 이는 전쟁 도발의 정당성을 확보하려는 정전론적 사고에 속한다. 그렇지만 이 외신이란 본래 특정한 의무가 부과되는 외교적 개념은 아니었다. 시대적 상황에 따라 변화하는 한의 입장에 의해 자의적으로 요구되는 것이었을 뿐이다. 내신(內臣)으로 분류되는 제후들에게

---

16 이와 관련해서는 김병준, 2008, 「漢이 구성한 고조선 멸망 과정」, 『한국고대사연구』 50 참조.

도 한이 적극적인 통제를 하기 어려운 상황에서 내신에게도 강제하기 어려운 의무를 외신에게 요구할 수는 없었다. 제후왕에 대한 우세를 점하고 황제권이 크게 강화된 무제 이후에 비로소 외신에게 군사적 우세하에 그 의무를 압박할 수 있었던 것이다. 따라서 무제 이후 생겨난 상황을 그 이전에 억지로 갖다 붙이면서 침공을 합리화하려고 했던 것이라고 판단된다.

또 한은 고조선 침공의 정당성을 고조선이 '반란'을 일으켰다는 데에서 구했다. 반란이라는 표현은 고조선이 외신이었다는 것을 전제로 하는 만큼 이미 일방적인 구실에 불과하지만, 반란으로 규정하는 논리 역시 지극히 자의적이었다. 즉 그들에게는 상대방이 군사적 행동을 감행하여 '반란'을 일으켰는지 여부가 중요했다. 한의 제후왕 반란 사례에서도 알 수 있듯이, 한이 선제공격을 했는지 여부는 문제가 되지 않았다. 그리고는 고조선의 요동도위(遼東都尉) 공격을 '반란'으로 간주하고 전쟁을 도발했다. 남월열전과 동월열전도 동일하다. 남월과 동월에도 마찬가지 상황이 벌어졌다. 고조선과 마찬가지로 실제로는 한이 먼저 군사적 도발을 했지만, 그것과 상관없이 한은 남월이 군사적 대응을 했는지 그리고 그 결과 왕이나 사자를 살해했는지 여부만을 따졌다. 군사적 침공을 받고 나서라도 부득이 군사적 대응을 했다면 그것만으로 '반란'으로 간주되고 말았다. 동월의 경우도 마찬가지다. 동월은 한병(漢兵)이 국경까지 도달해 곧 처들어온다는 것을 듣고 나서야 마침내 군사적 대응을 했지만 역시 '반란'을 일으켰던('遂反') 것으로 기록되었다. 『한서』 무제기에는 남월과 동월, 그리고 조선 모두 동월이 먼저 군사적 도발을 하며 '반란'을 일으켰기 때문에 그것에 대응했다는 점이 더욱 명확하게 기록되었다.

이처럼 한이 주변 세력을 군사적으로 침공하면서도 그 이유를 자신의 선공 여부와 상관없이 상대방의 군사적 대응 여부에서 찾았다는 것은 지극히 일방적인 논리이다. 원래 천하라는 질서 속에 이민족을 넣어 두고 그들이 반란을 일으켰기 때문에 징벌했다는 이러한 논리는 정전(正戰)을 가장한 천하관에 기반한 것이다. 그 당시 전쟁을 개시하는 입장에서는 이러한 구실이 필요했고 이를 그대로 기록했을지 모른다. 그러나 근대 역사학이 시작된 이후 이에 대한 충분한 연구가 축적되었음에도 불구하고 아직도 당시의 구실을 그대로 역사적 사실로 받아들인다는 것이 문제이다.

모든 중국학계가 그런 것은 아니지만 전반적으로『사기』,『한서』의 서사를 그대로 역사적 사실로 받아들이는 경향인 반면,『케임브리지 중국사: 진한제국』의 집필자들은 이러한 경향을 특별히 경계하였다. 마이클 로이는「도론」에서 문헌기록에 대한 세밀한 사료비판의 필요성을 강력히 주장했다. 서양학자의 눈에는『사기』,『한서』등의 정사 기록은 신뢰성에 문제가 있다고 보이며, 기록의 결락이 눈에 뜨이는데 그중에서도 주변세력과의 관계를 기록하는 부분에서는 상대편의 기록이 남아 있지 않다는 점에서 이 부분에 특별한 주의가 필요하다고 했다.

마이클 로이는 이러한 기록을 보완하는 방법으로 고고학자료, 출토문헌자료 등을 적극적으로 활용해야 한다고 했다. 다만 당시까지 발견된 간독자료를 적극적으로 활용하는 데에는 문제가 없지만, 고고학자료에 근거해 선진 시기의 역사에 대한 정론이 도출되지는 못한 상황이므로 부득이 논의의 시점을 진제국으로 삼았다는 점을 지적했다. 흥미로운 것은『케임브리지 중국사』에 대한 중국학자의 반응이다. 특히 제1권 진한제국 편을 번역한 뒤 서문을 달았던 리쉬에친(李學勤)은 이에 대해 독특한 반응을 보였다.

이러한 방식은 만청(晩淸) 시기 이래의 의고(疑古) 사조의 견해와 실질적으로 차이가 있다. 『케임브리지 진한사』는 광범하게 문헌자료를 인용하고 문헌의 변위와 고정에 주의를 기울였다. 이는 많은 서방 중국학자들이 일관되게 견지한 입장이다. 본 권의 각 장의 인용문이 정리와 교정을 거친 판본 및 중국, 일본 및 서방학자의 각종 주석을 이용하고 있다는 것을 볼 수 있다. 그렇지만 본 권의 서사방식이 고고자료의 사용을 중시하지 않았다는 것을 말하는 것이 아니다. 오히려 그 반대로 본 권에는 중국 고고학의 중요 성과를 인용하고 있다.

리시에친은 『케임브리지 중국사: 진한제국』이 문헌자료의 판본 고증 및 문헌 비판에 관심을 많이 기울이고 있지만, 고고학 발굴의 중요성과를 다루고 있다는 점을 강조한다. 리쉬에친은 평소 신고(信古)학파로 분류되는 학자이다. 이 점은 그의 저서인 『의고시대를 빠져 나오다(走出疑古時代)』라는 책에서 잘 드러난다. 즉 문헌자료를 신뢰하지 않고 그 사료적 가치를 의심하는 만청 이래의 의고 사조에 대해 강한 비판을 하면서, 새로이 발굴되는 각종 고고학자료는 기존 문헌의 신뢰성을 뒷받침한다고 주장하였다. 따라서 리쉬에친은 이 인용문에서 『케임브리지 중국사: 진한제국』이 의고학(疑古學)에 찬동하는 다른 많은 서방학자와는 달리 고고학 발굴 성과를 충분히 사용하면서 문헌자료의 서사 내용을 신뢰하는 기초 위에 서 있다고 말하고 있는 것이다.

그러나 이런 해석은 책의 내용을 잘못 이해한 결과이다. 단지 고고학 자료를 활용했다고 해서 문헌자료의 내용을 그대로 신뢰하는 것이 아니다. 오히려 이 책은 고고학자료를 이용해서 더 철저한 사료비판을 해야 한다는 입장으로 기술되었다. 그런 점에서 『케임브리지 중국사: 진한제국』의 서술 방식은 문헌자료의 신빙성을 엄격하게 검증하려는 의고학파의 입장에 접근해 있는 것으로 판단된다.

전반적으로 전통 사료에 기술된 사건이 과연 역사적 사실에 부합하는지 여부를 점검하는 것이 사료비판의 첫 번째 단계이다. 물론 중국학계도 이를 공감하지 않았던 것은 아니다. 그러나 특히 주변 세력에 대한 침공과 같은 부분에 대해서는 기존 전통 사서의 평가에서 벗어나지 못하는 경향이 강하다. 제국이라는 속성을 애써 무시한 채 천하관의 입장에서 기재된 전통적 정전론 서술의 틀을 그대로 잇고 있다는 것이다.

3. 근대 이후 중국인의 제국관

이러한 차이를 가져온 까닭은 무엇일까? 제국에 대한 서구의 정의는 진한시대의 역사상과 어긋나지 않는다. 앞에서 서술했듯이, 군사적 확장을 통해 광대한 영역을 점령하고, 변경 지역에까지 군현이라는 행정제도와 그에 근거해 문서행정, 율령지배가 관철되었다는 점은 중국학계에서 공인된 바이다. 그럼에도 불구하고 제국이라는 단어를 쓰지 않는 것은 무슨 이유일까? 좀 더 세밀한 추적이 필요하겠지만, 이른바 중국인의 근대적 경험과 일정한 연관이 있다고 생각한다.[17]

---

17 이 부분과 관련해서는 유용태 교수의 도움을 받았다. 구체적인 내용은 유용태, 2017, 『동아시아사를 보는 눈』, 서울대학교 출판문화원, 제4장(〈자국사의 제국성을 묻는다〉) 및 유 교수가 조만간 출간할 '현대중국의 역사인식과 그 속에 내면화된 제국성을 다룬 책'(제목 미정, 근간)을 참조하기 바란다.

중국인이 자국을 제국이라고 부른 적이 전혀 없었던 것은 아니다. 일본 메이지유신의 영향을 받은 청조가 일본제국을 모방한「헌법대강초안」(1908)에서 향후 출범할 입헌국의 국호를 '대청제국(大淸帝國)'으로 정한 바 있다. 또 1939년 저우구청(周谷城)이 집필한『중국통사(中國通史)』에서는 목차와 내용에서 진한제국, 수당제국, 명청제국 등의 표현을 쓰고 있었고,[18] 저우구청,『중국통사』와 왕퉁린(王桐齡),『동양사(東洋史)』에서도 진한시대 통일제국을 이루었다는 식의 표현을 쓰기도 했다.[19] 그러나 이러한 사례는 드물었을 뿐 아니라 제국의 개념을 규정하지 않은 채 황제가 다스린 국가라는 정도의 뜻으로 사용했다. 오히려 20세기 초 반식민의 상태에 빠진 중국에서는 이를 극복하려는 노력이 지식계 전반에 걸쳐 일어나면서 제국에 대한 부정적 이미지가 생겨났다. 그 결과 '계몽'으로 대표되는 학문적 영역과 '구망'으로 대표되는 현실정치의 영역이 구분되지 않으면서,[20] 일상화된 반제국주의의 구호가 교과서를 비롯해 많은 연구에 그대로 반영되었다. 역사학의 경우는 더욱 심했다. 이런 상태에서 중국사의 왕조를 제국이라고 부르는 것은 쉽지 않았다.

중화인민공화국이 성립된 이후에도 이러한 경향은 줄어들지 않았다. 오히려 제국 이미지가 더욱 부정적인 것으로 바뀌게 되었는데, 그 계기는 2차 세계대전 종전과 함께 반제민족해방운동이 고조되었던 것이라 할 수 있다. 신생독립국을 중심으로 비동맹 중립주의와 반식민주의를

---

18 周谷城, 1939,『中國通史』, 上海: 開明書店(1948년 12판).
19 王桐齡, 1922,『東洋史』, 上海: 商務印書館; 范文瀾, 1945,『中國通史簡編』, 延安: 新華書店.
20 이택후, 1992,『중국 현대 사상사의 굴절』, 제1장 계몽과 구망의 이중 변주, 지식산업사.

표방하고 미국과 소련의 양대 진영에 대해 독자노선을 추구했던 것은 중국이 제국이라는 용어에 더욱 예민하게 반응하게 한 원인을 제공했다. 21세기에 들어와서도 이러한 분위기는 바뀌지 않았다. 현대 중국을 대표하는 지식인 중 한 명인 왕후이(汪暉)는 페어뱅크 등 하버드학파가 중국사를 "제국 서사(帝國 敍事)"(진한제국-명청제국)의 관점에서 파악하여 중국에 부정적인 이미지를 씌우는 효과를 초래한다고 비판한 바 있다.[21]

이처럼 비난의 대상으로서 제국을 설정한 까닭이 대포와 함대를 앞세운 군사적 영토 확장과 그에 이은 타국에 대한 이권 침탈이라는 점이었다면, 마찬가지로 우월한 군대를 앞세운 군사적 영토 확장을 하고, 그 지역을 점령한 후 그곳으로부터 강제적으로 세역을 징발함으로써 강한 저항을 받았던 진한시대 역시 제국이라 불러야 마땅하다. 하지만 자신의 역사를 부정하고 싶지 않은 연구자들은 부정적 이미지를 갖고 있는 제국이라는 용어를 사용하지 않으려 했다.

하지만 이러한 생각은 단지 용어의 사용 여부를 떠나 한제국과 흉노를 비롯한 주변 세력과의 관계를 오독하도록 만들었다. 제국이라는 개념을 회피함으로 말미암아 군사적 공격과 점령에 대한 서술을 회피하고, 여기에 더하여 천하라는 개념을 동원하여 제국의 변경에 거주하고 있는 다양한 층차의 이민족의 경계를 무시하게 되는 결과를 초래했다. 반면 제국이라는 관점을 도입할 경우 변경지역의 이민족과의 관계가 또렷이 드러날 수 있는 반면, 이를 감추면 정확한 이민족과의 관계가 사라지게 된다.

---

21 汪暉, 2004, 『現代中國思想的興起』 上卷 1부, 三聯書店.

Ⅳ. 대외관계 부분의 구체적 서사 방식

마지막으로『케임브리지 중국사: 진한제국』의 제6장「대외관계」를 좀 더 구체적으로 살펴보겠다. 이 장에서는 한제국이 주변세력을 이해하는 이론을 검토한 뒤, 지역별로 흉노, 서역, 강(羌), 동호[東胡, 오환(烏桓)과 선비(鮮卑)], 한반도, 남월, 민월 그리고 지중해 세계와의 접촉이라는 항목을 배치했다. 본고의 머리말에서 지적했듯이 각 지역에 대한 기술을 하나하나 검토할 필요는 없다고 생각하지만, 주변세력에 대한 서술의 배치와 서술의 기조에서 한두 가지 흥미로운 점이 보인다. 이 점을 간단히 지적해 보고자 한다.

주변 세력 중 흉노가 맨 처음 기술된 것은 진한제국 시기 가장 첨예한 대립을 하였던 대상이었기 때문에 당연하다고 볼 수 있다. 그런데 그 다음에 서역을 기술한 것은 특이하다. 당시 서역은 진한 왕조의 지배영역 안에 포함되지 않았기 때문이다.『한서(漢書)』지리지(地理志)와『후한서(後漢書)』군국지(郡國志)에는 진한 왕조의 전체 영역이 상세히 규정되어 있다.『한서』지리지에서는 왕조의 지배영역이 군국(郡國) 103, 현읍(縣邑) 1,314, 도(道) 32, 후국(侯國) 241로 구성되어 있다고 정의했다.『후한서』군국지에서도 광무제 이후 군국의 치폐(置廢) 연혁을 기록하고 모두 군국 105, 현·읍·도·후국 1,080이라고 명기했다. 즉 진한시대의 영역이 기본적으로 군국과 현·읍·도·후국으로 구성되어 있다는 것이다. 이 영역에는 이른바 서역도호부(西域都護府)가 호령한 서역(西域)이라든가 사흉노중랑장(使匈奴中郞將)·호강교위(護羌校尉)·호오환교위(護烏桓校尉) 등이 관장하는 남선우(南單于), 서강(西羌), 오환이 포함되어 있지 않았다. 결국 『한서』와 『후한서』의 기록에 의하면 한의 영역에 남선우, 서강, 오환은 물론 서역의 제국(諸國)도 포함되지 않았음을 말한다.[22] 그럼에도 불구하고 이 책에서 서역을 흉노에 이어 배치한 이유에는 역시 제국으로서의 특징, 즉 지배영역을 벗어나 더 먼 곳까지 군사적으로 확장했음을 드러내기 위한 의도가 있었기 때문이라고 여겨진다. 이미 첫 번째 흉노 부분에서 진제국 시기 몽염(蒙恬)이 오르도스 지역을 점령하였고, 그 뒤 한무제 시기에 이르러 흉노에 대한 대대적인 군사 공격을 함으로써 이들을 고비사막 북쪽으로 내몰았다는 점이 강조되었는데, 바로 그 뒤에 중국(Inner China)을 벗어나 사막과 오아시스로 구성되어 있는 서역으로까지 군사적 확장을 감행했던 제국의 팽창 과정을 서술했던 것이다.

그 다음 서술은 흉노, 서역에 이어 강족과 오환, 선비라는 주변 세력에 대한 침공으로 이어졌다. 서쪽으로 강(羌)을 공격하여 이곳에 있었던 월지족을 서쪽 중앙아시아로 몰아내었으며, 동쪽으로는 오환과 선비를 제압했다는 내용이 서술되었다. 모두 경제형태를 달리하는 유목집단에 대한 군사적 공격과 이들을 점령하여 제국의 내부로 편입시키는 과정이 강조되었다.

그 다음 항목은 "한반도"이다. 이 항목에서는 먼저 조선(朝鮮)이라는 용어를 사용하지 않았던 점이 주목된다. 이는 남월 부분을 기술하면서도 그 항목을 "남쪽(남월)"이라고 적고, 민월 부분도 "동남쪽(민월)"이라고 적었으며 서남이는 아예 "서남쪽"이라고만 달았던 것과 맥락을 같이 한다. 해당 지역에 다양한 정치세력이 존재하고 있었음을 의식한 표

---

22 김병준, 2013, 앞의 글, 113쪽.

현으로 보인다. 남쪽이나 동남쪽에는 남월과 민월이 비교적 대표 세력이었기 때문에 괄호 안에 그 이름을 적었지만, 한반도와 서남쪽에는 조선이나 전(滇)이라는 세력 이외의 다양한 세력을 서술에 포함시켜야 한다고 판단했기 때문이다. 이들 관련 기록이 남아 있는 『삼국지』 동이전을 참조한 결과라고 생각되지만, "한반도" 부분을 다시 "초기 접촉", "한의 팽창", "후한시기의 상호관계"라는 소제목으로 구성했던 것은 한반도가 비록 거리가 멀리 떨어져 있었던 지역이었지만 한제국의 팽창으로 인해 한반도에 거주하고 있었던 세력들에게 일정한 영향을 미치게 되었고 이들과의 관계가 형성되었다는 점을 드러내고자 했던 것 같다. 즉 제국의 팽창과 그로 인한 주변세력과의 길항이라는 시각을 적용한 결과이다.

아울러 한반도 관련 기술에도 전통 문헌사료의 내용을 그대로 옮기지는 않고 적절한 사료비판의 태도가 견지되고 있다는 점이 눈에 띈다. 가령 기자(箕子) 관련 부분에서는 기자가 한반도로 건너와 중국의 습속을 전했다고 '믿고' 있었지만, 그 말이 사실이더라도 그가 접촉했던 종족은 주로 부여와 옥저 혹은 남쪽의 예맥족일지 몰라도 기본적으로 이들 종족에 대해서는 확실히 말할 수 없다면서 상당히 조심스럽게 기술하고 있다. 반대로 연의 명도전 화폐를 근거로 기원전 4세기 이후 양자 간의 교역이 이루어졌을 것이라고 하면서도 관련 문헌기록이 없다는 점도 병기함으로써, 문헌기록과 고고학자료 모두를 조심스럽게 다루고 있다. 특히 위만에 대한 한의 간섭이 최소화되어 있었으며, 위만이 조공을 하지 않았던 사실 등은 위만이 한반도에서 갖고 있었던 강한 권력을 말해 줌과 동시에 흉노나 오환, 선비와 다른 조건하에 있었다는 사실을 강조한다. 이는 저자가 『사기』와 『한서』에서 위만을 외신으로 기술하고 그

의무를 강조했던 문헌기록을 단지 정전론에 기초해서 만들어진 허울에 불과한 명분으로 인정한 결과라고 생각한다.

한반도 부분 뒤에는 남월, 민월, 서남이 부분으로 이어진다. 당시 한의 입장에서 가장 강력한 적은 흉노였고, 그 다음은 남월이었다. 그럼에도 불구하고 남월을 한반도 다음에 배치한 것은 전반적으로 북쪽의 주변 세력을 먼저 기술하고, 나중에 남쪽의 주변 세력을 기술하려고 했기 때문이다. 남쪽 세력 중에는 가장 강력한 세력인 남월을, 그 다음에 동월, 그리고 마지막에 서남이의 순서로 서술했는데, 그 세력의 강약에 따라 배치한 것이 분명하다. 북쪽의 세력 중 한반도가 맨 마지막에 위치하게 된 것도 동일한 기준이 적용된 결과이지만, 양자 모두 내지에서 가장 멀리 떨어져 있는 곳임에도 불구하고 제국의 군사적 침공이 이루어졌고 그로 인한 저항이 발생했다는 점을 서술하고 있다.

마지막으로 지중해 세계와의 접촉이라는 항목이 설정되는데, 이는 서구의 입장에서 동서양을 잇는 실크로드에 대한 관심이 커서 한이 서쪽으로 어디까지 팽창하였는지에 대한 관심이 많았기 때문일 수도 있다. 하지만 그 저변에는 서방에 건재했던 로마제국에 대응한 동방의 한제국을 상정하고 그 두 고대제국의 만남을 서술하려는 의식도 깔려 있었다고 생각한다.

V. 맺음말

이상 제국이라는 시각에서 진한사를 다루었던 『케임브리지 중국사: 진한제국』을 살펴보고 그러한 시각이 상대적으로 결여된 중국학계를 비교해 보았다. 중국학계는 전근대 시기에는 천하사상과 정전론이라는 틀 안에서 기술했던 전통적 사관 때문에, 그리고 근대 이후에는 반제국주의라는 분위기 때문에 제국의 실상을 마주하기 어려웠다. 따라서 제국의 시각으로 진한사를 바라보기를 회피하였고, 그로 말미암아 진한 왕조의 제국으로서의 모습, 특히 이민족과의 관계를 제대로 꿰뚫지 못하고 있는 경향이다.

그렇다고 서구학계에서 제시하는 제국의 시각에 문제점이 없는 것도 아니다. 서구의 시각으로 보았다고 해서 곧 객관적인 역사상을 드러내는 것은 아니다. 오히려 자신들이 로마의 역사를 제국의 관점에서 보았다고 해서 이를 중국의 역사에 그대로 적용했던 편의적 관점이라고 치부할 수도 있다. 혹은 제국의 기억을 소환하여 스스로 고대의 향수에 젖어 있는지도 모른다. 더 나아가 제국이라는 틀을 중국의 역사에 억지로 덧씌우려는 의도가 있을지도 모른다. 다만 그 본심이 어떻든 간에 『케임브리지 중국사: 진한제국』이 제기한 제국의 관점은 진한시대를 바라보는 중요한 시각이라는 점에는 변함이 없다. 적어도 진한시대 주변의 여러 세력과의 관계는 그런 관점으로 보아야 비로소 그 실상이 명확히 드러나기 때문이다.

내용의 문제점 역시 적지 않다. 제국의 확장이라는 시각에서 기술하다 보니, 주변세력이 이에 대해 어떻게 대응했는지에 대한 서술이 부족하다. 1986년에 출간된 개설서라는 점을 간과해서도 안 된다. 앞서 말한 대로 1990년대 이후 쏟아져 나오는 각종 출토자료 특히 간독류로 말미암아, 지금 고대사는 '다시 새롭게' 쓰이고 있다. 이러한 자료가 없었던 시기였음을 고려하며 읽어야 한다. 다만 본고가 강조하고자 한 바는 어떤 시각으로 서술했는지, 사료를 어떻게 이용했는지였다. 간독자료가 너무 많아져 세밀한 주제에 빠져 헤어나지 못하는 작금의 상황을 반성해 본다면, 제국이라는 관점에서 제국의 성립과 확장 및 유지와 관련한 주요 문제를 두루 섭렵한 이 책의 내용은 우리에게 시사하는 바가 많다.

참고문헌

김병준, 2008, 「漢이 구성한 고조선 멸망 과정」, 『한국고대사연구』 50.
_____, 2013, 「秦漢帝國의 이민족 지배」, 『역사학보』 217.
_____, 2019, 「전한 무제시기 대외전쟁과 주도세력의 변화」, 2019년도 동양사학회 동계 워크샵 발표논문.
서울대학교 동양사학연구실, 1989, 『강좌 중국사』, 지식산업사.
유용태, 2017, 『동아시아사를 보는 눈』, 서울대학교 출판문화원.
이성규, 1984, 『中國古代帝國成立史研究』, 일조각.
_____, 1992, 「중화사상과 민족주의」, 『哲學』 37, 한국철학회.
이택후, 1992, 『중국 현대 사상사의 굴절』, 제1장 계몽과 구망의 이중 변주, 지식산업사.
티머시 H. 파슨스 저, 장문석 역, 2012, 『제국의 지배』, 까치.

Chang, Chun-shu, 2007, *The Rise of the Chinese Empire*, University of Michigan Press.
Lewis, Mark Edward, 2007, *The Early Chinese Empires: Qin and Han*, Harvard University Press (한국어판: 마크 에드워드 루이스 저, 김우영 역, 2020, 『하버드 중국사 진한 : 최초의 중화제국』, 너머북스).
Huang, Ray, 1988, *China : A Macro History*, M. E. Sharpe, Inc. (한국어판: 黃仁宇 저, 홍광훈·홍순도 역, 1997, 『거시 중국사』, 까치).
Ropp, Paul, 2010, *China in World History*, Oxford University Press (한국어판: 폴 로프 저, 강창훈 역, 2016, 『옥스퍼드 중국사 수업』, 유유).

金秉駿, 2016, 『秦漢帝國的邊境』, 『河南師範大學學報』 2016-9.
卜憲群, 2002, 『秦漢官僚制度』, 社會科學文獻出版社.
范文瀾, 1945, 『中國通史簡編』, 新華書店.
楊生民, 1993, 『漢代司會性質硏究』, 北京師範學院出版社.
黎明釗, 2013, 『輻輳與秩序』, 香港中文大學出版社.
廖伯源, 1997, 『歷史與制度』, 香港教育圖書公司.
林劍鳴, 2019, 『秦漢史』, 上海人民出版社.

邢義田, 1987, 『秦漢史論稿』, 台灣東大圖書公司.
王桐齡, 1922, 『東洋史』, 商務印書館.
王彦輝, 2001, 『漢代豪民研究』, 東北師範大學出版社.
王子今, 1998, 『秦漢區域研究』, 四川人民出版社.
汪暉, 2004, 『現代中國思想的興起』, 三聯書店.
張榮芳, 2005, 『秦漢史與嶺南文化論稿』, 中華書局.
周谷城, 1939, 『中國通史』, 開明書店.
黃留珠, 1985, 『漢代仕秦制度』, 西北大學出版社.

渡邊信一郎, 2010, 『中國古代の財政と國家』, 東京, 汲古書院.
渡邉義浩, 2019, 『漢帝国―400年の興亡』(中公文庫), 中央公論新社.
西嶋定生, 1997, 『秦漢帝国』(講談社学術文庫), 講談社.
松島隆真, 2018, 『漢帝国の成立』, 京都大学学術出版会.
日比野丈夫, 2004, 『秦漢帝国』中国文明の歴史〈3〉(中公文庫), 中央公論新社.
鶴間和幸, 2014, 『ファーストエンペラーの遺産：秦漢帝国』, 講談社.

3장

위진남북조사에 대한 다각적 접근:
『케임브리지 중국사 2권: 육조, 220~589년』과 유럽과 미국 학계의 위진남북조사 연구 현황

조성우 서울대학교 동양사학과 부교수

I. 머리말

『케임브리지 중국사』 시리즈에서 경제, 문화 등 개별 주제들로 구성된 수당대(隋唐代)의 두 번째 분책인 제4권이 아직 출판되지 않은 상태이기는 하지만, 이 시대 역사를 정치사 중심으로 비교적 상세하게 설명한 제3권은 이미 시리즈 출판 초기인 1979년에 등장하였으므로, 이 시리즈에서 전혀 다루어지지 않은 채로 마지막까지 남아 있던 것이 위진남북조 시대였다. 위촉오(魏蜀吳) 삼국시대가 시작하는 220년부터 수(隋)가 진(陳)을 정복하여 중국을 통일하는 589년까지를 다룬 제2권이 드디어 2019년 11월에 정식으로 출판되면서 이 결락이 채워지게 되었다. 진(秦)의 전국통일부터 시작하여 문화대혁명과 그 직후의 시기, 그리고 이 시기 타이완까지도 다루고 있는 『케임브리지 중국사』 시리즈 전체의 완결을 목전에 두게 된 것이다. 필자가 기억하기로 제4권도 곧 출판될 것이라는 소문을 들은 것이 벌써 십여 년 전이므로 이제는 조만간 세상에 나오지 않을까 기대하고 있고, 제4권이 출판되면 『케임브리지 중국사』 시리즈는 1978년에 제10권이 출판된 이래 40년이 넘는 긴 시간에 걸친 거대한 프로젝트로서 그 완결을 보게 된다. 이 시리즈의 각 권은 출판된 시점에서 해당 시대에 대한 유럽과 미국학계의 대표적 성과라는 의미를 가질 뿐 아니라, 시리즈 전체로서는 지난 40여 년간의 유럽·미국 학계의 중국사 연구의 역사를 증언하며, 어떤 의미로는 그 자체로 하나의 역사가 된 것 같기도 하다.

이러한 와중에서 최근 출판된 제2권은 기획 및 출간이 상당히 늦어지기도 했고, 내용 구성도 다른 권과 비교해 볼 때 다소 독특한 모습을 보인다. 이 책은 도론을 제외하면 3부 30개의 장으로 이루어져 있다. 제

1부 「역사」는 제목 그대로 이 시기 역사를 위(魏), 오(吳), 촉한(蜀漢)에서 시작하여 동위(東魏)-북제(北齊), 서위(西魏)-북주(北周), 남조(南朝)까지 11개 장으로 나누어 서술하고 있다. 제2부 「사회와 문물」은 전쟁, 대외관계, 북조 경제, 남조 경제, 농업, 소그드인, 북조의 물질문화, 남조의 물질문화, 여성, 지역사회의 주제를 다루는 10개의 장으로 구성되어 있으며, 제3부 「문화, 종교, 예술」은 유교, 청담(淸談)과 현학(玄學), 불교, 도교, 민간신앙, 산문 문학, 운문 문학, 미술과 시각문화, 음악 등 9개 장으로 이루어져 있다. 이후에 다시 거론하겠지만 이 책은 다른 권들이었다면 책의 절반 혹은 그 이상을 이루었을 '역사' 부분이 채 3분의 1이 되지 않으며, 제3부에서 두드러지는 것처럼 오히려 다양한 주제들을 폭넓게 다루며 다채로운 구성을 보여 주고 있다.

특히 남중국과 북중국을 각각의 장으로 나누어 고고학 발굴 성과를 비교적 상세하게 소개하며 당시의 의식주를 비롯한 물질문화를 보다 풍부한 각주를 곁들여 생생하게 제시하고 있는 점은 요즈음의 역사학 연구 경향, 보다 정확하게는 위진남북조사 연구 경향을 반영한 이 책의 큰 장점이라 할 수 있다.[1] 아울러 이 시대에서 빠뜨릴 수 없는 주제 중 하나인 청담과 현학에 대해서 별도의 장으로 상술하고 있는 것은 물론, 해당 시대의 유교, 불교, 도교, 심지어 민간신앙까지도 모두 별도의 장으로 두었을 뿐 아니라, 문학도 산문과 운문을 별도의 장을 두었으며 미술, 음악까지 포괄하고 있는 것은 상당히 특징적이다. 이 정도로 해당 시대의

---

1 이 책의 편집을 맡았고 미국의 대표적인 위진남북조사 연구자로 알려져 있는 학계의 원로 앨버트 딘도 위진남북조라는 시대를 이러한 방식으로 정리하는 상세한 단행본을 출간한 바 있다. Albert E. Dien, 2007, *Six Dynasties Civilization*, New Haven and London: Yale University Press.

여러 주제들을 총망라한 경우는 『케임브리지 중국사』 시리즈 중에서도 이 책이 유일하지 않을까 싶다. 그야말로 역사학이라는 틀을 넘어서 위진남북조시대를 다루는 유럽과 미국 학계의 역량을 모아 이 시대를 총체적으로 보여 주고자 하는 의욕이 돋보인다. 후술하는 것처럼 이 책은 제한된 지면에 30개의 장을 두어 서술하고 있으므로 각 장이 비교적 짧은 편이고 장의 개수가 많아 일일이 특정 장에 대하여 논평하기 어렵다. 따라서 이 글에서는 이 책의 몇 가지 특징과 전체적인 구성을 통해 엿볼 수 있는 유럽과 미국의 위진남북조사 연구 현황을 간략하게 살펴보고자 한다.

II. 시대의 명칭

이 책은 위진남북조시대를 'Six Dynasties', 즉 '육조'로 통칭하고 책의 제목으로도 이 용어를 그대로 사용하고 있다. 보통 통일제국 시기는 해당 왕조의 명칭을 드러내면 그만이겠으나, 위진남북조나 오대십국(五代十國)과 같은 경우에 번역 명칭이 길어지는 탓인지 영어권에서는 용어 선택을 고민하는 듯하다. 이 책 서문에서도 밝히고 있는 것처럼 위진남북조를 그대로 표현하여 'Wei, Jin, and the Southern and Northern Dynasties'로 쓰자면 너무 길어져서 유럽과 미국 학계에서는 꺼리는 경향이 있으며 '남북조(the Southern and Northern Dynasties 혹은 the Northern and Southern Dynasties)'라고만 할 경우 삼국 시기 및 동진과 십육국을 배제하고 남북조를 지칭하는 경우와 혼동할 수 있기 때문에 그다지 선호하지 않는 것 같다. 이러한 이유에서인지 영어 저술에서는

종종 위진남북조시대를 총칭하는 용어로 'Six Dynasties'가 사용되기도 한다.[2]

주지의 사실이겠지만, '육조'라는 용어는 1) 『건강실록(建康實錄)』의 용례에 보이는 것처럼 건강(建康)에 수도를 두었던 삼국의 오(吳), 동진(東晉), 송(宋), 제(齊), 량(梁), 진(陳)의 여섯 왕조를 지칭하거나, 혹은 2) 『자치통감(資治通鑑)』의 용례처럼 정삭(正朔)을 이어갔다고 보는 조위(曹魏), 진(晉), 송(宋), 제(齊), 량(梁), 진(陳)의 여섯 개 왕조를 지칭하기도 한다. 이 책에서는 2)에 대한 언급 없이, 1)의 용법이 자연스럽게 시대 전체를 지칭한다고 설명하며 위진남북조시대를 통칭하는 용어로서 '육조'를 사용하고 있다. 영어로 번역한 시대 명칭이 번잡스러워지는 것을 피하고자 여러 가지로 고민한 끝에 내린 결정이었다고는 하지만, 중국 학계에서는 '육조'라는 용어를 1)의 원래 의미 그대로 오, 동진, 송, 제, 량, 진의 여섯 왕조에만 적용시켜 사용하는 경우가 많고,[3] 우리 학계나 일본의 역사학계에서도 '육조'라는 명칭으로 위진남북조시대를 지칭하는 경우가 일반적이지는 않다는 점을 생각하면, 영어의 편의성을 비롯한 여러 가지 이유가 있다고는 하지만 'Six Dynasties'라는 용어를 책의 제목에 드러낼 정도로 전면적으로 사용하는 것이 바람직했는지는 다소 의문이다.

유럽이나 미국 학계에서 이 문제에 대하여 보다 파격적으로 접근한

---

2 주석 1에서 언급한 것처럼 이 책의 편집자이기도 한 앨버트 딘의 이전 단행본에서도 'Six Dynasties'라는 용어로 위진남북조시대를 통칭하고 있다.

3 張承宗·田澤濱·何營昌 主編, 1991, 『六朝史』, 江蘇古籍出版社을 비롯하여 蔣福亞 主編, 1993, 『六朝經濟史』, 江蘇古籍出版社 및 陳長琦, 2010, 『六朝政治』, 南京出版社 등에서 볼 수 있듯이 오히려 『건강실록』에서 지칭한 남쪽 여섯 왕조만을 의미하는 방식으로 사용하는 경우가 더 많은 것 같다.

사례도 없지 않다. 국내에서는 『하버드 중국사』 시리즈라고도 알려진 'History of Imperial China' 시리즈의 두 번째 권인 *China between Empires: The Northern and Southern Dynasties*는[4] '남북조(the Northern and Southern Dynasties)'라는 용어를 제목 및 내용 중에서 사용하고 있는데, 이에 대하여 저자인 마크 루이스는 짧은 기간에 불과한 서진(西晉)의 통일 시기가 있지만 기본적으로 조위(曹魏) 대 촉한(蜀漢)과 동오(東吳), 십육국(十六國) 대 동진(東晉), 그리고 북조(北朝) 대 남조(南朝)와 같이 이 시기는 중국이 남북으로 분열되어 있는 구도이므로 남북조라 통칭하겠다고 설명하고 있다. 그러나 이는 마크 루이스의 과감한 의견으로, 오히려 이례적인 용법인 것 같다.[5] 해당 시대를 어떠한 용어로 부르는가는 그 시대를 어떻게 인식하는가와 뗄 수 없는 문제이므로, 이 책의 도론에서도 언급한 것처럼 '초기 중세(early medieval)'나 '분열 시기(period of disunity)' 등과 같은 대안을 생각해 볼 수도 있겠으나, 이 책은 이러한 문제에 대해서는 그다지 자세하게 논의하지는 않는다. 진한과 수당의 사이에 있는 위진남북조시대의 성격을 어떻게 이해할 것인가, 앞뒤 시대를 포함하여 시대 구분은 어떻게 할 것인가 등의 문제는 지금은 비교적 논급되는 경우가 드물지만 지난 세기에 한동안 연구

---

[4] Mark Edward Lewis, 2009, *China between Empires: The Northern and Southern Dynasties*, Belknap Press. 한국어 번역본은 마크 에드워드 루이스 저, 조성우 역, 2016, 『하버드 중국사 남북조: 분열기의 중국』, 너머북스.

[5] 이 'History of Imperial China' 시리즈가 유럽·미국의 중국사 학계를 대표하는 업적이라고 볼 수는 없으나, 원래 진한사 전공자인 마크 루이스가 1권의 진한, 2권의 남북조, 3권의 수당 시대를 모두 집필한 점, 그리고 『케임브리지 중국사』 시리즈의 제2권 남북조가 이번에야 겨우 완성되었으며 제4권 수당대의 제2부는 여전히 미완성인 상태라는 점은 유럽과 미국의 중국사학계에서의 위진남북조와 수당시대 연구 현황에 관하여 시사하는 바가 많다.

자들 사이의 화두였는데, 이 책의 집필진이 이 문제에 대하여 어느 정도로 고민하였는지 그 흔적이 이 책에는 그다지 분명하게 드러나 있지 않다. '육조'라는 명칭을 사용하고 있는 것도 어떤 의미로 이 점을 시사하는 것이 아닐까. 필자로서는 '육조'라는 용어로 위진남북조를 통칭하는 것에 의구심이 없지는 않으나, 유럽과 미국 학계는 자신들의 언어로 인한 특수한 사정이 있을 터이니 일단 차치하기로 하자.

그 외에도 이 책에는 눈길을 끄는 또 다른 용어가 등장한다. 제11장 남조(The Sourthern Dynasties)에서 저자 앤드루 치틱(Andrew Chittick)은 남조의 여러 왕조를 지칭하여 종종 '건강제국(Jiankang empire)' 혹은 '건강 정권(Jiankang regime)'이라는 용어를 사용하고 있다. 치틱은 근자에 출간된 『루틀리지 중국사 핸드북(Routledge Handbook of Imperial Chinese History)』[6]의 남북조 장을 집필하였는데, 여기서도 남조와 북조를 각기 '건강제국'과 '중국-선비제국(Sino-Xianbei empire)'이라는 용어로 표현하고 있다. 제8장 북위 편을 집필한 스콧 피어스(Scott Pearce)도 균전제뿐 아니라 상무(尙武)의 기풍, 기마, 수렵 등 생활 문화 전반에 이르기까지 북위에서 수당대로 이어지는 연속성을 지적하며 '탁발부의 그림자(shadow of Tabgach)'라고 표현하였다. 제도 및 습속 등에서 북위에서 당대로 이어지는 선비 전통의 유산이 있었음은 새삼스럽게 언급할 것까지도 없다. 일본학계 일부에서는 여기서 한 걸음

---

[6] Victor Cunrui Xiong and Kenneth J. Hammond eds., 2018, *Routledge Handbook of Imperial Chinese History*, Routledge. 참고로 이 책에서는 위진남북조에 해당하는 시기를 三國(the Three States / Three Kingdoms), 晉과 十六國(the Jin and the Sixteen States), 南北朝(the Southern and Northern Dynasties) 세 개의 장으로 분리하여 서술하고 있다.

나아가서 북위에서 당까지의 중국을 '탁발국가'로 보려는 시각조차 있음을 생각하면,[7] 한족과 선비족이 융합되어 있다는 의미에서 북조를 '중국-선비제국'이라고 부르는 것도 그리 낯설게 느껴지지는 않는다. 우리 학계에는 이미 오래전부터 호(胡)와 한(漢)의 융합으로 북조를 설명한 호한체제론(胡漢體制論)의 연구성과가 있지 않은가.[8] 그러나 남조를 '건강제국'으로 명명하는 것이 얼마나 적절한지는 다소 의문이다. 치틱은 2020년에 출간된 본인의 단행본에서도 '건강제국'이라는 용어를 제목에 그대로 드러내고 있다.[9] 이 단행본을 필자가 아직 읽지 못하여 저자가 이 용어에 대하여 모종의 설명을 제시하고 있는지는 모르겠다. 다만 2014년에 발표한 논문에서 그는 자신이 사용하는 '건강제국'이라는 용어는 건강을 수도로 하였던 삼국의 오, 동진, 송, 제, 양, 진의 여섯 왕조, 즉 그야말로 '육조'를 지칭한다고 간략히 언급한 적은 있다.[10] 그런데 이 책(『케임브리지 중국사』 제2권)에는 찰스 홀콤(Charles Holcombe)이 집필

---

[7] 8세기에 제작된 오르콘 비문에서 당시의 투르크인들이 '唐朝'를 '타브가츠', 즉 한자로는 '拓跋'로 표기되었던 그 고유명사로 부르고 있는 것을 하나의 예로 제시하는 이러한 시각은 대체로 일본의 중앙아시아 연구자들 사이에서 대두되고 있는 것 같다. 대표적인 예로 森安孝夫, 2007, 『シルクロードと唐帝國』, 講談社를 들 수 있다. 그러나 代國의 건국부터 수와 당에 이르기까지를 전부 '탁발국가'라는 개념으로 포괄하려는 시도는 아직 논의할 여지가 많은 시론(試論)이 아닌가 싶다.

[8] 지난 30년 넘도록 호한체제론을 기반으로 진행된 박한제의 연구성과는 최근 4권의 단행본으로 출간되었다. 박한제, 『중국중세 호한체제의 정치적 전개』(일조각, 2019); 『중국 중세 호한체제의 사회적 전개』(일조각, 2019); 『중국중세도성과 호한체제』(서울대학교 출판문화원, 2019); 『중국 도성 건설과 입지: 수당 장안성의 출현전야』(서울대학교 출판문화원, 2019).

[9] Andrew Chittick, 2020, The Jiankang Empire in Chinese and World History, Oxford University Press.

[10] Andrew Chittick, 2014, "Vernacular Languages in the Medieval Jiankang Empire," Sino-Platonic Papers 250, p. 2.

한 동진(Eastern Jin) 편이 제5장에 따로 있으므로, 치틱은 『루틀리지 중국사 핸드북』에서처럼 동진을 제외하고 송, 제, 양, 진의 네 왕조를 지칭하며 '건강제국' 혹은 '건강 정권'과 같은 용어를 사용하고 있는 것 같다. 그렇다면 일반적인 '남조(Southern Dynasties)'라는 용어를 사용하면 되는 것이 아닌가? 만약 그렇지 않고 오와 동진까지 포함하고자 하였다면 장별 서술 범위에도 다소 부합하지 않는다는 문제가 있을 뿐 아니라, 애초에 이 여섯 왕조가 건강에 수도를 두고 남중국을 지배 영역으로 하였던 공통점 외에 '건강제국'으로 범주화할 만큼 본질적인 공통점을 가지고 있었는지에 대한 논의가 보이지 않는다는 문제가 있다. 이 용어가 치틱 본인의 연구에서 중요한 위치를 차지하는 개념인지 모르겠으나, 독자의 이해를 위해서는 제대로 된 설명이 제시되었어야 한다.

III. 역사 서술의 범위와 체제

이 책의 제21장 「지역사회(Local Society)」를 집필한 허우쉬둥(侯旭東)은 2000년 이래의 중국의 위진남북조사 연구 현황을 정리한 글을 발표한 바 있다. 주마루오간(走馬樓吳簡), 투르판문서, 소그드인 묘장 등 새로운 자료가 주목받고 있다고는 하지만, 신진 연구자는 계속 새로 배출되는 데 비해 문자사료는 비교적 제한되어 있는 시대이므로 새로운 방법론적 돌파구가 필요함을 역설하고 있다. 고고자료를 적극적으로 활용할 것, 소설, 의서(醫書), 종교문헌 등 다른 학문분야에서 주로 활용하던 자료들을 이용할 것 등을 제안하고 있는데, 그 이면에서 자료적 제약이 연구 정체로 이어지지 않을까 하는 우려가 읽힌다.¹¹ 이에 비해 유럽과 미국의 위진남북조사 학계는 애초부터 연구자 층이 두텁지 않았기에 이러한 우려가 강하게 나타날 여지도 그다지 많지 않았던 것이 아닌가 싶다.

이 책의 편집자인 앨버트 딘을 비롯한 몇 사람이 1980년대부터 중국과 일본의 연구성과를 영어로 소개하는 등 학술교류는 꾸준히 이루어졌던 것 같지만,¹² 오래전에 패트리샤 에브리(Patricia Ebrey)의 박릉최씨(博陵崔氏) 연구가 신선한 자극을 주었던 일 외에¹³ 거꾸로 한국, 중국, 일본의 위진남북조사 연구자의 기억에 남을 유럽이나 미국 학계의 연구 성과가 그리 많았던 것 같지는 않다. 독자적인 담론을 만들어 내거나 새로운 방법론을 구축해 낸 일도 없었고, 이러한 성과를 찾아보기 이전에 우선 전공자의 수 자체가 많지 않았다. 위진남북조시대의 역사를 연구하는 전공자의 층이 두텁지 않았던 탓인지, 오히려 이 시대와 관련하여 주목할 연구들은 역사학보다는 불교, 도교 등 이 책의 제3부에 수록된 분야에 속하는 것들이었다. 필자는 위진남북조시대의 문학, 미술, 음악에

---

11 侯旭東, 2011, 「關于近年中國大陸魏晉南北朝史研究的觀察與思考」, 『中國中古史研究: 中國中古史青年學者聯誼會會刊』第一卷, 北京: 中華書局. 이 글은 원래 2007년에 발표된 글이나, 근래 위진남북조사 연구에 대한 전체적인 경향과 문제 등은 대체로 현재 상황에도 부합한다.

12 예를 들어 Joshua A. Fogel이 谷川道雄의 『中國中世社會と共同體』(國書刊行會, 1976)을 번역하고 설명을 덧붙여 Tanigawa Michio, 1985, *Medieval Chinese Society and the Local "Community"*, University of California Press로 내놓거나, Albert E. Dien이 唐長孺와 毛漢光의 영어 논문과 아울러 유럽 및 미국의 연구 성과를 엮어 편집한 *State and society in early medieval China* (Standford: Stanford University Press, 1990)를 출간하는 등의 활동이 있었다.

13 Patricia Buckley Ebrey, 1978, *The Aristocratic Families in Early Imperial China: A Case Study of the Po-Ling Ts'ui Family*, Cambridge University Press. 주지하는 것처럼 에브리는 그 이후에 주로 연구 대상을 송대로 바꾸어 다수의 성과를 냈다.

문외한이나 마찬가지이므로 해당 분야 유럽과 미국 학계의 연구사에 대하여는 물론 이 책의 해당 부분의 저자들에 대해서도 논할 능력이 없기 때문에 여기서 일일이 언급하고 소개할 수는 없으나, 이 책에 필진으로 참여하여 제24장 「불교」 편을 집필한 존 키쉬닉(John Kieschnick)이나[14] 제25장 「도교」 편을 집필한 스티븐 보켄캄프(Stephen Bokenkamp)와[15] 같은 경우가 위진남북조시대를 다루는 유럽 및 미국 연구자들에게 신선한 자극을 준 경우라 하겠다.

중국의 위진남북조사 학계에서도 학문 분야에 구애받지 말고 이전까지 주목하지 않았던 다양한 자료를 이용하여 다각적인 접근을 모색해야 한다는 제안이 나올 정도이고, 유럽과 미국의 위진남북조사 학계는 연구자 층도 두텁지 않고 장기간 활기가 부족한 상황이었으니, 근자에 들어 시리즈 중 가장 늦게 겨우 완성된 이 책이 '역사' 부분에 집중하기보다는 시리즈의 다른 권에서 보기 힘들 정도로 다양한 주제를 다루는 장들을 둔 것은 자연스러운 귀결인지도 모르겠다. 게다가 이 책의 편집자 중 한 사람인 키스 냅(Keith N. Knapp)이 위진남북조시대의 유교전통 및 문화사 관련 주제 전공자임을 생각하면 더욱 그렇다.[16] 너무 오랫동

---

14 잘 알려진 두 권의 단행본을 출간하였다. John Kieschnick, *The Eminent Monk: Buddhist Ideals in Medieval Chinese Hagiography*(University of Hawaii Press, 1997); *The Impact of Buddhism on Chinese Material Culture*(Princeton University Press, 2003) 등이 있다.

15 도교 문헌 중 중요한 자료들을 영어로 번역하거나 중요한 단행본을 출간한 것 외에도 영어권 도교 연구자들 사이에서 독보적인 연구성과를 보인 바 있다. Stephen R. Bokenkamp, *Early Daoist Scriptures*(University of California Press, 1999); *Ancestors and Anxiety: Daoism and the Birth of Rebirth in China*(University of California Press, 2007).

16 대표 저작이 효 이념을 위진남북조시대의 사회사적 맥락으로 분석하여 제시한 *Selfless Offspring: Filial Children and Social Order in Medieval*

안 『케임브리지 중국사』 시리즈 중에서 위진남북조시대만 빠진 채로 있었으니, 늦어진 만큼 분발하여 역사, 사상, 고고학, 문화, 종교, 문학, 예술 등을 총망라한, 위진남북조시대의 모든 주제를 다룬 역작을 내려고 의욕을 보인 것이라고 생각하고 싶다.

그렇다면 그러한 의욕이 이 책에서 효과적으로 결실을 맺고 있을까. 이 점에 대해서는 독자에 따라 의견이 갈릴 것 같다. 다소 형식적으로 보일 수도 있으나 전체의 분량, 구성, 그리고 지면의 배분 문제를 이야기해 보자. 『케임브리지 중국사』 시리즈에서는 각 시대를 다룬 권이 다소 편차는 있으나 대체로 800쪽 내외의 단행본 두 책으로 되어 있는 것이 일반적이다. 이에 비해 다른 시대보다 기간이 짧은 것도 아닌 위진남북조를 다룬 제2권은 800쪽이 조금 넘는다. 전체 분량 자체가 다른 시대의 절반 정도인 것이다. 그럼에도 이례적으로 다양한 주제를 망라하여 포괄하고 있다는 점은 결국 무엇을 의미할까. 우선 눈에 띄는 것은 제1부 '역사' 부분이 본문 전체의 약 3분의 1을 채 넘지 않고, 내용도 다소 소략하여 약간 자세한 시대사 개설서 수준을 크게 벗어나지 않는다는 점이다. 이 시리즈의 다른 권들과 가장 두드러지게 차이가 나고 아쉬운 부분이다.

『케임브리지 중국사』 시리즈 중에서는 상대적으로 근자에 완성된 제5권(송대)의 경우, 제1부 분책은 907년 당(唐)의 붕괴로부터 시작하여 1279년 남송(南宋)의 멸망까지 약 380년에 달하는 시기의 역사를 900쪽가량의 분량을 통해 상세하게 설명하고 있다. 그리고 제2부 분책에서는 재정, 군사, 법제를 비롯하여 도학(道學)에 이르는 여러 가지 주

China(University of Hawaii Press, 2005)이다.

제를 약 800쪽에 걸쳐 서술하고 있다. 제2부 분책의 각 장은 길면 100여 쪽, 짧아도 60여 쪽 정도의 분량을 보이고 있다. 시리즈 초기에 출판된 제3권(수당대 제1부)의 경우를 참고해 보자면, 개별 주제를 다루는 제4권(수당대 제2부)이 아직 출판되지 않아 전모를 파악하기는 어렵지만 일단 제3권은 약 800쪽에 달하는 지면을 전적으로 정치사를 중심으로 한 역사 서술에 쓰고 있다. 제4권의 경우도 아직 미완성 상태이나 원래 계획되었던 모습을 짐작할 수는 있다. 제4권의 집필 자체는 이미 오래전에 시작되었으나 여러 가지 사정으로 완성이 오랫동안 지연되었고, 결국 제3권의 출판 후 10년 정도 지난 시점부터 데이비드 맥멀린(David McMullen), 스탠리 와인스타인(Stanley Weistein), 티모시 바렛(Timothy Barrett) 등 일부 집필진의 원고가 제4권의 완성을 기다리지 못하고 먼저 수정 및 보완을 거쳐 한 편씩 독립적인 단행본으로 출간되었다. 그런데 이들 책 세 종이 담고 있는 정보의 양이나 분량을 보면 이들이 원래 제4권의 한 장씩을 맡게 되었을 때도 각기 적지 않은 분량에 상당히 자세한 정보를 담게 되었을 것이라 추측할 수 있다. 세밀한 보완 작업을 통해 적지 않은 분량의 단행본이 되어 버린 맥멀린이나 와인스타인의 경우는 차치하고라도, 원래 원고의 형태에서 크게 벗어나지 않은 것으로 추정되는 바렛의 짧은 단행본만 보아도 100여 쪽을 넘고 있으니 제4권의 한 장으로서는 결코 짧은 분량은 아니다.[17] 아마 처음 기획이

---

17 David McMullen, 1988, *State and Scholars in T'ang China*, Cambridge: Cambridge University Press는 유교 경학(經學), 학교 제도, 교사 및 예학 관련 논의 등을 비롯하여 唐代의 역사 저술 및 편찬, 시문(詩文) 등 그야말로 문인 학자들과 국가에 관한 광범위한 주제를 다루고 있고, 400쪽이 넘는 분량의 상세한 단행본 연구서로 출판되었다. 단행본으로 출판되는 과정에서 이처럼 방대하게 양이 늘어나지는 않았지만, 불교를 다룬 Stanley Weistein, 1987, *Buddhism under the T'ang*,

그대로 실현되었다면 제4권도 송대 제2부 분책과 비슷한 정도의 분량을 활용하여 제도, 사회, 경제를 비롯하여 사상, 종교 등 다양한 주제를 다루었을 것이다.

이처럼 당대와 송대를 다루는 권들의 경우에는 대체로 정치사 중심의 내용으로 시대사를 서술하는 부분이 1책, 그리고 해당 시대의 특징적인 면모를 보여 주는 개별 주제들, 예를 들어 사회, 경제, 특징적인 제도, 대외관계, 그리고 사상이나 문화 중 빠뜨릴 수 없는 부분들을 보다 상세하게 다루는 내용이 1책, 합 2책의 형태를 유지하고 있다. 전반부에서 시대사 흐름을 제시하고 후반부에서 주제별 접근을 시도하여 상호 보완을 통해 해당 시대에 대한 수준 높고 균형 잡힌 이해를 제시하려는 의도로 기획되어 있는 것이다. 그리고 이 과정에서 주제 선택에 대해서는 어느 정도의 선택과 집중이 이루어진 것으로 보인다. 예를 들어 송대의 각 주제를 다루는 제5권 제2부 분책의 경우 도학(道學)에 비중을 두어 사상 및 문화의 흐름을 설명하되 도교, 불교, 문학 및 예술에 관한 장은 없으며, 명대의 제2부인 제8권의 경우는 사상 및 종교에 관해서는 각기 장을 두었으나 문학 및 예술 등에 대해서는 다루지 않고 있다. 필자는 다른 시대를 다루는 권들도 기본적인 구성 방식은 크게 다르지 않은 것으로 이해하고 있고, 『케임브리지 중국사』 시리즈 전체에 공유되고 있는 이러한 구성 방식이 위진남북조시대를 다루는 제2권에서도 공유될 것이

Cambridge: Cambridge University Press의 경우도 약 250여 쪽에 걸쳐 각 황제들의 재위기간 순으로 당대불교사를 서술하고 있다. 어쩌면 원래 해당 분책의 한 장으로 준비된 원래의 모습에 가장 가까운 형태로 출판된 것이 당대 도교사를 서술한 T. H. Barrett, 1996, *Taoism under the T'ang*, London: Wellsweep Press일 터인데, 앞의 두 책과 달리 다소 작은 판형의 110쪽 정도라고 하더라도 단행본의 한 장으로 집필된 것임을 생각하면 결코 짧지 않은 양이다.

라고 기대했었다.

그러나 이번 제2권은 전체 분량 자체가 다른 시대를 다룬 권의 절반 정도에 지나지 않고, 다른 권과 비교해 볼 때 정치사 중심의 역사 부분을 축소하고 보다 많은 주제를 다양하게 다루려고 한 것으로 보인다. 다른 권의 절반 정도에 지나지 않는 지면을 그처럼 많은 장으로 세분하여 다양한 주제들을 다룰 경우, 과연 충분한 내용을 담아낼 수 있는가. 『케임브리지 중국사』 시리즈의 다른 권들의 경우와 비교해 보면 이 책 제2부와 제3부의 각 장들은 대개 20쪽 내외의 짧은 분량으로 되어 있어 매우 왜소하게 보이는 것이 사실이다. 제1부 '역사' 부분도 소략하여 아쉬움이 많은데, 제2부와 제3부의 각 장들 역시 주제가 다양할 뿐 심도 있는 설명이 이루어지지 못했다면 이 책의 장점은 어디서 찾아야 할까. 혹, 이 책의 기획과 편집 의도는, 제1부의 「역사」에서는 위진남북조시대의 좁은 의미의 역사를 제2부와 제3부는 전부 포함한 넓은 의미의 역사를 제시하고자 하는 것이었을까. 위진남북조시대는 문화, 예술, 종교가 활발하게 전개된 시대이므로 이러한 내용들을 빠짐없이 포함함으로써 다른 시대와 구별되는 이 시대의 모습을 보이려는 계획이었을까.

물론, 제2부의 전쟁사(제12장 "The Art of War"), 대외관계(제13장 "Foreign Relations"), 경제(제14장 "The Northern Economy"와 제15장 "The Southern Economy"), 물질문화(제18장 "Northern Material Culture"와 제19장 "Southern Material Culture"), 지역사회(제21장 "Local Society") 등을 다룬 장들의 내용을 제1부 내용과 아울러 이해하면 상당히 보완이 되는 것은 사실이나, 여전히 구성상 유기적 통일성이 부족하다는 인상을 지울 수 없다. 그리고 이들 각 장에서 일정 정도 위진남북조의 역사적 배경을 매번 되풀이해서 설명한 후 해당 장의 특수한 주제에 대한 논의를 진행하느라 비효율적으로 지면을 낭비하고 있는 경우가 많다. 게다가 이 중 몇 개의 장은 제목과 내용이 그다지 잘 부합하지도 않는 탓에 제1부의 내용과 유기적으로 상호 보완이 되었어야 하는 제2부의 또 다른 한계를 드러내고 있다. 예를 들어 이 시기의 농업을 다룬다는 제16장 「농업」("Agriculture")은 실제로는 가사협(賈思勰)과 『제민요술(齊民要術)』에 관한 장이다. 가사협이라는 인물과 그의 저술인 『제민요술』에 대한 설명에 치중할 것이 아니라, 이에 대한 이해를 포함하여 위진남북조시대의 농업기술 혹은 농업경제에 대한 전반적인 설명을 제시해야 하지 않을까. 혹은 더 나아가 오호십육국 시기 이후로 북중국의 경제생산이 농업과 목축을 통해 어떤 양상으로 이루어지고 있었는지, 동진남조의 농업은 북중국과 어떻게 다른 특징을 보였는지 등을 다루어 주기를 바라는 것은 지나친 기대일까. 가사협과 『제민요술』을 다루기에 바쁜 탓인지 이러한 주제들에 대해서는 별다른 설명을 제시하지 않고 있고, 북중국의 경제를 다루는 제14장에서도 간략하게 언급할 뿐이다. 『제민요술』이 위진남북조시대의 농업을 보여 주는 몇 안 되는 사료인 것은 부인할 수 없겠으나, 이 장 전체의 중심을 가사협과 『제민요술』에 놓고 서술해야 했는지, 남조의 지식인과 관료들은 농업에 관한 자료를 남기지 않았으므로 남조의 농업에 대해서는 설명할 방법이 그다지 없다고 간략하게 마무리하면 되는 것인지, 다른 대안은 없었는지, 납득하기 어려운 부분이 많은 장이다.

  이 시대의 대외관계를 10쪽 남짓한 짧은 분량으로 정리한 제13장(Foreign Relations)이나, 중국에서 활동한 소그드인에 관하여 역시 10여 쪽 남짓으로 정리한 제17장 「중국 내 소그드인의 역사(The History of Sogdians in China)」와 같은 경우는 내용을 보다 충실하게 하거나 아니면 다른 장과 합쳐서 집필할 수는 없었는가 하는 아쉬움이 크게 남는다. 여성사를 다루는 제20장의 경우, 제목은 "여성, 가족, 젠더화된 사회(Women, Families, and Gendered Society)"인데 실제로 내용 대부분은 북위 태무제의 손자인 임성왕(任城王) 탁발운(拓跋雲)[공종(恭宗) 경목제(景穆帝) 탁발황(拓跋晃)의 아들]의 딸인 탁발순타(拓跋純陀)가 목씨(穆氏)[구목릉씨(丘穆陵氏)]와 결혼하였다가, 배우자와 사별하고 한족(漢族) 고관인 형만(邢巒)과 재혼하였다가 형만 사후에는 대각사(大覺寺)에서 비구니가 된 사례를 상술하며 당시 여성의 삶과 사회의 몇 가지 측면을 여성사적 관점에서 이야기하고 있다. 북조 최고지배층의 이 사례가 과연 당시 여성과 사회에 관한 논의를 풀어내기에 적합한지에 대하여 의문이 들 뿐 아니라 선비족(鮮卑族)와 한족(漢族), 남조와 북조, 사회 계층 등의 종족적, 문화적, 사회적 요인들에 대해서는 충분한 설명이 없어서, 장의 제목은 무슨 의미인지, 그리고 위진남북조시대의 여성, 가족, 사회라는 큰 주제를 이해하는 데 어떠한 도움이 되는지 의문이다.

이와 같은 장들이 다수 포함되어 있는 제2부를 읽고 있으면 이 책이 과연 『케임브리지 중국사』 시리즈의 한 권인지, 아니면 위진남북조시대에 관한 학술회의에서 발표된 개별 논문을 모아 놓은 논문집인지 혼란스러워진다. 편집과 기획 단계에서 『케임브리지 중국사』 시리즈로서의 어떠한 지향이나 정체성 등에 대해서 충분히 고민하고, 각 장들이 유기적으로 전체 구성에 기여할 수 있도록 조율한 것인가? 제3부는 주제가 '문화, 종교, 예술'이므로 편집자 중 한 사람인 키스 냅이 위진남북조시대의 경학과 예학의 중요성을 상대적으로 많은 지면을 할애하며 강조한 제22장 「유학(儒學)과 그 영향(Confucian Learning and Influecne)」 외에 불교, 도교, 민간신앙, 산문, 운문, 미술과 시각 문화, 음악 등 다양한 분야의 글을 수록하고 있어서 더욱 이 책을 독특하게 만들고 있다.

『케임브리지 중국사』 시리즈 중에서 제2권을 두드러져 보이게 하는 이러한 다각적 접근법은 이 책의 집필을 시작하기 위하여 저자들이 2012년에 모인 워크숍의 주제가 '육조시대의 물질문화, 미술, 문학, 그리고 의례(Six Dynasties Material Culture, Arts, Literature, and Ritual Workshop)'였던 데서 이미 어느 정도 예정되어 있었던 것 같다. 그러나 다방면을 포괄하여 위진남북조시대를 이해하려는 이러한 방식은 이 책을 기획하고 편집한 사람들만의 접근법은 아닌 것 같다. 약 20여 년 전에 유럽과 미국 연구자들 일부가 모여 위진남북조에 대하여 종합적인 이해를 시도한 성과로 출간된 논문집 『중국 강역 재편 시기(200~600년)의 문화와 권력(Culture and Power in the Reconstitution of the Chinese Realm, 200-600)』도, 사회사, 경제사, 관료제도, 문학, 불교미술, 도교 등 다방면에 걸친 연구를 포괄하고 있다.[18] 중국에서 간독(簡牘), 석각(石刻) 등 새로운 사료가 발견되어 주목을 받아 왔고, 적극적으로 연구에 활용되고 있지만, 상대적으로 이러한 새 사료들에 대한 접근이 원활하지 않았던 구미의 위진남북조사 학계는 사료적 제약이 있는 상황에서 새로운 돌파구를 찾기 위해 다양한 주제와 분야를 통해 다각적으로 접근하는 경향이 이전부터 강했던 것이라고 보아야 할 것 같다. 따라서 제2부와 제3부의 구성에 대하여 주제가 지나치게 다양하고 산만해 보이는 것이 아닌가 비판할 수도 있지만, 나름의 연구사적 배경이 있는 것이 아닐까 이해할 수도 있을 것이다. 그러나 아무리 다양한 시각과 접근이 필요한

---

[18] Scott Pearce, Audrey Spiro and Patricia Ebrey eds., 2001, *Culture and Power in the Reconstitution of the Chinese Realm, 200-600*, Harvard University Asia Center.

상황이고, 이러한 상황이 책의 구성에도 반영되어 있다고 하더라도, 이 모든 주제를 최소한의 심도를 갖춘 방식으로 설명하려면 현재의 지면으로는 무리가 아니었나 싶다. 이 시대에 본격적으로 중국 역사에 등장하기 시작하여 설명할 것이 많다고 생각되는 불교와 도교에 대해서나, 사료 부족으로 인해 거의 지괴(志怪) 소설에 의존하여 몇 가지 유형을 설명하고 추측하는 데서 더 나아가지 못하는 민간신앙에 대해서나 지면을 20쪽 남짓으로 비슷하게 배분하는 등의 방식은 이해하기 어렵다. 아무리 다양한 주제와 다각적인 접근을 중시하였더라도, 어느 정도는 주제에 대한 선택과 집중을 통해 각 장의 지면을 보다 여유 있게 배분하여 내용의 심화를 기도했어야 하지 않았나 싶다.

IV. 맺음말

『케임브리지 중국사』 제2권에서 보이는 다양성은 주제 선택의 측면에서만 두드러지는 것은 아니다. 다양한 주제로 구성하느라 다양한 분야의 전공자들이 모이게 되면서, 유럽 및 미국 학계에서 활동하는 연구자라고 보아야 하는지 의문이 드는 필자도 포함되어 있는 것이다. 필자의 착각일 수 있으나, 『케임브리지 중국사』 시리즈는 서구학계의 역량을 결집하여 심도 있는 거질의 중국통사를 완성한다는 목표를 가지고 시작된 것으로 알고 있으며 집필진도 그러한 목표에 부합하도록 구성하는 것으로 이해하고 있다. 따라서 주로 유럽이나 미국 학계에서 학술활동을 하고 있는 연구자가 집필하는 것이 일반적이라고 알고 있다. 그런데 제2권의 경우, 소그드인의 역사를 다룬 제17장의 저자인 룽신장(榮新

江)과 지역 사회의 존재 양상을 다양한 각도에서 다룬 제21장의 저자인 허우쉬둥(侯旭東)은 각각 베이징 대학과 칭화 대학에 재직하고 있는 저명한 중국의 연구자로 자세한 설명을 필요로 하지 않으며, 남중국의 경제를 다룬 제15장("The Southern Economy")의 저자인 리우수펀(劉淑芬)과 여성사를 다룬 제20장의 저자인 리전더(李貞德) 두 사람 모두 타이완의 중앙연구원(中央研究院) 역사어언연구소(歷史語言研究所)에 재직하고 있는 저명한 타이완의 연구자이다. 필자가 알기로 박사과정을 미국에서 마친 리전더는 이전부터도 영어로 몇 차례 연구성과를 발표해 왔기에 본인이 맡은 장의 원고를 영어로 작성한 것으로 보이나, 그 외 룽신장, 허우쉬둥, 리우수펀의 장은 중국어로 된 원고를 영어로 번역하였음이 명기되어 있다. 『케임브리지 중국사』 시리즈 중 다른 권에서도 구미학계의 저자가 한국, 중국, 일본의 저자와 공저한 장, 혹 아시아지역에 기반을 둔 저자의 원고를 영어로 번역하거나 아니면 저자 본인이 영어로 쓴 장이 한두 개 정도 포함되어 있는 경우가 없지는 않은 것으로 알고 있다. 이에 비해 제2권의 경우는 그러한 장이 조금 많은 듯하고, 그리고 번역에 의존한 이들 장이 책 전체로 보아 유기적으로 잘 융화되어 있지는 않다.

이상에서 언급한 것과 같이, 『케임브리지 중국사』 제2권의 전체적인 구성, 주제 선정, 지면 배분, 집필진 구성 등에서 드러나는 특징들은 여러 가지 의미에서 유럽과 미국의 위진남북조사 학계의 현황을 보여 주는 것 같다. 이제까지 유럽과 미국 학계의 위진남북조 연구는 원래부터 역사뿐 아니라 종교나 예술 연구가 두드러지는 경향도 있었고, 역사 전공자가 그다지 많지 않아 활발한 학술활동이 돋보이는 상태라고 하기는 어려웠다. 이러한 현실을 반영한 듯, 이번에 출간된 제2권은 『케임브리지 중국사』 시리즈 중 다른 권에 비하여 눈에 띌 정도로 이 시대의 온갖 주제를 망라하여 다루는 매우 다채로운 구성을 보였으나, 시대사 서술 부분의 분량이 불충분하다는 느낌까지 줄 정도로 적고, 나아가 서구뿐 아니라 중국과 타이완 학계의 연구자들도 집필진에 포함하는 특징을 가지고 있다. 이 책은 『케임브리지 중국사』 시리즈의 위진남북조사 권이기도 하지만, 심도 있는 통사의 일부라기보다는 독자적인 위진남북조 연구논문집과 같은 면모도 없지 않다. 다만, 아무리 다각적인 접근이 필요한 시대라고 판단하였더라도, 주제를 더 압축하고 지면을 재분배하여 보다 심도 있는 내용을 제시하는 편이 좋지 않았을까 하는 아쉬움이 남는다.

참고문헌

마크 에드워드 루이스 저, 조성우 역, 2016, 『하버드 중국사 남북조: 분열기의 중국』, 너머북스.
박한제, 2019, 『중국 도성 건설과 입지: 수당 장안성의 출현전야』, 서울대학교 출판문화원.
_____, 2019, 『중국 중세 도성과 호한체제』, 서울대학교 출판문화원.
_____, 2019, 『중국 중세 호한체제의 사회적 전개』, 일조각.
_____, 2019, 『중국 중세 호한체제의 정치적 전개』, 일조각.

侯旭東, 2011, 「關于近年中國大陸魏晉南北朝史硏究的觀察與思考」, 『中國中古史硏究: 中國中古史靑年學者聯誼會會刊』第一卷, 北京: 中華書局.
森安孝夫, 2007, 『シルクロードと唐帝國』, 講談社.

Barrett, T. H., 1996, *Taoism under the T'ang*, London: Wellsweep Press.
Bokenkamp, Stephen R., 1999, *Early Daoist Scriptures*, University of California Press.
_____, 2007, *Ancestors and Anxiety: Daoism and the Birth of Rebirth in China*, University of California Press.
Dien, Albert E., 2007, *Six Dynasties Civilization*, New Haven and London: Yale University Press.
Dien, Albert E., ed., 1990, *State and Society in Early Medieval China*, Standford: Stanford University Press.
Ebrey, Patricia Buckley, 1978, *The Aristocratic Families in Early Imperial China: A Case Study of the Po-Ling Ts'ui Family*, Cambridge University Press.
Kieschnick, John, 1997, *The Eminent Monk: Buddhist Ideals in Medieval Chinese Hagiography*, University of Hawaii Press.
_____, 2003, *The Impact of Buddhism on Chinese Material Culture*, Princeton University Press.
Knapp, Keith N., 2005, *Selfless Offspring: Filial Children and Social Order in*

Medieval China, University of Hawaii Press.

McMullen, David L., 1988, *State and Scholars in T'ang China*, Cambridge: Cambridge University Press.

Pearce, Scott, Spiro, Audrey and Ebrey, Patricia, eds., 2001, *Culture and Power in the Reconstitution of the Chinese Realm, 200-600*, Harvard University Asia Center.

Tanigawa, Michio and Fogel, Joshua tr., 1985, *Medieval Chinese Society and the Local "Community"*, University of California Press.

Weistein, Stanley, 1987, *Buddhism under the T'ang*, Cambridge: Cambridge University Press.

Xiong, Victor Cunrui and Hammond, Kenneth J., eds., 2018, *Routledge Handbook of Imperial Chinese History*, Routledge.

4장

구미학계의 수당사 서술과 한국사 인식

정병준 동국대학교 사학과 교수

I. 머리말

이 글은 『케임브리지 중국사』 시리즈의 수당 편(이하 '본서')[1]에 서술된 내용을 바탕으로 구미학계의 수당사 및 대외관계사 서술을 살펴보고자 한다. 나아가 수당사 및 대외관계에 관한 구미학계와 중국학계의 차이점을 확인하고, 또 이를 한국학계의 입장에서 비평해 보려고 한다.

다만 본서는 『케임브리지 중국사』 시리즈 중에서 두 번째로 이른 1979년에 출간되었기 때문에 그 후의 연구성과가 반영되어 있지 않다. 그럼에도 불구하고 본서는 여전히 학술적 가치를 지닌 내용이 많고 그 상당수는 지금도 주류 학설을 이루고 있기 때문에 기본적 경향성을 파악하는 것은 가능하다고 생각된다.

1990년에 본서는 중국사회과학원역사연구소 사방한학연구과제조 번역(中國社會科學院歷史研究所 四方漢學研究課題組 譯), 『검교 중국수당사(劍橋中國隋唐史)』, 중국사회과학출판사(中國社會科學出版社)라는 이름으로 중국에서 번역·출판되었다. 그 「번역 머리말」에는 본서의 주된 내용과 특징들이 대략적으로 정리되어 있기 때문에 이를 통해서도 본서의 기본적 서술 형식과 내용을 알 수 있다. 이하 본문에서는 먼저 이것을 간략히 요약한 후 그 내용을 순서대로 검토하면서 특히 대외관계에 관한 부분을 조금 더 자세히 논의해 보려고 한다. 또한 「번역 머리말」에는 책의 내용과 특징에 대한 정리에 이어 자신들의 시점에서 동의하기 어려운 점과 오류로 보인다는 점들을 지적해 두었는데, 그 안에는 오히려 한

---

[1] Denis Twitchett ed., 1979, *The Cambridge History of China Volume 3: Sui and T'ang China, 589-906*, Part I, Cambridge University Press.

국의 입장에서 동의하기 어려운 점들이 있다. 본문에서 아울러 검토해 보겠다.

본서는 모두 10장으로 구성되어 있고 7인의 연구자가 나누어 집필하였다. 즉 데니스 트위체트(제1장: 서언), 아서 라이트(제2장), 하워드 웨슬러(제3장, 제4장), 데니스 트위체트·하워드 웨슬러(제5장), 리처드 지소(제6장), 데니스 트위체트(제7장), 찰스 피터슨(제8장), 마이클 댈비(제9장), 로버트 서머스(제10장)의 순서이다. 여기서 서언을 쓴 데니스 트위체트는 『케임브리지 중국사』 시리즈의 공동편집자이기도 하지만, 본서에서 특히 주도적 역할이 느껴진다.

본서가 오래전에 출간된 만큼 이를 보완하기 위해 그 후에 나온 성과 등을 참조할 필요가 있는데, 예를 들면 다음과 같은 것들이 있다. ① 아서 라이트·데니스 트위체트 편, 위진수당사학회 역, 『당대사(唐代史)의 조명』, 아르케, 1999(원서 초판 1973년), ② 마크 에드워드 루이스 저, 김한신 역, 『하버드 중국사 당: 열린 세계 제국』, 너머북스, 2017(원서 초판 2012년), ③ 페어뱅크·라이샤워 저, 김한규 등 역, 『동양문화사』(상), 을유문화사, 1991(원서 초판 1989년), ④ 폴 로프 저, 강창훈 역, 『옥스퍼드 중국사 수업』, 유유, 2016(원서 초판 2010년) 등이다.[2]

---

2   그 외에 존 킹 페어뱅크·멀 골드만 저, 김형종·신성곤 역, 2005, 『신중국사』, 까치; 패트리샤 버클리 에브리 저, 이동진·윤미경 역, 2001, 『사진과 그림으로 보는 케임브리지 중국사』, 시공사; 발레리 한센 저, 신성곤 역, 2005, 『열린 제국: 중국 고대-1600』, 까치 등이 있다.

II. 수당사 서술 형식과 주요 관심사

앞에서 언급한 아서 라이트·데니스 트위체트 편, 『당대사의 조명』은 본서와 좋은 조합을 이루는 저작인데, 박한제가 쓴 「역자 해제」는 본서의 성격을 이해하는 데에도 도움이 된다.

먼저 그 내용을 인용해 보자. 즉 『케임브리지 중국사』는 1978년 청 말(淸末) 편이 가장 먼저 출판되었고 이듬해에 수당 편이 출판되었다. 이때 청 말 편이 처음 출간된 것은 그들과의 직접적인 연관관계로 인한 관심으로 이 시대 연구자가 비교적 많다는 구미권, 특히 미국의 중국사학계 나름의 조건에서 비롯된 것이지만, 수당 편이 그 다음으로 나온 것은 색다른 이유가 있다고 할 수 있다. 『케임브리지 중국사』는 중국 근대사를 전공한 하버드 대학의 페어뱅크 교수와 함께 당대 경제사를 전공하는 케임브리지 대학의 트위체트 교수가 공동편집인으로 되어 있다. 트위체트 교수는 사상사를 전공하는 라이트, 제도사를 전공하는 풀리블랭크 교수와 함께 제2차 세계대전 이후 구미의 당대사학계를 주도해 왔다. 이 걸출한 3인의 학자가 배출한 학자들이 각각 세계학계의 수준에 평행하는 우수한 학문적 성과를 발표하고 있다. 따라서 구미에서의 당대사 연구는 여타 시대보다 질적 수준을 갖춘 분야이다. 『케임브리지 중국사』 수당 편은 애초 1부와 2부 두 책으로 나누어 기획되었다. 이미 출판된 1부에서는 정치사의 흐름과 그에 연관된 경제·사회·군사 및 대외관계를 주로 다루었고, 2부에서는 행정·경제·사회의 각 제도 그리고 사상 및 종교, 문화 일반을 다루게 되어 있다. 그런 면에서 아서 라이트·데니스 트위체트 편, 『당대사의 조명』은 아직 출판되지 않은 2부와 거의 일치하고 있다. 이 점에서 『당대사의 조명』은 2부가 아직 출판되지 않은 공백을 충분히 메워 줄 수 있다고 한다.

또 박한제는 구미학계에서 중국사 가운데서 당대사 연구자를 비교적 많이 확보하게 된 이유를 설명하였다. 즉 당대는 중국사 가운데 가장 전형적인 세계제국이라고 할 만한 점이 그들의 관심을 끌었을 것이라고 하며 『당대사의 조명』의 서문에 적힌 다음 문장을 인용하고 있다.

> 중화제국 수천 년의 역사 가운데 당대는 위대했던 시대 중의 하나이다. 당대는 역사상 전례 없는 물질적 풍요, 제도적 발전, 사상과 종교의 새로운 도약, 그리고 모든 예술 부문에서의 창조성으로 특징지어지는 시기였다. 이러한 엄청난 활력을 무엇으로 설명할 수 있을까? 첫째는 당 왕조의 절충주의로, 이것이 바로 당이 이전 400년의 혼란스런 역사로부터 다양한 문화의 흐름들을 한데 끌어모은 방식이었다. 둘째는 당의 국제성, 즉 모든 종류의 외국의 영향을 받아들이는 개방성이었다. 이러한 특성들로 인하여 당 문명은 보편적인 호소력을 갖게 되었다. 인접한 주변민족들은 늘상 그 자신들의 고유 문화를 변형시킨 요인들을 당조로부터 수용하였다. 그리고 아시아의 도처에서 사람들이 당으로 몰려들었다. …… 당의 수도 장안은 세계에서 가장 큰 국제도시였을 뿐 아니라 동아시아 전역에 전파하는 문명의 중심지였다.[3]

이는 『당대사의 조명』의 집필자들이 중국사 가운데 당대를 바라보는 시각이지만, 『케임브리지 중국사』 수당 편의 기본 시각이라고 해도 좋다. 왜냐하면 『당대사의 조명』의 서문을 작성한 사람은 데니스 트위체트와

---

3   아서 라이트·데니스 트위체트 편, 위진수당사학회 역, 1999, 『당대사의 조명』, 아르케, 11-12쪽.

아서 라이트지만, 두 사람 모두 『케임브리지 중국사』 수당 편의 핵심 집필자이기도 하기 때문이다. 그리고 해당 시각은 근래에 이르기까지 그대로 이어지고 있는 것으로 보인다. 즉 마크 에드워드 루이스, 『하버드 중국사 당: 열린 세계 제국』을 보면 "당 왕조의 활력을 상징하는 두 가지 핵심 요소로는 절충주의(앞선 시대의 역사를 구성하는 모든 문화적 전통들을 활용하는 능력)와 세계주의(외국인과 그들의 다양한 삶의 방식에 대한 개방성)를 들 수 있다. 외국인과 외국 문화는 당제국 전체에 걸쳐 지배적인 요소였고 특히 도시에서 그러한 경향이 강하였다"[4]라고 하는데, 앞의 서문을 표현만 조금 바꾸었을 뿐이라고 할 수 있다.

앞에서 말한 중국어 번역본의 「번역 머리말」에서는 본서의 특색으로 네 가지를 들고 있다. 첫째는 수당사의 중요한 역사인물과 역사적 사건에 대해 새로운 견해들이 많이 제시되어 있다는 것이다. 그 역사인물로 예컨대 수 양제에 대해 이전에는 폭군 등으로 폄하하는 경우가 많았으나 이 책에서는 부정적인 면도 있지만 전체적으로 긍정적이라고 높게 평가하고, 또 당 덕종에 대해 이전에는 번진에 대해 소극적인 고식정책(姑息政策)을 펼쳤다고 하며 부정적으로 평가하였으나 이 책에서는 중앙권력을 보전하기도 힘든 상황에서 번진들과 타협할 수밖에 없었던 점을

---

4 마크 에드워드 루이스 저, 김한신 역, 2017, 『하버드 중국사 당: 열린 세계 제국』, 너머북스의 6장 「외부 세계」, 328쪽. 또한 같은 책 293쪽에서는 개방성과 관련해서 "한 왕조는 발견, 탐험, 그리고 군사적 팽창의 시기였던 반면, 남북조의 왕조들은 반전의 시기로서 이민족이 대규모로 북부로 이주해 오고 외래 문화적 요소들 즉 무엇보다도 불교가 중국인의 삶을 변화시켰다. 수 왕조와 당 왕조는 외부 세계로 팽창하면서도 동시에 이민족과 그들의 문화들을 대규모로 끌어들이면서 이러한 양식 모두를 결합하였다. 즉 수 왕조와 당 왕조는 중국 역사상 가장 개방적이고 국제적인 시기였다"라고도 한다. 이 문장의 역사적 의미에 관해서는 정병준, 2018, 「唐代 異民族 管理方式의 다양성 및 그 변용-羈縻府州 제도를 중심으로」, 『동양사학연구』 143, 40쪽 참조.

지적하며 옹호하는 입장을 취한 것 등이다. 그 외에 당 고조, 당 고종, 무측천, 당 헌종, 이임보에 대해서도 새로운 견해들을 제시하고 있음을 지적하고 있다. 또 역사적 사건인 안사의 난, 우이당쟁, 회창폐불, 대중복불(大中復佛)에 대한 새로운 인식들을 소개하고 있다.

둘째는 수당사 연구의 미진한 부분이나 공백을 보완하고 있다는 것이다. 즉 ① 기존에는 황제를 주로 다루었지만, 본서에서는 각 황제, 특히 태종, 무측천, 현종, 덕종, 헌종, 문종의 재상·대신과 그 외 중요 인물들의 행적에 대해서도 관심을 기울여 정치사의 내용을 크게 보완하였다. ② 기존의 연구에서는 각 인물의 성격이나 기질을 고찰하여 그들이 수행한 역사적 작용을 평가한 것이 적었는데, 본서에서는 이러한 작업을 비교적 많이 수행하였다고 하며 수 문제, 수 양제, 당 덕종, 당 헌종, 당 경종, 당 선종 등을 들고 있다. ③ 기존에 연구가 적었던 당 후기에 대해 많은 관심을 기울여 당 후기를 새롭고 명료하게 서술한 것이 많다고 하면서 당 덕종 시기인 786년의 개혁, 당 헌종 시기 배기(裴垍)의 세제(稅制) 개혁, 오중윤의 건의에 따른 군정제도(軍政制度) 개혁, 9세기 중앙과 지방관계의 특징, 감군사 제도, 지방 민단(民團)의 건립과 군사화, 만당 시기 권력의 새로운 구조, 주온(朱溫)의 항당(降唐)과 선무군(宣武軍) 장악, 이극용의 활동을 들고 있다.

셋째는 수당사를 서술할 때 수당에 한정하지 않고 특히 한에서 송까지의 긴 시간 속에서 다루고 있다는 것이다. 예컨대 수당 시기의 전국통일을 논할 때 중국사의 분열과 통일의 역사들을 함께 언급하고, 안사의 난과 번진 할거를 논할 때도 분열과 통일의 추세라는 시각에서 서술하고 오대십국을 논할 때는 송대에 보이는 여러 가지 현상, 즉 강남의 경제개발, 연해무역의 발달, 신문인(新文人) 계층의 동남 집중 등을 함께 서술한다는 것 등이다.

넷째는 사료비판을 철저히 행하고 또 각국의 연구성과를 광범위하게 섭렵하였다는 것이다. 특히 사료를 가볍게 채택하지 않고 원시 자료에 대한 감별을 중시하는 태도를 높이 평가하면서 이 책의 논술이 견실한 점을 지적하고 있다. 또한 과학적 연구라는 것은 이전의 연구를 기초로 진행되는 점을 강조하면서 이 책에서 영국, 일본, 미국, 프랑스 및 중국의 관련성과를 두루 섭렵한 점을 평가하고 있다.

여기서 잠시 본서의 세부 목차를 살펴보겠는데, 이것만 보아도 본서의 대체적인 내용과 주 관심사를 쉽게 알 수 있다. 제1장 「서언」에서는 (1) 수 왕조의 재통일 과정, (2) 여러 제도의 변화, (3) 경제와 사회의 변화, (4) 수당과 외부세계, (5) 사료 문제를 다루었다. 제2장 「수 왕조(581~617년)」에서는 (1) 통일 직전 6세기의 중국, (2) 수 왕조를 개창한 문제(581~604년)와 그의 대신들, (3) 수대에 당면한 현안들, (4) 2대 양제(604~617년)의 개성과 생활방식, (5) 양제 재위 시기의 문제들을 다루었다. 제3장 「당 왕조의 건국: 당 고조(618~626년)」에서는 (1) 건국 과정, (2) 당 왕조의 전국통일 과정, (3) 대내정책, (4) 당 왕조와 동돌궐의 관계, (5) 현무문의 변과 선양을 서술하였다. 제4장 「당 정권의 확립자 당 태종(626~649년)」에서는 (1) 태종의 대신들, (2) 조정의 지역정치, (3) 국내정책과 개혁, (4) 중앙집권정책, (5) 대외관계, (6) 후계자 투쟁을 서술하였다. 제5장 「고종(649~683년)과 무후: 계승자와 찬탈자」에서는 (1) 무후의 등장, (2) 무후의 집권, (3) 고종의 국내정책, (4) 대외관계를 서술하였다. 제6장 「무후와 중종·예종의 통치(684~712년)」에서는 (1) 무후의 준비 시기(684~690년), (2) 주 왕조(690~705년), (3) 중종과 예종(705~712년), (4) 이 시기의 문제들을 서술하였다. 제7장 「현종

(712~756년)」에서는 (1) 현종 재위 초기(713~720년): 요숭과 송경, (2) 현종 중기(720~736년), (3) 이임보의 집권(736~752년), (4) 양국충의 집권(752~756년), (5) 현종 시기의 종결을 서술하였다. 제8장 「중당과 만당의 궁정과 지방」에서는 (1) 동북변경, (2) 덕종(779~805년), (3) 9세기 초의 번진, (4) 헌종(805~820년)과 번진 문제, (5) 헌종 계승자 치하의 번진, (6) 번진제의 쇠락을 서술하였다. 제9장 「만당의 궁정정치」에서는 (1) 안록산의 난과 그 결과, (2) 내정(內廷)의 발전(786~805년), (3) 헌종시대의 중앙집권 과정(805~820년), (4) 9세기 중엽의 조정(820~859년)을 서술하였다. 제10장 「당 왕조의 멸망」에서는 (1) 재정문제, 향촌의 피폐와 민중반란, (2) 의종(859~873년), (3) 희종(873~888년), (4) 만당 시기 중국 권력의 새 구조를 서술하였다.

이러한 목차를 통해 다음 몇 가지 특징을 파악할 수 있다. 첫째, 수당의 역사를 황제별로 파악하면서 아울러 각각의 시대에 활동한 인물들에 많은 관심을 보이고 있다는 것이다. 예컨대 수 왕조에서는 문제와 대신들, 당 왕조에서는 태종과 신하들, 현종과 요숭·송경 및 이임보·양국충의 집권에 관한 것 등은 그러한 면을 잘 드러낸다. 또 본문의 내용에 있어서는 각 인물의 개성과 그 작용에 대해 적지 않은 지면을 할애하고 있다. 둘째, 본문이 모두 아홉 장으로 되어 있지만, 그중 세 장이 당 후기에 관한 내용이다. 이는 다른 개설류와 비교하면 매우 많은 분량이라고 할 수 있다.[5] 특히 본서가 출간된 시기의 상황을 감안하면 더욱 그렇다.[6]

---

5 중국·일본 등 각국에서 나온 대부분의 개설류에서 전한에 비해 후한에 대한 서술이 간략하듯이 당 후기에 대한 서술은 당 전기에 비해 간략하게 서술되어 있다.

6 이른 시기에 저술된 쟈끄 제르네 저, 이동윤 역, 1985, 『동양사통론』, 법문사; 볼프람 에베하르트 저, 최효선 역, 1997, 『중국의 역사』, 문예출판사 등을 보면 당 후기가 매

셋째, 당 후기 서술에서 가장 눈에 띄는 것은 번진에 관한 관심이다. 즉 제8장은 모두 번진에 관한 내용이고, 제9장의 (1), (3)과 제10장의 (4) 등도 번진에 대해 서술하고 있다. 이는 다음 시대로 이행하는 과정에 번진이 중요한 작용을 하였다고 보았기 때문이다.

당 후기에 대한 구미학계의 인식과 관련하여 주목되는 것은 비교적 근래에 출간된 마크 에드워드 루이스, 『하버드 중국사 당: 열린 세계 제국』의 「들어가는 말」에 보이는 다음 문장이다.

> 역사학자들, 특히 서구의 학자들은 당대 후반기가 전반기보다도 여러 면에서 더욱 흥미롭다고 생각한다. 756년 안녹산의 반란으로 뚜렷해지는 역사적 단절은 왕조의 성쇠 면에서나 중국의 역사 전개의 전체 궤도에서도 결정적인 순간이었다. 일본의 역사학자 나이토 도라지로(內藤虎次郎)는 8세기 중반에 시작되는 당에서 송으로 이어지는 기나긴 변혁의 시기는 중국 '중세'에서 '근세'로의 전환을 특징짓는다고 주장하였다. 서양의 시대 구분을 중국 역사에 대입하는 것은 위험한 일이지만, 나이토 이후의 상당수의 학자들은 그의 핵심적인 가설을 확인해 주었다. 안녹산의 반란 이후 당 왕조는 중요한 경제적, 군사적, 사회적 제도들을 폐기하고, 제국의 문화적 지형을 재구성하였으며, 외부 세계와의 무역 관계를 확대하고, 이와 같이 변화하는 세계에 대처하는 과정에서 개발된 새로운 예술 형식은 모두 후기 중화제국을 그 이전 시대와 구분지어 주는 기본적인 특징이었다.[7]

우 소략하게 다루어졌다.
7   마크 에드워드 루이스, 2017, 앞의 책, 18-19쪽. 이 책은 전문적인 연구서가 아니다. 하지만 그 때문에 오히려 구미학계의 일반적 인식을 잘 서술할 수 있었다고 생각된다.

이 내용에 이어 「들어가는 말」(총 6쪽)의 3분의 2 이상을 할애하여 당 후기에 나타나는 역사적 이행의 내용을 네 가지로 나누어 비교적 구체적으로 설명하고 있다. 첫째는 기원후 220년 한 왕조가 멸망한 시점까지 그 기원을 거슬러 올라갈 수 있는 제도들이 폐기되었다는 점이다. 즉 균전제와 이에 따른 조세제도, 부병제도 등의 군사체제, 교역을 시장에만 한정하는 통제정책 등이 상업화·도시화에 의해 붕괴되고 후기 중화제국 모델로 변화하였다. 다만 최상위 대가문들의 지배적인 영향력은 10세기 후반 당 왕조의 멸망에 이르기까지 존속하였다고 한다. 둘째는 당대 후반기를 그에 앞선 시대와 구분 짓는 새로운 문화지형의 등장이다. 즉 한 왕조의 멸망 이후 장기간에 걸쳐 강남 하류 및 그 남쪽 지역이 개발되어 제국의 경제 중심지이자 국가 재정 수입에서 가장 중요한 곳이 되었다는 것이다. 다만 전략적인 이유로 북부에 있던 수도의 통제를 받은 남부라는 전형적인 형태는 당 말 이후의 중화제국 시기 내내 유지되었다고 한다. 셋째는 상인들이 외부 세계와의 교역관계를 재편하였다는 것이다. 즉 육상 실크로드를 대신하여 해상교역이 발전하여 이전의 몇 세기 동안과 마찬가지로 대부분의 교역은 한국이나 일본 등과 같은 동북아시아의 국가들과 이루어졌지만, 동시에 동남아시아, 인도, 그리고 페르시아 해안 지역들과도 새로운 상업교역을 맺음으로써 새롭게 등장하는 세계 경제 시스템과 연결시켰으며 이러한 패턴은 명대에 국가 후원의 해상 원정이 중단됨에도 후기 중화제국 전체에 걸쳐 지속되었다고 한다. 넷째는 증가하는 교역과 도시의 상업화에 따른 새로운 문학 장르의 등장이라는 것이다. 당 전반기에 완성된 서정적인 운문의 형식이 장안을 벗어나 지역적으로 확대되면서 다양한 장르의 운문이 생겨나고 사회비판적인 산문 등이 발전하였다고 한다.

당 후기에 대한 구미학계의 관심은 당의 세계제국적 측면보다도 중국사 전체에서 차지하는 당 후기의 역사적 의미에 더 큰 비중을 둔다는 것을 말한다. 본문의 서술은 당 전기에 중점을 두고 있지만, 그 안에는 당 후기의 변화를 전제로 한 측면도 있다는 점을 염두에 둘 필요가 있다.

III. 대외관계의 범주와 한국사 인식

앞에서 본 세부 목차를 통해서도 본서에서 다루는 대외관계의 서술 방식과 비중을 알 수 있다. 즉 제1장에서는 (4) 수당과 외부세계, 제2장에서는 (5) 양제 재위 시기의 문제들 안에 '중국 세력의 지속적 팽창'이라는 소항목을 설정하여 138~147쪽에 걸쳐 비교적 상세히 서술하고 있다. 제3장에서는 (4) 당 왕조와 동돌궐의 관계, 제4장에서는 (5) 대외관계, 제5장에서는 (4) 대외관계, 제7장에서는 (3) 이임보의 집권(736~752년) 안에 '대외관계(720~755년)'라는 소항목을 설정하여 430~447쪽에 걸쳐 서술하고 있다. 또 제8장에서는 (1) 동북변경, 제9장에서는 (2) 내정의 발전(786~805년) 안에 '8세기 후반의 대외관계'라는 소항목을 설정하여 607~611쪽에 걸쳐 서술하고 있다. 제9장에서는 (4) 9세기 중엽의 조정(820~859년) 안에 '9세기 초기와 중엽의 대외관계'라는 소항목을 설정하여 676~681쪽에 걸쳐 서술하고 있다.

대부분의 장에서 대외관계를 설정하여 시기별로 국제관계를 서술하고 있는데, 이는 『당대사의 조명』의 서문에 적힌 대로 당의 국제성이나 개방성에 대한 관심의 반영이라고 할 수 있다. 그리고 그 서술 형식은 기본적으로 앞 부분에 전체적 개략을 적고 이어 국가별(혹은 지역별)로 나누어 각각의 전개 과정을 적은 뒤 마지막에 결론을 정리하고 있다.

각 시기별로 서술된 국가 혹은 지역(민족)들의 명칭을 검토해 보자. 제1장 (4) 수당과 외부세계에서는 한대 이래 전개된 사방에 걸친 여러 가지 나라들과의 관계를 총괄적으로 개괄하였다. 여기서 다루는 나라로는 베트남, 한반도 각국, 일본, 남조(南詔), 돌궐과 회흘, 거란, 티베트(吐蕃), 대식(大食, 이슬람 사라센제국)이 있다. 제2장 (3) 수대에 직면한 큰 문제 안에 '변경 방어와 영토확장'이라는 항목을 설정하여 수 문제 시기 돌궐과의 관계를 집중적으로 다루고, (5) 양제 재위 시기의 문제들 안의 '중국 세력의 지속적 팽창'에서 유구, 일본, 토욕혼, 돌궐, 고구려 등으로 나누어 서술하였다. 제3장 (4) 당 왕조와 동돌궐의 관계에서는 제목 그대로 동돌궐에 초점을 맞추었다. 제4장 (5) 중앙권력 강화 정책 안의 '대외관계'에서는 동·서돌궐, 중앙아시아 오아시스, 토욕혼과 티베트, 설연타, 고구려로 나누어 서술하였다. 제5장 (4) 대외관계에서는 서돌궐, 한반도, 티베트, 동돌궐의 부흥으로 나누어 서술하였다. 제7장 (3) 이임보의 집권(736~752년) 안의 '대외관계(720~755년)'에서는 티베트, 중앙아시아·돌기시(突騎施)와 아랍인, 동돌궐의 쇠락과 회흘의 흥기, 거란과 해(奚), 발해 등으로 나누어 서술하였다. 제8장 (1) 동북변경에서는 동북변경의 상황을 개괄적으로 서술하였다. 제9장 (2) 내정의 발전(786~805년) 안에 '8세기 후반의 대외관계'에서는 티베트, 회흘, 남조와의 관계를 서술하였다. 제9장 (4) 9세기 중엽의 조정(820~859년) 안에 '9세기 초기와 중엽의 대외관계'에서도 티베트, 위구르, 남조와의 관계를 중심으로 서술하였다.

이를 통해 수당시대의 유구, 일본, 토욕혼, 돌궐, 고구려, 회흘, 거란, 발해, 남조 등은 모두 국제관계에 속하는 것을 명확하게 알 수 있다. 다만 제1장 (4) 수당과 외부세계에서 언급한 나라들 가운데 베트남만은 당의 지배하에 있었던 점을 명확하게 밝히고 있다. 한 가지 재미있는 것은 제1장 (4) 수당과 외부세계에서 581년 중국이 마주한 이웃 나라 가운데 고구려만이 정착인구가 있고 안정적이며 조직이 잘 갖추어졌고, 다른 나라들은 유목민 등으로 모두 중국보다 뒤처져 있었기 때문에 상대하기가 비교적 용이하였다고 하는 점이다. 고구려의 국가적 성격이나 위상을 매우 높게 평가하고 있는 것이다.

앞에서 말한 「번역 머리말」에서는 중국학계의 입장에서 본서의 내용에 동의하기 어려운 점이 있다고 하며 네 가지를 지적하고 있다. 즉 ① 농민기의(農民起義)를 반란이라고 하는 것, ② 티베트와 발해 등이 일본·신라와 동등하게 다루어지고 있다는 것, ③ 역사적 사실이나 지명 등에 오류들이 보인다는 점, ④ 마땅히 서술되어야 하는데 서술되지 않은 것 등을 들고 있다. 여기서 ②의 티베트와 발해에 대해서는 중국 역사에 포함되기 때문에 독립된 국가로 볼 수 없다는 말과 같다. '동북공정'이 나오기 전에 이미 두 나라는 중국사의 범주로 간주되었음을 말한다. 하지만 「번역 머리말」에서도 언급하듯이 본서에서는 두 나라를 일본이나 신라와 마찬가지 위상을 가진 국가로 다루고 있는 것이 명확하다.

먼저 티베트에 대한 서술 방식을 보면 제1장 (4) 수당과 외부세계에서

> 7세기에 티베트가 갑자기 강력한 통일왕국으로 성장하여 도전적인 팽창을 시작하였다. … 당 고종 때는 티베트가 오늘날의 청해(靑海) 지역에 있었던 토욕혼을 멸망시켰다. 이전에는 이 토욕혼 왕조가 간수(甘肅)에 있었던 중국영토와 티베트와의 완충 역할을 해내고 있었다. 이후 티베트가 끊임없이 간수 회랑지대와 난주(蘭州) 주변지역 등에서 중국을 위협하였

기 때문에, 당 왕조는 거대한 상주군대를 이곳에 주둔시키지 않을 수 없게 되었다. 755년 이후 안록산 난으로 정부가 수도 방어를 위해서 이 주둔군을 철수시켰을 때 티베트는 간수 지역의 대부분을 차지하여 763년부터 840년대까지 점령하였다(35~36쪽).

라고 하고, 제4장 (5)의 '대외관계'에서는 "당 고조 때 티베트는 이미 중국 북서쪽 국경에 압력을 가하기 시작했다. … 티베트는 9세기 중엽까지 중국에게 가장 위협적인 나라로 발전하였다"(229~230쪽)라고 하고, 제5장 (4) 대외관계에서는 "고종은 660년대와 670년대에 한국에서의 군사문제에 주력하면서 날로 늘어나는 티베트의 위협에 충분한 주의를 기울이지 못했고, 그 결과 서부 변경에서 매우 중요한 전략적 변화가 일어났다. 660년 티베트는 토욕혼을 공격하였다. 663년 그들은 다시 공격을 개시하여 토욕혼 사람들을 청해호 주변의 고향 땅에서 쫓아냈다. 토욕혼 국왕은 절망 속에서 중국인에게 원조를 간청했으나 거절당했다. 고종은 티베트와 당 영토 사이의 유일한 완충국이었던 토욕혼이 무너질 때 이렇게 팔짱을 끼고 있었다. 토욕혼이 정복당하면서 티베트는 접경지역인 간수 지방과 타림 분지를 자유롭게 드나들 수 있게 되었다"(285쪽)라고 한다.[8] 이러한 서술에서는 티베트가 다른 독립국과 어떠한 차이가

---

[8] 또 제7장 (3)의 '대외관계(720~755년)에서 "714년 당이 패한 후 티베트는 꾸준히 그들의 왕국을 굳건히 하였다. … 730년 협정이 맺어져 티베트왕은 당의 종주권을 승인하고 티베트 변경지역 장수들에게는 중국영토에 대한 공격을 중지하도록 명령이 내려졌고, 협약 내용을 담은 비석이 국경에 세워졌다. … 그러면서 당은 동북의 거란과의 지속적인 전쟁에 전념할 수 있었다. 그러나 평화는 736년 파괴되었다. 티베트가 다시 길기트(小勃律)를 공격하였고 당의 항의에도 불구하고 멈추지 않았다. … 현종이 새 화약에 동의하지 않자 티베트는 741년 여름 과감하게 침공하기 시작하여 다시 청해호를 장악했다. 그리고 그들은 철통 같은 石堡城을 탈환하고 甘肅 변경의

있는지를 알 수 없다.

이러한 것은 발해의 경우에도 마찬가지이다. 즉 제1장 (4) 수당과 외부세계에서

> 당 고종은 마침내 고구려 정복에 성공하고 몇 년 지나지 않아 한반도의 대부분을 중국 보호령으로 만들었다. 당 군대가 철수하면서 신라가 역사상 처음으로 한반도를 통일하였고, 만주 및 연해주의 옛 고구려의 영토에는 다른 강력한 국가인 발해가 들어섰다. … 베트남과 달리 신라와 발해는 당으로부터 정치적 독립을 하였음에도 불구하고 영구히 중국 문화권 안에 편입되었다(32쪽).

라고 한 후, 제7장 (3)의 '대외관계(720~755년)'에서 "당에 대한 독립의 상징으로서 발해왕은 그 자신의 연호를 채택하고 당의 정삭(正朔)을 포기하였다. … 현종은 강력한 발해의 굴기에 위협을 느낀 신라왕과 함께 계획을 세웠다. 당 군대가 영주로부터, 또 신라군이 한반도 북부에서 협공을 준비하였다. 결과는 참담한 패배였다. 733년 중국인은 거란과 다시 분쟁이 생겨서 전쟁을 포기하였다. … 발해왕 가운데 가장 위대한 대흠무(大欽茂)[문왕]가 즉위하였다. 그가 즉위한 57년 동안 발해의 국력은 최고를 자랑했고 높은 문화수준에 도달하였다. 그의 통치하에 발해는 당의 제도와 문학을 모방하여 신라와 일본만큼 발달하였다. 발해는 동부지방에서 중국 문화권의 일부가 되었다. … 신라와 일본처럼 발해도 완전히 독립국이어서 당이 그 내정에 간섭할 수 없었지만, 조공관계

당 영토까지 침공하였다"(430~432쪽)라고 하는 것 등이 보인다.

의 형태는 조심스럽게 유지되었다. … 당조는 그들과 일종의 새로운 관계를 맺어야 하였다. 이전 어느 이웃나라와 지낼 때보다 훨씬 동등한 관계와 더욱 공동의 문화를 가진 것을 인정해야 하였다."(441~443쪽)라고 한다. 여기서 주목되는 것은 발해가 "독립의 상징으로서 발해왕은 그 자신의 연호를 채택하고", "신라와 일본처럼 발해도 완전히 독립국", "훨씬 동등한 관계"라고 하는 것이다. 즉 발해는 신라·일본 등과 마찬가지 국가였다고 보는 것을 알 수 있다.

이제 본서에서 다른 한반도 국가들을 어떻게 서술하였는가를 살펴보자. 「번역 머리말」에서 티베트와 발해가 일본·신라와 동등하게 다루어지고 있는 것에 동의하기 어렵다고 한 것을 통해서도 본서에서 신라 등을 독립국으로서 다루고 있다는 것을 명확히 알 수 있다. 따라서 신라에 대해서는 별도로 검토하지 않겠다.

여기서 살펴보고 싶은 것은 '동북공정' 이후에 문제가 된 고구려에 대한 서술이다. 앞에서 본서가 고구려의 국가적 위상을 매우 높게 평가한 것 등을 언급하였다. 그 외의 내용을 보면 제4장 (5)의 '대외관계'에서

수 양제는 세 번이나 한반도의 고구려를 정복하려고 시도하였으나 실패하였다. 그리고 그 결과 그의 제국이 멸망하였다. 계속된 전쟁으로 고구려도 많은 피해를 입었다. … 중국에서 당이 새로 건국된 것과 때를 같이하여 이루어진 고구려에서의 이러한 세력교체는 두 나라가 친선관계를 회복하는 계기를 만들어 주었다. 619년 고구려는 다시 중국의 종주권을 인정하고 충실하게 당에 공물을 보냈다. … 당의 이익은 한반도의 분열을 유지하는 것이다. 그런데 고구려가 한반도 전체를 통일할 위험이 있었고 동부 만주의 말갈이나 일본과 동맹할 가능성도 있었다. … 두 달 동안 안

시성을 점령하려는 무모한 시도 끝에 태종은 혹독한 겨울을 우려하여 어쩔 수 없이 군대를 철수시켰다. 그들의 귀환 행군에서 당의 군대는 혹독한 폭설을 만나서 수천 명이 죽었다. … 연개소문은 더 무례해졌다. … 648년 6월 태종은 이듬해에 30만 대군을 동원하여 고구려를 완전히 분쇄할 것이라고 선포하였다. 태종의 오랜 벗이며 참모이자 최고 대신인 방현령이 죽기 직전에 국력을 소모하고 명분이 없는 공격을 포기해야 한다고 하는 간청마저도 무시되었다. … 고구려 원정의 실패는 태종 자신에게 그림자를 드리웠지만, 아시아에서 날로 성장하는 당의 힘을 약화시키지 못했다(231~234쪽).

라고 하고,[9] 또 제5장 (4) 대외관계에서

태종은 649년의 대전투가 고구려에 대한 최종 정복전쟁이 되길 바랐으나 죽음에 임해 직접 이 공격을 취소하였다. 이는 오히려 고구려의 독재자 연개소문의 야심을 자극하였다. … 고종은 앞선 군주들이 갖지 못한 유리한 조건을 가졌다. 첫째, 연개소문 사후 고구려에 내란이 일어나면서 방어선

---

[9] 수대의 관계에 관해서는 제2장 (5) 양제 재위 시기의 문제들 안에 '중국 세력의 지속적 팽창'에서 "돌궐의 處羅와 그의 기병들은 수 양제의 고구려 첫 원정에 따라가 그 공적에 대해 많은 하사품을 받았다. … 배구는 양제에게 고구려 사자를 귀국시켜 고구려왕이 수로 직접 찾아오도록 하고 그렇지 않으면 동돌궐을 이끌고 징벌할 것이라고 명하게 하였다. … 고구려왕은 그 명을 거부하였다. 중국의 권위가 손상되어 수는 언젠가 대군을 동원하여 이 무도한 나라를 토벌해야 했다. … 배구는 견문이 넓었지만 그가 쉽게 이길 수 있다고 한 그 지역에 대해 전혀 알지 못하였다. 배구의 계획에서 먼저 문제가 발생한 것은 동돌궐의 용병을 사용할 계획을 실현하지 못한 것이었다. … 고구려가 遼河 서쪽을 침공한 것에 대한 복수를 위해 598년 수 문제가 수륙 공격을 하였으나 실패하였다. 고구려는 이때 군사적으로 강할 뿐만 아니라 중국에 대해 잠재적 위협이 될 수 있었다"(140~143쪽)라고 한다.

이 심각하게 약화되었다. 둘째, 바다로 보급을 받을 수 있는 백제를 당 군대가 점령함으로써 고구려의 심장부를 신속하게 타격하고 제2의 전선을 개척할 수 있었다. … 678년 고종은 신라에 대한 공격을 중단하라는 설득을 받아들였는데, 그 이유는 티베트 방어가 한반도보다 더 시급하였기 때문이다. 몇 년 사이에 신라는 백제 전 지역과 고구려 남부의 대부분을 점령하였다. 당은 본국과 가까운 더욱 심각한 군사 업무에 주의를 기울였다. 대량의 병력이 서방의 티베트에 대한 전투에 투입되었기 때문에 더 많은 군대를 한반도로 보내 예전 동맹국의 침략적 확장을 억제할 수 없게 되자 한반도를 점령하고 통치하려던 계획이 취소되었다(282~285쪽).

라고 한다.

이렇게 볼 때 본서에서는 티베트, 발해, 고구려를 중국사의 범주로 보지 않는 것이 명확하다. 이러한 인식은 구미학계의 다른 여러 저서에도 보이지만, 여기서는 '동북공정' 이후에 나온 저서를 살펴보자. 즉 마크 에드워드 루이스, 『하버드 중국사 당: 열린 세계 제국』의 6장 「외부 세계」를 보면

티베트의 성장은 신장 지역을 둘러싼 모든 세력이 참여하는 외교적, 군사적 분쟁을 촉발시켰다. … 이러한 외국(즉 고구려, 백제, 일본) 지도자들의 굴복은 순전히 형식적이어서 직위를 받은 인물들조차도 종종 적극적으로 중국의 영향력과 군대들에 반대하였다. … 당나라는 티베트로부터의 증가하는 위협에 집중하여 더 이상 한반도의 정복사업을 지속할 수 없게 되었다. 한국은 여전히 명목상 중국의 국가체제를 모방한 당나라의 종속국가로 남아 있게 되었다. … 신라의 한반도 통일은 당나라의 한반도 병합의

의도를 종식시켰고, 동북 지역에서의 거란의 성장은 돌궐의 쇠퇴 이후 소멸되었다고 생각되었던 북방으로부터의 위협을 재현하였다. … 그러나 가장 커다란 변화는 서쪽에서 발생하였다. 성장하는 세력이었던 티베트는 630년대에 당나라와 이름뿐인 동맹을 제안하였고 북부와 서부로 계속해서 확대하고 있었다. … 티베트의 위협에 대응하기 위해서, 당 조정은 서부 지역으로 군사를 배치하고 서돌궐을 격파하였을 뿐 아니라 카슈미르, 갠지스 강 유역 그리고 오늘날 아프가니스탄 일부 지역에서 열성적으로 외교 활동을 전개하였다.

라고 하는데,[10] 다만 이 책에서 발해에 관한 언급은 보이지 않는다. 이로 보면 구미학계에서는 '동북공정' 이후에도 본서를 계승하여 티베트와 고구려를 중국사의 범주로 보지 않는 것으로 파악된다.

IV. 맺음말

머리말에서 본서는 아직 학술적 가치를 지닌 내용이 많다고 하면서도 본문에서 그 구체적 내용을 다루지는 못했는데, 여기서 간략히 언급해 보겠다. 2장에서 본서의 특징 가운데 당 후기에 관한 서술이 다른 개설류에 비해 많고 그중에서도 특히 번진에 대한 서술이 많은 비중을 차지한다고 하였다. 지금 무엇보다도 번진을 언급하는 것은 필자의 주된 연구 분야이기도 하여 다른 부분에 비해 보다 정확히 평가할 수 있기 때문

---

10 마크 에드워드 루이스, 2017, 앞의 책, 296, 309, 310, 315쪽.

이다. 기실 필자는 장기간 번진을 연구하면서도 구미학계의 성과를 소홀히 다루어 왔는데, 아직 음미해 보아야 할 내용들이 적지 않다는 것을 새삼스럽게 실감하게 되었다.[11] 박한제가 언급한 대로 구미에서 당대사 연구가 여타 시대보다 질적 수준을 갖추었던 점이 지금껏 가치를 지니게 한 것으로 생각된다. 이러한 상황은 번진 이외의 다른 내용에 있어서도 마찬가지이지 않을까 한다.

3장에서 발해와 고구려 등의 역사적 귀속문제에 대한 구미학계의 인식을 살펴보았는데, 그 이론적 근거를 생각해 보자. 즉 마크 에드워드 루이스, 『하버드 중국사 당: 열린 세계 제국』에서 "이러한 외국(즉 고구려, 백제, 일본) 지도자들의 굴복은 순전히 형식적이어서 직위를 받은 인물들조차도 종종 적극적으로 중국의 영향력과 군대들에 반대하였다. … 한국은 여전히 명목상 중국의 국가체제를 모방한 당나라의 종속국가로 남아 있게 되었다"라고 하였는데, 이는 귀속 여부의 핵심을 책립(책봉)으로 보는 것을 말한다.[12] 그리고 고구려 등이 책립을 받은 것은 종속적이지만, 그것은 실질이 아닌 순전히 형식적이고 명목적이라고 보고 있다. 3장에서 이미 인용문으로 다루었듯이 본서에서 "신라와 발해는 당으로

---

11 구미학계의 관련 연구를 언급한 것으로는 정병준, 2020, 「'四王의 亂' 이후 平盧節度使 李納의 兩面性」, 『한국고대사탐구』 35, 491-492쪽; 정병준, 2020, 「'四王의 亂' 이후 德宗의 藩鎭政策」, 『중국고중세사연구』 58, 219-220쪽; 정병준, 2020, 「唐 德宗 貞元 시기 淮西 藩鎭의 성격 -吳少誠의 태도를 중심으로」, 『동국사학』 69, 2020, 377쪽 등이 있다. 이외에 양세법의 시행에는 번진 권력을 약화시키는 의도가 있다고 보는 일반적 견해에 동의하지 않고 상호 타협적 성격을 지녔다고 하고(499쪽), 또 사왕의 난 이후에도 덕종은 연약하고 겁 많은 군주가 아니라고 하는 것(511쪽) 등의 여러 견해들은 새롭게 검토해 보아야 할 것으로 생각된다.
12 이는 중국학계의 경우에도 마찬가지이다. 즉 정병준, 2007, 「중화인민공화국의 변속이론(藩屬理論)과 고구려 귀속문제」, 『고구려연구』 29, 88, 106-107쪽 등 참조.

부터 정치적 독립을 하였음에도 불구하고 영구히 중국 문화권 안에 편입되었다"라고 한 것도 결국 같은 맥락이라고 할 수 있다.[13] 이는 한국학계의 견해와 동일한 것이다. 즉 중국학계에서는 걸핏하면 책립이 실질적 의미를 지닌 것이라고 보는 데 반해, 한국에서는 형식적 또는 명분적 성격이 강한 것으로 보는 것과 일치하는 것이다.

---

[13] 이는 구미학계의 일반적 견해를 말하는 것으로 생각된다. 유용태, 2017, 『동아시아사를 보는 눈』, 서울대학교출판문화원, 186쪽에서도 "미국학계에서는 … 고구려를 중국사에 귀속시키려는 중국의 기도를 비판하고 고구려는 중국으로부터 독립된 국가이며 한국사에 속한다고 명시하고 있다"고 하며 관련 저술을 들고 있다. 이에 반해 2017년 당시 미국 대통령 트럼프가 "한국은 실제 중국의 일부였다더라. 그것도 북한이 아니라 한국 전체라더라"고 한 발언이 뒤늦게 알려지면서 들끓었던 적이 있는데, 구미학계의 일반 견해와는 다른 것이라 할 수 있다.

참고문헌

Twitchett, Denis, ed., 1979, *The Cambridge History of China Volume 3: Sui and T'ang China, 589-906, Part I*, Cambridge University Press; 中國社會科學院 歷史硏究所 四方漢學硏究課題組 譯, 1990, 『劍橋中國隋唐史』, 中國社會科學出版社.

마크 에드워드 루이스 저, 김한신 역, 2017, 『하버드 중국사 당: 열린 세계 제국』, 너머북스.
발레리 한센 저, 신성곤 역, 2005, 『열린 제국: 중국 고대-1600』, 까치.
볼프람 에베하르트 저, 최효선 역, 1997, 『중국의 역사』, 문예출판사.
아서 라이트·데니스 트위체트 편, 위진수당사학회 역, 1999, 『당대사(唐代史)의 조명』, 아르케.
유용태, 2017, 『동아시아사를 보는 눈』, 서울대학교출판문화원.
쟈끄 제르네 저, 이동윤 역, 1985, 『동양사통론』, 법문사.
정병준, 2007, 「중화인민공화국의 번속이론(藩屬理論)과 고구려 귀속문제」, 『고구려연구』 29.
_____, 2018, 「唐代 異民族 管理方式의 다양성 및 그 변용-羈縻府州 제도를 중심으로」, 『동양사학연구』 143.
_____, 2020, 「四王의 亂' 이후 德宗의 藩鎭政策」, 『중국고중세사연구』 58.
_____, 2020, 「四王의 亂' 이후 平盧節度使 李納의 兩面性」, 『한국고대사탐구』 35.
_____, 2020, 「唐 德宗 貞元 시기 淮西 藩鎭의 성격-吳少誠의 태도를 중심으로」, 『동국사학』 69.
존 킹 페어뱅크·멀 골드만 저, 김형종·신성곤 역, 2005, 『신중국사』, 까치.
패트리샤 버클리 에브리 저, 이동진·윤미경 역, 2001, 『사진과 그림으로 보는 케임브리지 중국사』, 시공사.
페어뱅크·라이샤워 저, 김한규 등 역, 1991, 『동양문화사』(상), 을유문화사.
폴 로프 저, 강창훈 역, 2016, 『옥스퍼드 중국사 수업』, 유유.

5장

구미학계의 송대 정치사 이해

이근명 한국외국어대학교 사학과 교수

I. 머리말

『케임브리지 중국사』의 송대사 부분, 즉 제5권이 마침내 출간되었다. 정치사에 해당하는 제5권의 1부가 지난 2009년에, 제도사·사회사·경제사·문화사에 해당하는 2부가 2015년에 출간된 것이다. 1960년대 후반 존 페어뱅크와 데니스 트위체트가 이 시리즈를 기획한 것으로부터 실로 40여 년, 그리고 1970년대 중반 최종적인 편찬 방침이 확정된 시점으로부터 헤아려도 30여 년만에 완성이 된 셈이다.

이처럼 송대사 부분이 시리즈 가운데 가장 늦게 출간된 것은 구미학계의 사정 때문이다. 구미학계의 중국사에 대한 관심은 단연 근현대에 집중되어 있고, 그 다음으로는 근현대의 직전 시기인 명청시대에 대한 관심이 높다. 이를 제외하고는 역사의 연원 단계, 즉 고대사에 대해서도 자못 깊이 있는 연구가 진행되고 있다. 이에 반하여 그 중간에 해당하는 송대사의 연구는 상대적으로 저조한 상태를 면치 못하고 있는 실정이다.

이 글에서 논평의 대상으로 삼은 제5권의 1부(이하 '본서')는 총론을 제외하고 도합 12개의 장으로 구성되어 있다. 오대와 십국이 각각 1개, 북송은 5개 장으로서 태조·태종·진종, 인종과 영종, 신종, 철종, 휘종과 흠종으로 나누어져 있다. 남송 역시 고종, 효종, 광종과 영종, 이종, 도종과 말기 황제들의 5개 장으로 구성되어 있다. 『케임브리지 중국사』시리즈의 여타 시대사와 마찬가지로 역대 황제를 단위로 하여 역사를 서술해 가고 있는 것이다. 아울러 오대 시기에 2개 장, 북송에 5개 장, 남송에 5개 장을 설정하고 있는 구성의 배분은 대체로 그 존속 기간과 일치한다.

역사 이해에 있어 상대적 경중의 평가는 일단 도외시하고 이렇듯 그 시기적 장단에 의거하여 서술해 간다는 태도는 그 자체만으로 자못 흥미롭다 하지 않을 수 없다. 이러한 시각으로 인해 본서는 동아시아에서 출간된 개설서에 비교하여 분명한 특장을 지닌다. 무엇보다 오대 이래 송대 역사의 흐름을 시기적 추이와 함께 차분하게 조명할 수 있다. 그간 동아시아에서 나온 개설서들은 예외 없이 특정 시기와 특정 사건을 중심으로 송대사를 인식하여 왔다. 북송 초의 제도 개혁, 왕안석의 개혁, 북송 말 남송 초의 대금 관계 등이 그것이다. 이를 제외하고 나머지 사실에 대해서는 대단히 인색한 시선을 보였다. 그런데 본서는 오대 이래 남송 말까지의 역사 전개를 어느 시기 하나 소홀히 처리하지 않고 골고루 균형 있게 다루고 있다. 예컨대 오대십국의 경우 기존의 개설서나 통사 모두 의례적인 분량만을 할애했을 뿐이다. 그것도 화북 오대 왕조의 변천에 대해서만 약간 의미를 부여하고 십국에 대해서는 거의 언급을 하지 않았다. 그런데 본서는 십국의 왕조에 대해서도 북송과 남송에 비교하여 완전히 동일한 비중을 부여하고 있다. 특히 남송 시대사에 대한 서술은 대단히 주목할 만하다. 그간의 송대사 이해에서는 개설서나 연구 논저를 막론하고 북송시대의 비중이 압도적으로 높았다. 송대사 연구에 이른바 '당송 간 변혁'이라는 시각이 중요한 작용을 미쳤기 때문이다. 또한 현전 자료의 분량에 현격한 차이가 존재한다는 사실도 적지 않게 작용하였다. 그리하여 남송시대에 대한 연구는 북송시대와 비교하여 매우 빈약한 상태를 면치 못하고 있다. 이러한 실정을 고려할 때 본서의 남송시대에 대한 찬찬한 검토는 대단히 시사하는 바가 크다.

필자는 총 9명이다. 이 가운데 대니얼 러바인(Daniel Levine)이 철종과 휘종·흠종 부분의 2개 장을, 그리고 리처드 데이비스(Richard Davis)가 남송의 광종·영종, 이종, 도종과 말대 황제의 3개 장을 집필하였다. 북송의 철종과 휘종·흠종, 그리고 남송의 광종·영종, 이종, 도종과 말대 황제의 시대가 유사한 역사적 흐름을 지닌다는 측면에서 동일한 필자가 집필을 담당하고 있다는 사실에 어느 정도 수긍이 가는 것도 사실이다. 하지만 이 시리즈가 지니고 있는 위상, 그리고 그 방대한 집필의 분량을 감안할 때 동일한 필자에게 2개, 심지어 3개 장의 서술을 위임한 것은 선뜻 납득이 되지 않는다. 이러한 사실 역시 구미의 송대사 연구가 지니고 있는 취약성을 상당 정도 반영하는 것이라 여겨진다.

본서는 전체 13개 장, 총 1,000여 쪽에 달하는 방대한 저술이다. 그 모든 내용에 대해 소상히 검토하는 것은 불가능할 뿐만 아니라 바람직하지도 않다고 판단된다. 여기서는 동아시아의 송대사 연구자들이 주로 분석의 대상으로 삼았던 시기, 즉 북송 초기와 왕안석의 개혁, 그리고 남송 초의 정치사 관련 서술을 검토해 보고자 한다.

II. 송 초의 개혁과 대외관계

송 초의 세 황제, 즉 태조와 태종, 진종 시대의 정치사는 본서의 제3장에 해당한다. 전체 약 70여 쪽에 달하는 분량으로 여타 황제 시기와 비교하여 특별히 많은 지면을 할애하지는 않고 있다. 제1장인 오대가 약 100쪽, 제2장 십국이 70여 쪽, 제4장 인종과 영종이 70쪽 등임을 감안할 때 오히려 그 비중이 지나치게 적지 않나 여겨질 정도이다. 특히 신종 편은 무려 140여 쪽에 달한다는 사실과 비교하면 그 비중의 과소함이 더욱 두드러진다.

이 장의 필자는 타이완의 중앙연구원(中央硏究院)에 재직하고 있는 류리옌(柳立言)과 황콴중(黃寬重)이다. 두 사람이 필자로 선정된 것은 둘 모두 미국학계와 상당한 관련이 있다는 사실이 참작된 결과인 듯하다. 류리옌[1]은 미국의 프린스턴(Princeton) 대학에서 박사학위를 취득한 인물이며, 황콴중[2]은 한동안 미국의 프린스턴 대학과 하버드 대학에서 방문학자로 체류한 바 있다.

북송의 건국자 태조 조광윤으로부터 태종을 거쳐 제3대 진종에 이르는 시기의 정치사와 관련하여, 동아시아의 역사학계에서는 대부분 송 초의 제도 개혁과 거란 관계를 중심으로 이해하여 왔다. 제도 개혁으로는 문치주의의 확립과 황제 독재 체제의 수립이 강조되었다. 이 장의 서술 또한 크게 보아 이러한 범주에서 벗어나지 않는다. 주요한 정치사의 흐름을 따라 서술하면서도 송 초의 제도 개혁과 대외관계에 초점을 맞추고 있다. 특히 송대의 정치 구조와 제도가 당대와 비교하여 어떠한 변화를 보이는가 하는 점을 강조하고 있다. 이러한 면모는 이 장의 필자가 기본적으로 타이완을 근거지로 활동하고 있다는 점, 따라서 주로 동아시아 학계의 연구 성과 및 연구 풍토에 기반하고 있다는 점에서 기인하

---

1 류리옌은 1958년 홍콩에서 출생하였으며 1986년 프린스턴 대학에서 "The Absolutist Reign of Sung Hsiao-tsung(r.1163-1189)"이라는 연구로 박사학위를 취득하였다. 주요 저작으로는 『宋代的家庭和法律』(上海 : 上海古籍出版社 , 2008)이 있다.
2 황콴중은 1949년 臺灣 宜蘭縣 출신으로서 타이완 대학에서 박사학위를 취득하였다. 주요 연구저작으로는, 『晚宋朝臣對國是的爭議-理宗時代的和戰, 邊防與流民』(臺大文史叢刊, 臺北, 1978), 『南宋史硏究集』(臺北 : 新文豊出版公司 , 1985), 『南宋時代抗金的義軍』(臺北 : 聯經出版事業公司, 1988), 『南宋軍政與文獻探索』(臺北 : 新文豊出版公司, 1990) 등이 있다. 류리옌과 황콴중은 일찍이 『中國社會史』(臺北 : 空中大學出版部, 1996)라는 서적을 공편(共編)한 바 있다.

는 것으로 보인다.

　송 초의 정치사, 즉 태조와 태종, 진종 시대를 다루는 부분의 서술은 네 개의 절로 되어 있다. 송의 건국, 선남후북(先南後北)의 통일 전쟁, 태종시대의 대(對) 거란 관계, 그리고 진종시대의 이해가 그것이다. 절의 제목만을 살피면 송 초의 정치적 굴절 가운데 극히 일부의 주제만을 서술하고 있는 듯 보인다. 하지만 그 세부의 내용은 절의 제목이 언급하는 것만으로 그치지 않는다. 송 초의 정치적 변천을 대부분 짚고 있다 해도 지나침이 없을 정도로 다양한 내용을 담고 있다.

　송의 건국 부분에서 다루는 주요 주제는 후주 세종의 제도 개혁, 진교역의 병변과 천명(天命)의 분식, 문신 관료제의 수립 등이다. 이 가운데 주목을 끄는 내용은 태조 조광윤이 기본적으로 오대의 토양에서 성장하여 그 영향을 대단히 많이 받았다는 주장이다. 조광윤의 정권 장악과 송의 건국도 기본적으로 오대의 역사 전개를 답습한 것이라 말한다. 이뿐만 아니라 태조는 그 치세를 통해 무인 중시의 태도를 견지했다고 한다. 오대의 왕조 교체와 빈번한 전쟁을 목도한 그는 강한 군대의 필요성을 잘 인지하고 있었다는 것이다. 태조의 통치기 송조 권력이 대단히 불안정한 상황에 있었던 점은 물론 유의해야 한다. 배주석병권(杯酒釋兵權)이라든가 조보나 조광의 등에 대한 의존, 심복 무장의 중용 등은 그러한 태조의 노심초사를 잘 보여 준다 할 것이다. 하지만 그렇다 하여 이러한 측면을 지나치게 강조해서는 결코 안 된다 여겨진다. 필자인 류리옌과 황콴중도 분명히 언급하고 있듯이 태조의 오대 유제(遺制) 불식에 대한 의지는 극히 명료했기 때문이다. 태조 시기 정치사에 드리운 오대의 그림자를 지적하는 것은 필요하고 또 적절한 배려이지만, 본서의 서술은 다소 지나치다는 느낌을 지울 수 없다.

두 번째 절에서는 통일전쟁의 경과와 개봉 정도(定都)의 의미, 금군의 개혁 등을 다루고 있다. 이 부분에서는 매 정권의 복속 때마다 그 결과 어느 정도의 영토와 호구가 더해졌는지를 기술하고 있다. 이를 테면 '남한의 정복으로 송조가 60개 현과 17만여 호를 확보하였으며, 남당은 33개 현과 88만 호를 지배하고 있었다.'[3]고 언급하고 있다. 구미 사회에서 편찬되는 중국사 개설서임에도 불구하고 중국의 전통적 사서 편찬 내지 기술 방식이 재현되고 있는 듯하여 자못 흥미롭다. 또한 개봉 정도가 경제적인 이유로 취해졌다고 말한다. 이로 인해 남방의 경제력이 북송 중앙정부와 긴밀히 연결되기에 이르렀다고 한다. 이러한 이해는 기존의 송대사 연구자에 의해 빈번히 지적되는 바와 같다.

여기서 한 걸음 더 나아가 남방은 십국 시기 경제가 지속적으로 성장하였으며, 그 결과 안정과 번영이 구가되어 인구가 늘고 경제가 번창하였다고 한다. 그리하여 십국 시기를 거치며 경제 중심지로서 남방의 위상이 확고해졌다고 서술하고 있다. 사실 십국 치하의 남중국이 화북에 비하여 상대적으로 안정적인 정치 구조하에 있었다는 점은 동아시아의 연구자들이 모두 동의한다. 하지만 오대 시기 남중국의 안정은 어디까지나 화북과 비교할 때의 상대적인 의미일 뿐이다. 십국 역시 왕조의 조명은 대단히 짧았고 군사적 충돌도 잦았다. 그뿐만 아니라 왕조 권력의 대민 지배 역시 폭력적이고 약탈적인 경우가 많았다. 그렇기에 복건이나 형호 지방의 경우 북송 중기에 이르도록 그 경제 상태는 대단히 낙후된 면모를 보였다. 십국 정권하에서 문신관료제의 맹아가 발달하고 또 경

---

3   Denis Twitchett and Paul Jakov Smith eds., 2009, *The Cambridge History of China Volume 5: The Five Dynasties and Sung China and Its Precursors, 907-1279, Part 1,* Cambridge University Press, p. 227.

제의 안정 상황이 등장하는 것은 사실이나, 그것을 지나치게 부각시키는 것은 곤란하다 여겨진다. 실제로 북송시대 강남으로부터 조운되는 조미(漕米) 원액(原額)이 600만 석으로 규정되나 그 대부분은 양절과 강동 지역에서 산출되는 것이었다. 일부 정권 혹은 일부 시기의 상황을 십국 치하 전체로 일반화하는 것 역시 충분히 경계해야 한다.

세 번째와 네 번째 절은 거란과의 화전(和戰), 그리고 진종 시기의 정치사를 서술하고 있다. 먼저 태종의 즉위를 둘러싼 미스터리, 즉 이른바 촉영부성(燭影斧聲)과 금궤지맹(金匱之盟)을 다루며, 태종은 태조 말년 사실상 태조의 후계자로 확정된 상태였다고 서술하고 있다. 촉영부성이나 금궤지맹에 대한 해석은 최근 학계의 일반론을 충실하게 수용하고 있다. 태종 즉위 전후 정계의 지형에 대한 평가도 매우 설득력이 있다. 이어 거란과의 전쟁, 즉 옹희북벌 전후의 사정을 서술하고, 송대 사대 유서의 편찬과 그 의미를 비교적 소상히 서술하고 있다. 마지막으로는 진종의 즉위와 종실의 수난을 다룬다. 그리고 전연의 맹이 타결되는 과정과 그것에 대한 평가를 부여한다. 전연의 맹으로 송 측이 막대한 세폐를 지급하였지만, 그것이 전쟁 시기의 소요 경비에 비하면 대단히 경제적이었다는 사실, 나아가 국가 재정에 미치는 부담도 적었다고 평가한다. 또한 그나마 거란과의 변시에서 세폐로 지급된 액수 이상의 흑자가 발생하였다고 소개하고 있다. 이러한 서술은 대체로 동아시아 학계의 인식과 평가에 부합하는 것이라 할 수 있다.

다만 하나 주목을 끄는 언급이 있다. 진종의 즉위와 함께 송대 새로운 형태의 황제가 출현하게 되었다고 논급하는 점이다. 진종은 재위 초기 태종을 본받아 외정에 의욕을 보이기도 하였으나 이내 독단적인 지배 대신 관료제에 의존하는 군주로 나아갔다는 것이다. 그리하여 그 치세를 통해 문신관료제가 정착되고 황제는 관료와 더불어 국정을 협의하여 결정하게 되었다고 말한다. 이러한 평가 또한 기본적으로 동아시아 연구자들의 기존 이해를 크게 벗어나는 것은 아니다. 송대사 학계에서는 대체로 태조와 태종은 공히 송조의 창업 군주였으며 진종 이래 송조는 수성기로 접어든다고 이해하여 왔다. 사실 이러한 평가와 인식은 전통시대 이래 정착되어 온 것이기도 하다. 본서에서는 이를 해석하여, 진종 이래의 북송 조정이 황제의 선도가 아니라 관료제 협의에 기반한 정치를 지향하게 되었다고 기술하고 있는 것이다.

III. 북송 중엽의 개혁과 당쟁

북송의 제6대 황제, 즉 신종시대의 역사를 다루는 부분의 필자는 폴 스미스(Paul Jakov Smith)[4]이다. 그는 미국 송대사 학계의 원로로서 그사이 적지 않은 저서를 출간한 바 있다. 데니스 트위체트와 함께 본서를 기획한 공동 편집자이기도 하다.

1067~1085년까지의 신종시대 18년을 다루는 부분은 7개의 절로 약

---

4   폴 스미스는 1947년 출생한 미국의 송대사 연구자로서, 현재 펜실베이니아에 있는 해버퍼드 칼리지에 재직 중이다. 1983년 펜실베니아 대학에서 역사학 박사학위를 취득하였다. 주요 저서로는, *Taxing Heaven's Storehouse: Horses, Bureaucrats, and the Destruction of the Sichuan Tea Industry, 1074-1224*(Cambridge: Harvard University, Council on East Asian Studies, 1991)가 있으며, *State Power in China, 900-1325*(Edited by Patricia Buckley Ebrey and Paul Jakov Smith, Seattle: University of Washington Press, 2016), *The Song-Yuan-Ming Transition in Chinese History*(Paul Jakov Smith and Richard von Glahn, eds., Cambridge: Harvard University Asia Center, 2003) 등을 편집하였다.

140쪽에 걸쳐 서술되고 있다. 본서를 구성하는 12개의 장 가운데 가장 많은 지면을 점유하고 있다. 그 다음으로 많은 분량의 장이 오대 부분으로 약 95쪽이며 그 다음은 북송 말의 휘종과 흠종시대를 다루는 제7장으로 약 90쪽이다. 그만큼 본서에서는 북송 중엽의 신종시대와 왕안석의 개혁이 중요하다고 인식하고 있는 셈이다. 사실 이러한 왕안석의 개혁의 중요성에 대한 인식은 동아시아 학자들에게 공통적으로 자리를 잡고 있는 것이기도 하다. 그래서 왕안석의 개혁을 두고, 당송 간 변혁의 총결산이라든가,[5] 혹은 이후 북송의 역사 전개를 규정지은 일대 사건이었다고 평가[6]를 내리기도 한다.

　신종시대에 대한 서술은 7개의 절로 구성되어 있다. 즉 신종의 즉위와 11세기 중엽의 위기, 왕안석의 권력 장악, 초기의 개혁 정책, 경제적 불균등 해소에서 착취로의 변화, 원풍 연간 신종 주도하의 신법(新法) 정책, 서하와의 전쟁, 그리고 신종의 붕어와 개혁파의 퇴장이 그것이다. 절 제목만 살피더라도 본서가 왕안석의 신법에 대해 어떠한 견지에 서 있는지 명확히 드러난다. 즉 신종이 19세의 나이로 즉위했을 때 북송 정권은 여러 가지 모순에 휩싸여 있었으며, 그는 이러한 정황을 극복하고 북방의 서하와 거란을 물리쳐 군사적 공업을 이루려 하였다는 것이다. 하지만 이러한 신종의 의도에 원로 신하들이 부응하지 못하여 왕안석을 등용하였다. 왕안석은 제치삼사조례사를 설치하여 국정 전반에 걸쳐 대대적인 개혁을 단행하였고, 특히 재정 구조를 일변시켜 중소 농민을 보호하면서도 재정을 확충하는 정책을 도입하였다. 하지만 이러한 개혁에 대

5　梅原郁, 1970,「王安石の新法」,『岩波講座 世界歷史』9, 東京: 岩波書店, 225쪽.
6　白壽彝 主編, 1980,『中國通史綱要』, 上海人民出版社, 243쪽.

해 원로를 위시한 대다수의 관원들이 반대하면서 개혁은 파행적인 길을 걸어갔다고 한다. 그리하여 왕안석은 자신의 개혁 이념에 반대하는 관료를 파직시키고 동조하는 인물들만 발탁하였다. 결국 신종의 조정은 왕안석 중심의 권위주의적인 정부로 탈바꿈되어 갔다. 한편 신종에게 있어 개혁 정치는 대외 원정을 위한 재정을 확보하는 것일 뿐이었다. 이러한 신종의 자세에 따라 신법은 점차 변질되어 경제적 불균등을 해소하기 위한 정책에서 재정 흑자만 추구하는 것으로 변화하였다는 것이다.

이러한 서술은 신종시대 및 왕안석의 개혁에 대한 인식과 평가의 문제를 다각적으로 제기한다. 왕안석의 신법이 종국적으로 어떠한 성격을 지니는 것이었는가? 신법 정치에 있어서 신종의 역할은 어떠한 것이었는가? 그리고 신법을 둘러싼 신당과 구당의 대립은 어떻게 이해해야 하는 것일까? 하는 문제가 그것이다.

이러한 의문에 대해 본서는 동아시아 학자들의 송대사 이해와 비교하여 다른 듯 유사한 듯 복잡 미묘한 자세를 취하고 있다. 우선 왕안석의 신법에 대한 전반적인 평가의 문제에 있어, 본서는 긍정과 부정, 즉 상찬과 타기 사이의 그 어딘가에 서 있다.

왕안석에 대한 평가는 전통시대 이래 극단적으로 엇갈렸다. 왕안석의 지지자들에게 그는 최고의 인격이자 이상적 정치를 구현한 인물이었다.[7] 반면 반대자들에게 있어 왕안석은 거의 악(惡)의 화신과 같이 묘사되었

---

7 이를테면 왕안석에 대한 정치적 후견인이자 지지자였던 신종은 희녕 6년(1073) 그에게 자신의 옥대(玉帶)를 하사하며, "賜卿帶以傳遺子孫, 表朕與卿君臣一時相遇之美也."(『續資治通鑑長編』 권247, 神宗 熙寧 6년 10월 辛巳)라고 말하고 있을 정도이다. 또 왕안석의 정치적 계승자라 할 수 있는 채경은 왕안석을 공자묘에 배향하고 있다.

다.[8] 전통시대 왕안석에 대한 평가는 구법당 세력의 남송정권이 출범하며 일단락되었다. 이후 왕안석은 조정(朝政)을 그르치고 국론을 양분시켜 북송을 멸망으로 이끈 장본인이라고 규정되었다. 그가 기획하여 시행했던 신법 제조항도 기본적으로 백성들에게 해악을 끼친 악법으로 인식되었다. 이러한 악평은 20세기에 들어 청조가 멸망할 때까지 기본적으로 답습되었다. 그러다가 왕안석에 대한 평가가 극적으로 전환되는 것은 20세기 이후의 일이다. 중국이 제국주의 열강의 압박에 시달리는 상황에서, 강력한 추진력으로 국정을 지휘하며 국가적 난제에 대처하고자 하는 왕안석의 모습이 재조명되기 시작했던 것이다. 심지어 량치차오(梁啓超)와 같은 인물은, 왕안석이 출현했던 것이 중국사의 영광이었다고 말하고 있다.[9] 이러한 왕안석에 대한 호의적 평가는 기본적으로 오늘날에도 지속되고 있다.[10]

왕안석 및 왕안석의 신법에 대해 전반적 긍정과 부정으로 쾌도난마와 같이 평가하는 것은 역사적 사실에 부합하지 않을 것이다. 비단 왕안석에 그치지 않고 역사적 사안 그 어느 것이든 복합적인 실체와 성격을 지

---

8 소순(蘇洵)이 「변간론(辨姦論)」에서, '왕안석은 人之常情을 거스르는 大姦으로서 奸人의 대명사라 칭해지는 西晉 王衍과 唐代의 盧杞를 합한 것보다 세상에 더 큰 해악을 미칠 인물'이라고 말했던 사실은 유명하다. 심지어 근엄한 도학자인 사마광(司馬光)조차 한때는 왕안석과 덕담(德談)을 주고받는 점잖은 관계를 유지했지만 희녕(熙寧) 3년(1070) 2월 및 3월의 서신왕래를 통해 절교한 후에는, "安石首倡邪術, 欲生亂階, 違法易常, 輕革朝典, 學非言僞. 王制所誅, 非曰良臣, 是爲民賊."(『司馬溫公傳家集』 권17, 「奏彈王安石表」)이라고 말하고 있다.

9 梁啓超, 『王安石傳』의 「敍論」.

10 오늘날 대륙학계에 왕안석에 대한 비판적 평가가 전연 없는 것은 아니다. 절대 다수는 물론 왕안석의 정책 내지 왕안석에 대해 상찬하는 입장에 서 있지만, 여전히 왕안석 내지 신법을 비판적으로 인식하는 견해도 소수나마 존재한다. 그러한 비판적 평가 가운에 가장 대표적인 논술이 王曾瑜, 「王安石變法簡論」(『錙銖編』, 河北大學出版社, 2006 및 『凝意齋集』, 蘭州大學出版社, 2003 등에 수록)이라 할 수 있다.

니고 있지 아니한 것이 없다. 왕안석의 개혁 또한 본서가 지적하듯, 중소 농민과 상인을 보호한다는 사회정책적 취지와 아울러 또 한편으로 재정 부족 상황을 타개하기 위한 재정 확보책의 성격도 겸비하는 것이었다. 왕안석의 개혁을 평가하기 위해서는 실로 면밀하면서도 다각적인 검토와 고려가 필요하다고 여겨진다. 신법 도입 단계의 취지는 물론이려니와 그 시행의 실제, 그 효과의 지역적 굴절과 편차, 그리고 시기의 추이에 따른 신법 정치의 변용 등을 종합적으로 검토해야만 한다.

다음으로 왕안석 신법에서 신종이 점유하는 위치와 역할의 문제 역시 전통시대 이래 다양한 의견이 존재하였다. 청대의 조익이 왕안석의 개혁을 평가하며, '왕안석의 집권과 활동은 신종에게 웅심(雄心)이 있었기에 가능했다.'[11]고 지적하였던 것은 유명하다. 오늘날의 연구자 중에도 신종의 적극적 역할을 강조하는 사람이 적지 않다.[12] 그런데 본서는 이러한 인식에서 한 걸음 더 나아가, '재원의 재분배를 통해 새로운 부를 창출하여 백성들에게 과세하지 않고서도 국부를 증대시킬 수 있다는 왕안석의 원래 목표는, 신종의 대외 팽창을 향한 야망에 눌려 재원을 확보하기 위한 장치로 변형되었다.'[13]라고 단언하고 있다. 신법이라는 개혁을 둘러싸고 왕안석과 신종 사이에 커다란 인식의 차이가 있었고, 최종적으로는 왕안석의 이념이 신종의 대외 공업 추구라는 욕망에 압도되어 갔다는 것이다. 이렇듯 본서에서 신종과 왕안석을 선명히 대비시키는 것은

---

11 趙翼, 『廿二史劄記』 권26, 「王安石之得君」.
12 葉坦, 1996, 『大變法-宋神宗與十一世紀的改革運動』, 北京: 三聯書店과 楊碩, 2005, 『宋神宗與王安石變法』, 貴陽: 貴州人民出版社는 그러한 시각을 보여 주는 대표적인 논저이다.
13 Denis Twitchett and Paul Jakov Smith eds., 2009, 앞의 책, p. 24.

대단히 위험할뿐더러 역사적 사실과도 부합하지 않는 것이라 여겨진다. 신종의 언설 가운데 창생의 구제라는 시각으로 신법에 접근하는 사례는 허다하다. 본서에서 서술하듯 왕안석과의 첫 대면에서부터 신종은 그러한 이상을 드러낸 바 있다. 왕안석의 신법에 대해 전반적인 긍정이냐 부정이냐라는 논단을 물을 수 없는 것과 마찬가지로, 신종과 왕안석의 시각을 명쾌히 대비시키는 것 또한 온당한 태도라 할 수 없을 것이다.

신당과 구당 사이의 대립에 대해 본서는 대단히 흥미로운 시각을 제시하고 있다. 양 정파가 치열하게 서로를 공박하였던 것은 비단 개혁 정책에 대한 인식의 상위 때문만은 아니었다는 것이다. 거기에는 정부의 조직 원리 내지 정부의 구성에 대한 시각차가 담겨 있었다고 말한다. 사마광과 한기, 여회 등의 구당이 신법에 대해 반대되는 의견을 지니고 있었던 것은 이론의 여지가 없다. 그런데 그뿐만 아니라 그들은 왕안석과 신당의 과도한 중앙집권적 통제 및 대간관의 언로에 대한 억압에 대하여도 큰 강렬한 반감을 포지하였다고 한다. 구당의 극렬한 반대에는 후자의 요인 또한 중요한 작용을 미쳤다는 것이다. 그리고 왕안석 정권의 중앙집권적 통제 및 반대론에 대한 억압은 이후 휘종시대의 채경과 남송의 진회, 한탁주 등에 의해 답습되었다고 지적하고 있다.

구당의 왕안석에 대한 비판 가운데 이른바 '조종의 성법'을 위배하였다는 논단은 잘 알려져 있다. 이 조종의 성법을 두고서는 통상 신법 시행 이전의 구법을 가리키는 것이라 이해하는 것이 일반적이다. 하지만 구당 인사들의 언설을 보면, 조종의 성법을 단순히 신법으로 대치되는 이전의 법제를 가리키는 것이라 보기 어렵다. 그들에게 조종의 성법은 저버릴 수 없는 가치이자 송대 문치의 상징물이었다. 그것은 왕안석이 구성하였던 권위주의적 중앙정부와는 다른, 사대부의 언로에 의해 뒷받침되는 개명적 정부를 의미한다. 본서에서 지적하는 신당과 구당 사이의 대립과 그 차이에 대한 설명은, 이러한 측면을 분명한 필치로는 아니나 우회적으로 담아내고 있다고 여겨진다.

IV. 남송의 건립과 소흥화의

송조의 남천(南遷)과 고종의 통치를 다루는 부분은 본서의 제8장이며 그 필자는 애리조나 대학의 교수로 재직하고 있는 타오진성(陶晉生)[14]이다. 고종 시기의 정치사를 본서는 대단히 익숙한 구도로 서술한다. 금에 의해 북송의 도성 개봉이 함락된 상태에서 고종이 황제로 즉위하게 된 전후의 사정에서부터, 남으로 내려와 항주를 행재로 하여 정권을 재건하였던 것, 그리고 금에 대한 항전의 과정과 화의, 진회의 전권, 마지막으로 퇴위 후 상황으로 살아갔던 사실 등을 거의 시대 순으로 기술하고 있다. 이러한 서술 방식은 동아시아 연구자들의 역사 인식 내지 역사 서술과 사실상 동일하다. 서술의 전체적 맥락뿐만 아니라 대체적인 서술의 기조 역시 우리가 통상적으로 접하던 내용과 대동소이하다. 구체적인 역사적 사안에 대한 이해 역시 동아시아 연구자의 시각과 크게 다르지

---

14 타오진성은 1933년 후베이에서 출생하였으며, 1967년 인디애나 대학에서 덩쓰위(鄧嗣禹)를 지도 교수로 하여 박사학위를 취득하였다. 저명한 중국사상사가였던 타오시셩(陶希聖, 1899~1988년)의 친자이다. 『宋遼關係史硏究』(臺北: 聯經出版事業公司, 1884), 『北宋士族-家族·婚姻·生活』(中央研究院歷史語言研究所專刊, 台北: 中央研究院歷史語言研究所, 2001), *The Jurchen in Twelfth-Century China: A Study of Sinicization*(Seattle: University of Washington Press, 1976) 등 수많은 연구 저작이 있다.

않다. 이는 이 장의 필자가 미국에서 생활하지만 학문적 수련의 많은 시기를 대만에서 보냈던 것, 그리고 현재까지도 중국 및 타이완 학계와 긴밀한 관련을 맺고 있다는 사실과 무관치 않을 것이다.

이처럼 고종 시기의 정치사에 대한 본서의 서술이 동아시아 학계와 비교하여 크게 두드러진 차이는 보이지 않는다 할지라도 검토를 필요로 하는 부분은 산견된다. 여기서는 세세한 사건에 대한 서술은 차치하고, 고종의 남송 정권 건립, 악비에 대한 평가, 그리고 소흥화의에 대해서 약간의 점검과 논평을 진행하도록 한다.

본서는 고종에 대해 매우 호의적인 시선을 견지하고 있다. 고종은 개봉 함락과 사직의 위기라는 국면에서 주변 세력을 효과적으로 수습하여 정권을 재창립해 나갔다고 기술하고 있다. 남도 초기 정권 보위를 위하여 불가피하게 무장의 독자적 활동을 용인하였지만 점차 무장 세력을 조정의 권위 아래 흡수해 가는 것에 성공해 갔던 사실도 수차에 걸쳐 강조하고 있다. 이뿐만 아니라 남송 초 걷잡을 수 없는 기세로 발생하였던 반란 세력을 효과적으로 통제하기에 이르렀다고 지적한다. 1142년의 소흥화의 역시 내외에 여러 논란이 있었으나 고종은 국가의 안위라는 대국적인 견지에서 다소 굴욕적인 조건으로 화의를 수락하였다고 서술하고 있다.

하지만 동아시아 학계 내 고종의 역할과 통치에 대해서는 대체로 부정적인 평가가 지배적이다. 소흥화의 이후 진회에게 내치를 내맡기고 사치와 향락에 탐닉하였던 것은 두말할 나위도 없으려니와, 그 이전 고종의 행태도 근실함과는 거리가 멀었다. 그렇기에 중국의 원로 송대사 연구자인 왕쩡위(王曾瑜)와 같은 인물은 고종의 전기를 출간하며 『황음무도한 황제 송 고종(荒淫無道 宋高宗)』[15]이란 제목을 붙이고 있을 정도이다. 황제 즉위 직후 금의 공격으로 정권이 풍전등화의 위기에 몰려 있을 때조차 고종의 환락 탐닉과 안일한 생활은 거침이 없었다. 묘부와 유정언은 본서에도 기술되어 있듯 1129년 3월 궁정의 변란을 일으킨 후 고종의 무능과 안일함을 질책하며 퇴위를 강요하였다. 이 명수의 변은 사실상 고종의 무능과 무절제한 생활에 의해 태동된 것이었다.

항주 정도의 과정에 대한 서술에서도 고종의 역할이 다소 적극적으로 묘사되고 있다. 고종은 금에 대한 효과적인 대응 태세의 구축을 위해 조신들에게 건강부 정도를 탐문하였다고 기술되어 있다. 또 그 자신이 건강부에 한동안 체류하며 그곳에 정도하는 것을 타진하였다고 한다. 하지만 고종의 건강부 행차가 장준과 조정 등 당시 재집의 강력한 권유로 말미암은 것이었다는 사실은 빠트리고 있다.

다음으로 본서는 악비의 활동을 소상히 기술하면서 그 역할을 매우 부각시키고 있다. 1130년 금군으로부터 건강부를 탈환하였던 사실, 1134년 5월 양양을 수복하였던 것, 1135년 남송 조정에 커다란 부담이 되고 있던 종상·양요의 반란 진압, 그리고 1140년에 있었던 언성의 전투 등이 모두 상세히 언급되고 있다. 소흥의 화의 직전 진회에 의해 모반의 죄목이 씌워져 살해되었던 사실도 구체적으로 서술하고 있다. 진회와 대비하여 악비는 전통적인 시각 그대로 걸출한 영웅으로 묘사되고 있는 것이다.

오늘날 중국학계에서 악비에 대한 언급은 대단히 민감한 사안이 된 지 오래다. 대략 1990년대까지만 해도 중국학계의 악비에 대한 평가는

---

15 王曾瑜, 1999,『荒淫無道 宋高宗』, 石家莊: 河北人民出版社.

전통적인 입장을 거의 그대로 계승하였다. 악비와 진회의 대립 구도를 민족 영웅과 매국노라 이해하였다. 하지만 중국 당국의 민족정책이 강화되고 이른바 통일적다민족국가론이 대세를 점하면서 악비란 존재는 미묘한 사안이 되어 버린 것이다. 통일적다민족국가라는 관점에 의거하여 남송과 금 사이의 전쟁도, 중국이라는 국가 내부에서 발생한 내전에 불과하게 되었기 때문이다. 그리하여 더 이상 악비를 두고 '구국의 영웅' 등으로 칭양할 수 없게 되었다.

　이러한 중국 내 악비 평가의 전변을 잘 보여 주는 것이 『악비연구』라는 부정기 간행물이다. 이 간행물은 악비의 사당이 있는 항저우에서 발간되었다. 1988년 1집이 나왔는데 2004년 5집이 간행되고서 사실상 폐간되어 버렸다. 1996년에 간행된 4집까지만 해도 악비를 민족 영웅이라 인식하는 논문이 절대 다수였다. 그런데 중국 당국의 민족 정책이 강화되며, 『악비연구』는 이후 거의 10년 만인 2004년에 이르러서야 5집이 가까스로 발행되었다. 그나마 5집에 수록된 논문들은 극히 일부를 제외하고는 악비와 무관한 것으로 채워져 있다. 사실상 『악비연구』가 아니라 『송대사연구』라 해도 전연 이상할 것이 없는 정도이다. 악비라는 인물이 지닌 정치적 민감성, 그리고 그로 말미암은 악비에 대한 관심의 저하 등이 여실히 반영된 상태라 할 수 있다.

　오늘날 중국 대륙의 중국사 개설서에서는 거의 대부분 악비의 행적에 대해 매우 소략한 서술로 일관하고 있다. 당국의 민족정책에 부응하는 자세가 소장학자를 중심으로 대세를 점해 가고 있는 것이다. 하지만 일부 원로 연구자 가운데는 이러한 악비 평가의 굴절에 대해 불편한 심기를 표출하는 사람도 적지 않다. 예컨대 왕쩡위나 리시허우(李錫厚) 같은 원로 학자들은, '악비를 당시의 정황에 따라 평가하지 않고 그때그때 필요에 따라 달리 인식한다면 역사 공부란 대체 무슨 필요가 있는 것이냐?'라고 반문하기도 한다.[16] 또한 허중리(何忠禮) 역시 『남송정치사』를 서술하며 적지 않은 지면에 걸쳐 악비에 대한 평가가 뒤바뀌어서는 안 된다고 강조하고 있다.[17] 그러나 이런 격앙된 반론은 일부의 작은 목소리일 뿐 악비의 비중 격하라는 대세는 거의 확고한 흐름을 보이고 있다.

이 장의 필자인 타오진성은 중국학계의 흐름은 전연 돌아보지 않은 채 악비에 대한 전통적인 평가를 그대로 견지하고 있다. 그 자신이 중국 당국의 정책적 필요를 돌아보지 않아도 되는 입장에 있을뿐더러 중국학계 내 원로와 거의 동일한 연배에 있기 때문이다.

V. 맺음말

최근 송대사 연구는 단연 중국학계에 의해 주도되고 있다. 연간 수백 편을 상회하는 논문과 수십 권에 달하는 단행본이 발간되고 있을 정도이다. 양적인 면에서뿐만 아니라 연구 논저의 수준 면에서도 중국학계는 이미 수십 년 전부터 송대사 연구의 중심에 서 있다. 그렇기에 중국 송사학회에서 2년마다 개최하는 송사연회에는 한국과 일본, 그리고 구미 학계의 주요 연구자들이 대거 참여하여 성황을 이룬다.

---

[16] 왕정위는 악비와 진회의 대립에 대해, "이는 전형적인 영광과 치욕, 정의와 사악함, 진보와 퇴행의 투쟁이었다."(同氏著, 2002, 『岳飛和南宋前期政治與軍事研究』, 開封: 河南大學出版社, 4쪽)라고 지적하고 있으며, 리시허우는 "현재적 관점에 구애되어 역사상의 시비를 재론해야 한다면 그것은 역사가 필요 없다는 말이 될 것이다."(『宋史硏究通訊』 42, 2003)라고까지 말하고 있다.

[17] 何忠禮, 2008, 『南宋政治史』, 北京: 人民出版社, 113, 114쪽.

송대사 개설서의 편찬이란 면에서도 중국학계의 움직임은 단연 돋보인다. 근래만 하더라도 『중국단대사계열(中國斷代史系列)』 시리즈의 하나로 발간된 『송사(宋史)』[18]를 제외하고, 『요금서하금대통사(遼金西夏金代通史)』[19] 및 『남송전사(南宋全史)』[20] 등이 발간되었다. 이들 개설서들은 중국 사회 내지 중국학계의 발전을 잘 대변한다고 할 것이다.

이와 비교하여 한국 및 일본의 송대사 연구는 상대적으로 대단히 빈약하다 하지 않을 수 없다. 연구 논저의 수효나 개설서의 발간 등에서 도저히 중국학계의 활발한 모습과 비교할 수 없다. 뒤늦게 송대사 연구가 시작된 한국은 논외로 치더라도, 일본학계의 송대사 연구 또한 20세기 중후반에 보였던 정치함이라든가 활황은 이제 더 이상 기대할 수 없는 형편이다.

반면 구미의 송대사 연구는 동아시아의 그것과 분명히 다른 색채를 취하면서 독자적인 영역을 구축해 가고 있다는 인상을 준다. 이 글에서 논평으로 삼은 『케임브리지 중국사』는 물론이려니와, 근래 중국사 연구에 새로운 바람을 불러 일으키고 있는 하버드 대학 옌칭연구소 주도의 'CBDB 프로젝트'도 그러한 구미학계의 역량을 여실히 보여 준다고 하겠다. 특히 구미학계가 지니고 있는 해석 중시의 자세는, 역사학의 본령이 어떠해야 되는가 하는 것에 대한 자성을 촉구한다고 하겠다.

본론에서 수차에 걸쳐 언급하였듯 구미학계의 연구를 대변하는 『케임브리지 중국사』의 서술은 동아시아 학계의 역사 서술과 매우 대조적인

---

18 陳振, 2003, 『宋史』, 上海人民出版社.
19 漆俠 主編, 2010, 『遼金西夏金代通史』(전7책), 北京: 人民出版社.
20 『南宋全史』(전6책), 上海古籍出版社, 2012.

자세를 지니고 있다. 사건 내지 사실에 대한 고증이 아니라 전후의 맥락에 입각한 해석에 중점을 두고 있기 때문이다. 그 해석의 입장도 매우 독특한 것이 적지 않다. 구체적인 사건이나 인물에 대한 이해라는 점만을 놓고 본다면 구미학계의 연구에 약점이 적지 않은 것은 사실이다. 하지만 사실에 대한 탐색에 그치지 않고 전체상의 이해를 추구한다는 자세는 분명 주목하고 경청해야 할 것이다.

참고문헌

디터 쿤 저, 육정임 역, 2015, 『하버드 중국사 송』, 유교 원칙의 시대, 너머북스(Dieter Kuhn, 2009, *The Age of Confucian Rule*, Harvard Univ. Press의 한국어판).
박한제 외, 2015, 『아틀라스 중국사』(개정증보판), 사계절.
스도 요시유키·나카지마 사토시 저, 이서현·임대희 역, 2018, 『중국의 역사』 송대, 혜안 (周藤吉之·中嶋敏, 1974, 『中國の歷史』 5, 五代 宋, 講談社의 한국어판).
신성곤·윤혜영, 2004, 『한국인을 위한 중국사』, 서해문집.
竺沙雅章 외 저, 김성규 역, 2006, 『아시아 역사와 문화』 3. 근세 I, 신서원(『アジアの歷史と文化』 3, 同朋舍, 1994의 한국어판).

周寶珠·陳振, 1985, 『簡明宋史』, 人民出版社.
陳振, 2003, 『宋史』, 上海人民出版社.
何忠禮, 2008, 『南宋政治史』, 人民出版社.
_____, 2011, 『南宋全史』 1·2, 政治軍事和民族關係卷, 上海古籍出版社.
何忠禮·徐吉軍, 1999, 『南宋史稿』, 杭州大學出版社.
漆俠 主編, 2010, 『遼宋西夏金代通史』 政治軍事卷, 人民出版社.

小島毅, 2005, 『中國の歷史』 7, 中國思想と宗教の奔流, 宋, 講談社.
松本道雄 等, 1997, 『中國史』 3, 五代 宋, 山川出版社.
伊原弘·梅村坦, 1997, 『世界の歷史』 7, 宋と中央ユーラシア, 中央公論社.

6장

구미학계의 송대사 인식과 한국사 서술 관련 내용 검토

이장욱 동북아역사재단 한국고중세사연구소 소장

I. 머리말

케임브리지 대학의 역사총서 시리즈(The Cambridge History)는 현재 구미지역에서 출판되는 세계사 시리즈 중 가장 권위 있는 영문 출판물로서 그 영향력은 영미뿐만 아니라 세계 각국의 학계에도 매우 크다 할 수 있다. 케임브리지대학출판사(Cambridge University Press, CUP)는 지난 1902년 저명 서양사 학자이며 정치가이자 저술가인 액튼 경[Lord Acton, AKA, 존 달버그(John Dalberg), 1834~1902년]에 의해 르네상스 이후인 유럽 근현대사(1450~1910) 기획을 필두로 현재까지 전 세계 각국의 역사를 총서형식으로 발간하고 있다. 이는 당대 구미권에서 왕성한 활동을 하는 다양한 분야의 역사 연구자들을 중심으로 하여 장기적인 계획 아래 철저한 검증과 수정을 거쳐 출판되고 있다.

케임브리지대학출판사의 동아시아사(The East Asian History) 편은 1966년 하버드 대학의 고 존 페어뱅크(John K. Fairbank, 1907~1991년)와 케임브리지 대학의 고 데니스 트위체트(Denis C. Twitchett, 1925~2006년) 교수를 중심으로 하여 중국사 시리즈를 기획, 현재까지 총 18권 중 17권이 출간되었고, 제4권 수당사 주제별 분권은 2022년 발간될 예정이다.

이 글은 지난 2015년에 출간된 『케임브리지 중국사』 제5권 송대사 중 주제별로 구성된 제2분권에 수록된 10편의 논문들을 중심으로 검토하여 구미학계의 중국사 인식과 한국사와 연관된 내용들에 대한 초보적인 방향성을 제시해 보고자 한다.

II. 『케임브리지 중국사』 배경 및 원칙

『케임브리지 중국사』 송대사는 총 2권의 분권으로 구성되어 있다. 과거 존 페어뱅크와 데니스 트위체트 교수가 기획할 당시의 구미지역 동아시아사 연구자들은 오늘날과 비교해 적은 수의 중국사 연구자들만 있었다. 따라서 페어뱅크와 트위체트 교수는 이러한 당시 상황을 고려하여 총 15권으로『케임브리지 중국사』를 기획하였다.

제1권 진한사
제2권 위진남북조사
제3, 4권 수당사
제5권 송사
제6권 요금원사
제7, 8권 명사
제9, 10, 11권 청사
제12, 13권 민국 시기
제14, 15권 현대사

페어뱅크와 트위체트 교수 중심으로 기획된『케임브리지 중국사』는 트위체트 교수가 미국의 프린스턴 대학으로 자리를 옮긴 1980년부터 1994년까지 약 15년 동안 시리즈의 15권 중에서 10권의 책을 출간하게 되었다. 그런데 1970년대 후반부터 미국 내 송대 및 청대, 민국 시기, 현대사 연구자들의 수가 급속히 증가하면서 원래 기획했던 15권에서 특권 선진 시기를 새로이 추가하고 많은 수의 송대사 연구성과들을 반영하기 위해 송대사를 상, 하 2권으로 분권하는 한편, 청대사 역시 기존의 3권에서 4권으로 늘려 총 18권으로 새로이 기획하게 되었다.

케임브리지대학출판사의 세계사 시리즈 원칙은 분명하다. 영미권 학자들을 중심으로 주편, 집필자 구성을 하고 모든 원고는 영문으로 집필하는 것을 기본 방침으로 가지고 있다. 세계 많은 나라, 특히 중국, 일본, 한국, 타이완 등지에서의 중국사 성과가 많은 것을 고려해 예외적인 경우에만 대표적인 동아시아 연구자의 성과를 번역해 『케임브리지 중국사』에 실은 경우도 있지만, 90% 이상은 미국, 영국, 유럽 그리고 일부 영어가 가능했던 타이완이나 동남아 화교 학자들이 집필을 담당하게 하였다.

III. 『케임브리지 중국사』 송대사 제2분권 목차 구성과 저자

20세기 중반 미국의 중국사 학계가 주요 연구 중점 시기를 전근대 시기 송대와 청대 그리고 근현대 시기 민국 시기와 현대사로 정한 이래 1970년대 후반부터 송대사 연구자 수는 급속하게 증가하였다. 컬럼비아 대학에서 1975년 박사학위를 취득했던 미국 송대 여성사 및 정치사 연구의 대가인 패트리샤 이브리(Patricia Ebrey)를 필두로 하여 미국의 송대사 학계는 존 채피(John Chaffee), 폴 하임즈(Paul Hymes), 폴 스미스(Paul Smith), 휴 클라크(Hugh Clark), 피터 볼(Peter Bol) 등 오늘날 미국의 중국 전근대사 연구의 대표적인 학자들을 다수 배출하였다. 이에 프린스턴 대학 재직 시절 당시 미국 내 중국사 연구자들의 증가를 직접 목격한 데니스 트위체트 교수는 『케임브리지 중국사』의 계획을 일부 수정하게 된 것이다.

우선 많은 수의 송대사 연구자와 그들에 의해 성취된 연구결과물들을 반영하기 위해 트위체트 교수는 기존에 1권으로 기획된 『케임브리지 중국사』 송대사를 2권으로 나누는 한편, 각 권을 10여 장으로 구성하여 많은 연구자들이 참여할 수 있게 하였다. 또한 『케임브리지 중국사』 송대사 제1분권은 편년체 형식으로 송대 주요 정치사를 중심으로 각 장을 구성하게 하면서 타이완의 저명학자들인 황콴중(黃寬重)과 류리옌(柳立言)에게 송 태조, 송 태종 시기를 집필하게 하였다. 그리고 제1분권의 공동주편으로는 펜실베이니아 대학의 고 로버트 하트웰(Robert M. Hartwell, 1932~1996년) 교수의 제자인 폴 스미스 교수로 하였다. 이러한 배경에는 트위체트 교수가 말년에 건강이 안 좋으신 연유로 송대사 집필 및 발간이 2010년대 이후가 될 것을 고려하여 미리 각 분권의 공동 주편진을 함께 선정한 것이다.

『케임브리지 중국사』 송대사 제1분권이 편년체와 정치사 중심이었다면 제2분권은 주제별로, 즉 정치제도, 재정, 군사, 법제, 교육, 경제, 해양, 사회, 유교사 등을 중심으로 하여 구성하였다. 유일하게 누락된 부분은 마지막까지 고려의 대상이었던 대니얼 스티븐슨(Daniel Stevenson) 교수의 불교사 부분이다. 『케임브리지 중국사』 제1분권과 마찬가지로 제2분권에서도 동아시아의 대표적이며 구미학계의 연구성과가 미비하다고 생각된 군사사와 경제사에 중국, 일본의 원로학자들을 초청하여 집필하게 하였는데, 중국의 경우에는 허베이 대학 원로학자이시며 군사사 대가이신 왕쩡위(王曾瑜) 교수와 일본 도쿄 대학의 대표적인 경제사 대가이신 시바 요시노부(斯波義信)이다. 왕쩡위 교수 원고의 번역은 송

진종 시기 '전연의 맹약'에 관한 책을 최근 출간한 데이비드 커티스 라이트(David Curtis Wright)가 맡았고, 시바 교수의 원고는 케임브리지 대학의 저명 송대 경제사 연구자인 조지프 맥더모트(Joseph McDermott) 교수가 맡았다.

『케임브리지 중국사』 송대사 제1, 2분권은 지난 50, 60여 년간의 구미지역 중국사 학술성과들이 모두 집대성되었다고 해도 과언이 아니다. 그 이유는 『케임브리지 중국사』 송대사에서 저자로 되어 있는 대부분 미국의 학자들은 70년대 후반에서 80년대 초반 박사학위를 받은 이들로서 사실상 구미지역의 대표적인 학자들로 패트리샤 이브리 등 일부 학자들을 제외하고 모두 이 2권에 포진되어 있다고 할 수 있기 때문이다.[1]

〈표 1〉『케임브리지 중국사』 송대사 제2분권 목차 (2015년 출간)

장	제목	저자	비고
서론	송대에 대한 반영	존 채피	
1	송 조정과 정치	찰스 하르트만	
2	송대 재정사	피터 골라스	
3	송대 군사사	왕쩡위	중국학자
4	중국의 법과 법제사: 오대와 송대	브라이언 맥나이트	
5	송대 교육: 학교, 서원과 과거	존 채피	
6	중국의 경제변혁, 960~1279	시바 요시노부	일본학자
7	해상세력으로서 중국의 부상	앙겔라 쇼텐하머	독일학자
8	송대사회와 사회변천	로버트 하임즈	
9	북송과 남송에서 유교질서의 재개념화	피터 볼	
10	남송에서 주자학의 등장	호이트 틸먼	

---

[1] 이들 미국 학자들은 크게 3개 학교 출신들로 구성되어 있어 일반적으로 시카고대, 펜실베이니아대, 프린스턴대 학파로 인식되고 있다.

IV. 『케임브리지 중국사』 송대사 제2분권 중국사 인식과 한국사 관련 내용

　20세기 중반 미국의 중국사학계에서 송대를 전근대 시기 대표적인 주요 연구 시기로 정하고 많은 수의 연구자 양성 및 연구성과들을 지난 50, 60여 년간 이루었는데, 그 주요 원인은 구미학자들이 가장 관심을 가지고 있는 송대가 중국사에서 눈부신 경제, 기술발전을 바탕으로 하여 세계사 속에서 문화, 기술적인 업적을 창출했으며 그 역사적 유산은 후대 중국사 발전에도 큰 영향을 미친 시대로 기억되고 있기 때문일 것이다. 그러한 연유로 『케임브리지 중국사』 송대사 제2분권에서도 구미학자들이 관심을 많이 가지고 있는 주제들을 중심으로 책의 기본적인 구조가 형성되어 있다.

　예를 들어 송대 재정과 경제사로 제2장과 제6장에서 저명 경제사 학자들인 피터 골라스(Peter Golas) 교수와 케임브리지 대학의 조지프 맥더모트 교수가 일본의 대표적인 경제사 대가이신 시바 요시노부 교수와 함께 그리고 제4장 법제사에서는 평생 오대 시기와 송대 법제사 연구에만 매진하시던 브라이언 맥나이트(Brian McKnight) 교수, 제5장 송대교육사 분야에서는 1985년 구미학계에서 각광을 받았던 『송대 중국인의 과거생활: 배움의 가시밭길(The thorny gates of learning in Sung China)』의 저자인 존 채피 교수가, 제7장에서는 평생 해양사 연구에만 매진해 오시던 고 허버트 프랑케(Herbert Franke, 1914~2011년) 교수의 제자인 앙겔라 쇼텐하머(Angela Schottenhammer), 그리고 제8장 사회사 분야의 대가로 잘 알려진 컬럼비아 대학의 로버트 하임즈(Robert Hymes) 교수 등 모두가 현재 구미학계에서 가장 관심이 고조된 주제들을 중심으로 집필진들이 구성된 것을 볼 수가 있다. 안타까운 것은 불교사 대가인 캔사스 대학의 대니얼 스티븐슨 교수가 원래 할당되어 있었던 불교사 부분에 대한 집필이 늦어져『케임브리지 중국사』송대사 주제별 분권에 최종적으로 원고가 실리지 못한 것과 도교사에 대한 것도 마땅한 저자를 찾지 못해 결국에는 종교사 부분들이 최종적으로 모두 실리지 못한 것이다. 대신 유교 부분을 크게 북송과 남송으로 나누어 북송 시기까지는 고 제임스 리우(James T.C. Liu, 劉子健, 1919~1993) 교수의 제자인 하버드 대학 피터 볼 교수가, 남송 주자학은 애리조나 대학의 호이트 틸먼(Hoyt Tillman) 교수가 자세히 서술하는 것으로 정리가 되어 중국 유교사에서 중요한 한 획을 긋고 있는 송대 유교사가 구미 연구자들의 관점에 바탕을 두어 잘 정리가 된 것이 두드러진 사실이라 하겠다.

구미학자들이 동양학자들에 비해 사료상의 내용 검토나 세밀한 부분에까지 연구하는 데는 언어나 문화적인 부분 때문에 한계가 있는 것도 살펴볼 수가 있다. 예를 들어 정치제도사 같이 동양학계에서는 기본이라고 할 수 있는 부분에 대한 연구는 송대문학사를 주로 전공하시던 찰스 하르트만(Charles Hartman) 뉴욕주립대 올버니 캠퍼스 교수가 집필한 것이다. 물론 하르트만 교수는 구미학계가 가지고 있던 독특한 관점에서 송대 정치제도사를 서술한 것은 긍정적이나 아무래도 중국사에서 가장 복잡하고 어렵다는 당송관제사(唐宋官制史) 분야에서 특히 사직차견제(使職差遣制)나 기록관(寄祿官) 시스템은 구미학계 학자들이 쉽게 이해하기에는 많은 어려움이 있을 것이라고 보인다. 아무래도 전체적인 큰 그림 속에서 황제, 황후, 후궁, 종실, 재상 등에 대해서는 여러 독특한 이론을 제시하고 있으나 구체적인 세밀한 부분에 대해서는 한계성을 여전히 드러냈다고 보인다. 대부분 정치제도사의 이런 제한적인 부분들은 일본학계의 연구성과 중 우메하라 카오루(梅原郁) 교수의 연구성과들을 많이 반영한 것이 보인다.

『케임브리지 중국사』 제5권 송대사 주제별 분권에서 한국사 관련 내용은 그렇게 많지가 않다. "고려", "Korea", "고려상인" 등을 검토해 보면 모두 합쳐서 19건 정도가 찾아진다. 그런데 제4장 법제사 관련해서 송의 법률제도가 주변국들에 영향을 미친 것이나, 제10장 주자학 관련해서 조선시대 이황의 『주자행장(朱子行狀)』에 대한 설명 그리고 제6장 경제사 부분에서 짧게 "celadon", 즉 고려청자 관련해서 언급한 것을 제외하고는 대부분의 고려나 한국사 관련 내용들은 아이러니하게도 제7장 앙겔라 쇼텐하머 교수가 여러 분야에 걸쳐 해양사 관련 내용을 서술할 때 나타나고 있다. 주지하다시피 송원 시기는 세계사에서도 보기 드물게 동양의 압도적인 해양기술과 적극적인 해상 진출 시기로 문화적인 부분부터 활발한 경제활동으로 기억되고 있는 시대이다. 특히 송대는 중국의 4대 발명품 중 화약, 나침판 2개 항목에 공헌을 하여 동아시아뿐만 아니라 세계사에 미친 영향은 크다 하겠다. 그런데 여기에서 송대 못지 않게 당시 동아시아 해양사 및 경제, 교류, 문화사 등에 큰 영향을 미친 나라가 있으니 바로 고려 왕조이다. 제7장에서 보면 고려상인, 해양루트, 중국의 광저우(廣州)와 명주(明州 '닝보'의 옛 이름), 물품(도자기, Metal, Fabrics, 향신료, 책), 그리고 더 나아가 고려의 중개무역에 대해서 많은 부분을 할애하고 있는 것이 특징이다. 다만 아쉬운 것은 쇼텐하머 교수 본인이 고려시대 해양사 연구 때문에 두 차례에 걸쳐 우리나라의 목포를 방문할 정도로 자료 수집에 큰 관심을 가졌지만, 결국에는 언어상의 제한으로 인하여 본인이 가능한 중국어와 일본어로 된 저서나 논문들을 중심으로 제7장이 구성되어 있다는 것이다. 이러한 점은 향후 우리가 좀 더 구미학계와 활발한 학술교류를 통해 그들과 함께 할 수 있는 상호 주제들을 더 많이 개발하고 함께 연구하여 우리 입장의 역사 및 역사관을 세계에 더 널리 전달할 필요성이 크다고 하겠다.

V. 맺음말

 케임브리지 대학의 역사총서 시리즈는 현재 구미지역에서 출판되고 있는 세계사 시리즈 중 가장 권위 있는 영문 출판물로서 그 영향력은 영미뿐만 아니라 세계 각국의 학계에도 매우 크다고 할 수 있다. 케임브리지대학출판사는 지난 1902년 르네상스 이후인 유럽 근현대사(1450-1910) 기획을 필두로 현재까지 전 세계 각국의 역사를 총서형식으로 지속적으로 편찬하고 있다. 이는 당대 구미권에서 왕성한 활동을 하는 다양한 분야의 역사 연구자들을 중심으로 하여 장기적인 계획 아래 철저한 검증과 수정을 거쳐 출판되고 있다. 예를 들어 『케임브리지 서양사』 시리즈 중 고대사 부분은 1924년에서 1939년까지 15년에 걸쳐서 12권으로 출간한 이래, 두 번째 시리즈가 1970년부터 2005년까지 차세대 학자들을 중심으로 19권으로 확대 출판한 예가 있다. 이런 추세로 보아 중국사의 경우에도 마지막 남은 제4권 당대사 주제별 분권이 내년 중 출간되게 된다면 조만간 두 번째 시리즈 출간이 시작될 것이라고 생각한다.

 중국, 일본과 달리 아직까지 구미지역에서 한국사 전체를 다루는 총서적인 성격을 가진 출판물이 출간되지 않고 있는 현 상황에서 동북아역사재단은 2014년과 2015년 두 차례에 걸쳐 『케임브리지 한국사』 시리즈를 낼 수 있는 계기가 되는 준비 워크숍 지원을 하였다. 그러나 중국, 일본에 비해 터무니없이 모자란 구미지역의 한국사 연구자 등 여러 이유로 인하여 최근 들어 『케임브리지 한국사』 제4권 근현대사만 시카고 대학의 브루스 커밍스(Bruce Cumings) 교수를 중심으로 추진되고 있다. 비록 현재까지 『케임브리지 한국사』 출간은 안 되고 있지만, 우리 정부와 학계가 모두 함께 합심하여 국가적 차원에서 한국사를 세계에 널리 알린다는 취지 아래 적극적으로 케임브리지대학출판사 및 구미 연구자들과 연계 협력을 해야 한다고 생각한다. 우리 시각에서 본 중국사와 일본사를 해외 학자들과의 교류 속에서 널리 알려야만 최근 빈번히 벌어지고 있는 동아시아에서의 역사왜곡 등 갈등을 부분적으로 해소할 수 있다고 생각한다.

7장

서구학계의 정복왕조 거란·서하·금·몽골제국사 서술:
『케임브리지 중국사 6권: 외국정권과 변경국가, 907~1368년』

윤영인 영산대학교 성심교양대학 교수

I. 『케임브리지 중국사』 제6권

10~14세기 초원과 만주에서 흥기한 북방민족[1]들이 세운 거란,[2] 금, 대하["서하"],[3] 그리고 몽골(원)제국은 그들 고유의 문화와 전통을 유지하면서 대다수 중원의[4] 한족을 차별하는 통치체제를 실행하였다. 서구학계 정복왕조사[5] 연구를 집대성한 참고서이자 개설서로는 『케임브리지 중국

---

[1] '북방민족'은 초원과 만주 지역에 거주한 여러 '부족'들을 가리키며 종종 호(胡) 혹은 적(狄)으로 기록되었다. 북방민족들은 군주를 칸(카간 혹은 한)으로 불렀고, 10진수 단위의 군사조직을 가지고 있었으며, 이원적 통치체제를 갖춘 다민족·다언어 제국을 세웠다.

[2] 일반적으로 거란은 부족의 이름으로, '요(遼)'는 거란족이 세운 제국의 국호로, 그리고 '요'가 망한 후 그 유민들이 중앙유라시아로 이주하여 세운 제국을 '카라키타이' 혹은 '서요'라고 한다. 그런데 거란문자와 여진문자 기록에서 거란제국의 국호는 시종일관 "키타이" 혹은 "카라키타이"["哈喇契丹" 혹은 "大契丹", "契丹國", "契丹" 등]였다(刘浦江, 2001, 「辽朝国号考释」, 『历史研究』, 40-43쪽; 刘凤翥, 2006, 「从契丹文字的解读谈辽代契丹语中的双国号—兼论"哈喇契丹"」, 『东北史研究』; Michal Biran, 2005, *The Empire of the Qara Khitai in Eurasian History*, Cambridge: Cambridge University Press, pp. 215-217). 이 논문에서는 10-12세기 거란제국의 명칭으로 '거란[키타이]'을 사용한다.

[3] 서하(西夏)라는 명칭은 중원의 서쪽에 위치하였다는 의미로 몽골제국 시기에 편찬된 『요사(遼史)』와 『송사(宋史)』 등에 보이는데 탕구트는 그들의 왕조를 대하(大夏)[공식명칭은 한자로 "백고대하(白高大夏)국"]라고 하였다. 이 논문에서는 탕구트 왕국의 국호로 '대하'를 사용한다.

[4] 이 글에서는 시대착오적이자 모호한 의미의 '중국' 대신 지리적 공간을 가리키는 '중원'을 사용하였다. '중원'은 본래 한족 문화의 중심지인 화북 평원을 가리키지만 확대한 의미로는 만주(요동), 신장, 티베트, 몽골 등 '변방'과 대비되는 한족의 주요 거주지역인 한지(漢地) 혹은 한족이 대다수를 차지한 역사적 공간을 포함한다.

[5] '정복왕조(Dynasties of Conquest)'는 비트포겔(Karl Wittfogel)이 체계화한 개념으로 정복자의 정체성과 독자성, 그리고 다민족제국에서 발생한 문화적 변용과 이원적 통치체제에 주목하였다(Karl Wittfogel and Feng Chia-sheng, 1949, *History of Chinese Society: Liao (907-1125)*, Philadelphia: American Philosophical Society, pp. 1-32 참조).

사』 제6권(이하 『중국사』로 약칭)을 꼽을 수 있는데 출간된 지 이미 25년이 넘었으나 여전히 서구는 물론 중국학계에도 영향력을 행사하고 있다.[6] 『중국사』는 정복왕조의 흥기와 중원 정복, 다민족·다언어·다문화 제국의 역사적 배경, 그리고 통치체제와 제도를 당시 국제질서·사회체제·경제적 변화 등과 유기적으로 연결하여 서술하고자 하였다. 다만 사료의 결핍과 축적된 연구가 부족하였던 20세기 말 서구학계 현실에서 『중국사』의 내용 대부분은 정치사, 특히 왕위계승과 권력투쟁, 대외관계에 초점을 맞추었다.

『중국사』는 총 9개의 장에 거란·서하·금·몽골 황실의 세계도, 각 왕조의 연호와 수도 위치, 국제정세를 나타내는 총 37개의 표와 지도를 포함하고 있다. 제1장에서 제3장까지는 장마다 하나의 왕조(거란, 서하, 금)를 다루었으나, 마지막 6개 장(제4장~제9장)과 전체 분량의 절반 이상은 원(몽골제국) 시기를 조명하였는데 이는 비교적 많은 연구성과가 축적되었던 세계제국 몽골사의 중요성을 반영하는 것이다. 『중국사』 집필진은 서구의 대학에서 학위를 취득하고 서구학계에서 활동하는 학자들로 구성되었다.[7] 편집자 프랑케(Herbert Franke, 1914~2011년)는 쾰른 대학, 본 대학, 베를린 대학에서 수학하고 법학박사(1937년)와 철학박사(1947년) 학위를 취득한 후 뮌헨 대학에 재직하면서 주로 여진과 몽골의 역사를 연구하였다. 또 다른 편집자 트위체트(Denis Twitchett, 1925~2006년)는 런던 대학과 케임브리지 대학에서 당나라시대를 전공하였고 1968년에서 1980년까지 미국 동부의 프린스턴 대학에서 활동하였다.

---

6 『중국사』 제6권의 중국어 번역본은 영문판 출간 4년 만에 중국에서 출판되었다 (傅海波·崔瑞德 編, 1998, 『劍橋中國遼西夏金元史』, 中國社會科學出版社).
7 집필에 참여한 학자들의 대표 연구 성과는 참고문헌 참조.

두 편집자가 독일과 영국의 유럽학계 출신이라는 사실은 20세기 후반까지도 북미학계의 정복왕조 연구자들이 극소수였음을 말해 준다. 편집자들은 서론(Introduction)에서 거란, 금, 대하와 몽골제국 시기를 관통하는 "변경(the frontier)", "외부인(foreigners)", "다국체제(multistate system)", "맹약관계(treaty relations)", "정권의 유형(modes of government)", 그리고 "다중언어성(multilinguality)" 등 핵심 개념을 정의하였다.

첫 세 개의 장에서는 각 장마다 거란, 대하, 그리고 금을 다루었다. 제1장 "The Liao"(거란)는 편집자 트위체트와 티체(Klaus-Peter Tietze)가 집필하였는데『요사』와 거란사 연구의 대작인 비트포겔의 *The History of Chinese Society: Liao(907-1125)*의 내용을 토대로 정치사에 초점을 맞추어 서술하였다.[8] 특히 거란이 연운16주를 할양받아 많은 한족 백성과 관료를 흡수하게 되자 중원 한족의 통치제도를 채택하게 된 것을 자연스러운 결과로 보면서도 동시에 고유의 전통·사회조직문화·종교 등을 유지한 이원적 통치체제를 강조하였다.[9] 제2장 "The Hsi Hsia"

---

[8] 비트포겔은 북방민족이 세운 제국들이 한족문화를 어느 정도 수용하면서도 그들 본래의 유목민족적 사회조직과 전통·문화·종교 등을 유지한 이원(二元)적 통치체제를 실시하였다는 '정복왕조론'을 주장하였는데 '정복왕족론'은 특히 서구학계에 큰 영향을 주었으며『중국사』의 기본 관점도 비트포겔과 대체로 일치한다. 그러나 중국학계는 '정복왕조론'을 20세기 초 일본학자 시라토리 쿠라키치(白鳥庫吉, 1865~1942년) 등의 일본군국주의 혹은 제국주의 논리를 계승한 것에 불과하다고 비판하였다(李锡厚 外, 2005,『辽西夏金史研究』, 福建人民出版社, 72-83쪽). 비트포겔 저서의 "General Introduction"은 1990년에 중국어로 번역·출판되었다(王承礼 主编, 1990,「辽金契丹女真史译文集」,『东北史丛书』, 长春: 吉林文史出版社, 1-95쪽). 그리고 王波然 译, 2005,「辽朝商业研究」,『辽宁师范大学学报, 社会科学版』는 비트포겔의 저서 170-174쪽을 번역한 것이다.

[9] Denis Twitchett and Klaus-Peter Tietze, 1994, *"The Liao," The Cambridge History of China, Vol. 6*, Cambridge: Cambridge University Press, p. 77.

〈서하〉를 저술한 던넬(Ruth Dunnell)은 프린스턴 대학에서 박사학위(1983)를 받았으며 정치사에 초점을 맞추었지만 더불어 대외관계, 경제구조, 제도에 대해서도 관심을 보인다. 편집자 프랑케가 저술한 제3장 "The Chin Dynasty"(금 왕조)는 거란과 대하를 다룬 부분과 비교할 때 보다 다양하고 충실한 서술이 돋보인다. 정치사 외에도 제도·사회구조·경제·지성사·종교 등을 다루면서 특히 문화변용(acculturation)과 한화(sinicization), 그리고 이에 대한 반작용 현상에 초점을 맞추었다.

제4장에서 7장까지는 몽골제국의 역사를 연대순으로 다루었다. 몽골제국사 전공자 알슨(Thomas Allsen)이 집필한 제4장 "The Rise of the Mongolian Empire and Mongolian Rule in North China"(몽골제국의 흥기와 북중국 통치)는 테무친의 탄생에서 몽케칸까지 정치 제도의 발전, 사회와 경제사의 주요 쟁점을 다루었고 특히 중원 북부 지역 통치에 초점을 맞추었다. 쿠빌라이의 전기[10]를 저술한 바 있는 로사비(Morris Rossabi)는 제5장 "The Reign of Khubilai Khan"(쿠빌라이의 치세)에서 몽골제국 전성기의 사회·경제·종교·문화를 서술하였다. 제6장 "Mid-Yüan Politics"(원 중기의 정치사)의 저자 샤오치칭(蕭啟慶, Hsiao Ch'i-Ch'ing)은 타이완국립대학 사학과에서 학사와 석사과정을 마치고 미국 하버드 대학의 저명한 몽골사학자인 클리브스(Francis W. Cleaves) 교수의 지도로 1969년 몽골의 군사제도 연구로 박사학위를 취득하였는데 집필진 중 유일하게 동아시아 학계에서 활동하여 싱가포르국립대학(1974~1994년)과 타이완 국립칭화대학(國立清華大學)에서 재직하였고

---

10 Morris Rossabi, 1988, *Khubilai Khan: His Life and Times*, University of California Press.

2000년에 타이완 중앙연구원(中央硏究院)의 원사(院士)로 선출되었다. 샤오치칭은 1294년에서 1332년, 즉 테무르칸(成宗, Temur Khaghan, 1294~1307년 재위), 카이샨칸(武宗, Khaishan, 1307~1311년 재위), 아유르바르와다칸(仁宗, Ayurbawada Khaghan, 1311~1320년 재위), 시데발라(英宗, Shidebala Khaghan, 1320~1323년 재위), 예순테무르칸(泰定帝, Yesun Temur Khaghan(1323~1328년 재위), 그리고 투그테무르칸(文宗, Tugh Temur, 1328~1332년 재위)의 시대를 다루면서 제국의 통치 제도와 이념에 미친 한족 전통과 제도의 영향을 강조하였고 이 시기 빈번하게 발생한 파벌 투쟁의 원인을 몽골과 한족 엘리트의 갈등이 아니라 대칸 권력의 쇠퇴에서 찾고자 하였다. 제7장의 저자 다디스(John Dardess)는 "Shun-ti and the End of Yüan Rule in China"(순제와 몽골의 중원 통치 종말)에서 토곤 테무르칸[Toghon Temur, 순제(1333~1368년 재위)] 시대의 정치사를 다루었으며 몽골제국이 중원을 상실하게 된 주요 원인으로 칸의 지도력 부재, 홍수와 가뭄 등 자연재해, 그리고 새로운 사상의 등장을 지목하였다.

　제8장과 9장은 몽골제국의 제도와 사회를 조명하였다. 제8장 "The Yüan Government and Society"(원의 통치기구와 사회)의 저자 엔디콧-웨스트(Elizabeth Endicott-West)는 원의 통치 기구와 조직을 문·무·감찰·황실 기구로 나누어 접근하여 중앙과 지방의 이분법적 관계를 분석하였는데 몽골제국에서 제도와 정치체제를 통한 중앙집권화가 이루어지지 않았다고 보았다. 그리고 원대 사회의 고찰에서는 한족을 제외한 몽골과 기타 부족의 엘리트 계층을 분석하였다. 제9장 "Chinese Society Under Mongol Rule, 1215~1368"[몽골 통치 시기의 중국(한족)사회]의 저자 모트(Frederick W. Mote, 1922~2005년)는 1948년 중국 난

징대학교를 졸업하고 1954년 미국 워싱턴 대학에서 도종의(陶宗儀)의 『철경록(輟耕錄)』 연구로 박사학위를 취득한 후 프린스턴 대학에 재직하면서 『케임브리지 중국사』 프로젝트에서 핵심적인 역할을 담당하였다. 모트는 민족등급제와 호적을 통한 세습제도 등을 통해 사회 구성과 민족 관계의 변화를 설명하면서 기존 송과 금의 제도를 바꾸려고 하였던 몽골제국의 정책적 노력에 초점을 맞추었는데, 몽골과 색목인 지배층이 궁극적으로는 '우월한' 한족 문화에 동화되었다는 견해를 비판하였다.

II. 정복왕조와 동아시아 국제질서

『케임브리지 중국사』 시리즈에서 제6권은 10세기에서 14세기까지 400여 년간 존재한 4개의 정복왕조를 다루고 있다. 그런데 동시대에 공존하였던 거란과 송, 그리고 금과 남송을 분리하고 다섯 세기에 걸쳐 존재한 4개의 정복왕조를 모아서 따로 서술한 이유는 무엇인가? 한족왕조에 비해 서술할 내용이 많지 않은 정복왕조의 역사를 묶어 편집하는 편리성을 위한 것인가 아니면 정복왕조와 한족왕조 사이에 어떤 근본적인 차이가 있다는 것을 암시하는 것인가? 나아가 『중국사』는 제2장에서 대하의 역사를 상세하게 다루고 있는데 본래 대하는 정통왕조로 인정받지 못하였고 단지 『요사(遼史)』, 『송사(宋史)』, 『금사(金史)』의 「외국열전(列傳)」 등에 소략한 단편적 기록이 전해질 뿐이다. 반면 대하처럼 정사가 편찬되지 않았던 티베트와 위구르제국은 『케임브리지 중국사』 시리즈에서 따로 서술하지 않고 대신 『케임브리지 내륙아시아 초기역사(The

Cambridge History of Early Inner Asia)』에 포함되어 있다.[11] 결국 『중국사』 편집자들은 '중원'이라는 역사적 공간에 대한 정복과 통치 여부를 중국사 범주의 기준으로 삼은 것이다.

그런데 정복왕조 혹은 '외부왕조'에게 '중국'이라는 역사적 정체성이 있었을까? '정복왕조'의 역사를 '중국사'에 편입하는 근거는 무엇일까? 실제 '중국(China)'이라는 용어는 '한족(漢族)' 혹은 '중원(中原)' 혹은 '한지(漢地)' 등 여러 의미가 종종 중첩되어 정확한 정의를 내리기 어려우며 '중국의 문화' 역시 다양한 문화적 전통이 혼합된 결과물이었기에 그 의미를 한족 전통문화와 그 핵심 가치관에 국한시켜도 '중국'이라는 정치적·문화적·공간적 실체는 시대에 따라 크게 변하였다.[12] 그리하여 스탠든(Naomi Standen)은 근대 '중국(China)'의 개념을 과거에 그대로 적용하는 시대착오적 접근을 비판하였고 '중국'이라는 모호한 용어 대신 정확한 지리적 용어인 '북방(North)'과 '남방(South)'을 사용하였다.[13]

『중국사』 편집자들은 정복왕조가 제국으로 성장하는 과정에서 '한족

---

[11] 위구르와 티베트의 역사는 1990년에 출간된 『케임브리지 내륙아시아 초기역사』 (Denis Sinor, 1990, *The Cambridge History of Early Inner Asia*, Cambridge University Press)에 포함되어 있다. 내륙아시아는 동아시아에서 동유럽에 이르기까지 광활한 공간을 모두 포함하는 지리적 개념이며 마지막 장에서 거란과 여진을 하나로 묶어 서술하였는데 저자는 바로 『중국사』의 편집자이자 제3장 금 왕조를 집필한 프랑케 교수이다. 『중국사』가 중원의 거란과 금 왕조에 대한 구체적인 서술이라면 『내륙아시아 초기역사』는 왕조 건국 이전과 멸망 이후 시대를 관통하는 거란과 여진 부족의 역사를 모두 다루고 있다.

[12] John W. Dardess, 2003, "Did the Mongols Matter? Territory, Power, and the Intelligentsia in China from the Northern Song to the Early Ming," in Paul J. Smith and Richard von Glahn, eds., *The Song-Yuan-Ming Transition in Chinese History*, Harvard University Press, pp. 112-122.

[13] Naomi Standen, 2007, *Unbounded Loyalty: Frontier Crossings in Liao China*, University of Hawaii Press, p. 31.

세계(한족 전통의 세계질서)'의 틀에 편입되면서 '중국사'와 연속성을 가진다고 주장한다.

공식 사절단과 공문서를 통한 외교 교류가 정복국가들이 '중국[한족] 세계(the Chinese world)'로 흡수되는 과정을 강화·가속화한 것이 분명하다. 외교적 절차는 한족의 선례를 따랐을 뿐만 아니라 외교의 언어(문자)도 한문이었다. 거란, 금, 혹은 서하[대하]가 송에 보낸 문헌을 그들 고유의 언어 혹은 문자로 기록하거나 한문과 병기하였을 가능성은 매우 희박하다. 정복왕조가 그들의 종묘에 올린 서서(誓書)를 그들 고유의 언어로 작성하였는지 역시 알 수 없다. 하지만 이들 국가들의 다언어성에도 불구하고 동아시아 지역 국제관계에서 공통어는 한족의 언어(와 문자)였다고 보아도 무방하다.[14]

결국 정복왕조들이 한족의 전통과 제도적 틀에 기반한 국제질서에 편

---

14 "There can be no doubt that diplomatic intercourse through embassies and correspondence strengthened and accelerated the absorption of the conquest states into the Chinese world. Not only was the procedure modeled on Chinese precedents; the diplomatic language was Chinese. It does not seem that any letter from Liao or Chin or Hsi Hsia to the Sung was ever written in the native language and script or that a parallel text to the Chinese version was drafted in their own language. We also do not know whether the oathletters of the northern states that had to be ritually deposited in their own ancestral temples were written in the native language. It seems safe to assume that however multilingual the states might have been, the diplomatic lingua franca throughout continental East Asia was Chinese"(Herbert Franke and Denis Twitchett, eds., 1994, "Introduction," *The Cambridge History of China, Vol. 6*, Cambridge: Cambridge University Press, p. 20).

입되면서 '중국'이라는 역사적 범주에 들어오게 되었다고 인식한 것이다. 『중국사』 편집자들은 거란, 여진, 탕구트, 몽골이 세운 제국을 단순히 중원의 농경·정착 문명의 한족정권과 대비되는 유목국가로만 볼 수 없으며 북방민족의 명칭도 어느 특정 "단일 집단(homogeneous people)"이 아니라 복합적인 현실(complex reality)을 반영한다고 하였다. 나아가 정복왕조들은 토착(부족)문화(nativism)와 문화변용(acculturation)의 갈등, 다언어·다문화 체제 제국의 통치 문제, 권력의 개인화, 통치의 분열, 지식인 계층의 신분 하락 등 여러 면에서 유사성이 보인다고 하였다. 정복왕조의 군대는 다국적으로 구성되었고 많은 한족 병사를 포함하고 있었기에 송과 북방 정복왕조의 전쟁은 부족(민족) 혹은 종족 간의 전쟁이 아니라 "중국 내전의 특별한 모습(a special form of Chinese civil war)"이었다는 것이다.[15] 그런데 정복왕조가 북방에서 흥기한 사실은 '정복'이라는 역사적 현상이 북방민족의 전통과 역사적 경험과 밀접한 관계가 있었음을 말해 준다. 즉 정복왕조를 세운 북방민족들의 고유 전통에 대한 상세한 고찰이 요구되지만 이들이 중원으로 들어오기 이전의 역사는 '중국사'의 범주를 벗어난 것으로 인식되어 매우 소략하게 서술되었다. 하지만 거란·여진·탕구트·몽골은 통치방식·다언어성·문화변용·세계관·역사적 경험·사회구조·혼인제도 등에서 중원 한족의 전통과 전혀 다른 모습을 보여 준다.[16]

---

[15] Herbert Franke and Denis Twitchett eds., 1994, 위의 글, p. 12.
[16] 예를 들면 거란, 금, 몽골은 중원의 한족이 보기에 매우 이질적("야만")인 혼인 풍습을 유지하였다(Linda Cooke Johnson, 2011, *Women of the Conquest Dynasties: Gender and Identity in Liao and Jin China*, Honolulu: University of Hawaii).

편집자들은 "원의 중국 재통일(reunification of China under the Yüan)"¹⁷ 이전 시기를 "맹약의 시대(an age of treaties)"로 정의하면서 거란·대하·금이 한족왕조 송과 더불어 "다국체제(Multistate System)"의 "맹약관계(Treaty Relations)"를 유지하였음을 강조한다.『중국사』출간 이전에도 서구학계에서 '조공체제' 이론의 문화론적 편견과 역사적 실체 사이에 나타나는 모순을 지적하고 한족 전통의 제도와 공간을 초월하는 국제질서를 규명하고자 하였던 노력이 있었다. 몇몇 학자들은 10세기에서 12세기까지의 동아시아에는 세력균형에 의해 성립·유지된 다원적 국제관계가 존재하였고 '중국[즉 한족왕조]'은 단지 '동등한 국가 중 하나'("China among Equals")에 불과하였으며, 정복왕조와 한족왕조를 '외교적 동등관계'("diplomatic parity")로 인식하였다.¹⁸ 또 미국의 인류학자 바필드(Thomas Barfield)는 북방민족과 한족왕조의 관계를 기존의 '교역 혹은 약탈'이라는 이분법적 논리가 아닌 중원·초원(몽골지역)·만주 세 지역에서 발생한 역사적 순환 과정에 주목하여 접근하였고,¹⁹ 한국사 전공자 레드야드(Gari K. Ledyard)는 동북아시아 국제관계에서 한반도 세력의 중요성을 강조하며 중원·만주·한국의 삼각관계에 주목하면서 한족왕조가 팽창과 수축을 반복하는 역사적 순환 과정을 이해하

---

17 Herbert Franke and Denis Twitchett eds., 1994, 앞의 글, p. 18.
18 Morris Rossabi, 1983, *China among Equals,* Berkeley: University of California Press, pp. 225-229; Tao, Jing-shen, 1988, *Two Sons of Heaven: Studies in Sung-Liao Relations,* Tucson: The University of Arizona Press; David C. Wright, 2005, *From War to Diplomatic Parity in Eleventh-Century China: Sung's Foreign Relations with Kitan Liao,* Leiden: Brill.
19 Thomas Barfield, 1989, *The Perilous Frontier: Nomadic Empires and China,* Oxford, UK: Blackwell, pp. 167-177.

고자 하였다.[20]

『중국사』 제9장의 저자 모트는 정복왕조 시기 국제질서는 외교와 무역으로 힘의 균형을 유지하였고 소위 '조공체제'는 명대에 와서 복원된 것이었지만 16세기 동아시아에 출현한 서구인들이 조공체제를 전통시대 동아시아 대외관계의 전형적 모습으로 잘못 인식한 것이라고 하였다.[21] 동아시아 국제관계는 세력균형으로 유지되었고 다양한 정치적 타협과 문화적 교류의 산물이었다. 그러므로 중원이라는 공간의 한계를 초월하여 만주, 한반도, 그리고 초원과 중앙유라시아 등 여러 지역에 거점을 두고 있었던 다양한 정치세력으로 구성된 다원적·다국체제(pluralistic and multi-state)의 현실을 직시해야 하지만 『중국사』는 정복왕조와 한족왕조 사이에 형성된 '다국체제'의 국제질서를 강조하면서도 고려 등 소위 '주변'을 보는 시각은 여전히 '중심(중원)'과 '주변'의 '조공관계'의 틀에 머물고 있다.

III. 정복왕조의 '한화' 문제

정복왕조의 정체성을 논할 때 종종 '한화'가 등장하는데 많은 학자가 그 용어에 내재된 '한족', '중국', 혹은 '중국문화'의 개념이 계속 변화하

---

20 Gari K. Ledyard, 1983, "Yin and Yang in the China-Manchuria-Korea Triangle," In Morris Rossabi, ed., *China among Equals*, Berkeley: University of California Press, pp. 313-353. 김한규도 레드야드와 유사한 시각에서 접근하여 만주를 중원이나 한반도의 "변방"이 아니라 "요동"이라는 독자적 체계의 "역사공동체"로 설정하였다(김한규, 2004, 『요동사』, 문학과 지성사)

21 Frederick Mote, 1999, *Imperial China*, Harvard University Press, p. 376.

였던 사실을 간과한다. 중국학계는 현대의 '중화민족대가정(中華民族大家庭)'의 틀을 소급 적용하여 북방민족을 '비한족이지만 중국인'으로 인식하고 '소수'민족의 문화가 '선진' 한족(혹은 '중화')문화에 흡수되는 과정을 '한화' 이론으로 체계화하였는데 이 논리는 전통시대의 한족 중심적 관념인 '화의지변(華夷之辨)'과 크게 다르지 않다. 대다수 서구의 학자들은 이러한 한화 이론을 어느 정도 수용하는데 『중국사』의 편집자이자 제3장의 집필자 프랑케는 천쉬에린(陳學霖)과의 공동연구에서 북방민족의 전통과 풍습에 큰 관심을 보이면서도 여진이 '한화'된 사실에는 이의를 제기하지 않았으며 금나라의 역사를 한화의 진행 과정으로 보고 있다.[22] 천쉬에린은 12세기 후반의 금 세종의 토착문화 부흥정책(nativistic movement)이 "참담하게 실패"하였고 칭기즈칸의 몽골 군대가 제국의 변경을 침략할 때 금 조정의 오행에 따른 덕운 논쟁은 중원왕조 전통을 따른 '한화'를 보여 준다고 하였다.[23] 또 서구에서 수학한 중국학자 타오진성(陶晉生)도 '한화'를 곧 '동화(assimilation)'로 정의하면서 그의 12세기 여진사 연구서에 "'한화'에 대한 연구(A Study of Sinicization)"라는 부제를 붙이고 있다.[24]

하지만 비트포겔은 일찍이 '한화' 이론을 거부하고 거란과 한족의 관

---

[22] Herbert Franke and Hok-lam Chan, 1997, *Studies on the Jurchens and the Chin Dynasty*, Aldershot: Ashgate Publishing Company.

[23] Hok-lam Chan, 1984, *Legitimation in Imperial China: Discussions under the Jurchen-Chin Dynasty (1115-1234)*, Seattle: University of Washington Press, p. 116; Hok-lam Chan, 1991, ""Ta Chin" (Great Golden): The Origin and Changing Interpretations of the Jurchen State Name," *T'oung Pao* 77, pp. 260, 291.

[24] Jing-shen Tao, 1976, *The Jurchen in Twelfth Century China: A Study of Sinicization*, Seattle, WA: University of Washington Press, p. ix.

계를 '융합(fusion)'이 아닌 '공생(symbiosis)'관계로 설정하였고 비록 거란과 한족 집단의 차이를 극복하기 위한 사회경제적 조정과 개혁이 있었지만, 거란은 시종 그들 고유의 이원적 체제와 전통을 유지하였다고 하였다.[25] 『중국사』 집필자들은 "우월한 문명과 미개의 대립(confrontation between high civilization and barbarism)"의 기존 시각으로는 정복왕조와 중원의 관계를 이해하기 어렵다고 하였는데,[26] 한족왕조의 정치 이념과 제도를 채택하고 실제 어느 정도 문화의 수용과 동화가 있었다고 하더라도 '한화'로 규정할 수는 없다는 것이다. 그리하여 정복왕조가 '우월한' 한족 문화를 맹목적으로 수용하지 않았음을 재차 강조하였고 북방민족이 한족과는 전혀 다른 문화에 기반한 정체성을 유지하였으며 고유의 문자를 창제하여 한문과 동등한 위치의 제국의 기록언어로 승격시킨 사실에 주목하였다. 다시 말하자면 거란·대하·여진·몽골은 제국을 운영하면서 한문을 제국의 문자로 차용하는 대신 그들 고유의 문자를 사용하면서 한족과 차별되는 정체성을 유지하고자 노력한 것이다.

북방민족과 정복왕조의 정체성에 대한 연구는 '한화' 현상에 대한 다양한 시각에서의 고찰을 요구한다. 소수의 한족만을 통치한 '작은 제국' 대하와 절대 다수의 한족을 통치한 '세계제국' 몽골의 '한화(한족 제도의 수용)'에 같은 틀로 접근할 수 없다. 나아가 '한화'는 단지 한족들을 통치하기 위한 정책의 결과가 아니었는데 던넬은 대하의 '한화'를 탕구트 부족체제의 분산된 권력을 중앙집권화 하는 과정에서의 유용한 수단으로 해석하였다. 그러나 몽골은 중원만이 아니라 위구르와 티베트, 그리

---

25 Karl Wittfogel and Feng Chia-sheng, 1949, 앞의 책, p. 7.
26 Herbert Franke and Denis Twitchett eds., 1994, 앞의 글, p. 13.

고 다양한 초원지역의 전통을 필요에 따라 수용하였고 자신들의 언어와 문자에 가장 높은 권위와 지위를 부여하였다. 쿠빌라이가 '원'제국을 선포하기 이전에 몽골제국은 이미 중원 북부를 통치하였던 거란과 금은 물론 위구르와 대하, 그리고 중앙유라시아의 여러 전통과 제도를 절충적으로 수용하고 있었다. 결국 '중국'의 세계관은 한족과 타민족이 만들어 낸 역사적 산물로 '한화'라는 일방적 시각으로는 한족왕조와 정복왕조의 복잡하고 다양한 관계에 대한 포괄적인 이해와 서술이 어려운 것이다.[27]

IV. 『중국사』의 한국사 인식과 서술

『중국사』에서 다루고 있는 4개의 정복왕조와 거의 동시대에 존재한 고려는 동아시아 다원적 국제질서에서 대하를 제외한 3개 왕조와 매우 밀접한 관계를 유지하였다. 하지만 『중국사』의 고려 관련 서술은 매우 단편적이고 소략한데 이는 '주변'국가에 대한 서구학계의 낮은 학문적 관심과 무관하지 않다. 1990년대 서구의 동아시아사 전공자들의 한국사에 대한 인식과 지식은 대체로 중국과 일본 학계의 성과와 시각을 통해 이루어졌고 한국어에 능통한 집필자가 없었던 『중국사』에 한국학계의 시각이나 성과가 거의 반영되지 않은 것이다. 중국과 일본 학계의 연구성과는 널리 인용되었으나 한국어 독해 능력이 없던 집필진들은 헨손

---

[27] Evelyn Rawski, 1996, "Reenvisioning the Qing: The Significance of the Qing Period in Chinese History," *Journal of Asian Studies* 55, pp. 829-850.

(William Henthorn)과 로저스(Michael C. Rogers)의 영문 논문과 저서에 전적으로 의존하였고,[28] 한국학자의 저서 인용은 단 2차례에 그치고 있는데 그마저도 한우근과 이기백이 저술한 한국사 개설서의 영문 번역본들이었다.[29]

이렇게 한국학계의 시각과 연구성과가 반영되지 않은 『중국사』의 서술은 고려가 한족의 문화를 추종하면서 한족 중심적 세계질서에 '순응'하고 중원 왕조에 '사대'하였다는 선입관을 그대로 답습하고 있다. 그 한 예로 제1장에서 트위체트는 10세기 후반 거란과 충돌하고 있는 고려를 다음과 같이 묘사하였다.

> 10세기에 이르러 '한국인(즉 고려인)'은 모든 계층에서 한족 문화의 영향에 철저히 젖어 있었고 거란을 혐오하고 증오하며 두려워하였다.[30]

트위체트는 11세기 초까지 고려의 "비타협적 태도(Korean intransigence)"가 계속되었다고 하였는데,[31] 불과 10여 년이 지난 1020년대 거란과 고려의 관계는 또 다른 모습으로 서술하였다.

---

28 헨손(William E. Henthorn)과 로저스(Michael C. Rogers)의 논문과 저서는 참고문헌 참조.
29 Han Woo-keun (Han U-gun), 1971, *The history of Korea*, translated by Lee Kyung-shik, Honolulu: East-West Center Press; Yi Ki-baik, 1984, *A New History of Korea*, translated by Edward W. Wagner and Edward J. Shultz, Cambridge: Harvard University Asia Center.
30 "By the tenth century the Koreans were thoroughly imbued with Chinese cultural influence at all levels and hated, despised, and feared the Khitan" (Denis Twitchett and Klaus-Peter Tietze, 1994, 앞의 글, p. 103).
31 Denis Twitchett and Klaus-Peter Tietze, 1994, 위의 글, p. 111.

[양국 사이에] 조공관계가 재개되면서 정기적으로 사신들이 교환 방문하였다. 1031년 [고려의] 현종이 죽자 선왕의 아들이자 후계자인 왕흠(덕종)을 거란조정이 책봉하였다. 그 후 거란의 멸망 직전까지 고려는 거란의 충성스러운 제후국으로 남았고 양국 사이에 평화가 드리워졌다.[32]

11세기 초 거란과 고려의 관계에 어떤 큰 변화가 발생하였던 것인가? 『중국사』는 고려와 거란 관계의 변화에 대해 별다른 관심이나 설명을 제시하지 않았다. 아마도 "한족(전통)의 보편주의(Chinese Universalism)"를 신봉한 고려 통치자들의 "한족 세계질서의 틀에서 유교적 도덕과 지식의 관리자로 인정된 역할(their acknowledged role as custodians of (Confucian) virtue and wisdom within the framework of the Chinese world order)"을 강조하면서 고려가 "다국적 [국제관계의] 현실(multi-state reality)"로부터 가려져 있었다는 로저스(Michael Rogers)의[33] 주장을 그대로 따르고 있는 듯하다.[34] 하지만 이는 고려의 현실주의·실용주의적 전략과 그 배경에 있는 내부 정치, 경제적 동기, 문화 교류, 국경의 안보 등 다양한 요인을 간과하는 것으로 한국학계의 축적된 연구성과

---

32 "The tributary relationship was resumed, and envoys were regularly exchanged. When in 1031 Hyŏnjong died, his son and successor Wang Hŭm (Tŏkchong; r. 1031-4) was invested as king by the Liao court. From this date until almost the end of the Liao, Koryŏ remained a loyal vassal, and peace prevailed between the two states" (Denis Twitchett and Klaus-Peter Tietze, 1994, 위의 글, p. 112).
33 중국 고대와 중세를 연구한 로저스(Michael C. Rogers)는 당시 서구학계에서 거의 유일하게 고려 관련 논문을 다수 발표하였다. 로저스의 대표 논문들은 참고문헌 참조.
34 Michael C. Rogers, 1978, "The Chinese World Order in Its Transmural Extension," *Korean Studies Forum* 4, pp. 9-10.

를 전혀 참고하지 않은 결과였다.

한국어 독해 능력이 없던『중국사』집필진이 한국학계의 연구성과를 활용하지 못하였다고 하더라도 고려시대의 가장 중요한 사료이자 동시대 정복왕조에 대한 '외부' 시각을 제공하는『고려사』등 한문으로 기록된 1차 사료마저 거의 활용하지 않은 점은 매우 아쉽다. 특히 제1장은 거란과 고려의 수차례 전쟁을 서술하면서『고려사』에 비해 소략하고 오류가 많은『요사』에 전적으로 의존하고 있다. 그런데 책의 부록인 '사료 소개(Bibliographical Essays)'에서『고려사』의 중요성을 두 번이나 강조한 것을 보면 집필진이 한국 사료의 중요성을 전혀 인식하지 못한 것도 아니었다. 하지만『고려사』를 "여진과 고려의 관계에 매우 중요한 완전히 독자적인 사료(A completely independent source of great importance for the relations between the Jurchen and the Korean state of Koryŏ)"이자 "원제국과 고려('중원과 장기간 빈번한 접촉을 유지한 지역')의 관계의 필수기록(an indispensable record of the Yüan's relations with a land that had frequent and extended contacts with China)"으로 높게 평가하면서도 책에서는 단 한 번의 형식적 인용에 그치고 있다.[35] 마지막으로 이 책에서는 고려와 신라 등 한반도 국가를 "Korea"로 표기하기도 하였으나 결코 발해를 지칭하지는 않는다. 발해의 중국어 발음표기 "Po-hai"가 100여 차례 나오는 반면 한국어 발음표기 "Parhae"는 단지 4차례만 병기되었는데, 즉 발해를 '중국사'로 서술하지 않았으나 한국사의 영역으로 인식하지도 않았다는 것이다.

---

35 Herbert Franke and Denis Twitchett eds., 1994, *The Cambridge History of China*, Vol. 6, pp. Cambridge: Cambridge University Press, pp. 437, 682, 704.

V. 탈 '중국'의 정복왕조사

『중국사』는 서구학계 최고의 학자들이 기존의 연구성과를 집대성한 통사이자 개설사로 출간 이후 정복왕조사 연구의 방향과 미래 과제를 제시하면서 학계에 큰 영향력을 행사해 왔다. 집필진은 전통 한문사료의 문제점을 어느 정도 인식하고 있었는데 모트는 연구가 한족 시각에서 기록된 문헌에 의존해야 하는 상황에서 "객관성(objectivity)"의 유지가 어려우며 결국 한족 중심적 시각을 가지게 되는데 이는 비역사적 (ahistorical)인 것이라고 비판하였다.[36] 또 몽골제국을 '중국사'의 원대로 보는 시각은 당시 '중국'이 제국의 일부에 불과하였다는 사실을 망각하는 것이라고 지적한다.[37] 그러나 동시에 거란에서 몽골까지 다섯 세기 동안 정복왕조는 중원과 지속적으로 접촉하였기에 북방민족의 역사를 '중국사'의 전체적 흐름에 통합하여 접근하였다.[38]

『중국사』는 '중국(China)'이라는 모호한 용어를 명확하게 정의하지 않았으나 일반적으로 송을 '중국' 혹은 "한족국가(national Chinese state of Sung)", 그리고 정복왕조들을 외부인("alien")으로 보고 있다.[39] 『중국사』 편집자들은 마르코 폴로가 "중국의 기본적 통합체(the basic unity of China)"의 존재를 인식하지 못하였기에 몽골제국이 통치한 '중국'의

---

36 Frederick Mote, 1999, 앞의 책, p. 28.
37 Frederick Mote, 1994, "Chinese Society under Mongol Rule, 1215-1368," *The Cambridge History of China, Vol. 6*, Cambridge: Cambridge University Press, p. 625.
38 Frederick Mote, 1999, 앞의 책, pp. xvi, 29-30.
39 Herbert Franke, 1994, "The Chin Dynasty," *The Cambridge History of China, Vol. 6,* Cambridge: Cambridge University Press, p. 319.

북방과 남방을 다른 나라로 보았다고 하였지만 어쩌면 반대로 정복왕조를 "오늘날 우리가 중국이라고 부르는 거대한 통합체(greater unity that we now call China)"⁴⁰의 틀에 억지로 끼워 넣고 있었는지도 모른다. 수 세기 동안 북방 초원과 만주의 전통을 계승한 다민족제국 정복왕조의 통치를 받은 북방지역을 남송의 강남지역과 전혀 다르게 보았던 폴로는 과연 현실을 착각한 것이었을까?

서구학계는 종종 북방민족의 정체성과 문화를 강조하고 '한화' 개념의 문제점을 거론하면서도 정복왕조 역사의 흐름을 그들의 고유 전통문화에서 한족 문화로 이행하는 과정으로 묘사하였다. 『중국사』역시 한족 중심적 시각을 비판하면서 어느 정도 정복왕조와 북방민족의 정체성을 강조하지만 궁극적으로 거란·대하·금·몽골의 역사를 '중국사'의 틀 안에서 서술하면서 주요 사건·인물에 대한 묘사에 치중하였다. 정복왕조 시기의 국제관계를 점차 '조공체제'의 틀이 아닌 다원적 국제질서로 접근하고 있는 것은 한족 중심적 문화론⁴¹을 극복하고자 하는 노력이었다. 하지만 다원적 국제질서에서의 북방과 남방, 그리고 '중국'을 초월하는 광범위한 지역의 상호작용에 대한 고찰, 특히 '한화'와 반대로 진행된 '북방화' 현상에 대한 적극적 검토와 해석의 부재가 아쉽다.

중국학계는 정복왕조를 '중국'의 '소수민족' 정권으로 인식하며 북방민족의 역사를 '중국사'의 주변부에 편입하였는데 이러한 틀에서 정복왕조는 중원에서 이어진 역대 왕조사의 한 시대적 단계로만 그 역사적 의의가 있게 된다. 북방민족을 '중화민족'을 구성하는 '소수민족'으로 인식

---

40 Herbert Franke and Denis Twitchett eds., 1994, 앞의 글, p. 21.
41 피터윤, 2002, 「서구학계 조공제도 이론의 중국중심적 문화론 비판」, 『아세아연구』, 45권 3호.

하고자 하는 중국의 현재주의적 역사관의 극복을 위해서는 정복왕조에 대한 새로운 시각과 이해가 필요하다. 근대 동아시아 민족국가가 주도하는 '국사'의 조합(組合)을 넘어 보다 포괄적인 동아시아사 서술을 위해서는 정복왕조의 고유 전통·문화적 배경·세계관에 대한 이해가 필요하다. '중국'이라는 시대착오적 역사적 경계에 갇힌 기존 정복왕조사 연구와 서술의 한계를 극복하여 '중국'의 요·서하·금·원대가 아닌 거란·탕구트·여진·몽골의 독자적 시각이 복원된 역사를 기대해 본다.

참고문헌

김한규, 2004, 『요동사』, 문학과 지성사.
윤영인 외, 2010, 『외국학계의 정복왕조 연구 시각과 최근 동향』, 동북아역사재단.
피터윤(윤영인), 2002, 「서구학계 조공제도 이론의 중국중심적 문화론 비판」, 『아세아연구』 45권 3호.

刘凤翥, 2006, 「从契丹文字的解读谈辽代契丹语中的双国号—兼论"哈喇契丹"」, 『东北史研究』 第2期.
刘浦江, 2001, 「辽朝国号考释」, 『历史研究』 6期.
傅海波·崔瑞德 編, 1998, 『剑桥中国辽西夏金元史』, 中国社会科学出版社.
蕭啟慶, 1983, 『元代史新探』, 新文豐.
_____, 1999, 『元朝史新論』, 允晨文化.
_____, 2007, 『內北國而外中國: 蒙元史研究』, 中華書局.
_____, 2008, 『元代的族群文化與科舉』, 聯經出版公司.
_____, 2012, 『九州四海風雅同: 元代多族士人圈的形成與發展』, 聯經出版公司.
_____, 2012, 『元代進士輯考』, 中央研究院歷史語言研究所.
王波然 译, 2005, 「辽朝商业研究」, 『辽宁师范大学学报, 社会科学版』
王承礼 主编, 1990, 「辽金契丹女真史译文集」, 『东北史丛书』, 长春: 吉林文史出版社.
李锡厚 外, 2005, 『辽西夏金史研究』, 福建人民出版社.

Barfield, Thomas, 1989, *The Perilous Frontier: Nomadic Empires and China, 221 BC to AD 1757*, Oxford, UK: Blackwell.

Biran, Michal, 2005, *The Empire of the Qara Khitai in Eurasian History: Between China and the Islamic World*, Cambridge: Cambridge University Press.

Chan, Hok-lam, 1984, *Legitimation in Imperial China: Discussions under the Jurchen-Chin Dynasty (1115-1234)*, Seattle: University of Washington Press.

_____, 1991, "'Ta Chin' (Great Golden): The Origin and Changing

Interpretations of the Jurchen State Name," *T'oung Pao* 77.

Dardess, John W., 1973, *Conquerors and Confucians: Aspects of Political Change in Late Yuan China*, Columbia University Press.

_____, 1983, *Confucianism and Autocracy: Professional Elites in the Founding of the Ming Dynasty*, University of California Press.

_____, 1997, *A Ming Society: T'ai-Ho County, Kiangsi, Fourteenth to Seventeenth Centuries*, University of California Press.

_____, 2003, "Did the Mongols Matter? Territory, Power, and the Intelligentsia in China from the Northern Song to the Early Ming," in Paul J. Smith and Richard von Glahn, eds., *The Song-Yuan-Ming Transition in Chinese History*, Cambridge and London: Harvard University Press.

Dunnell, Ruth and Steanrns, Peter, 2010, *Chinggis Khan, World Conqueror*, Longman.

Dunnell, Ruth, 1996, *The Great State of White and High: Buddhism and State Formation in Eleventh-Century Xia*, Honolulu: University of Hawaii Press.

Endicott-West, Elizabeth, 1989, *Mongolian Rule in China: Local Administration in the Yuan Dynasty*, Harvard University Press.

Han Woo-keun (Han U-gun), 1971, *The history of Korea*, translated by Lee Kyung-shik, Honolulu: East-West Center Press.

Henthorn, William E., 1963, *Korea: The Mongol Invasions*, Leiden: E. J. Brill.

Franke, Herbert and Twitchett, Denis, eds., 1994, *The Cambridge History of China. Vol. 6: Alien Regimes and Border States, 907-1368*, Cambridge: Cambridge University Press.

Franke, Herbert, and Hok-lam, Chan, 1997, *Studies on the Jurchens and the Chin Dynasty*, Aldershot: Ashgate Publishing Company.

Franke, Herbert, 1970, "Treaties between Sung and Chin," *Études Song/Sung Studies*, series 1.

_____, 1975, "Chinese texts on the Jurchen (I): A Translation of the Jurchen Monograph in the *San-ch'ao pei-meng hui-pien*," *Zentralasiatische Studien* 9.

_____, 1978, "Chinese texts on the Jurchen (II): A Translation of Chapter One of the Chin-shih," *Zentralasiatische Studien* 12.

Johnson, Linda Cooke, 2011, *Women of the Conquest Dynasties: Gender and Identity in Liao and Jin China*, Honolulu: University of Hawaii.

Ledyard, Gari K., 1983, "Yin and Yang in the China-Manchuria-Korea Triangle," In Morris Rossabi, ed., *China among Equals*, Berkeley: University of California Press.

Mote, Frederick, 1971, *Intellectual Foundations of China*, Knopf.

_____, 1999, *Imperial China: 900-1800*, Harvard University Press.

Rawski, Evelyn, 1996, "Reenvisioning the Qing: The Significance of the Qing Period in Chinese History," *Journal of Asian Studies* 55.

Rogers, Michael C., 1958, "Sung-Koryŏ Relations: Some Inhibiting Factors," *Oriens* 11.

_____, 1959A, "Factionalism and Koryŏ Policy under the Northern Sung," *Journal of the American Oriental Society* 79.

_____, 1959B, "Koryŏ's Military Dictatorship and Its Relations with Chin," *T'oung Pao* 47.

_____, 1959C, "Sukchong of Koryŏ: His Accession and His Relations with Liao," *T'oung Pao* 47.

_____, 1961A, "Some Kings of Koryŏ as Registered in Chinese Works," *Journal of the American Oriental Society* 81.4.

_____, 1961B, "The Regularization of Koryŏ-Chin Relations (1116-1131)," *Central Asiatic Journal* 6.

_____, 1977, "The Late Chin Debates on Dynastic Legitimacy," *Sung Studies Newsletter* 13.

_____, 1978, "The Chinese World Order in Its Transmural Extension: The Case of Chin and Koryŏ," *Korean Studies Forum* 4.

_____, 1982, "P'yŏnnyŏn T'ongnok: The Foundation Legend of the Koryŏ State," *The Journal of Korean Studies* 4.

_____, 1983, "National Consciousness in Medieval Korea: The Impact of Liao and Chin on Koryŏ," in Morris Rossabi, ed., *China among Equals*, Berkeley and Los Angeles: University of California Press.

Rossabi, Morris, ed., 1983, *China among Equals: The Middle Kingdom and Its Neighbors, 10th-14th Centuries*, Berkeley: University of California Press.

Rossabi, Morris, 1988, *Khubilai Khan: His Life and Times*, University of California Press.

Standen, Naomi, 1999, "(Re)Constructing the frontiers of tenth-century North China," in Daniel Powers and Naomi Standen, eds., *Frontiers in Question: Eurasian Borderlands, 700-1700*, London: MacMillan.

_____, 2007, *Unbounded Loyalty: Frontier Crossings in Liao China*, Honolulu: University of Hawaii Press.

Sinor, Denis, 1990, *The Cambridge History of Early Inner Asia*, Cambridge University Press.

Tao, Jing-shen, 1976, *The Jurchen in Twelfth Century China: A Study of Sinicization*, Seattle, WA: University of Washington Press.

_____, 1988, *Two Sons of Heaven: Studies in Sung-Liao Relations*, Tucson: The University of Arizona Press.

Tietze, Klaus, 1979, "The Liao-Sung Border Conflict of 1074-76," in Wolfgang Bauer, ed., *Studia Sino-Mongolica: Festschrift für Herbert Franke*, Wiesbaden: Franz Steiner.

Twitchett, Denis, 1963, *Financial Administration under the T'ang Dynasty*, Cambridge University Press.

_____, 1983, *Printing and Publishing in Medieval China*, New York: Beil.

_____, 1992, *The Writing of Official History Under the T'ang*, Cambridge University Press.

Wittfogel, Karl and Chia-sheng Feng, 1949, *History of Chinese Society: Liao (907-1125)*, Philadelphia: American Philosophical Society.

Wright, David C., 2005, *From War to Diplomatic Parity in Eleventh-Century China: Sung's Foreign Relations with Kitan Liao*, Leiden: Brill.

Yi Ki-baik, 1984, A New *History of Korea*, translated by Edward W. Wagner and Edward J. Shultz, Cambridge: Harvard University Asia Center.

8장

『케임브리지 중국사 8권』 논평:
한국 관련 기술을 중심으로

계승범 서강대학교 사학과 교수

I. 머리말

『케임브리지 중국사』 시리즈에서 명대(明代)를 위해서는 두 권을 할애하였다. 7권(1988년 출간)은 주로 황제의 재위 기간을 기준으로 장을 나누어 시대사로 개괄하였다. 8권(1998년 출간)은 정부 조직, 재정, 법률, 국제관계, 사회경제, 유학, 종교 등등 여러 주제를 열다섯 개 장으로 나눠 주제사로 엮었다. 여기서는 8권의 내용을 살피되, 집필 지침에 따라 한국 관련 내용에 중점을 둔다.

이 글의 전반부에서는 각 장의 주제와 내용을 요약하여 소개하는 데 중점을 둘 것이다. 8권은 1998년에 출간되었으므로, 20년이 훌쩍 지난 현재로서는 저술로서의 참신성이 약할 수 있다. 하지만 해석보다는 사실 중심으로 매우 상세히 기술한 편이므로, 여전히 유효하다. 이보다 10여 년 후에 나온 『하버드 중국사』에서도 명대를 다루었지만,[1] 원나라와 한데 묶어서 '얇은' 한 권으로 엮은 탓에 내용은 대체로 소략하다. 다만 그동안 연구 동향의 어떤 변화를 감지하기에는 유용하다. 최근에는 영어권 명사 전공학자들의 연구를 주제별로 엮은 『명나라 천하(The Ming World)』도[2] 세상에 나왔다. 이 책은 8권보다 약 20여 년이 지난 시점에서 명대 주제사를 다룬 학술 저서이므로, 그동안 영어권 학계 연구 동향의 변화를 주제별로 파악하기에 적격이다.

후반부에서는 한국 관련 내용을 다룬 5장('Sino-Korean Tributary

---

1 Timothy Brook, 2010, *The Troubled Empire: China in the Yuan and Ming Dynasties*, Cambridge: Harvard University Press; 조영헌 역, 2014, 『하버드 중국사 원·명: 곤경에 빠진 제국』, 너머북스.
2 Kenneth Swope ed., 2020, *The Ming World*, New York: Routledge.

Relations under the Ming')을 집중적으로 검토한다. 8권을 통틀어서 한국 관련 언급은 사실상 5장뿐이다. 혹시 일본과의 관계를 다루면서 한국을 언급한 내용이 없을까 보았지만, 일본 관련 장은 아예 마련하지도 않았다. 17세기 초 조선 사신 이수광(李睟光, 1563~1628년)이 베이징에서 남월(南越) 사신을 만나 서로의 역사에 대해 필담을 나눈 일이 유명하므로,³ 베트남을 포함해 동남아시아를 다룬 4장('Ming Foreign Relations: Southeast Asia')에 혹시 조선 관련 언급이 있지 않을까 하여 살펴보았지만 역시 마찬가지다. 따라서 한국 관련 내용 검토 대상은 명과 조선의 관계를 특정하여 다룬 5장을 천착한다.

　명대 주제사를 다룬 8권은 1990년대 들어와서 본격적으로 추진하여 1998년에 완성하였다. 그런데 전근대 동아시아 국제질서 관련 연구 동향에서 1990년대는 중요하다. 연구 흐름이 '중국적 세계질서(Chinese world order)' 시각에서 '신청사(New Qing history)' 관점으로 넘어가는 조짐이 가시화하던 전환기였기 때문이다. 다만 8권의 명대 대외관계를 다룬 네 개의 장에서는 학설 논쟁을 다루지 않은 채 명대 대외관계 추이를 사실적으로 설명하는 데 주력하였다. 아마도 집필 방침이 그러했던 모양이다. 여기서는 먼저 8권의 전체 내용을 주제별로 개괄한 후, 명-조선 관계를 다룬 5장의 비평에 주력하고자 한다.

3　영어권에서도 이 주제를 다루었다. Kathlene Baldanza, 2016, *Ming China and Vietnam: Negotiating Borders in Early Modern Asia*, Cambridge: Cambridge University Press 참조.

II. 장별 내용 검토

8권은 짧은 서론(Introduction)을 제외하고 모두 열다섯 개의 장으로 구성하였다. 이들을 큰 주제로 묶으면 대략 통치구조(1~3장), 대외관계(4~7장), 사회경제(8~10장), 사상·종교(11~15장) 등으로 대별할 수 있다. 이를 염두에 두고 이제부터 장별 내용을 검토하고자 한다.

먼저 통치구조로는 정부 조직(1장), 재정(2장), 법률(3장)을 축으로 삼아 세 개의 장을 할애하였다. 1장에서는 중국사를 전체적으로 볼 때 명대의 통치구조가 비교적 안정적이었고 과거제도도 전성기를 맞았다는 통설을 따랐다. 세부적으로 보면 황제, 황실, 중앙정부 조직, 성(省) 이하의 지방정부 조직, 과거제도와 교육기관, 인사 관리, 군역 및 군사제도 등을 두루 다루었다. 이에 따르면, 명대에는 초기에 두 차례 도읍을 옮기기는 했어도, 궁성, 6부와 5도독부, 감찰 및 간쟁 기구, 13개 성 편제, 성의 하위 단위로 기능한 부(府), 주(州), 현(縣) 등의 조직을 잘 갖추었다. 또한 명대에는 태후나 후궁의 정치 개입이 상대적으로 미미했음을 지적하였다. 중국사에서 환관 문제는 빼놓을 수 없는데, 영락제 때 급증한 환관 문제와 환관의 주요 임무 및 영락제 사후에 흔히 발생한 환관의 폐해 등을 사례를 들어가며 기술하였다. 아울러 태자 선발 방식 및 태자가 아닌 성인 왕자들은 모두 베이징을 멀리 떠나 거주하는 분봉왕(分封王) 제도도 언급하였다.

과거제도와 관련해서는 시험 준비를 위한 교육제도를 함께 다루었다. 초기에는 추천제가 강세를 보였으나 점차 과거를 통한 관료 충원 방식이 확실하게 뿌리를 내렸다. 응시 자격도 상술하였는데, 거지·광대·하인(bond-servant) 같은 천민은 아예 자격이 없었다. 평민이라도 학교 과정을 수료하는 등의 일정한 자격을 갖춰야 응시할 수 있었다. 지역에서 중앙으로의 단계별 시험 관문도 단계별로 상술하였으며, 합격생 수의 지역별 쿼터제도 다루었다. 다만 정시와 별시 비율 같은 주제는 다루지 않았다. 과거 합격 후 필연적으로 경험하는 인사제도에 대해서도, 품계에 따른 복색과 임금의 차이 및 각종 인사고과 제도 등을 기술하였다. 산관제(散官制)와 회피제(回避制) 등 주요 인사 관리 제도도 비교적 자세히 소개하였다.

군사제도를 보자면, 명대에는 전문적 직업 군인이 100만 명을 상회하였고 장교만도 16,000여 명에 달하였다. 하지만 무(武)는 병부(文)의 완전한 통제하에 있었다. 무반에는 열두 개의 품계를 두었으며, 군인이 될 수 있는 자격은 세습제에 기초하였다. 다만 일반인일지라도 무과를 통해 군인이 될 수 있었다. 몽골의 영향 탓으로, 명대는 이전 송대에 비해 세습적 사회계층이 강한 편이었고, 이는 군호(軍戶)도 마찬가지였다. 이 밖에도 위(衛)·소(所) 병사들은 기본급 외에도 직계 부양인 수에 따라 추가분을 받을 수 있었다.

명 관료들은 황제의 독선을 불평했지만, 한족 왕조를 통시적으로 볼 때 관료행정조직은 대체로 잘 작동한 편이었다. 특히 내부의 사회경제적 변화와 외부의 위협에 잘 대처하며 250년 이상 존속한 사실을 들어 명의 통치구조가 그런대로 잘 기능했음을 지적하였다. 이에 비해 『하버드 중국사』에서는 원-명 사이의 연속성을 매우 강조하며 명의 행정·관료조직의 취약성을 좀 더 부각한 점에서 차이를 보였다.

2장에서는 재정 문제를 다루었다. 명대 재정 행정은 황제가 전 인민에 대해 개별 통제권을 행사해야 한다는 홍무제의 생각에 기초하였다. 명 초기의 토지세율은 수확량의 3%였고, 거의 모든 세금이 현물 징수였다.

연이은 대외 원정으로 지출이 크게 늘자, 영락제는 홍무제가 명시한 고정 세율을 유지하면서도 지폐 유통, 둔전, 부가세 등의 방법으로 세수 부족을 타개하려 했다. 하지만 많은 지역에서 미납 세금은 계속 쌓였고, 영락제 사후 15세기 중엽에 이르면 명 조정은 미납 세금을 회수할 힘을 이미 상실해버린다. 명대의 여러 자료를 보면 과도한 세금 문제를 지적한 글이 많다. 하지만 솔직히 명대 공식 국가 세수는 400년 전 송나라 때보다 훨씬 적었다. 정작 문제가 발생한 진짜 이유는 환율 조정이나 조세와 역의 추가 징발 같은 변칙성 때문이었다.

한편 베이징의 궁궐은 수십 개의 제조 공장과 창고를 포함하는 영역이었지만, 국가 세입이 상대적으로 부족한 상황에서 궁정 비용으로 나라의 경제력은 끝없이 유출되었다. 호부(戶部)는 국가 재정 정책을 입안하거나 운영·조정하는 역할을 거의 하지 못한 채 회계 사무실 같은 역할에 머물렀다. 지방의 성(省)은 조세 운송의 단위, 부(府)는 세수 산정의 기본 단위, 현(縣)은 세금 징수의 기본 단위로 기능하였다.

토지세는 1년에 여름과 겨울 두 번 징수하는 양세법 체제에 기초하였다. 토지세는 균일한 고정 세율이었으나, 토지 산출은 지역마다 땅마다 제각각이었다. 토지세를 제외한 모든 비용은 역으로 충당하였다. 명대의 역은 이갑제(里甲制)를 바탕으로 10년 주기의 순번제로 의무를 부과하였다. 명대 소금 전매는 이전보다 퇴행적이었고, 기타 잡세 역시 매우 복잡했다.

16세기 재정 행정은 총체적 난국이었는데, 북로남왜(北虜南倭)의 상황으로 증가한 국방비는 소금 수익, 조공 수입, 역의 대납 허용 등으로 조달하였다. 그래도 재정 상태는 점차 한계에 다다랐다. 이를 해결하기 위해 일조편법(一條鞭法)을 시행하였다. 하지만 모든 세금을 단일한 토지세로 통합한다는 목표가 무색하게, 국가 상층부에서는 여전히 현물 공납과 역의 의무를 요구했다. 관리들의 급여도 매우 낮은 탓에, 법률에 근거하지 않은 각종 수수료를 걷는 일은 관례이자 일상이었다. 명대 관리들의 부패가 만연한 이유로는 개인의 윤리 문제보다는 제도적 취약성 문제가 더 컸다.

　1570년대 장거정(張居正)의 개혁으로 재정 상태는 상당히 개선되었고, 국고도 제법 풍족해졌다. 알탄 칸과의 평화협정, 왜구 위협의 감소도 재정 지출의 감소를 도왔다. 하지만 장거정이 축적한 막대한 은은 16세기 말 세 차례의 대규모 군사 행동으로 거의 다 소진하였다. 명제국의 유지는 제국 자체의 장점보다는 대안 세력의 부재 덕분이었다. 하지만 17세기 초 누르하치가 부상하면서, 명은 결국 1644년에 무너졌다. 누르하치의 도전 앞에서 명은 후금과 전면전을 치를 재정 능력이 부족하였다. 연속적으로 토지세를 인상했지만 체납자가 많아 정해진 세액을 채우지 못했다. 군인의 급여조차 여러 달 동안 지급하지 못할 지경이었다.

　종합적으로 볼 때, 명 정부는 재정 부문에서 경제 성장을 위한 동력을 갖추지 못했다. 정부는 상인들의 자유로운 경제활동이 어려울 정도로 경제활동을 감시하고 통제하는 데 익숙하였다. 상업 활동에 의지할 생각이 없던 중앙정부는 수입의 상당 부분을 토지세에 의존하였다. 이는 당·송 등 이전 왕조의 상업 중심 기조와는 다른 행보였다. 제국에는 행정관보다 궁정 수행원의 수가 더 많았고, 자원이 부족한 정부는 근본적인 제도 개선 없이 미봉책으로 문제를 해결하려 하였다. 명 말기의 자본주의 맹아 논의가 있지만, 세계사에서 근대가 시작될 무렵 명 정부의 시스템은 오히려 토지에 기초한 권위주의적 전통을 연장하고 강화하는 쪽으로 나아갔다.

3장에서는 통치의 '매뉴얼'이라 할 수 있는 법을 다루었다. 명 초기의 대표적 법전은 당률을 기초로 하여 1389년 최종 수정한 『대명률(大明律)』이었다. 『대명률』은 6부에 해당하는 여섯 개의 율(律)과 명례율(名例律)을 합쳐 총 7부로 구성되었다. 하지만 홍무제는 대고(大誥)를 통해 임의로 판결했으며, 1397년에는 『대명률고(大明律誥)』를 편찬하는 등 법을 초월한 존재였다. 이와 달리 후대 황제들은 법률을 마음대로 수정할 수 없었으므로, 명의 법률은 점차 시대의 흐름을 제대로 따라가지 못하게 되었다.

명의 법은 금령과 그에 대한 처벌을 주로 다루었다. 형률은 기본적으로 오형 체제를 갖추었다. 다만 명대에는 벌금으로 형량을 감면받는 여러 방법이 있었고, 형의 집행도 대개 노동의 형태로 대체하도록 허용하였다. 명대에는 형부(刑部)·도찰원(都察院)·대리시(大理寺)·오군도독부(五軍都督府)·승선포정사(承宣布政司) 등등 법률과 재판을 담당하는 기구를 잘 조직하였다. 하지만 때로는 환관이 금의위(錦衣衛)·동창(東廠)·서창(西廠) 등을 통해 황제의 명령을 전달하면서 판결에 개입하였는데, 이런 양상은 관료집단의 권한을 위축시켰다.

중국 역사에서는 법관의 전문성을 크게 중시하지 않았으나, 명대에는 주석서 및 편람서를 통해 법의 구체적인 내용을 분석하는 전문서의 출간과 함께 법률 전문가들이 나타났다. 또한 15세기를 거치면서 이들 전문가 그룹은 기존 『대명률』 체제가 시대의 흐름에 맞지 않는다고 비판하였다. 이에 따라 홍치제는 1500년 『문형조례(問刑條例)』를 통해 법의 고착화를 피하고자 유연성을 확보하려고 하였다. 하지만 감찰관과 법관들은 기존의 법률에서 벗어나지 않으려 했다. 이는 황제에게 부담이 되었고, 결과적으로 법률과 판결의 균형을 잡는 일은 무위로 돌아가곤 하였다.

한 나라의 흥망성쇠에 결정적 영향을 주는 요소로는 주변 환경을 빼놓을 수 없다. 이에 8권에서는 내부 통치구조에 뒤이어 바로 명대 대외관계에 네 개의 장을 할애하였다. 티베트를 포함한 서북쪽의 몽골(4장)에서 시작하여 동쪽의 한국(5장) 그리고 남쪽의 동남아시아(6장)와의 관계 및 서양인(7장)과의 교류를 다루었다.

먼저 4장에서는 몽골 및 티베트와의 관계를 설명하되, 몽골의 재침을 우려하면서도 중국적 세계질서를 재건하려는 시도가 꾸준하였음에 중점에 두었다. 조공과 책봉의 전통적 의미 곧 이른바 조공체제(tribute system)를 간략하게 설명하고 이에 대한 최근(1990년대)의 반론도 소개하였다. 중원의 제국이 강하지 않을 때는 그런 체제를 제대로 유지하지 못했을 뿐만 아니라, 조공 무역을 통해 중국도 상당한 수혜를 입었음을 지적하였다. 저자가 모리스 로사비(Morris Rossabi)인 점을 고려하면 당연한 논조라 할 수 있다. 그래도 조공체제라는 전통적 설명 틀에서 별로 벗어나지는 않았다. 명대는 정복왕조(conquest dynasty) 학설과 신청사(new Qing history) 학설로부터 비교적 자유로운 시대이므로, 이론 논쟁보다는 여러 사실에 기초해 기술하였다.

몽골에 대해서는 영락제의 연이은 몽골 원정과 에센(Esen)의 위협 상황을 상세히 설명하였다. 티베트는 명에게 군사적 위협을 가하지 않았지만, 당대(唐代)의 경험 때문에 티베트를 늘 위험 세력으로 인식하고 대처였다. 특히 영락제의 티베트 분리 정책은 대체로 성공적이었다. 명은 티베트를 정치적·경제적(말 수입) 이해관계로 접근한 데 비해, 티베트는 명 외에도 독자적으로 외교관계를 확대하여 불교 국가들 및 특히 몽골과도 교류하였다. 따라서 명으로서도 신장(위구르) 등 티베트의 이웃 나라 (정치세력)들과 긴밀하게 접촉을 시도하였다. 홍무제 때 남부 신장 (Uighristan) 지역에 대해 군사작전을 감행하여 명의 영향권을 확대한 일도 그런 맥락의 군사 행동이었다.

전체적으로 보면 역시 중앙아시아를 대상으로 한 명대의 정책은 영락제를 분기점으로 삼아 전후 상황이 꽤 달랐다. 영락제 사후에 문제가 발생하기 시작했는데, 직접적으로는 몽골과 베트남 장기 원정에 따른 후유증 때문이었다. 이에 따라 대외 정책에도 변화가 불가피하였다. 16세기에는 크고 작은 국내외 저항과 도전을 군사적으로 제대로 제어하지 못하면서 명질서(明秩序: 동아시아에서 명이라는 제국이 주도하는 국제질서)의 약화가 가시화하였다.

말미에서는 14~15세기 명과 여진 관계의 역사를 상술하였다. 한국(고려·조선)의 여진 정책 및 영락제의 우호적 통제 정책도 상술하였다. 특히 건주좌위(建州左衛)와의 분쟁도 상세히 개괄하여, 이만주(李滿住) 살해 및 누르하치의 등장도 다루었다. 하지만 주로 홍무제에서 영락제까지 연간의 여진 관계에만 집중한 탓에, 명대 전체를 아우르는 통시적 이해는 부족한 편이다.

다음으로는 명대 한중 관계를 위해 별도의 5장을 마련하였다. 이 장이 사실상 유일하게 한국 관련 내용을 담고 있다. 따라서 이에 대한 비평은 이 글의 후반부에서 집중적으로 검토할 것이다.

6장은 명대 동남아시아 국가들과의 관계를 살피기 위해 설정하였다. 명은 처음부터 동남아(베트남·참파)에 큰 주의를 기울였다. 특히 영락제는 중원의 주인, 곧 천자가 새로 바뀐 사실을 천하에 알리는 데에 주력하였다. 도읍을 베이징으로 완전히 옮긴 후로는 동남아 일대에 대한 정치적 관심이 아무래도 이전보다는 약해질 수밖에 없었다. 또한 동남아시아라 할지라도 실제로는 베트남과의 관계가 대부분이었다. 따라서 명대 동남아시아와의 관계는 사실상 베트남과의 관계였다.

　명대 베트남과의 관계를 통시적 맥락에서 이해하기 위해 먼저 한-당-송-원 등으로 이어진 이전 시기의 동남아(베트남) 정책을 개괄하여 소개하였다. 홍무제는 처음부터 천자로서의 정통성을 과시하며 주변국 국왕들에게서 조공을 받고 책봉하려 하였다. 또한 '중국'의 안팎을 분명히 하여 '부정지국(不征之國)' 15개 나라를 공표했는데, 거기에는 한국과 함께 베트남도 들어 있었다. 하지만 그 기준의 타당성 및 지속 여부에 대한 보장 장치는 없었다. 15개 나라와의 사적 교류를 모두 통제한 홍무제의 기본 정책은 후대에도 이어졌지만, 영락제만은 생각이 달랐다. 몽골에 뒤이은 베트남 원정과 군대의 장기 주둔은 그 단적인 예다. 영락제의 베트남 원정 등 강경노선은 정화의 원정과 유사한 맥락이었다. 새로운 명나라를 세상에 알리기 위한, 다른 말로 명을 중심으로 한 새로운 '세계질서'를 가시적으로 증명해 보이려는 조치였다.

　하지만 영락제 이후 명나라는 북쪽과 남쪽을 동시에 제어하기 힘든 상황이라는 게 점차 분명해졌다. 명에 직접적 위협을 가하는 세력은 언제나 북쪽에 존재하였다. 따라서 동남아시아와의 관계는 점차 의례적으로 흘렀고, 그럴수록 오히려 명의 대외 정책에서 주변화되는 경향도 나타났다. 실제로 베트남이나 버마(Burma)와의 관계는 의례적 수사(rhetoric)를 강조하는 쪽으로 나아갔다. 조공만 잘하면 명이 베트남을 더 이상 공격하지 않을(못할) 것이라는 확신이 서자 베트남은 명과의 조공체제를 수용하되, 자신의 주변 나라로 군사적 팽창을 시도하며 몸집을 불려 나갔다. 하지만 베트남도 16세기를 지나면서 내부의 문제가 맞물리고 군사력도 약해지면서 '통일' 국가를 유지하기는 어려워졌다.[4] 이에 비해 동시기 버마는 오히려 군사력을 강화하였고, 간헐적으로 명에 조공하였다.

명을 비롯한 역대 중국 왕조와 베트남의 관계는 한국사 시각에서 보아도 비교사 차원에서 중요하다. 한 예로, 중원의 제국이 베트남에 대해서는 새 제국이 들어설 때마다 장기간에 걸친 대규모 군사 원정을 감행했는데 한반도에 대해서는 그렇게 하지 않았는지 등과 같은 문제의식과 그 해답을 고찰하는 작업은 흥미로우면서도 유익할 것이다.

7장은 명대에 줄기차게 중국을 '노크'한 유럽인의 등장과 그 관계를 집중적으로 다루었다. 큰 논지는 명나라가 16세기 내내 이어진 이른바 "근대적 세계 시스템(Modern World System)"의 영향권 안에 있었다는 것이다. 16세기에는 중앙정부 차원에서 '전형적인' 조공체제가 액면 그대로 작동하지 않았다. 아무래도 이 시기에 서양인이 명나라의 남부 해안에 많이 도래했기 때문일 것이다. 기본적으로는 명의 해금(海禁) 조치로 해상교역은 이전보다 크게 줄어들었다. 그래도 시기에 따른 부침이 잇달았다.

먼저 포르투갈은 1524년 정치적 문제로 명과의 교역에 어려움을 겪었으나, 1540년대에는 영파(寧波, 닝보)를 중심으로 일본 및 동남아시아와 중국 사이의 중개무역에 뛰어들었다. 1557년 마카오를 새로운 거점

---

4 명대 베트남과의 관계에 대해서는 영어권에서도 최근 학술서가 나왔다. Kathlene Baldanza, 2016, 위의 책 참조. 이 책은 베트남 역사 전공자가 집필한 것으로, 베이징뿐만 아니라 하노이의 시각에도 주목한 점에서 참고할 가치가 높다. 이 책에 대한 국내 서평으로는 김근하, 2020, 「중월관계의 본질에 대한 탐구: Baldanza, Kathlene, *Ming China and Vietnam* (Cambridge: Cambridge University Press, 2016)」, 『서강인문논총』 58 참조.

으로 확보하였고, 광둥 무역도 이즈음 부활하였다. 1562년경에는 800~900명의 포르투갈인이 마카오에 교회를 세우고 세력을 유지하였다. 그러나 17세기 명·청 교체기를 맞아 명에 군사 지원을 하면서 청국과 관계가 껄끄러워졌다. 일본의 크리스트교 박해와 시마바라의 난 (1637년)을 계기로 일본에서도 축출되었다. 네덜란드의 압박까지 겹쳐 포르투갈의 마카오는 상업중심지의 지위를 상실하였다.

1570년대부터 본격화한 스페인과의 교류는 마닐라를 중심으로 번성하였다. 매우 다양한 이해관계가 중첩하면서 복잡한 양상을 보였으나, 1660년대에 이르러서는 타이완의 정성공(鄭成功) 세력과 공존하였다. 이런 과정에서 특히 마닐라에서는 갖가지 충돌과 학살 등이 이어지면서 명나라 베이징의 통제권에서 사실상 벗어나 있었다.

한편 예수회 선교사들과의 접촉도 잦았다. 특히 마테오 리치는 명 조정의 핵심 인사들과 함께 어울릴 수 있었고, 종종 베이징을 방문하면서 난징에도 거주하며 활동하였다. 선교사들은 명의 다양한 네트워크를 활용하여 점진적으로 사업을 벌였다. 이러한 예수회의 노력에 힘입어, 스페인의 도미니칸과 프란체스칸이 명에 들어오기 시작했고, 선교사들은 명에서 활동하면서 명·청 교체의 현장을 지켜볼 수 있었다.

네덜란드인의 등장도 빼놓을 수 없다. 그들의 동인도회사는 마카오 근처 무역항 확보를 위해 무력 시위를 벌였으나 실패하였다. 이후 (1628~1636년) 네덜란드는 중·일 중개무역에 개입했으나, 현지인의 강한 반발을 맞닥뜨렸을 뿐 아니라 1661년 정성공 세력이 타이완에 상륙하자 동인도회사는 철수할 수밖에 없었다.

다음 큰 주제는 명대 사회경제이다. 명대(15~16세기)가 바로 은을 매개로 한 경제적 지구화 흐름이 거세던 시기였으므로, 이 주제를 세계 경제 상황과 관련하여 다룬 점이 돋보인다. 8장이 바로 그런 내용을 담았다. 이에 따르면, 당시 세계를 돌던 은의 중국 공급은 명대 경제상황을 좌우할 정도로 밀접한 관련이 있었다. 명대 중국은 여전히 세계 최고의 경제력을 보유하였으며, 중국의 주력 상품인 비단·직물·도자기 등은 유럽의 주요 수입품이었다. 원의 몰락으로 지폐 유통이 위축되었고 명대 초기에 실시한 동전 유통 정책도 사실상 실패였다. 이에 따라 15세기 초에는 무게로 거래하는 은과 동전 주화를 공용하였다. 원 말기부터 이미 은의 가치는 상승하여, 금 대비 1:10에서 1:4까지 폭등할 정도였다. 중앙정부의 은광 통제 정책도 은 가치 상승의 한 요인이었다. 유라시아 전체에서 중국에서 은의 가치가 가장 높은 탓에 전 세계의 은이 중국으로 밀려들었다. 실제로 15세기 후반 이래 명은 다량의 은을 수입하였다. 16세기부터는 일본산 은까지 대거 유입되면서 은의 가치가 오히려 1:7 또는 1:10까지 하락하기도 했다.

    이렇듯 은을 매개로 한 유통망은 명대에 크게 발달하여 중국 경제에도 두루 영향을 주었다. 농업의 전문화와 상업화, 일조편법으로 촉발된 국내 원거리 지역별 교역의 성행, 강남 일대의 해상무역, 도시화 현상, 투기자본의 횡행, 특정 지역의 심각한 인플레 현상 등등 중국 경제에 다양하게 작용하며 영향을 주었다. 특히 해상무역은 명에게는 부의 원천으로 기능하였으며, 세계 경제에 구조적으로 연동되는 양상으로 (특히 마닐라의 상황에 큰 영향을 받는 구조로) 나타났다. 이런 상태에서 갑자기 발생한 17세기 초 은의 유입 감소는 명나라 국가재정에도 심각한 타격을 주었다.

    참고로, 『하버드 중국사』 명나라 편에서도 명대 경제 상황을 논하되, 대개 중국 내부의 틀에서 경제를 다루었다. 그래서인지 은을 매개로 한 글로벌 경제와의 관련 속에서 명대 경제를 조망하는 내용은 별로 없다. 내용도 소략하고 너무 개괄적이라, 오히려 1998년에 나온 『케임브리지 중국사』 8권보다 양적으로나 질적으로나 부족한 것 같다.

8장이 세계사 맥락의 명대 경제 상황을 다루었다면, 9장에서는 명 내부의 사회경제 상황을 종합적으로 다루었다. 그래도 소빙기(小氷期, Little Ice Age) 같은 이상 기후 현상을 지구사(global history)적 시각에서 언급하기도 하였다. 첫 주제는 명대 인구 상황이다. 인구 총수를 구체적으로 논하지는 않았지만, 지역별 인구 증감 현상, 정부의 이주정책과 인구 이동 현상, 인구 폭증 현상 등을 꼼꼼히 다루었다. 이 밖에도 몇 차례 시행한 양전 사업과 토지 가격의 변화, 이갑제의 시행과 여파, 지방의 조세와 부역제도, 보갑제(保甲制)와 향약(鄉約), 일조편법의 시행과 여파 등을 상세히 다루었다.

또한 지방사회의 상업화 현상에 대해서는 장시의 현황, 농산물의 지역별 특화 현상, 면방직과 비단 산업의 발달, 상인집단의 출현 등을 다루었다. 특히 농업 현황을 밀도 있게 다루었는데, 집약적 농업의 성행, 토지 소유권 문제, 일반 소작농의 경작지 크기 등을 자세히 설명하였다. 물론 이런 제반 현상이 중국 내부라 해도 지역에 따라 편차가 상당했음도 함께 지적하였다. 또한 지역사회에서 등장한 신사(紳士, degree holders) 계층의 성장을 사회경제적 시각에서 다루었다. 이뿐 아니라, 치수 상황 등 명대 사회경제 관련 주제를 종합적으로 다루었다. 결론 부분도 분량이 많고 상세하여, 결론만 읽어도 명대 사회경제 상황을 종합적으로 파악할 수 있을 정도이다.

이어지는 10장에서는 명대 내부의 교통과 통신망 그리고 그에 기초한 상업망을 살폈다. 우선 국가가 관리하는 역참과 주요 교통수단으로서 조운(漕運)을 다루었다. 특히 조운은 난징에 도읍했을 때는 군량의 북방 운송에, 베이징으로 수도를 옮긴 후에는 남방의 세금 확보 루트로 중요하였다. 조운은 여러 강을 잇는 대운하의 설립으로 규모가 더욱 커졌는데, 사적인 운송 활동을 제한하지 않았기 때문에 운하를 통한 사무역도 활성화하였다.[5] 한편 주로 개인 단위로 사용하는 육상교통망은 국가와 개인 모두 개보수에 관심을 기울였다. 반면 해상무역은 정화의 대원정을 제외하면, 1443년 해금령 이래 약 100년 동안 부진한 편이었다.

명대에는 개인의 여행도 잦았다. 공·상인들의 여행이 빈번해지면서 생활권도 그만큼 넓어졌다. 사(士)의 여행도 16세기 후반 체험에 기반을 둔 학문 풍토와 맞물려 성행하였다. 『일통노정도기(一統路程圖記)』(1570) 같이 여행 정보를 제공하는 서적도 유행하였다. 교통망의 발전에 따라 지식정보의 확산도 활발하였다. 목판 인쇄술이 발달하여 학문·지도·종교서·경제서 등의 출판이 활기를 띠었다.

홍무제는 자급자족하는 농경사회를 지향하였으나, 전국시대부터 이어져 내려온 무역을 막을 수는 없었다. 중앙정부는 상업을 권장하지도 억제하지도 않았다. 명 조정은 소금·차·명반 등을 독점 관리하였다. 명의 시장은 주(州) 단위에서 열리는 5일장이 일반적이었으며, 주요 거래 물품은 비단이나 면 등의 직물이었다. 명 말기에는 선대제의 양상도 나타났으며, 1570년대부터는 스페인의 은이 대량으로 들어오면서 은이 기축통화의 역할을 하였다. 해금령 완화 이후로는 나가사키와 마닐라를 잇는 교역망도 번성하였다. 이렇게 상업이 활성화하자, 명대에는 사농공

---

[5] 명·청대의 대운하에 대해서는 마침 완성도 높은 저서가 올해 국내에서 나왔다. 조영헌, 2021, 『대운하 시대, 1415~1784』, 민음사 참조.

상에 따라 상인을 하대하는 풍토도 약해졌다. 더 나아가, 상인들은 유학자의 삶 안에 상업을 넣고자 하였고, 유학자들은 돈을 뛰어넘은 상위 가치를 내세워 권위를 지키려 하였다. 이렇듯 명 말기 돈의 가치는 점차 커졌지만, 사(士)의 가치와 기준 또한 여전히 사회의 상부를 장악하였다.

마지막 다섯 개의 장에서는 명대의 사상과 종교를 다루었다. 먼저 유학을 다룬 11장에서는 성리학(道學)과 양명학을 집중적으로 거론하였다. 이에 따르면, 성리학자들은 불교의 공(空)을 배척하고 현실에서 나타나는 관계에 집중하였다. 특히 격물(格物)에 궁리(窮理)를, 정심(正心)에 리(理)와 성(性)이 있음을 강조한 주희(朱熹, 1130~1200년)의 생각을 토대로 하여 존재론 및 가치의 실제 적용 방법에 골몰하였다. 이런 기조는 20세기까지도 이어졌다. 또한 과거시험 과목이 주로 성리학 관련 경전이다 보니 과거시험과도 연관하여 기술하였다. 사(士)라 불린 자들은 과거시험을 위한 교습에 집중하였다. 최종 시험에 합격한 이들은 진사(進士), 지역 시험에 합격한 이들은 거인(擧人)이라 불렸다. 국자감 감생(國子監 監生), 생원(生員)과 공생(貢生) 및 동생(童生) 등도 과거를 위해 성리학을 익힌 지식인층이라고 볼 수 있다. 이러한 명칭을 부여받지 못한 사람들까지 포함한다면, 명의 성인 남성 10% 정도가 상당한 수준의 교육을 받았으리라 추정할 수 있다.

양명학은 1520년대에 본격적으로 등장하여 성리학을 공격하였는데, 그 해석의 다양성으로 다양한 분파가 생겨났다. 이 책에서는 전덕홍(錢德洪, 1496~1574년), 왕기(王畿, 1498~1583년), 왕간(王艮, 1483~1540년), 임춘(林春, 1498~1541년), 추수익(鄒守益, 1491~1562년) 등의 학설과 상호 간의 차이를 꽤 상세히 설명하였다. 양명학은 16세기 후반에도 명맥을 유지했으나, 장거정(張居正, 1525~1582년)이 주희의 사유와 해석을 중시하며 양명학을 배척한 이후로는 대개 양명학의 약점을 성리학을 통해 보강하는 추세로 나아갔다. 고헌성(顧憲成, 1550~1612년)이나 추원표(鄒元標, 1551~1624년) 같은 동림당(東林黨) 학자들은 왕양명의 가르침을 바로잡으려 노력하였다.

명대 사상계에 정통(orthodox)은 존재하지 않았으므로 기본적으로는 이단도 존재하지 않았다. 줄곧 우세를 유지한 성리학도 정형화의 길을 걷지는 않았다. 따라서 명의 사(士)는 시와 산문체 작성, 사서오경에 대한 주석서·사서·약학서·음악서 저술 등 다양한 방법으로 학문 활동을 영위하였다.

12장에서는 천주교와 서학을 다루었다. 명 말기의 다양한 학문 중에서도 서학 또는 천주학[天(主)學]은 가장 이질적이었다. 하지만 명에 들어온 초기 예수회 선교사들은 중국 그 자체를 받아들이려는 노력을 보였다. 대표적 인물로 미켈레 루지에리(Michele Ruggieri, 1543~1607년)와 마테오 리치(Matteo Ricci, 1552~1610년)를 소개하였는데, 리치에 대해서는 매우 상세히 기술하였다. 특히 중국 사상을 섭렵하고 사(士) 혹은 서방의 유학자를 자처하며, 『교우론(交友論)』(1595년)·『서국기법(西國記法)』(1596년)·『천주실의(天主實義)』(1603년) 등을 편찬한 그의 행적을 꽤 상세히 다루었다. 그는 『천주실의』에서 서학과 중학의 대화를 통해 '천주'라는 명칭을 사용한 『천주실의』에 대해서도 상세히 소개하였다. 또한 이 저서에서 리치는 유학·불교·도교를 광범위하게 비판하였고 『시경』과 『서경』의 문구를 상당히 많이 인용하였는데, 이는 중국에서 역사가 깊지 않은 천학의 기반을 구축하는 데 도움이 되었다. 그 외에도 리치는 유럽 측량법에 의한 지도·아리스토텔레스 이론·서양 수학 등도 전파하였다.

리치의 영향을 받은 명의 지식인들은 리치 사후에도 천학에 관여하였다. 대표적으로 서광계(徐光啓, 1562~1633년)·이지조(李之藻, 1571~1630년)·양정균(楊廷筠, 1557~1627년) 등을 꼽을 수 있다. 이 밖에도 1615년 예수회의 분열(난징-마카오) 문제, 1616년 첫 박해인 난징교안(南京敎案), 서광계·이지조·양정균이 주도한 천학의 재건 과정 및 조정에서의 역법 개정 등등을 비교적 상세히 기술하였다. 명 사회에 천학을 뿌리내리는 데 기여한 인물로는 상기한 세 명 외에도 섭향고(葉向高, 1557~1627년), 왕징(王徵, 1571~1644년), 자코모 로(Giacomo Rho, 1593~1638년), 아담 샬 폰 벨(Adam Schall von Bell, 1591~1666년) 등의 역할을 비교적 자세히 다루었다.

13장은 유교적 의례를 기술하려 마련하였는데, 유교적 제례를 통칭하여 공식 종교(official religion)라 개념화하였다. 여기서는 먼저 황실에서 주관한 각종 제례를 소개하고 그 관련 규정도 설명하였다. 황실 제례와 관련해서는 황제와 유학자 신료들 사이에 벌어진 의례 논쟁도 다루었는데, 특히 방계에서 즉위한 황제의 생부나 생모 추숭을 둘러싼 의례 논쟁을 상세히 기술하였다. 이런 충돌을 저자는 황제의 전제권과 유학자의 엘리티즘(elitism) 사이에 조성된 긴장 관계로 풀이하였다. 이 밖에도 지방이나 민간에서 행하던 각종 제례, 태묘의 각종 의례, 도교 관련 제례 음악, 도교승이나 불교승 같은 종교인을 대상으로 한 처벌 규정 등도 다루었다. 결론적으로는 『효경』에서 기원한 효 사상이 죽은 선조에 대한 제사를 강조하고 의무화하였음을 지적하였다.

14장과 15장은 각각 불교와 도교를 집중적으로 다루었다. 이에 따르면, 불교는 명대에도 중앙정부와 긴밀한 관계를 유지하였다. 민간 생활에도 깊이 스며들었는데, 다양한 종파가 난무했을 뿐만 아니라 종파 간의 구분조차 모호한 경우가 많았다. 영락제는 주요 종파를 선별하여 국가정책으로 포섭함으로써 우호적 관계를 유지하였다. 하지만 명대를 통시적으로 볼 때 영락제 사후에 불교는 점차 쇠퇴하는 경향을 보였다. 그러다가 만력제 때 불교가 잠시 부흥하기도 하였다. 특히 명 후대에 유행한 네 명의 고승을 소개하고 그들의 설법이 갖는 특징에 대하여 상세히 기술하였다. 아울러 일반 불교도들의 신앙생활도 다루었다.

도교도 불교와 마찬가지로 여러 황제의 비호를 받으면서 명대 내내 성행하였다. 특히 영락제나 일부 황제는 도교승에게도 정치적 기회를 포함하여 여러 특혜를 제공하였다. 하지만 내각의 유학자 관료들은 도교승이 황제와 가깝게 지내며 특별한 관계를 맺는 것에 매우 비판적이었다. 여기서는 주로 어떤 정치적인 내용보다는 명나라 문화 속에 뒤섞여 있던 도교적 모습을 다양하게 기술하는 데 중점을 두었다.

III. 한국 관련 내용 비평

명대 한국 관련 내용은 조·명 관계를 다룬 5장에 들어 있다. 저자 클라크(Donald N. Clark)는 여말선초 시기 한중 관계 연구로 1978년 하버드 대학에서 박사학위를 취득하였다.[6] 지도교수는 페어뱅크(John K. Fairbank)였다. 이후 교육계로 진출하여 트리니티 대학에 자리를 잡았다. 하지만 연구 활동은 활발하지 않았고, 연구 관심도 한중 관계에서

---

6   Donald N. Clark, 1978, "Autonomy, Legitimacy, and Tributary Politics: Sino-Korean Relations in the Fall of Koryŏ and the Rise of the Yi," Ph. D dissertation, Harvard University.

멀어졌다. 오히려 북한의 상황에 더 큰 관심을 기울였다. 그런데도 8권의 한 장을 집필한 데에는 여말선초의 한중 관계를 살핀 박사학위논문 때문이었을 것이다. 5장은 여러 개의 절을 주제별로 나누어 구성하였는데, 여기서도 편의상 내용 검토와 논평을 절별로 진행하고자 한다.

서론에 해당하는 "한중 조공관계의 패턴(The Pattern of Sino-Korean Tributary Relations)"에서는 조선 이전의 한중 관계를 통시적으로 간략히 소개하였다. 첫 문장부터 조선(한국)을 "중국(명)의 모범적 조공국가(model Chinese tributary state)"라고 전제함으로써, 명대 한중 관계를 '중국적 세계질서'라는 프레임 속에서 살피려는 저자의 의도를 내비쳤다. 이에 따르면, 명-조선 관계는 조공체제가 정치·안보·무역·문화 등 거의 모든 면에 걸쳐서 쌍방 간에 작용했음을 보여 주는 좋은 예(good example)였다. 조선의 처지에서는 명에게 조공을 바치고 사대를 취함으로써 국가안보와 자주권(autonomy) 및 국왕의 정통성을 확보할 수 있었다. 명으로서는 조선을 충실한 속국(vassal state)으로 둠으로써 동쪽 방면의 군사적 위협을 방지하는 데 활용하였다.

같은 명대라 해도 조·명 관계의 추이에는 변화가 있었다. 홍무제 때는 양국 사이에 갈등과 긴장이 고조되었는데, 영락제가 즉위하면서 해소되었다. 다음 전환기는 임진왜란으로, 저자는 이 전쟁 때문에 조선이 물리적으로나 정식적으로 황폐화하였으며, 명도 국력이 약해지기 시작했다고 기술하였다. 마지막으로, 1644년에 명이 몰락한 후에도 조선이 계속 명의 연호를 사용하는 등 명의 정통성을 계속 추종한 국면을 기술하였다. 이를 통해 볼 때, 한국을 조공체제의 전형적인 사례로 본다면, 명-조선 관계야말로 가장 대표성을 갖는다고 지적하였다.

여기서 먼저 주목할 점은 일단 한반도의 고려-조선 왕조 교체를 바로 앞서 중원에서 발생한 원-명 교체라는 큰 자장 안에서 발생한 사건으로 본 거시적 관점이다. 국내 한국사학계가 고려-조선 왕조 교체를 국내 문제 중심으로 설명하는 점을 고려할 때, 이런 넓은 시각에도 관심을 기울일 필요가 있다. 왕조 교체만이 아니라 사유체계로 보아도 14세기가 '불교→유교' 대전환기였으며, 실제로 한반도의 왕조 교체 또한 '불교→유교' 전환과 함께 발생했음을 고려할 때 더욱 그러하다.

다만 무엇을 기준으로 조선을 모범적(model)이거나 대표적(representative)인 조공국가로 평가했는지에 대한 언급은 없다. 이 기준 문제는 존 페어뱅크의 『중국적 세계질서(Chinese World Order)(하버드대학출판사, 1968년 출간)』가 출간되었던 1969년 당시에도 다소 논란이 있었는데, 그로부터 근 30년이나 흘러 1998년에 나온 이 장에서도 그대로 답습하였다. 솔직히 이 장의 내용은 저자가 약 20년 전에 발표한 박사학위논문을 축약한 것에 지나지 않는다. 이를 보면, 저자는 박사학위논문에서 피력한 내용을 20년이 넘도록 보강하지 않은 셈이자, 30년 전에 등장한 '중국적 세계질서' 학설에 그대로 머물렀다고 할 수 있다.

또 다른 쟁점은 명이 구축한 조공체제에서 조선의 위상을 '자율(autonomy)'이라고 표현한 것이다.(273쪽) 이 단어에 '독립(independence)'의 의미가 없지는 않으나, 대체로 독립보다는 자치의 의미로 널리 쓰인다. 『만국공법』에서 사용한 '주권(sovereign)'의 의미와도 결이 다르다. 앞뒤 맥락을 놓고 이 단어의 의미를 보면, 조선은 명의 외국이되 스스로 사대함으로써 간섭받지 않는, 곧 베이징을 중심으로 한 국제질서에 적극적으로 동참하여 황제에게 조공을 바치며 편입된 조공국(tributary state)이라는 의미다. 당시의 용어로 표현하자면 속국(屬國) 또는 번국(藩國), 곧 제후국이다.

조공을 바치는 나라는 명과 청에서는 물론이고 조선에서도 모두 속국 또는 번국으로 불렀다. 번국은 말 그대로 제국의 울타리 역할을 하는 주변국이라는 의미다. 속국은 상위의 정치체, 곧 황제가 다스리는 제국에 부속된 제후의 나라라는 뜻이다. 모두 제국과는 조공·책봉 관계로 묶여 있다. 그런데 조공의 반대급부가 책봉이므로, 조공이 제대로 유지되고 특별한 일이 없다면 책봉국은 조공국의 내정에 굳이 간섭할 필요가 없었다. 중원 제국에서도 이런 나라는 대개 외국으로 분류하였다. 중국의 '25사(史)'에서 조선을 포함하여 한반도의 왕국이 거의 다 외국조에 배치된 점만 보아도 자명하다.

그런데 속국의 의미는 『만국공법』의 번역(1864년)과 유포를 계기로 달라졌다. 전통시대 속국은 자주지방(自主之邦)이기도 했는데, 내정은 자주한다는 말이 바로 그런 의미다. 따라서 자주를 현대어로 바꾸자면 자치(自治)가 최적이다. 현대인은 속국과 자주를 마치 대립하는 개념으로 이해하지만, 19세기 중반까지만 해도 속국은 곧 자주국이었다. 따라서 조선인 스스로 조선을 자주국으로 이해한 것은 당연하였다. 한 예로 강화도조약 1조에서 조선을 '자주지방'으로 명시했는데, 조선은 본래 자주국이었으므로 별다른 이의를 제기하지 않았다. 그러나 『만국공법』을 이미 숙지한 일본은 『만국공법』의 주권국가(sovereign state), 곧 완전한 독립국이라는 의미로 사용하였다. 조선에 대한 청의 간섭을 방지하고자 한 것이다.[7]

이런 점을 두루 고려할 때, 저자가 명이 조선에게 '속국'을 기대한 데 비해 조선은 '자주'를 추구했다고 기술한 것은 명대 한중 관계의 속성을

7　김형종, 2017, 「근대 한중관계의 변용: 자주와 독립 사이」, 『동양사학연구』 140.

잘 응축한 설명이라 할 수 있다. 임진왜란 중 강화협상 테이블에서 조선이 철저히 배제된 사실은 명-조선 관계의 이런 속성을 고려하지 않고는 제대로 이해할 수 없다. 국제무대에서는 명을 배제한 채 외교적으로 완전한 독립이 불가능했기 때문이다. '인신무외교(人臣無外交)'는 한갓 이론에 불과했지만, 그것을 그대로 실천하기 위해 노력한 점에서 조선은 현실적 조공체제의 모범이기는커녕 매우 독특한 사례라 할 수 있다.

이어지는 절인 "초기 명-조선 관계(Ming Korean Relations: The First Phase)"에서는 먼저 14세기 후반 명과 고려 사이의 외교적 긴장 상황을 위화도회군(1388년)에 이르기까지 꽤 상세히 기술하였다. 공민왕(1351~1374년 재위)의 반원정책과 내우외환의 연속, 명의 건국(1368년)과 원과 명 사이에 처한 고려의 딜레마, 고려의 요동 원정(1370년)과 명과의 긴장 고조, 공민왕의 암살과 명 사신의 피살(1374년), 우왕(1374~1388년 재위)에 대한 명의 책봉 거부와 고압적 태도, 명과 몽골(나하추) 사이의 여전한 딜레마, 철령위 파동과 고려의 2차 요동 원정 및 위화도회군(1388년) 등을 명과 고려의 갈등에 초점을 맞춰 설명하였다.

위화도에서 회군하여 새 왕조를 개창했음에도 명이 새 국왕 이성계에 대해 품고 있던 의심과 경계의 눈초리 및 그로 인한 갈등 고조 상황은 여전하였다. 저자에 따르면, 명이 이성계의 조선을 경계한 이유는 크게 세 가지였다. 첫째, 이성계의 출신에 대한 의심과 고려의 마지막 세 왕을 암살했다는 의심이 컸다. 둘째, 당시 명에서 크게 신경을 쓰던 요동의 안보 문제 때문이었다. 마침 이성계의 출신지는 함흥이고 여진인과 친밀했으며, 개국공신 중에도 여진인이 들어 있었다. 이에 명으로서는 조선과 여진의 긴밀한 관계에 경계수위를 높이지 않을 수 없었다. 셋째, 이성계가 이미 1370년 공민왕의 요동 원정에 참여함으로써 요동 방면 지리와 군사 방어시설에 익숙한 점을 우려하였다. 요컨대, 이성계를 매개로 하여 조선과 여진이 친밀한 관계를 유지하는 것을 명은 묵인하지 않았다는 것이다. 설상가상으로, 자신에 대한 모욕적 언사에 지나치리만치 예민하던 홍무제가 주도한 표전 사건은 두 나라 사이의 긴장을 더욱 고조시켰다.

이런 긴장 상태는 1398년 태조 이성계(1392~1398년 재위)가 왕위에서 물러나고 마침 홍무제도 사망하면서 긴장 완화 국면으로 급선회하였다. 저자는 이를 명 내부의 갈등 상황과 관련하여 설명하였다. 홍무제 사후에 난징의 건문제와 베이징의 연왕(영락제)은 내전에 돌입했는데, 서로 조선과 긴장을 완화할 필요가 절실하였다. 건문제로서는 연왕을 진압하기 위해 그 후방의 조선과 긴장을 유지할 필요가 없었으며, 조선의 공마(貢馬)도 필요하였다. 전선이 양쯔강 유역으로 내려와 압박을 심하게 느끼던 건문제가 주저 없이 당시 조선의 국왕이던 정종(1398~1400년 재위)과 태종(1400~1418년 재위)을 전격적으로 책봉한 것은 바로 명 내부의 이런 요인이 컸다. 연왕 역시 남쪽으로 진군하는 상황에서 요동 방어선을 제대로 유지하기 위해서는 후방의 조선과 긴장을 해소할 필요가 있었다. 난징에서 영락제가 즉위하자, 태종은 바로 조공 진하사를 파견하였고, 영락제는 그를 즉시 다시 책봉하여 호응하였다. 표전 문제로 구금 중이던 조선 사신도 모두 석방하고, 하사품도 내렸다. 저자에 따르면, 홍무제는 창업군주로서 변경지역 방어를 강화하는 데 주력하면서 고려·조선과 갈등을 빚었고, 건문제는 자신의 안위를 위해 조선과의 우호관계가 필요하였다. 영락제는 이 둘을 모두 겸비하였는데, 특히 외국의 군왕으로부터 공식적으로 조공을 받음으로써 새로운 황제로서의 면모를 과시하였다.

저자는 조선이 적극적으로 조공체제에 관심을 둔 이유도 분석하였다. 조선의 목적은 두 가지, 곧 안보(security)와 자주(autonomy)였다. 명과 자발적인 조공·책봉 관계를 맺는 것이야말로 가장 효율적인 접근법이었기 때문이다. 그러면서도 조선은 필요하다면 명의 동의 없이 상황에 따라 몽골이나 여진과도 일정한 관계를 유지하였다. 표전 사건 때는 정도전(1342~1398년)을 보내라는 황제의 명을 거부하고 재차 전쟁을 준비하였다. 저자는 이를 조선이 안보와 자주 가운데 굳이 하나만 택해야 한다면 자주(autonomy)를 더 중시한 예증으로 보았다.

"조공사절단(Tribute Missions)"이라는 절에서는 조선이 베이징에 파견한 조공 사신단을, 바로 이어 나오는 "명사(明使)의 조선 파견(Ming Embassies to Korea)"에서는 조선 초기에 한양에 들어온 명의 사신단을 상세히 소개하였다. 저자는 먼저 조선에서 명에 파견한 사신단의 종류와 빈도를 살폈다. 이에 따르면, 정조사·성절사·천추사·동지사 등과 같은 정기 사행 외에도 진하사나 진위사 등 숱한 특별 사신을 망라하여 소개하였다. 사신의 종류가 다양한 만큼 사행 빈도도 높았는데, 오죽하면 명의 예부에서는 경비 문제를 들어 불평을 토로할 정도였다. 저자의 분석에 따르면, 태조에서 세종에 이르는 58년(1392~1450년) 동안 조선은 391회나 사신을 파견하였고, 이는 연평균 7회에 해당하였다. 또한 사행 빈도의 추이를 통해 명과 조선 사이의 외교 갈등의 다과를 추론할 수 있다고 하였다. 이를테면, 15세기 후반에는 연평균 3, 4회로 안정적이었으나, 중종반정(1506년)을 계기로 명의 승인을 받는 과정에서는 다시 증가하였다.

사신단의 규모는 대략 40명 정도로 정사(正使)는 판서급이었는데, 초기에 왕자가 사행을 이끌 때는 규모가 더 컸다. 『대명회전(大明會典)』에 근거하여 조공품목도 상세히 열거하였는데, 저자는 인삼과 종이 등 품질 면에서 중국 것보다 더 우수한 품목을 주로 목록에 올렸음을 강조하였다. 또한 조선 사행단이 물품을 가져가서 비공식적으로 무역하는 관행에 대해서도 비교적 상세히 기술하였다. 공식적으로는 예부를 통해 조공과 하사가 이루어지지만, 조선 사신 일행이 베이징에 숙소를 잡으면 명나라 상인들이 몰려와 교역하였다. 조선이 가져온 주요 품목은 인삼, 모피, 종이, 붓 등이었고, 조선인은 그 대금으로 조선에서 필요한 물품을 구입하였다. 이런 사실을 통해, 저자는 조선이 명과의 조공관계에 매우 열성을 보인 이유가 바로 이러한 무역의 기회 때문이라고 풀이하였다.[8]

황제의 공식 하사품도 조선에게는 큰 관심 사안이었다. 왕족의 관복, 악기, 장신구, 비단, 옥, 약초 등이 일반적으로 주요 품목이었다. 그래도 조선이 가장 중시한 품목은 서적이었다. 유교 경전과 각종 주석서, 논설, 역사서, 시문선, 문집 등의 서적이 한양에 도착하면 정부는 바로 복제하여 퍼트렸다. 이들 서적은 조선이 국가의 문물을 갖추는 데 큰 도움을 주었다. 한 예로,『대명률』은 조선의 법전 편찬에 밑거름으로 작용하였다. 이 밖에도 저자는 사행로(使行路)와 역관에 대해서도 간략하게 소개하였다.

그렇다면 명은 조선에 사신을 얼마나 왜 파견하였을까? 저자는 먼저 명의 조선 사행을 개괄하였다. 이에 따르면, 사신이 요동에 도착하면 통사를 통해 의주에 미리 알렸으므로, 조선 조정은 조칙사의 파견을 미리 알 수 있었다. 명 사신의 조선 방문 목적은 대개 조선 국왕의 책봉, 명

---

[8] 사행원이 베이징에서 행한 무역을 종합적으로 살핀 연구가 최근 국내에서 나왔다(구도영, 2018,『16세기 한중무역 연구: 혼돈의 동아시아, 예의의 나라 조선의 대명무역』, 태학사). 비교 차원에서 참고하면 좋다.

황제의 즉위나 황태자 책봉의 고지, 특별 조사 등이었으며 정기적인 파견은 없었다. 1392년에서 1450년까지 명은 조선에 모두 95차례 사신을 파견했는데, 그 가운데 50차례는 태종 재위(1400~1418년) 연간에 집중적으로 발생하였다. 그런데 15세기 후반에는 26차례, 16세기 전·중반에는 겨우 열 차례였다. 그러다가 선조 때(1567~1608년)에는 약 40년 동안 35회로 증가하였다. 이런 추이에 대해 저자는 명-조선 관계가 안정기에 접어들면서 파견 빈도가 서서히 줄어들었고, 선조 때 다시 증가한 것은 임진왜란이라는 특수상황 때문으로 풀이하였다. 저자의 통계를 보면, 1392년에서 1644년까지, 즉 명과 조선이 공존하던 시기에 명사는 도합 186차례 조선에 왔는데, 이는 연 1회에 못 미치는 수치다.

이어서 명사의 구체적 사례를 기술하였다. 문사(文士)로는 1369년 명의 건국을 통지하러 고려에 온 첫 명사 설사(偰斯)와 명-조선 관계가 안정을 누리던 1488년 홍치제(1487~1505년 재위)의 즉위를 알리러 온 동월(董越) 등을 들었다. 하지만 초기의 명사는 대개 환관이었음과 조선에서 그들이 부린 횡포도 사실대로 기술하였다. 조선 출신 환관 신귀생(申貴生)과 한인 환관 황엄(黃儼)을 대표 사례로 들고, 이들을 달래기 위해 조선이 지출한 엄청난 경비 문제도 언급하였다.[9] 저자는 명사(조칙사)의 조선 파견은 근본적으로 불평등 관계였음도 아울러 지적하였다. 따라서 당시 조선에서는 어차피 외교적 접촉을 해야 한다면 한양보다는 베이징에서 접촉하기를 원했다고 부연하였다.

---

9 조선 출신 명나라 환관이 사행뿐만 아니라 조선의 명나라 로비에도 큰 역할을 담당한 연구로는 Sixiang Wang, 2020, "Korean Eunuchs As Imperial Envoys: Relations with Chosŏn through the Zhengde Reign," in Kenneth Swope, ed., *The Ming World*, New York: Routledge, pp. 466-475 참조.

이 소절의 내용도 대개 일반적으로 알려진 것이므로, 특별히 비평할 부분은 별로 없다. 다만, 현재 국내 학계에는 조선시대 명사 관련 연구가 꽤 쌓여 있다.[10] 또한 몇 년 전에는 『사조선록(使朝鮮錄)』을 묶은 역주본까지[11] 나와서 학계에 큰 도움을 주었다. 하지만 저자가 5장을 집필하던 1990년대만 해도 조선에 다녀온 명사에 대한 영어 논문은 거의 없다시피 하였다. 그래서인지, 이 소절을 집필하면서 저자는 『조선왕조실록』 같은 1차 자료를 주로 참고하였다. 이런 사정 때문에 아마도 이 소절의 내용이 상대적으로 소략하고 또한 종합적이지도 않은 것 같다.

다음 절 "명-조선-여진의 삼각구도(The Ming-Korean-Jurchen Triangle)"에서는 명-조선 관계에서 늘 변수로 작용하던 만주의 여진을 독립적 상수로 간주하고, 요동과 만주 일대를 둘러싼 알력과 경쟁을 다루었다. 14세기 후반 명과 고려 사이에 고조되던 긴장 상태를 기술한 앞의 내용과 다소 중복인 감은 있으나, 그것을 좀 더 상세히 그리고 여진의 동태를 가미하여 기술함으로써, 말하고자 하는 '삼각관계(triangle)'의 역사적 배경을 제공하였다.

저자는 먼저 압록강 유역과 그 너머 요동과 만주에 대한 한국인의 고토(故土) 의식과 고려 때 꾸준히 추진한 북진정책의 대강을 소개하였다. 공민왕이 즉위하면서 고려는 이후 멸망할 때까지 약 30년간 다양한 방법으로 영토 회복을 추진했지만, 명과의 갈등을 피할 수 없었다. 새 왕조 조선 또한 고려의 정책을 계승하여 1390년대에도 만주의 여진에게 영향력을 행사하였다. 여진 추장을 초무하여 조선에 조공을 바치게 하

---

10 대표적으로는 김한규, 2011, 『사조선록 연구: 송·명·청 시대 조선 사행록의 사료적 가치』, 서강대학교출판부 참고.
11 김한규 역주, 2012, 『사조선록 역주』 1-5, 소명.

고 그 대가로 조선의 관직과 선물을 하사하였다.

조선과 여진이 가까워지는 것을 극도로 싫어하던 홍무제는 사행로를 아예 바다로 지정한다거나 여진의 조선 귀화를 금지하는 등 이 문제에 깊이 개입하였다. 고려의 비협조로 별다른 성과가 없자, 홍무제는 이른바 철령위 파동을 일으켜 고려를 압박하였다. 이에 고려는 되레 요동 원정군을 일으켰는데, 이때 사령관이 바로 이성계였다. 그가 위화도에서 회군하고 고려를 무너트린 점을 들어 저자는 요동과 여진을 둘러싼 명과 고려의 갈등이 바로 고려-조선 왕조 교체의 핵심 요인이었음을 반복해 강조하였다.

명의 여진 정책도 약술하였다. 크게 두 가지를 꼽았는데, 하나는 명은 조공체제를 통해 여진과의 무역을 독점하려 했으며 몽골이나 조선 등 주변의 어떤 다른 세력과도 접촉하지 못하도록 막고자 하였다는 것이다. 이런 정책은 기미정책의 맥락에서 실시한 위(衛)의 설치로 나타났다. 다른 하나는 맹가첩목아 이야기다. 명 내부에서 계승 문제를 놓고 내전이 벌어진 사이에 맹가첩목아는 조선으로 귀부하여 회령에 거주하였고, 조선에서는 그를 번호(藩胡, vassal)로 여기고 대우하였다. 그런데 만주로 영향력을 확대하려던 영락제는 당시 여진 추장 가운데 꽤 지명도가 높던 맹가첩목아를 명으로 귀부하도록 다양하게 종용하였다. 맹가첩목아를 놓고 벌어진 명과 조선 사이의 경쟁, 맹가첩목아의 이중 복속 상황, 조선의 대여진 군사작전과 압록강-두만강 경계 확보 및 사민(徙民) 정책, 조선에 내몰린 여진의 요동 침탈 및 명의 강경대응, 건주위 추장 이만주(李滿住)의 몽골 접촉, 토목의 변(1449년), 명의 보복 공세와 명-조선 연합군의 건주여진 공격(1467년), 그런데도 그치지 않고 일상화한 여진의 변경 소요, 임진왜란으로 인한 새로운 변동 등을 상세히 기술하였다.

이 절의 배경 설명은 앞서 기술한 내용(Ming-Korean Relations: the First Phase)과 적지 않게 겹친다. 따라서 굳이 이 소절을 별도의 소절로 구성할 필요가 있는지 의문이다. 차라리 명의 여진 정책과 그 변화 추이를 포괄적으로 개괄하고 나서, 동시기 조선의 여진 정책을 명에 대한 사대정책과 관련하여 비교 차원에서 가술하는 편이 훨씬 더 좋지 않았을까 싶다. 아울러 "조선의 여진 접촉(Korean contact with the Jurchen)"이라는 소절을 보면, 실제 내용은 이보다는 오히려 명의 입장에 중점을 둔 탓에 제목과 내용이 잘 부합하지 않는다.

또한 "명-여진 관계의 영향(The effect of Ming Contacts with the Jurchen)"이라는 소절 제목과는 달리 본문 내용은 여러 사건을 시기별로 연동하여 설명했을 뿐이다. 제목을 '영향(effect)'으로 잡았으면 무엇보다도 영향 분석이 중심이어야 할 텐데 실상은 전혀 그렇지 않다. 내용으로 보자면, 전체 흐름은 정확한 편이나 세부 내용에서는 보완할 점이 많다. 일단 명대를 전체적으로 다루면서도 실제 내용은 15세기 중반까지만 주로 기술하였다. 또한 여진을 둘러싸고 벌어진 명과 조선의 다양한 개입과 회유 및 군사작전 등을 설명하는 데 너무 치중하였다. 그래서 명의 여진 정책이 조선정책과 어떻게 연동되었으며, 각 정책의 골자는 무엇이며, 정세의 변화에 따라 어떻게 변해 갔는지 등에 대한 설명이 거의 없다. 그렇다 보니, 정작 이 절의 제목인 '삼각관계'의 실체와 그 속성이 무엇인지조차도 제대로 드러내지 못하였다.

"명-조선 관계의 기타 쟁점(Other Issues in Ming-Korean Relations)"이라는 제목에도 드러나듯이, 이어지는 절에서는 명-조선 관계에 영향을 끼친 여타 외교 사안으로 저자는 먼저 조선 국왕의 책봉 문제를 거론하였다. 이에 따르면, 홍무제 이후로도 명은 새로 즉위한 조선 국왕의 책봉을 두 차례 거부한 적이 있었다. 바로 세조(1455~1468년 재위)와 중종(1506~1544년 재위)의 사례이다. 처음에 한두 번 거절하다가도 이내 책봉을 승인하기는 했지만, 이 둘의 공통점은 현왕이 살아 있는데도 비상적 방법으로 새 왕이 즉위한 점이다. 이 사례를 들어 저자는 황제의 책봉이 조선에서 국왕의 정통성에 매우 중요한 필수요소였으며, 명은 이 책봉을 통해 조선에 영향력을 행사했다고 설명하였다.

  조공에 대해서는 먼저 조선이 감당하기 힘든 조공품목의 감면이나 폐지를 베이징에 청원한 내용을 간략하게 다루었다. 대표적인 것으로 금을 꼽았으며, 은이나 고급 종이 등도 거론하였다. 하지만 청원은 별 효과를 보지 못했다. 고려 우왕 때(1383년)에는 은 대신에 말을 바치기도 했으나 한때의 예외였을 뿐이다. 태종에서 세종 대인 15세기 전반에는 가가호호 금은 귀중품을 갹출하거나 불교사원의 불상을 녹여 금을 마련하기도 하였다. 그래도 부족하면 일본에서 수입하였다. 마침내 1429년 명은 조선의 조공품목에서 금과 은을 삭제하고, 그 대신 이전보다 많은 양의 인삼 등을 바치도록 하였다.

  주요 조공품목으로 저자는 '인신(人身)' 사례를 꽤 길게 설명하였다. 이에 따르면, 이런 관례는 원대에 시작하였다. 소년을 차출하여 환관으로 삼는 관례를 짧게 소개한 후 공녀 설명으로 이 소절을 거의 채웠다. 특히 공녀는 베이징에서 어떤 일을 맡는가에 따라 출세도 가능했음을 원의 기황후 사례를 들어 설명하였다. 또한 홍무제의 후궁이 된 한씨, 영락제를 낳았다는 소문이 있는 다른 후궁 궁씨의 예를 들었다. 이런 사례가 초기 명-조선 관계에 긍정적이기는 했어도, 유교적 원리에 어긋난다는 불만 또한 조선에 팽배하였다. 공녀의 목적은 이후 기생이나 하녀 등으로 다양화하였고, 이에 따라 공녀의 출신 신분도 비양반층으로 확대하였다. 마침내 1433년 사람을 조공으로 데려가는 일은 공식적으로 폐지되었다. 이런 조치에 따라 이미 명에 끌려가 있던 공녀 53명을 조선으로 돌려보내기도 하였다.

이런 기술은 국내 학계에서 조공과 책봉을 그저 형식에 불과한 것으로 가볍게 보는 경향과는 사뭇 다르다. 명의 책봉 거절은 임진왜란 중에 많이 발생했는데, 국내 학계에서는 이를 대체로 전쟁이라는 비상시국에 발생한 점을 들어 예외로 치부하는 경향이 강하다. 그러나 조공·책봉 관계가 그저 형식에 불과한 관계가 아니라면, 다른 말로 실제로 작동하던 황제-제후 곧 군신 관계라면 제후(왕)에 대한 황제의 임면권 행사는 원론적으로는 얼마든지 가능하다.[12] 따라서 책봉 거부 사례를 통해 추출할 수 있는 명-조선 관계의 본질을 좀 더 분석적으로 살폈으면 더 좋지 않았을까 싶다.

아울러, 저자는 책봉 거부 사례로 세조와 중종 두 개만 들었지만, 사례는 더 있다. 명은 광해군(1608~1623년 재위)의 세자 책봉 주청은 모두 다섯 차례나 거부했으며, 광해군이 즉위한 후에도 한 번 더 거절하고 특별조사관까지 파견하고 나서야 승인하였다.[13] 역시 정변을 통해 즉위한 인조의 책봉도 중종 때처럼 난항을 겪었고, 책봉을 받기까지는 2년이나 걸렸다.[14] 집필 당시 저자가 이런 사례들까지 인지했는지는 알 수 없으나, 분명히 알고 내용을 기술했다면 그 의미를 어떻게 풀이했을지 궁금하다.

---

12 계승범, 2012, 「임진왜란 중 조명관계의 실상과 조공책봉관계의 본질」, 『한국사학사학보』 26.

13 계승범, 2021, 『모후의 반역: 광해군 대 대비폐위논쟁과 효치국가의 탄생』, 역사비평사, 2장과 3장 참조.

14 한명기, 2011, 「조중관계의 관점에서 본 인조반정의 역사적 의미: 명의 조선에 대한 '擬制的 지배력'과 관련하여」, 『남명학』 16.

금과 같이 한반도에서 많이 나오지 않는 고가품이 조공품목에서 큰 비중을 차지한 것은 원이 고려를 복속한 이후의 일이다. 명은 몽골을 중원에서 몰아내고 몽골의 유풍을 없앤다고 천명하였지만, 실제로는 원의 유제를 상당 부분 그대로 답습하였다. 전통적인 조공·책봉 관계에서 적지 않게 벗어난 몽골 때의 사례 때문에 명과 조선 사이에서 조공품목과 액수를 놓고 꽤 장기간에 걸쳐 교섭이 진행되었고, 끝내 금과 은을 폐지함으로써 조공관계가 '정상적으로' 돌아온 점을 간략하게라도 적시했으면 더 좋았을 것 같다.

공녀와 같은 '인신 조공'이 몽골의 영향 때문임도 분석적으로 설명하지 않았다. 단지 이런 관행이 원대에 시작했음만 아주 간략하게 언급했을 뿐이다. 그렇다 보니, 15세기 전반에 이르러 금은 및 공녀를 조공품목에서 왜 갑자기 삭제하였는지, 그 폐지를 위해 조선이 명에게 호소한 논리적 근거는 무엇인지 등에 대해서는 침묵하였다. 요컨대, 공녀의 여러 '사례'만 열거하듯이 소개했을 뿐, 이런 인신 조공 관행과 그 폐지를 통해 명-조선 관계의 특징을 어떻게 설명할 수 있는지 등에 대한 분석은 부재하다.

이 장의 하이라이트는 "임진왜란 시기 명-조선 관계(Ming-Korean Relations during Hideyoshi Invasions)"라는 제목을 붙인 부분인데, 모두 여섯 쪽이 넘는 분량으로 전체의 23%, 곧 거의 4분의 1을 차지한다. 명-조선 관계의 전개에 있어서 그만큼 임진왜란의 중요성을 저자도 인정한 셈이다. 하지만 기술 내용은 별로 그렇지 않다. 이 절의 내용을 짧게 소개하면 다음과 같다.

서두에서는 3포 개항을 비롯하여 전쟁 이전 조선과 일본의 관계를 약술하였다. 다음에는 도요토미 히데요시의 일본 통일과 조선에 대한 압력, 통신사 파견, 조선의 일본 요구 거절, 전쟁 발발 과정 등을 간략하게 기술하였다. 이후로는 전쟁의 추이로 거의 모든 지면을 채웠는데, 지극히 일반적인 내용이다. 전쟁 초기 연이은 패배, 선조의 몽진, 고니시 유키나가의 평양 점령, 해전에서 이순신의 활약, 선조의 요동 망명 시도, 전쟁 초기 명의 조선 의심과 순망치한 차원의 참전 결정, 요동에서 들어온 조승훈 부대의 실패, 시간을 벌기 위해 명이 파견한 심유경 및 한시적 휴전, 이여송 군단의 참전과 평양성 탈환, 벽제관 패배, 한양을 포기한 일본군의 남해안 결집, 소강상태에서 명과 일본 사이에 벌어진 강화협상, 오해와 거짓으로 인한 협상 결렬, 정유재란 발발, 명-조선 연합군 내부의 의견 충돌과 명의 작전지휘권 행사, 히데요시의 죽음과 일본군의 철수 시작, 순천 앞바다의 마지막 전투 등을 순차적으로 기술하였다. 이 사이에 저자의 분석이라면, 전쟁 초기에 조선이 일방적으로 밀린 이유에 대한 설명인데, 분석이라 보기에는 지나치게 피상적이자 단편적이다. 고작 당쟁과 신립의 작전실패, 둘만 꼽았기 때문이다.

마지막에는 전쟁의 여파를 세 문단에 걸쳐 기술하였다. 오랜 참전으로 인한 명의 재정 악화와 국력의 쇠퇴, 누르하치의 성장, 조선의 정치적 혼란과 재조지은 인식의 확산에 따른 호란의 초래, 조선의 상당한 물질적 피해, 주자학의 일본 전파 등이 주요 내용이다. 저자는 전쟁으로 혜택을 본 대표적 인물로 누르하치와 도쿠가와 이에야스를 꼽는 것으로 마무리하였다.

이런 내용은 지극히 개설적이라 비평할 대상도 아니다. 그래도 먼저 사실의 오류를 지적해 보자. 저자는 전쟁 초기에 선조가 광해군을 세자로 책봉하면서 함경도를 방어하는 임무를 부여했다고 적었으나(294쪽) 이는 잘못이다. 광해군은 분조를 맡아 본인의 조정을 이끌며 전국의 의

병을 독려하였다. 후에는 명 황제의 특명으로 무군사를 맡아 사실상 야전군 총사령관 역할을 담당하였다.¹⁵ 또한 저자는 전쟁이 소강상태로 접어들고 나서 의병(militia)이 활약한 것처럼 기술하였으나(296쪽) 역시 오류이다. 의병의 실제 활약은 개전 초기 약 10개월 정도의 기간뿐이며, 평양성을 수복하여 전황이 호전되면서부터는 거의 모든 의병을 관군에 편입한 탓에, 독자적으로 움직이는 의병은 사실상 없었다.

　토론의 여지가 있는 기술 내용도 있다. 참전을 계기로 명이 쇠락의 길로 들어섰는지는 학계에 다소 이론이 있다.¹⁶ 통설의 찬반 여부를 떠나, 참전 때문에 재정이 고갈되고 명이 쇠퇴했다는 전통적 가설은 재고의 가치가 있다고 본다. 마찬가지로, 과연 전쟁 '덕분에' 누르하치가 크게 성장할 수 있었는지도 재고할 필요가 있다. 전쟁 기간 7년 동안 누르하치가 해서여진에 대해 어떤 선제공격도 삼간 채, 즉 군사작전을 중지한 채 전쟁의 추이를 조용히 지켜본 사실 및 오히려 명과 조선에 두 차례나 참전 의사를 타진한 점은 조선에서 벌어진 큰 전쟁이 누르하치에게 단순히 팽창의 호기가 아니었음을 잘 보여 준다. 건주여진의 코앞인 요동을 통해 명군이 계속 이동하고 명·조선·일본 군대가 도합 30만 가까이 압록강 남쪽 한반도에 집결한 상황은 이제 갓 건주여진을 통합한 누르하치에게는 상당한 위협 요인이었다면 모를까 호기는 아니었다.¹⁷

15　계승범, 2021, 앞의 책, 2장.

16　Kenneth M. Swope, 2009, *A Dragon's Head and a Serpent's Tail: Ming China and the First Great East Asian War, 1592-1598*, Norman: University of Oklahoma Press.

17　계승범, 2007, 「임진왜란과 누르하치」, 『임진왜란: 동아시아 삼국전쟁』, 휴머니스트, 참고로 이 책은 일본어로도 번역되었다. 『壬辰戰爭 16世紀 日·朝·中の國際戰爭』, 東京: 明石書店, 2008.

그런데 이 절의 결정적 문제는 임진왜란을 계기로 명-조선 관계가 어떤 국면으로 접어들었으며, 협상 테이블에 조선이 앉을 수 없었던 이유는 무엇인지, 그것이 명대 통시적 한중 관계에서 어떤 의미를 갖는지, 전쟁 전후의 한중 관계에는 어떤 차이가 있으며 그 의미는 무엇인지 등에 대한 분석적 설명이 전혀 없다는 것이다. 명의 참전과 전쟁 중에 발생한 숱한 상호 간의 경험은 명-조선 관계의 본질과 관련하여 다양한 모습을 제공하는 천혜의 보고와도 같은데, 정작 여러 사건의 경과를 피상적으로 나열하는 기술로 그친 점은 아쉽다 못해 큰 문제라 하지 않을 수 없다.[18]

마지막으로 저자는 "명의 몰락과 조선(Korea and the Fall of the Ming)"이라는 절을 두어 명의 몰락 과정과 조선의 태도 등을 마치 에필로그처럼 다루었다. 하지만 광해군의 외교 노선, 인조반정, 명의 몰락 등을 아주 간략하게 터치하듯이 기술했을 뿐, 특별한 내용은 없다. 이 또한 전쟁 이후 17세기 전반의 상황을 조선에 중점을 두어 건드린 정도일 뿐, 이른바 명-청 교체기에 들어선 이 시기에 명-조선의 관계가 어떤 국면으로 나아갔으며, 후금(청)이 어떤 주요 상수로 새롭게 등장하여 진정한 의미의 '삼각관계'를 형성하였는지 등에 대한 정치한 설명이 거의 없어서 몹시 허전하다.[19]

---

18 최근에는 국내에서도 이 강화협상 문제를 천착한 연구가 나오는 추세이다. 대표적으로는 김경태, 2019, 『허세와 타협: 임진왜란을 둘러싼 삼국의 협상』, 동북아역사재단; 김문자, 2021, 『임진전쟁과 토요토미 정권』, 경인문화사 참조.

19 17세기 전반 명·청 교체기를 맞아 명과 조선의 관계는 매우 숨 가쁘게 돌아갔다. 이에 대해서는 국내 학계에 저서급 연구가 적지 않다. 대표적으로는 한명기, 1999, 『임진왜란과 한중관계』, 역사비평사; 계승범, 2009, 『조선시대 해외파병과 한중관계』, 푸른역사; 한명기, 2009, 『정묘·병자호란과 동아시아』, 푸른역사; 허태구, 2019, 『병자호란과 禮, 그리고 중화』, 소명출판 등 참조.

IV. 맺음말

이 글의 특성상 여기서는 본론의 내용을 요약하기를 지양하고, 명대 한중 관계와 관련하여 학계에서 관심을 기울였으면 하는 주제를 세 개만 간략하게 제시하는 것으로 마무리하고자 한다. 첫째, 명대 조선은 속국이나 번국 내지는 제후국으로 상호 인정하였다. 이런 표현은 실록에도 꽤 나온다. 그렇다면 이런 용어의 정확한 의미를 파악할 필요가 있다. 심하게 말하자면, 조선은 과연 자주권은 그래도 확실하게 챙겼는가에 대해서도 반증 사례가 워낙 많다. 따라서 명·청시대 한중 관계와 관련하여 조선의 국제적 위상의 실상이 어떠했는지 객관적으로 고구하여 공론화할 필요가 있다.

둘째, 명-조선 관계의 본질이 무엇이었기에, 명-청 교체의 격변기를 맞아 조선은 (군주를 쫓아내면서까지) 철저한 숭명배청(崇明排淸) 노선을 끝까지 견지하였을까? 책봉국(황제국)을 무려 여덟 차례나 바꾸고도(후당-후진-후한-후주-송-요-금-원-명) 이념적·윤리적 부담을 거의 느끼지 않은 고려시대 '선배'들과는 달리, 17세기 전반 조선의 '후배'들은 명-청 교체를 왜 천명이 바뀐 것으로 '쿨하게' 수용하지 못했을까? 이는 명-조선 관계의 본질을 제대로 이해하기 위해 반드시 고찰해야 할 주제로, 한국사 분야에서는 일부 학설이 나온 바 있다. 재조지은을 강조한다거나,[20] 예교질서에 주목한다거나,[21] 관계의 본질이 부자 관계 곧 군부(君

20　한명기, 1999, 앞의 책.
21　허태구, 2019, 앞의 책.

父)-신자(臣子) 관계였기 때문이라는 설명²² 등이 그것이다. 다만, 더 적극적으로 학계의 논의를 불러일으킬 필요가 있다.

셋째, 국제관계사의 지평과 외연을 넓힐 필요가 있다. 클라크가 쓴 5장의 내용도 그렇고, 현재 국내 학계도 거의 천편일률적으로 국가 대 국가 또는 정부 대 정부라는 지극히 정치적 맥락에서만 관계사를 연구하는 경향이 압도적이다. 하지만 관계에는 사유체계(사상)의 전파와 수용, 경제적 교환, 문물의 이동, 인적 자원의 이동, 상호인식 등등 비정치적 요소도 허다하다. 한 예로, 클라크의 글을 읽으면, 조선이 명에게 거의 모든 면에서 자발적으로 의존적이고 사대한 것처럼 보이지만, 16세기에 명에서 발생한 양명학을 조선에서는 이단으로 몰아 단호하게 배격하였다. 중화라면 사족을 못 쓰던 조선의 지배 엘리트들은 왜 'made in China'인 양명학을 쓰레기통에 던져버렸을까?²³ 이런 점까지도 두루 고민하고 살펴야, 명-조선 관계의 본질 그리고 더 나아가 전통시대 한중관계의 실상에 더 가깝게 접근할 수 있을 것이다.

---

22 계승범, 2009, 앞의 책. 계승범, 2019, 「삼전도항복과 조선의 국가정체성 문제」, 『조선시대사학보』 91.

23 관계사의 외연 확장 필요성 및 그 실례로는 계승범, 2020, 「명·청 시대 조선의 중국사상 수용 양상」, 『주제로 보는 조선시대 한중관계사』, 동북아역사재단 참조. 한편, 명과 조선의 접경지역 교역 및 임진왜란 중 명나라 상인들의 활동에 대한 영어권의 최근 연구로는 Masato Hasegawa, 2020, "War, Commerce, and Tributary Relations in the Sino-Korean Borderland of the Late Sixteenth Century," in *The Ming World*, New York: Routledge 참조. 이 또한 국제관계사의 지평을 넓힌 좋은 사례이다.

참고문헌

계승범, 2007, 「임진왜란과 누르하치」, 『임진왜란: 동아시아 삼국전쟁』, 휴머니스트.
_____, 2009, 『조선시대 해외파병과 한중관계』, 푸른역사.
_____, 2012, 「임진왜란 중 조명관계의 실상과 조공책봉관계의 본질」, 『한국사학사학보』 26.
_____, 2019, 「삼전도항복과 조선의 국가정체성 문제」, 『조선시대사학보』 91.
_____, 2020, 「명·청 시대 조선의 중국 사상 수용 양상」, 『주제로 보는 조선시대 한중관계사』, 동북아역사재단.
_____, 2021, 「모후의 반역: 광해군 대 대비폐위논쟁과 효치국가의 탄생」, 역사비평사.
구도영, 2018, 『16세기 한중무역 연구: 혼돈의 동아시아, 예의의 나라 조선의 대명무역』, 태학사.
김경태, 2019, 『허세와 타협: 임진왜란을 둘러싼 삼국의 협상』, 동북아역사재단.
김근하, 2020, 「중월관계의 본질에 대한 탐구: Baldanza, Kathlene, *Ming China and Vietnam*(Cambridge: Cambridge University Press, 2016)」, 『서강인문논총』 58.
김문자, 2021, 『임진전쟁과 토요토미 정권』, 경인문화사.
김한규, 2011, 『사조선록 연구: 송·명·청 시대 조선 사행록의 사료적 가치』, 서강대학교 출판부.
김한규 역주, 2012, 『사조선록 역주』 1-5, 소명.
김형종, 2017, 「근대 한중관계의 변용: 자주와 독립 사이」, 『동양사학연구』 140.
조영헌, 2021, 『대운하 시대, 1415~1784』, 민음사.
한명기, 1999, 『임진왜란과 한중관계』, 역사비평사.
_____, 2009, 『정묘·병자호란과 동아시아』, 푸른역사.
_____, 2011, 「조중관계의 관점에서 본 인조반정의 역사적 의미: 명의 조선에 대한 '擬制的 지배력'과 관련하여」, 『남명학』 16.
허태구, 2019, 『병자호란과 禮, 그리고 중화』, 소명출판.

Baldanza, Kathlene, 2016, *Ming China and Vietnam: Negotiating Borders in Early Modern Asia*, Cambridge: Cambridge University Press.
Brook, Timothy, 2010, *The Troubled Empire: China in the Yuan and Ming*

Dynasties, Cambridge: Harvard University Press (한국어판: 티모시 브룩 저, 조영헌 역, 2014, 『하버드 중국사 원·명: 곤경에 빠진 제국』, 너머북스).

Clark, Donald N., 1978, "Autonomy, Legitimacy, and Tributary Politics: Sino-Korean Relations in the Fall of Koryŏ and the Rise of the Yi," Ph. D dissertation, Harvard University.

Hasegawa, Masato, 2020, "War, Commerce, and Tributary Relations in the Sino-Korean Borderland of the Late Sixteenth Century," in *The Ming World*, New York: Routledge.

Swope, Kenneth M., 2009, *A Dragon's Head and a Serpent's Tail: Ming China and the First Great East Asian War, 1592-1598*, Norman: University of Oklahoma Press.

Swope, Kenneth, ed., 2020, *The Ming World*, New York: Routledge.

Wang, Sixiang, 2020, "Korean Eunuchs As Imperial Envoys: Relations with Chosŏn through the Zhengde Reign," in Kenneth Swope, ed., *The Ming World*, New York: Routledge.

9장

『케임브리지 중국사 7권: 명사』 제1부

이화승 서울디지털대학교 중국학과 교수

I. 머리말

　역사 기술에서 통사(通史)는 한 지역, 나라 혹은 세계를 이해하기 위해 오랜 시간에 걸쳐 중요 사건과 테마를 중심으로 변화 과정을 서술하는 방식이다. 전체적인 인식을 중시하기 때문에 나열식에 평탄한 서술방식으로, 단대사(斷代史)와는 구별되었다. 즉 통사는 긴 흐름으로 고금의 시야를 넓혀 주어 역사의 유구함과 면면히 이어지는 생명력을 볼 수 있는 반면 단대사는 세밀한 분석으로 한 왕조의 흥망을 구체적으로 살펴볼 수 있다는 차이가 있었다. 중국에서는 연속적인 움직임과 규칙적이고 안정된 모습에 대한 서술의 차이라는 점에서 역대 많은 학자들의 쟁론이 끊이지 않았다.[1] 일찍이 두 서술 방식의 차이에 대한 뚜렷한 개념도 형성되었는데, 청대학자 장학성(章學誠)은 통사가 갖추어야 할 특징으로 '육편(六便)'과 '이장(二長)'을 지적하였다. 육편은 중복을 피하고(免重複), 테마별로 균등하게(均類別), 배분(便銓配)하고 공정(平是非)하여 충돌을 피하고(去抵牾), 연관 사실을 자세하게 서술(詳鄰事)해야 한다는 것이었다. 이장은 사료를 잘 조합(具翦裁)하여 일정한 규칙을 세운다(立加法)라고 하였다. 반면 별 특징이 없고(無短長), 기초적(乃原題)이며 길을 잃어버리는(忘標目) 폐단도 경고하였다.[2] 청 말, 서학이 도입되면서 교육과 대중화라는 측면에서 통사에 대한 가치가 재정립되어 통사 편찬이

1　謝貴安, 2020, 「縱貫與橫截:通史與斷代史的功能及關係」, 『中國社會科學報』, 2020.5.22. http://news.cssn.cn/zx/bwyc/202005/t20200522_5132618.shtml (中國社會科學網).
2　章學誠, 『文史通義.說林』卷 4.

활발해지고 많은 통사들이 새롭게 선을 보였다.³

　1950년대까지 미국, 유럽에서 중국에 대한 인식은 소수 전문가들의 영역에 머물렀으나 국제사회와 중국 내에서의 정치변화에 따라 점차 새롭게 주목을 받았다.⁴ 대중들의 관심도 증가하자 이에 발맞추어 새로운 보급서의 요구도 늘었는데 이때 편찬된 대표적 중국통사 책으로 『케임브리지 중국사』를 꼽을 수 있다. 1966년 데니스 트위체트(Denis Twitchett)와 존 페어뱅크(John K. Fairbank) 교수가 미국 정부의 지원을 받아 "서방의 독자들에게 내용과 기초가 있는 중국사 저작을 제공하기 위해" 집필을 계획하여 한 명의 저자가 서술하였던 기존 중화권의 통사와 달리 현지에서 활동하는 미국, 유럽의 학자들, 중국계 학자들이 참여하여 1978년 처음 『케임브리지 중국사: 진한사』가 세상에 나온 이후 중화인민공화국사까지 각 시대 편이 모두 출간됨으로써 전편이 하나의 통사 면모를 갖추게 되었다. 중국 내에서도 내용이 세밀하고 완성도 또한 높아 독자들의 호평을 받았다.⁵

　이 글은 1988년에 출간된 『케임브리지 중국사 7: 명사』 상권(제1부), 즉 「정치사(政治史)」 편의 분석을 통해 집필 과정의 배경, 연구자들의 관

3　중화권에서 출간된 비교적 대표적인 통사로는 錢穆, 『國史大綱』을 필두로 白壽彝, 『中國通史』, 鄧之誠, 『中華二千年史』, 周谷城, 『中國通史』, 呂思勉, 『中國通史』, 傅樂成, 『中國通史』, 黃仁宇, 『中國大歷史』 등이 있다.
4　이 지역의 호칭에 대해 중국 대륙 학계에서는 '英語世界'라는 용어를 사용하기도 한다. 范德·萬明, 2000, 「近年英語世界明史硏究新趣向」, 『中國史硏究動態』 1期. 본고에서는 필요에 따라 '영미권', '미국, 유럽', '서방', '서양'을 혼용할 것이다.
5　頭條新聞, 「劍橋中國史如何評價大明王朝?」(2017.07.22.). 중국 대륙에서는 학술성도 있지만 일반 대중들에 대한 소개서로 언론매체에서도 많이 다루었다. 특히 그 양은 기존의 어떤 통사보다도 방대하였다. https://kknews.cc/history/pxglgm8.html.

계, 당대 미국, 유럽에서의 중국사 연구성과와 그 성과 뒤편에 존재하는 시대적 간극 등에 대해 인적 요인에 관심을 두고 토론해 보고자 한다. 이미 시차가 상당히 있고 또한 시대 변화에 따라 통사에 대한 서술 방식도 변화하고 있으므로 장절(章節) 내용의 분석은 최소화하였다.[6]

II. 『명사』 상권의 편찬 배경과 구조 분석

1979년 여름, 프린스턴 대학에서 명대(明代) 국제학술대회가 개최되었다. 중국 대륙학자들이 처음 참가하면서 프레드릭 모트, 데니스 트위체트 교수 주제로 『케임브리지 중국사: 명사』 편이 계획, 진행되어 1980년까지 두 차례 회의가 열렸다. 국립 인문재단(National Endowment the Humanities)의 지원으로 참가한 학자들이 시대별로 장절을 나누어 쓰고 방금 프린스턴 대학에서 학위를 마친 제임스 게이스(James P. Geiss) 박사가 전체적인 진행을, 멜런(Mellon) 장학금을 받는 10여 명의 젊은 학자들이 정리와 편집을 맡기로 하였다. 두 차례 회의 사이에 찰스 허커(Charles O. Hucker)가 참가 학자들과 중국 대륙을 방문하여 자료 수집의 기회를 가졌다. 당시 프린스턴 대학에 방문학자로 와 있던 베이징의

---

[6] 2016년 中國電影頻道節目中心은 中國社會科學院 歷史研究所 감수를 거쳐 『中國通史100集歷史記錄片/ChinaHistory』를 제작하였다. 전체 중국 역사를 1편 「中華道路」에서 100편 「帝制的終結」까지 다룬 다큐멘터리 작품이다. 각 시대별 전문가들이 총출동하여 CG를 곁들여 고대부터 현대의 모습까지를 담았다. 명대 편은 76편 「明太祖朱元璋」~87편 「崇禎帝」까지로, 商傳, 毛佩琦 교수 등의 해설이 곁들어져 있다. https://www.youtube.com/playlist?reload=9&list=PLOrf2h5ONlwUTW9etWK4b3xQiz8LdgkKS&app=desktop&fbclid=IwAR3YapFst0lvmt-w_llVwvRTBeGqWWYix4Zw4fsGZ301g0LGY6F5NPA9fCQ.

왕위첸(王毓銓), 타이베이의 쉬훙(徐泓) 교수가 초기의 원고 수정에 참여한 뒤 1988년 출간되었다. 각 장절과 집필자들의 배경은 다음과 같다.

〈표 1〉『명사』 상권의 집필진

집필 부분	이름(국적)	영문	중문	생몰년	출신학교와 재직학교
편집인	데니스 트위체트 (영국)	Denis Twitchett	杜希德 또는 崔瑞德	1925 ~2006	• 1955년 케임브리지 대학 박사 • 1980~1994 프린스턴 대학 재직
서문 1장	프레드릭 W. 모트 (미국)	Frederick W. Mote	牟復禮	1922 ~2005	• 1954년 워싱턴 대학 박사 (리팡궤이 교수 학생) • 1956~1987 프린스턴 대학 재직
2장	에드워드 L. 드레이어 (미국)	Edward L. Dreyer	愛德华·L.德雷尔	1940 ~2007	• 1974년 하버드 대학 박사 (페어뱅크, 양롄성 교수 학생) • 1970~2007 마이애미 대학 재직
3장	존 D. 랑그로이스 (미국)	John D. Langlois, Jr.	小约翰·D 郎洛瓦 또는 藍德彰	1942 ~2010	• 1974년 프린스턴 대학 박사 (프레드릭 W. 모트 교수 학생) • J. P. 모건 등 금융기관 근무
4장	천쉬에린 (홍콩)	Chan Hok-lam	陈学霖	1938 ~2011	• 1967년 프린스턴 대학 박사 (프레드릭 W. 모트 교수 학생) • 워싱턴 대학, 홍콩 중원대학 재직
5장	타일만 그림 (독일)	Tilemann Grimm	泰爾曼 格里姆	1922 ~2002	• 1953년 함부르크 대학 박사 • 튀빙겐 대학 재직
6장	프레드릭 W. 모트				
7장 8장	제임스 게이스(미국)	James P. Geiss	盖杰民	1950 ~2000	• 1979 프린스턴 대학 박사 (프레드릭 W. 모트 교수 학생) • 프린스턴 대학 재직
9장	황런위 (미국)	Ray Huang	黃仁宇	1918 ~2000	• 1964년 미시간 대학 박사 (앨버트 포이어워커와 위잉스 교수 학생)

10장	윌리엄 에트월 (미국)	William S. Atwell	威廉·S. 阿特韦尔	1940~	• 1975년 프린스턴 대학 박사 • 호바트 앤드 윌리엄 스미스 대학 재직
11장	린 스터브 (미국)	Lynn Struve	林恩·A.斯特鲁夫 또는 司徒琳	1944~	• 1974년 미시간 대학 박사 • 인디애나 대학 재직
12장	볼프강 프랭크 (독일)	Wolfgang Franke	傅吾康	1912~2007	• 1935년 함부르크 대학 박사 • 함부르크 대학 재직

본서는 총 12장으로 구성되었으며 데니스 트위체트, 프레드릭 모트, 에드워드 드레이어, 존 랑그로이스, 윌리엄 에트월, 린 스터브, 제임스 게이스, 천쉬에린, 황런위, 타일만 그림, 볼프강 프랭크 등 11명이 참여하였다. 국가별로는 미국 6명, 독일 2명, 중국계 2명, 영국 1명이었으며 모트 교수를 중심으로 프린스턴 대학 제자들이 주를 이루었다. 당시 최고령인 볼프강 프랭크는(67세) 이미 은퇴한 후였고, 60대 황런위(61세), 50대는 2명(모트, 그림), 40대가 제일 많았으며 가장 젊은 게이스는 29세로 당시 미국, 유럽에서 활발하게 활동하는 학자들이 망라되었다고 할 수 있을 것이다.

1330년 명 왕조의 흥기로부터 1662년 남명(南明) 멸망까지 시간 순으로 정치사 중심으로 구성되었고 마지막 12장은 명대 출간된 저술의 고찰을 통해 다시 한 번 전시대를 회고하였다. 각 장별 집필자의 기본 자료를 중심으로 당시 시대적 연구 배경을 통해 본 권의 전체적인 흐름을 살펴보겠다.[7]

먼저 총편집인 데니스 트위체트(Denis Twitchett, 중국명 杜希德 또는

---

[7] 50여 년 전후의 자료를 찾기가 쉽지 않았다. 논문제목과 출판사 등과 관련 후일 진일보한 자료를 찾을 수 있게 중문표기를 곁들인다. 이미 세상을 떠난 학자들의 자료를 포함, 착오가 있을 수 있음을 밝혀둔다.

崔瑞德, 1925~2006년)는 영국 런던 출생으로 케임브리지 대학에서 지리학을 공부한 뒤 해군 정보분석센터(Bletchley Park or X站)에서 일본어, 런던 아시아아프리카 학원에서 중국어를 배운 뒤 1955년 케임브리지 대학에서『구당서(舊唐書)·식화지(食貨志)』를 번역하여 박사학위를 받았다.[8] 그사이 도쿄 대학에서 니이다 노보루(仁井田升) 교수에게 사사하였다. 런던 대학과 케임브리지 대학 극동언어문학부(Department of Far Eastern Languages and Literatures)에서 중국어를 강의하였고, 1962년 아서 라이트(Arthur F. Wright, 중국명 芮沃壽) 교수와 *Confucian Personalities*(儒家人物, Stanford Univ. Press)를 출간하였다. 1967년 영국 학술 아카데미(The British Academy) 원사가 되었고 미국으로 건너가 프린스턴 대학 아시아학과(Department of Asian Studies)에서 강의하다가 1994년 은퇴하였으며 오랫동안 잡지『아시아 메이저(Asia Major)』의 편집장을 지냈다. 당대(唐代) 관료제도로부터 재정, 화폐제도, 인쇄술, 불교의 영향 등을 연구하였다.[9] 1966년 처음 '케임브리지 중국사' 편찬을 구상하여 페어뱅크와 함께 2006년까지 발기인 및 총편집자로 참여하였고 모트 교수와 함께 본서(7권)의 공동 편집자였으며『케임브리지 일본

---

[8] 賴瑞和, 2007,「追憶杜希德教授」,『漢學研究通訊』26 : 4(總104期)台北, 2007年 11月. 당시 영미권에서는 중국 정사(正史) 등 원서를 번역하여 박사논문을 쓰는 경우가 많았다. 물론 'Introducton' 부분에서 당대(唐代) 재정제도의 여러 가지 문제를 언급하였다.

[9] 대표적인 연구로 "Financial Administration Under the T'ang Dynasty"(『唐代財政制度』), Cambridge Univ. Press, 1963; "Perspectives on the Tang," Yale University Press, 1973: "The Birth of Chinese Meritocracy: Bureaucrats and Examinations in Tang China"(『中國知識精英的誕生 : 唐代中國的官僚和科舉制度』), 1976: "Printing and Publishing in Medieval China"(『中國中古時期的印刷與出版』), Frederic C. Beil N.Y: "The Writing of Official History Under the T'ang"(『唐代官修史学』), 1992 등이 있다.

사』에도 참가하였다.¹⁰

서문과 1장 명 왕조의 흥기(1330~1367), 6장 성화, 홍치 통치 시기(1465~1505) 등 가장 많은 부분을 서술한 프레드릭 W. 모트(Frederick W. Mote, 중국명 牟復禮, 1922~2005년)는 미국 네브라스카 주 출신으로 1943~1946년까지 육군 항공부대(United States Army Air Force)에 근무하면서 중국학에 흥미를 가져 하버드 대학에서 자오웬런(趙元任) 교수가 개설한 어학 과정에서 중국어를 배웠다. 이후 OSS(Office of Strategic Service, 전략사무국)에 입대, 중국-버마 전쟁에 투입된 뒤, 1944년 중국 청두(成都), 베이핑(北平), 톈진(天津) 등에서 통역 장교로 복무하고 제대하였다.¹¹ 1948년 다시 중국에 와서 진링대학[金陵大學, 1952년 난징대학(南京大學)과 합병] 역사학과에 입학하여 샹다(向達), 치공(啓功), 구지에깡(顧頡剛), 페이더스(貝德士), 왕성주(王繩祖), 천공루(陳恭祿) 교수에게 사사하였다.¹² 1948년 졸업 뒤 베이징 대학으로 우한(吳晗) 교수를 찾아갔으나 그가 이미 학교를 떠난 뒤여서 왕총우(王崇武) 교수의 소개로 베이징 대학 역사연구소(歷史硏究所)에서 정톈정(鄭天挺) 교

---

10 賴瑞和, 2007, 앞의 글. 그는 1956년 일본인 市川梅子女士(Umeko Ichikawa)여사와 결혼하였다. "A Chronology of Key Events in the Life of Professor Denis Crispin Twitchett(1925~2006)". http://lib.ihp.sinica.edu.tw/03-rare/MWSP/10/b.htm.

11 전략사무국(戰略事務局) 혹은 전략정보국(戰略情報局)이라고 번역하며 2차 세계대전 중 미국의 중요 정보 전략을 수집하던 곳이다. https://en.wikipedia.org/wiki/Office_of_Strategic_Services.

12 그가 난징 대학에서 공부할 때 顧頡剛 교수가 다른 교수들과 식사를 하면서 이 미국학생을 지도할 의향을 물었으나 누구도 흥미를 보이지 않았다. 최후에 王崇武 교수가 술이 너무 취해 사양을 못하는 바람에 이 학생을 받았고 결국 명대를 연구하게 되었다고 하였다. http://baike.baidu.com/item/%E7%8E%8B%E5%B4%87%E6%AD%A6/6855799.

수에게 명청사 강의를 들었다. 이후 미군이 모두 철수하자 난징의 주중 대사관에서 통역관으로 근무하다가 1950년 미국으로 돌아왔다.[13]

1954년, 시애틀 워싱턴 대학에서 리팡궤이(李方桂) 교수 지도하에 원말명초 인사 도종의(陶宗仪)를 다룬 "T'ao Tsung-i and his Cho Keng Lu(『陶宗仪及其〈辍耕录〉研究』)"로 박사학위를 취득하였다. 국립 타이완 대학에 와서 박사 후 과정을 밟으며 정치엔(郑骞), 쥐완리(屈万里), 왕수민(王叔岷) 교수에게 배웠다. 북경어는 물론 광둥어도 능하여 1955년 네덜란드 레이던 대학(University of Leiden)에서 풀브라이트 교류 강사로 중국어를 강의하면서 학자의 길로 들어섰다. 1956년, 프린스턴 대학 동방학과(Department of Oriental Studies)에 임용되어 이 대학의 유일한 중국어, 중국 문화 강의자가 되었다. 1962년, 첫 번째 저서 *The Poet Kao Ch'i* (詩人高啓)를 출간하였다. 1969년, 동아시아학과 (Department of Asian Studies)를 창설, 송원명사(宋元明史)를 강의하다가 1987년 은퇴하였는데 그의 후임자는 위잉스(余英時) 교수였다. 프랜시스 클리브스(Francis Cleaves, 중국명 柯立夫)와 더불어 미국의 원대(元代) 연구 기초를 다진 학자로 추앙받았다.[14] 이런 배경으로 그는 자연스럽게 서문과 명조의 성립 전후와 성화, 홍치 연간 부분 등 가장 많은 분량을 맡게 되었다.

그는 원말명초 사회가 약육강식 국면에 진입, 점차 군사화되면서 상무(尚武)정신을 중시한 점에 주목하였다. 원 말기, 조정에서는 권력투쟁이 끊이지 않았고 군정도 엉망이 되면서 조정과 사회 지식인들 사이에

---

13 2월 발렌타인 데이 때 江蘇 泰州 출신 陳效蘭 여사와 결혼하였다.
14 任增強, 2012, 「美國学界蒙元史研究模式及文獻擧隅」, 『北方民族大學學報』 3期.

큰 변화가 일었다. 문종(文宗)은 한화(漢化)가 상당하였고 지식인들도 원(元)의 합법성을 받아들였으나 몽골 귀족들은 한인들이 조정에 들어오는 것을 반대하여 큰 혼란을 야기하였다. 모트 교수는 원 말의 혼란 세력을 크게 네 집단으로 정리하였다. 첫째는 확곽철목아(擴廓鐵木兒), 이사제(李思齊), 진우정(陳友定) 등 지방관들로, 이들은 자신들의 이익에 따라 조정과 관계를 유지하였다. 두 번째는 지방의 사회 지도층 인사들로 자신의 세력을 유지하기 위해 형성되었는데 영웅 심리에 휩쓸려 다른 세력과 병합하곤 하였다. 세 번째는 장사성(張士誠), 방국진(方國珍)과 같은 비적(匪賊)들로 지식인들의 지지를 받지 못했을 뿐 아니라 끝없는 야심을 적나라하게 표출하기도 하였다. 네 번째는 종교를 기반에 둔 반란세력으로 최초의 동력을 제공하였지만 15년이 지나자 점차 전통 질서를 회복하려는 유가(儒家)세력에 병합되었다고 하였다.

모트 교수는 평생 중국 유가문화에 심취하여 존중과 애정을 표하였는데 자신의 중국 이름 '부례(復禮)'도 리팡궤이(李方桂) 교수의 조언으로 『논어(論語)』의 '극기부례(克己復禮)'에서 따온 것이었다. 또한 샤오공쳰(蕭公權)을 특별히 존경하여 『중국정치사상사(中國政治思想史)』를 번역하였고,[15] 은퇴 이후 *Imperial China, 900~1800*(帝制中國, 900-1800), (Harvard Univ. Press, 1999)을 출간하였다. 모트는 1950~1960년대 미국, 유럽의 척박한 환경 속에서 존 페어뱅크, 데니스 트위체트 등과 함께 초기 중국학 연구를 주도하며 프린스턴 대학이 중국사 연구의 한 축을

---

15 "Intellectual Foundations of China", 1971. 王立剛譯, 『中國思想之淵源』, 北京大學出版社, 2009. 朱鴻林, 「追思牟復禮先生」(牟復禮敎授追思紀念會 발언문장, 2005.3.5.), 『明儒学案研究及论学杂著』, 生活·读书·新知三联书店, 2016年1月版. https://www.sohu.com/a/60855591_260616.

이루는 데 큰 역할을 하였다.[16]

2장 명대 군사 문제를 서술한 에드워드 드레이어(Edward L. Dreyer, 중국명 爱德华·L. 德雷尔, 1940~2007년)는 샌디애이고 출신으로 1961년 하버드 대학 역사학과를 졸업하고, 1971년 페어뱅크, 양롄성(楊聯陞, Lien-sheng Yang) 교수 지도하에 The Emergence of Chu Yuan-chang, 1360~65(朱元璋的出現) 연구로 박사학위를 받았다. 그는 특히 중국어, 일본어, 독일어 등 언어에 남다른 재능을 보이며 1970~2007년까지 마이애미 대학에서 중국 정치사와 군사사(軍事史), 정화(鄭和), 더 나아가 세계 군사사 연구에 많은 업적을 남겼다. 첫 번째 저서인 Early Ming China: A Political History, 1355~1435 (Stanford Press, 1982)는 원 말의 전쟁에서부터 명 초 권력의 지리적 기반, 군사, 외교, 조정 등 5대 분야의 분석을 통해 명 초 통치자들의 군사적·정치적 결정이 광범위한 영향을 미쳤으며, 이후의 제도적 발전을 이루었다는 주장으로 명대 정치 진행 과정에 대한 빈틈없는 관찰이 담겨 있었다. 미국, 유럽에서는 최초로 명 초기의 정치, 군사문제를 다룬 선구자적인 연구로 평가받았다. 특히 명대 군사문제에 대해 페어뱅크와 프랭크 키어맨(Frank Kierman)이 편찬한 Chinese Ways in Warfare에서 파양호(鄱陽湖) 전투에 관한 The Poyang Campaign of 1363: Inland Naval Warfare in the Founding of the Ming Dynasty(Harvard University Press,

---

16 그는 1960년대 록펠러 재단과 포드 연구재단에서 많은 경제적 지원을 받았으며 2005년 콜로라도 덴버에서 82세로 사망하였다. 그의 제자들로는 본서에 참가한 John D. Langlois, Jr., James Geiss를 비롯하여 Thomas Bartlett(白慕堂), Peter K. Bol(包弼德), Richard Davis(戴仁柱) 등과 朱鴻林, 張彬村, 石守謙, 張英華, 黃清連 등 중국학자들이 대표적이다. https://en.wikipedia.org/wiki/Frederick_W._Mote.

1974)를 발표하였는데, 이는 그가 본서의 2장 명대 군사 문제를 다루는 직접적인 배경이 되었다.

그는 명조 건립 과정을 4단계로 나누어 설명하였다. 초기 반원(反元)을 이끌던 농민 조직은 정식 군대 면모를 갖추지 못하다가 주원장(朱元璋)과 진우량(陳友諒)이 전쟁을 벌이던 지정(至正) 20~23년 사이에서야 비로소 효율적인 군사조직으로 전환하였다. 전쟁의 목표 역시 도시 쟁탈전으로 바뀌며 점차 하도(河道)의 중요성이 강조되어, 어선들이 전함으로 전환하는 등 군사적 변화에 주목하였다. 이후 홍무 초년까지는 주원장이 전국을 통일하는 시기였으며 홍무 5년, 명 조정의 건립과 동시에 군대가 정부 시스템의 일부분으로 전환되는 과정을 서술하였다.

그의 군사사 연구는 두 번째 저서인 *China at War 1901~1949*(Routledge Londen, 1995)로 연결되었다. 20세기 초반 중국에서 일어난 무력충돌을 다루었는데 민족주의자와 공산주의자의 내전은 정규군 간의 재래식 전투에 의해 결정되는 것이지, 뚜렷한 유형의 '인민전쟁'의 결과가 아니라는 점을 강조하였다. 역시 군사사 관점에서 2006년, 정화 항해 600년 기념 해에 *Zheng He, China and the Oceans in the Early Ming Dynasty, 1405~33*(Library of World Biography Series, NY, 2007)를 출간하였다. 정화의 항해는 기존 주장처럼, 새로운 발견을 위한 것이 아니라, 먼 나라들을 명나라 지류 시스템의 범위 안에 들어오게 하는 군사 임무라는 점을 주장하였다.[17]

3장 홍무 시기(1368~1398)를 다룬 존 랑그로이스(John Dexter

---

17 부인 June Teufel Dreyer도 중국, 일본 정치사를 연구하였다. https://www.historians.org/publications-and-directories/perspectives-on-history/february-2008/in-memoriam-edward-l-dreyer.

Langlois, Jr., 중국명 藍德彰 혹은 小约翰·D 郎洛 瓦, 1942~2010년)는 매우 독특한 배경을 가진 역사학자이다. 미국 롱아일랜드의 중산층 가정에서 태어나, 1960년 프린스턴 대학에 입학하였고 하버드 대학에서 석사를 마친 뒤 1966~1969년 'Princeton in Asia' 프로그램에 참가, 타이완 동하이(東海) 대학에서 영어를 가르치며 중국어를 배웠다.[18] 1969년 프린스턴 대학원에 입학, 1974년 모트 교수 지도하에 『몽고통치하금화지구적유사(蒙古統治下金華地區的儒士)』로 박사학위를 받았다. 그리고 하버드 법학원에서 1년 동안 법제사 공부를 하고,[19] 1982년까지 뉴잉글랜드에 있는 보든 칼리지(Bowdoin College) 동아시아학과에 재직하였다. 그 사이 1977년 일본 교토, 1978년에는 중국을 방문하여 문화대혁명 후의 중국을 직접 목도한 뒤 원대 연구에 중대한 영향을 미쳤다는 평가를 받는 China under Mongol Rule(『蒙元統治下的中國』, Princeton Univ Press, 1981)을 편집, 출간하였다.[20] 법제사에 대한 관심은 꾸준히 이어져 유학과 법 사이의 관계를 중점적으로 다루었는데 명대 유가의 법에 대한 시각을 다룬 Living Law in Sung and Yuan jurisprudence(『宋元法学中的 '活法'』, Harvard Journal of Asiatic Studies 41)를 발표하였다.[21]

---

18 그는 1968년 臺灣 東海 대학 출신인 范心怡(Hsin-i Fan) 여사와 결혼하였다.
19 그의 또 다른 저서인 "Ritual and Law in the Legitimation of the Ming Dynasty(『明代正统性問題中的礼仪与法律』 혹은 『明代法制化中的礼与法』로 中譯)"는 1975년에 출간되었다는 언급이 있을 뿐 자세한 정보가 전하지 않는다. https://www.amazon.com/Ritual-law-legitimation-Ming-dynasty/dp/B00072Z952.
20 Francoise Aubin, Donald Holxman의 평론을 참조, Pacific Affairs 57(1), pp. 103-104, 1982. Craig Clunassms는 몽골의 통치체제를 이해하는 데 가장 유용한 책이라고 평가하였다. Journal of Royal Asiatic Society of Great Britain and Ireland, No 1, pp. 223-224, 1982.
21 송, 원 법가들이 이미 법률과 인정(人情) 사이의 관계에 따라 사건 발생의 여러 구체

그는 홍무 13년 발생한 호유용(胡惟庸) 사건이 당시 안정적인 국면에서 엄격한 감시와 공포 통치로 바뀌는 전환점이 되었다고 보았다. 비록 관방 사료에서는 호유용의 부패와 모반을 지적하지만 이는 호유용이 자신의 권력을 이용하여 친신을 관료 시스템에 진입시키려 했다는 것을 설명할 뿐, 오히려 태조의 강력한 독재성을 반영한 것이라는 것이다. 그는 다양한 사건을 예로 들면서 명 초 정치 권력과 제도의 수립이라는 명제 사이에서 어떻게 갈등했는지를 서술하였다.

1982년, 충분한 동기는 알려지지 않았지만 그는 역사학자로서 인생에 매우 중요한 선택을 하였다. 금융회사인 J. P. 모건(Morgan Guaranty Trust)으로 자리를 옮긴 것이다. 중국어, 일본어를 정확하고 품위 있으며 유머 넘치게 구사하고 지역 문화에 밝다는 점을 높이 인정받아 일본, 영국, 홍콩 등지를 거치며 지역 전문가로 성장하였다. 이후 중국 개혁개방과 더불어 J. P. 모건 앤 모건 스탠리(J. P. Morgan and Morgan Stanley)를 거쳐 중국 농업은행(農業銀行, Agricultural Bank of China) 등 여러 금융기관에서 이사로 근무하였다. 그사이 1986년에는 뉴욕 대학에서 MBA 학위를 받았고 다시 프린스턴 대학으로 돌아가 2년 동안 'Banking in China'라는 교양과목을 개설하기도 하였으며 여러 대학에서 명사(明史) 관련 강연을 하기도 하였다. 일생 동안 역사학자와 은행

적인 요인들로부터 사법관이 자유재량을 가지고 법률적 유연성을 가지고 있었다는 의미의 '활법(活法)'이란 개념을 선보였다. 이를 통해 결국 유학과 사대부, 정치가들이 법률을 보는 기본적 시각을 통해 유가 정치가들은 법을 절대적으로 신뢰하지 않으며 법률시스템의 정상적인 운용은 도덕적 훈련을 거친 사법관리에 의해 좌우된다고 하였다. 1982년에도 다시 일본 동경대학 법학원, 중국사회과학원을 방문하여 법제사에 대한 진일보한 시각을 갖게 되었다고 하였다.

가라는 흔치 않은 두 가지 신분으로 학계와 금융계에서 활동하였다.[22]

4장, 건문, 영락, 홍희, 선덕 시기(1399~1435년)를 서술한 천쉬에린(陈学霖, Hok-lam Chan William, 1938~2011년)은 광둥(廣東) 신회이(新會) 사람으로 홍콩에서 출생, 홍콩 대학을 졸업한 뒤, 1967년 프린스턴 대학에서 모트 교수의 지도하에 명 초 인물 류기(劉基)를 다룬 "Liu chi(1311~1375), The Dual Image of a Chiness Imperial Advisor(『劉基作爲中華帝國顧問的雙重角色』)" 연구로 박사학위를 받았다. 이후 워싱턴 대학 동아연구소, 국제연구원 중국연구소에 재직하면서 러시아 출신으로 원대(元代)를 연구하는 니콜라스 포페(Nicholas Poppe, 鮑培) 교수와 함께 영역을 넓혀 송원명(宋元明) 시기의 사학을 필두로 사상과 인물, 특히 사서의 편찬에 관한 많은 연구를 하였다.[23]

---

22 그는 J. P. Morgan Stanley의 아시아 지역 업무를 담당하면서 2002~2006년까지 Morgan Stanley Properties의 중국 책임자로 중국 내 불량 자산을 처리하는 업무를 맡았다. 2010년 8월까지 堔圳發展銀行(Shenzhen Development Bank), 中信銀行, 農業銀行(Agricultural Bank of China) 등의 이사를 지냈다. 2000년에는 미네소타 대학과 하버드 대학에서 명사(明史) 관련 강연을 하는 등 명대사에 관한 꾸준한 관심을 보였다. 吳艷紅, 2012, 「藍德彰先生學術紀念」, 『明史研究』 1期. https://www.ixueshu.com/document/8345171e8e4bca8c68f777622e458046318947a18e7f9386.html. https://paw.princeton.edu/memorial/john-d-langlois-jr-%E2%80%9964-74.

23 초기 연구로는 "The Historiography of the Chin: Three Studies(『金代史学三论』)," Wiesbaden, Franz Steiner Verlag, 1970와 "The Rise of Ming T'ai-tsu: Facts and Fictions in Early Ming Official Historiography(『明太祖(1368-1398)的兴起:明代的官方历史编纂学中的事实与虚构』)," *Journal of the American Oriental Society* 95:4, 1975이 있고 1976년 컬럼비아 대학에서 출간한 *Dictionary of Ming Biography, 1368-1644*(『明代名人传』) 편찬에 참여하였다. 1981년에 발표한 "Chinese Official Historiography at the Yuan Court: The Composition of the Liao, Chin,and Sung Histories(『元代的官修历史:〈辽史〉〈金史〉〈宋史〉的修撰』)"는 John D. Langlois, Jr.가 편찬한 "China Under Mongol Rule"에 수록되었다. 또 컬럼비아 대학의 William Theodore de Bary(狄培理) 교수와 같이 원대 초

그는 이 시대에 세워진 제도들이 이후에 어떤 영향을 미쳤는지에 주의하였다. 정난(靖難)의 역(役)과 혜제(惠帝)의 정치 실패가 군사력의 차이 때문이라기보다는 실전 경험의 부족 때문이고 혜제의 문치통치에 대한 이상(理想)은 이후 인(仁), 선종(宣宗) 정치에도 영향력을 미쳤다는 것이다. 명 후기에 혜제에 관한 전설이 특히 유행한 것은 백성들이 당시 조정에 대한 불만에 어진 정치를 요구한 것으로 지식인들 또한 사회 혼란의 원인을 성조(成祖)의 집권으로부터 찾았다고 하였다. 따라서 성조가 정치, 경제, 군사적인 면에서 끼친 영향력은 태조(太祖)보다도 더 크다는 것이다. 그 외에도 베이징 천도 이후 군사조직과 조운(漕運) 시스템 운영에 엄청난 경비가 들었고 장성외(長城外)의 군대를 철수킴으로써 이후 명대 중기 이후 변경에서의 투구(套寇) 문제를 야기하였다고 강조하였다.

그는 이후 1992~2000년까지 홍콩 중원(中文) 대학에 재직하였고 2011년까지 『중국문화연구소학보(中国文化研究所学报)』의 편집인과 회장을 지내며 명대 연구를 계속하였다.[24] 특히 『이조실록(李朝實錄)』의 자료들을 이용하여 조선 사신들의 눈에 비친 태조, 성조, 인종, 선종, 영종 등에 관한 내용들을 잘 활용하기도 하였다.

데니스 트위체트와 함께 5장 정통, 경태, 천순 시기(1436~1464)를 서

기 몽골인들이 朱熹의 사상을 어떻게 북방에 전파하였는지를 분석한 "Yuan Thought: Chinese Thought and Religion Under the Mongols"(『元代思想:蒙古统治下的中国思想与宗教』, 1982)는 학계의 호평을 받았다. 이 연구는 이른바 '中國之元'을 강조하며 송, 원, 명을 하나의 계보로 보아 원대를 당송과 명청 시기를 잇는 과도기로 보았다. 이 는 훗날 '蒙古之元' 이라는 蒙元을 하나의 독립된 국가로 보는 시각, 세계사적 관점에서 보는 '世界之元'과는 차이를 보였다. (任增强, 2012, 앞의 글).

24 「明太祖文字獄考」, 『亞洲研究雜志』 29期, 1995.

술한 타일만 그림(Tilemann Grimm, 중국명 泰爾曼 格里姆 또는 蒂勒曼 葛林, 1922~2002년)은 독일 획스터(Höxter)에서 태어나 2살 때 부모를 따라 베이징에 왔다. 6살 때부터 베이징에 있는 독일 학교에 다니며 중국어를 배웠는데 친구들에게 'Sinolögchen(중국인 천씨)'라고 놀림 받을 정도로 중국 생활에 잘 적응하였다. 그의 부모는 그림이 지나치게 '중국화' 되는 것을 우려해 12살 때 아버지 라인 홀트 그림이 다른 가족들은 남겨둔 채 아들과 독일로 돌아갔다. 이후 함부르크 대학에서 1953년 "Das Neiko der Ming-Zeit(1368-1644)"로 박사학위를 받았다. 또 한편으로 1967년부터 마오쩌둥 연구에도 많은 성과를 내며 뮌스터(1962~1965), 보훔(1965~1974), 튀빙겐(1974~1989)에서 중국어와 문화, 역사를 강의하였다.[25] 1978년에 하이델베르크 과학대학의 정식회원이 되었고, 볼프강 프랭크가 창간한 한학(漢學)잡지 Oriens Extremus의 편집인이 되었다.

이 장에서는 토목(土木)의 '변(變)'에 대해 세 가지 측면에서 해석을 하

---

25 Mao Tse-Tung, 1968, *Mit Selbstzeugnissen und Bilddokumenten*, Rowohlt(16. Aufl.: 2001); *Erziehung und Politik im konfuzianischen China der Ming-Zeit: 1368-1644,* Hamburg: Gesellschaft für Natur- und Völkerkunde Ostasiens, 1960. (Mitteilungen der Gesellschaft für Natur- und Völkerkunde Ostasiens; 35 B) Habilitationsschrift); *China und Südostasien in Geschichte und Gegenwart*, Köln/Opladen: Westdeutscher Verlag, 1966. (Arbeitsgemeinschaft für Forschung des Landes Nordrhein-Westfalen, Geisteswissenschaften; H. 133.); *Chinas Traditionen im Umbruch der Zeit*, Köln/Opladen: Westdeutscher Verlag, 1971; *Kulturelle und historische Grundlagen der Beziehungen Chinas zum Ausland*, München: Gesellschaft für Auslandskunde, 1979. (Beiträge zur internationalen Politik; 1); *Sinologische Anmerkungen zum europäischen Philosophiebegriff*, Heidelberg: Winter, 1981. (Sitzungsberichte der Heidelberger Akademie der Wissenschaften, Philosophisch-Historische Klasse; 7).

였다. 영종 시기 무거운 부역과 천재지변, 불합리한 조전(租佃)제도로 인해 사회불안과 농민반란, 환관 득세로 중앙정부 권력 구조에 변화와 몽골 야선(也先)의 침입을 지적하였다. 이러한 위기들은 조정에 큰 자극을 주었고 관료시스템이 점차 안정을 되찾아 이후 행정과 군사 개혁을 추진하는 원동력이 되었다고 하였다. 몽골의 침입은 단순한 경제적 이유이지 영토에 대한 야심이 아니어서 15세기 명 조정은 여전히 안정적으로 내정과 외환을 해결할 수 있는 능력을 가지고 있었다고 하였다.

  6장, 홍치, 성화 시기(1465~1505)를 서술한 모트 교수는 황제가 내각 대신을 더 이상 친신(親臣)으로 보지 않은 점을 가장 큰 시대적 특징이라고 지적하였다. 새로 등극한 젊은 황제와 전 시대 인물인 늙은 내각 대학사들은 친밀감을 유지하기가 힘들었기 때문이다. 황제가 모후(母后), 그리고 자신과 비슷한 연배의 환관과 가깝게 지내면서 환관들이 거의 내각과 동등한 지위를 행사하여 조정은 이 삼자 간의 협의를 통해 유지되었고 내정(內廷)과 외조(外朝) 사이에 커다란 충돌은 일어나지 않았다. 다만 군 지휘관들이 초기의 공신 자제들에서 점차 무능력한 문관과 환관들로 충당되고 위소제(衛所制)가 부패하자 효종(孝宗)은 우겸(于謙)에게 새로운 훈련법을 지시하고 군권은 문관에게 돌아가는 등의 개혁이 실시되었다는 것이다. 성화 시기에 발생한 서남 묘요족(苗徭族)의 반란·형양(荊襄)의 난 등은 조정에서 문무관 사이의 권력투쟁을 심화시키는 계기가 되었다고 하였다.

  7장~8장 정덕, 가정 시기(1506~1566)를 서술한 제임스 게이스(James P. Geiss, 중국명 盖杰民, 1950~2000년)는 뉴욕 출신으로 윌리엄스 칼리지(Williams College)를 거쳐 1979년 프린스턴 대학에서 모트 교수의 지도하에 *Peking under the Ming, 1368~1644*(『明代的北京 1368~1644』)

으로 박사학위를 받았다.

그는 16세기 전반의 상황, 특히 농업기술과 생산력의 제고, 사면(絲綿) 등 수공업 발달 등의 경제 상황에 대해 서술하고 황제의 통치력이 증가하는 측면에서도 서술하였다. 그러나 더 많은 세수(稅收)가 걷히지 않아 재정적자가 발생한 것은, 혹 조정의 통치력이 이전만 못하지 않았는지라는 물음을 제기하였다. 실제로는 정덕, 가정 시기의 황제는 이학(理學)의 영향으로 자기 욕망을 제대로 펼치기 힘들었고 관료들의 힘도 강해졌다는 것이다. 새로 개간한 토지는 바로 편입되지 않아 관리들이 면세 받는 경우도 갈수록 증가하였으며 동남 연해의 주사무역(走私貿易)에 속수무책으로 세금도 걷지 못하다보니 경제는 발전하되 국가재정에는 별다른 영향을 주지 못하였다고 하였다.

그는 1988년에 무종(武宗)과 표방에 관한 논문을 발표하여 중국학자들의 주목을 받았고,[26] 중국계 학자들과 같이 미국 학생들을 위한 초급 중국어학 교재 CLASSICAL CHINESE A BASIC READER(文言基礎讀本)를 출간하기도 하였다.[27]

9장을 서술한 황런위(黃仁宇, 1918~2000년) 교수도 매우 독특한 배경

---

26 「明武宗与豹房」, 『故官博物院院刊』 3期. 이 논문은 다음 해 叶祖孚가 「西苑豹房也养豹」으로 계속 토론이 이어졌다. 『故官博物院院刊』 2期, 1989.

27 A Basic Reader, Readings in Classical Chinese Poetry and Prose (1994), Selections from Classical Chinese Historical Texts (1993), Selections from Classical Chinese Philosophical Texts (1993). 그의 사후인 2004년 프린스턴대학출판부는 이 책들을 모아 "Classical Chinese: A Basic Reader(袁乃瑛, 唐海濤와 공저)"라는 개정판을 출간하였다. 그는 1972년 역시 프린스턴에서 만난 중국인 Margaret Y. Hsu와 결혼하였는데 그녀는 의료관련 컨설턴팅 회사를 운영하다가 남편 사후 남편 이름을 딴 기념회를 운영하며 명대사를 연구하는 젊은 연구자들을 지원하였다. https://geissfoundation.us/.

을 가지고 있었다. 1918년 후난성(湖南省) 창사(長沙)에서 출생하여 1936년 난카이(南開) 대학 전기과 졸업 후 항일전쟁에 참여하였다. 1940년 청두(成都) 중앙군사학교를 마치고 장교로서 1943~1944년 인도, 버마에 파견되었다. 전쟁 후 동베이 보안사령부(東北保安司令部) 사령관 참모를 거쳐 1946년 미 육군 참모대학을 수료한 뒤 국방부 참모로 근무하였다. 1950년, 주일 대표단에서 소령으로 퇴역한 후 다시 미국으로 건너가 미시간 대학에 입학하여 1954년 학사, 1957년 신문학 석사 후에 역사학과로 옮겨 1964년 앨버트 포이어워커(Albert Feuerwerker)[28]와 위잉스(余英時) 교수 지도하에 *Taxation and Government Finance in Sixteenth-Century Ming China*(『十六世紀中国明代的税制和政府財政』)로 박사학위를 받았다.[29] 이후 사우스 일리노이 대학을 거쳐 1980년까지 뉴욕주립대학(New Paltz)에서 가르쳤고 하버드 대학 동아연구소 연구원을 역임하였다. 당시 명대 재정문제를 연구하는 거의 유일한 학자로서 주로 장거정(張居正)의 개혁, 동림당쟁(東林黨爭)과 3대 원정(遠征)에 관해 서술하였다. 그는 만력(萬曆) 중기가 명대 역사의 명운을 가르는 전환점으로 이후 역사에 중요한 영향을 미쳤다고 하였다. 이는 신종(神宗) 황제의 성격과 당쟁에 기인한다는 것이었으나 사실은 그 배후의 진실을 외면한 것으로 당시 조정은 정부 조직이라는 측면에서 그저 순박한 농업사회에 적응하고 있을 뿐 새로운 도전

---

28 앨버트 포이어워커(费维恺, 1925~2014) 교수는 페어뱅크의 제자로 『中国早期工業化 : 盛宣怀(1844-1916)和官督商办企业』(1958)을 출간하는 등 근대사 연구에 많은 성과를 남겼다.

29 이 논문은 여러 곡절을 거쳐 1974년이 되어서야 Cambridge Press에서, 중국에서는 2001년 三聯 서점에서 출간되었다. 黃仁宇著, 張逸安譯, 2001, 『黃河青山-黃仁宇回憶錄』, 318쪽, 臺北聯經.

을 맞을 만한 준비가 되어 있지 않았다고 지적하였다. 왕학(王學)의 왕간(王艮)과 리지(李贄) 등 사상가들이 이러한 이데올로기의 속박을 극복하려 노력했지만 현실을 바꾸기에는 역부족이었다. 더구나 신종 황제는 문관들이 자신이 총애하는 정귀비(鄭貴妃) 소생의 태자 책봉을 반대하자 어전회의에 나가지 않는 일종의 '태업(怠業)'을 감행함으로써 결국 쇠망의 길로 들어섰다는 것이다. 내우외환이 끊이지 않는 상황에서 왕조가 그나마 명맥을 유지할 수 있었던 것은 내적인 역량이라기보다 아직 강력한 위협을 가할 만한 적수가 나타나지 않았기 때문이었다고 하였다. 그의 이런 시각은 1587, *A Year of No Significance*(Yale Univ. Press, 1981)에서 좀 더 대중적으로 재현되었다.[30]

10장, 태창, 천계, 숭정 시기(1620~1644)를 저술한 윌리엄 아트웰(William S. Atwell, 중국명 威廉·S. 阿特韦尔)은 워싱턴 대학, 하와이 대학을 거쳐 1975년 프린스턴 대학에서 박사학위를 받았다. 1984년부터 호바트 대학(Hobart and William Smith Colleges)의 역사·아시아 언어 문화학과(history and Asian languages and cultures)에 재직하였다.

그는 '17세기 위기론'으로 명조의 쇠망을 해석하였다. 명 왕조는 넓은 영토를 다스리면서, 지역별 차이를 고려하지 못했고 기후의 변화가 농작물 수확에 미친 영향 등 과거의 어떤 변수들에 대한 고려도 충분하지 못하였다는 것이다. 또한 16세기부터 유럽의 확장으로 인해 중국의 경

---

[30] 이 책은 1982년 American Book Award에 선정되었다. 책 출간 전후 Jonathan D. Spence 교수는 *The New York Review*에 책에 관한 리뷰를 실었으며,(1981.4.30.) *New York Times*도 책에 대해 자세한 리뷰를 싣는 등 미국 언론과 대중들의 큰 관심을 받았다.(1981.6.21.) https://www.nytimes.com/1981/06/21/books/interesting-times.html. 『萬曆十五年』(1982년 中華書局)으로 출간된 이후 여러 출판사에서 꾸준히 증간되고 있다.

제가 점차 세계 경제 시스템에 들어오면서 백은(白銀)이 중요한 변수가 되었다. 백은 유통이 증가하자 물가 급등, 도시 인구 팽창, 상공업의 분업과 전문화가 진행되었고, 그 결과 커지는 빈부 차이로 인해 사회 구성원 간의 관계도 긴장되었다고 하였다. 17세기에 들어 군비(軍費)와 공공부분의 경비가 증가하자 경제성장은 정체되고 사회 긴장관계는 더욱 심화되었다. 수입 백은에 지나치게 의존하게 되자 전혀 정보가 없는 상태에서 해외 은 생산국의 사정 여하에 따라 중국 내부 경제가 심각해지고 다른 변수가 더해져 결국 명조는 멸망으로 들어섰다는 것이다.

이로부터 그의 연구는 13~17세기 아시아 환경 변화로 범위를 넓혀 재정과 환경문제를 다룬 *Time, Money, and the Weather: Ming China and the 'Great Depression' of the Mid-Fifteenth Century*(The Journal of Asian Studies, vol. 61, no. 1, Feb. 2002)로 발전하였다.[31]

11장 남명 시기(1644~1662)를 서술한 린 스터브(Lynn A. Struve, 중국명 林恩·A. 斯特鲁夫 또는 司徒琳)는 시애틀 워싱턴 대학에서 중국문화를 공부하고 1974년 미시간 대학에서 박사학위를 취득하였다. 이후 인디애나 대학에 재직하면서 1984년 *The Southern Ming, 1644~1662*(Yale University Press, 1984)를 출간하여 학계의 주목을 받았다.[32] 남명사는

---

[31] 이외에 "Volcanism and Short-Term Climatic Change in East Asian and World History, c. 1200-1699," *Journal of World History* Vol. 12, No. 1, Spring, University of Hawai'i Press, 2001도 있다.

[32] 李榮慶譯, 1993, 『南明史』, 上海古籍出版社. 린 교수는 2017년 중문판 서문에서 데니스 트위체트, 프레드릭 모트 교수에게서 남명사 부분 집필을 요청받고 관심을 가지게 되었다는 과정을 밝혔다. 비교적 짧은 시기의 복잡한 역사를, 최대한 적은 사람들과 통속적이고 평이한 서술방식을 택하였다고 회고하였다.

불과 18년의 짧은 기간에다가, 강희제(康熙帝)의 문자옥(文字獄)으로 인해 많은 자료들이 훼손되어 연구가 매우 어려운 영역으로 인식되었다. 중국학계에서도 천인췌(陳寅恪)의 『류여시별전(柳如是別傳)』에 이어 1957년에 이르러서야 시에꿔정(謝國楨)의 『남명사략(南明史略)』이 나왔을 정도였다.³³ 따라서 국제적으로는 더욱 연구자를 찾기가 힘이 들었지만 그녀에게는 오히려 거대한 상상의 공간을 제공해 주었다. 그녀는 명대 내내 문무관리 사이에서 원만한 협조가 이루어지지 않아 황제 보필에 문제가 있었다는 점에 주의하였다. 태조(太祖) 이래 군신분의 세습, 승상제 폐지, 관리들의 월권, 환관 득세 등의 요인으로 인해 몇 번을 제외하고는 대부분의 시간 동안 관리들은 서로 협조하지 못한 채 개별적으로 존재하여 사회적 충돌을 원만하게 해결하지 못하였다는 것이다. 남명조정에서도 생사를 결정하는 중요한 시기에서 황권과 군사적 대응은 효율적으로 운영되지 못해 치명상을 입었다며 명대 정치 본연의 모습에서 멸망의 원인을 찾았다. 다만 엘리트 집단의 충군애국(忠君愛國)이라는 이데올로기로 인해 남명 유민(遺民)의 기개는 유지될 수 있었을 뿐이었다.³⁴ 경제에 관한 다양한 요인들을 배제시켰다는 지적도 있었지만, 중국학계에서는 린 스터브의 연구가 문헌 사료에 충실하고 엄격한 고증으로 민족 간 대립이라는 틀에서 벗어나 새롭고 객관적인 입장에서 남명 정권의 건립이 백성들의 지지에 의한 것이라는 결론에 도달하였다며 '미족진귀(弥足珍貴)'라고 호평하였다.³⁵ 그녀는 남명사의 연장선상에

---

33 이후에도 顧誠, 『南明史』(中靑社, 1997, 光明日報, 2011), 南柄文, 『南明史』(故宮博物館出版社, 2011) 정도가 뒤를 이었다.

34 https://www.yicai.com/news/5355243.html?open_source=weibo_search.

35 朱政惠, 「中外文化交流史研究的新成果」, 『走出中世紀』. 그녀의 책은 2017년 上海

서 심리학 등 새로운 영역과 융합하여 명대 사상사, 문헌자료,[36] 17세기 명청교체기 연구를 지속하여 1993년 *Voices from the Ming-Qing Cataclysm: China in Tigers' Jaws*(Yale University Press, 1993), 5년 뒤에는 *The Ming-Qing Conflict 1619-1683*(A Historiography and Source Guide, 1998)을 출간하여 다시 한 번 주목을 받았다. 당시 많은 개인 문집에서 '꿈(夢, dreamworld)'이 언급되는 것에 주의하여 17세기 전후 이 심리학 이론을 통해 배후에 있는 역사적 요인들을 분석한 연구였다. 그녀는 책을 출간하면서 중문(中文) 해독 능력이 많이 늘어 명말청초 개인 문집들을 충분히 이용할 수 있었다고 하였다.[37]

12장 명대 역사 서적 부분을 서술한 볼프강 프랭크(Wolfgang Franke, 중국명 傅吾康, 1912~2007년)는 당대 독일의 중국학 연구를 이끈 선구자로, 함부르크에서 출생하여 1935년 함부르크 대학에서 박사학위를 취득한 뒤 함부르크 학파의 주요 인물이 되었다. 1937년, 처음 상하이에 왔고 1945~1946년에는 베이핑(北平) 푸런 대학(辅仁大学)을 시작으로 1946~1948년 청두(成都) 스촨 대학(四川大学) 역사학과, 1948~1950년까지 베이징 대학 서어학과(西語學科)에서 독일어를 강의하였다. 그리고 중덕학회(中德学会, Pekinger Deutschland Institut)의 간사 등을 지내며

에서 중역본이 출간되어(주 29 참조) 閻崇年, 朱维铮 교수의 호평을 받았다. 그녀는 당시 중국어 실력이 부족하여 野史, 別史, 奏疏, 方志, 實錄 외의 자료들을 처리하지 못하였다고 겸손해 하였다. https://baike.baidu.com/item/%E5%8D%97%E6%98%8E%E5%8F%B2/7744476?fr=aladdin.

36 「黃宗羲學術中'心'的槪念」, 『中國哲學學報』 9:1, 1982; 「明夷待訪錄與明儒學案的再評價」, *The Journal Asian Studies* 47:3, 1988; 『历史编纂和资料索引』(A Historiography and Souroe Guide), 东亚研究学会, 1998.

37 趙世瑜譯, 2009, 『世界时间与东亚时间中的明清变迁』, 三聯書店.

『중덕학지(中德学志)』, 『한학집간(漢学集刊)』, 『중국문화연구회간(中國文化硏究會刊)』 출간에 참여하였다.[38] 1950~1970년 하버드 대학 연구원, 쿠알라룸프르 말레이시아 대학, 싱가포르 남양대학 및 하와이 대학 등을 거쳐 함부르크 대학 중국언어문화 연구소에 재직하다가 1977년 은퇴하였다. 독일의 동아시아 협회 회장을 역임하였고 중국과 독일의 수교에 깊이 관여하였으며 중국 연구에 큰 성과를 쌓은 *Oriens Extremus*를 창간하였다. 은퇴 후에도 2006년까지 말레이시아 대학 중문과, 베이징 스판 대학, 중산(中山) 대학 동아역사 연구소 석좌 교수로 재직하며 동남아 화교사(華僑史) 연구에 많은 성과를 남겼다.[39]

III. 20세기 80년대 영미 역사학계의 중국사에 대한 시각과 간극

1950년대 이전까지 영미권에서 중국학 연구는 매우 소외된 변방의 영역이었지만 한국 전쟁 이후 새로운 산업(신흥산업)으로 변모하였다. 중국에 대한 인식이 점차 변화하였고 무엇보다 정책이 뒷받침되었기 때문이다. 1958년 이후 미국 정부가 중국의 위협은 전략적으로 명확히 약화되었다는 내용의 국방교육 법안(National Defense Education Act)을 통과시키며 한편으로 일부 대학에 중국어, 문화를 강의하는 학과들이 개

---

38 그는 南開 대학 출신의 胡雋吟 여사와 결혼하였다.
39 "Preliminary Notes on the Important Chinese Literary Sources for History of the Ming Dynasty 1368-1644," 1948; "An Introduction to the Sources of Ming History," Univ. of Malaya Press, 1966.

설되도록 지원하고 록펠러 재단, 포드 기금회, 태평양 기금회 등도 그동안의 모든 기금을 합한 것보다도 더 많은 액수를 제공하였다. 그 외 여러 기관들도 대학교의 도서관 설비 확충이나 교수들의 연구성과 수준에 따라 기금을 제공하였다.

학자들은 연구를 지속적으로 진행하기 위해 연구비가 필요하였고 이를 위해 연구성과를 출간하려고 노력을 하였는데 출판사들은 원고를 받은 뒤 대략 3~5명의 지명도 높은 인사들로 구성된 자문위원단의 추천에 의해 출판을 결정하였다. 추천을 받지 못하면 출간이 어려워지고 자연스럽게 연구비 지원에서도 소외되는 일종의 순환 과정을 거치며 부익부 빈익빈 현상이 형성되었다. 그러다보니 아이비리그 대학 등 소수에게 집중되고 연구 흐름도 결정될 수 있다는 우려의 목소리가 나왔다. 페어뱅크가 미국의 외교정책을 위해 중국사 연구를 이용하고 있으며 이런 방식은 일반인들이 중국사에 대해 경박한 생각을 유도하여 심도 깊은 논의로 이끌 수 없을뿐더러, 학문적인 입장에서도 중국역사가 그저 서방학자들이 알고 있는 수준에서 서술되어 중국적 특색은 완전히 사라진다는 비판이었다. 즉 방향이 먼저 정해지고 그 방향을 향해서 하나의 고정된 형식을 따라 연구가 진행된다는 우려가 나왔다.[40] 이와 다르면 연구를 진행할 수 있는 지원을 받기가 어려웠는데, 이런 우려는 특히 중국계 학자들에게서 대두되었다.

황런위 교수는 학위 취득 후 1966년 하버드 대학 동아연구소에서 박사논문을 책으로 출간하기 위한 연구 지원을 받았으나 페어뱅크와 드

---

40 黃宗智, 「我們的問題意識:對美國的中國硏究的反思」, 『民間歷史文獻硏究中心』, 2016.1.22. 廈門大学, 2쪽. 황 교수는 이를 '西方的選擇性'이라 표현하였으며 미국의 1, 2, 3세대 연구자들을 통해 이 문제를 토론하였다.

와이트 퍼킨스 교수는 연구 범위의 축소, 계량화 작업과 더불어 재정과 화폐정책에 대해서도 분석이 필요하다는 건의를 하였다. 황 교수는 명대(明代)에 계량화를 통한 관리방법 등 현대 사회과학 방법을 적용하기 어렵고, 자신의 논문이 "서양학자들이 익숙하지 않은 자료"를 이용하여 정부 세수와 지출관리의 과정 분석을 하였으므로 충분하다고 생각하였다.[41] 간극은 좁혀지지 않아서 결국 하버드 대학 총서로 출간되지 못하였다.[42] 황 교수는 가까운 거리에서 그들의 자료에 대한 인식과 처리 방법, 분석, 시각의 형성의 진행 과정을 지켜보면서 강한 문제의식을 느끼기 시작하였다.[43]

중국 역사는 수십 개의 왕조가 흥망을 이어 가므로 학생들은 이것을 외우는 것만으로도 머리가 복잡하였다. 더구나 순환이론은 단지 상대적 가치만을 가지고 있을 뿐이고 특히 각 왕조 사이의 제도 차이가 매우 복잡한데 기존 영미학계 내의 교재들은 저자의 견해와 관점에 따라 이러한 요소들을 매우 단순하게 규정짓곤 하였다. 학생들은 쉽게 중국에 대해 부정적인 시각, 즉 조정은 부패하고 관리들은 잔인하며 백성들은 무지한 채 비위생적이라는 단편적인 인식에 빠지게 되었다. 이 현상을

---

41 黃仁宇, 2001, 앞의 책, 320쪽.

42 결국 6년이 지난 1974년에서야 Cambridge Press에서, 중국에서는 2001년 三聯 서점에서 출간하였다. 황 교수는 페어뱅크 교수에 대한 존경심에 의문을 가지지 않았고 다만 도덕적 판단과 기술적 측면에 대해 의견의 차이가 있을 뿐이라고 하였다. 黃仁宇, 2001, 위의 책, 281-322쪽.

43 한 예로 陳子龍이 편찬한 『皇明經世文編』에 대한 시각의 차이를 들 수 있다. Philip Kuhn, Lyun Struve 등은 모두 이 책의 중요성을 강조하였으나 황 교수는 (자신의 논문에서 이 책을 다룬 경험을 바탕으로) 내용이 산만하고 문장들이 서로 상충되었을 뿐 아니라 때로 한 문장 내에서도 모순점이 있었다며 연구자의 시야를 넓혀 주기 힘든 자료라고 주장하였다. 黃仁宇, 2001, 위의 책, 571쪽.

부정하는 것이 아니라 역사학에서는 이런 중국의 현상이 실패의 결과이지 원인이 아니며 매우 복잡하고 제어할 수 없는 특이한 여러 요인들이 움직인 결과임을 지적하고 해석해야 하였다. 그러나 학자들은 자료들을 소화할 만한 충분한 시간이(!) 없어 사실(史實)의 선택에 연관성이 끊어진 채 이야기는 많지만 내용이 산만하여 학생이나 일반 독자들에게는 설득력을 가지지 못하고 혼란만 가중시켰다. 황 교수는 망원경을 가지고 넓은 시야로 보다 보면 이러한 문제점을 보완해 줄 수 있을 것이라 생각하고 보조 교재의 필요성을 느껴 진시황 통일부터 당대(當代)까지 5만 자, 138개의 단문으로 구성된 *China Is Not a Mystery*(『中國并不神秘』)를 집필하였다. 그러나 출판이 쉽지 않았다. 원고를 접한 출판사들은 자문위원단이 내린 '불평균(不平均)'이라는 이유로 출판을 망설였다. 작은 주제 하나로 논문을 쓰고 이를 바탕으로 자신의 전문 영역을 만들어 가는 학계의 시각에서 본다면 "익숙치 않은 명사, 지나치게 큰 범위, 전통적으로 진부한 관념들이 혼재해 있다"고 판단하였다. 결국 출판사는 "범위가 너무 넓고 작자의 권위 부족으로 세간의 공격을 불러일으킬 것"이라며 출판을 거부하였다.[44] 아이비리그의 소수 권위자들이 인정하지 않으면 새로운 관점이 담긴 책은 출판할 수 없는 현실이었다.[45]

시각, 자료뿐 아니라 연구 방법에서도 간극은 존재하였다. 당시 미국

---

[44] 黃仁宇, 2001, 위의 책. 황 교수는 데니스 트위체트, 콜롬비아 대학 명예교수인 Goodrich L Carrington, 리즈 대학의 Bill Jenner, Dr. De Bodde, 예일 대학의 Arthur Frederick Wright에게 의견을 물었는데 Arthur Frederick Wright가 가장 부정적이었다. 황 교수는 그녀에게 직접 "자신의 역사관이 민족적 우월감을 가지고 있거나 지나치게 중국에 우호적"이라고 생각하는지를 물었고 그녀는 간접적으로 "그렇게 형편없지는 않다"라고 회답하였다.

[45] 황 교수는 "책을 내지 못하면 나는 그림자가 없는 사람이 되어버린다."라고 미국에서의 연구생활을 표현하였다. 黃仁宇, 2001, 위의 책.

대학의 중국사 연구자들은 영미 등 다른 지역 연구자들과 같은 연구 방식을 취하였다. 서양사 연구가 식민 시기나 외교정책 등 하나의 영역을 선택하여 주전공으로 하고 다시 작은 분류를 만들어 가듯, 중국사에서도 자신의 영역(주제)을 정하고 자신의 학생들에게 그 영역 안의 작은 주제를 연구하도록 하는 분업형태가 자리 잡고 있었다. 자연히 학생들은 종합적인 시각보다는 한 연구의 부속품이 되는 경우가 많아 중국사에서 가져야 할 종합적인 시야를 가지기 어렵다보니 항상 (서양의 발전형태와 비교하여) 비판적 평가가 주를 이루는 경우가 많았다. 서로 다른 배경을 가진 동서양이 어떻게 만나서 문화적으로 교류하고 이로써 하나의 완전한 세계사를 이루는지를 관찰하기에는 장벽이 생길 수밖에 없었다.[46]

황 교수는 통사라는 본서의 집필 참가를 통해 이런 문제점을 극복할 수 있다는 희망을 가지고 참가자들에게 전공, 연구자 간의 벽을 뛰어넘어 새롭고 견고한 관점을 만들어 보자고 건의하였다. 그러나 그는 이러한 자신의 시도가 '겁 없이 함부로 행동하는 바람에(膽大妄爲)' 오히려 '친구와의 관계'만 '더욱 긴장(繃繁)'시키는 결과를 낳았다고 아쉬워하였다. 물론 중국계 학자들뿐 아니라 *The Journal of Asian Studies*(『亞洲硏究期刊』) 편집장을 역임했던 로버트 카프(Robert A. Kapp) 역시 당시의 이러한 불균형이 새로운 분야의 지식을 만들어 내지 못한다는 우려를 표한 바 있었다.[47]

---

46   黃宗智, 2016, 앞의 글. 황 교수는 현대사 부분에서도 역시 같은 문제를 제기하였다.
47   黃仁宇, 2001, 앞의 책, 572쪽.

IV. 맺음말

　본서는 명대를 시간 순으로, 그리고 해석보다는 서술에 중점을 두어 시대사 연구의 입문서로서 혹은 대중들이 읽기에 편하여 시공에 관계없이 오늘날까지도 호평을 받고 있다.[48] 통사에도 불구하고 명대 정치, 군사, 재정제도의 변천과 개혁을 통해 정부의 효율을 살펴본 점은 주목할 만할 것이다. 특히 본고에서 특별히 다루지는 않았지만 7장, 8장에서 마르크스 역사가들의 계급사관에 대한 비판은 매우 설득력 있다는 평가를 받았다.[49] 물론 기존의 한 사람이 전체를 서술하는 방식과 달리 여러 사람이 장절을 나누어 쓰다 보니 일관성이 결여되거나 내용이 중복된 부분이 있었고 각 장절의 표제도 역시 연대나 주제별로 일정하지 않다는 지적은 피할 수 없겠지만 당시의 환경을 고려한다면 큰 문제는 아닐 것이다.

　외국 연구자들, 특히 미국, 유럽의 연구자들이 중국사를 연구할 때 분명한 한계가 있음을 인정하지 않을 수 없다. 본서가 준비, 출간되었던 20세기 중반에는 직접 중국과 접촉하는 것도 제한적이어서 완전히 낯선 문자와 문화를 익혀야 했고 자료의 습득, 학자 간의 교류도 쉽지 않았다. 중국 연구자처럼 오랜 기초 학습 과정을 통해 사료에 접근하며 거시적인 시각을 양성하는 방식 또한 익숙치 않았다. 연구자들이 전쟁 이후 군복무 등 특수한 상황이나, 단기 연수 혹은 결혼 등 다양한 경로를 통

48　중화권에서 학술적으로 다룬 논문은 소수이고, 주로 일반 대중들에 대한 소개서로 언론매체에서 많이 다루었다. 頭條新聞 "劍橋中國史如何評價大明王朝?" 2017.07.22. https://kknews.cc/history/pxglgm8.html

49　巫仁恕, 1991,「評劍橋中國史明史之評價」,『人文社會科學教學通訊』卷2, 4期, 1991. 12.

해 중국을 접하였지만 전문 연구자로서 사료 해석과 사료의 취사선택을 통한 중국 연구는 여전히 커다란 장벽이었다. 그 장벽을 극복하고 놀라운 성과를 이룬 학자들이 모여서 통사를 완성하여 기초 입문서로서 대중들에게 다가간다는 것은 중요하고 필요한 시대적 과제였으며 그 공헌은 매우 값진 것으로 높이 평가해야 할 것이다. 물론 그들의 연구가 이미 '기이(奇異)'한 시대는 아니었더라도 여전히 변방에서 점차 자리를 잡아 가는 과정이었다는 점을 고려해야 한다. 본서는 국가 정책의 변화를 통해 정부나 민간 단체의 지원을 받아 소수의 결정자들이 연구 방향을 잡아 가는 과정을 잘 보여 주고 있다. 이 과정에서 중국계 학자들이 느끼는 간극이 있었고 서술 과정에 반영되도록 노력하는 시도도 있었지만 시대적 환경을 극복하기는 어려웠다. 이러한 간극은 서양사 연구에서 얻었던 경험들이 꾸준히 접목되면서 1990년대 코헨(Paul A. Cohen)의 중국(中國) 중심론(中心論)이나, 엘리엇(Mark C. Elliott)의 신청사론(新淸史論)에 대한 쟁론에서도 여전히 존재한다.[50] 티모시 브룩(Timothy Brook) 교수는 자신의 연구가 "창문을 통해 중국이라는 집 안을 들여다보는 것"이라고 표현한 바가 있었다. 우리가 지금 그 시각으로부터 얼마나 진전한 연구를 하고 있는지를 돌아다보고, 영미식 인식과 중국적 특성이라는 사이의 간극을 풀기 위해 앞으로도 역사학계가 여전히 풀어나가야 할 기본적이고 중요한 과제일 것이다.

---

50 Paul A. Cohen 著, 林同奇譯, 1991, 『在中國發現歷史-中國中心觀在美國的興起』, 臺北稻香出版社; 마크 C. 엘리엇 저, 이훈·김선민 역, 2009, 『만주족의 청제국』, 서울: 푸른역사.

참고문헌

사료

『明實錄』, 中央研究院歷史語言研究所校印, 中文出版社, 1984.
『明史』, 鼎文書局, 標點校勘本, 1982.
『大明律』, 法律出版社, 1999.
『明史紀事本末』, 中華書局, 1977.
陳子龍等選輯, 『明經世文編』, 中華書局, 1987.
『大明會典』, 臺灣新文豊出版社, 1976.
章學誠, 『文史通義』, 華東師範大學出版社, 2012.

崔瑞德, 牟復禮編, 1992, 『劍橋中國明代史』1368-1644年 下卷, 中國社會科學出版社.
Paul A. Cohen著, 林同奇譯, 1991, 『在中國發現歷史-中國中心觀在美國的興起』, 臺北 稻香出版社.
Struve Lynn A著, 李榮慶譯, 1993, 『南明史』, 上海古籍出版社.
黃仁宇著, 張逸安譯, 2001, 『黃河青山-黃仁宇回憶錄』, 臺北聯經.
南柄文, 2011, 『南明史』, 故宮博物館出版社.
마크 C. 엘리엇 저, 이훈·김선민 역, 2010, 『만주족의 청제국』, 서울: 푸른역사.

盖杰民, 1988, 「明武宗与豹房」, 『故官博物院院刊』 3期.
叶祖孚, 1989, 「西苑豹房也养豹」, 『故官博物院院刊』 2期.
巫仁恕, 1991, 「評劍橋中國史明史之評價」, 『人文社會學科教學通訊』卷2, 4期.
范德·萬明, 2000, 「近年英語世界明史研究新趣向」, 『中國史研究動態』1期.
賴瑞和, 2007, 「追憶杜希德教授」, 『漢學研究通訊』, 104期, 台北.
任增强, 2012, 「美國学界蒙元史研究模式及文獻擧隅」, 『北方民族大學學報』, 3期.
吳艷紅, 2012, 「藍德彰先生學術紀念」, 『明史研究』, 1期, 2012.
朱鴻林, 2016, 「追思牟復禮先生」(牟復禮教授追思紀念會, 2005.3.5.), 『明儒学案研究 及论学杂著』, 生活·读书·新知三联书店, 2016年1月版.
黃宗智, 2016, 「我們的問題意識:對美國的中國研究的反思」, 『民間歷史文獻研究中心』, 廈門大學.

謝貴安, 2020, 「縱貫與橫截:通史與斷代史的功能及關係」, 『中國社會科學報』, 2020.5.
司徒琳, 1982, 「黃宗羲學術中'心'的槪念」, 『中國哲學學報』 9:1.
_____, 1988, 「明夷待訪錄與明儒學案的再評價」, *The Journal Asian Studies* 47:3.
_____, 1998, 『历史编纂和资料索引(A Historiography and Souroe Guide)』, 东亚研究学会.

中國電影頻道節目中心, 2016, 『中國通史100集歷史記錄片/ChinaHistory』, 中國社會科學院歷史硏究所 감수.

10장

『케임브리지 중국사 9권: 1800년까지의 청제국』 제1부 서평

김선민 고려대학교 민족문화연구원 교수

I. 미국학계의 전통

『케임브리지 중국사』 시리즈는 영미권의 독자를 대상으로 쓰인 책이다. 1966년에 처음 기획된 이 시리즈는 웨이드-자일스(Wade-Giles) 방식에 따라 중국어 발음을 표기한다.[1] 2002년에 출판된 9권의 제1부 『1800년까지의 청제국』(이하 『청제국』) 역시 'Peking(베이징)'이나 'Canton(광둥)'처럼 이미 '익숙해진' 몇 개의 지명을 제외하고, 중국인 독자뿐 아니라 오늘날 미국인 독자들에게도 낯설어진 오래된 로마자 표기법을 고수하고 있다. 『케임브리지 중국사』 시리즈가 오늘날 중국학계에서 널리 통용되는 한어병음 표기법이 아니라 웨이드-자일스 표기법을 사용하는 이유는 미국학계의 중국사 연구성과를 집대성하겠다는 이 책의 목표와 연관 지어 추측할 수 있다. 총괄 편집자인 페어뱅크와 트위체트는 『케임브리지 중국사』의 기획 의도가, 책이 서술된 시점까지 중국사 연구에 축적된 성과를 망라하여 "역사를 읽는 서양의 독자층에게 중국사 해석의 기준을 제공하는 것임"을 밝힌 바 있다(xviii쪽). 미국학계의 중국사 연구가 오랫동안 중국과 일본 및 유럽학계의 연구성과에 크게 의존해 왔음을 고려할 때, 『청제국』의 저자가 한 명을 제외하고 모두 미국인이라는 점은 주목할 만하다. 그들이 사용하는 중국어의 로마자 표기법처럼, 『청제국』 역시 미국학계의 전통 속에서 '서양의 독자층'을 위

---

1 웨이드-자일스 표기법은 영국 외교관이자 중국어 교수였던 토마스 웨이드(Thomas Francis Wade)가 1867년에 처음 발표했고 이후 1892년에 또 다른 영국 외교관인 허버트 자일스(Herbert Allen Giles)와 그의 아들이 완성했다. 한어병음법은 1958년에 중국의 언어학자 周有光이 고안한 방식으로, 1982년에 국제표준화기구(ISO)에 등록되었다. 타이완은 오랫동안 웨이드-자일스 표기법을 사용하다가 2008년에 공식적으로 한어병음법으로 전환했다.

해 쓰인 책이라고 할 수 있다.

청사를 다루는 9권의 제1부와 제2부는 모두 윌러드 피터슨(Willard J. Peterson)이 책임편집을 맡았는데, 그는 1970년에 하버드 대학에서 박사학위를 받고 프린스턴 대학 동아시아학과에서 재직한 사상사 전공자이다. 2002년에 출판된 『청제국』의 서문에서 피터슨은 '구질서'와 '신질서'의 구도로 청사를 설명한다. 이러한 문제의식은 말할 나위 없이 그의 스승인 페어뱅크를 의식한 것이다. 『케임브리지 중국사』 시리즈 가운데 가장 먼저 1978년에 출판된 10권 『청대 후기, 1800~1911년』에서 페어뱅크는 19세기의 청대사란 서구세계와의 충돌로 인해 구질서가 끝난 시기라고 설명한 바 있다. 그러나 2002년에 이르러 피터슨이 지적하듯이, 페어뱅크의 이와 같은 시기 구분은 19세기 이전의 청사를 설명하기 곤란하게 만들어버린다. 만약 19세기까지의 청사가 구질서였다면, 18세기까지의 청사는 상대적으로 젊은 구질서라고 보아야 하는가? 페어뱅크가 말하는 중국의 구질서가 1636년 청이 건국되기 이전부터 이미 만들어진 것이라면, 청이 무너뜨린 명의 역사는 어떻게 보아야 하는가? 명은 '전통적인 중화문명'이 아직 쇠퇴하지 않은, 성숙된 상태를 가리키는가? 그렇다면 1644년부터 1800년까지의 청사란 16세기의 성숙한 중화 문명이 19세기에 이르러 쇠퇴할 때까지의 오랜 과도기였다고 보아야 하는가?(3쪽) 결국 페어뱅크의 20세기적 문제의식으로는 1800년까지 세계에서 가장 강력했던 청제국을 온전히 이해할 수 없는 것이다.

피터슨은 스승이 만든 구질서-신질서의 구분법을 완전히 폐기하지는 않지만, 대신 1) 16세기에서 18세기, 2) 19세기 이전, 3) 19세기 이후의 세 시기로 청사를 구분하고 각 시기의 연속성과 단절성에 주목할 것을 제의한다. 피터슨은 먼저 제도의 측면에서 연속성을 설명한다. 중앙집권적인 관료제도, 황실의 부계상속, 유가사상에 기반한 과거제도, 인구증가, 경제성장이 16세기부터 19세기까지 청의 '구질서'를 유지시킨 토대였다는 것이다. 그러나 이러한 제도적인 연속성에도 불구하고 청은 만주족이 세운 이민족 국가라는 점에서 명과 달랐다. 피터슨에 따르면 만주족의 청에 대해서는 이들이 진정한 중국인이 아닌 이방인으로 존재했다는 관점과 중국식 제도를 받아들여 한화되었다는 관점이 서로 대립하지만, "정치적이지 않은 역사적인 해석"에 따르면 청대 만주족은 이방인이자 동시에 한화된 존재였다(6쪽). 그는 명과 청의 차이점을 크게 두 가지로 지적한다. 첫째, 청의 황제들은 정규 관료체제와 별도로 만주와 몽골 귀족, 그리고 황실 소속 보오이에게 특별한 임무를 부여했다. 둘째, 청은 명대보다 중국의 영토를 두 배 이상 확대시켰는데, 새로 복속시킨 만주·몽고·신장·티베트에는 비한인이 거주하고 있음을 고려하여 한인 관료를 파견하지 않았다. 더 많은 다양한 신민들을 통치하게 되었다는 점에서 청은 명과 분명히 달랐다는 것이다.

피터슨과 『청제국』의 저자들은 공통적으로 청대 만주족 황실이 비한인의 이질성과 한인으로의 동화(sinified) 두 측면을 동시에 지녔다고 평가한다. 청황실의 군사적 특징은 그들이 이룬 정복과 팽창에서 분명히 보이지만 청의 성공은 한인을 중심으로 하는 관료제와의 공존과 협력에 의해 이루어졌음을 강조하는 것이다. 『청제국』의 저자들 가운데 특히 알렉산더 우드사이드(Alexander Woodside)는 청사를 만주족으로 대표되는 군사 세계와 한인을 중심으로 하는 상업 세계의 결합과 공존의 역사로 설명한다. 다른 저자들 역시 청이 외래왕조라는 점은 분명히 의식하지만, 그들의 관심은 대부분 한인의 사회·경제·문화적 활동에 초점이 맞추어져 있다. 적어도 2002년 미국학계가 이해하는 『청제국』의 중심은 만주족 황실이 아니라 한인의 세계였다.

II. 『청제국』의 내용

『청제국』은 총 10개 장으로 구성되어 있다. 앞의 5장은 각각 누르하치와 홍타이지, 순치제, 강희제, 옹정제, 건륭제 시기를 연대기적으로 서술하고, 뒤의 5장은 각각 기인, 지식인, 여성, 사회, 경제를 주제로 청사를 분석한다. 앞부분의 연대기 서술에서 저자들은 청의 지배층이 만주족이었다는 사실을 전제로 하면서도, 이들의 주된 관심은 청황실이 한인 사회를 어떻게 지배하려 했고 한인들이 만주족의 통치를 어떻게 받아들였는지에 집중되어 있다. 뒷부분의 주제별 분석에서는 한인 세계에 대한 편향이 더욱 분명해진다. 만주족의 흥기를 다룬 1장과 팔기제와 기인을 분석한 6장을 제외하고, 청이 통치한 다양한 비한인 집단과 그들이 거주하는 변경지역에 대한 관심은 거의 보이지 않는다. 『청제국』의 구성과 내용은 이처럼 중국 내지와 한인의 활동에 집중되어 있다.

1장 「1644년 이전의 국가 건설」을 집필한 거트로드 로스 리(Gertraude Roth Li)는 1975년에 하버드 대학에서 청 초기 만문사료를 분석하여 박사학위를 취득했고 2000년에는 만문자료 독법을 위한 교재를 출판하기도 했다.[2] 로스 리에 따르면 청제국의 성공은 "동북지역에서 여진이

---

[2] 로스 리의 박사논문은 "The rise of the early Manchu state: a portrait drawn from Manchu source to 1636," 만문자료 독법 교재는 *Manchu: A Textbook for Reading Documents*, National Foreign Language Resource Center, 2000이다.

200년에 걸쳐 조선·몽고·한인과 맺은 복합적인 관계에서 비롯되었다"(9쪽). 이러한 관점에 따라 로스 리는 입관 전 여진의 역사를 명대 여진·누르하치·홍타이지 시기로 나누고, 다시 각 시기에 대명·대조선·대몽고 관계가 어떻게 전개되었는지를 설명한다. 또한 누르하치가 만주국가를 건설하고 요동을 정벌하는 과정, 홍타이지가 몽고를 복속시키고 명에 맞서 제국을 건설하는 과정을 정치·경제·사회의 측면에서 분석한다. 로스 리에 따르면 누르하치는 처음에는 경제적 부와 지역적 권력을 얻고자 출발했지만 나중에는 제국 건설을 목표로 팔기를 창설하고 여진뿐 아니라 한인과 몽골까지 포괄할 수 있는 정치체제를 구축했다. 홍타이지는 누르하치가 세운 기반 위에 명의 중국식 제도를 도입하여 청제국을 위한 개념적·제도적 기반을 만든 것으로 평가된다.

2장 「순치 시기」의 저자 제리 데너라인(Jerry Dennerline)은 1973년 예일 대학에서 만주족의 강남 정복을 주제로 박사학위를 취득했다.[3] 오랫동안 강남지역을 중심으로 청 초기 만주족과 한인의 관계를 탐색해온 연구자답게 데너라인은 순치 시기의 역사도 만주족 황실과 한인 관료의 갈등을 중심으로 설명한다. 그는 누르하치부터 순치제에 이르는 청황실의 가계를 표로 만들어 독자의 이해를 돕고자 했다.[4] 데너라인에

---

3 데너라인의 박사논문 제목은 "The Mandarins and the Massacre of Chia-ting: An Analysis of the Local Heritage and the Resistance to the Manchu Invasion in 1645"이다. 이후 그는 *The Chia-ting Loyalists: Confucian Leadership and Social Change in Seventeenth-Century China* (Yale University Press, 1981), *Qian Mu and the World of Seven Mansions* (Yale University Press, 1989)를 출판했다.

4 그러나 데너라인은 홍타이지를 "아바하이"로 잘못 불러서 혼란을 가져왔다. 흥미롭게도 1장에서 로스 리가 홍타이지가 아바하이로 잘못 알려지게 된 것은 지오바니 스태리(Giovanni Starry)의 논문과 아서 훔멜(Arthur W. Hummel)의 『청대인물열전

따르면 입관 직후 만주족 황실이 여러 가지 위기를 맞이했음에도 불구하고 중국 지배에 성공할 수 있었던 것은 "젊은 만주 귀족들과 요동에서부터 만주족과 함께 한 소수의 지식인들" 덕분이었다. 만주족 황실은 중국을 정복하는 과정에서 팔기제도, 공동 의결체제, 공개적인 토론, 반역자에 대한 가혹한 처벌, 신속한 군사 배치 등 누르하치가 남긴 유산을 효과적으로 활용했다. 동시에 지식인 활용, 팔기의 중앙집권적 통제, 한인 관료 임용 등 홍타이지가 수립한 국가 건설의 원칙도 만주족의 성공적인 중국 정복의 중요한 원인이었다. 데너라인은 청의 중국 지배가 만주족의 특징과 한인의 협력이 조화를 이루어 만들어 낸 결과였다고 말하지만, 그의 서술은 순치제 등극과 도르곤 섭정을 둘러싼 갈등, 한인 관료들의 파벌 정치, 강남 지식인들에 대한 순치제의 '문치(文治)' 등에 집중되어 있고, 정치 외에 다른 분야에 대한 언급은 거의 보이지 않는다.

3장 「강희 시기」는 강희제에 관해 이미 두 권의 책을 출판한 조너선 스펜스(Jonathan Spence)가 썼다. 그는 1965년 예일 대학에서 강희제와 황실 보오이 조인의 관계를 주제로 박사학위를 취득하고 이듬해 이를 책으로 출판했으며, 1974년에는 강희제를 1인칭 화자로 한 전기를 썼다.[5] 「강희 시기」에서 스펜스는 강희제의 치세를 연대기 순서로 정리한 다음, 강희제의 즉위와 친정, 중국 내지 정복, 제국의 변경 확장, 궁정의 파벌투쟁, 주요 경제 정책, 그리고 강희 연간의 문화에 대해 각각 항목을

(Eminent Chinese of the Ch'ing Period)』에서 비롯되었다고 밝힌 바 있다(9쪽 각주 3).

[5] 스펜스가 쓴 강희제에 대한 두 권의 책은 각각 *Ts'ao Yin and the K'ang-hsi Emperor: Bondservant and Master* (Yale University Press, 1966), *Emperor of China: Self-Portrait of K'ang-hsi* (Alfred A. Knopf, 1974)이다.

나누어 설명한다. 황제가 섭정의 영향력에서 벗어나 친정을 하기까지의 과정이나 황태자 폐위를 둘러싼 갈등은 만주 귀족들과의 관계를 중심으로 설명된다. 그러나 러시아와의 국경 문제나 준가르 몽골과의 갈등 등 제국의 건설과 관련하여 「강희 시기」의 강희제에게 만주족 황제로서의 특징은 별로 보이지는 않는다. 오히려 스펜스가 묘사하는 강희제는 황제의 권위를 유지하고 제국을 통일시키고자 했던 전형적인 중국 천자의 모습에 가깝다. 스펜스의 말대로 강희제는 "중국의 가장 위대한 통치자 가운데 하나였으며 그의 치세는 중화제국의 역사에서 가장 활기차고 복잡한 시기"였다(120쪽).

4장 「옹정 시기」의 저자 마들렌 젤린(Madeleine Zelin)은 1979년 버클리 대학에서 박사학위를 취득하고 옹정 연간의 세제 개혁과 양렴은(養廉銀)을 주제로 책을 출판했다.[6] 「옹정 시기」는 먼저 옹정제의 즉위를 둘러싼 논쟁과 갈등을 소개한 후, 황제와 관료의 관계를 분석하는 데 많은 지면을 할애한다. 젤린에 따르면 옹정제는 자신의 황위계승과 만주족 지배의 정당성을 주장하고 중국의 전통적인 화이론을 반박하기 위해 『대의각미록』을 출판했다고 여겨지지만, 사실 옹정제의 통치철학을 이해하는 데 핵심적인 자료는 「붕당론」이었다(193쪽). 명 말의 사상가들은 자치적인 공동체에 기반한 탈중앙집권화를 주장했지만, 옹정제는 백성의 복지란 지역 엘리트가 아니라 국가가 책임지는 것이고, 국가는 강력한 권한을 가진 황제가 관료의 보좌를 받아서 운영되어야 한다고 믿었다. 옹정 연간에 발전한 주접제도, 관료의 부패를 방지하기 위한 세제 개

---

[6] *The Magistrate's Tael: Rationalizing Fiscal Reform in Eighteenth Century Ch'ing China*, University of California press, 1984.

혁, 서남지역에서의 개토귀류 정책 등은 모두 옹정제의 중앙집권적인 통치 철학에서 비롯된 것이었다. 젤린의 평가에 따르면 옹정제의 정책은 "18세기에 강력하고 근대적인 국가기구를 건설하는 기반"을 마련했지만, 황제 개인에게 집중된 정치 제도로는 중국이 직면한 여러 문제를 모두 해결할 수는 없었다(228-229쪽).

6장 「청제국의 정복 엘리트」는 파멜라 크로슬리(Pamela Crossley)가 썼다. 그는 1983년 예일 대학에서 만주족의 씨족(clan)을 주제로 박사 학위를 받고 다트머스 대학에서 가르치면서 청제국과 만주족에 대해 여러 권의 책을 출판했다.[7] 크로슬리의 주된 관심은 팔기의 제도적인 측면이 아니라 팔기 구성원들의 정체성이 시기적으로 변화하는 양상 혹은 기인에 대한 황실의 인식이 변화하는 과정이라고 할 수 있다. 그는 팔기의 역사를 네 단계로 나누어 설명한다. 1582~1626년 누르하치가 금국을 건설하고 요동을 정복하던 시기, 1627~1643년 홍타이지가 제국을 건설하는 시기, 17세기 후반에 중국 내지와 몽고를 정복하는 시기, 마지막으로 18세기 후반에 서몽고·신장·티베트를 정복하는 시기에 기인의 역할과 제국 내에서의 위치는 계속 변화했다. 크로슬리는 청제국의 팽창 과정에서 황실의 계획에 따라 만주팔기·몽고팔기·한군팔기의 정체성, 지위, 내적 구성, 정치적 역할이 끊임없이 재조정되었음을 강조한다. 저

---

[7] 크로슬리의 박사논문은 "Historical and Magic Unity:' The Real and Ideal in Manchu Clan Identity"이다. 청사와 관련된 저서로는 *China's Global Empire: The Qing, 1636-1912*, Cambridge University Press (2021년 출판 예정); *A Translucent Mirror: History and Identity in Qing Imperial Ideology*, University of California Press, 1999; *The Manchus*, Basil Blackwell, 2002 (한국어판: 파멜라 크로슬리 저, 양휘웅 역, 2013, 『만주족의 역사』, 돌베개); *Orphan Warriors: Three Manchu Generations and the End of the Qing World*, Princeton University Press, 1990 등이 있다.

자의 관심이 청황실의 기인 정체성 만들기에 집중되어 있는 만큼, 주방 팔기의 위치나 계층별 차이에 따른 기인들의 다양한 모습은 간과되어 있다. 무엇보다 기인 내부의 구분에 집중하느라 기인과 민인의 관계에 대한 설명은 거의 보이지 않는다.

7장 「청 초기와 중기 지식인의 사회적 역할」은 1980년에 펜실베니아 대학에서 박사학위를 받고 프린스턴 대학에서 가르치고 있는 벤저민 엘먼이 썼다. 엘먼은 청대 고증학, 과거제도, 과학사에 관해 여러 권의 저서를 출판했는데,[8] 여기에서도 그의 관심은 국가가 주도하는 과거제가 청대 지식인, 특히 강남 신사계층에 어떤 영향을 끼쳤는지에 집중되어 있다. 그에 따르면 송대 이래 중국의 왕조는 통치자와 지식인 관료층의 협력으로 유지되었는데, 이는 비한족 왕조인 청대에도 예외는 아니었다. "청황제들은 한인 지식인들의 전통적인 가치관과 이념을 민간 통치의 규범으로 만들었다"(360쪽)고 해석하는 점에서 엘먼은 명-청의 차별성보다는 한인의 세계를 매개로 이어지는 명-청의 연속성을 강조한다. 명대부터 이어져 온 청대 지식인의 사회적 관습과 도덕적 가치는 학교제도와 과거제도를 통해 재생산되었다는 것이다. 청 초 과거시험에서 만주와 한인의 조화에 대한 질문이 등장했다는 것, 건륭제가 만주와 몽고에게는 한문 고전을, 한림원의 한인들에게는 만주어를 학습하게 했다는 것,

---

[8] 명청시대 과거제와 지식인에 관한 엘먼의 저작으로는 *From Philosophy To Philology*, Harvard University Press, 1984 (한국어판: 벤저민 엘먼 저, 양휘웅 역, 2004, 『성리학에서 고증학으로』, 예문서원); *Classicism, Politics, and Kinship*, University of California Press, 1990; *A Cultural History of Civil Examinations in Late Imperial China*, University of California Press, 2000; *On Their Own Terms: Science in China, 1550-1900*, Harvard University Press, 2005; *Civil examinations and meritocracy in late Imperial China*, Harvard University Press, 2013 등이 있다.

붕민(棚民)·회민(回民)·묘족(苗族)에게 과거를 통해 교화를 시도했다는 것 등 비한인과 관련된 내용이 간간히 소개되지만(389-392쪽), 엘먼에게 청제국의 중심은 말할 나위 없이 한인의 세계였다.

8장 「여성, 가족, 젠더 관계」의 저자 수잔 만(Susan Mann)은 1972년 스탠퍼드 대학에서 박사학위를 받고 캘리포니아 대학 데이비스 캠퍼스에서 가르쳤다. 그는 명청시대 상인과 관료의 관계에 대한 연구에서 출발하여 이후 여성사로 연구 영역을 확대해 갔다.[9] 이 장에서 수잔 만은 청의 중국 정복이 여성과 젠더 관계에 어떤 변화를 가져왔으며, 동시에 명청시대에 여성과 가족 관계가 어떻게 형성되었는지를 설명한다. 청은 중국을 정복한 후 한인 남성에게는 변발을 강요한 반면 한인 여성들의 전족은 금지하지 않았는데, 이것은 한인들이 공적 영역에서는 청을 수용한 반면 사적 영역에서는 거부했음을 보여 주는 것이자, 남성과 달리 여성은 공적 영역에서 보이지 않기 때문에 굳이 전족을 강제적으로 금지할 필요가 없었음을 뜻하는 것이기도 했다. 그러나 수잔 만의 주된 관심은 인구 증가와 상업의 발달이 여성의 삶에 미친 영향을 분석하는 것이다. 그에 따르면 18세기 중국의 인구증가는 여성의 신체에 대한 의학지식의 확산, 상업 발달에 따른 여아 살해의 감소 등 여성 문제와 밀접하게 관련되어 있었다. 상품 교역의 확대와 노동 시장의 발달로 인해 남성의 외지 체류가 증가하자 오히려 여성의 도덕성을 강조하는 경향이 강화되었다. 한편 직물 산업의 발달로 여성 노동력에 대한 수요가 크게

---

9 수잔 만의 저서는 *Local Merchants and the Chinese Bureaucracy: 1750-1950*, Stanford University Press, 1987; *Precious Records: Women in China's Long Eighteenth Century*, Stanford University Press, 1997; *The Talented Women of the Zhang Family*, University of California Press, 2007 등이 있다.

늘어났는데, 엘리트가 아닌 일반 가정의 여성에게까지 전족이 확대되는 것은 바로 여성의 가내 노동이 증가한 것과도 관련이 있었다(461쪽). 청대 여성에게 지배적인 요소는 만주족의 통치가 아니라 한인 세계를 중심으로 하는 상업경제였던 것이다.

9장 「사회의 안정과 변화」를 집필한 윌리엄 로(William T. Rowe)는 컬럼비아 대학에서 박사학위를 취득하고 청대 사회경제사 분야에서 여러 저서를 발표해 왔다. 그는 특히 유럽사 연구에서 사용되는 '근대 초기(early modern)' 및 '시민사회(civil society)'라는 개념을 중국사에 적용한 것으로 널리 알려져 있다.[10] 「사회의 안정과 변화」에서도 로는 청대 사회에 나타나는 다양한 변화를 근대 초기의 특징으로 설명한다. 여기에는 급격한 인구증가, 영토의 팽창, 다민족 사회로의 변화, 새로운 지역으로의 이주나 천민 계급의 해방과 같은 전례 없는 사회적 유동성, 급속한 상업화, 도시 문화의 발달 등이 포함되어 있다. 한편 로는 복건과 광둥에 거주하는 단민(蜑民)·객가(客家)·천민(賤民) 등을 민족(ethnicity)의 범주로 설명하는데, 이를 통해 그가 주목하는 것은 만주족과 한인의 관계가 아니라 청대에 사회적 문제가 되었던 다양한 계층 간의 갈등이었다. 로는 청대 중국사회의 특징을 다음과 같이 정리한다. "청대 중엽까지 중국은 유가사상을 완고하게 고집했으며, 청제국의 기본적인 구조와 규모는 명대와 거의 똑같았고, 근본적인 기술적 변화는 발생하지 않았으며, 부계중심의 호(戶)가 사회질서와 경계생산의 중심적인 기본 단위였다." 그러나 이러한 특징이 중국사회의 '정체(stagnation)'를 의미하는

---

10 *Hankow: Commerce and Society in a Chinese City, 1796-1889*, Stanford University Press, 1984; *Hankow: Conflict and Community in a Chinese City, 1796-1895*, Stanford University Press, 1989.

것은 아니었다. 사회적 갈등이 공적인 국가기구가 아니라 국가와 사회 사이의 공공영역(public sphere)에 의해 관리되었다는 점에서 로는 청대에 새로운 변화가 나타났다고 평가한다(561-562쪽).

10장 「1644~1800년의 경제성장」은 레이몬 마이어(Ramon H. Myers)와 왕예치엔(Yeh-chien Wang, 王業鍵)이 공동으로 썼다. 레이몬 마이어는 워싱턴 대학에서 경제학으로 박사학위를 받은 후 스탠퍼드 대학에서 가르쳤는데, 그는 『청제국』외에도 1986년에 출판된 『케임브리지 중국사』 시리즈 13권 2부 『1912~1949년 중화민국』에도 참여하여 5장 「농업체제」를 썼다.[11] 한편 왕예치엔은 1969년 하버드 대학에서 중국 경제사로 박사학위를 받고 미국의 켄트 주립대학에서 가르치다가 이후 타이완 중앙연구원으로 자리를 옮겼다.[12] 마이어와 왕은 "통제경제(command economy)", "관습경제(customary economy)", "시장경제(market economy)"의 세 가지 개념을 이용하여 청대 중국 경제를 분석한다. 청대 통제경제는 세금 징수, 소금과 구리 전매, 광둥 무역 등 국가의 주요 경제활동을 가리키는데, 이것은 관습경제 혹은 민간 상인의 협조를 통해서 이루어졌다고 여겨진다. 두 저자에 따르면 청대 국가와 상인, 지역의 관리와 엘리트들은 중국의 문화적 전통으로 여겨지는 상호 보증·인정(人情)·가족주의·유가 이념을 바탕으로 연결되었는데(577-578쪽),

---

11 "The agrarian system," in *The Cambridge History of China, Volume 13: Republican China 1912-1949, Part 2*, edited by John K. Fairbank and Albert Feuerwerker, Cambridge University Press, 1986. 그 외에 중국 경제사와 관련된 마이어의 저서는 *The Chinese Peasant Economy*, Harvard University Press, 1970; *The Chinese Economy, Past and Present*, Wadsworth Press, 1978이다.

12 왕예치엔의 저서는 *Land Taxation in Imperial China, 1750-1911*, Harvard University Press, 1973; 『中國近代貨幣與銀行的演進, 1644-1937』, 中央研究院 經濟研究所, 1981이다.

청대 중국의 통제경제와 관습경제를 매개한 것은 다름 아닌 고도로 발달한 시장경제였다. 한인 세계를 중심으로 경제를 분석하는 만큼, 두 저자는 명의 멸망과 청의 중국 정복을 전형적인 중국왕조의 교체로 이해한다. 치수사업의 문제, 부재지주의 증가, 노예노동의 확대, 요역의 과중함 등 여러 요인이 결합한 결과 명 말에 농민반란이 일어났고 청군이 입관함으로써 명이 붕괴했다는 것이다(564쪽). 청대 시장경제는 명대와 마찬가지로 시장경제·통제경제·관습경제가 서로 의존하여 발전했지만, 청대 중국은 아메리카 은의 유입, 동전 공급의 증가, 지폐 사용 덕분에 화폐 부족에 시달리지 않았고 비료와 농업기술의 향상으로 토지의 생산성도 크게 증가했다는 점에서 명대 중국과 달랐다. 그러나 두 저자는 청대 중국의 시장경제가 관습경제를 대체하지 않았고 대자본이 등장하지 않았다는 점에서 서구의 자본주의와 분명히 구분된다고 강조한다(645쪽).

III. 청대의 민족, 제국, 변경

『청제국』에 참여한 10명의 미국학자들 가운데 청이 지닌 제국적 특징에 가장 주목한 것은 5장 「건륭 연간」의 저자 알렉산더 우드사이드이다. 그는 1968년 하버드 대학에서 박사학위를 받고 캐나다 UBC 대학에서 가르쳐 온 중국과 동남아시아사 전공자이다.[13] 우드사이드에 따르면 건

---

13 우드사이드의 저서 *Lost Modernities: China, Vietnam, Korea, and the hazards of world history*, Harvard University Press, 2006의 한국어판은 알렉산더 우드사이드 저, 민병희 역 , 2012,『잃어버린 근대성들: 중국, 베트남, 한국 그리고 세계사

륭제의 치세에서 가장 주목할 점은 1750년 준가르를 정복함으로써 오늘날 중화인민공화국의 영토뿐만 아니라 몽골공화국과 카자흐스탄의 일리 계곡, 그리고 시베리아의 일부까지 모두 청의 영토로 만들었다는 사실이다. 내륙아시아가 청의 판도에 들어온 것은 이전 왕조를 괴롭히던 군사 보급 문제가 해결되면서 청의 군사들이 서북의 사막과 초원지대까지 진출할 수 있게 된 결과였다. 건륭제의 두 번째 공적은 두 배로 증가한 인구를 부양했다는 점인데, 이것은 신대륙 작물로 인한 농업 생산의 증가와 오랜 정치적 안정이 가져온 결과였다. 우드사이드는 건륭제가 변경에서 군사작전을 수행하는 동안 만주족 황실이 이끄는 군사 세계와 한인이 주도하는 상업 세계가 불가분의 관계를 맺게 되는 과정을 세밀하게 검토한다.

    우드사이드는 건륭제의 치세를 천하 통치, 민족 문제, 계급 문제, 제국주의라는 네 가지 측면에서 분석한다. 그에 따르면 건륭제는 만주족이기는 했지만 통치자로서는 한인 군주와 다름없었다(235쪽). 건륭제는 2,000년 전 진시황제가 목표로 삼았던 통일제국을 완벽하게 건설하고 결과적으로 오늘날 다민족국가 중국의 기반을 구축하기 위해 노력했다. 건륭제의 성취는 신장·티베트·서남지역을 영토적으로 평정했다는 사실뿐 아니라 여러 민족에 대한 법령을 체계화하여 황제의 권위 아래 천하를 통일시킨 점에서도 찾을 수 있다. 건륭제의 관심이 특정 민족이나 지역이 아니라 천하 통치에 있었다는 사실은 만주족 황제인 건륭제가 제국 내의 민족 문제를 어떻게 바라보고 있었는지를 이해하는 데 도움이 된다. 우드사이드에 따르면 다양한 언어를 사용했다는 점에서 건륭

의 위험성』, 너머북스이다.

제는 한화주의자가 아니었고, 그의 치세에 한인과 만주족의 집단적 정체성은 서로 분명히 구분되어 있었다. 그러나 건륭제가 한인의 문화를 매우 중시한 것 역시 분명한 사실이었다. 한인 세계는 중앙아시아 세계를 제국에 결속시키는 데 이념적으로나 물질적으로 매우 중요했기 때문이었다(237-238쪽).

건륭제의 관심은 청제국의 안정이었지 만주족의 민족적 특권을 지키는 것이 아니었다는 사실은 18세기 청사를 이해하는 데 중요한 시사점을 제공한다. 건륭제는 한인 군주나 만주족의 민족 수장이 아니라 동시대의 유럽 군주와 같은 식민제국의 통치자였던 것이다. 우드사이드가 강조하듯이, 건륭제에게는 안정적인 제국 경영이 민족 문제보다 더 중요했다. 제국을 통치하기 위해 건륭제는 봉건주의와 중앙집권주의라는 두 가지 다른 방식을 활용했다. 봉건주의 원칙은 제국의 다민족적·다언어적 요소를 위계적인 권력 구조로 통합하고 황제가 개인적으로 그 구조를 유지하는 방법으로, 황제는 휘하에 다수의 소군주들을 거느리고 정교한 절차를 만들어 이들을 서로 구분했다. 한편 중앙집권주의는 과거제와 관료를 통한 문서행정으로 제국을 지배하는 방식이었다. 문서행정을 통해 제국을 통치하기 위해서는 통역이 필수적이었는데, 한문에 기반한 과거제로는 다양한 언어를 사용하는 소군주들의 영역을 다스릴 수가 없었다. 그 때문에 건륭제는 완전히 한화된 이념보다는 특정 민족과는 무관한 보편적인 가치를 강조하게 되었던 것이다(242-244쪽).

우드사이드는 청의 통치 전략에서 보이는 봉건주의와 중앙집권주의라는 두 가지 상반된 측면을 서남지역의 사례를 통해 설명한다. 옹정제는 인간은 모두 도덕심을 가지고 있기 때문에 종교와 문화가 다른 변경의 이민족이라 해도 제국의 신민은 모두 황실의 적자가 될 자격이 있다고 믿었다. 옹정제의 이러한 믿음은 중앙집권화 정책으로 발전했는데, 우드사이드는 이를 "다민족의 사회화(multiethnic socialization)"라고 명명한다(249쪽). 중앙집권화를 강조하는 옹정제에게 서남지역의 모호하고 불분명한 상황은 받아들일 수 없는 것이었고 이 지역의 광산·소금·차 매매를 둘러싼 경제적 이해관계도 해결할 필요가 있었다. 서남지역의 개토귀류, 즉 토지를 장량하고 경계를 확정하고 현지의 비한인 토사(土司) 대신 관료를 순환 임명하는 것은 중앙집권화를 추구하는 옹정제의 통치 방식을 단적으로 보여 주는 것이었다. 그러나 서남지역의 정치적인 탈봉건화(political defedudalization)는 지역 수장들이 동남아시아 왕실과 맺고 있던 중층적인 복속 관계를 위협했을 뿐 아니라 현지의 비한인들이 한인에게 토지를 빼앗기고 유랑하는 현상을 초래했다. 이 때문에 건륭제는 서남지역의 중앙집권화에 적극적이지 않았고, 변경의 비한인 소수민족에게는 고유의 특징이 있으며 이들을 내지의 한인들과 똑같이 여겨서는 안된다고 생각했다. 소수민족을 황실의 적자(赤子)로 만들어 제국의 행정망으로 편입시켜야 한다고 생각했던 옹정제와는 다른 시각을 갖고 있었던 것이다(260쪽).

건륭제의 통치 전략을 분석하면서 우드사이드는 청의 제국 경영에서 한인 세계, 특히 이들의 상업이 결정적으로 중요했음을 강조한다. 건륭제의 청제국에서 가장 중요한 문제는 사실 민족이 아니라 경제였다. 염상들이 납부하는 세금은 17세기 말에는 국가 전체 수입의 9%였으나 1753년에는 17%로 증가했다(240쪽). 1765~1769년 버마와의 전쟁은 제국과 상업의 관계를 더욱 분명하게 보여 준다. 신장 정복에 성공한 만주 군대가 버마와의 전쟁에서 실패했다는 사실은 제국에 대한 근본적인 물음을 제기했다: "청제국의 지리적·사회적 범위는 어디인가?"(266쪽).

우드사이드에 따르면 건륭제 치하의 청제국은 정치·군사 제국과 상업 제국 두 가지로 구분되었다. 정치·군사 제국의 경계는 예수회 선교사들이 제작한 지도에서 표현되는 곳으로, 여기에는 관료들을 배치하여 변경을 확실하게 구획할 필요가 있었다. 반면 상업 제국에서는 상인들의 자유로운 왕래를 보장하기 위해서 경계가 유연하거나 아예 존재하지 않는 것이 유리했다. 신장에서는 정치·군사 제국과 상업 제국이 충돌하지 않았지만 서남지역에서 청군의 활동이 버마와 베트남의 경계 지역에서 중국 상인의 활동을 위협하고 있었다. 한인의 상업을 방해하는 한 이곳에서 만주 군대의 전쟁은 성공할 수 없었다. 우드사이드는 신장과 서남지역의 정복전을 비교하고 다음과 같이 결론을 내린다. "만주 군대가 건설한 제국은 장기적인 관점에서 볼 때 한인이 주도하는 상업 제국보다 오래가지 못했다"(266쪽). 비한인의 정치·군사 제국과 한인의 상업 제국의 이해가 서로 균형을 이룰 때 비로소 청제국이 최대로 팽창할 수 있었다는 것이다.

IV. 『청제국』 이후의 연구 경향

19세기 말 서구의 충격을 기준으로 청사를 구분하는 페어뱅크의 관점이 19세기 이전의 청을 설명하는 데 도움이 되지 못한다는 것을 알면서도 『청제국』의 책임편집자 피터슨은 구질서와 신질서라는 구도를 고수하고자 했다. 그러나 오래전부터 미국학계의 많은 연구자들은 페어뱅크의 접근법을 비판하고 새로운 중국사 이해를 위해 다양한 주제를 연구하고 새로운 관점을 제시해 왔다. 『청제국』의 저자 가운데 한 사람인 윌리엄 로는 2009년에 쓴 『하버드 중국사 청: 중국 최후의 제국』에서 1970년대 이후 미국학계의 중국사 연구에서 등장한 다양한 연구 방법과 관점을 소개한 바 있다.[14] 프랑스 아날학파의 사회사 연구로부터 영향을 받은 미국학계의 중국사 연구자들은 서구의 충격과 중국의 대응이라는 모델 대신 중국 내부의 변화와 발전에 주목하기 시작했고, 이를 통해 전통과 근대의 구분을 넘어 청사를 하나의 전체로 파악하고자 했다. 또한 탈식민주의 비평과 문화사 연구로부터 자극을 받은 연구자들은 종족·민족의 정체성에 주목하여 이른바 '신청사' 연구를 발전시키게 되었다. 1990년대 말부터 본격적으로 등장한 미국학계의 신청사 연구는 청대 만주족이 완전히 한화된 것이 아니었으며 이들이 지닌 비한인 정체성이 청제국을 이해하는 데 매우 중요하다는 점을 강조한다.

미국학계의 신청사 연구는 그동안 한국학계에 여러 차례 소개되었으며, 중국학계에서도 많은 관심을 불러일으켰다. 1990년대 말부터 미국학계의 중국사 연구에서 보이는 특징과 이에 대한 중국학계의 부정적인 반응은 한국의 연구자들에게 신청사 연구 자체보다 더 많은 주목을 받았다. 2013년 중국학자 딩이주왕(定宜莊)과 미국학자 마크 엘리엇(Mark C. Elliott)은 미국의 신청사 연구와 중국학계의 반응을 상세히 소개한 바 있다.[15] 이들의 설명에 따르면 신청사의 등장은 중국의 당안관에 소장된 만문당안이 연구자들에게 본격적으로 소개되기 시작한 것, 그리고 비슷

14　William T. Rowe, 2009, *China's Last Empire: The Great Qing*, Harvard University Press (한국어판: 윌리엄 T. 로 저, 기세찬 역, 2014, 『하버드 중국사 청: 중국 최후의 제국』, 너머북스).

15　定宜莊·[美] 歐立德(Mark C. Elliott), 2013, 「21世紀如何書寫中國歷史: "新淸史" 研究的影響與回應」, 彭衛 主 編, 『歷史學評論』 第一卷, 北京: 社會科學文獻出版社, 116-146쪽.

한 시기에 영미권 학계의 탈근대·탈식민 이론이 중국사 연구에서 탈중심적 담론을 확산시킨 것과 관련이 있었다. 신청사 연구가 기존 중국사 연구와 가장 크게 구별되는 특징은 한화론을 비판한다는 점에 있다. 청이 중국을 성공적으로 통치한 이유는 만주족이 한인의 문화에 동화되었기 때문이 아니라 내륙아시아의 여러 비한인 문화를 효과적으로 이용하여 변강지역을 통치했기 때문이었다는 것이다. 미국학자들이 한화론을 반박한다는 사실은 중국학계에서 큰 논쟁을 일으켰다. 신청사의 여러 주장 가운데 중국학계를 가장 자극한 것은 청사를 중국의 한 왕조가 아닌 여러 다양한 민족의 역사로 보아야 한다는 주장이었다. 한인이 아닌 만주족을 청사의 주체로 강조하는 점, 한인 중심주의를 비판하는 점, 청의 역사를 중국 고유의 관점인 대일통(大一統)이 아닌 제국의 군사적 팽창의 산물로 보는 점, 청과 현대 중국을 구분하여 이해하려는 점 등은 중국학계로 하여금 신청사가 단순한 역사 연구가 아닌 정치적 의도가 있다고 의심하게 만들기도 했다. 그러나 이러한 논쟁의 결과 중국학계의 청사 연구에서도 제국·변경·민족문제가 활발하게 논의되기에 이르렀다.[16]

그렇다면 케임브리지 중국사 시리즈는 신청사 연구를 둘러싼 국제적인 토론을 얼마나 반영하고 있을까? 케임브리지 중국사 시리즈 9권의 제2부 『1800년까지의 청 왕조』(이하 『청 왕조』)는 신청사 연구가 활발히 토론되고 있던 2016년에 출판되었다. 『청 왕조』는 『청제국』과 마찬가지로 윌러드 피터슨이 책임편집을 맡았는데, 『청 왕조』의 서문에서 피터슨은 신청사 연구에 대해 전혀 언급하지 않는다. 2002년의 서문에서 만주

---

[16] 중국학계의 제국·변경·민족 문제에 대한 논의는 거자오광 저, 김효민·송정화·정유선·최수경 역, 2019, 『전통시기 중국의 안과 밖 : '중국'과 '주변' 개념의 재인식』, 소명출판에 자세히 소개되어 있다.

족이 이질적이면서도 한화되었다는 절충적인 해석을 내렸던 피터슨은 2016년의 서문에서는 오히려 청을 '제국'이 아니라 '왕조'로 바라보아야 한다고 주장한다. 그에 따르면 왕조란 특정 시기, 특정 통치 가문, 혹은 특정 정부의 통치하에 있는 영토를 모두 가리킨다(2쪽). 반면 제국은 국민국가의 이상과 반대되는 팽창주의적 세력을 비판적으로 가리킬 때 사용되는 부정적이고 문제적인 용어이다(3-4쪽). 피터슨은 제국 대신 중국에서 오랫동안 사용되어 온 대통일(大一統)의 개념으로 청의 영토 확장, 이번원에 의한 외번 통치, 기인과 한인의 구도를 설명한다. 이러한 점에서 피터슨은 제국의 시각으로 청사를 바라보는 미국학계의 최근 연구 경향이 아니라, 중화왕조의 연속성과 한인 중심의 대일통사상을 강조해 온 중국학계의 전통적인 시각을 대변한다고 볼 수 있다.

한편 『청 왕조』의 서문에서 피터슨은 18세기 청이 수립한 질서를 신질서라고 명명함으로써 페어뱅크가 제창했던 19세기 이전의 구질서와 대비시키고자 시도한다. 그러나 2002년 『청제국』이 제시한 질문에 2016년 『청 왕조』가 새로운 답을 했다거나, 피터슨의 문제의식이 그동안 미국학계의 연구성과를 통해 심화되었다고 보기는 어렵다. 무엇보다 중국사에 대한 피터슨의 시각은 페어뱅크가 반세기 전에 제창한 구질서-신질서의 틀에서 여전히 벗어나지 못하고 있다. 케임브리지 중국사 시리즈는 영미권 학계에서 축적된 중국사 연구를 집대성하는 것을 목표로 한다고 했지만, 『청 왕조』의 책임편집자는 오히려 학계의 새로운 연구 경향을 정면으로 거부하고 과거의 낡은 문제의식을 답습하고 있다고 보아야 할 것이다.

V. 『청제국』의 한국사 인식

『청제국』에서 한국사가 언급되는 것은 만주족의 흥기 과정을 설명한 1장이 유일하다. 저자 로스 리는 여진이 만주부락에서 청제국으로 발전하는 과정에서 조선·몽고·명과 복합적인 관계를 가졌다고 설명했지만, 『명실록』과 『청실록』과 같은 한문자료나 『구만주당』이나 『만문노당』과 같은 만문자료를 주로 인용할 뿐, 여진에 관한 한 가장 풍부한 내용을 담고 있는 『조선왕조실록』은 참고하지 않는다. 조선의 자료로 인용되는 것은 신충일의 「건주기정도록」이 거의 유일한데, 이것조차 타이완에서 출판된 자료에 수록된 것을 바탕으로 하고 있다(27쪽, 각주 50). 또한 청 초기 지도에서 조선의 의주는 "I-chou"로 표기되어 있다(33쪽). 조선과의 관계가 매우 밀접하고 중요했던 누르하치와 홍타이지 시기에 대한 연구에서조차 조선 지명을 중국어 발음으로 표기하는 것은 미국의 중국사 연구에서 조선에 대한 이해가 얼마나 부족한지를 잘 보여 주는 증거이다. 2002년 당시 미국학계의 한국사에 대한 이해가 전반적으로 부족했다는 사실은 6장의 저자 크로슬리가 조선을 "Yi Korea"라고 부른 점에서도 드러난다(358쪽). 『청제국』의 주된 관심이 한인 세계에 집중되어 있던 만큼, 조선뿐 아니라 다른 외부세계의 관계는 전혀 논의되지 않는다는 점도 이 책의 특징이라고 할 수 있다.

참고문헌

거자오광 저, 김효민· 송정화· 정유선· 최수경 역, 2019, 『전통시기 중국의 안과 밖: '중국'과 '주변' 개념의 재인식』, 소명출판.

王業鍵, 1981, 『中國近代貨幣與銀行的演進, 1644-1937』, 中央研究院經濟研究所.

定宜莊· 歐立德(Mark C. Elliott), 2013, 「21世紀如何書寫中國歷史: "新清史"研究的影響與回應」, 彭衛主 編, 『歷史學評論』第一卷, 北京: 社會科學文獻出版社.

Crossley, Pamela, 1990, *Orphan Warriors: Three Manchu Generations and the End of the Qing World*, Princeton University Press.

_____, 1999, *A Translucent Mirror: History and Identity in Qing Imperial Ideology*, University of California Press.

_____, 2002, *The Manchus*, Basil Blackwell(한국어판: 파멜라 크로슬리 저, 양휘웅 역, 2013, 『만주족의 역사』, 돌베개).

_____, *China's Global Empire: The Qing, 1636-1912*, Cambridge University Press (2021년 출간 예정).

Dennerline, Jerry, 1981, *The Chia-ting Loyalists: Confucian Leadership and Social Change in Seventeenth-Century China*, Yale University Press.

_____, 1989, *Qian Mu and the World of Seven Mansions*, Yale University Press.

Elman, Benjamin, 1984, *From Philosophy To Philology*, Harvard University Press (한국어판: 벤저민 엘먼 저, 양휘웅 역, 2004, 『성리학에서 고증학으로』, 예문서원).

_____, 1990, *Classicism, Politics, and Kinship*, University of California Press.

_____, 2000, *A Cultural History of Civil Examinations in Late Imperial China*, University of California Press.

_____, 2005, *On Their Own Terms: Science in China, 1550-1900*, Harvard University Press.

_____, 2013, *Civil examinations and meritocracy in late Imperial China*, Harvard University Press.

Li, Gertraude Roth, 2000, *Manchu: A Textbook for Reading Documents*, National Foreign Language Resource Center.

Mann, Susan, 1987, *Local Merchants and the Chinese Bureaucracy: 1750-1950*, Stanford University Press.

_____, 1997, *Precious Records: Women in China's Long Eighteenth Century*, Stanford University Press.

_____, 2007, *The Talented Women of the Zhang Family*, University of California Press.

Myers, Ramon H., 1978, *The Chinese Peasant Economy*, Harvard University Press, 1970; *The Chinese Economy, Past and Present*, Wadsworth Press.

_____, 1986, "The agrarian system," in *The Cambridge History of China, Volume 13: Republican China 1912-1949, Part 2*, edited by John K. Fairbank and Albert Feuerwerker, Cambridge University Press.

Rowe, William T., 1984 *Hankow: Commerce and Society in a Chinese City, 1796-1889*, Stanford University Press.

_____, 1989, *Hankow: Conflict and Community in a Chinese City, 1796-1895*, Stanford University Press.

_____, 2009, *China's Last Empire: The Great Qing*, Harvard University Press (한국어판: 윌리엄 T. 로 저, 기세찬 역, 2014, 『하버드 중국사 청: 중국 최후의 제국』, 너머북스).

Spence, Jonahan, 1966, *Ts'ao Yin and the K'ang-hsi Emperor: Bondservant and Master*, Yale University Press.

_____, 1974, *Emperor of China: Self-Portrait of K'ang-hsi*, Alfred A. Knopf.

Wang, Yeh-chien(王業鍵), 1973, *Land Taxation in Imperial China, 1750-1911*, Harvard University Press.

Woodside, Alexander, 2006, *Lost Modernities: China, Vietnam, Korea, and the hazards of world history*, Harvard University Press (한국어판: 알렉산더 우드사이드 저, 민병희 역, 2012, 『잃어버린 근대성들: 중국, 베트남, 한국 그리고 세계사의 위험성』, 너머북스).

Zelin, Madeleine, 1984, *The Magistrate's Tael: Rationalizing Fiscal Reform in Eighteenth Century Ch'ing China*, University of California Press.

11장

청제국에서 청조로, '구질서'의 연속:
『케임브리지 중국사 9권: 1800년 이전까지의 청조』 제2부

손성욱 선문대학교 역사·영상 콘텐츠학부 조교수

I. 머리말

2016년 『케임브리지 중국사』 9권의 제2부 『1800년 이전까지의 청조 (The Ch'ing Dynasty to 1800)』(이하 『청조』)가 출간됐다. 1978년 『케임브리지 중국사』의 시작을 알리는 저서로 『청 말기, 1800~1911년』 제1부(10권)가 출간된 지 근 40년이 지나서야 총 네 권의 청사가 완간됐다. 『케임브리지 중국사』에서 청사는 특별하다. 중국의 전근대 왕조 중 가장 마지막 왕조임에도 가장 먼저 출간됐다. 대부분 한 권이나 두 권으로 출간됐지만, 청사만 네 권으로 출간됐다. 1800년이라는 연도를 기준으로 왕조를 '청 말기(late ch'ing, 1800~1911)'와 이전으로 구분한 것도 청사가 유일하다. 이는 청이 중국의 전통적 시스템이 와해되는 근대 이행기를 포함하기 때문이다. 『케임브리지 중국사』의 총책임편집을 맡은 존 페어뱅크(John K. Fairbank)는 중국의 근대 이행을 서양의 충격(impact)과 중국의 대응(response)으로 이해하였다. 그는 『청 말기, 1800~1911년』 1부의 책임편집을 맡았고, 도론인 1장과 5장을 썼는데,[1] 1장 제목이기도 한 "구질서(the old order)"를 황제를 정점으로 한 중앙권력과 황제에 대한 충성으로 맺어진 지방 관리와 신사층에 의한 통치 시스템으로 이해했으며, 19세기 들어 서양의 충격으로 견고했던 '구질서'가 와해됐다고 봤다. 5장은 '구질서'의 와해와 맞물리는 '조약체제의 성립(The creation of the treaty system)'으로 화이관념에 입각한 '중국적 세계질서'를 고수하던 청조가 1·2차 아편전쟁을 겪으며 조약체제에

---

[1] John K. Fairbank ed., 1978, *The Cambridge History of China, Volume 10, Late Ch'ing, 1800-1911*, Part 1, Cambridge University Press, Chapter. 1, 2.

편입되는 과정을 서술한다. 여기서 '중국적 세계질서'는 조약체제의 대척점에 있는 '구질서'에 기반한다. 페어뱅크는 『청 말기, 1800~1911년』 1부를 통해 중국근대사를 서양 중심의 '신질서'와 중국의 '구질서' 간 충돌로 파악하며, 이를 통해 중국이 근대로 추동됐다고 본다.

'구질서'는 '근대' 이전의 중국적 질서이다. 그것을 명시적으로 언급하지 않지만, 『케임브리지 중국사』 시리즈 각 권의 명칭에서 엿볼 수 있다. 『케임브리지 중국사』의 1권은 1982년에 출간됐는데, 제목이 『진한제국, 기원전 221~기원후 220년(The Ch'in and Han Empires, 221 BC~AD 220)』이다.[2] 그 이후 2002년 출간된 9권 『1800년 이전까지의 청제국 (The Ch'ing Empire to 1800)』(이하 『청제국』)[3] 사이에 존재했던 각 '왕조'/'제국'에는 대부분 "왕조(dynasty)"나 "중국(China)"이 붙었다.[4] 제국이라고 부른 것은 진한과 청이 유일하다. 전근대 중국사에서 '제국'의 시작과 끝에만 "제국"을 붙인 것이다. 이는 '중원'을 중심으로 한 중국사의 맥락에서 왕조가 이어지다 계승되었음을 보여 주며, 그것은 페어뱅크가 말하는 '구질서'로 포괄할 수 있을 것이다. '구질서'는 진에서 청으로 이어지는 중국이라는 '제국'으로 연속성을 지니며, 서양과는 확연히 다른 질서

---

2   Denis Twitchett and Michael Loewe eds., 1986, The *Cambridge History of china, Volume 1, The Ch'in and Han Empires, 221 BC-AD 220*, Cambridge University Press.

3   Willard J. Peterson ed., 2002, *The Cambridge History of China, Vol. 9, Part 1, The Ch'ing Empire to 1800*, Cambridge University Press.

4   2권에서 8권까지의 제목은 다음과 같다. 2권 "The Six Dynasties, 220-589", 3·4권 "Sui and T'ang China, 589-906 AD", 5권 part 1 "The Sung Dynasty and its Precursors, 907-1279", 5권 part 2 "Sung China, 960-1279 AD", 6권 "Alien Regimes and Border States, 907-1368", 7·8권 "The Ming Dynasty, 1368-1644".

로 19세기 중반 서양의 충격에 의해 와해된 것으로 읽힌다. '구질서'가 서양에 의해 단절된 것이다.

그런데 9권 2부 『청조』는 책명을 "청제국(Ch'ing Empire)"(9권 1부)에서 "청조(Ch'ing Dynasty)"로 바꿨다. 9권 1, 2부의 책임편집자는 윌러드 피터슨(Willard J. Peterson)으로 동일하다. 피터슨은 페어뱅크의 제자이며 1970년대 사상사 연구로 하버드 대학교에서 박사학위를 받았고, 『케임브리지 중국사』 편찬에 참여해 페어뱅크가 제시하고 있는 틀을 기본적으로 이어받았다. 2002년 『청제국』의 서문에서 그는 근대의 '신질서'와 대비되는 '구질서'의 특징으로 1800년 이전 황실 중심의 통치, 중앙집권적 관료체제, 유가사상, 과거제도, 경제성장 등을 제시한다. 프레드릭 모트(Frederick W. Mote)는 7권 1부 『명조, 1368~1644년(The Ming Dynasty, 1368~1644)』의 서문에서 명조를 중국 전통문명의 전성기로 설명했는데,[5] 피터슨이 말한 '구질서'는 명대의 '성숙한 중국적 질서'의 연속선에 있다고 할 수 있다.

『청조』로의 변화는 청을 제국으로 부를 경우 진에서 시작해 서로 다른 성질의 여러 왕조가 이어지면서도 '중원'에서 계승되어 온 '제국', 즉 '구질서'의 '제국'과는 다르게 이해될 수 있는 여지가 있기 때문일 것이다. 본고는 바로 이 지점에서 출발한다. 『청조』가 청을 왕조로 칭하며 강조하고자 한 진으로부터 시작된 '제국'의 연속성을 어떻게 기술하고 구성하는가를 크게 두 부분으로 나눠 살펴볼 것이다.[6] 첫째, 『청조』의 서론

---

[5] Frederick W. Mote and Denis Twitchett eds., 1988, *The Cambridge History of China, Volume 7, The Ming Dynasty, 1368-1644*, Part 1, Cambridge University Press, p. 1.

[6] 『청조』에 관해서는 파멜라 크로슬리의 서평 한 편과 박민수의 비평논문이 제출됐다.

을 통해 제국/왕조의 구분으로부터 청에 대한 인식을 살펴보고, 피터슨이 명 말부터 18세기 초까지 청대 학술사를 다룬 11·12·13장을 통해 단속(斷續)에서 다시 계승되는 '제국'의 학문과 통치이념의 연속적 측면을 고찰한다. 둘째, 제국의 중심에서 주변으로 확대되는 서술을 살펴본다. 『청조』 1~7장은 성(省), 대만부, 몽골·신장·티베트, 조선, 베트남, 일본, 유럽 해양세력 등의 순서로 설명한다. 이는 페어뱅크가 얘기하는 중국을 중심으로 하는 세계질서의 틀과 크게 다르지 않으며, 중심에서 주변으로 확장되는 『청조』의 장 구성 속에서 조선이 갖는 위치와 의미를 가늠할 수 있을 것이다.

II. '제국'에서 '왕조'로

피터슨이 쓴 『청제국』의 서론 「구질서에 대한 신질서(New Order for

크로슬리는 『케임브리지 중국사』의 청사의 맥락 속에서 『청조』의 위치와 구미학계에서 청사가 갖는 의미를 중심으로 기술하였다. Pamela Kyle Crossley, 2018, "Review Essay: In the Parlor with The Cambridge History of China(The Cambridge History of china, Volume 9: The Ch'ing Dynasty to 1800, Part 2, edited by Willard J. Peterson. Cambridge: Cambridge University Press, 2016)," *Harvard Journal of Asiatic Studies*, 78(2), 박민수는 『청조』의 전 장을 『청조』의 '중국'사: 내지와 변경, 『청조』의 '동아시아'사: 종속과 독립, 『청조』의 학술·문화사: 전통과 혁신으로 나눠 주요 내용과 핵심 논지를 정리하고, 책임편집 피터슨에 의해 "전통적인 왕조사로서 청조의 '연속'"이 강조된 측면을 조명하였다. 박민수, 2021, 「구미 학계의 '청조(淸朝)' 인식과 서술-『『케임브리지 중국사』 9권, 제2부 1800년까지의 청조』를 중심으로」, 『동북아역사논총』 71. 이와 같은 충실한 평론이 있기에 본고는 논의에 보충하는 방식으로 기술하며, 피터슨의 논의를 중심으로 『청조』에서 강조된 "일통(一統)"의 연속과 페어뱅크의 '중국적 세계질서'의 틀로 중심에서 주변으로 확대되는 서술 방식을 살펴보는 데 중점을 두었다.

the Old Order)」⁷와 14년 뒤에 출간된 『청조』의 서론 「청조, 청제국, 그리고 대청일통(大淸一統)」을 비교해 보면, 기본 논지는 변함이 없다. 기본적으로 청은 만주족의 비한족의 성격과 '한화(漢化)'된 측면이 모두 있다고 봤다. 청의 성공을 설명하는 데 있어 만주족의 성격보다 한인 중심의 시스템에 중점을 두었지만, 청의 만주족 성격을 부인한 것은 아니다. 하지만 1990년대 이래 한화론(漢化論)의 시각에서 이루어진 청사에 대한 이해에 논쟁이 불거지면서, '신청사' 연구가 붐을 이루고 만주족의 정체성과 청의 내륙아시아적 성격이 강조되었다.⁸ '청제국'에 대한 새로운 이해가 시도된 것이다. 이제 '구질서'와 '신질서'의 문제는 핵심이 아니었다. 페어뱅크의 제자로 10권 1부의 마지막 장을 쓴 폴 A. 코헨(Paul A. Cohen)은 *Discovering History in China*에서 미국학계의 충격과 반응, 전통과 근대의 이분법적 접근을 강하게 비판했다.⁹ 코헨은 이러한 접

---

7   여기서 "구질서(the Old Order)"는 페어뱅크가 쓴 10권 1부의 서문 "the Old Order"를 지칭하며, 『청제국』의 중국어 번역본에서는 "New Order for the Old Order"를 "承舊開新"로 번역했다. 裴德生 編, 趙世瑜 等 譯, 2020, 『劍橋中國淸代前中期史』, 中國社會科學出版社.

8   신청사 연구 전반의 주요 관점과 논쟁에 관해서는 Ruth W. Dunnell and James A. Millward, 2004, "Introduction," James A. Millward et al. eds., *New Qing Imperial History*, Routledge, pp. 1-14; 파멜라 크로슬리, 2010, 「'신'청사에 대한 조심스러운 접근」, 『외국학계의 정복왕조 연구 시각과 최근 동향』, 동북아역사재단; 김선민, 2011, 「만주제국인가 청 제국인가-최근 미국의 청대사 연구동향을 중심으로」, 『사총』 74; 윤욱, 2015, 「新淸史와 앞으로의 과제」, 『역사와 세계』 47 등 참조.

9   Paul A. Cohen, *Discovering History in China: American Historical Writing on the Recent Chinese Past*, 1984; 2nd edition, Columbia University Press, 1996. 초판은 『미국의 중국 근대사 연구』(장의식 외 역, 고려원, 1995)에서 번역되었으며, 재판은 『학문의 제국주의: 오리엔탈리즘과 중국사』(이남희 역, 산해, 2003)로 번역되었다. 이 책은 2010년에 재간행 되고 재간행판 서문이 추가됐는데, 2013년에 이 부분이 추가되어 『학문의 제국주의: 오리엔탈리즘과 중국사』(순천향대학교출판부)로 다시 출간됐다.

근 방식은 서구 중심의 시각에서 중국의 역사를 왜곡하는 것으로, 중국 중심의 접근을 해야 한다고 강조하였고, 학계에서 이에 대한 다양한 논의가 이루어지면서 학술적 진전이 있었다. 그런데 청사 연구에서 또 다른 문제가 발생했다. '1800년'이 아닌 '1644년'의 문제이다. 9권 1, 2부는 기본적으로 청사의 기점을 만주족이 입관한 1644년으로 잡고 있다. 중국사의 시각에서 만주족이 '중원'을 차지한 시점이 중요하다. 하지만 입관 이전 청은 이미 건국했다. 1644년을 기점으로 삼는 것이 올바른가. 이 문제는 청이 명을 계승했다는 시각에 비판적인 '신청사'가 갖는 문제의식과 맞닿아 있다.

'신청사'에서 청은 '제국'이다. '신청사' 내 분지(分枝)가 있지만, 그 제국은 중화제국이 아닌 내륙아시아적 제국이다. '중원' 왕조의 시각으로는 청을 제대로 이해할 수 없다. 피터슨은 청이 제국임을 부정하지 않으며, 9권 1부의 책명에서 "청제국"이라 불렀다. 하지만 피터슨의 '제국'과 신청사의 '제국'은 다르다. '신청사'의 흥기로 청 '제국'의 성격에 대한 논쟁이 일어났다. 청제국은 몽골제국처럼 중화제국과는 전혀 다르게 이해될 수 있다. 피터슨은 이 문제를 직접 언급하지 않았다. 하지만 책명에서 "청제국"을 "청조"로 바꿨다. 청제국은 '중원' 왕조의 연속선에서 이해될 때 가능한 것이며, 진한제국으로부터 시작된 '중원' 왕조의 연속이라 할 수 있다. 물론 피터슨을 비롯한 『케임브리지 중국사』의 편자들이 중국사에서 나타난 비한족의 이질성을 부인하는 것은 아니다. '정복왕조'를 다룬 『케임브리지 중국사』 6권의 제목이 『외부정권과 변경국가(Alien Regimes and Border States)』인 것처럼 말이다.[10] 하지만 그것 역시 『케임

---

10   Denis Twitchett and Herbert Franke eds., 1994, *The Cambridge History of*

브리지 중국사』 안에서 '중국'의 역사로 다뤄진다.

피터슨은 『청조』 서문에서 청을 어떻게 호명할 것인가에 대해 "이 책에서 '청조'로 부르기도 하고 '청제국'이라 부기도 하지만, 그것은 '구'제국들('old' empires)과는 명확히 다른 신질서(new order)를 보여 준다"[11]고 설명하며, 거대한 영토와 영토 내 다양성, 황제를 중심으로 한 중앙집권화로 볼 때 제국이라 부를 수 있다고 언급한다. 이는 1990년 말부터 활발해진 '신청사'의 시각을 반영하는 것으로 보인다. 하지만 그는 청을 『청제국』에서 『청조』로 바꿔 호명했다. 청이 제국이고, 기존 제국과는 확연히 다른 신질서를 보여 주지만, 그 제국의 맥락은 '일통(一統)'을 벗어나 있지 않다. '일통'은 이사가 진나라에 이르러 진왕에게 "충분히 제후들을 멸하고 제업을 이루어 천하를 통일시킬 것이니(足以滅諸侯, 成帝業, 爲天下一統)"라고 간언한 것처럼 진제국에서 계승되어 왔으며, '천하일통(天下一統)'은 중요한 관념이었다. 서구의 제국 관념과 중국의 관념이 동일할 수 없다. 중국에서 '제국'은 천하이고, 황제는 천자이다. 'empire'는 '천하'의 번역어로 『케임브리지 중국사』에서 널리 사용되고 있지만, 서양의 제국과 같이 이해할 수 없다. 천하의 실질적 영역은 '일통'이라는 용어를 통해 표현되었고, 이는 청대까지 이어졌다. 제국의 지리 정보를 통합하는 원·명·청의 지리지에 '일통'이 들어갔으며, 그것은 천하의 판도를 보여 준다.

'일통'의 천하를 피터슨은 명·청대 학술사를 통해 드러낸다. 11장 「청

---

china, Volume 6, Alien Regimes and Border States, 907-1368, Cambridge University Press.

11 Willard J. Peterson ed., 2016, *The Cambridge History of China, Vol. 9, Part 2, The Ch'ing Dynasty to 1800*, Cambridge University Press, p. 10.

초 직관적 지식을 바탕으로 한 학문에 대한 논쟁」, 12장 「청 초 학문의 발전: 세 가지 사례」, 13장 「강희 연간 위로부터 학문 통제」에 걸쳐 명말 청초의 학문의 단속(斷續)으로부터 강희 연간의 학문의 통합과 황제로의 흡수를 통해 '천하'의 명분을 지탱하는 학문의 연속을 보여 준다.

1644년 청이 입관하였다고 하여 명의 학술이 단절되는 것은 아니었다. 청 초의 학술은 명 말 유민(遺民)으로부터 이어졌다. 청이 입관하면서 죽음으로 청에 저항하거나, 목숨을 부지하며 청에 협력하지 않고 명에 충성을 지킨 명의 사대부들이 적지 않았다. 피터슨은 이들에 주목한다. 11장에서 우선 명 말 유종주(劉宗周, 1578~1645년), 진확(陳確, 1604~1677년), 손기봉(孫奇逢, 1584~1675년), 황종희(黃宗羲, 1610~1695년)의 삶과 학문을 통해 명말청초의 명대 심학(心學)의 계승과 변화를 추적한다. 이들은 1세대 명 유민으로 명 말에 태어나 공부하고, 명 황제에게 충성했던 이들이다. 유종주는 성리학과 양명학의 접점에 있던 인물로 명 말 환관 세력에 대항하여, 명조의 부흥을 위해 노력하였다. 그를 위시한 유학자들은 군주는 응당 정심(正心), 성의(誠意)에 주력해야 하며, 과거의 학문에서 탈피하여 각자가 사회 속에서 처해 있는 상황을 타파하고 현실 문제에 관심을 가져야 한다고 주장했다. 하지만 만주족이 베이징을 차지하자 도덕적 무결점을 추구하던 유종주는 식음을 전폐하고 충의를 지켰다. 남겨진 명의 유민은 그와 동일한 문제에 봉착했다. 그들 대부분은 죽음 대신 은둔하며 명에 충성을 지켰으며, 명 말 성리학과 양명학의 갈등 속에서 성장한 이들은 이 학문들이 형이상학적이고 현실과 괴리가 있다고 보며 기존 지식에 의문을 품었다. 여기에 청의 입관이라는 거대한 현실적 충격 속에서 성리학보다는 주로 양명학을 계승하면서도, 공리공담을 지양하고 객관적 사실을 중시하는 학문적 경향을 보였다.

2세대 유민은 1620년대 후반부터 1630년대에 태어난 이들로 명 황제를 모시기에는 어렸지만, 왕조 전환의 혼란을 직접 목격한 이들이었다. 피터슨은 이옹(李顒, 1627~1705년), 안원(顔元, 1635~1704년) 등의 인물을 다룬다. 명의 유민들은 청에 충성하지 않고 개인적 차원에서 실천할 수 있는 것들을 우선하며 '난세'의 질서를 회복하기 위해 도덕적 및 사회적 실천을 확장하는 방식을 택했다. 하지만 개인의 노력으로 만주족의 통치로 파괴된 사회 질서를 회복하는 것은 난망했다. 양명학 등장 이후 성리학과 갈등을 빚으며 형성된 학문적 긴장 관계는 청 초까지 이어졌으며, 현실을 극복할 명확한 기준 없이 은둔하며 개인적 수양을 강조하는 것은 현실 극복의 방안이 될 수 없었다. '인식론의 수렁(epistemological mire)'에서 빠져나와 새로운 환경에 대응할 수 있는 사상적 출구가 필요했다. 피터슨은 12장에서 방이지(方以智, 1611~1671년), 고염무(顧炎武, 1613~1682년), 왕부지(王夫之, 1619~1692년)를 중심으로 명 유민들이 어떻게 새로운 사상을 모색했는지 추적한다.

형이상학적 문제에 천착하는 성리학과 양명학으로는 명말청초의 폐단과 충격을 극복할 수 없었다. 경세(經世)를 위해 현실에 바탕을 두어 사실에 천착하는 학풍이 발전하게 되었다. 실증적 연구방법을 통해 지식을 축적하는 학문을 추구하였다. 청 초 학문의 주도권이 심학에서 고증학으로 변화하기 시작했다. 이러한 기초를 마련한 대표적인 학자가 방이지, 고염무, 왕부지이다. 피터슨은 방이지를 다룬 절에서 "물(物)을 생각하다(looks to things)"라는 부제를 붙였다. 방이지는 직관론적 지식을 거부하고, 경험적 지식으로 기존의 지식을 대체했다. 기존의 성리학과 양명학은 모두 물(物)을 배제했다. 양명학은 심(心)만을 존중하고, 성리학은 이(理)만을 강조했다. 하지만 방이지는 그동안 '물'에 대한 탐구가 간과되었다고 보며, 실증적인 자연과학적 방법을 통해 '물'을 탐구했고, 그 결과물로 『통아(通雅)』, 『물리소지(物理小識)』 등의 책을 썼다. 피터슨에게 고염무는 "새로운 학술 모델을 제시한(exhibits a new model for learning)" 인물이었다. 그는 고염무를 이해하려면 그가 비판한 것이 무엇인지 이해해야 한다고 지적하며, 비판 대상으로 성리학을 제시했다. 고염무는 성리학은 곧 경학이라고 했다. 도(道)보다는 경(經)을 중시했고, 이를 통해 선진(先秦) 유학의 본의를 회복하고자 했다. 이를 밝히기 위해 경전의 훈고(訓詁)와 고거(考據)에 바탕을 둔 『음학오서(音學五書)』를 썼다. 배우지 않고 개인적 수양만을 강조하는 양명학을 비판하며, 하루하루 학습하며 근거를 기록해 『일지록(日知錄)』을 남겼다. 그것은 경전의 의미를 '올바르게' 이해하기 위한 직접적이고 실증적인 작업이며, 지식의 축적이자 증거의 재검토 작업의 결과로 그의 학문적 방법론을 잘 보여 준다. 피터슨은 왕부지에 대해 "과거에 대해 스스로 생각하다(thinks for himself about the past)"라고 하였다. 왕부지는 입관 이후에도 복명(復明)을 위해 노력했으나, 현실적으로 불가능해지자 1654년부터 은둔생활을 하며 학술과 교육활동에 몰두했다. 그는 현실적 효용과 구체적 실천이 부족한 성리학과 양명학을 비판적으로 수용하고, 실증적 방법을 통해 기존의 학술 전통을 비판적으로 정리하고자 하였으며, 역사 변화를 통해 바라보고자 했다. 『황서(黃書)』, 『상서인의(尚書引義)』, 『춘추세론(春秋世論)』, 『속통감론(續通鑒論)』, 『송론(宋論)』 등의 저작은 이러한 왕부지의 태도를 잘 보여 준다.

성리학과 양명학의 갈등 속에서 '이민족'이 명을 멸망시키고 왕조를 개창했다. 수많은 명 유민은 청에 충성하거나 협력하지 않고 은둔하며 부조리한 현실을 극복하기 위해 애썼으나, 기존의 학문으로는 '인식론의 수렁'에서 헤어날 수 없었다. 이에 대한 해결방안으로 고증학이 등장했다. 하지만 이것은 당대 천자에 복무하는 학문이 아니었고, 청 조정과 괴리된 학문이었으며, 순치제는 학술 이슈에 크게 관심을 보이지 않았다. 당시 직면한 과제는 지방에 대한 통제를 확립하고, 복명 세력을 제압하는 것이었다.

1670년대 강희 연간에 이르러 이러한 분위기는 변한다. 청 황실이 학술에 후원하기 시작하며 중앙에서 주도권을 장악했다. 청 초 학술에 있어 의미 있는 대규모 사서 프로젝트인 『명사』 편찬이 이루어졌다. 1656년 순치 연간에 『효경(孝經)』을 정리하여 간행한 적이 있었지만, 단기 프로젝트였다. 『명사』는 순치 연간에 편찬 움직임이 있었지만, 1678년에 이르러 본격적으로 추진되었다. 당시 강희제는 『명사』 편찬을 위해 학식 있는 자들을 천거할 것을 명했으며, 다음 해 이들을 대상으로 특별 시험을 시행했다. 이전과 달리 청에 비협력적인 자들이 추천되었으며, 이들은 조정의 요청을 거부할 경우 황제의 권위에 도전하는 것으로 비칠 수 있어 진퇴양난에 빠졌다. 피터슨은 부산(傅山, 1607~1684년)의 예를 들어 이러한 곤경을 설명하는데, 그는 경사(經史)에 밝았고, 서화도 뛰어났다. 그는 왕부지처럼 청 입관 이후 명조의 회복에 힘썼으나, 뜻을 이루지 못하자 토굴에 은둔하며 지냈다. 그러다 『명사』 편찬에 천거되었다. 그동안 지켜 온 충절을 저버리며 청에 협력할 수 없었기에 나이와 건강을 핑계로 시험에 응하지 않았으나, 강제로 베이징으로 소환됐다. 그러자 그는 고의로 대황(大黃)을 과다 복용해 시험을 회피했다. 하지만 강희제의 '황은(皇恩)'을 피할 수는 없었다. 강희제는 그의 시험을 면제하고 명예직을 하사했다.

강희제가 『명사』 편찬을 위한 인재 천거와 특별 시험을 실시한 것이 불충한 자들을 색출하려고 한 것이었는지 그 의도는 불분명하다. 여기서 중요한 점은 아직도 청에 복무하겠다는 뜻이 없는 사람을 이끌어 내 청에 봉사하도록 했다는 점이다. 부산처럼 완강히 거부한 사람도 있었지만, 명 유민에게 『명사』 편찬은 상당히 의미 있는 일이었다. 경제적·정치적 이익이나 명성을 위해 참여하는 자들도 있었지만, 청의 부역자로 참여하는 것이 아니라 자신이 속해 있던 전 왕조의 역사를 객관적으로 편찬한다는 사명감으로 참여한 이들이 적지 않았다. 게다가 『명사』는 정사로 역사에 이름을 남길 수도 있었다.

청 조정의 통제하에 『명사』 편찬이 진행됐지만, 이들은 명나라에 대한 신뢰할 수 있는 기록을 남기기 위해 노력했다. 과거의 증거를 치밀하게 검토하고 역사의 대상으로 전 왕조의 성공과 실패에 관해 기술했다. 『명사』 편찬에는 정치적·경제적 목적에 따라 다양한 사람들이 참여했다. 『명사』 편찬이라는 공동의 목표를 가지고 있었지만, 그들은 정부의 대리인이자 개인으로서 참여했고, 이해관계에 학자 간 상호작용과 긴장이 일어났다. 그들은 예상치 못한 위험에 직면하지 않기 위해 정확한 출처에 근거해야 했다. 이러한 과정 속에서 명말청초 정치와 분리되어 발전하던 실증적 학문은 자연히 중앙으로 들어갔다.

『명사』 편찬으로 민간과 중앙의 학술적 접촉이 생겼다면, 강희제의 총애를 받는 대신으로 학문적 진보를 이룬 사람도 있다. 대표적 인물이 서건학(徐乾學, 1631~1694년)이다. 그는 고염무의 외조카로 가학(家學)을 이어받았고, 강희 9년(1670년)에 진사에 합격해 순조로운 관료생활을 하였다. 『명사』 총재관으로 일했으며, 『대청일통지(大淸一統志)』와 『대청회전(大淸會典)』의 편찬에 참여했다. 개인적인 학문적 성과로는 역대 전

장제도(典章制度), 정사, 그리고 『통전(通典)』, 『개원례(開元禮)』, 『정화오례신의(政和五禮新儀)』 등의 책을 참고하여 역대 상례(喪禮)를 치밀하게 고증한 『독례통고(讀禮通考)』가 있다. 이 책은 청대 예학의 발전에 큰 공헌을 했다. 서건학과 같은 해 진사에 합격했지만 사이가 좋지 않았던 이광지(李光地, 1642~1718년)는 삼번의 난 때 공을 세웠을 뿐만 아니라 강희제의 총애를 받으며 문연각(文淵閣) 대학사(大學士) 자리까지 올랐다. 강희제를 지근에서 보필한 그는 황제가 원하는 주희의 도학(道學)을 체계적으로 정리하였다. 도학은 비한족으로서 중원을 지배한 청의 정통성을 위해 매우 중요했으며, 사회질서 확립을 위해 그에 기반한 교육이 필요했다. 명 말 성리학에 대한 비판과 그의 학술적 논의와 별개로 관학으로서 도학은 여전히 유용했고, 청은 명으로부터 이를 계승했다. 이광지는 이러한 작업에 크게 기여한 인물로 강희제의 명에 따라 『주자전서(朱子全書)』, 『성리정의(性理精義)』, 『주역절중(周易折中)』 편찬을 주도하였다.

  강희 연간 후반에 출판물이 폭발하였고, 그 출판물을 통해 청은 관학의 학습 도구를 제시하며, 비한족 왕조로 '중원' 제국의 권위를 회복하였다. 그 과정에서 점차 많은 한족 문인들이 참여하였다. 이를 통해 은둔하며 개인의 수양 속에서 정치와 괴리된 학술이 중앙의 학술과 접점을 늘려가게 되고, 명으로부터 이어받은 관학으로서 도학이 자리 잡았다. 물론 청대 학술의 생산과 전파는 청에 복무하든 안 하든 사대부의 손에 있었으며, 강희제가 개인의 학문을 철저하게 통제할 수 있었던 것은 아니다. 하지만 강희제는 명과 같이 도학에 기반한 통치의 전통을 세우게 되고, 관학을 통해 교육하고 과거제를 실시해 관료를 뽑았다. 이를 통해 도전할 수 없는 관학의 주도권을 확보하였다. 피터슨은 이러한 과정을 구체적으로 기술하며, '중원'에 위치한 '제국'의 학문이 계승되어 발전하는 연속성을 제시했다.

III. 중심에서 주변으로

『청조』의 전반부는 1장「성(省)의 통치」, 2장「18세기 대만부(臺灣府)」, 3장「몽골·신장·티베트에 대한 청의 통치 확대, 1636~1800년」, 4장「1800년까지 조선-청 사이의 조공관계」, 5장「베트남 국가의 출현」, 6장「1800년까지 도쿠가와 막부와 청 사이의 문화 이동」, 7장「유럽 해양 세력과 청의 관계」로 구성되어 있다. 그 구성과 전개내용을 보면 페어뱅크의 '조공시스템'으로 특징되는 '중국적 세계질서'를 크게 벗어나지 않는다. 페어뱅크는 『중국적 세계질서(The Chinese World Order)』의 서문에서 중국의 대외관계를 그 영향력에 따라 크게 세 부류로 나눠 설명한다. ① 중국의 정치와 문화의 연장선에 있는 중화권(Sinic Zone) ② 중화권 밖에 있으나 중국에 위협적인 세력인 내륙아시아권(Inner Asian Zone) ③ 중화권과 내륙아시아권 밖에 존재하지만, 조공의 틀에서 교역을 하는 외부권(Outer Zone)이다. 외부 세력을 지배하기 위한 수단으로 무(武, military), 예·법(禮/法, administrative), 향화(向化)를 위한 수단으로는 문·덕(文/德, 'Cultural' and ideological), 조종을 위해서는 이(利, profit)의 방법을 썼다.[12] 『청조』는 내지(內地) → 외번(外藩)

---

[12] John King Fairbank ed., 1968, *The Chinese World Order: Traditional china's Foreign Relations*, Harvard University Press, pp. 11-14.

→ 중화권(中華圈) → 외부권(外部圈)으로 내용을 전개하며, 각 장의 내용도 페어뱅크의 궤도를 크게 넘어서지 않고 있다. 뒤에서 보다 자세히 설명하겠지만, 몽골·신장·티베트에 대한 통치는 선택적 군사 통치와 지역 엘리트와의 평화적 협력을 통해 법적 통제를 했으며, 이는 내지와는 다른 통치 방법이었다.

미국 워싱턴 대학 명예교수 켄트 가이(R. KentGuy)가 집필한 1장 「성의 통치」는 청의 지방통치가 이전 왕조들과 비교해 강력하고 안정적으로 이루어졌다고 지적하며, 순치, 강희, 옹정, 건륭 연간으로 나눠 구체적으로 청의 지방 통치를 설명한다. 지방에 많은 권한을 부여하면 중앙에 대한 지방 반란의 가능성이 커지기 때문에 쉽지 않은 일이었음에도 불구하고 청조는 이를 이뤄냈다. 순치 연간에는 명의 지방행정제도를 계승하면서도, '중원'을 장악한 초기였기에 군사점령체제를 유지했다. 지방행정에서 명과 큰 차이가 있다면 순무(巡撫)를 중앙관직이 아닌 지방관직으로 활용했다는 점이다. 강희 연간에는 순무의 권한을 강화하며 점차 민간행정체제로 전환했다. 순무는 포정사(布政司)나 안찰사(按察使)보다 우월한 권력을 지니며 성을 관할하였다. 건륭 연간에는 순무에 대한 지배와 통제를 강화하였다. 하지만 순무에 대한 통제 강화는 순무의 독립성을 허용하지 않고, 위기에 대한 대응할 수 있는 유연성을 상실하게 하여 19세기 다발적으로 발생하는 대내외 위기 대응을 취약하게 만들었다. 켄트 가이가 지방통치에서 보이는 청과 명의 차이점을 비교적 상세히 제시하고 있지만, 제도적인 틀에서 크게 차이가 나지 않았으며, 내지 통치에서 만주족의 성격이 잘 드러나지 않았다는 점에서 명에서 청으로의 단절보다 연속이 두드러져 보인다.

인류학적 관점에서 대만(타이완) 원주민의 문화와 역사를 연구해 온

존 셰퍼드(John Robert Shepherd)가 2장 「18세기 대만부」를 집필했다. 1683년 청은 대만에 있는 정성공 세력을 정벌하면서, 명의 통제 밖에서 비한족의 영역으로 있던 대만에 내지와 같은 체계적 행정제도를 이식해 실질적 통치를 하였다. 셰퍼드는 그 통치 과정을 상세히 설명하는데, 1721년 주일귀(朱一貴)의 반란과 1731~1732년 대갑서사(大甲西社)·오복생(吳福生)의 반란, 1787년 임상문(林爽文) 사건 등을 통해 내지에서 대만으로 이주해 온 한족 정착민과 대만 원주민의 갈등, 원주민 내 '동화'된 숙번(熟蕃)과 그렇지 않은 생번(生蕃)의 갈등을 다루며, 청의 대만 정책은 반란세력의 재등장을 막기 위한 것으로 내지와는 차별화된 판도 내 제국 주변부의 통치를 잘 보여 준다고 설명한다.

니콜라 디 코스모(Nicola di Cosmo)가 집필한 3장 「몽골·신장·티베트에 대한 청의 통치 확대, 1636~1800년」은 입관 이전 차하르 몽골의 정복, 강희제의 가르 갈단 정벌, 옹정 연간과 건륭 연간 전반의 준가르 공략, 건륭 연간 후반의 신장 정복을 설명하며 청의 영토 확장을 기술한 후, 이번원을 중심으로 이들 지역에 대한 내지 통치와 구분되는 통치 방식을 설명한다. 청은 법규와 법령으로 이들 지역에 대한 종속성을 강화하고, 제국의 권력을 행사하는 도구로 이번원을 활용하였다. 청은 선택적 군사개입과 적절한 회유와 통제를 통해 내륙아시아 지역을 관리했는데, 그는 이를 변경정책의 일환으로 파악하고 있으며, 페어뱅크의 내륙아시아권에서 설명한 방식과 다르지 않다.

4~6장은 페어뱅크의 중화권에 속하는 조선, 베트남, 일본이다. 한국 과학사 연구자인 임종태가 맡은 4장 「1800년까지 조선-청 사이의 조공관계」는 한국학자가 집필해 청의 시각을 벗어나 '주변'의 시각을 반영할 수 있는 가능성을 보여 준다. 앞서 설명했듯, 『청조』의 전반부 구성은 각

장의 세부적 내용과 무관하게, 페어뱅크의 '중국적 세계적 질서' 틀을 따르고 있다. 제국의 영향력에 따라 주변이 배치되었으며, 중화권에 속한 국가 중 조공시스템의 '전형적인' 모델이라고 할 수 있는 조선을 제일 먼저 제시한다. 하지만 『청조』의 이러한 구성에도 불구하고, 임종태는 "조선은 과연 청의 전형적인 조공국(model tributary state)인가?"[13] 하는 의문을 던진다. 청-조선 관계는 명-조선이 맺은 조공관계와 달리 청 입관 이전 1637년 전쟁과 정복으로 맺은 특수한 관계라고 지적한다. 청 입관 이전 맺어진 청-조선관계는 중화질서 이전 만주에 의해 만들어진 새로운 질서로 규정되었던 것이다. 이와 같은 문제를 서두에 설명한 후, 실제 조공관계 속에서 청-조선 관계의 안정화, 조선의 북벌, 조선의 사신을 매개로 한 문화교류, 조청 무역과 이를 통한 문화의 수입, 18세기 서학과 북학의 등장 및 조선의 대청인식 변화 등을 다루고 있다. 중국 중심적이기보다 청과 조선의 상호작용에 중점을 두어 양국관계를 설명한다. 하지만 서두에 던지고 있는 "조선은 과연 청 조공국의 전형적 모델인가?"에 대한 답이 본문에서 충분히 제시되었는지 의문이다. 명-조선 관계가 차별되는 청-조선 관계의 특수성을 제시하기보다 명대와 유사한 책봉-조공관계의 틀 안에서 진행된 교류를 주로 보여 주기 때문이다. 그리고 '전형적'인 표현을 중화질서가 표방하는 이상적 모델로 생각한다면, 청과 가장 가까웠고 '공순했던' 조선을 전형적 조공국이라고 표현할 수도 있으리라 생각한다.

존 위트모어(John K. Whitmore)와 브라이언 조톨리(Brian A. Zottoli)가 집필한 5장 「베트남 국가의 출현」은 17세기 레(黎) 왕조의 분열 이후

---

13 Willard J. Peterson ed., 2016, 앞의 책, p. 153.

여러 정치세력의 발전과 쇠퇴를 청의 영향력 속에서 설명한다. 19세기 초 청에 의해 베트남이라는 이름으로 정해지게 될 지역과 17~18세기 청의 관계를 단순히 일대일로 설명할 수 없으며, 베트남 지역 의식의 발전에 따라 다층적으로 청과 접촉이 일어났고, 이는 새로운 지리적, 문화적 정치체의 출현에 기여하였다. 17~18세기 베트남의 내부적 분열 속에서 명청 교체기 복건인(福建人)의 대량 이주는 새로운 베트남 건설과 경제에 큰 역할을 하였다. 중국인과 베트남인의 상호작용이 일어나며, 남쪽으로 세력 확장이 이루어졌다. 이는 남부 응우옌 정권의 흥기에 큰 영향을 끼쳤다. 북부 찐씨 정권은 명대 제도와 이념을 적극적으로 도입하면서 군사력을 강화하는 한편, 처음에는 복명운동을 펼치다 청과 조공관계를 맺고 청의 판도에 들어갔고, 응우옌 정권과의 대결 구도 속에서 청의 지원을 받으며 생존을 모색했다. 응우옌 정권은 남중국해의 상업 네트워크를 기반으로 경제적 발전을 이루었다. 찐씨 정권과 응우옌 정권의 대결에서 청은 찐씨를 지원했지만, 응우옌 정권이 군사적 승리를 거두고 청에 항복하면서 양자의 책봉-조공관계가 맺어졌다. 찐씨 정권의 붕괴와 응우옌 정권으로의 통합은 베트남과 청의 긴밀한 상호작용의 결과였으며, 베트남은 더 큰 틀에서 통합을 이루고, 중국 문화의 영향을 받으며 이데올로기의 통합이 촉진되었다. 응우옌 왕조가 청과 조공관계를 맺은 이후에 청의 제도를 적극적으로 도입해 개혁을 추진하면서, 청의 베트남에 대한 영향력은 더욱 강해졌다. 그러나 베트남의 국가 형성에 있어 청의 영향을 부인할 수 없더라도, 본 장은 과도하게 청의 영향을 강조하고, 서세동점으로 인한 동남아시아 정세 변화와 베트남의 내부의 자체적 발전양상을 간과하고 있다.

6장 「1800년까지 도쿠가와 막부와 청 사이의 문화 이동」을 맡은 벤저민 엘먼(Benjamin A. Elman)은 중국 사상사, 교육사, 문화사 분야의 전문가로 한국에는 『성리학에서 고증학으로』[14]가 번역되어 잘 알려진 학자다. 엘먼이 청과 일본 관계를 다루는 방식은 『성리학에서 고증학으로』와 상당히 유사하다. 그는 이 책에서 내재적인 사상사의 맥락과 사회·정치 제도와 환경을 결합해 고증학의 발전을 설명하면서, 강남지역 문인의 지식 네트워크와 학술공동체를 분석한 바 있다. 6장은 일본이 청과 책봉-조공관계를 맺지 않았지만, 청이 일본에 실용주의 정책을 펼치면서, 청의 문화가 어떻게 일본에 수용되었는지 사회·정치적 맥락에서 접근한다. 당시 일본의 도쿠가와 막부는 만주족의 중원 정복에 큰 충격을 받았다. 막부의 유학자들은 명·청 교체를 바라보며 우월의식을 가지고 화이변태(華夷變態)로 나아갔다. 그 속에서 조선을 청의 조공국으로 여기고, 조선이 자신의 조공국이 되길 원하며 통신사 관계를 유지했다. 당시 일본 엘리트들은 중국 고전을 학습하는 것이 필수였으며, 중국 서적과 학문은 조선을 통해 전해지기도 했지만, 18세기에 들어서는 나가사키를 통해 청으로부터 직접 수입하는 경우 훨씬 많았다. 서적 수입을 통해 일본은 청의 고증학과 문헌학을 수용하였다. 송대 이후 중국에서 인쇄술이 발전하고 고전을 이해할 수 있는 사람들이 증가했던 것처럼 당시 일본에서도 비슷한 현상이 일어나며 유학자들이 등장하였다. 다만 도쿠가와 막부에는 과거제가 없었기 때문에 그들은 개인의 명성에 의존했으며, 교육에 종사하며 생계를 꾸렸다. 이토 진사이(伊藤仁齊), 오규 소라이(荻生徂徠) 등이 대표적인 학자들이며, 그들은 제한적이고 선택적

---

[14] Benjamin A. Elman, 1984, *From Philosophy to Philology : Intellectual and Social Aspects of Change in Late Imperial China*, Harvard University Press(벤저민 엘먼 저, 양휘웅 역, 2004, 『성리학에서 고증학으로』, 예문서원).

인 중국학의 수용을 통해 독자적인 유학의 발전을 도모하였다.

앞서 언급했듯, 『청조』의 전반부 장절 배치는 페어뱅크의 '중국적 세계질서'의 틀을 보인다. 중국을 중심에 둘 때, 조선-베트남-일본 순으로 그 중심에 가까우며 조선은 중국의 문·덕으로, 베트남은 주로 문·덕을 활용하고, 부수적으로 무(武)를 써서 청과 관계가 맺어진다. 일본은 중국의 문·덕과 이(利)의 방법으로 관계가 맺어지지만, 조공-책봉관계의 밖에 존재하는 만큼 직접적이지 않다. 문제는 이러한 틀을 유지하지만, 각 장의 내용은 이와 별개로 서술이 이루어진다는 점이다. 4장에서 임종태는 언급하지 않았지만, 청과 조선이 전쟁으로 관계를 맺은 만큼 명-조선 관계보다 종속성이 더 강하다고 할 수 있다. 그 관계의 기원을 통해 임종태는 청-조선 관계가 전형적인 조공관계가 아님을 강조했으며, 전반부는 양국관계에 있어 각자의 입장을 설명하고 후반부에서 소중화, 북학 등을 통해 조선의 시각을 드러낸다. 반면, 베트남을 다룬 5장에서 존 위트모어와 브라이언 조톨리는 정치적·경제적·문화적 관계를 다층적으로 다루지만, 핵심은 베트남이라는 '국가'의 형성에 있어 청의 영향이 지대했다는 점이다. 여기서 찐씨 정권의 청에 대한 지향과 19세기 초 베트남을 통합한 응우옌 왕조의 청에 대한 지향을 본다면, 소중화 의식을 가지고 있던 조선보다 훨씬 청으로 대표되는 '중국'에 가까워 보인다. 일본을 다룬 6장에서 일본은 청의 책봉-조공관계의 외부에 있지만, 주동적으로 중국 문화를 받아들이며 오히려 독자적으로 발전시켜 '중화'를 향유해, 문화적으로 '중국적 세계질서'의 중심에 매우 가까워 보인다. 물론 만주족의 '중원' 정복으로 인해 '화이변태'로 나아갔지만, 그 역시 '중화'에 가까워지기 위한 것으로 문화적으로는 고전 중국과 가깝다고 할 수 있다. 이에 더해 박민수가 정확하게 지적하듯, "조선·베트남을 서술할 때는 청과의 정치적 관계, 심지어는 종속적 관계에 초점이 맞추어지지만, 학술적 성취와 독자적인 발전을 강조한 일본의 서술은 어느덧 중국과 대등한 위치에서 독립적인 문화를 생산하는 주체로 그려진다."[15] 이렇듯 서로 전혀 다른 층차에서 조선·베트남·일본이 다루어지다 보니, 페어뱅크의 '중국적 세계질서'의 틀로 이해할 때와는 전혀 다른 '오해'를 낳을 수도 있다.

IV. 맺음말

『케임브리지 중국사』 중 가장 일찍 출간된 10권 『청 말기, 1800~1911년』 제1부는 1978년에 나왔으며, 2년 뒤인 1980년 『청 말기, 1800~1911』 제2부가 출간됐다. 20여 년이 지난 2002년 『청제국』이 출간됐고, 2016년 『청조』가 출간되어 근 40년 만에 청사를 마무리 지었다. 『청제국』과 『청조』의 책임편집을 맡은 피터슨은 앞서 살펴보았듯, 청을 "제국"에서 "왕조"로 바꿔 호명하고, 페어뱅크의 '중국적 세계질서'의 틀에 따라 '중심'에서 '주변'으로 장을 배치해, 『케임브리지 중국사』 청사의 일관성을 지키기 위해 노력했다. 그런 과정에서 『청조』는 최근 청사 연구의 주요 흐름인 '신청사'를 다루지 않고, '비신청사' 학자들에 의해 저술되었다. 박민수의 해절(該切)한 표현을 빌려 얘기하자면, 피터슨은 "시간과의 경쟁"에서 고군분투한 것이다.[16] 하지만 '구미학계의 중국사

---

15 박민수, 2021, 앞의 글, 499-500쪽.
16 박민수, 2021, 위의 글, 488-489쪽.

인식과 한국사 서술'의 맥락에서 본다면, 피터슨의 노력과 상관없이 『청조』는 현재 구미학계의 청사 연구를 대표하지 못하고, 한국사 서술 역시 '중국적 세계질서'와 다른 지향점을 보여 준다.

『청조』에서 '중국적 세계질서'와 다른 지향을 보이면서 가장 두드러진 부분은 벤저민 엘먼이 일본을 다룬 6장이다. 내용이 편향적이거나 독특한 관점을 드러내는 것은 아니다. 하지만 청-조선 관계의 특수성과 상호작용을 강조하는 4장, 베트남에 대한 청의 영향력을 강조하는 5장을 같이 놓고 보면, 화이변태를 통한 중화(中華)의 지향 속 일본의 독자적 문화 발전이 도드라진다. 그런데 이 부분은 일본학자 후마 스스무(夫馬進)의 『조선연행사와 조선통신사』[17]에서 느껴지는 다소의 '우려'와 오버랩 된다. 그는 중국을 중심으로 한 문화질서 속 교류를 강조하는데, 조선은 명청 교체를 겪으며 '소중화' 의식을 형성하고 문화적 우월성을 드러냈지만, 청 초부터 18세기 중반까지 학술 교류가 단절되면서 청과의 학술적 간극을 회복하기 어려웠던 반면, 일본은 청-일본 무역루트를 통해 청의 학문을 수용하며 독자적 발전을 이루었다고 본다. 후마 스스무의 의도와 상관없이, 보기에 따라 동아시아 학술 교류에서 조선의 '정체성(停滯性)'을 읽어 낼 수도 있다.[18] 이러한 해석의 여지는 거자오광(葛兆光)의 『이역을 상상하다』[19]에서도 찾을 수 있다. 거자오광은 명·청 교체를 통해 중국과 주변국 간의 정치적 관계와 문화적 일체감이 점차 분리

---

17 夫馬進, 2015, 『朝鮮燕行使と朝鮮通信使』, 名古屋大學出版會(후마 스스무 저, 신로사 외 역, 2019, 『조선연행사와 조선통신사』, 성균관대학교 출판부).

18 손성욱, 2020, 「서평: 『조선연행사와 조선통신사』」, 『비교중국연구』 제1권 제1호, 7-8쪽.

19 葛兆光, 2014, 『想象異域: 讀李朝朝鮮漢文燕行文獻劄記』, 中華書局(거자오광 저, 이연승 역, 2019, 『이역을 상상하다: 조선 연행 사절단의 연행록을 중심으로』, 그물).

되었다고 지적하며 '주변에서 보는 중국'의 시각에서 조선 사신을 통해 조선의 '이역 상상(異域 想像)'을 설명한다. 조선과 일본에게 이제 청은 '중화'가 아니고, 한중일 삼국에서 '중화'에 대한 다른 지향이 나타났다. 그러나 이동(異同)의 '중화'라는 것은 중국 고전에 대한 해석과 이해의 차이에서 오는 것이다. '중화'라는 기준은 변하지 않는다. '중화'에 대한 학술 발전에서 볼 때, 여전히 송학(宋學)이 지배적인 조선과 한학(漢學)으로 나아간 청·일본을 비교한다면 거자오광의 언설에서 조선의 '정체성'을 읽을 수도 있다.

물론 후마 스스무와 거자오광의 언설에서 조선의 '정체성'을 읽어 내는 것은 과도한 해석일 것이다. 하지만 벤저민 엘먼, 후마 스스무, 거자오광 사이에 동아시아를 바라보는 유사한 시각을 간취하는 것은 어려운 일이 아니며, 이는 우연히 등장한 것도 아니다. 이들은 거자오광이 주도하던 푸단 대학 문사연구원(復旦大學 文史研究院)의 '주변에서 보는 중국' 프로젝트에 참여하며 학술 교류를 이어 왔다. 『케임브리지 중국사: 청조』를 분석하며, '주변에서 보는 중국' 이야기까지 꺼낸 것은 그들의 언설에 대한 시비를 논하자는 것이 아니다. 구미학계의 청사 연구를 온전히 대표하지 못하는 『청조』 속에서 한국사 서술을 논하는 것보다 더 중요한 것은 그런 시각이 어떻게 형성되었는지이며, 형성 과정에서 학술네트워크가 주요하게 작용했다는 사실이다. '주변에서 보는 중국' 프로젝트의 주요 주제 중 하나는 조선 사신이 남긴 '연행록'이었다. 한국에서도 관련 연구가 상당히 축적되어 있으며, 연구 수준은 외국보다 높은 수준에 있다고 생각한다. 하지만 한국의 연구는 외부의 학술네트워크와 얼마나 접점이 있었는지 의문이다. 『케임브리지 중국사』 인식을 살피고 한국사 서술을 분석하면서 이 문제를 간과해서는 안 될 것이다.

참고문헌

김선민, 2011, 「만주제국인가 청 제국인가-최근 미국의 청대사 연구동향을 중심으로」, 『사총』 74.
박민수, 2021, 「구미 학계의 '청조(淸朝)' 인식과 서술-『케임브리지 중국사 9권, 제2부 1800년까지의 청조』를 중심으로」, 『동북아역사논총』 71.
윤욱, 2015, 「新淸史와 앞으로의 과제」, 『역사와 세계』 47.
파멜라 크로슬리, 2010, 「'신'청사에 대한 조심스러운 접근」, 『외국학계의 정복왕조 연구 시각과 최근 동향』, 동북아역사재단.

裵德生 編, 趙世瑜 等 譯, 2020, 『劍橋中國淸代前中期史』, 中國社會科學出版社.
夫馬進, 2015, 『朝鮮燕行使と朝鮮通信使』, 名古屋大學出版會.

Cohen, Paul A., *Discovering History in China: American Historical Writing on the Recent Chinese Past*, 1984; 2nd edition, Columbia University Press, 1996.
Crossley, Pamela Kyle, 2018 "Review Essay: In the Parlor with The Cambridge History of China(The Cambridge History of China, Volume 9: The Ch'ing Dynasty to 1800, Part 2, edited by Willard J. Peterson. Cambridge: Cambridge University Press, 2016)," *Harvard Journal of Asiatic Studies*, 78(2).
Dunnell, Ruth W. and Millward, James A., 2004, "Introduction," James A. Millward et al. eds., *New Qing Imperial History*, Routledge.
Elman, Benjamin A., 1984, *From Philosophy to Philology : Intellectual and Social Aspects of Change in Late Imperial China*, Harvard University Press.
Fairbank, John K., ed., 1978, *The Cambridge History of China, Volume 10, Late Ch'ing, 1800 -1911, Part 1*, Cambridge University Press.
Mote, Frederick W. and Twitchett, Denis, eds., 1988, *The Cambridge History of China, Volume 7, The Ming Dynasty, 1368-1644, Part 1*, Cambridge

University Press.

Peterson, Willard J., ed., 2002, *The Cambridge History of China, Vol. 9, Part 1, The Ch'ing Empire to 1800*, Cambridge University Press.

Peterson, Willard J., ed., 2016, *The Cambridge History of China, Vol. 9, Part 2, The Ch'ing Dynasty to 1800*, Cambridge University Press.

12장

미국 사학계의 청대 후기사 연구:
『케임브리지 중국사 10권』을 중심으로

홍성화 부산대학교 역사교육과 교수

I. 『케임브리지 중국사』의 출발점

문화대혁명의 여파가 채 가시지 않았을 1980년대 대륙의 중국사연구는 여전히 계급투쟁사관을 중심으로 하고 있었다. 여기에 사상의 해금이 이루어지면서 많은 해외연구가 소개되었고 그 가운데 가장 중요한 연구자 가운데 한 사람이 존 K. 페어뱅크였다. 그리고 종래의 계급투쟁사관만을 중시하던 대륙의 연구자들에게 역사에 관한 다른 접근법이 있음을 알려 준 저작이 바로 『케임브리지 중국사』 시리즈였다고 한다.[1] 이 방대한 시리즈 중에서도 청 말 시기를 다루고 있는 10권은 1978년에 출간되었는데, 이 시리즈 가운데 최초로 출판된 것이었다. 그리고 전체 기획자인 페어뱅크가 집필자로 참여했다는 의미에서도 본 10권은 이 시리즈의 이정표 가운데 하나라고 할 수 있을 것이다.

이 『케임브리지 중국사』는 하버드 대학의 존 K. 페어뱅크와 케임브리지 대학의 데니스 트위체트(Denis Twitchett)[2]의 공동 편집을 통해서 전 15권으로 구성되었다. 그중에서 『케임브리지 중국사』 10권(Late Ch'ing

---

* 이 글은 『명청사연구』 55호, 2021에 투고한 글임을 밝힌다.
1 葉哲銘, 2005, 「在"西方中心"與"中國中心"之間-論『劍橋中國晚淸史』中費正淸的史學硏究模式」, 『杭州師範學院學報(社會科學版)』, 2005-6期.
2 데니스 트위체트(1925~2006년, 중국명 '杜希德')는 런던에서 태어나서 제2차 세계대전 때 속성으로 일본어를 배우고 통신병으로 근무한 바 있다. 종전 후, 일본에 체재하면서 도쿄 대학에서 니이다 노보루(仁井田陞)를 사사하였고 이것이 그가 당대사를 전공하는 계기가 되었다. 그는 런던 대학, 케임브리지 대학 등의 교수가 되었고, 말년인 1980~1994년까지 미국 프린스턴 대학에서 교편을 잡기도 하였다. 1967년 영국 학사원 회원으로 선출되었다. 한국어 번역본으로는 다음과 같은 편저가 있다. 아서 라이트와의 공편, 위진수당사학회 역, 1999, 『당대사의 조명』, 아르케.

1800-1911, Part 1)³은 11권(Part 2)과 함께 청 말의 역사를 다루고 있다. 이 시리즈의 편찬 과정에 대해서 페어뱅크는 그의 자서전에서 다음과 같이 서술하였다.

> 1966년 『케임브리지 중국사』를 감수하는 2명의 전체 편집자(general editors) 중에 한 사람이 될 것을 승낙하였다. 도서관 직원이라면 알 수 있듯이 케임브리지대학출판부에서 출판한 케임브리지 역사 시리즈는 전문가가 일반 독자를 위해 커다란 테마에 대해서 읽기 쉬운 역사논문을 하나로 묶어서 몇 권의 시리즈로 집대성한 것이었다. 나는 이미 현존하거나 앞으로 계획 중인 도합 12종의 케임브리지 역사 시리즈에 중국사 시리즈를 추가하기 위하여 당시 케임브리지 대학(현재는 프린스턴 대학으로 옮긴)의 트위체트와 공동으로 계획을 세웠다. 원래는 6권으로 된 시리즈를 계획했지만, 6권으로는 도저히 힘에 부칠 수밖에 없다는 것을 깨닫게 되었다. 중국사는 연구자들이 중국혁명에 뒤늦게 반응한 상태로서 실로 변

---

3 J. King Fairbank ed., 1978, *The Cambridge History of China: Volume 10, Late Ch'ing 1800-1911*, Part 1, Cambridge University Press. 10권의 외국어 번역은 다음과 같다. 張玉法註譯, 1987, 『劍橋中國史 10 晚淸篇 1800-1911』(上下), 南天書局; 中國社會科學院 歷史研究所編譯室 譯, 1993, 『劍橋中國晚淸史 : 1800-1911年』(上下), 中國社會科學出版社; 김한식·김종건 역, 2007, 『케임브리지 중국사 10 청제국 말 1800~1911』 상하, 새물결. 본고에서 페이지는 모두 김한식·김종건의 번역서에 의거하였다. 10권에 대한 서평은 다음과 같다. Ping-ti Ho, 1979, "Book Review, The Cambridge History of China. Volume 10: Late Ch'ing, 1800-1911, Part I. by John K. Fairbank," *The Journal of Asian Studies*, Vol.39, No.1; Jonathan Spence, 1980, "Book Review, The Cambridge History of China. Volume 10: Late Ch'ing, 1800-1911, Part I. by John K. Fairbank," *Harvard Journal of Asiatic Studies*, Vol. 40, No.1; ジョシュア·A·フォーゲル (Joshua A. Fogel), 1979, 「〈批評·紹介〉The Cambridge History of China, vol. 10, Late Ching 1800-1911 part I」, 『東洋史研究』 38-3; 葉哲銘, 2005, 앞의 글.

화무쌍한 복잡하기 그지없는 주제였기 때문이다. 중국사 시리즈는 16권으로 계획 중이며, 실제로는 18권이 될 수도 있을 것이다. … 현재 11개국 이상, 100여 명 이상의 학자가 이 『케임브리지 중국사』를 위하여 집필하고 있다. … 나는 혼자서는 완성할 수 없는 불가능한 사업을 시작하는 데도 불구하고, 많은 사람들이 이를 지속해 줄 것을 확신할 수 있는 교사라는 행운의 위치에 있는 셈이다. 50여 년간 중국 연구자로서 어떤 것을 성취하기 위해서 노력해 온 나로서는 지성을 소유한 미국 시민들에게 어떠한 것을 전달할 수 있을까.[4]

페어뱅크는 이 시리즈를 이끌어 가는 책임자일 뿐만 아니라 '교사(teacher)'로서 자신을 위치시키고 있다. 아마도 교사로서 시리즈에 참여한 다른 학자들에게 모범을 보인다는 차원에서 출간된 것이 바로 『케임브리지 중국사』 10권이 아닐까 생각된다. 그리고 자신의 전공이 청대 후기사이고 다수의 중국사 연구자들이 근대 시기에 포진해 있기 때문에, 비교적 용이하게 필진을 모을 수 있다는 점도 크게 작용하였으리라 생각된다. 이하에서는 목차와 각 장의 필진에 대해서 살펴보기로 하자.

---

4   J. King Fairbank, 1983, *Chinabound: A Fifty Year Memoir*, Harper Collins, pp. 456-457.

II. 『케임브리지 중국사 10권』의 목차와 필진

본 권의 목차와 각 장의 필자는 다음과 같다.

〈표 1〉『케임브리지 중국사 10권』의 목차와 필자

장	제 목	집필자
1장	이끄는 글: 구질서	존. K. 페어뱅크
2장	청령 내륙아시아(1800년경)	조지프 플레처
3장	왕조의 쇠퇴와 동란의 근원	수잔 만 존스, 필립 A.쿤
4장	광저우 교역과 아편전쟁	프레더릭 웨이크만 2세
5장	조약 체제의 성립	존 K. 페어뱅크
6장	태평천국의 난	필립 A. 쿤
7장	중국-러시아 관계(1800-1862년)	조지프 플레처
8장	청조의 몽골, 신장, 티베트 통치의 전성기	조지프 플레처
9장	청조의 중흥	류광징(劉廣京)
10장	자강운동: 서양 기술의 도입	궈팅이(郭廷以)·류광징
11장	1900년까지 기독교 선교회와 그들이 미친 영향	폴 A. 코헨

1장과 5장을 맡은 주편자 존 K. 페어뱅크(1907~1991년, 중국명 '費正清')는 『케임브리지 중국사』 전체의 주편자 가운데 한 사람이다. 미국 사우스다코타에서 출생하여, 위스콘신 대학과 하버드 대학에서 수학하였다. 로즈 장학생으로 옥스퍼드 대학에 유학하였고, 그 사이에 원래 관심사였던 영국사에서 중국 연구로 그 관심을 전환하였다. 1932년 베이징 칭화대학으로 유학하였고 이 시기에 청조 시기 총세무사를 역임하였던 H. B. 모스(1855~1934년)나 장팅푸(蔣廷黻, 1895~1965년)[5]에게 지도를

5　장팅푸(1895~1965년)는 湖南省 출신의 외교관이자 역사가이다. 어려서부터 전통교육을 받았으나 1911년 16세의 나이로 기독교 신자가 된 뒤, 선교사의 도움을 받아

받는 행운을 누리기도 했다. 1936년 중국 근대 해관에 관한 주제로 옥스퍼드 대학에서 박사학위를 받았고, 하버드 대학 최초의 중국사 교수가 되어 1977년까지 교편을 잡았다.[6] 그사이에 1968년 미국 역사학회 회장으로 선출되었으며, 연구자로서뿐만 아니라, 조지프 레벤슨, 필립 A. 쿤(쿤) 등의 탁월한 연구자를 육성하여 '페어뱅크 학파'[7]라고 불리우게

도미하여 역사학을 전공하였다. 컬럼비아 대학에서 박사학위를 받았다. 학위를 받은 뒤에 난카이 대학에서 교편을 잡은 이래, 중국 근대외교사의 기틀을 닦았다. 1929년 칭화 대학 교수가 되었고 이 시기에 페어뱅크를 비롯한 많은 연구자를 지도하였다. 1936년 주소련대사가 되었다. 1949년에는 타이완으로 건너갔으며, 주미대사를 역임하기도 하였다. 1965년 병으로 뉴욕에서 사망하였다. 김정현, 2017, 「蔣廷黻의 중국 근대외교사 연구와 1930-40년대 외교활동」『중국근현대사연구』 73. 참조. 그의 저작 가운데 현재 국내에 번역된 것으로는 장팅푸 저, 김기주·김원수 역 『청일한외교관계사』(민족문화사, 1991)가 있다.

6 페어뱅크의 박사학위 논문은 근대 중국해관의 기원에 관한 것이다. 이는 다음과 같은 저작으로 확대되어 훗날 출간되었다. J. King Fairbank, 1953, *Trade and Diplomacy on the China Coast: The Opening of the Treaty Ports, 1842-1854.* Harvard University Press(중국어역 牛貫杰譯, 2021 『中國沿海的貿易與外交: 通商口岸的開埠: 1842-1854』. 山西人民出版社). 이에 관한 서평은 坂野正高, 1954, 「J.K.フェアバンク著「中國沿岸における貿易と外交」-1842~1845年·條約港の開設」, 『アジア研究』 1(2), 참조. 현재 한국에 번역·소개된 페어뱅크의 저작은 다음과 같다. 라이샤워와의 공저, 전해종 외 역, 『동양문화사』, 을유문화사; 김성환 외 역, 1986, 『중국혁명운동문헌사』 I·II, 풀빛; 양호민 외, 역 1983, 『현대중국의 전개』, 형설출판사; 김형종·신성곤 역, 2005, 『신중국사』, 까치. 페어뱅크의 중국 연구에 대해서는 다음과 같은 저작을 참조. Paul Evans, 1988, *John Fairbank and the American Understanding of Modern China*, B. Blackwell.
한편, 가와시마 신(川島眞)은 20세기 중국 외교사 연구를 회고하면서 중국과 열강들의 관계에 대한 연구로서는 ① 중국을 둘러싼 열강들 간의 국제 정치 분야, ② 중국 자신들의 외교적 노력에 관한 중국 외교사 분야로 나눌 수 있다고 한다. ①에 관한 연구는 H. B. 모스를 기원으로 하고, ②에 관한 중국 외교사는 장팅푸에 의해 학문적으로 확립되었고 그 뒤 郭廷以의 연구로 이어졌다고 한다. 미국의 페어뱅크와 일본의 반노 마사다카(坂野正高)의 연구는 ①과 ②를 종합하고자 하는 연구라고 규정하고 있다. 가와시마 신 저, 양희정 외 역, 2014, 「중국근대외교사연구의 방법과 과제」『이화사학연구』 49, 259쪽.

7 페어뱅크를 비롯한 미국의 중국사 연구에 대해서는 로널드 슐레스키 저, 김성규 역,

되었다. 하버드 대학에서는 그의 퇴임을 기려 '페어뱅크 중국연구 센터'를 설립하기도 하였다.

2장·7장·8장을 담당한 조지프 플레처(1934~1984년)는 하버드 대학에서 학부 때부터 러시아학을 전공하다가 몽골학으로 전공을 바꾸었다. 1958년 하버드 대학 동아시아 언어학과의 대학원생이 되었으며, 청대 역사에 관해서 존 K. 페어뱅크에게 사사받기도 하였다. 그는 러시아, 몽골어, 중국어 이외에도 아랍어, 터키어, 티베트어, 페르시아어까지 구사하였고, 1966년 하버드 대학의 동아시아 언어학과의 조교수로 임명되었다. 불행히도 1984년 49세의 나이에 암으로 타계하였지만, 짧은 생애 동안 다수의 논고를 남겼다. 그가 남긴 『케임브리지 중국사』 이외의 다른 중요 논고는 유고집인 『중국과 이슬람 내륙 아시아 연구』[8]로 모아서 간행되었다.

3장을 맡은 수잔 만 존스(1943~, 중국명 '曼素思')는 미시간 대학에서 동아시아 언어를 전공하였고, 스탠퍼드 대학에서 석사와 박사를 하였다. 박사학위 논문은 인구증가에 대한 경고로 유명한 홍양길(洪亮吉)에 대

2008, 『하버드대학의 동아시아연구-최근 50년의 발자취』, 현학사; 佐藤愼一, 1993, 「アメリカにおける中國近代史硏究の動向」, 小島晋治·並木賴壽, 『近代中國硏究案內』, 岩波書店, 참조.

[8] Joseph F. Fletcher, 1995, *Studies on Chinese and Islamic Inner Asia*, Variorum. 이 유고 논집에는 그의 사후 게재된 논문인 "Integrative History: Parallels and Interconnections in the Early Modern Period, 1500~1800" (*Journal of Turkish Studies* 9, 1985)가 포함되어 있는데 그는 이 선구적인 논문에서 16세기부터 19세기 유라시아 대륙의 공통점('parallels')이 있다고 지적하고 있다. ① 인구의 증가, ② 변화 속도의 가속화, ③ 경제활동의 중심으로서의 '지방'도시의 성장, ④ 도시 상인 계층의 발달, ⑤ 종교의 재흥(再興)과 선교 활동, ⑥ 농촌의 소요, ⑦ 유목민의 몰락이라고 지적하고 있다. 어떤 의미에서는 최근 유행하는 글로벌 히스토리를 선취하는 논문이라고 할 수 있다.

한 것이었다. 그는 주로 시카고 대학과 캘리포니아 대학에서 교편을 잡았는데, 중국 농촌시장에 관한 연구로 유명한 인류학자인 W. 스키너와 결혼하였다. 그는 다수의 여성사와 청대 상업에 대한 저작을 남겼다.[9]

4장을 맡은 프레더릭 웨이크만 2세(1937~2006년, 중국명 '魏斐德')는 UC 버클리 대학 교수로 오랫동안 재직하였다. 그의 부친은 소설가였는데, 그래서 그런지 그 역시 매우 호소력 넘치는 문장으로 유명하였다. 이에 대해서 조너선 스펜스는 "간단히 말해서 지난 30년간 최고의 근대사가"라는 상찬을 남기기도 하였다. 그는 하버드 대학에서 유럽사와 유럽 문학을 전공하였지만, 전공을 바꾸어서 UC 버클리에서 조지프 레벤슨[10]

---

9 그녀의 저작 중에서 중국어로 번역된 것은 다음과 같다. Susan Mann, 1997, *Precious Records: Women in China's Long Eighteenth Century*, Stanford University Press(曼素恩, 定宜莊等譯, 2005, 『綴珍錄：十八世紀及其前後的中國婦女』, 江蘇人民出版社). 그 밖에도 청대 상업사에 대한 저작도 있다. *Local Merchants and the Chinese Bureaucracy*, Stanford University Press, 1986. 후자에 대한 간략한 내용에 대해서는 蒲地典子, 1989, 「近代國家の形成と地域社會-米國における近年の研究動向」, 『中國：社會と文化』 4 참조.

10 조지프 레벤슨(Joseph Levenson, 1920~1969년, 중국명 '列文森' 혹은 '勒文森')은 1941년 하버드 대학 재학 도중 해군에 복무하면서 일본어를 배우기도 하였다. 1949년 페어뱅크의 지도하에 박사학위를 받았다. 그는 1951년부터 1969년 불의의 사고로 사망할 때까지 UC 버클리에서 교편을 잡았다. 그를 기려서 1987년부터 아시아 학회에서는 '레벤슨상(Joseph Levenson Book Prize)'을 제정하여 해마다 우수한 중국사 저술에 대해서 시상하고 있다. 레벤슨은 특히 량치차오(梁啓超)에 대한 연구로 유명한데, 레벤슨에 따르면 량치차오는 서세동점의 시기에, 서구의 가치를 이용해서 중국의 전통을 재구성했다고 한다. 즉 량치차오에 대한 레벤슨의 접근방법은 페어뱅크의 '충격-반응' 접근법과 궤를 같이한다고 할 수 있다. 그의 주저는 모두 중국어로 번역되어 중국학계에도 커다란 영향을 끼쳤다. 그의 주저는 다음과 같다. Joseph Levenson, 1953, *Liang Chi Chao and the Mind of Modern China*, Harvard University Press(勒文森, 劉偉等譯, 1986, 『梁啓超與中國近代思想』 四川人民出版社), 그리고 *Confucian China and Its Modern Fate*, University of California Press, 1958-1965(列文森, 2009, 『儒敎中國及其現代命運』, 廣西師範大學出版社)이 있다. 레벤슨의 량치차오 연구에 대해서는 민두기, 1973, 「梁啓超 초기사상의 구조적 이해」, 『중국근대사연구』, 일조각 참조.

의 지도하에 박사학위를 받았다. 1992년에는 미국 역사학회 회장으로 선출되기도 하였다.[11]

6장을 담당한 필립 A. 쿤(1933~2016년, 중국명 '孔復禮' 혹은 '孔飛力')은 영국 런던에서 태어났으나 미국으로 건너가 하버드 대학을 졸업하였다. 1954년 런던 대학에서 일본사를 전공하였으나 1955년부터 1958년까지 군에 복무하면서 중국사로 전공을 전환하였다. 1959년 하버드 대학에서 박사학위를 받고, 1963년부터 시카고 대학 교수를 역임하였다. 1977년부터 페어뱅크의 후임으로 하버드 대학 교수가 되었다. 1990년 『영혼을 훔치는 사람들』로 조지프 레벤슨상을 수상하였다.[12]

---

[11] 그의 대표작 중에서 우선 우리말로 번역된 것으로는 다음과 같은 저작이 있다. 오금성 역, 1984, 『중국 민중 운동사 연구동향』, 한울; Frederic Wakeman, 1977, *The Fall of Imperial China*, Free Press(김의경 역, 1987, 『중국제국의 몰락』, 예전사). 그 밖에도 그의 저작 중에서 중국어로 번역된 것은 다음과 같다. *Strangers at the Gate: Social Disorder in South China, 1839-1861*, University of California Press, 1966(魏斐德, 王小荷譯, 1988, 『大門口的陌生人 : 1839-1861年間華南的社會動亂』, 中國社會科學出版社); *The Great Enterprise: The Manchu Reconstruction of Imperial Order in Seventeenth-Century China*, University of California Press, 1985(魏斐德, 陳蘇鎭等譯, 1992, 『洪業-淸朝開國史』, 江蘇人民出版社); *Spymaster: Dai Li and the Chinese Secret Service*, University of California Press, 2003(魏斐德, 梁禾譯, 2007, 『間諜王 戴笠與中國特工』, 江蘇人民出版社).

[12] 이영옥 역 2004, 『영혼을 훔치는 사람들-1768년 중국을 뒤흔든 공포와 광기』, 책과함께; 윤성주 역, 2009, 『중국 현대국가의 기원』, 동북아역사재단; 이영옥 역, 2014, 『타인들 사이의 중국인-근대 중국인의 동남아 이민』, 심산출판사. 그의 대표작인 태평천국에 관한 저작은 다음과 같은 중국어 번역으로 나와 있다. Philip A. Kuhn 1980, *Rebellion and its Enemies in late imperial China : Militarization and Social Structure, 1796-1864*, Harvard University Press(孔飛力, 謝亮生等譯, 1991, 『中華帝國晚期的叛亂及其敵人: 1796-1864年的軍事化與社會結構』, 中國社會科學出版社). 그 밖에도 청 말 鍾人杰의 난에 관한 사료를 모아 놓은 다음 저작도 있다. Compiled by Philip, A. Kuhn and Fairbank, J. King with the assistance of Beatrice S. Bartlett and Chiang Yung-che, 1986, *Introduction to Ch'ing Document*, Harvard University, John King Fairbank Center for

9장과 10장을 맡은 류광징(劉廣京, 1921~2006년)은 베이징에서 태어났으나 조적(祖籍)은 원래 복건(福建) 민후현(閩侯縣)이다. 외조부는 진사를 거쳐 선통제의 스승이 된 진보침(陳寶琛, 1848~1935년)이고, 조부인 류훙서우(劉鴻壽)는 북양정부에서 복건염운사 겸 민해관 감독을 역임한 바 있다. 류광징은 복주(福州)에서 미국인을 초빙하여 영어를 배웠고, 1943년 미국 하버드 대학에 입학하였다. 원래는 유럽사를 전공하였으나 박사과정에서 페어뱅크를 스승으로 하여 청대사 연구로 전공을 바꾸었다. 1956년 하버드 대학에서 박사학위를 받은 뒤에, 오랫동안 캘리포니아 대학교 데이비스 분교 교수를 역임하였다.[13]

10장을 담당한 궈팅이(郭廷以, 1904~1975년)는 허난성(河南省) 무양현(舞陽縣) 출신으로 동남대학(東南大學) 역사학과를 졸업하였고 그사이에 중국 근대사 초기 연구자인 나가륜(羅家倫, 1897~1969년)이나 장팅푸에게 지도를 받았다. 이런 의미에서 장팅푸는 페어뱅크와 궈팅이 두 사람 모두에게 큰 영향을 준 셈이다. 1949년 그는 타이완행을 선택하여 타이완 사범대학 역사학과 교수가 되었다. 1955년 중앙연구원의 요청으로 중앙연구원 근대사연구소 설립에 주도적으로 참여하였고, 1968년 중앙연구원 원사로 선출되었다. 타이완 학계에서 근대사 연구의 대가로 알려져 있다. 1971년 도미하여 저술에 힘써서 『중화민국사사일지(中華民國史事日誌)』나 『근대중국사강(近代中國史綱)』[14] 등의 대저를 완성하였고,

---

East Asian Research(Revised Edition, 1993).

13 그의 대표작으로는 양무운동 시기를 다룬 다음 저작을 꼽을 수 있다. 劉廣京, 1990, 『經世思想與新興企業』, 聯經出版事業公司.

14 郭廷以, 1963, 『太平天國曆法考訂』, 臺灣商務印書館; 『中華民國史事日誌』, 中央研究院近代史研究所, 1979; 『中國近代史綱』, 香港中文大學出版社, 1979.

1975년 뉴욕에서 사망하였다.

  마지막 11장을 집필한 폴 코헨(1934~, 중국명 '柯文')은 시카고 대학 졸업 후, 하버드 대학에서 페어뱅크와 벤저민 슈워츠의 지도하에 박사학위를 받았다. 미시간 대학과 웨즐리 대학에서 교편을 잡았고, 정년 후인 현재는 하버드 대학 페어뱅크 중국연구 센터 연구원으로 있다.[15]

  전체적으로 본 권의 필진은 수잔 만 존스 이외에는 대부분 주편자인 페어뱅크와의 학연을 통하여 직간접적으로 연결된 연구자로 구성되었다. 뒤에서 다시 서술하겠지만 본 권의 서술은 상당한 불균형을 노정하고 있는데, 이는 집필진이 어디까지나 페어뱅크와의 학연을 중심으로 이루어졌기 때문이 아닐까 생각된다. 다음은 내용을 간략히 요약하여 소개하기로 한다.

III. 『케임브리지 중국사 10권』의 주요 내용

1. 「이끄는 글: 구질서」 - 존 K. 페어뱅크

  여기에서는 근대 사회로 진입하기 이전의 청대 사회가 지닌 기본적인 구조에 대해서 설명하고 있다. 페어뱅크의 설명에 따르면 당시 중국 사

---

[15] 한국어뿐만 아니라 중국어와 일본어 등으로도 널리 번역된 *Discovering History in China: American Historical Writing on the Recent Chinese Past*, Columbia University Press, 1984(『학문의 제국주의』, 이남희 역, 순천향대학교출판부, 2013)가 그의 대표작일 것이다. 그 밖에도 그의 저작으로는 *China and Christianity: the Missionary Movement and the Growth of Chinese Antiforeignism, 1860-1870*, Harvard University Press, 1963 등을 들 수 있다.

회는 타성에 젖어 있었을 뿐만 아니라, 근대적 관료체제와는 다른 인격적 충성에 근거한 느슨한 관료체제에 입각했다고 서술하고 있다. 20~25만 명의 인구를 지닌 행정 단위인 현(縣)에서 지방관은 중앙정부를 유일하게 대표하는 존재였고, 지도력이 있는 지방 신사들과 긴밀히 협조해야만 했다. 지방관의 우선순위는 지역사회의 평화와 질서를 유지하는 것에 있었다. 한편 농민들은 농촌 시진을 중심으로 생활하고, 시진 공동체의 정점에는 신사(紳士)가 있었으며 이들은 기본적으로 대지주였다. 외형상 18세기 말 청의 통치는 감히 넘볼 수 없는 최고의 힘을 과시하고 있었다. 그러나 19세기 중반이 되면 그것이 속이 텅 빈 허상에 불과하다는 사실이 드러나게 되었다.

2. 「청령 내륙아시아(1800년경)」 – 조지프 플레처

플레처는 1800년 전까지만 해도 청조의 정책적 초점은 내륙아시아에 맞추어져 있었다고 평가하고 있으며, 이러한 관심은 주로 군사적인 정복이라는 형태로 나타났다.[16] 플레처는 여기에서 주로 몽골, 신장, 티베트

---

16 조지프 플레처의 이른 죽음으로 완결되지 못한 청조와 중앙 유라시아의 관계사를 완성한 저작이 피터 퍼듀의 저작(공원국 역, 2012, 『중국의 서진-청의 중앙유라시아 정복사』, 길)이 아닐까 생각된다. 퍼듀 역시 준가르의 정복과 이리 將軍의 설치가 청 제국에 커다란 영향을 주었다고 하고 있다. 이 저작에 대한 비평으로는 吳啓訥, 2014, 「戰略防衛抑或殖民擴張?」, 汪榮祖 主編, 『淸帝國性質的再商榷: 回應新淸史』, 中央大學出版中心. 참조. 吳啓訥의 견해에 따르면 피터 퍼듀의 이 저작은 당시 東進하던 러시아제국의 시베리아 지배와 청조의 西進을 동일한 제국주의적 속성으로 파악하고자 하는 것이라고 지적하고 있다. 다만 당시 러시아제국의 동진은 시베리아에 대한 직접 지배와 경제적 이윤을 목적으로 한 것이라면, '청조의 서진'은 서부 내륙 지역을 간접적으로 지배하는 방식이었기 때문에 양자는 서로 다르다고 지적하고 있다.

지역을 다루고 있다. 우선 몽골에 대해서 보면 다음과 같다. 청조는 몽골에 대해서 군대를 통하여 통치권을 유지하였으며, 18세기 말에 이르면 몽골 유목민에게 실질적인 자치권은 거의 존재하지 않았다. 몽골의 군사력은 쇠퇴했고 유목 경제는 몰락했다. 청 정부는 단일한 몽골 불교가 발전해 몽골족 통합의 구심점이 되는 것을 막기 위해 몽골 내에서 달라이 라마와 몽골의 두 종교 지도자 사이의 세력 균형을 교묘히 유지하려고 했다. 몽골의 인구는 날로 줄어드는 반면 티베트 불교 사원 숫자는 오히려 날로 증가했다.

그 다음으로 신장 지역을 다루고 있다. 청조는 '새로운 영토'라는 의미의 이 지역에 대해서 속령으로 삼았지만, 내부 문제에 대해서는 간섭하려 하지 않았다. 카자흐인들은 이민족이기 때문에 청은 그들의 자사크를 임명하지도 그들을 기로 나누려 시도하지도 않았다.

티베트는 만주, 몽골, 신장과 달리 상당한 정도의 독립을 누리고 있었는데, 대체로 먼 거리와 험준한 지형 덕택이었다. 티베트에 관한 청조의 영향력은 1792년 티베트-네팔 전쟁에 대한 건륭제의 군사개입 때 정점에 달했지만, 이후로는 서서히 쇠퇴했다고 평가하고 있다. 티베트인들이 보기에 청조 황제는 겨우 라마의 세속적 후원자일 뿐이었다. 이는 티베트인들이 달라이 라마의 지위를 청 황제의 지위보다 높게 보고 있다는 것을 의미했다. 1808년 이후 티베트에 대한 청의 영향력은 계속 감소하였다.

3. 「왕조의 쇠퇴와 동란의 근원」 - 수잔 만 존스, 필립 A. 쿤

본 장은 청조가 쇠퇴하고 여러 반란의 원인들에 대해서 다루고 있는

데, 본 권 가운데에서도 매우 중요한 대목이라고 할 수 있다. 앞서 1장에 이어서 청조의 쇠퇴를 청조 관료조직의 비탄력성과 시대 변화에서 찾고 있는 점, 또한 청 말의 변모된 사회 모습의 기원을 가경 연간에서 찾고 있는 점, 그리고 청조의 쇠퇴를 증명한 것이 아편전쟁이 아니라 백련교 반란으로 귀결시키고 있는 점 역시 또 다른 특징이라고 할 수 있다.

청 말과 근대 시기 중국사회의 가장 현저한 특징은 분명 인구 급증이었다. 건륭제 때 진사에 관한 정원이 절대적으로 감소하였고 생원의 정원도 고정되었다. 동생(童生)의 숫자도 18세기 말에는 제한되었다. 매관매직 행위는 제한된 수의 관직에 대한 압력을 증대시켰고, 결국 사회적 이동 통로의 부족 현상을 한층 더 첨예화시켰다. 서역층의 팽창은 명 말에 시작된 명대 일조편법이라는 세제 개혁 이후 현이 떠맡게 된 행정 업무의 부담이 커진 것에 일부 원인이 있었다. 일부 신사들은 불법 혹은 반합법의 활동을 통해 생존을 추구했다. 그중의 하나가 포람(包攬), 즉 징세 청부였다.[17] 또한 청대 한족 관리들이 지방행정을 장악하게 되는 것은 태평천국 시기부터라고 흔히 이야기하지만, 그러한 변화는 사실상 가경 연간부터 시작되었다고 지적하고 있다.

백련교 반란은 청 왕조에 치명적인 타격을 가했다. 이 반란으로 말미암아 지방 신사층의 지지, 새로운 지방 통제 체제의 부과 그리고 향용의 고용이 없으면 정규군만으로는 내부 반란을 진압할 수 없다는 사실이 분명해졌다. 청 정부의 군사력이 돌이킬 수 없이 쇠퇴한 사실을 드러낸 사건은 아편전쟁이 아니라 오히려 백련교의 난이었다고 할 수 있다.

---

[17] 이에 대해서는 홍성화, 2010, 「1841-1842년 鍾人杰의 亂을 통해서 본 청대 지방사회」, 『사림』 43.

4. 「광저우 교역과 아편전쟁」 – 프레더릭 웨이크만 2세

웨이크만은 청조 역사의 중요한 분수령인 제1차 아편전쟁에 이르는 과정을 다루고 있다. 웨이크만의 견해로는 청조에게 있어서 가장 중요한 무역항인 광저우로부터 얻어지는 이익의 상당 부분은 황제의 사복을 채우게 되었고, 이와 마찬가지로 해관 관리들의 부패 정도 역시 점점 심해졌다. 1826년 이후 스페인령 아메리카의 은 공급원이 고갈되고 미국인들이 국내 투자로 방향을 전환하면서 중국으로의 은화 수입이 크게 줄어들었다. 반면 은 유출은 심각해서, 1828년~1836년 사이 3,800만 냥이나 유출되었다.

아편 문제를 해결하기 위하여 흠차대신으로 파견된 임칙서는 도덕적 엄정성과 단호하고 신속한 행동을 통해 국내의 아편상들과 마찬가지로 영국 상인들을 쉽게 위압할 수 있을 것이라고 믿었고 영국과의 전쟁까지 생각하지는 않았다.

본 장에서 웨이크만은 아편 문제에 대처하는 임칙서의 행동을 서술하기 위하여 임칙서의 정치적 행동과 사상의 변천을 매우 주의 깊게 서술하고 있다. 웨이크만에 따르면 임칙서는 근대적 내셔널리즘의 선구자일 뿐만 아니라 현실에 입각한 주도면밀한 행동가이기도 하였다. 이 장에서는 아편전쟁이 어떻게 벌어졌고, 그 결과로서 난징조약과 부수 조약이 맺어지게 된 경과를 생생하면서도 훌륭하게 묘사하고 있다.

5. 「조약 체제의 성립」 – 존 K. 페어뱅크

본 장은 주편자이자 청 말 대외관계가 주요 전문인 페어뱅크가 서술한 것으로서, 아편전쟁 이후 어떻게 청조의 조약체제가 형성되었는가에 대해서 다루고 있으며, 앞서 웨이크만의 서술과 마찬가지로 당시까지 축적되어 온 미국학계의 연구성과를 압축적으로 보여 주고 있다.

아편전쟁 당시까지 청조의 공식 문서들은 영국을 전통적인 화이질서에 입각하여 '영역(英逆)', 즉 베이징 중심의 세계질서에 속해 있지만 그에 반항하는 반역적인 존재로 묘사하고 있다. 조약항 체제 역시 중국인들에게 완전히 새로운 것이 아니었고, 새로운 조약의 조항들은 모두 중국 전통의 확대였으며 제도로 볼 때는 예전의 전통과 충돌되는 것은 아니었다. 페어뱅크에 따르면 오늘날의 시점에서 볼 때, 아편전쟁은 하나의 대격변으로 보일지 모르지만 당시에는 그렇게 기록되지 않았다고 한다.[18]

페어뱅크에 따르면, 영국은 중국 제국을 하나의 식민지로서 지배하기를 바란 것이 아니라 법적 규제하에 진행되는 영국식 국제관계와 자유무역 방식을 중국이 따르기를 원한 것이었고, 이를 통해서 영국의 상업적 이익이 보장되기를 원했다. 그리고 난징조약으로 5개 항구가 개방되자 복건(福建) 지방의 차와 안후이-장쑤 지방의 생사는 좀 더 가까운 수출로인 상하이를 통해 수출되었으며, 이에 따라 메이링(梅嶺)을 넘어 광저우로 이어지던 과거의 수송로에서 생계를 유지하던 선부(船夫)와 짐꾼들은 일자리를 잃게 되었다고 한다.[19]

---

18 이 점에 관해서는 모테기 도시오 저, 박준형 역, 2018, 『중화세계 붕괴사』, 와이즈플랜, 57-63쪽, 참조.
19 1842년 상하이 개항으로 인한 운수노동자의 대량 실업이 태평천국 운동으로 이어졌다는 宮崎市定의 설을 참조. 宮崎市定, 1993, 「太平天國の性質について」, 『宮崎市定全集 16 近代』, 岩波書店).

그 뒤 페어뱅크는 1856년 제2차 아편전쟁의 시작과 경과를 서술하고 있다. 애로호 사건을 이용하여 전쟁을 발발시킨 영국 측 역시 교역의 기회와 근대적 유형의 관계를 확보하기 위해 필요 이상으로 중국의 중앙정부가 약화되는 것을 바라지 않았다고 한다. 전쟁의 결과가 명확해지면서 조약을 체결하게 되었는데, 청조 조정의 입장에서 핵심적인 논란거리가 되었던 것은 과거 광저우에서 오랫동안 문제되어 왔던 국가 간 평등 문제였다. 외세의 압력을 받고 있었지만 조정으로서는 조공 사절에 대한 오래된 규정을 따르지 않는 외국인의 베이징 방문이라는 것은 상상조차 할 수 없었다. 톈진 조약 체결 이후, 청조의 영국 군인 살해를 계기로, 영국군은 함풍제를 엄중하게 응징하기로 결정하고 이미 외국 군대에게 심하게 약탈된 베이징 북서쪽의 여름 별궁 원명원을 불태워버렸다. 페어뱅크는 청조 조정은 평등한 관계에 기반한 대화를 거부하다가 마침내 불평등한 관계를 강요받게 되었다고 서술하고 있다. 그리고 서구와의 평등한 조약을 맺고 있는 것과는 별도로 청조와 기존의 조공국과의 조공관계는 지속되었다는 지적도 잊지 않고 있다.

6. 「태평천국의 난」 – 필립 A. 쿤

본 장은 태평천국에 관한 학위 논문(『청 말의 반란과 그 적들』)으로 저명한 필립 A. 쿤이 담당하고 있으며, 자신의 학위논문을 알기 쉽고 요령 있게 서술하고 있다. 다만 『청 말의 반란과 그 적들』과의 차이점을 보면, 그 부제가 '1789~1864년의 군사화와 사회구조'임에서 알 수 있듯이 태평천국에 대한 직접적인 논문이라기보다는 청 말 신사들의 무장화 과정을 다루면서 그 주요 계기 가운데 하나로서 태평천국을 다루었다. 반면 본 장은 태평천국 그 자체에 천착하고 있다는 점에서 차이가 있다고 할 수 있다. 큔의 서술상의 특징 가운데 하나는 태평천국 운동의 기원을 사회경제적 조건[20]에 찾기보다는 주로 기독교 이념에서 그 기원을 찾고 있는 점이 특징이 아닐까 생각된다.

특히 그에 따르면 『천조전무제도』 가운데 당황스러운 부분은 토지의 정기적인 재분배에 대한 구체적인 언급을 어디에서도 찾아볼 수 없다는 점이라고 한다. 실제로 태평천국의 토지 정책은 빈농과 토지가 없는 노동자들을 광범위하게 끌어들일 수 있었음이 분명하다. 그리고 태평천국 운동에서 기독교 신앙이 차지하는 위치에 대해서 다음과 같이 정의하고 있다. 기독교 신앙은 객가인들의 투쟁을 새로운 의미 차원으로 끌어 올렸다. 즉 그것을 구원받은 자와 저주받은 자의 전투로 바꾸었던 것이다. 이제 그들은 그들 특유의 정의감으로 충만되어 모든 것을 포괄하는 우주관을 바탕으로 청조의 문화에 대항할 수 있었다고 한다.[21]

큔의 견해에 따르면 태평천국군은 전통 사회의 가치와 제도를 거부했기 때문에 점령한 도시의 배후에 있는 내륙의 농촌에까지 통제력을 확장하기 어려웠다고 한다. 태평천국에게는 도시가 제국의 정통성의 상징이었으며 또한 그곳에서만이 그들의 독특한 제도를 유지시킬 수 있었다. 중국 고유의 농촌 조직 형태들은 오히려 정통 신사들에 의해 쉽게

---

20 예를 들면, 박기수, 1994, 「중세말 농민반란의 세계사적 이해-19세기 중반 중국의 태평천국 농민전쟁」, 『역사비평』 26 참조.
21 何柄棣는 본 권에 대한 서평 속에서 필립 큔이 인용한 태평천국군이 당시 불렀던 노래에 대한 필립 큔의 영문 번역에 대한 오류(469쪽)를 지적하고 있다. 토비 張嘉祥이 불렀다는 노래의 원문은 "上等的人欠我錢, 中等的人得覺眠, 下等的人跟我去, 好過租牛耕瘦田." 인데, 필립 큔은 "중류층은 깨어나야 하리"로 번역하고 있다. 반면 何柄棣는 "중류층은 푹 잠을 자고 있다"라고 번역하는 것이 옳다고 지적하고 있다.

동원되었으며 이들은 중심 도시를 태평천국군에게 점령당했음에도 불구하고 많은 현에서 지방 방어 조직을 이용해 농촌에 대한 통제력을 성공적으로 유지할 수 있었다고 결론 맺고 있다.

7. 「중국-러시아 관계(1800-1862년)」 - 조지프 플레처

본 장에서는 청조와 러시아와의 관계를 다루고 있으며, 플레처가 서술을 담당했다. 청조와 러시아와의 정식 외교관계는 1689년 네르친스크 조약을 생각한다면 영국보다도 훨씬 앞서기 때문에 오히려 러시아 외교관계에 대한 서술은 제2차 아편전쟁에 관한 서술보다 앞서 배치했어야 했다는 생각이 든다.

플레처는 캬흐타 조약 체결 당시 러시아는 중국에 조공의식을 행한다는 조건하에 3년마다 베이징에 대상(隊商)을 보낼 수 있었으며, 베이징으로 파견된 러시아 사람들은 항상 청조가 조공국에 요구하는 삼궤구고두를 행해 왔다고 한다. 당시 청조의 입장에서 볼 때, 러시아는 어디까지나 조공국의 일원이었다.

이러한 양국의 관계가 바뀌기 시작한 것은 역시 19세기에 들어와서부터였다. 1853년 페리 제독에 의한 일본의 문호 개방 이후, 동아시아의 전략적 중요성이 높아졌다. 러시아도 이러한 경향에 편승하여 아무르강 북쪽 영역을 광범위하게 탐사했다. 청과 러시아는 1858년 아이훈 조약을 맺게 되었는데 청조는 영토를 할양하는 것이 아니라 단지 러시아인의 이주와 교역을 정식으로 인정하는 일시적인 조치로 간주하였다.

청과 러시아 사이의 베이징 조약은 1860년 11월 14일에 체결되었다. 이 조약은 러시아가 아이훈 조약에서 추구하였던 것들을 제공했고 아울러 텐진 조약의 내용을 확인하는 동시에 확대했다. 청제국은 연해주의 가치를 제대로 인식하지 못하고 시대착오적인 정책을 고수하여 귀중한 영토를 잃게 되었다.

8. 「청조의 몽골, 신장, 티베트 통치의 전성기」 - 조지프 플레처

본 장에서 플레처는 신장과 몽골에 대한 청조의 지배에 대해서 다루고 있다. 역사가들은 청제국의 19세기 역사를 쇠퇴기로 보는 경향이 있다. 청제국 자체는 몰락하고 있을지 몰라도 한족의 중국, 그들의 문화와 역량은 전례 없는 확장기로 들어가고 있었다. 19세기 전반기에 내륙아시아에서 청조의 통치는 전성기를 구가했다고 한다.

1820년에는 코칸트 칸국의 자한기르가 청나라에 의한 통치에 반발하면서 '호자'(Khoja)[22]의 부활을 외치며 반란을 일으켰지만, 자한기르 호자는 1828년에 포로가 되어 베이징에서 도광제에 의해 처형당했다. 몽골 지역 역시 한족의 지배가 가속화되었다. 특히 한인 이주자들은 몽골 지역에서 많은 경제적 이익을 획득하였고 몽골인들은 이들에게 채무를 지는 신세가 되었다. 플레처는 전체적으로 볼 때 반란과 유럽의 침략 및 침체되어 가던 만주족의 운명에도 불구하고 1790~1860년대에 이르는 기간은 청제국에게는 위대한 시기였다고 결론을 맺고 있다.

---

22 아팍 호자의 반란에 대해서는 김호동, 1999, 『황산에서 천산까지』, 사계절, 198-200쪽; 潘向明, 2011, 『淸代新疆和卓叛乱研究』, 中國人民大学出版社 참조.

9. 「청조의 중흥」 - 류광징

본 장에서 류광징은 청 말 청조의 중흥, 즉 동치중흥(同治中興)에 대해서 다루고 있다. 류광징에 의하면 청조가 중흥을 이룩할 수 있었던 것은 무엇보다도 중국의 엘리트들이 본인들의 이익을 왕조의 이익과 동일시했으며, 그들이 임시방편으로 조직한 민병으로 지방의 질서를 유지할 수 있었기 때문이라고 한다. 이에 따라서 청조의 통치자들은 이미 엄격한 교육을 받은 (한인) 사대부 관료들을 단단히 신임하게 되었다.[23] 그리고 그 다음으로는 1861년 총리아문의 성립, 그 뒤 같은 해 함풍제의 사망과 서태후의 정권 장악('신유정변')을 상세히 다루고 있다. 이 과정에서 공친왕은 '의정왕(議政王)'으로서 청조의 새로운 외교 정책의 실질적인

---

[23] 메리 라이트는 동치중흥(1862~1874)의 궁극적 목표가 유교 가치와 그 제도의 부흥에 있다고 정의를 내리고, 당시 滿漢의 관계는 "Sino-Manch synthesis"였다고 하며 융합적인 상태였으며, 중앙 권력과 지방권력 사이에 전통적인 균형 상태를 회복한 것으로 파악하였다. Mary Wright, 1966, *The Last stand of Chinese Conservatism : the T'ung-Chih Restoration, 1862-1874*, Stanford University Press, 58쪽. 동치중흥에 관한 연구로 저명한 메리 라이트(1917~1970년, 중국명 芮瑪麗)는 알라바마에서 태어났다. 래드클리프 칼리지에서 유럽사를 전공하였으나, 페어뱅크로부터 영향을 받고 중국사 연구로 전환하였다. 1940년 중국 중세사 연구로 유명한 아서 라이트와 결혼하였으며, 2차 대전 종전 후까지도 중국 각지를 답사하고 마오쩌둥을 비롯한 주요한 인물들을 직접 만나기도 하였다. 미국으로 돌아온 후, 1951년 '동치중흥'에 관한 연구로 박사학위를 받았고, 1959년 남편과 함께 예일 대학 교수가 되었다. 예일 대학 인문학 전공 가운데 여성으로서 최초의 패컬티 멤버가 되었다고 한다. 신해혁명에 관한 연구까지 그 연구영역이 확대되었으나 52세의 나이로 폐암으로 사망하였다. 대표작으로 앞서 동치중흥에 관한 연구 역시 다음과 같은 중국어 번역이 출간되었다. 芮瑪麗, 房德鄰等譯, 2002, 『同治中興-中國保守主義的最後抵抗(1862-1874)』 中國社會科學出版社. 그리고 그녀가 편집한 다음 저작 역시 책도 빼놓을 수 없다. *China in Revolution: The First Phase, 1900-1913*, Yale University Press. 1968. 메리 라이트의 학문에 대해서는 민두기, 1976, 「라이트 女史의 편지」, 『역사의 창』, 지식산업사; 폴 코헨 저, 이남희 역, 2013, 『학문의 제국주의』, 순천향대학교출판 124-130, 331-334쪽. 각각 참조.

입안자가 되었으며 서방 관리들로부터 총리아문의 '실력자'라는 평가를 받았다. 그뿐만 아니라 정변 후에는 군기처의 핵심 인물로도 부상했다.

그 다음으로는 '중흥'이라는 타이틀과는 달리 청조의 구조적 문제점에 대해서 집중적으로 다루고 있다. 류광징에 따르면 가장 커다란 문제는 지방행정 구조였고,[24] 서리와 아역의 부정부패가 심각한 수준이었다고 한다. 예를 들면 19세기 초 저장성의 몇몇 현에는 이미 1,500~1,600명에 달하는 아역이 있었고, 산둥의 큰 현에는 적어도 1,000명 정도의 아역이 있었다고 한다. 100~200명의 아역이 사건을 조사하기 위하여 온 서리들을 따라 몰려왔다고 한다. 마을 사람들은 그들이 수고한 데 대해 식사와 비용을 제공해야 했다. 그럼에도 불구하고 당시 이 문제에 관한 중국번의 견해는 행정 개혁이 아니라, 도덕적인 가치를 더욱 중시하는 것이었다고 한다. 류광징은 동치중흥에 대하여 "중국의 전통적 제도의 타당성을 다시 한 번 주장하기 위한 최후의 위대한 노력"이라는 메리 라이트의 견해를 인용하며 본 장을 마치고 있다.

10. 「자강 운동: 서양 기술의 도입」 - 궈팅이·류광징

궈팅이[25]와 류광징, 두 연구자가 집필한 본 장은 주로 양무운동을 다루고 있다. 공친왕과 문상(文祥)은 서구열강이 전반적으로 조약을 충실하게 준수하고 있는 사실에 깊은 인상을 받았다. 한편, 이홍장은 서양

---

24 이에 대해서는 민두기, 1973, 「청대 막우제와 행정질서의 특징」, 『중국근대사연구』, 일조각 참조.
25 궈팅이(1904~1975년)의 학문과 생애에 대해서는 정문상, 2015, 「郭廷以의 근대중국론과 臺灣의 문화냉전」, 『중국근현대사연구』 68 참조.

기술을 습득하기 위한 일본의 노력에 감명을 받았다. 한편 풍계분(馮桂芬)은 1861년 『교빈려항의(校邠廬抗議)』를 통하여 중국이 절실하게 필요로 하고 있는 광범한 내부 개혁을 제안하였다. 그는 영국, 러시아, 프랑스, 미국의 국력이 비슷해 서로 세력 균형을 이루고 상호 견제하고 있어서 적어도 당분간은 현상 유지 국면이 될 것이라고 믿었다. 따라서 중국이 빠른 시간 내에 자강을 이루는 것, 그것은 절체절명의 과제였다.

본래 총리아문은 교역에 관한 협상을 담당하던 곳이었지만 모든 '서양 관계 사무(洋務)'를 관장하는 핵심 조정기관이 되었다. 양무 활동은 청 조정으로서는 전혀 새로운 형태의 활동으로서 여기에는 외교 문제, 대외 교역 관세, 상인이나 선교사에 관한 모든 문제들뿐만 아니라, 외국어 학교, 군사 훈련, 병기창, 조선소, 광산, 증기 상선, 해군 등 서양인들과 관련된 새로운 정책의 관리와 운영 등이 포함되어 있었다. 1861년에 설립된 후 약 23년 동안 총리아문은 군기처와 거의 동일시되었다.

1873년 말까지 이런 소총 4,200여 정을 생산했지만 제조 가격이 수입된 레밍턴 소총보다 높았을 뿐 아니라 품질도 훨씬 떨어졌다. 푸저우 선정국에서 생산된 배들이 강남에서 제조된 윤선보다 뛰어났다고 하더라도 속도가 느리고 유지비가 많이 든다는 점은 마찬가지였다고 지적하고 있다.

11. 「1900년까지 기독교 선교회와 그들이 미친 영향」
- 폴 A. 코헨

주로 근대 시기 기독교 등의 서구문화 유입을 전문으로 하는 폴 코헨이 본 장을 담당하고 있다. 그에 따르면 중국 토착문화를 향한 선교사들의 요구는 타협이나 양보의 여지가 없었기 때문에 중국인들의 관점에서 볼 때 그들이야말로 가장 공공연히 전통을 파괴하는 자들이었다는 점을 인정하고 있다. 개신교의 중국 내 선교활동은 1807년 런던 선교회 소속의 로버트 모리슨[26]의 도착과 함께 시작되었다. 모리슨은 윌리엄 밀른[27]의 도움을 받아 1819년 신약과 구약 성서의 번역을 완료했고 이어 최초로 중영사전을 편찬했다.

1860년 이후 가톨릭 선교사들은 지방의 정치적·사법적 사안에 적극 개입하였는데, 이는 행정당국과 비교인인 일반 대중의 적대감을 극도로 자극했다. 1860~1900년의 40년 동안 중국에서는 최고위급 외교 교섭을 요하게 될 정도의 중대 사안으로 발전한 사건이나 소요만도 수백 건을 헤아렸고 지방 차원에서 쉽게 타결된 사건은 수천 건에 달했다.

왜 그렇게 많은 중국인 관리들이, 특히 하급 관리들이 외국인 선교사들을 적대시했을까. 관리들이 호의적이었든 그렇지 않든 1860년 이후 선교 반대 활동이 청조의 각급 관아를 가장 괴롭히는 사안의 원천이 되었다는 것은 명백한 사실이다. 그리고 선교사들이 중국의 개혁운동 운동에 미친 영향은 1895~1898년 사이에 최고조에 도달했다. 청 말의 가장 대담한 철학적 주장 중의 하나인 담사동(譚嗣同)의 『인학(仁學)』[28]은 기독교와 유교 교리에 동일한 비중을 부여하고 있는데, 당시로서는 전례가 없는 것이었다. 의화단 대학살 사태는 중국인과 외국인 사회 간에 계속 점증하고 있던 긴장이 최고조에 달한 시점에서 터진 것으로서 기

26　개신교의 중국 첫 선교사인 로버트 모리슨의 생애와 사상에 대해서는 이병길, 1994, 『로버트 모리슨』, 한국기독교역사연구소 참조.
27　윌리엄 밀른의 생애와 사상에 대해서는 조훈, 2008, 『윌리엄 밀른』, 그리심 참조.
28　담사동의 생애와 사상에 대해서는 이명수, 2010, 『담사동』, 성균관대출판부 참조.

독교 선교에 반대하는 배외 세력의 압박이 최고 수위를 넘어섰음을 보여 주는 것이다.

IV. 결론: 『케임브리지 중국사 10권』의 서술 특징

중국사에 관한 주편자 페어뱅크의 시각에 대한 폴 코헨의 주장은 다음과 같다. 주편자인 페어뱅크의 연구 방법은 폴 코헨의 말을 빌자면 한마디로 '충격-반응' 접근법이라고 할 수 있다.[29] 그에 따르면 페어뱅크가 중국 역사 고유의 오랜 전통을 중시하지 않는 것은 아니지만, 과학이나 기술 혹은 경제(=자본주의)나 정치사상(=내셔널리즘)은 모두 서양에 의해서 발전하기 시작한 것으로, 만약 이를 '근대성'이라고 총칭할 수 있다면, 중국에서 근대성은 어디까지나 서양에 의해서 '밖으로부터' 도입되었다는 입장이라고 할 수 있다. 그 때문에 중국 근대사는 어디까지나 서양으로 인해 촉발된 근대성의 '충격'에 대한 중국 측의 '반응'의 역사라고 설명하고 있다.

일례로 아편전쟁으로 인하여 대량의 실업자가 발생하고 이것이 기독교의 전파 등과 어우러져서 태평천국 운동으로 이어졌으며, 이를 진압한 이홍장 등의 양무파 관료들이 등장하게 되었다는 점은 다른 개설서의 서술과 대동소이한 점이라고 할 수 있다. 다만 풍계분 등의 양무파 관료

---

[29] 폴 A. 코헨 저, 이남희 역, 2013, 앞의 책, 90-92쪽. 참조. 그밖에도 페어뱅크 저, 양호민 외 역, 1983, 앞의 책, 제6장 「서양으로부터의 충격」 참조.

들의 개혁론의 기원을 도광 연간 포세신(包世臣)이나 위원(魏源) 등에서 찾기보다는 기독교의 영향에서 찾고 있는 점도 두드러진 특징이라고 할 수 있다.[30] 이런 점에서 이 개설서의 상당 부분은 '충격-반응'이라는 도식에서 서술되고 있다고 해도 과언이 아니지 않을까 생각된다. 이러한 점이 두드러지는 부분이 마지막 11장 기독교에 관련된 부분이다.

마지막 장을 기독교에 할애한 것은 상당히 의도가 있는 부분이라고 생각되며, 과연 청 말이라는 시점에 기독교 전파를 하나의 장으로 다룰 할 만한 가치가 있는가에 대해서 매우 의심스럽다고 할 수 있다.[31] 11장의 서술 방식에 대해서 "선교사가 중국에 준 충격과 중국 측의 반외세적인 반응"을 서술하고 있다고 평가되고 있다. 어찌 보면 폴 코헨이 가장 비판하고 극복의 대상이 된 '충격과 반응' 접근법에 가장 어울리는 대상이 바로 자신이 작성한 11장이라고 할 수 있다. 이러한 그가 훗날 '중국 자신에 입각한(China-centered)' 접근법을 적극적으로 소개하고, 중국의 근현대사는 중국 내부의 조건에 의해 판단되고 연구되어야 한다고 주장했던 것은 상당히 아이러니하다고 할 수 있다.[32]

서술 내용에서 지역적 분포를 보면 알 수 있듯이, 중앙 유라시아 전문인 조지프 플레처가 12장 가운데 3개의 장을 집필하고 있으며, 중앙아

---

30 청 말의 개혁사상의 사상적 기원을 외부의 충격에서 찾기보다는 청대의 봉건론과 연결지어 사고하는 것은 오래전부터 지적되어 온 바가 아닐까 생각된다. 일례로 민두기, 1973, 「청대 봉건론의 근대적 변모-청말지방자치론으로의 경사와 신사층」, 『중국근대사연구』, 일조각; 필립 큔 저, 윤성주 역, 2009, 『중국 현대국가의 기원』, 동북아역사재단 참조.

31 죠수아 포겔 역시 이 점에 동의하고 있다. Joshua A. Fogel, 1979, 앞의 글, 160-161쪽.

32 폴 A. 코헨, 2013, 앞의 책.

시아에 대한 비중이 이례적으로 높은 것이 특징이다.[33] 또한 11장 기독교에 관한 부분을 한 장으로 설정한 것도 상당히 이례적인 장절 구성이라고 할 수 있다. 참고로 이 시기를 다루고 있는 국내에 소개된 개설서[34]의 내용은 큰 흐름 속에서 볼 때, ① 도광 연간까지의 청제국 체제, ② 광둥체제와 아편무역, ③ 제1차 아편전쟁, ④ 태평천국운동, ⑤ 제2차 아편전쟁과 베이징·텐진 조약, ⑥ 양무운동, ⑦ 1884년 청불전쟁, ⑧ 1894년 청일전쟁, ⑨ 무술변법 등의 내용이 위주라고 할 수 있다. 이 흐름은 다음 〈표 2〉와 같이 정리할 수 있다.

〈표 2〉 중국 근대사의 주요 흐름

침략·저항	아편전쟁 → 애로호전쟁 → 청불전쟁 → 청일전쟁 → 의화단
근대화	동치중흥 → 양무운동 → 무술변법 → 광서신정(光緒新政)
혁명	청 말 혁명운동 → 의화단 → 혁명파·입헌파 → 신해혁명

출처: 가와시마 신, 2014, 「중국근대외교사연구의 방법과 과제」, 『이화사학연구』 49, 258쪽 변용.

결국 제1차 아편전쟁 → 태평천국 운동 발발, 제2차 아편전쟁 → 텐진 베이징조약 → 양무운동, 청일전쟁 패배 → 시모노세키 조약 → 무술

---

33 何柄棣(Ho Ping-ti)는 본 권에 대한 서평에서 플레처의 서술 부분이 본 권에서 가장 신선하고 유익한 파트라고 상찬하고 있다. 청조와 중앙아시아에 관한 플레처의 개략적 설명으로는 Joseph F. Fletcher, 1968, "China and Central Asia, 1368-1884," Fairbank, J. King, ed., *Chinese World Order*, Cambridge. Harvard University Press 참조.

34 이와 관련하여 참고로 한 중국 근대사 개설서는 다음과 같다. 小島晋治 외 저, 박원호 역, 1991, 『중국근현대사』, 지식산업사; 신승하, 2004, 『근대중국: 개혁과 혁명』, 대명출판; 이매뉴얼 C.Y. 쉬(徐中約), 2013, 『근 - 현대중국사』, 까치글방; 胡繩 저, 박종일 역, 2013, 『아편전쟁에서 5.4운동까지』, 인간사랑; 요시자와 세이치로 저, 정지호 역, 2013, 『중국근현대사-1, 청조와 근대세계』, 삼천리, 2017; 윌리엄 로 저, 기세찬 역, 2014, 『하버드 중국사-청』, 너머북스; 나미키 요리히사 외 저, 김명수 역, 2017, 『아편전쟁과 중화제국의 위기』, 논형; 이영옥, 2019, 『중국근대사』, 책과함께; 배경한 편집, 2019, 『중국 근현대사 강의』, 한울.

변법 → 의화단 운동 등으로 이어지는 흐름은 사실 거의 모든 개설서에서 그대로 반복되고 있다고 해도 과언이 아니다. 본 권 역시 그와 상당히 유사한 흐름을 보여 주고 있기는 하나, 앞서 지적한 대로 중앙아시아사와 기독교에 대한 비중이 높은 것이 특징이라고 할 수 있다.

이 책의 이질적인 구성은 다른 중국 근대사 개설서와 비교할 때 더욱 그러하다. 일반적인 중국 근대사 개설서는 제2차 아편전쟁 이전까지 청 제국의 주요 카운터 파트너는 영국이고, 그 뒤 청불전쟁 시기까지는 영국과 프랑스, 일본의 타이완 출병 이후부터는 일본이라는 스토리로 구성되어 있다. 하지만 이『케임브리지 중국사』10권은 얼마간 의도치 않게, 내륙 아시아 속에서 청조를 바라보고 있는 것이 커다란 특징이라고 할 수 있다. 아마도 바다를 통한 외세의 침입과 갈등은 청 말 편의 2부인 11권에 다루어질 예정이었기 때문일지도 모르겠다. 참고로 본 권에서는 이웃나라 조선 왕조에 관한 서술은 조공 관련을 서술할 때 한 번밖에 등장하지 않는다.

본 권의 서술상의 특징은 청조 내부의 구조적 변화에 관한 서술, 그리고 대외관계에 중점을 두는 서술로 나뉠 수 있다고 생각된다. 구조적 변화에 관한 기본적인 인식은 다음과 같다고 생각된다. 청조 전통적인 구조는 황제를 정점으로 한 관료제이지만, 사적 충성으로 맺어진 상당히 중앙집권도가 낮은 구조였으며, 특히 청조의 약점은 지방통치에 있었다. 지방관은 관할 지역을 완전히 장악하지 못했고, 지방 유력자인 신사층에 협력을 구해야만 했다. 청조의 약점은 세금 징수 과정에서 두드러졌는데, 세금을 주로 내야 하는 대호(大戶)는 요역은 물론이고 세금까지 회피하였다. 그리고 세금 징수 과정에서 서리와 아역의 자의적 징수와 횡령도 횡행하였다. 풍계분과 같은 인사들이 이를 비판하고 개혁을 주장하게 되었다는 것으로, 영국 등의 침략 이전에도 청조 내부는 상당히 심각한 문제를 내포하고 있다는 관점이다.

이러한 진단에도 불구하고 이를 면밀히 뒷받침할 만한 사회경제적 분석은 결여되어 있는 점은 본서의 출간 직후부터 쭉 지적되어 왔으며,[35] 이 점은 11권에서도 그다지 개선되지 않았다고 판단된다. 아편전쟁 이전의 불황, 이른바 '도광불황(道光不況)'[36]이라든가, 아편전쟁 이후 개항에 따른 경제적 여파 등은 그 중요성에 비해서 서술이 지나치게 소략하다는 단점이 있다.

그 밖에도 동치중흥과 자강운동에 관한 서술은 메리 라이트의 『동치중흥』이 지닌 다채로움에 비하면 다소 평면적이며, 양무운동 시기 근대적 외교의 형성이라든가, 상공업 정책에 대해서 서술이 매우 부족하다. 아마도 1970년 메리 라이트의 때 이른 죽음이 아니었으면 그녀가 이 부분의 집필을 담당했을 것이라고 충분히 예상할 수 있을 것이다.

청조와 중앙아시아 관련 서술을 맡은 조지프 플레처의 관점은 지금의 눈으로 봐도 상당히 혁신적이며 현재 신청사를 비롯하여 중앙유라시아의 시점에서 청조를 바라보려는 노력의 시초에 해당되는 것이 아닐까 싶다. 청조가 중요하게 여겼던 곳은 영국, 프랑스, 일본 등이 육박해 오고 있는 실질적인 전투의 장(場)인 바다 쪽이 아니었다고 간주하고 있는 듯하다.[37] 다만 청조의 중앙유라시아 지배가 성공적이었다고 하는 플레처

---

35 Ping-ti Ho, 1979, p. 136.
36 도광 연간의 경제불황에 대해서는 吳承明, 2001, 『中國的現代化: 市場與社會』, 三聯書店, 「18世紀與19世紀上葉的中國市場」 참조.
37 조슈아 포겔도 이 점에 동의하고 있다. Joshua A. Fogel, 1979, 앞의 글, 161쪽. 그에 따르면 플레처가 집필한 챕터들은 19세기 초에서 청조 정부가 어떤 것을 최우선시하고 있었는가라는 문제에 대해서 연구자들에게 하나의 방향 전환을 해 준다고 평

의 평가와는 달리 1864년 야쿱 벡의 반란[38]을 생각한다면, 중앙아시아에서 청조의 우위가 그렇게 안정적이었을지는 의문이다.

이런 의미에서 청조를 중앙 유라시아의 역사의 일부로 파악하는 플레처의 관점과 해양을 통한 서양의 영향을 중시하는 페어뱅크류의 관점[39]은 사실은 전혀 이질적이며, 나아가 상충적이라고 할 수 있다. 특히 플레처는 유고(遺稿)가 된 논문[40]에서 세계사의 파악방법으로서 수평적 연속성('horizontal continuities')과 수직적 연속성('vertical continuities')을 각각 언급하고 있다. 플레처가 이 두 가지 속성이 정확히 무엇인가라는 점을 설명하고 있는 것은 아니지만, 문맥상 '수평적 연속성'은 설령 서로 떨어진 지역이라고 하더라도 그 동시대성을 중시하는 것이고, 수직적 연속성은 '제도적 문화적 구성(configurations)'을 기준으로 수직적으로 상승하거나 하강하는 모습을 상정하는 것 아닐까 생각된다. 이렇게 본다면 페어뱅크의 '충격과 반응' 접근방법은 '수직적 연속성'을 중시하는 방법이고, 정반대로 플레처의 방법은 '수평적 연속성'을 강조하고 있다고 봐도 좋을 것이다. 다시 말해서 페어뱅크는 근대 중국에서 주요한 변화의 계기는 바다를 통한 서양과의 충돌에서 왔다고 파악한 반면, 플레처의 입장에서 청조의 정치적 안정은 서부 내륙지역, 즉 신장지역의 안정에 달려 있다고 파악하고 있다. 이러한 차이는 본 권에서는 다루고 있지

가하고 있다.

38 김호동, 1999 『근대 중앙아시아의 혁명과 좌절』, 사계절.
39 대표적인 경우로 J. King Fairbank, 1968, "The Early Treaty System in the Chinese World Order," John K. Fairbank, ed., *Chinese World Order*, Cambridge. Harvard University Press 참조.
40 Fletcher, Joseph F., 1985, 앞의 글.

않지만, 마치 1870년대 청조의 입장에서 해양이 관건이라고 파악하는 이홍장(李鴻章), 반면에 서북 변강이야말로 청조의 관건이라고 주장한 좌종당(左宗棠) 사이에서 벌어진 해방(海防)·새방론(塞防論)의 다툼을 보고 있는 듯하다.[41] 이런 의미에서 볼 때, 본 권은 당시로서는 선구적인 저작인 동시에, 여러 가지 관점의 충돌을 그대로 드러내고 있는 저작이라고 정의할 수 있다고 생각된다.

---

41 이 점에 관해서는 모테기 도시오 저, 박준형 역, 2018, 앞의 책, 57-63쪽. 참조.

참고문헌

Fairbank, J. King, ed., 1978, *The Cambridge History of China: Volume 10, Late Ch'ing 1800-1911, Part 1*, Cambridge University Press.
존 K. 페어뱅크 외 저, 김한식·김종건 역, 2007, 『캠브리지 중국사 10: 청제국 말 1800~1911』 상하, 새물결.

가와시마 신 저, 양희정 외 역, 2014, 「중국근대외교사연구의 방법과 과제」, 『이화사학연구』 49.
김정현, 2017, 「蔣廷黻의 중국 근대외교사 연구와 1930-40년대 외교활동」, 『중국근현대사연구』 73.
김호동, 1999, 『근대 중앙아시아의 혁명과 좌절』, 사계절.
_____, 1999, 『황산에서 천산까지』, 사계절.
나미키 요리히사 외 저, 김명수 역, 2017, 『아편전쟁과 중화제국의 위기』, 논형.
로널드 슐레스키 저, 김성규 역, 2008, 『하버드대학의 동아시아연구-최근 50년의 발자취』, 현학사.
모테기 도시오 저, 박준형 역, 2018, 『중화세계 붕괴史』, 와이즈플랜.
민두기, 1973, 『중국근대사연구』, 일조각.
_____, 1976, 『역사의 창』, 지식산업사.
박기수, 1994, 「중세말 농민반란의 세계사적 이해-19세기 중반 중국의 태평천국 농민전쟁」, 『역사비평』 26.
배경한 편집, 2019, 『중국 근현대사 강의』, 한울.
신승하, 2004, 『근대중국: 개혁과 혁명』, 대명출판.
아서 라이트·데니스 트위체트 저, 위진수당사학회 역, 1999, 『당대사의 재조명』, 아르케.
요시자와 세이치로 저, 정지호 역, 2013, 『중국근현대사-1, 청조와 근대세계』, 삼천리.
윌리엄 로 저, 기세찬 역, 2014, 『하버드 중국사-청』, 너머북스.
이매뉴얼 C. Y. 쉬(徐中約) 저, 조윤수·서정희 역, 2013, 『근-현대중국사』, 까치글방.
이명수, 2010, 『담사동』, 성균관대출판부.
이병길, 1994, 『로버트 모리슨』, 한국기독교역사연구소.
이영옥, 2019, 『중국근대사』, 책과함께.

장팅푸 저, 김기주·김원수 역, 1991, 『청일한외교관계사』, 민족문화사.
정문상, 2015, 「郭廷以의 근대중국론과 臺灣의 문화냉전」, 『중국근현대사연구』 68.
조훈, 2008, 『윌리엄 밀른』, 그리심.
존 K. 페어뱅크 저, 양호민 외 역, 1983, 『현대중국의 전개』, 형설출판사.
_____, 김형종·신성곤 역, 2005, 『신중국사』, 까치.
존 K. 페어뱅크·에드윈 O. 라이샤워 저, 전해종 외 역, 1973, 『동양문화사』, 을유문화사.
존 K. 페어뱅크 외 저, 김성환 외 역, 1986, 『중국혁명운동문헌사』 Ⅰ·Ⅱ, 풀빛.
코지마 신지 외 저, 박원호 역, 1991, 『중국근현대사』, 지식산업사.
폴 코헨 저, 장의식 외 역, 1995, 『미국의 중국 근대사연구』, 고려원.
_____, 이남희 역, 2013, 『학문의 제국주의』, 순천향대학교출판부.
프레데릭 웨이크만 저, 오금성 역, 1984, 『중국 민중 운동사 연구동향』, 한울.
_____, 김의경 역, 1987, 『중국제국의 몰락』, 예전사.
피터 퍼듀 저, 공원국 역, 2012, 『중국의 서진-청의 중앙유라시아 정복사』, 길.
필립 쿤(큔) 저, 이영옥 역, 2004, 『영혼을 훔치는 사람들-1768년 중국을 뒤흔든 공포와 광기』, 책과함께.
_____, 윤성주 역, 2009, 『중국 현대국가의 기원』, 동북아역사재단.
_____, 이영옥 역, 2014, 『타인들 사이의 중국인-근대 중국인의 동남아 이민』, 심산출판사.
호승(胡繩) 저, 박종일 역, 2013, 『아편전쟁에서 5.4운동까지』, 인간사랑.
홍면기, 2018, 「페어뱅크 조공체제론의 비판적 검토: 중국중심주의라는 엇나간 시선의 문제」, 『동북아연구』 33-2.
홍성화, 2010, 「1841-1842년 鍾人杰의 亂을 통해서 본 청대 지방사회」, 『사림』 43.

郭廷以, 1963, 『太平天國曆法考訂』, 臺灣商務印書館..
_____, 1979, 『中國近代史綱』, 香港中文大學出版社.
郭廷以編, 1979, 『中華民國史事日誌』, 中央研究院近代史研究所.
葉哲銘, 2005, 「在"西方中心"與"中國中心"之間-論『劍橋中國晚淸史』中費正淸的史學研究模式」, 『杭州師範學院學報(社會科學版)』 2005-6期.
吳承明, 2001, 『中國的現代化: 市場與社會』, 三聯書店.
汪榮祖 主編, 2014, 『淸帝國性質的再商榷: 回應新淸史』, 中央大學出版中心.
劉廣京, 1990, 『經世思想與新興企業』, 聯經出版事業公司.

何柄棣, 1968, 「淸朝在中國歷史上的重要性」, 『史繹』 5.

_____, 2010, 「捍衛漢化-駁羅友枝之『再觀淸代』」, 劉鳳雲 外編, 『淸朝的國家認同: "新淸史"硏究與爭鳴』, 中國人民大學出版社.

ジョシュア・A・フォーゲル(Joshua A. Fogel), 1979, 「〈批評・紹介〉The Cambridge History of China, vol. 10, Late Ching 1800-1911 part I」, 『東洋史研究』 38-3.

宮崎市定, 1993, 「太平天國の性質について」, 『宮崎市定全集 16 近代』, 岩波書店.

佐藤愼一, 1993, 「アメリカにおける中國近代史研究の動向」, 小島晋治・竝木賴壽, 『近代中國研究案內』, 岩波書店.

坂野正高, 1954, 「J.K.フェアバンク著「中國沿岸における貿易と外交」-1842~1845年・條約港の開設」, 『アジア研究』 1(2).

蒲地典子, 1989, 「近代國家の形成と地域社會-米國における近年の研究動向」, 『中國: 社會と文化』 4.

Cohen, Paul, 1963, *China and Christianity: the Missionary Movement and the Growth of Chinese Antiforeignism, 1860-1870*, Harvard University Press.

Evans, Paul, 1988, *John Fairbank and the American Understanding of Modern China*, Blackwell.

Fairbank, J. King, 1953, *Trade and Diplomacy on the China Coast: The Opening of the Treaty Ports, 1842-1854*, Harvard University Press(牛貫杰譯, 2021, 『中國沿海的貿易與外交: 通商口岸的開埠: 1842-1854』, 山西人民出版社).

_____, 1968, "The Early Treaty System in the Chinese World Order," Fairbank, J. K., ed., *Chinese World Order*, Cambridge. Harvard University Press.

_____, 1983, *Chinabound: A Fifty Year Memoir*, Harper Collins.

Fletcher, Joseph F., 1968, "China and Central Asia, 1368-1884," Fairbank, John K., ed., *Chinese World Order*, Cambridge. Harvard University Press.

_____, 1995, *Studies on Chinese and Islamic Inner Asia*, Variorum.

Ho, Ping-ti, 1979, "Book Review, The Cambridge History of China. Volume 10: Late Ch'ing, 1800-1911, Part I. by John K. Fairbank," *The Journal of Asian Studies*, Vol.39, No.1.

Kuhn, A. Philip, 1980, *Rebellion and its Enemies in late imperial China :*

Militarization and Social Structure, 1796-1864, Harvard University Press(孔飛力, 謝亮生等譯, 1991, 『中華帝國晚期的叛亂及其敵人 : 1796-1864年的軍事化與社會結構』, 中國社會科學出版社)

Kuhn, A. Philip and J. King, Fairbank with the assistance of Beatrice S. Bartlett and Chiang Yung-che, 1986, *Introduction to Ch'ing Document*, Harvard University, John King Fairbank Center for East Asian Research(Revised Edition, 1993).

Levenson, Joseph, 1953, *Liang Chi Chao and the Mind of Modern China*, Harvard University Press(勒文森, 劉偉等譯, 1986, 『梁啓超與中國近代思想』, 四川人民出版社).

_____, 1958-1965, *Confucian China and Its Modern Fate*, University of California Press(列文森, 2009, 『儒教中國及其現代命運』, 廣西師範大學出版社).

Mann, Susan, 1986, *Local Merchants and the Chinese Bureaucracy*, Stanford University Press.

_____, 1997, *Precious Records: Women in China's Long Eighteenth Century*, Stanford University Press(曼素思, 定宜莊等譯, 2005, 『綴珍錄 : 十八世紀及其前後的中國婦女』, 江蘇人民出版社).

Spence, Jonathan, 1980, "Book Review, The Cambridge History of China. Volume 10: Late Ch'ing, 1800-1911, Part I. by John K. Fairbank," *Harvard Journal of Asiatic Studies*, Vol. 40, No.1.

Wakeman, Frederic, 1966, *Strangers at the Gate: Social Disorder in South China*, 1839-1861, University of California Press(魏斐德, 王小荷譯, 1988, 『大門口的陌生人 : 1839-1861年間華南的社會動亂』, 中國社會科學出版社).

_____, 1977, *The Fall of Imperial China*, Free Press(한국어판: 김의경 역, 1987, 『중국제국의 몰락』, 예전사).

_____, 1985, *The Great Enterprise: The Manchu Reconstruction of Imperial Order in Seventeenth-Century China*, University of California Press(魏斐德, 陳蘇鎭等譯, 1992, 『洪業-淸朝開國史』, 江蘇人民出版社).

_____, 2003, *Spymaster: Dai Li and the Chinese Secret Service*, University of California Press(魏斐德, 梁禾譯, 2007, 『間諜王 戴笠與中國特工』, 江蘇人民出版社).

Wright, Mary, 1966, *The Last stand of Chinese Conservatism : the T'ung-Chih Restoration, 1862-1874*, Stanford University Press(瑪麗, 房德鄰等譯, 2002, 『同治中興-中國保守主義的最後抵抗(1862-1874)』, 中國社會科學出版社).

_____, 1968, *China in Revolution: The First Phase, 1900-1913*, Yale University Press.

13장

서구 중심에서 중국 중심
근대사 연구로의 전환:
『케임브리지 중국사 11권:
만청사, 1800~1911년』에 대한 논평

이준갑 인하대학교 사학과 교수

I. 미국학계의 중국 근대사 연구 시각 반성과 중국 중심 접근법

본 권의 명칭은 The Cambridge History of China, Volume 11, Late Ch'ing 1800~1911, Part 2이며 1980년 케임브리지대학출판사에서 출간되었다. 한글 번역본은 『케임브리지 중국사 11(1800~1911)-청제국 말』(새물결, 2007)이란 제목으로 간행되었다. 책임 편집자는 존 K. 페어뱅크 교수와 류광징 교수이고 서문도 두 사람의 이름으로 작성되었다. 본 권은 10장으로 구성되어 있으며 3장과 4장의 저자가 각각 두 사람인 관계로 집필자는 모두 12명이다. 12명 집필자의 신분은 미국 각 대학 교수 9명, 홍콩 중문대학 교수 1명, 일본 동양문고 교수 1명, 프랑스 파리 국립과학 연구센터 연구원 1명으로 대다수가 미국에서 활동하고 있었다. 집필자 중 특히 눈에 띄는 사람은 이치코 주조(市古宙三)이다. 미국인도 중국인도 아닌 그가 집필진에 포함된 까닭은 신해혁명이 보수적 신사층의 자기 보신을 위한 왕조 혁명에 불과했다는 독특한 학설 때문이었던 것 같다. 집필진의 분포로 보아 본 권은 구미학계라기보다는 미국학계의 중국 근대사 연구 경향을 반영하고 있다고 하겠다. 서술의 하한인 1911년은 신해혁명과 관련하여 본 권의 여러 장에서 조명하고 있으나 서술의 상한인 1800년 무렵에 대해서는 본 권에서 분석한 바는 없고 전편인 10권에서 청조의 쇠퇴와 관련하여 언급되고 있다.

페어팽크의 제자이자 10권의 집필자 중 한 사람이기도 한 폴 A. 코헨은 1984년에 출간한 자신의 저서에서 미국 역사 연구자들이 중국 근대사를 연구할 때 취했던 세 가지 접근 방식을 소개하고 그 한계를 지적했다.[1] 세 가지 방식이란 1950년대에서 1960년대에 유행했던 충격과 대응 접근법(impact-response approach), 전통과 근대 접근법(tradition-modernity approach)과 1960년대 후반에 출현한 제국주의 접근법(imperialism approach)을 의미한다. 코헨은 세 가지 접근법이 모두 서구 중심주의 관점에서 중국의 역사적 실체를 심각하게 왜곡했다고 비판했다.

충격과 대응 접근법은 근현대 중국에서 발생한 사건들 가운데 서양에 대한 반응이라고 할 수 없는 사건들조차도 서양의 도전에 대한 중국의 대응이라는 관점에서 파악하려 했던 경향을 의미한다. 이런 접근법은 서양의 역할이 뚜렷하지 않은 사건은 중요하지 않다고 평가절하 했고 또 서양에 대한 중국의 반응이 나타난 사건만 역사적으로 의미가 있다는 판단을 내리도록 했다는 것이다.

전통과 근대 접근법은 중국은 변화하지 않고 정지된 사회라거나 영원히 잠에 빠진 사회라는 19세기 서구인의 중국관에 그 뿌리를 두고 있다. 프랑스의 철학자이자 수학자 콩도르세, 독일의 역사가 랑케, 영국의 사상가 존 스튜어트 밀, 미국의 사상가 랠프 월도 에머슨 등은 중국 정체론을 주장했던 대표적인 인물이었다. 이런 견해들은 유럽이 경험했던 사회적 변화를 역사 발전의 표준으로 인식하고 유럽의 표준을 중국에 직

---

1 Paul A. Cohen, 1984, *Discovering History in China : American Historical Writing on the Recent Chinese Past*, Columbia University Press. 폴 A. 코헨의 견해에 대해서는 두 종류의 한국어 번역본에 근거하여 정리한다. 폴 A. 코헨 저, 장의식 외 역, 1995, 『미국의 중국 근대사 연구』, 고려원; 폴 A. 코헨 저, 이남희 역, 2003, 『학문의 제국주의-오리엔탈리즘과 중국사』, 산해(코헨의 2010년 재간행본에 대한 이남희의 한국어 개정판은 2013년 순천향대학교출판부에서 간행되었다. 2010년본은 서문을 새로 썼다).

접 적용하고 비교하는 일에 관심을 가지게 했다. 반대로 중국의 고유한 내재적 변화에 대해서는 별다른 주의를 기울이지 않게 했다. 중국은 서양처럼 근대과학이나 산업혁명을 자생적으로 발전시킬 수 있었는가? 그럴 수 없었다면 그 이유는 무엇인가? 이런 종류의 물음이 서양의 변화를 필연적이고 당연한 표준으로 전제한 대표적인 질문이라고 한다.

제국주의 접근법은 중국 역사가 정상적인 발전 경로를 걷고 있었는데 서구와 일본 제국주의가 발전 경로를 방해했다고 생각하거나 정체된 중국 사회에는 외부의 자극이 필요했고 서구가 그 자극을 제공했다고 주장하는 것이다.

코헨에 따르면 미국의 중국 근대사 학계에서는 이런 접근법의 한계를 극복하기 위해 1970년대부터 중국 중심 접근법(China-centered approach)이라는 새로운 시각으로 중국을 이해하려고 노력했다. 그는 중국 중심 접근법의 특징을 네 가지로 정리했다. 첫째는 서구의 기준이 아니라 중국사의 관점에서 무엇이 중요한지를 판단하고 결정한다. 둘째, 중국을 대권역이나 성, 주, 현 단위로 나누어 지역사나 지방사 연구를 지향한다. 셋째, 중국 사회의 기층 사회 연구를 중시한다. 넷째, 사회과학을 비롯한 인접 학문의 이론이나 방법론을 수용하여 역사 분석의 틀을 확장한다.

중국 중심 접근법이 유행한 지 10년가량이 지난 1980년에 출간된 본 권에서는 직접적으로 중국 중심 접근법을 표방하고 있지는 않지만 실제로 수록된 각 장의 논문들 대부분은 그런 관점에서 서술되었다. 뒤에서 언급하듯이 중국학계도 본 권을 중국 중심 접근법에 입각한 연구라고 평가하고 있다.

본 권의 전체 윤곽이 소개된 서문에서는 미국의 중국 근대사 연구 중심 주제가 제국주의와 근대화의 문제와 연결되어 있음을 언급하고 있다. 서문에 따르면 중국 사람들은 제국주의의 침략 특히 전쟁과 포함외교, 조약을 통한 권리 획득과 강요, 외세 침투를 주목했다고 한다. 그러나 본 권의 집필자들은 경제적 측면에서 제국주의의 실체를 밝히는 작업에 치중했다. 예컨대 면방직 분야에서 영국의 공장제 면제품이 수입되었으나 중국의 면직물 수공업을 철저히 파괴하지 못했다는 사실을 밝혔다. 그러나 정확한 통계의 부족으로 계량화를 통한 제국주의의 경제적 실체를 밝히는 작업은 그다지 성과를 거두지 못했다. 반면에 근대 사상의 조류나 중국인의 대외 인식 방면에서 제국주의는 민족주의 출현을 촉진한 매개로 작용했고 중국 근대사에서 점점 중요한 연구주제가 되었다고 한다.

근대화 문제는 좀 더 복잡한 내용을 포함하고 있다. 편집자들은 근대화의 개념을 규정하는 일은 논리적으로는 만족감을 줄 수 있을지 모르나 역사 연구가 다양화될수록 그런 시도는 실질적인 의미를 찾기가 매우 어려워지리라고 전망했다. 그 대안으로 편집자들은 근대화라는 말 대신에 정치나 경제 등 각 방면의 새로운 변화를 의미하는 '근대적'이라는 용어를 사용하는 것이 적절하다고 제안했다. 그래서인지 각 장의 집필자들 가운데 근대화의 개념이나 의미를 추적한 거시적 담론자는 없다. 대신에 정치, 경제, 군사, 대외관계 등에서 드러난 개별적인 근대적 양상을 추적했다. 근대적 양상을 밝히는 방법으로 청 말에 중국이 서양에 어떻게 대응했는가 하는 문제보다 중국이 자신의 과거에 어떻게 대응해 왔는지에 더 큰 관심을 기울였다. 코헨처럼 표현하자면 각 장 집필자들은 중국 중심 접근법으로 자신의 주제에 접근하여 서술했다.

II. 근대적 양상에 대한 탐색

본 권 각 장 제목을 순서대로 나열하면 다음과 같다. ① 청 말의 경제 동향(1870~1911년), ② 청 말의 대외관계(1866~1905년), ③ 서구와의 관계에 대한 중국인의 인식 변화(1840~1895년), ④ 군사적 도전: 서북지역과 연해 지방, ⑤ 사상의 변화와 개혁 운동(1890~1898년), ⑥ 신해혁명과 일본, ⑦ 정치·제도 개혁(1901~1911년), ⑧ 신해혁명 전의 정부, 상인, 공업, ⑨ 공화 혁명 운동, ⑩ 사회 변화의 추세. 이하에서는 가능한 한 각 장의 제목은 번호로 대신한다. 매우 다양하여 한눈에 파악하기 어렵다는 인상을 줄 수도 있는 열 편의 글들은 네 범주로 정리할 수 있다.

첫 번째로는 개혁이나 혁명을 주제로 삼은 정치 방면의 글 네 편이다. ⑤, ⑥, ⑦, ⑨가 여기에 속한다. 이천 년에 걸친 황제 중심의 전제군주정이 공화정으로 전환되는 시기였던 만큼 정치적 측면에 가장 큰 비중을 두고 근대적인 것의 양상을 찾아내는 작업은 당연하다고 할 수 있다. ⑤, ⑦은 공통적으로 개혁을 주제로 한 글이지만 각각의 개혁은 주체가 달랐고 개혁의 목표도 매우 달랐다. ⑤는 대승불교와 기독교 사상 등 중국과 서구의 다양한 사상을 접한 캉유웨이가 서구 열강의 침략에 맞서 부국강병과 입헌군주제를 근간으로 하는 근대적 개혁을 추진했다는 사실에 주목했다. 반면 ⑦에서는 청조가 주도한 광서신정의 교육, 군사, 입헌 준비, 재정 방면 개혁을 분석했다. 광서신정의 개혁 방법은 근대적이었으나 개혁 목표가 전통 왕조 체제의 유지였다는 점에서 한계를 지닐 수밖에 없었다고 한다.

광서신정의 한계는 공화 혁명 운동을 불러일으키는 중요한 계기로 작용했다. 공화 혁명 운동의 전개 과정에 대해서는 ⑨에서 서술했다. 이 글은 혁명 운동 기간에 혈연과 지연, 계급적 동질성과 같은 전통적인 인적 결합 방식을 뛰어넘는 새로운 결합이나 동맹 관계들이 출현했다는 점에 주목했다. 새로운 인간관계는 전통적인 인간관계의 테두리를 초월하여 국가나 민족의 테두리 속에서 공동의 관심사를 추구하는 토대를 마련해 주었다는 점에서 근대적이었다고 한다. ⑨의 필자는 새로운 결합의 절정은 신해혁명 과정에서 신군과 혁명파, 입헌파 간의 대연합이 출현한 것이라고 주장하지만 정작 대연합의 실체가 무엇인가에 대해서는 모호한 입장을 취하고 있다. 역사적 실제를 추적해 보면 혁명 전야에 혁명파와 입헌파는 대연합이 아니라 대립 관계에 놓여 있었다고 할 수 있다. 물론 양측의 대립은 양자가 서로의 존재를 근원적으로 부정하는 본질적인 것이 아니라 각각 스스로 정권을 장악하기 위한 방법론상의 차이에서 비롯되었다는 단서를 붙여야 할 것이다.

⑤, ⑦, ⑨가 중국 입장에서 개혁과 혁명을 분석한 글이라면 ⑥은 신해혁명과 일본의 관계를 주목했다는 점에서 세 편의 글과는 관점이 다르다. ⑥의 저자 매리어스 젠슨은 중국사 연구자가 아니라 일본 근현대사 연구자라는 사실도 이채롭다. 일본 근현대사 전공자가 집필진에 포함된 까닭은 편집자들이 근대 동아시아의 '모범생'으로서 일본의 역할에 주목했기 때문이었다. ⑥에서는 '모범생' 일본의 역할을 곳곳에서 강조하고 있다. 광서신정 군사개혁의 일환으로 추진한 신세대 장교 양성 프로그램에는 유럽인 교관보다 더 많은 일본인 교관이 참여했다. 일본의 군사학교에서 연수한 중국인 사관생도도 늘어났다. 민간인들도 청일전쟁 이후 일본으로 유학을 많이 떠났다. 장지동과 같은 개혁적인 총독이나 캉유웨이, 량치차오와 같은 개혁 운동의 지도자들도 일본 유학을 장

려했다. 일본은 중국 혁명 운동의 요람이었다는 등의 언급들이 그러하다.

이처럼 ⑥은 '모범생' 일본이 근대 중국에 어떤 긍정적인 영향을 미쳤는가에 관심을 집중했다. 고노에 아쓰마로(近衛篤麿)가 이끈 동아동문서원의 활동이나 흑룡강성에 일본의 근거지를 건설하기 위해 분주하던 우익단체 흑룡회의 활동에 대한 서술도 그런 종류에 속한다. 그러나 실상을 따져보면 고노에가 일본이 청과 합작하라고 제안한 까닭은 청을 지원하기보다는 일본의 국익을 챙기기 위해서였다. 흑룡회 지도자 우치다 료헤이가 중국 혁명과 공화제를 지지한 까닭도 중국에서 일본 세력을 확대하려는 의도에서였다. 그는 신해혁명 시기에 쓴 「중국개조론」에서 일본은 열국(列國)을 지도하여 중국을 개조하는 주도권을 장악해야 하고, 공화 정치 건설을 찬성하여 중국이 과분되는 것을 막아야 한다고 주장했다. '모범생'이 어떤 의도로 청과의 연합이나 협력을 주장했는지를 심층적으로 분석했더라면 '모범생'의 활동에 담긴 빛과 그림자를 함께 포착할 수 있었을 것이라는 아쉬움이 남는다.

두 번째로 경제와 사회를 주제로 삼은 글이 세 편(①, ⑧, ⑩)이다. ①은 청 말의 농업과 수공업, 근대공업, 대내외 교역, 재정 제도를 분석한 경제 분야의 총론이다. 이 글에는 중국은 근대적 경제 성장을 이룰 만한 내부 동력이 부족했다는 일종의 중국 사회 정체론이 포함되어 있다. 정체론을 극복하려고 중국학계에서는 1950년대 이래 명말청초 자본주의 맹아 연구에 집중했다. 그러나 '맹아'가 존재했다는 사실을 확인하는 데 그쳤고 자본주의 사회의 존재를 입증할 수는 없었다. 오늘날에는 중국의 저명한 학자조차도 자본주의 맹아는 일종의 '강박관념'이며 중국 스스로는 유럽과 같은 자본주의 경제를 출현시킬 수 없었다고 주장하는 형편이다.[2] 그러나 중국학자의 이런 견해는 정체론을 지지하는 것이 아니라 중국 사회의 발전 경로가 유럽 사회의 그것과는 다르다는 점을 강조한 것이다.

이 글에는 사실 인식의 오류가 발견된다. 첫째는 중국 경제 발달 상황을 오해하고 있다는 점이다. 예컨대 "19세기의 상업 체계는 전통적으로 높은 수준의 발전을 보이고는 있었으나 여전히 근대적 시장 경제는 아니었다. 몇몇 고가의 상품이 수로를 통해 전국으로 운반되었다고는 하지만 이러한 상품을 예로 들어 전국적인 시장 운운하는 것은 적절치 못하다."는 내용이 그러하다. 그의 논리에 따르면 전국적 시장은 근대의 산물이어서 전통시대에는 출현할 수 없는 것이었다. 그러나 이런 주장은 중국학계의 인식과는 상당한 거리가 있다. 중국학계에 따르면 송대 이래 전국적 시장이 형성되었으며 명청시대에는 전국적 시장이 더욱 조밀하게 그물망처럼 연결되었고 그 속에서 휘주상인이나 산서상인 같은 대상인집단이 활동했다고 한다. 이런 내용은 다수의 실증적 연구를 통해 이미 논증이 끝나 지금은 명청시대 연구자들에게는 상식의 영역에 속한다. 근대적인가 아닌가 하는 문제와는 상관없이 중국에서는 이미 전통시대에 전국적 시장이 형성되어 있었다.

둘째는 중국 세제사(稅制史)상의 기초적 사실을 오해하고 있다는 점이다. 예컨대 1712(강희51)년에 단행된 성세자생인정을 '제국의 가장 중요한 수입인 지세(地稅)의 공식 세액이 영구히 고정된' 조치라고 서술했다. 그러나 성세자생인정은 인두세(丁稅)를 동결한 것이지 지세를 동결한 것은 아니었다. 강희제는 1711(강희 50)년을 기준으로 인두세 총액을

---

[2] 리보중 저, 이화승 역, 2006, 『중국 경제사 연구의 새로운 모색』, 책세상.

고정하고 이후에 출생하는 정남(丁男)은 성세자생인정이라고 부르고 인두세를 징수하지 말라고 명령했다.

⑧은 경제 분야의 각론에 해당하는 글로서 특히 정부와 상인, 공업의 상호 관계와 실태를 분석했다. 이들 분야에서 근대적 발전을 이룰 수 없었던 까닭에 주목한다는 점에서는 ①과 관점을 공유하고 있다. 1911년 무렵 중국에는 방직, 광산, 제철, 항운, 철도 분야에 근대적인 기업들이 있었으나 각처에 분산되었으며 서로 경쟁하는 경우도 많아 발전하기가 어려웠다고 한다. 또 국가가 강력한 추진력으로 국영 기업을 발전시켜 민간에게 넘긴 일본과 달리 중국은 정부의 강력한 추진력도 없었고 관료들은 기업에 간여하면서 사리사욕을 채우기에 급급하여 근대적 산업을 발전시킬 수 없었다고 한다.

근대적 경제 발전이 부진한 가운데서도 새로운 사회 계층이 출현하면서 사회 변화를 일으켰다고 주장한 글이 ⑩이다. 이 글에서는 사회 계층을 특권 계층(privileged classes)과 일반 평민(commom people)으로 나누고 있다. 특권 계층을 지배계층(ruling class)이라고도 불렀는데 태평천국 이전까지 전통적인 지배계층에는 관료와 신사층 및 그들의 확대가족이, 성(省) 단위에서는 대상인과 전장(錢莊) 주인이, 하급단위에서는 부유한 지주와 상인들이 포함되었다고 주장한다. 19세기 후반에는 신군 장교, 번역가나 매판, 수출입 상인 등과 같은 서양과의 교섭 담당자, 신사상가, 직업 정치가와 혁명가, 신상(紳商) 등과 같은 새로운 존재들이 지배계층에 포함되어 근대 중국 사회를 이끌었다고 한다.

그러나 전통적인 지배계층 속에 대상인과 전장, 지주와 상인이 포함되었다는 주장은 재고할 필요가 있다. 아편전쟁 이전까지 자산이 많든 적든 지주나 상인은 지배계층에 포함되지 않았다. 이들에게는 평민을 지배할 수 있는 합법적인 권한이나 국가로부터 부여받은 특권이 없었다. 자신의 재산조차 지키기 어려워 신사나 관원과 사돈을 맺거나 재정을 후원하여 보호자로 삼는 경우가 많았다. 이 글의 필자 스스로도 상인과 지주의 가족들은 연납이나 과거를 통해 학위나 관직을 취득해야만 상층계층(upper class)으로 진입할 수 있었다고 언급했다. 지주나 상인이라는 신분으로는 지배계층이 될 수 없음을 스스로 인정한 셈이다. ⑩의 필자가 말하는 지배계층과 상층계층이 어떤 개념인지 모호하지만 지주나 상인을 전통적인 지배계층에 포함하는 것은 중국의 실상과는 거리가 멀다. 청대의 지주나 상인에게서 유럽의 부르주아를 연상한 듯하다.

세 번째는 대외관계를 서술한 것으로 두 편의 글(②, ③)이 여기에 속한다. ②는 동아시아 국가들이 열강의 침략을 받고 청과의 조공관계를 단절하는 과정을 중심으로 서술했다. ③은 중국인들의 서구에 대한 인식이 어떻게 변화하는가를 추적했다. ②에서는 일본의 조선 침략을 비교적 자세히 서술하고 있는데 이 점에 대해서는 뒤에서 별도로 언급하도록 한다. ②에서는 동아시아의 전통적인 국제질서가 무너지고 새로운 질서가 형성되는 과정에서 청은 일방적으로 제국주의 침략을 당한 피해자인 것처럼 언급하고 있다. 그러나 최근의 연구성과는 19세기 말에 청이 자국 이익을 확보하려고 조선에 대해 마치 제국주의 열강처럼 행세했다는 사실을 상세히 밝혀 놓았다. 청은 열강의 수법을 모방하여 조선에서 상업적 이익을 확보하기 위해 조청상민수륙무역장정(1882년)을 체결했고, 군사적 영향력을 증대하기 위해 청군을 주둔시켰으며, 정치적 영향력을 강화하기 위해 조선 정부에 고문관을 파견했다고 한다.[3]

---

[3] 윌리엄 T. 로 저, 기세찬 역, 2014, 『하버드 중국사 청 중국 최후의 제국』, 너머북스,

네 번째로 서북지역과 동남 연해 지방의 군사적 움직임을 분석한 글이 한 편(④)이다. 이 글은 대내외적으로 군사적 도전에 직면한 청이 군대 조직과 운영, 무기 방면에서 근대적 요소를 도입하려고 노력했고 나름대로 성과를 거두었으나 청일전쟁에서 패배하면서 일련의 노력은 총체적인 실패로 끝났다는 내용을 담고 있다. 이 글은 내용상의 문제점보다는 구성상의 문제점이 두드러져 보인다. 이 글은 청 말의 대외관계를 조명한 글(②)과 합치는 것이 나을 것 같다. 필자들은 열강과의 군사 충돌은 ④에서, 군사 충돌의 귀결인 조약 체결에 대해서는 ②에서 별도로 서술하고 있다. 그러다 보니 어느 한쪽의 글만 읽었을 때는 해당 사건의 발생과 전개, 귀결에 이르는 전모를 파악하기가 구조적으로 불가능하게 되었다. 그런 문제점을 해소하려고 본 권에서는 청불전쟁, 청일전쟁, 신강 수복과 이리 사태 등에 대해서는 ④와 ②에서 모두 중복하여 서술했다. 그러나 군사 동향 위주로 서술한 ④에서는 조약 관련 내용이 소략해서, 대외관계를 집중적으로 조명한 ②에서는 외교적 접촉을 불러오게 한 계기인 군사 충돌에 대한 설명이 부족해서 독자들이 어느 한쪽의 글만 읽어서는 사건 전모를 파악하기가 매우 어렵다. 편집자나 필자들은 ④와 ②를 따로 서술하면 좀 더 풍부한 내용을 담을 수 있다고 판단한 듯하나 독자로서는 분리 서술의 유익함보다 불편함이 더 크게 느껴진다.

398-399쪽.

III. 중국학계의 반응

『케임브리지 중국사』 11권의 중국어 번역본(『검교 중국만청사(劍橋中國晚淸史)』, 下)은 10권의 중국어 번역본(『검교 중국만청사』, 上)과 함께 중국사회과학출판사에서 1985년에 간행되었다. 조사해 본 바로는 번역본 간행 후부터 현재까지 중국에서는 『검교 중국만청사』 상하권에 대한 14편의 소개글이 발표되었는데 대부분 서평 형식으로 간행되었다. 그 가운데 절반인 7편은 본서가 번역된 직후인 1980년대 후반에 발표되었다. 그러나 1990년대 이후 2000년대에 들어와서도 많지는 않으나 꾸준히 서평이 발표되고 있으며 올해 2020년에도 한 편이 발표되었다. 번역본 발간 직후에 연구자들의 관심을 집중적으로 받았고 그 후에는 열기가 좀 식었지만 그래도 지속적인 관심의 대상이 되고 있음을 알 수 있다.

서평에 나타난 중국 연구자들의 본 권에 대한 인식은 몇 가지로 정리할 수 있다. 첫 번째 인식은 본서가 서구의 충격과 중국의 대응이라는 관점에서 저술되었다고 파악하는 것이다. 양측의 충돌 과정에서 신상(紳商)과 같은 새로운 사회 계층들이 출현하기도 하고(⑧) 최종적으로는 전체 사회구조에 변화가 발생했다고 한다(⑩). 충돌은 또 중국인의 관념에 변화를 일으켜 서구와의 관계에 대한 인식의 변화를 가져왔고(③) 나아가 서구를 모방하려는 정치 제도상의 개혁이 출현하게 하였다고 한다(⑤). 무술변법의 실패 후에는 중국을 개조(改造)하려는 움직임이 분화하여 입헌과 공화의 두 가지 흐름이 발생했는데 입헌 주장은 청 왕조의 통치를 지속하려는 광서신정에 계승되었으나 결국에는 실패하였으므로 (⑦) 공화 혁명이 발생했다고 한다(⑥, ⑨).

둘째는 코헨이 언급했던 중국 중심의 접근법이 이 책을 관통하고 있다는 평가이다. 중국학계에서는 본 권에서 나타난 중국 중심 접근법을 다음 네 가지로 정리했다. ⓐ 중국의 내부 요소를 중시. 이러한 관점은 본 권의 편집자인 페어뱅크가 서문에서 "외부로부터의 이 모든 충격들은 중국 민중의 일상적인 생활에서는 조그마한 한 부분에 지나지 않았다. … 중국의 경제나 군사조직들 역시 오래되었지만 정체와는 거리가 멀고 전통사회의 내부적인 역동성을 보여 주고 있다. … 청 말에 중국이 서양에 어떻게 대응했는가 하는 주제는 이제 부차적인 것이 되기 시작하고 있는 반면에 서양을 포함한 새로운 상황을 맞아 중국이 자국의 과거에 어떻게 대응해 왔는지가 중요한 역사 연구의 주제가 되고 있다."라고 한 지적에서 전형적으로 나타난다고 한다. ⓑ 지역사나 지방사 연구. 이런 연구 방식은 중국 전체를 동일한 하나의 단위로 파악하는 오류를 극복했다고 한다. 본 권에 포함된 만주, 몽골, 신강, 회부(回部)에 대한 연구라든가 광주, 상해, 광서 산악지대, 화북 평원, 호남 등지에 대한 연구가 이런 경향을 반영하고 있다(①, ④). 이는 스키너의 대권역 이론을 비롯한 미국학계의 중국 지방사 연구를 충실하게 반영하여 서술한 결과라는 것이다. ⓒ 사회구조상의 연구 특히 중하층 계층 연구(⑩). ⓓ 사회과학의 다양한 연구방법론 도입. 예컨대 심리학의 연구방법론을 도입하여 캉유웨이의 강렬한 도덕적 사명감과 대승불교의 교리를 결합하여 그의 심리상태를 묘사한 부분(⑤), 경제학적 방법론을 도입하여 대량의 통계 수치를 모아서 분석한 부분(①), 문화인류학적 연구방법론을 채택하여 섬서와 감숙 회민들이 살던 자연환경, 종교와 민속, 사회의 기본구조 등을 분석한 부분(④)이 그러하다고 한다.[4]

---

4   이러한 관점을 종합적으로 정리한 글이 葉哲銘, 2005, 「在"西方中心"與"中國中心"

세 번째는 서구 제국주의 침략을 옹호하는 입장이 담겨 있다는 비판이다. 본 권의 전반에 흐르는 기조는 제국주의 침략이 올바르지 못하다는 것이지만 그러나 침략을 당한 국가는 저항하면 안 되는데 그 까닭은 오히려 저항하면 더욱 큰 손실을 당할 수 있기 때문이라는 인식도 깔려 있다고 한다. 심지어 제국주의 침략에 저항한 사람들이 중국 근대화의 노정을 퇴보시켰다고 인식하는 경향도 있다고 지적했다. 러시아와의 투쟁이나 프랑스와의 전쟁에서 청이 부분적으로 거둔 승리를 우연적 요소 때문이라고 하거나, 임칙서의 항영(抗英) 투쟁에서의 성과나 삼원리 항영투쟁의 승리에 대해서는 전혀 언급하지 않거나, 주전파를 추악하게 묘사한 것이 그런 사례라고 한다. 반대로 이홍장과 같은 양무파나 주화파의 태도는 긍정적으로 보고 칭송했다고 한다.[5] 그러나 실제로 본 권을 읽어 보면 이런 평가는 각 장 필자들의 저술 의도나 서술 내용에 입각한 객관적인 비판이 아니라 중국학자들의 '애국심'에서 비롯된 주관적인 주장에 가깝다는 느낌을 받는다.

네 번째는 사료 특히 당안 사료의 이용이 부족하다는 지적이다. 물론 본 권을 저술할 당시는 외국인 학자들이 중국제일역사당안관의 원시 당안들을 자유롭게 이용할 수 있는 처지는 아니었지만 이미 간행된 당안 자료들은 충분히 이용해야 했다고 강조했다. 예컨대 ②의 의화단운동을

之間-論《劍橋中國晩淸史》中費正淸的史學研究模式」,『杭州師範學院學報』, 社會科學版, 2005-6이다. 葉哲銘의 서평에 인용되지는 않았으나 아마도 그의 관점을 정리하는 데 참고가 되었을 수도 있는 이전의 연구성과들을 제시하면 다음과 같다. 高鍾, 1987, 「當代西方史學方法之集錦-《劍橋中國晩淸史》史學方法的借鑒意義」, 『湖北社會科學』 1987-7; 李華興, 1988, 「它山之石可以攻玉一評《劍 橋中國晩淸史》」, 『歷史硏究』 1988-2; 朱福枝, 1996, 「《劍橋中國晩淸史》評介」, 『咸寧師專學報』, 16-1.

5 趙淸明, 2009, 「簡評《劍橋中國晩淸史》」, 『呂梁高等專科學校學報』 25-4, 85쪽.

서술하는 부분에서 영문 저술이나 한문 사료들을 이용하면서도 국가당안국 명청당안관에서 1959년에 간행한 『의화단당안사료(義和團檔案史料)』(중화서국)를 전혀 이용하지 않았다는 점을 지적했다. 또한 무술개혁에 관해 서술한 ⑤에서 1890년대의 변법운동에 대한 연구는 아직 충분히 진척되지 않아 중문 저작만으로는 전면적이고 체계적인 서술을 할 수 없었다고 인정하면서도 국가당안국 명청당안관에서 1958년에 간행한 『무술변법당안사료(戊戌變法檔案史料)』(중화서국)에는 전혀 주의를 기울이지 않았다고 지적했다. 이런 자료들을 참조하지 않았으므로 의화단이나 무술개혁을 언급할 때 이미 다른 연구성과들에서 모두 지적한 사실들을 다시 언급하고 있을 뿐 새로운 문제점을 지적하거나 새로운 결론을 도출해 낼 수 없었다고 비판했다.[6]

다섯 번째는 신해혁명을 비롯한 근대사의 주요 사건에 대한 해석의 차이를 비판했다. 예컨대 중국학자들은 신해혁명 서술에서 본 권의 저자가 자본주의 경제나 정치적 요소를 '경시'했을 뿐만 아니라 농민운동의 사상적 수준을 '저평가' 하고 부르주아 계급이 주도한 혁명임을 '어느 정도' 부정하거나 사회혁명으로 칭하기는 어렵다고 주장한 입장에 대해서는 동의할 수 없다고 지적했다.[7] 중국학자들은 본 권의 저자들이 정치나 경제, 사상 방면에서 신해혁명을 저평가 했다고 불만을 표시한 셈이다. 중국학계에서는 신해혁명을 손문이나 동맹회 등의 부르주아 혁명파가 주도적인 역할을 수행한 부르주아 민주주의 혁명으로 파악하고 있으므

---

6 孔祥吉, 1988, 「檔案利用與晩淸史硏究-評《劍橋中國晩淸史》」, 『歷史硏究』 1988-3, 188쪽.
7 劉望齡·唐文權·羅福惠, 1989, 「新視覺下的得與失―評《劍橋中國晩淸史》有關辛亥革命部分」, 『歷史硏究』 1989-1, 105-106쪽.

로,⁸ 이런 불만은 어쩌면 당연한 것으로 받아들여질 수 있다. 그러나 한편으로 중국학자들이 말한 '경시'라든가 '저평가' 혹은 '어느 정도'라는 말의 의미도 모호하므로 본 권에서 관련 사항을 어떻게 서술하고 있는지 살펴볼 필요가 있다. 자본주의 경제와 관련하여 문제로 삼은 본 권의 내용은 다음과 같다. "1904년에서 1908년 사이에 정부에 등기된 기업은 272개였고 수권 자본의 총액은 거의 1억 냥에 달했다. 그러나 이런 숫자는 과장된 것이었다. 아마도 실제로 납입된 액수는 수권 자본의 절반이거나 혹은 그 이하였을 것이기 때문이다. 기업 또한 모두 근대 기업은 아니었다. 272개 회사 중 44개 기업은 전통적인 1인 소유의 전당포, 전장, 한약방, 기타 도소매상이었다. 272개 기업 중 대다수인 153개 기업은 모두 근대적인 유한회사였다. 1908년이 되면 이들이 사실상 중국의 근대화된 기업 전부였다(⑧)". 본 권에서 이렇게 서술한 근거는 1909년과 1910년 농공상부통계처에서 출간한 『농공상부통계표(農工商部統計表)』제1차 6책과 제2차 5책이었다. 통계상의 한계를 고려하더라도 청 정부의 공식 통계에 입각하여 제시한 수치가 당시 중국의 자본주의 경제를 '경시'했다고 비판하려면 그 근거를 제시하여야 한다. 하지만 중국학자들은 어떤 통계나 자료도 제시하지 않은 채 '경시'했다고만 지적하고 있다.⁹

물론 중국학자들의 비판 중에는 분명한 근거를 갖춘 것도 있다. ⑦의 내용 중에 1909년 제정된 「자정원원장(資政院院章)」의 내용을 소개한 부분의 오류를 지적한 것이 그러하다. 본 권에서는 자정원에서 토론할

---

8 김형종, 1989, 「신해혁명의 전개」, 『강좌중국사Ⅵ -개혁과 혁명』, 지식산업사, 121쪽.
9 劉望齡·唐文權·羅福惠, 1989, 앞의 글, 103-106쪽.

수 있는 주제 중에 법령의 수정과 폐지가 포함되어 있다고 서술했으나 이는 새로 제정하는 법전 및 사후 수정에 관한 토론을 할 수 있으며 헌법은 제외된다는 내용을 잘못 소개한 것이라고 지적했다. 또한 자정원과 행정당국의 관계에 대해서 각 부 혹은 기타 고위 행정기구의 대신들은 자정원 의결사항에 불만이 있으면 재심을 명령(order)할 수 있었다고 서술했으나 원문에는 재심하라는 공문을 보낸다(咨送)고 되어 있음을 지적했다. 그리고 본 권에서는 내각 혹은 정무처 결정 사항에 의문이 있으면 자정원은 설명을 요청할 수 있다고 서술했으나 실제로는 청조가 1906년에 정무처를 회의정무처로 고치고 1907년에는 회의정무처를 내각에 통합하여 내각회의정무처라고 불렀으므로 1909년에 내각과 정무처라는 별개의 기구가 있을 수 없다는 점도 지적했다.[10]

IV. 일본의 조선 침략에 관한 서술과 한계

한국사 관련 사항은 중국사의 입장에서는 대외관계에 속하는 영역이기 때문에 ② 청 말의 대외관계(1866~1905년) 가운데 '일본의 조선 침략'이라는 소항목에서 서술되고 있다. 제목이 시사하듯이 조선 관계 기술은 일본의 조선 침략에 초점을 맞추되 특히 청과 일본의 조선에 대한 영향력 강화를 위한 경쟁과 각축을 중심으로 서술하고 있다. 일본이 청일전쟁에서 승리하여 조선으로 하여금 청과의 조공관계를 해소하게 하고

10　楊小川, 1993, 「評《劍橋中國晚淸史》—以"淸末立憲"記述爲例」, 『鹽城師專學報』, 哲學社會科學版, 1993-2, 65쪽.

자신의 영향력하에 두었다는 것이 이 글의 논지이다. 논지상으로 특별히 비판할 부분은 없으나 구체적인 서술 내용이나 자료 활용 면에서는 여러 가지 문제점을 드러내고 있다. 본문에 할당된 시간 하한선이 1905년 인데 실제 서술 내용은 1895년의 청일전쟁 마무리를 위한 시모노세키 조약까지만 포함하고 있거나 향후 조선의 운명에 중대한 영향을 미친 1905년의 을사늑약에 대해서는 전혀 언급하지 않고 있다는 점이 그런 예이다. 이 부분을 서술하는 데 참고한 한국학계의 연구성과가 조공관계에 대한 영어 논문 1편에 불과하다는 사실도 이 글의 한계이다.[11]

'일본의 조선 침략'은 다시 몇 개의 하위 제목으로 구성되었다. 그것은 ⓐ 조선의 문호 개방, ⓑ 조선의 국내 반란과 국제 정치, ⓒ 청일전쟁의 발발, ⓓ 시모노세키 조약 체결을 통한 강화의 순서로 배열되어 있다. 서술 내용을 정리해 보면 다음과 같다. ⓐ 조선의 문호 개방에서는 청의 총리아문의 역할이 집중적으로 조명되고 있다는 사실이 눈에 띈다. 총리아문은 흥선대원군이 집권하여 쇄국정책을 고수하던 조선을 일본으로부터 방어할 여력이 없다고 판단하고 1867년 서구에 대한 문호개방을 권유했다고 한다. 한국학계에서 조선이 개항하게 된 계기를 운요호 사건에서부터 찾고 있는 것과는 다른 입장이다.

1875년 일본이 운요호 사건을 일으키고 조선의 연안 포대를 파괴한 다음에 이를 수습하는 과정에서도 총리아문이 소극적으로 대처하여 일본의 발호를 부추겼다고 서술했다. 운요호 사건 후에 청의 반응을 떠보려고 베이징으로 간 특사 모리 아리노리(森有禮)는 당시 마거리 사건을

---

11 Chun, Hae-jong, 1968, "Sino-Korean tributary relations in the Ch'ing period," in Fairbank, John K., ed., *The Chinese World Order : Traditional China's Foreign Relations*, Harvard University Press.

수습하느라 분주하던 총리아문에게서 조선은 청의 조공국이지만 항상 내정과 외교 문제에서는 완전한 자유를 누려 왔다는 답변을 들었다. 청의 소극적 태도에 자신감을 얻은 일본은 조선에 문호개방을 강요했고 청조는 충돌을 피하고자 조선에 일본과 협상하라고 권유했다. 1876년 2월에 조선은 일본과 강화도 조약을 맺었는데 이때 청은 조선에 대한 종주권을 일본 측에 제대로 주장하지 못했다고 평가했다.

ⓑ 조선의 국내 반란과 국제 정치에서는 임오군란과 갑신정변 당시 군사 충돌을 피하려는 청조의 소극적 태도에 맞서 일본은 외교적 공세를 펼치면서 조선에서 군사적 권리를 확보해 나갔다는 사실을 강조하고 있다. 흥선대원군은 1882년 임오군란을 계기로 재집권했으나 군란을 조사하러 온 청의 해군 제독 정여창과 마건충은 일본의 보복을 막기 위해 대원군을 청으로 압송해 가는 한편 고종에게 조언하여 일본에 55만달러의 배상금을 지불하고 사과사절단을 파견하며 일본군의 공사관 주둔을 허용하게 했다. 일본은 소규모이고 국지적이지만 조선에 대한 파병권을 확보함으로써 외교상 중대한 성과를 거두었다고 서술했다.

1884년 12월의 갑신정변은 조선에서 일본이 군사적 영향력을 강화하는 또 하나의 계기로 작용했다고 한다. 갑신정변이 실패하자 일본 정부는 즉각 군대와 특사 이노우에 가오루(井上馨)를 조선으로 파견하고 보상금 지불과 사과 표명, 공사관 수축 비용 부담을 요구했다. 이토 히로부미도 특사 자격으로 청에 가서 이홍장을 만났다. 청불전쟁을 치르던 이홍장은 타협안에 동의해 1885년 4월 일본과 톈진조약을 체결했다. 이 조약은 조선을 청과 일본의 공동 보호국으로 전락시켜 청의 배타적인 종주권을 소멸시켰으며 일본은 청과 대등한 조건에서 조선에 대한 파병권을 획득했다고 서술했다.

ⓒ 청일전쟁의 발발에서는 '동학난(The Tonghak Insurrection)'의 진압을 위해 청일 양국 군대가 출병하면서 전쟁이 발발하고 육지와 바다의 전투에서 청군이 패배하는 과정을 서술하면서 이 전쟁은 30여 년간 근대화를 추진해 온 두 나라의 실력대결이라고 평가했다. 청일전쟁이 발생하기 전 외교적 해결책을 모색했던 청과 조선에서의 영향력을 확대하기 위해 호전적인 자세를 취했던 일본의 입장을 대비하여 언급하고 있다.

그런데 '동학란'이라는 명칭은 이미 제2차 교육과정 시기(1963~1974년)의 국사 교과서에서 '동학 혁명(운동)'으로 변경되었다. 이후의 교육과정에서도 동학운동, 동학농민운동 등으로 규정했지 '동학난'이라고 규정하지는 않았다.[12] 교과서상의 명칭은 한국 역사학계의 동학 연구 시각과 정부의 입장이 절충된 결과였다. 따라서 이 글의 저자가 동학혁명이든 동학운동이든 동학농민운동이든 이들 가운데 어떤 용어를 사용하든 무방하지만 최소한 한국학계에서는 이미 오래전에 폐기된 '동학난'이라는 용어는 사용하지 말아야 했다. 또 이 글에서는 동학농민운동의 반봉건과 반침략성을 언급하지 않은 채 청일전쟁과 일본의 내정개혁을 초래한 원인이라고만 지적하고 있다. 물론 '동학난'의 서술 분량이 극히 적어서 이런 내용을 모두 담기는 힘들었겠지만 동학을 조정에 의해 사학(邪學)으로 단죄된 종파로서만 이해한 필자 입장에서는 서술 분량과는 상관없이 동학의 혁명성을 주목할 수 없었을 것이다.

12　金泰雄, 2015, 「해방 후 고등학교 '국사' 교과서에서 1894년 농민전쟁 서술의 변천」, 『歷史敎育』 133.

또한 '동학의 조직 해산 명령을 받은 직후 동학교도들은 일본인 비밀결사 현양사의 도움을 얻어 각종 폐단에 항의하는 집회를 이용해 반란을 일으켰다.'고 서술하고 있다. 요컨대 동학혁명이 일본의 국수주의 단체인 현양사(玄洋社)의 지원을 받아서 일어난 것으로 기술했는데 이는 사실과 부합하지 않은 명백한 오류이다. 현양사에는 15명으로 구성된 천우협이라는 전위대가 있었는데 『현양사사사(玄洋社社史)』(玄洋社社史編纂會, 東京, 1917)에 따르면 이들은 전봉준과 만나 그의 군사(軍師)로, 동학군 유격대의 대장으로, 각 방면군의 대장으로 활동하였다고 한다. 근거를 제시하지 않아서 단정하기는 어려우나 필자는 아마도 『현양사사사』나 이것을 자료로 활용한 글의 논지를 따라 현양사가 동학혁명에 깊숙이 관여한 것처럼 서술한 듯하다. 그러나 현양사 낭인(浪人)들이 동학군에 참여했다고 주장하는 시간과 장소는 동학혁명군의 실제 행동 시간과 장소와는 전혀 일치하지 않는다.[13]

ⓓ 시모노세키 조약을 통한 강화에서는 조약의 주요 내용을 간략하게 소개한 뒤에 청일전쟁에서 청이 패전할 수밖에 없었던 이유를 열거하였다. 정작 언급해야 할 시모노세키 조약이 일본의 조선 침략 과정에서 어떤 역사적 의미가 있었는지는 전혀 언급하지 않았다. 청일전쟁에 임했던 청나라 입장을 지나치게 주목하다 보니 논리적인 흐름을 무시하고 엉뚱한 결말을 지었다.

전반적으로 볼 때 이 글은 외국인 학자가 한국사 자체의 관점에서가 아니라 중국 대외관계사의 한 부분으로 한국사를 서술할 때 범할 수 있

---

13 趙恒來, 1993, 「日本 國粹主義團體「玄洋社」의 韓國侵略行跡」, 『한일관계사연구』 1, 157-162쪽.

는 오류들, 예컨대 사실 인식의 착오, 한국학계의 연구성과와 연구 시각에 대한 이해 부족, 검증되지 않은 자료들의 무분별한 이용 등을 적나라하게 드러내고 있다.

참고문헌

김형종, 1989, 「신해혁명의 전개」, 『강좌중국사Ⅵ -개혁과 혁명』, 지식산업사.
리보중 저, 이화승 역, 2006, 『중국 경제사 연구의 새로운 모색』, 책세상.
윌리엄 T. 로 저, 기세찬 역, 2014, 『하버드 중국사 청 중국 최후의 제국』, 너머북스.
폴 A. 코헨 저, 이남희 역, 2013, 『학문의 제국주의-오리엔탈리즘과 중국사』, 순천향대학교출판부(Paul A. Cohen, 1984, Discovering History in China : American Historical Writing on the Recent Chinese Past, Columbia University Press 의 한국어판).

金泰雄, 2015, 「해방 후 고등학교 '국사' 교과서에서 1894년 농민전쟁 서술의 변천」, 『歷史敎育』 133.
趙恒來, 1993, 「日本 國粹主義團體「玄洋社」의 韓國侵略行跡」, 『한일관계사연구』 1.

高鍾, 1987, 「當代西方史學方法之集錦―《劍橋中國晚淸史》史學方法的借鑒意義」, 『湖北社會科學』 1987-7.
孔祥吉, 1988, 「檔案利用與晚淸史硏究-評《劍橋中國晚淸史》」, 『歷史硏究』 1988-3.
劉望齡·唐文權·羅福惠, 1989, 「新視覺下的得與失―評《劍橋中國晚淸史》有關辛亥革命部分」, 『歷史硏究』 1989-1.
李華興, 1988, 「它山之石可以攻玉―評《劍橋中國晚淸史》」, 『歷史硏究』 1988-2.
楊小川, 1993, 「評《劍橋中國晚淸史》―以"淸末立憲"記述爲例」, 『鹽城師專學報』(哲學社會科學版) 1993-2.
葉哲銘, 2005, 「在"西方中心"與"中國中心"之間―論《劍橋中國晚淸史》中費正淸的史學硏究模式」, 『杭州師範學院學報』, 社會科學版, 2005-6.
趙淸明, 2009, 「簡評《劍橋中國晚淸史》」, 『呂梁高等專科學校學報』 25-4.
朱福枝, 1996, 「《劍橋中國晚淸史》評介」, 『咸寧師專學報』, 16-1.

Chun, Hae-jong, 1968, "Sino-Korean tributary relations in the Ch'ing period," in Fairbank, John K., ed., The Chinese World Order : Traditional China's Foreign Relations, Harvard University Press.

14장

『케임브리지 중국사 12권: 중화민국사』를 통한 충격–대응론의 시각 조정

김승욱 충북대학교 역사교육과 부교수

I. 구성과 내용

『케임브리지 중국사』는 케임브리지 대학출판부가 1978년부터 2020년까지 20여 년에 걸쳐 출간한 방대한 분량의 중국사 개설 시리즈다. 이 시리즈는 1966년 당초 6권으로 기획되었던 것으로, 이후 기획을 수정하며 총 16권으로 확대되었다.[1] 총편집을 맡은 페어뱅크(John K. Fairbank), 트위체트(Denis Twitchett)는 머리말에서, 그것이 그사이에 서구학계에서 확장된 새로운 연구 영역, 방법론을 반영한 것으로 중국 연구에 대한 폭발적인 관심 증가를 반영하는 것이라고 말하고 있다. 이 저작물은 냉전 시기부터 세계 질서 속에서 그 비중이 제고되어 왔던 중국에 대한 서구의 강렬한(compelling) 관심을 보여 준다.

이 가운데 12권은 1983년에 출간되었다. 12권은 1912~1949년 중화민국 시기의 전반을 다룬 것으로 그 후반을 다룬 13권은 3년 뒤인 1986년에 출판되었다. 이 책의 참여 필진은 페어뱅크를 비롯해 포이어워커(Albert Feuerwerker), 영(Ernest P. Young), 네이선(Andrew J. Nathan), 셰리든(James E. Sheridan), 퍼스(Charlotte Furth), 슈워츠(Benjamin I. Schwartz), 리 오우판(Leo Ou-Fan Lee), 첸(Jerome Ch'en), 윌버(C. Martin Wilbur), 베르제르(Marie-claire Bergère) 등이다. 이들은 1976년 8월 케임브리지 대학에서 사회과학 연구 협의회(Social Science Research Council)의 지원하에 기획 회의를 개최했다. 출판 경비는 포드 재단(Ford Foundation)과 미국학술단체협의회(American Council of

---

1 총 16권 가운데 수당 편 두 권 중 한 권이 미출간되었고 송조, 청 전기는 2책으로 나뉘었다.

Learned Societies) 산하 국립인문재단(National Endowment for the Humanities)으로부터 지원을 받았다.

개설이라고 해도 이 책이 일관된 논지에 따라 구성, 서술된 것은 아니었다. 당시 공동 작업으로 저술된 많은 개설서들이 그랬던 것처럼 이 책도 논문집의 형식을 띠고 있다. 이러한 형식은 연구의 축적과 인식 공유가 충분치 않은 상황에서 당시의 연구성과를 충실히 반영할 수 있는 것이었다고 할 수 있다. 그런데 이는 그것을 평가하는 데 제한된 입장을 갖게 하는 것이기도 하다. 논자들은 그들이 처했던 구미학계의 시각을 반영하고 있으며 이 책의 기획 의도나 문제의식에 대해 공유했겠지만, 평자의 입장에서 이를 분석할 때 각 논문의 구체적인 논지들 간에 느슨한 정도의 연결성을 기대하며 볼 수밖에 없다.

수록 논문들의 서술 시기는 대체로, 신해혁명으로 중화민국이 출범한 1912년부터 장제스의 국민정부가 건립되는 1928년까지의 기간에 초점을 두고 있다. 이 기간은 위안스카이의 집권에서 시작되어 북벌로 붕괴하는 이른바 베이징정부의 통치 시기다. 이 책에서는 우선 1912~1916년간의 위안스카이 통치(4장), 1916~1928년간 베이징정부의 집권(5장) 및 군벌주의와 군벌 정치(6장)를 개괄하고, 이어 그에 대한 대척 지대에서 전개된 개혁운동에서 오사운동에 이르는 지적 변화(7장), 오사운동과 그 여파(8장), 문예사조에서 나타난 근대성의 추구(9장), 제1차 국공합작으로 종결된 초기 공산주의운동(10장) 등을 차례로 서술하고, 그 뒤에 1928년 난징 국민정부의 수립으로 귀결되는 국민혁명의 전개(11장)를 기술한다. 이는 입헌공화(constitutional republic)의 불안과 재건이라는 중화민국 시기 전반의 역사를 일련의 흐름으로 구성한다. 서술 시기에서 예외적인 장도 있다. 경제적 추세와 외국 세력의 존재를 다룬 2, 3장은

1912~1949년을 포괄한다. 이 두 장은 13권을 포함한 중화민국사 전체에 대한 배경 서술이다. 중국 부르주아에 관해 서술한 12장은 난징 국민정부가 당국가 체제를 확립하고 중일전쟁을 맞는 1937년까지 서술하고 있다. 또한 중국 지식인의 지적 변동을 다룬 퍼스와 리 오우판의 7, 9장은 1895년을 서술 시점(始點)으로 삼고 있다.

〈표 1〉『케임브리지 중국사』 12권의 목차와 필진

장	제목	필자	소속
1	Introduction: Maritime and continental in China's history	존 페어뱅크	하버드 대학
2	Economic trends, 1912-49	앨버트 포이어워커	미시간 대학, 앤아버
3	The foreign presence in China	앨버트 포이어워커	
4	Politics in the aftermath of revolution: the era of Yuan Shih-k'ai, 1912-16	어니스트 영	미시간 대학
5	A constitutional republic: the Peking government, 1916-28	앤드루 네이션	컬럼비아 대학
6	The warlord era: politics and militarism under the Peking government, 1916-28	제임스 셰리든	노스웨스턴 대학
7	Intellectual change: from the Reform movement to the May Fourth movement, 1895-1920	샬럿 퍼스	캘리포니아 주립대학, 롱비치
8	Themes in intellectual history: May Fourth and after	벤저민 슈워츠	하버드 대학
9	Literary trends I: the quest for modernity, 1895-1927	리 오우판	시카고 대학
10	The Chinese Communist Movement to 1927	제롬 첸	요크 대학(토론토)
11	The Nationalist Revolution: from Canton to Nanking, 1923-28	마틴 윌버	컬럼비아 대학
12	The Chinese bourgeoisie, 1911-37	마리 클레르 베르제르	파리 제3대학

우선 각 장의 내용을 간략히 살펴보면 다음과 같다.

중국 역사에서의 1장 「서론: 중국 역사에서의 해양과 대륙」은 총편집자인 페어뱅크가 중화민국사에 대한 서론 격으로 구성한 글이다. 그는 중화민국사 시기가 그 이전의 청조, 이후의 중화인민공화국 시기에 비해 상대적으로 중앙정부의 안정성은 취약했지만 외국 세력의 영향은 매우 강했다는 점을 지적하면서, 이 시기를 이해하는 데 있어서 중국-외국 간의 관계가 중요한 축이 된다고 설명한다. 이때 그는 우선 중국 제국의 주류 전통이 중원과 초원의 대륙을 무대로 농업-관료적(agrarian-bureaucratic) 성격을 형성해 왔다고 전제하면서, 그러한 "대륙 중국(continental China)"에 대비되는 동남해안과 해양을 무대로 한 상업-군사적(commercial-military) 성격의 하위 전통으로의 해양 중국(maritime China)에 주목한다. 이어 그는 이 하위 전통이 외국과의 관계에서 긴밀히 연관을 맺으면서 양자의 상호 관계 속에서 중국의 혁신, 개혁 기반이 마련되었다고 인식했다. 이때 그는 개항장을 중국-외국(Sino-foreign)이 공동으로 지배(synarchic)하는 공간으로 파악하고 그러한 개항장의 질서가 중화민국사의 진행에서 변화의 추동력이 되었다고 판단한다. 이러한 그의 서론은 매우 개괄적으로 쓰여, 기존 논의에서 그리 주목되지 못했던 듯하다. 그렇지만 12권의 구성과 내용을 이해할 때 중요한 틀이므로 그 의미에 관해 더 살펴볼 필요가 있다. 이에 관해서는 뒤에 상론한다.

2장 「경제적 추세, 1912~1949년」, 3장 「중국에서 외국(외래)의 존재」의 집필자는 포이어워커다. 이는 12, 13권을 포괄한 중화민국사에 대한 배경 서술이다. 포이어워커는 1958년 성선회의 양무 기업을 주제로 한 박사논문을 하버드 대학에서 출판한 이후, 냉전 시기 미국의 중국 근현대사 가운데 경제사 분야의 연구를 이끌었던 학자였다. 당시 그는 미시간 대학에서 중국연구센터(Center for Chinese Studies)를 중심으로 중국연구를 주도하고 있었다. 이 두 장은 각기 1977년, 1976년에 『미시간 페이퍼(Michigan Papers)』라는 별도의 책자로 출간된 것을[2] 수정해 재수록한 것이다. 이에 대해 페어뱅크는 '이 책이 잉태되는 기간에 초기 버전이 개별 책자로 발간되었지만 이제 다시 태어났다'고 소개한다.

그는 우선 2장에서 중국의 인구, 국민 소득, 산업, 농업, 교통, 정부와 경제, 국외 무역과 투자 등 각 부문의 경제적 추세를 계량적으로 분석했다. 국가, 정부 차원의 통계들을 중심으로 한 그의 분석은 다소 표피적이고 건조하다고 평해지기도 했으며, 다른 장들과 연관해서 각 지역, 계층에 추가적인 분석의 필요성이 지적되기도 했다. 단, 그가 본문에서 명시적인 결론을 제시하고 있지 않더라도 그 분석이 의미하는 바는 분명했다고 할 수 있다. 그것은 농촌을 기반으로 한 중국 경제가 전통적인 구조에 고착되어 있어 개항장 경제와 긴밀히 결합하여 질적인 도약 단계에는 이르지 못했다는 것이다. 그에 따르면 경제적 차원에서 이 시기의 근대화는 전반적으로 주변적이고 제한적으로 진행되었을 뿐이었다. 이 점에 대해서는 근대화 모델에 근거하고 있다는 비판이 제기되기도 했다.

이어 포이어워커는 3장에서 중국에서 외국인 집단과 활동에 대해 네트워크, 외교관, 선교사, 중국인 정부 대리자, 경제적 이해 등 여러 측면

---

2   Albert Feuerwerker, 1977, *Economic trends in the Republic of China, 1912–1949*, (Michigan Papers in Chinese Studies 31), Ann Arbor: Center for Chinese Studies, University of Michigan; *The Foreign Establishment in China in the Early Twentieth Century*, Ann Arbor: Center for Chinese Studies, University of Michigan, 1976

에서 검토했다. 그는 외국 세력이 중국에서 향유했던 특권적 지위와 예외성을 강조하면서, 한편으로 제조업, 교역, 운송 등 근대적 경제 부문에서 외국 자본이 지배적인 역할을 수행했고 그것이 중국 경제에 절대적인 이익을 가져다 주었다는 점을 지적했다. 이러한 서술에 대해 외국 세력에 대해 현상적 기술에 국한했다는 평가를 하는 논자도 있지만, 외국 자본이 중국의 자본, 노동력을 착취했으며 그것이 중국 경제의 발전을 저애했다고 보는 중국 대륙의 학자들과 충돌할 것이라는 우려가 제기되었던 것처럼 여기서도 그 논지는 명확히 엿보였다고 할 수 있다. 그런데 이 외국(외래)의 존재가 갖는 의미는 이 장의 서술 자체보다는, 페어뱅크가 1장에서 제시한 외국 세력의 복잡성과 연관해서 해석하는 것이 필요하다고 판단된다.

어니스트 영의 4장 「혁명의 여파 속의 정치: 위안스카이 시기(1912~1916년)」는 대체로 그가 1977년 발표한 전론에 기반을 두고 있다.[3] 그는 1912~1916년간의 기간을 정치적 통합의 와해, 군벌주의의 부상 또는 "중국 민족주의의 첫 번째 시도가 논리적으로 귀결된 결과"라는 두 측면에서 접근할 수 있다고 파악한다. 이때 그는 많은 관련 서술들이 전자의 측면을 부각하고 있지만, 후자의 측면에서 위안스카이 집권의 논리적 근거를 설명할 수 있다고 여긴다. 그에 따르면 신해혁명은 청조를 종식시켰다는 의의를 가지고 있었지만, 사회적으로는 구 지배층이 온전히 다시 부상하는 보수주의적 국면으로 이어져 위안스카이가 국민당을 누르고 권력을 차지할 수 있도록 하는 기반이 존재했다. 이는 중앙집권

---

3 Ernest P. Young, 1977, *The Presidency of Yuan Shih-k'ai: Liberalism and Dictatorship in Early Republican China*, University of Michigan Press.

과 지방분권, 즉 구심력과 원심력이라는 이해 틀을 통해 청조 시기에서 위안스카이 시기로의 이행을 연속적 관점에서 파악할 수 있게 해 주었다. 또한 이러한 위안스카이 집권의 붕괴는 중앙집권에 대한 반대 흐름의 극단적 표현으로서 분열과 군벌 할거의 국면으로 귀결되었다.

이어지는 네이선의 5장 「입헌공화: 베이징정부, 1916~1928년」, 셰리든의 6장 「군벌 시기: 베이징정부하의 정치와 군사주의, 1916~1928년」은 위안스카이 사후부터 국민당정부가 수립되기 이전까지의 정치사를 각기 입헌주의, 군벌을 중심으로 분석했다. 네이선의 글은 1976년 출판된 그의 저서를 재정리해 수록한 것이며,[4] 셰리든의 글도 1975년 이미 출간된 개설서의 3장 부분을 순서를 바꾸어 재수록한 것이다.[5]

네이선은 신해혁명 전후 입헌주의(constitutionalism)의 전개를 추적하면서 직업적 정치가의 출현을 비중 있게 파악했다. 교통계는 정치 파벌 가운데 가장 일찍 출현해 큰 영향력을 발휘했던 경우였다. 또한 이러한 정치가들은 군벌이 부상하는 가운데 점차 주요한 군사적 파벌에 종속적이 되어 갔는데, 단기서의 안복계는 전형적인 예였다. 파벌주의(factionalism)는 조곤의 회선(賄選)으로 대표되는 부패로 이어져, 결국 입헌주의를 파괴시키는 데 이르렀다. 그의 논지는, 이 시기의 정치를 입헌주의, 파벌주의라는 공식, 비공식의 두 차원의 체제가 기능적으로 상호작용한다는 틀에서 설명함으로써, 군벌의 지배 체제가 존속할 수 있었던 근거와 그것이 붕괴하게 된 이유를 함께 설명할 수 있게 해 주었다

---

4 Andrew J. Nathan, 1976, *Peking Politics 1918~23: Factionalism and the Failure of Constitutionalism*, University of California Press.

5 James E. Sheridan, 1975, *China in Disintegration: The Republican Era in Chiese History, 1912~1949*, The Free Press.

는 점에서 그 논리적 유용성을 인정할 수 있다.

　셰리든은 각 지역, 국가 차원에서 진행된 군벌 정치와 군사적 분쟁을 전반적으로 살펴보고 아울러 그것이 중국 사회에 미친 영향을 정리했다. 그는 끊임없는 권력 투쟁과 군사적 분쟁 속에서 주요 군벌의 행동을 개괄하고 각 지역, 시기에 군벌이 끼친 영향을 꼼꼼하게 분석했다. 한편 그는 각 군벌과 열강의 관계도 분석하면서 중국의 반식민지로서의 위상도 아울러 드러내어 주었다. 또한 그의 글은 군벌의 파괴성, 분열성, 종속성 등이 중국 사회에 끼친 직간접적인 피해뿐만 아니라, 그에 덧붙여 중국 정치의 군사주의로의 진행에 미친 영향을 설명함으로써 이후 등장하는 1927~1937년의 국민당 지배의 선행 맥락을 구성했다.

　퍼스의 7장 「지적 변화: 개혁운동에서 오사운동, 1895~1920년」은 청말 개혁운동에서 오사운동에 이르기까지 주요 사상가들의 사고를 간추리면서 중국 지식계의 변화 추세를 정리한 글이다. 그녀는 캉유웨이, 담사동, 옌푸 등 주요 개혁운동 인사들의 철학관에서부터 천두슈, 리다자오 등의 마르크시즘 수용까지의 일련의 지적 변화를 개관했다. 이때 그녀의 문제 인식은 "서구의 충격과 중국의 대응"이라는 논리에 대한 대안적 접근 시각을 모색하는 데 놓여 있었다. 그녀는 개혁운동을 "서구의 발견"이라는 측면에서 접근하면 그것이 전통사상에 대해 갖는 연속성을 간과하게 되고 반면 전통사상 속에서 이단적 요소를 중시하게 되면 그 단절성을 무시하게 된다고 하면서, 연속성과 단절성 양자를 포괄하는 시각을 탐색하고 있다. 이에 그녀는 진화론적 우주관(evolutionary cosmology)이라는 관점에서 중국의 근대 사상사를 단순한 서구에 대한 대응으로 보지 않고 그를 수용한 주체의 진화를 통해서 추적하는 설명을 시도했다. 이는 후술하듯이 당시 중국/서구, 전통/근대의 이원론적인 시각을 극복하고 중국중심론으로의 이행이 탐색되고 있던 서구학계의 변화를 반영하고 있는 것으로, 1장에서 페어뱅크가 제시하는 문제의식에 공조하고 있다고 할 수 있다.

8장 「지성사의 주제들: 오사와 그 뒤」에서 슈워츠는, 오사운동의 전개와 관련 사조 및 주요 논쟁을 차례로 정리했다. 그는 1951년 출간한 저서를 통해서 이미 1918~1933년간 중국 공산주의 운동의 전개 과정을 정리한 바 있었는데,[6] 그의 관심은 주로 현실 정치와 내적인 연관 관계를 만들어 내는 정치 사상을 분석하는 데 놓여 있었다. 그는 마르크시즘의 보급과 중국 공산주의의 승리는 별개의 것으로, 중국 공산주의가 대중운동의 고조 속에서 권력을 잡았지만 그것이 대중의 정치적 의지를 구현했다는 것을 의미하는 것이 아니었다고 인식했다. 이러한 그의 중국 공산주의에 대한 시각은 이 장의 서술에 그대로 적용되고 있다. 단, 여기서는 마르크시즘에 국한하지 않고 제 사조를 개괄하는 가운데, 신전통주의와 같은 문화보수주의, 과학과 인생관 논쟁 등에 대해서도 고루 서술하고 있다. 이는 당시 여러 사조를 나열적으로 정리해 참신하지 못하다는 평을 받기도 했으나, 이 시기 중국 지성사의 주제들을 폭넓게 다루었다는 점에서 기존 저서와 다른 그 자체의 의미가 있다고 할 수 있다. 그에 따르면 오사 시기 다수 지식인의 주요 목표는 사회-정치적인 독립체로서 중국의 재생을 성취하는 데 놓여 있었다. 이를 위해 중국의 마르크시스트들은 대중을 새로운 정치 권력을 건설하는 정치적 자원으로 동원하는 데 적절한 이데올로기에 집중하고, 1930년대까지 오랜 사상 투

---

6 Benjamin I. Schwartz, 1951, *Chinese Communism and the Rise of Mao*, Cambridge: Harvard University Press.

쟁을 통해서 중국 지식계의 주도적 지위를 점하게 되었다.

9장 「문예사조 I: 근대성의 탐색, 1895~1927년」은 청 말 변법운동 이래 오사 시기까지 30년 동안의 중국 현대문학이 전개된 과정을 시기별로 정리한 글이다. 저자인 리 오우판은 당시 1970년 하버드에서 박사학위를 취득했던 신진 학자였다. 그는 근대 중국의 많은 작가들이 "도덕적 책무"에 대한 인식 속에 "애국주의적 열정"을 갖고 있었으며 그로 인해 그 문학에 "현실주의"가 우세한 특징을 갖고 있었다는 점을 지적하면서, 이런 측면 때문에 그에 대한 연구는 문학 자체에 대한 관심 외에 역사적 관점에서 접근할 필요가 있다고 주장했다. 이때 그는 역사적 관점에서 중국 근대문학의 특징이 형성되는 데 전통과 현대성의 대립, 국가와 사회의 경계, 사회-정치에 대한 주관주의-개인주의적 긴장 등 세 가지 측면이 고려되어야 한다고 본다. 그의 글은 오사 시기 문학과 사조가 근대성의 추구라는 관점에서 어떤 역사적 의미를 갖는지를 추적해 보는 데 큰 기여를 했다고 평가할 수 있다.

10장 「1927년까지의 중국 공산주의운동」에서 제롬 첸은, 중국 공산주의자들의 마르크시즘에의 개종(conversion), 중국공산당의 창당, 제1차 국공합작 속에서의 긴장을 정리했다. 그는 정치 교리의 수용에는 그 이념을 구조화하고 실행으로 이끄는 지적 과정뿐 아니라 그것에 대한 주체들의 감정적 기반이 중요하며, 그러한 감정과 지성의 상호 작용이 정치 교리에 대한 개종을 더욱 복잡하게 만든다고 인식한다. 이런 인식하에서 그는 형성 시기 중국 공산주의운동의 복잡한 면모를 실증적이고 균형감 있게 묘사했다.

마틴 윌버의 11장 「국민혁명: 광둥에서 난징까지, 1923~1928년」은 국민혁명 운동의 조직에서부터 북벌의 완성에 이르는 과정을 자세히 서술했다. 그의 서술은 국민혁명에서 1927년 쿠데타를 통해 국공합작의 구도를 붕괴시킨 장제스와 국민당 우파의 행동과 정책에 대해 "반혁명" 개념을 적용하는 데 유보적인 태도를 보인다는 점이 특징이다. 당시까지 많은 연구자들은 국민혁명을 중국공산당이 적극 추진하는 사회혁명의 연장에서 파악하고 그것을 종식시킨 반공 쿠데타를 그 종기(終期)로 삼는 입장을 취하고 있었다. 그에 대해 윌버는 북벌 완성이라는 국가 통합의 과제를 사회혁명의 과제와 분리하려는 장제스 권력의 흐름에 새롭게 주목한다. 그에 따르면 1925~1927년 혁명 진행의 특징은 사회적 측면과 국가적 측면의 양분으로, 장제스는 전자와 거리를 두면서 후자에 무게를 두었던 것이다. 이런 가운데 양자의 목표를 지속하려는 공산당의 남창기의는 국민당의 정당성에 대한 반란(rebellion)으로 간주될 수 있는 것이었다. 아울러 윌버는 중국 공산당과 국민당 좌파가 주도하는 반제 대중운동에 대해서도 주목하는 입장을 취하면서 시각적 균형을 유지하려고 했다.

마지막 12장 「중국의 부르주아, 1911~1937년」에서 베르제르는 신해혁명 이후 난징 국민정부 시기까지 중국 부르주아의 정치적 위상 변화를 추적했다. 그에 따르면 중국 부르주아는 신해혁명에서 그 역할이 제한적이었지만 이후 곧 우세한 정치적 역량을 확보했다. 그렇지만 이들의 시도는 다시 위안스카이 권력의 부상하에 실패로 판명되었으며 이후 정치 영역과의 관련 여하와 무관하게 부차적인 역할을 발휘하는 데 머물렀다. 이후 1914~1923년의 이른바 중국 자본주의의 황금시기를 경험하면서 이들의 정치적 열망은 크게 신장되었지만 그 역시 보람 없이 끝났다. 경제적 호황을 경과하고 혁명운동이 고조되는 가운데 부르주아는 다시 그 정치적 역량을 결집하여 장제스 정권과의 공생을 모색했지만,

결과적으로 부르주아 계층은 그들이 집권을 도운 바로 그 국가 권력의 타격을 받는 위치에 또다시 처하게 되었다. 이러한 베르제르의 논의는 중국 부르주아와 국가 권력의 관계에 관해 기존의 관점과 같이 단순한 결탁, 종속 등의 관계가 아니라 이들이 상대적으로 자율적인 집단으로서 정치 역량의 신장과 발휘를 모색하는 행위자였다는 점을 드러낸 것이다. 이는 이 시기 중국 부르주아의 정치적 지향과 한계를 산업혁명과 사회혁명의 연결이라는, 서구 역사를 포함하는 보다 보편적인 역사 진행의 맥락 속에서 평가하려는 시도를 했다는 데 큰 의미가 있었다고 할 수 있었다.

이 책의 참여 필진들은 모두 당시 이미 학술적 권위를 인정받고 있던 학자들이었으며, 이 책에 수록된 논문들 가운데 상당 수는 이미 연구서로 기간되어 해당 분야의 연구자들에게 수용되고 있었다. 때문에 이 책은 오늘날까지도 비영어권 국가에 번역되어 교재로 활용되는 등 학술적 영향력을 유지하고 있다.

II. 주요 논지와 문제인식

이 책의 형식상, 비록 논문들이 기획 의도와 문제의식을 공유했다고 해도 그 속에서 일관된 논지를 발견하는 데는 한계가 있다. 이 책이 출간되었을 때 이를 비중 있게 주목하면서도 개별 논문이 아니라 그 전반적인 논지에 대해 평가하는 글은 많지 않았다. 한국학계의 경우 출간 직후 발표된 한 서평은 "일관된 문제의식이나 방향을 찾아내기가 매우 어려웠다"고 하면서 「서론」에 대한 논급은 거의 생략한 채로 각 논문들에 대한 실증적이고 세밀한 평가를 내렸을 뿐이었다.[7] 1980년대 당시는 중화민국사 연구에서 혁명사, 정통사관 등의 연구 시각으로부터의 전환이 적극적으로 모색되던 시점이었다. 중국 대륙에서도 민국시대를 제명으로 한 개설서가 출간되기 시작했는데, 리신(李新)이 총괄 편집한『중화민국사(中華民國史)』제1편 '중화민국의 창립(상,하)'이 1981, 1982년에 차례로 출판되었다.[8] 이런 가운데 1983년 출간된 이 책에 대한 시선은 같은 시점에 출현한 다른 개설서와 비교되는 분위기가 있었다.

그렇지만 이 책의 기획 과정과 구성, 체계 등을 볼 때 이 책의 의의는 나름대로 분명한 지향점을 갖고 있었던 것으로 보이며, 특히 당시 서구 학계에서 진행되고 있던 중국 연구를 둘러싼 시각 전환의 움직임과 관련해서 주목할 만한 측면들이 적지 않다.

페어뱅크는 1장(서론)에서 이 책이 "서구의 충격과 대응"이라는 관점과 그것을 둘러싼 논쟁적 주제들에 대한 것이라는 점을 명확히 제시하고 있다. 그는 '외국(외래)적 영향의 문제(The problem of foreign influence)', '하위 전통으로서 해양 중국(Maritime China as a minor tradition)', '개항장 혼합체(The treaty-port mixture)'의 세 절을 통해 이에 관해 차례로 설명했다. 우선 1절에서 그는 외국(외래)의 영향과 그에

---

7 羅弦洙·白永瑞, 1984,「John K. Fairbank, ed., The Cambridge History of China, Vol.12: Republican China 1912~1949, Part I, London, Cambridge University Press, 1983, 1002P」,『東洋史學研究』20, 1984.12.

8 중화민국사의 편찬 사업은 중화인민공화국의 수립 이후 50년대부터 제기되었지만, 본격적인 편사 사업은 문화대혁명이 종식된 뒤 1978년『민국인물전(民國人物傳)』제1권이 출판된 것이 시작이었다.『중화민국사(中華民國史)』는 1981년 제1권(상)이 출판된 것을 시작으로 2011년 신해혁명 1백주년까지 총12권 36책으로 완료되었다. 그 가운데 정편(正編)은 12권 16책이고 그 외 대사기(大事記) 12책, 인물전(人物傳) 8책으로 구성되었다.

대한 대응의 문제를 중화민국사의 중요한 주제로 제시했다. 그는 먼저 근대 중국이 적응해야 했던 문제는 지배적이고 다수를 점했던 문명이 갑작스레 자신이 세계 속에서 소수의 지위에 처해 있다는 사실을 발견하게 된 것으로 이때부터 중국은 외부의 '근대'방식을 수용하는 것에 어려움을 겪어 왔다고 설명하고, 중화민국 시기는 바로 그 외국(외부)의 영향이 그 전후에 존재했던 청조, 중화인민공화국이라는 상대적으로 더 안정적인 중앙정부의 시기에 비해 놀랄 만한 정도로 컸다는 사실을 지적한다. 그에 따르면 외부 대 내부(outer versus inner)의 문제를 어떻게 규정하고 분석해야 하는지는, 중화민국 시기를 분석할 때 가장 첨예한 과제였다.

주지하듯이 페어뱅크는 미국 중국학의 기반을 조성했고 조직, 연구자, 어젠다 등에 두루 큰 영향을 발휘했던 핵심 인물이었다. 또한 충격-대응 논리는 그가 중국 역사를 이해하는 주요한 이론 틀이었다. 그는 2차 세계대전 이전부터 중국에 대한 심도 있는 이해를 바탕으로 중국 전문가로서 미 정부의 정책에 밀접한 연관을 맺어 왔다. 그런 이유로 1950년대 매카시즘 속에서는 친공분자로 지목되어 공격을 받으며 "중국 상실"의 책임을 추궁당하기도 했다.[9] 그런데 그의 중국 역사, 전통문화에 대한 인식은 편면성이 있다는 지적을 받기도 했는데, 그는 유교로 대표되는 중국 문화는 폐쇄적이어서 중국사회를 정체로 이끌었으며, 단지 서구의 충격으로만 비로소 본래 사회 질서를 파괴하고 현대화의 노정으로 나아갈 수 있다고 인식했다. 그는 1954, 1955년에 잇따라 출간한 저작들에서 19세기 이래 중국 역사의 변화를 이끈 근본 동력은 바로 서구의 중국에

---

9 John K. Fairbank, 1982, *Chinabound: A Fifty Year Memoir*, Harpercollins.

대한 충격과 그에 대한 중국의 반응이라고 주장했다.[10] 또한 이러한 충격-반응론은 1960년 출간한 동아시아사 개설서에도 그대로 반영되었다.[11]

그런데 1960~1970년대 서구학계에서는 점차 서구중심적 시각에 대한 비판이 제기되고 비서구 국가, 지역의 독자성에 대한 인식이 확대되고 있었다. 베트남전쟁 등은 미국의 선도 역량과 서구 가치관에 의문을 갖게 했고, 반둥회의 등 제3세계의 흥기는 세계 체제의 재편을 전망하게 했다. 이런 가운데 서구 외의 다른 국가, 민족의 독자적인 발전에 대해 주목하는 움직임이 나타났다. 종족우월론, 유럽중심론에 대한 반대는 이 시기 서구의 역사 학계의 주요한 추세였다.[12] 페어뱅크의 경우는 1968년 관련 권위자들을 모아 비서구 세계의 독자적 질서의 하나로 중국적 세계 질서(Chinese World Order)를 해명하는 공동 작업을 진행했다.[13]

『케임브리지 중국사 12권: 중화민국사』가 출간된 1980년대에 이르기까지 미국학계에서는 이미 내재적 동인을 중시하는 경향이 뚜렷하게 부상했다. 예를 들어 필립 쿤(Philip A. Kuhn)이 1970년 출간한 태평천국

---

10 John K. Fairbank, 1954, *China's Response to the West: A Documentary Survey, 1839–1923*, Cambridge, Massachusetts: Harvard University Press; John K. Fairbank and Masataka Banno, 1971, *Japanese Studies of Modern China; a Bibliographical Guide to Historical and Social-Science Research on the 19th and 20th Centuries (Harvard-Yenching Institute Studies, 26)*, Harvard University Press.

11 Edwin O. Reischauer, John K. Fairbank and Albert M. Craig, 1960, *A History of East Asian Civilization*, Boston: Houghton Mifflin(revised as *East Asia: Tradition and Transformation*, 1989).

12 Geoffrey Barraclough, 1979, *Main Trends in History*, Holmes and Meier.

13 John K. Fairbank, 1968, *The Chinese World Order: Traditional China's Foreign Relations*, Harvard University Press.

에 관한 저작은 서구의 충격에 대한 중국의 대응이 아니라 서구가 도래하기 전 중국 사회 내부에서 발생한 변화로 그 문제인식과 관심을 전환했다는 점에서 미국의 중국사 연구자들에 큰 영향을 끼쳤다.[14] 많은 학자들이 중국 역사의 내재적 동인을 중시해야 한다는 흐름에 동조하고 있었다.[15] 주지하듯이 폴 코헨(Paul A. Cohen)은 그러한 흐름에 분명한 전기를 만드는 책을 발표하게 되는데, 그는 1984년 『미국의 중국 근대사 연구(Discovering History in China: American Historical Writing on the Recent Chinese Past)』를 통해 그의 스승인 페어뱅크 등 미국학자들이 취해 온 충격-반응, 전통과 현대 등의 패러다임이 중국을 수동적인 입장에 위치하게 하고 서구의 충격이 없이 변화할 수 없다는 인식을 갖게 했다고 비판하면서 중국 중심의 중국사(China-centered history of China)를 주장했다.[16]

코헨의 문제 제기는 명백히 페어뱅크를 핵심으로 한 전 세대 학자들에 대한 것이었으므로, 그 전해 페어뱅크의 주편으로 출간된 이 책은 자연히 그러한 대비 속에서 수용되는 측면이 있었다. 이런 가운데 페어뱅

---

14 Philip A. Kuhn, 1970, *Rebellion and Its Enemies in Late Imperial China: Militarization and Social Structure, 1796-1864*, Cambridge, Mass.: Harvard University Press.

15 John Winthrop Haeger, 1975, *Crisis and Prosperity in Sung China*, University of Arizona Press; Frederic Wakeman, Jr., and Carolyn Grant eds., 1975, *Conflict and Control in Late Imperial China*, Berkeley: University of California Press; G. William Skinner, 1977, *The City in Late Imperial China*, Stanford University Press; Jonathan D. Spence and John E. Wills, Jr., 1981, *From Ming to Ch'ing: Conquest, Region, and Continuity in Seventeenth-Century China*, Yale Univ. Press.

16 Paul A. Cohen, 1984, *Discovering History in China: American Historical Writing on the Recent Chinese Past*, New York: Columbia University Press.

크가 위의 서론에서 중화민국사의 가장 첨예한 과제를 "외부 대 내부"의 문제라고 제시한 것은 이 책이 충격-대응론의 문제를 정면으로 다루고 있다는 점을 표명한 셈이었다. 이 점에서 이 책은 그와 그의 동료 그룹들이 그간에 서구학계에서 진행되어 온 시각 전환의 움직임에 대응해서 그 충격-대응론의 이해 틀에 어떤 조정을 가하고 있는지를 볼 수 있게 해 주는 것이었다.

페어뱅크는 "외부 대 내부"의 이원적 대립 구도와 관련해, 1절 '외국(외래)적 영향의 문제'의 나머지 부분에서 "foreign" 개념에 대해 검토한다. 그는 "foreign" 개념은 매우 모호해서 불필요한 논쟁에 빠지게 하며 그에 대해 신중한 정의가 필요하다고 지적한다. 중국에서 "외국의 영향"은 매우 다양한 양상으로 존재했으므로 그것을 간단히 규정하는 것은 어려운 일이었다. 이에 대해 그는 그에 접근하는 새로운 규정(distinction)과 조건(proposition)으로 다음과 같은 점들을 고려해야 한다고 제시했다. ① 중국을 정치적 구별을 넘어 독자적 문화체로 보는 관점은 "외국(외래) 세력"이라는 개념을 대비적으로 과장하게 된다. ② 외국(외래) 세력은 다양한 부류의 집단으로 그것은 단일한 세력이 아니라 그 속에 독자적인 하위문화를 가진 집단이 존재했다. 심지어 그 가운데는 혁명의 조력자도 있었다. ③ 중국 역사는 중국의 언어, 문자 체제와 연결되어 중국인 자신과의 연관성이 있을 때 비로소 역사로서 의미를 가진다. ④ 외국(외래)의 영향은 그것이 중국인에 영향을 끼치려면 중국의 언어, 기록 체계를 통과하며 소화되어야 한다. ⑤ 외국(외래)의 영향은 기본적으로 중국인 개인들의 행위에 영향을 끼침으로써 작동하는 것으로, 중국인 주체(actor)의 역할을 통해서 작용한다. ⑥ 중국인은 외국(외래)의 자극에 대응해서 그들의 언어 또는 행위 속에 있는 중국적 요소를 가지고 근대적 방식을 만들어 내야 했다. 이에 따르면 근대 중국에서 외국 세력은 단순히 "외부 대 내부"의 대립 구도의 일방으로 존재했던 것이 아니었으며 그것의 중국 역사에 대한 작용 여부나 방식은 중국인 주체의 선택을 통해 결정되는 것이었다. 이는 충격-대응론이 반드시 외부와 내부를 이원적인 대립 구도로 파악해야 하는 것은 아니라는 점을 주장한 것이며, 적어도 그 이원 구도의 극복 필요성에 대한 비판의 수용 가능성을 엿볼 수 있게 한다.

이어 그는 2절 '하위 전통으로서 해양 중국'에서, 주류 전통인 "대륙 중국"에 상대되는 하위 전통으로서 "해양 중국"이라는 존재에 주목한다. 그에 따르면 중국에 농업-관료적 성격의 주류 전통이 중원을 무대로 자리잡고 있는 동안 그 주변에는 그와 대비되는 하위 전통들이 존재했으며, 그 가운데 동남해안과 해양을 무대로 성장한 상업-군사적 성격의 하위 전통은 근대에 접어들어 외국(외래) 세력과 긴밀한 연관을 맺으면서 중국의 근대적 혁신, 개혁의 기반을 형성했다. 하위 전통으로서 해양 중국은, 그가 1968년 『중국적 세계 질서』에서 중국의 전통 질서를 개념화할 때까지만 해도 언급되지 않았던 것으로, 이후 내적 동인에 주목하기 시작한 서구학계의 흐름을 반영해 덧붙여진 것이라고 할 수 있다.

마지막으로 그는 3절 '개항장 혼합체'에서 중국의 근대 경험을 잘 반영하는 공간으로서 개항장에 주목한다. 그에 따르면, 개항장은 중국, 외국의 동기가 함께 작용한 가운데 출현한 것으로, 그 안에서 외국인은 종래 중국인 관료-지식인이 누렸던 것과 같은 특권을 향유함으로써 그 공동지배적(synarchc) 권력 구조에 진입했다. 이곳은 행정적으로 외국인이 관리했지만 주민 면에서 중국인이 다수를 점했는데, 그것은 외국 세력의 확장과 해양 중국의 성장이 합류하는 일종의 "잡종 중국(hybrid China)"

였다. 이에 따라 이곳에서 진행된 경제 활동은 식민주의의 일방적인 착취가 아니라 그 경제적 성장의 성과를 중국 기업도 함께 향유하는 중국-외국의 공동 성취(Sino-foreign achievement)였으며, 이곳에서 발전한 새로운 사고는 외국, 중국 어느 일방에 전적으로 기원하지 않은 것이었다. 이렇게 그는 중국-외국 공동의 장으로서 개항장을 무대로 성장한 해양 중국을, 중국의 근대 역사로의 변화를 여는 통로로 설정했다.

페어뱅크는 이상과 같이 외국(외래) 개념에 대한 재규정과 이원론의 해체, 하위 전통으로서 해양 세계에 대한 주목, 중국-외국 공동의 장으로서 개항장 등의 논의를 통해서 중화민국사를 이해하는 실마리를 제시했다. 이때 그는 한편으로 이러한 개념들이 분석적 수단이 아니라 추상적인 수사이며, 사회혁명(Social Revolution)이라는 관점에서 볼 때 그것은 시작하지 못한 모종의 변화의 시작일 뿐이라고 그 의미를 제한한다. 위안스카이 집권, 군벌 할거로 이어지는 중화민국의 역사는 바로 그 사회혁명의 지체라는 측면을 보여 주는 것이며, 사회혁명의 측면에서 더 중요하고 복잡한 변화는 해양 중국보다 대륙 중국에서 전개된 것이었다.(그는 이를 추후 과제로 설정한다.) 그는 20세기 역사의 난제인 산업혁명과 사회혁명의 관계의 문제가, 중국의 경우 독특하게도 해양 중국과 대륙 중국의 경계선 위에 놓여 있다고 서론을 마무리하고 있다.

이미 살펴보았듯이 이 책이 충격-대응론에 대한 시각 조정의 시도를 포함하고 있다는 것을 알 수 있다. 이 책의 발간 직후에 출간된 코헨의 문제제기가 강력했던 까닭에 이 책의 의미에 주목하는 논의가 흥미를 끌지 못했던 측면이 있지만, 필자들이 이 책을 통해서 충격-대응론의 "외부 대 내부"의 틀을 기본적으로 유지하면서 중국 역사에 대한 중국인의 주체성과 그 역사의 연속성을 설명하기 위해 노력했던 점은 주목해 볼 가치가 있다. 이 책이 충격-대응론을 축으로 새로운 논의를 시도하고 있는 것은 다른 한편에서는 개혁개방 시기 다시 협력 상대가 된 중국에 대한 기대감을 반영하는 현실적 측면도 있다고 할 수 있다. 그렇지만 그런 가운데 제시된 이 책의 논지들은 페어뱅크를 비롯한 서구학계의 주류가 내부의 비판 논의에 대응해서 그들의 충격-대응론에 어떤 조정을 가하고 있었는지 볼 수 있게 해 준다는 점에서 학술사적으로 적지 않은 의미가 있다고 생각된다.

참고문헌

羅弦洙·白永瑞, 1984, 「John K. Fairbank, ed., The Cambridge History of China, Vol.12: Republican China 1912~1949, Part I, London, Cambridge University Press, 1983, 1002P」, 『東洋史學硏究』 20, 1984.12.

Adshead, S. A. M., 1984, "Reviewed Work(s): The Cambridge History of China. Volume 12: Republican China 1912-1949, Part I, by John K. Fairbank," *Pacific Affairs*, Vol.57, No.2, Summer.

Ash, R. F., 1985, "Reviewed Work(s): The Cambridge History of China. Vol.12: Republican China 1912-1949, Part 1 by John K. Fairbank," *Bulletin of the School of Oriental and African Studies*, University of London, Vol.48, No.3.

Barraclough, Geoffrey, 1979, *Main Trends in History*, Holmes and Meier.

Cohen, Paul A., 1984, *Discovering History in China: American Historical Writing on the Recent Chinese Past*, New York: Columbia University Press.

Fairbank, John K. and Banno, Masataka, 1971, *Japanese Studies of Modern China: a Bibliographical Guide to Historical and Social-Science Research on the 19th and 20th Centuries(Harvard-Yenching Institute Studies, 26)*, Harvard University Press.

Fairbank, John K., 1954, *China's Response to the West: A Documentary Survey, 1839-1923*, Cambridge, Massachusetts: Harvard University Press.

_____, 1968, *The Chinese World Order: Traditional China's Foreign Relations*, Harvard University Press.

_____, 1982, *Chinabound: A Fifty Year Memoir*, Harpercollins.

Feuerwerker, Albert, 1976, The Foreign *Establishment in China in the Early Twentieth Century*, Ann Arbor: Center for Chinese Studies, University of Michigan.

_____, 1977, *Economic trends in the Republic of China, 1912-1949*, (Michigan

Papers in Chinese Studies 31), Ann Arbor: Center for Chinese Studies, University of Michigan.

Grieder, Jerome B., 1988, "Reviews of Books: The Cambridge History of China. Vol.12, Republican China 1912-1949, Part I by John K. Fairbank," *American Historical Review* 93-1.

Haeger, John Winthrop, 1975, *Crisis and Prosperity in Sung China*, University of Arizona Press.

Kuhn, Philip A., 1970, *Rebellion and Its Enemies in Late Imperial China: Militarization and Social Structure, 1796-1864*, Cambridge, Mass.: Harvard University Press.

Nathan, Andrew J., 1976, *Peking Politics 1918~23: Factionalism and the Failure of Constitutionalism*, University of California Press.

Reischauer,, Edwin O., Fairbank, John K. and Craig, Albert M., 1960, *A History of East Asian Civilization*, Boston : Houghton Mifflin. revised as *East Asia: Tradition and Transformation*, 1989.

Rodzinski, Witold, 1985, "Reviewed Work(s): The Cambridge History of China. Vol.12. Republican China 1912-1949, Part 1 by John K. Fairbank," *The Journal of the Royal Asiatic Society of Great Britain and Ireland*, 1985, No.2.

Schwartz, Benjamin I., 1951, *Chinese Communism and the Rise* of Mao, Cambridge: Harvard University Press.

Sheridan, James E., 1975, *China in Disintegration: The Republican Era in Chiese History*, 1912~1949, The Free Press.

Skinner, G. William, 1977, *The City in Late Imperial China*, Stanford University Press.

Spence, Jonathan D. and Wills, John E., Jr., 1981, From Ming to Ch'ing: Conquest, Region, and Continuity in Seventeenth-Century China, Yale Univ. Press.

Vermeer, E. B., 1988, "Reviewed Work(s): The Cambridge History of China. Vol.12, Republican China 1912-1949, Part I by John K. Fairbank," *T'oung Pao*, Second Series, Vol.74, Livr.1/3(1988).

Wakeman, Frederic, Jr. and Grant, Carolyn, eds., 1975, *Conflict and Control in Late Imperial China*, Berkeley: University of California Press.

Young, Ernest P., 1977, *The Presidency of Yuan Shih-k'ai: Liberalism and Dictatorship in Early Republican China*, University of Michigan Press.

15장

『케임브리지 중국사 13권: 중화민국사,
1912~1949년』제2부 내용 검토

박장배 동북아역사재단 북방사연구소 소장

I. 머리말: 『케임브리지 중국사』 출간 배경

『케임브리지 중국사 12권』의 총편집자 서문에서 지적되었듯이, '케임브리지 시리즈'는 1902~1912년에 액튼 경의 기획으로 출간된 『케임브리지 근대사』(16권)를 출발점으로 한다. 1966년 처음에 6권으로 기획된 『케임브리지 중국사』는 "역사를 읽는 서구의 독자들에게 규범적인 가치 있는 저작을 제공하기 위한 것"이었다. 이 책의 총편집자는 데니스 트위체트(Denis Twitchett)와 존 페어뱅크(John K. Fairbank)인데, 『케임브리지 중국사 13권(중화민국사 하권)』의 편집자는 페어뱅크와 앨버트 포이어워커(Albert Feuerwerker)다. 페어뱅크는 12권의 제1장 도론에 이어 13권에서도 도론을 집필했다. 『케임브리지 중국사: 중화민국사』도 공동저술 방식으로 집필, 출간되었다. 케임브리지 중화민국사 상권은 1983년에, 하권은 1986년에 출간되었다. 기본적으로 1980년대 중반 이전 서방의 중화민국사 연구가 도달한 수준을 대표하고 있다고 할 수 있다.

『케임브리지 중국사』는 냉전이 최고조에 달한 1960년대에 기획되었는데, 당시는 중소분쟁 역시 최고조에 달한 시기였다. 실제로 『케임브리지 중국사』 시리즈가 나온 것은 중미수교가 이루어진 1970년대 이후였다. 중국이 개혁개방 정책을 추진하고 미국이 중국의 세계시장 참여를 권장하는 상황에서 『케임브리지 중국사』 시리즈가 선을 보였다는 점은 이 시리즈의 현실적 의미가 적지 않음을 말해 준다고 하겠다.

『케임브리지 중국사 13권: 중화민국사』 하권이 출간된 지 이미 34년이 지났다. 1980년대에는 외부의 충격과 중국의 반응 논리가 반성의 대상이 된 시기였다. 그 이후 중국 근대사 연구의 패러다임도 몇 차례의 혁신을 했다고 할 수 있다. 그럼에도 불구하고 중국근대사 시리즈의 원점으로서 여전히 살펴볼 가치가 있다고 생각된다.

케임브리지 중국사, 특히 근현대사의 출간이 구체적으로 어떻게 진행되었는지 하는 점은 여기에서는 분석의 범위에 들어가지 않는다. 여기에서는 제13권 중화민국사 하권의 주요 내용, 서구학계와 중국학계의 인식 차이, 그리고 한중관계사와 한국사에 대한 서술 내용을 검토하여 이 권의 특징을 파악해 보고자 한다.

II. 『케임브리지 중국사 13권』의 중화민국사 이해

『케임브리지 중국사 12권: 중화민국사』 상권은 제1장 「도론: 중국 역사의 연해와 대륙」, 제2장 「경제추세(1912-1949년)」, 제3장 「중국에서의 외국의 존재」, 제4장 「혁명 후의 정치풍운: 위안스카이 시기(1912-1916년)」, 제5장 「입헌공화국: 베이징정부(1916-1928년)」, 제6장 「군벌시대: 베이징정부하의 정치투쟁과 무력주의」, 제7장 「사상의 추세: 개량운동에서 오사운동으로(1895-1920년)」, 제8장 「사상사 측면의 논제: 오사 및 그 후」, 제9장 「문학의 추세1: 현대성에 대한 추구(1895-1927년)」, 제10장 「1927년 전의 중국공산주의 운동」, 제11장 「국민혁명: 광저우에서 난징까지(1923-1928년)」, 제12장 「중국의 자본가계급(1911-1937년)」으로 구성되어 있다.

그리고 『케임브리지 중국사 13권: 중화민국사』 하권의 장 제목과 집필진은 다음과 같다. 총편집자 서문은 존 K. 페어뱅크가 썼다. 제1장 「도론: 중국 근대사의 투시」는 메리 B. 랜킨(Mary B. Rankin, 워싱턴 DC), 존 K.

페어뱅크(하버드 대학 역사학과 명예교수), 앨버트 포이어워커(미시간 대학 역사학과 교수, 앤 아버)가 집필했다. 제2장 「1911-1931년 중국의 국제관계」는 에토 신키치(아오야마 가쿠인 대학 국제관계학과 교수, 도쿄)가 집필했다. 제3장 「1927-1937년 난징 10년 시기의 국민당 중국」은 로이드 E. 이스트맨(Lloyd E. Eastman, 일리노이 대학 역사학과 교수, 어배너)이 집필했다. 제4장 「1927-1937년의 공산주의운동」은 제롬 천(요크 대학 역사학과 교수, 토론토)이 집필했다. 제5장 「토지제도」는 레이먼 H. 마이어스(Ramon H. Myers, 전쟁·혁명과 평화에 관한 후버 연구소, 팰로 앨토)가 집필했다. 제6장 「농민운동」은 루시앙 비앙코(Lucien Bianco, 파리 고등사회과학연구대학 교수)가 집필(번역: 자넷 로이드)했다. 제7장 「지방정부의 발전」은 필립 A. 쿤(Philip A. Khun, 역사와 동아시아 언어와 문명학과, 하버드 대학 교수)이 집필했다. 제8장 「학술계의 성장, 1912-1949년」은 쑨전이투(E-Tu Zen Sun, 펜실베이니아 주립대학 중국사학과 교수)가 집필했다. 제9장 「문학 추세: 혁명으로 향하는 길 1927-1949년」은 리 레오 오우판(Leo Ou-Fan Lee, 시카고 대학 중국문학과 교수)이 집필했다. 제10장 「일본의 침입과 중국의 국제지위 1931-1949년」은 이리예 아키라(Akira Iriye, 시카고 대학 역사학과 교수)가 집필했다. 제11장 「중일전쟁 시기의 국민당 중국, 1937-1945년」은 로이드 E. 이스트맨이 집필했다. 제12장 「중일전쟁 시기의 중국공산주의운동, 1937-1945년」은 라이만 반 슬라이크(Lyman van Slyke, 스탠퍼드 대학 역사학과 교수)가 집필했다. 제13장 「1945-1949년의 국공 충돌」은 수잔 페퍼(Suzanne Pepper, 대학 서비스센터, 홍콩)가 집필했다. 제14장 「1949년 이전의 마오쩌둥 사상」은 스튜어트 슈람(Stuart Schram, 런던 대학 정치학과 교수, 동양 및 아프리카 연구대학)이 집필했다.

집필진의 특징은 우선 문화 배경이 다양하다는 것이다. 미국 연구자, 일본 연구자, 타이완 연구자, 프랑스 연구자까지 매우 다양한 문화배경을 가지고 있지만, 대체로 일본과 타이완의 연구성과를 대거 이용하고 있다는 점이 주목된다. 이들 각국의 대표적인 중화민국사 연구자들이 필진으로 참여하고 있고 많은 업적을 낸 연구자들도 있지만 그렇지 않은 연구자들도 있다. 집필자들의 지적 배경에 대해서는 보다 심도 있는 분석이 필요할 것이다.

이 책의 주요 내용을 보면 다음과 같다.

제1장「도론 : 중국 근대사의 투시」는 세부항목이 ① 변혁과 연속성 : 분기, ② 중국경제의 성장과 변혁, ③ 사회구조와 사회행위의 변화, ④ 혁명 과정 중의 국가와 사회로 구성되어 있다. 이 장에서 처음 주목한 것은 변화와 연속성 문제라고 할 수 있다. 그 내용은 다음과 같다.

중국 근대사는 혁명이라는 말을 사용하여 기술할 수 있지만, 혁명이나 부흥, 근대개혁과 같은 몇 마디로 개괄하기 어렵다. 또한 중국을 하나의 단일한 실체로 개괄하기 어렵지만, 12권 1장의 '해양중국'과 '대륙중국'의 구별은 유용할 것이다. 20세기의 중국혁명은 인구규모가 크고 직면한 변혁이 더욱 광범위하다는 측면에서 다른 나라의 혁명과 구별될 수 있다.

농민생활의 변화는 매우 완만했다. 중국 구질서의 구조는 매우 견고하지만, 최종적으로 공업주의와 민족주의 근대운동, 과학과 민주에 적응해 왔다. 근대중국의 변혁에 대한 이해는 선형 모델 해석과 순환 모델 해석이라는 두 역사학과 사이의 논쟁의 문제다. 선형 관점은 근대 성장의 영향이 인구와 경제 측면만이 아니라 생산기술, 정치민족주의와 과학사상 측면에도 있다는 점을 강조한다. 근대화는 전면혁명이었다. 순환

관점은 중앙 정권의 쇠락, 내전과 외국 침입, 보편적인 혼란과 빈곤, 중앙정권의 군사부흥, 도생의 길의 회복과 발전 등 여러 측면의 반복을 본다. 저자들이 보기에 이 양 측면은 서로 용납하는 것이다. 1800년에서 1949년까지 중국문화의 차이성은 감소했지만 여전히 완강하게 존속하고 있다.

변혁과 연속성: 시기 구분. 연속성이 많더라도 중국은 1800년에서 1949년까지 종종 거대한 변화를 겪었다. 정치제도, 특히 국가와 사회의 관계는 결정적으로 개변했다. 아편전쟁이 결정적인 서방의 충격을 받은 시기였다는 것에 근거하여 중국 근대사가 1840년에 시작되었다고 하면, 그것은 변혁의 국내원인과 서로 대립하는 국외의 원인을 지나치게 강조하게 될 것이다. 저자들은 오히려 1800년을 18세기의 번영, 확장, 자신감의 중화제국과 19세기 분열과 혼란의 중국 사이의 분계선으로 보려고 한다. 저자들은 이 시기를 네 개의 시기, 즉 1800-1864년, 1865-1911년, 1912-1930년, 1931-1949년으로 구별한다.

첫 번째 시기(1800-1864년). 19세기의 주요 반란이 1860년대 평정되었지만 왕조 몰락의 전통적인 징조가 숱하게 나타났다. 수운체계와 하천방어체계가 무너져 일부에서는 관리하는 이가 없어졌다. 18세기에 후난 중부의 호수를 둘러싸고 과도한 제방이 수축되었다. 부단한 인구 증가로 더 많은 농토가 필요했다. 이것은 하천 운항을 제한했다. 장강 각지에서 관리와 향신의 이해가 충돌하여 제방의 관리와 수축을 막았다. 1853년의 황하 수로 변경은 그 피해가 회복되지 못했다. 대도시 관리의 부패는 18세기 말에 이미 정점에 달했다. 반란은 청조 전복의 징조를 보여 주었다. 변경 소수민족도 반란을 일으켰다. 해적도 연해에서 출몰했다. 서방국가들은 연해도시들을 습격하기 시작했고 정치와 경제의 특권을 강요했다. 이러한 문제에 직면하여 정부는 연약하고 무능했다. 정부와 군대는 반란을 진압하지 못했고 세수는 반란진압 비용을 충당하지 못했다. 19세기의 여러 황제는 선배들에 비해 나약하고 무능했다. 새로 조직된 지방군대가 대규모의 반란을 진압했고 권력 분산이 바야흐로 발전하였다. 그러나 왕조 순환의 내리막길이라는 추세의 관례는 이 역사시기의 두 가지 측면을 포괄할 수 없다. 우선 인구증가는 전례없는 수준에 이르렀다. 중국의 인구는 1750년 2-2.5억 명이었는데 1850년에는 4.1-4.3억 명에 이르렀다. 또 공업기술과 서방자본주의 경제 확장에서 힘을 얻은 제국주의 서방은 전에 유목민족이 중국에 침입한 것보다 더 근본적인 도전을 불러왔다. 변화는 순환모델을 초월했다.

두 번째 시기(1865-1911년). 발전과 혁신은 쇠퇴와 몰락보다 더 두드러졌다. 물론 쇠퇴와 몰락도 소실되지 않았다. 왕조 쇠퇴의 여러 현상은 20세기의 새로운 발전을 수반했다. 제국주의 군사 위협은 중국인들을 격동시켜 서방식 공업화와 군사 현대화의 노력을 불러일으켰다. 새로운 관료기업가와 교육받은 장교가 출현했다. 1880년대에는 조약항에서 신문이 전파한 여론이 하나의 정치요소로 변했다. 19세기 중반의 주요 반란은 변경과 빈곤 지역에서 기원했지만, 19세기 말과 20세기 초의 주요 정치활동은 부유한 경제중심지역에서 출현했다. 청조의 최후 10년간 중앙정부의 관료 수령과 지방에 근거를 둔 사회 명류의 경쟁은 중국 정치의 새로운 고도에 도달했다.

세 번째 시기(1912-1930년). 신해혁명은 농촌의 사회관계를 거의 변화시키지 못했다. 정치활동과 정치조직은 여전히 도시에 집중되어 있었다. 그러나 한족의 민족주의는 황제와 왕조에 대한 충성심을 대체했다. 왕조제도가 없어졌기 때문에 군권은 더욱 중요한 정치요소가 되었다. 군권이 분산되어 있었기 때문에 전국에 대한 통제를 하기 어려웠다. 신해혁명 이후 정치급진주의는 유가권력주의의 가정속박을 반대하였다. 오사운동 기간에 급진주의는 계급의 설법으로 혁명을 주창했다. 1927년 중국공산당과 그 동맹자인 국민당 좌파와 국민당 우파의 결렬은 양자의 목표상의 모순을 드러냈다.

네 번째 시기(1931-1949년). 1930년대 초에 세 가지 사건이 중국역사의 진행에 심각한 영향을 주었다. 1931년 경제불황은 중국에 타격을 주었다. 일본인은 1931년 9월 선양을 점령하고 만주를 침략하여 괴뢰정부를 세우고 허베이를 통제하였고, 1937년에는 전면적인 중국침략 전쟁을 일으켰다. 중국공산당은 1931년 초 장시에 소비에트 정부를 세우고 장정을 통해 섬서로 도주한 뒤 마오쩌둥 영도하에 옌안에 새로운 정권을 세웠다. 중국공산당은 농업지역을 기초로 한 혁명운동을 수립하였다. 이러한 혁명은 최후로 1949년에 농촌에서 두각을 나타냈다.

『케임브리지 중국사 13권: 중화민국사』하권의 도론이 이와 같은 내용으로 채워져 있다. 그것의 가장 기본적인 문제의식은 '혁명사'적 시각으로만 중국 근대사를 볼 수 없다는 것이다. 『케임브리지 중국사 13권』의 시기 구분은 혁명사적 시각, 서구충격-중국반응 논리를 극복하는 시각을 보여 주고 있다고 하겠다. 중화민국사를 1930년을 기준으로 시기 구분한 것은 내부의 변화와 외부의 영향을 동시에 고려하겠다는 의도를 담고 있는 것으로 보인다.

중국경제의 성장과 변혁 항목에는 중화제국 말기의 전(前) 자본주의 상품화, 경제정체, 외부요소: 대외무역과 제국주의, 1911년 이후의 연속성이라는 소절이 있다. 경제 부문만 보면 정치적 격변와 외래요소의 충격 속에서도, 19세기 말에도, 중화민국 시기에도 경제 성장은 지속되었다. 특히 도시경제의 성장은 1949년 이후의 경제발전의 기반이 되었다.

사회구조와 사회행위의 변화 항목에는 수평사회구조와 수직사회구조, 사회 불안정의 극렬화, 전통명류의 융합과 분열, 농촌조직과 민중운동, 노동운동 및 그 농촌 유대라는 소절이 있다. 도론의 관심은 유교사상의 지속과 새로운 사회운동의 격화에 있다고 할 수 있다.

다음으로 혁명 과정 중의 국가와 사회 항목에는 청대 권력기구의 평형 상실, 명류의 적극정신의 흥기, 청 말의 신정과 혁명, 민국정치의 동향이라는 소절이 있다. 이것은 중국 정치생활 속의 인민, 곧 명류와 각종 보통사람들의 작용문제, 한마디로 '문제' 문제와 관련된다.

요컨대 도론은 13권 중화민국사 하권의 총론이라고 할 수 있는데 여기에서는 전통사회의 연속성 문제, 서구의 충격과 영향 문제, 서구적 기준의 중국 사회 평가가 담겨 있다고 할 수 있다. 이하에서는 도론 이후의 실제 내용의 구성을 살펴본다.

제2장 「1911-1931년 중국의 국제관계」는 ① 기원 : 동아시아 지역질서로서의 청제국의 쇠락과 멸망, ② 일본의 만주에서의 세력 확장, ③ 일본의 21개조, ④ 일본의 영향과 중국의 제1차 세계대전 참전, ⑤ 워싱턴 회의와 중국, ⑥ 모스크바와 중국의 이중 접근, ⑦ 중국의 국민혁명과 열강으로 구성되어 있다.

제3장 「1927-1937년 난징 10년 시기의 국민당 중국」은 ① 권력의 초보적 공고화, ② 각 성의 투쟁, ③ 장제스 정치통치를 돕는 요소들, ④ 난징정권의 의식형태, 구조와 기능의 행사, ⑤ 국민당의 파벌들, ⑥ 국민당정권의 성취, ⑦ 중국의 새로운 심태, 1936-1937년, ⑧ 난징 10년 시기 국민당 통치에 대한 평가로 구성되어 있다.

제4장 「1927-1937년의 공산주의운동」은 ① 당의 재건과 영도, ② 농

촌 소비에트의 창건, ③ 하나의 전략을 찾아서, ④ 소비에트의 철폐, ⑤ '백색구역'의 지하 공작, ⑥ 제2차 통일전선의 준비로 구성되어 있다.

제5장 「토지제도」는 ① 토지제도의 상황 : 상품시장과 생산요소시장, 토지와 노동력, 촌장(村庄)과 농호(農戶), 농촌의 상층인물, 분할계승, 가(家)와 그 수입, 가의 합작형식, ② 농업의 상업화 : 증강되는 자원전문화, 새로 출현한 농촌경제, ③ 농업위기 : 위기의 확정과 서술, 1920년대, 난징 10년, 전쟁 연대로 구성되어 있다.

제6장 「농민운동」은 ① 자발적인 항조항세(抗租抗稅) : 소작농과 지주 사이의 분규, 항세 소동, 아편세 저지, ② 자발적인 농민소요-유형과 특징: 소작료와 세금과 무관한 소요와 그 유형, 특징, ③ 농민과 공산당원: 대등하지 않은 동맹, 펑파이(澎湃)와 하이루펑(海陸豊) 농민(1922-1928), 외지와 이후로 구성되어 있다.

제7장 「지방정부의 발전」은 ① 사회명류의 지방정부에서의 작용 : 의사회와 '신정(新政)', 구역정체, 산시(山西)계획, ② 난징정부의 지방행정에 대한 초기 정책 : 지방정부의 관료주의화, ③ 향촌건설운동 : 참여와 관료정치-역사의 진행과정으로 구성되어 있다.

제8장 「학술계의 성장, 1912-1949년」은 ① 현대교육기구의 출현, 1898-1928년 : 인원-해외에서 배양된 엘리트, 대학-기구의 건립, 과학과 연구의 개시, 기금 제공과 미국의 영향-칭화, ② 난징 10년 기간의 고등교육과 국가건설 : 중앙정부의 리더십, 고급 연구, 연구 지원, ③ 전시와 전후의 변화, 1937-1949년 : 전시의 고등교육과 연구, 전후의 변화로 구성되어 있다.

제9장 「문학 추세: 혁명으로 향하는 길 1927-1949년」은 ① 30년대 문학, 1927-1937년 : 문학혁명에서 혁명문학으로, ② 좌익작가연맹과

문학에 관한 논전 : 서막-루쉰과 신월파(新月派)의 경합, '민족주의 문학' 문제, '자유인'과 '제삼 범주'의 작가들, '대중어'와 '라틴화'의 논쟁, '두 구호'의 전투, ③ 문학창작과 사회위기 : 수필[잡문], 소설, 시가, 희극, ④ 전쟁과 혁명, 1937-1949년 : '민족항전'의 영웅전, '애국철혈' 문학, ⑤ 옌안 좌담회 : 옌안 문학, ⑥ 혁명 전야, 1945-1949년으로 구성되어 있다.

제10장 「일본의 침입과 중국의 국제지위 1931-1949년」은 ① 세계경제위기-중국의 주변적 지위, ② 만주사변-일본개혁파의 군국주의, 1931-1932년, ③ 국제주의의 와해, ④ 지역협력을 얻기 위한 일본의 기도, 1933-1937년, ⑤ 중일전쟁 기간의 강국 형상(power configuration), 1937-1941년, ⑥ 제2차 세계대전 중의 중국과 일본, 1941-1945년, ⑦ 중국의 전후 쇠락, 1945-1949년으로 구성되어 있다.

제11장 「중일전쟁 시기의 국민당 중국, 1937-1945년」은 ① 최초의 전역(戰役, campaigns)과 전략, 1937-1939년, ② 중국의 전쟁 동원, ③ 1939-1945년의 악화: 군사, ④ 외국 군사 원조, ⑤ 1944년 일본의 1호 작전, ⑥ 통화 팽창 재난, ⑦ 공업부문, ⑧ 정치상의 허약성으로 구성되어 있다

제12장 「중일전쟁 시기의 중국공산주의운동, 1937-1945년」은 ① 전쟁 초기(1937-1938년) : 국민당의 태도-통일전선, 군사전략과 전술, 지도자와 리더십, 조직 기구와 활동, 일본의 침입과 중국의 최초 반응, 근거지의 건립, 근거지 건설 과정, ② 전쟁 중기(1939-1943년) : 국민당과의 '마찰', 신사군 사변, 일본의 치안 강화, 허베이의 치안 강화, 백단대전(百團大戰), 백단대전 후의 소탕전(1941-1943년), 일본군의 화북에서의 치안 강화, 중공의 대책-생존과 신정 : 섬감녕(陝甘寧)의 신정책, 일본 전

선 배후의 근거지의 신정책, ③ 전쟁의 최후 두 해(1944-1945년) : 1호 작전 및 그 결과, 정치와 군사의 발전, 미국과 중국공산당원, 제7차 대표대회, 중국공산당과 소련, 전망으로 구성되어 있다.

제13장 「1945-1949년의 국공 충돌」은 ① 협상과 미국의 개입 : 헐리 사절단(1944-1945년), 마셜 사절단(1946년), 마셜 사절단의 실패와 이것이 미국의 대중국 정책에 갖는 의미, ② 국민당 역할의 쇠락 : 일본 점령지의 접수, 경제상의 무능-통화팽창의 금융정책, 1947에서 1948년까지의 응급 개혁, 정치상의 무능-평화운동에 대한 대처 실패, ③ 공산당 역량의 성장, ④ 내전(1946-1949년) : 첫 해인 1946-1947년 퇴각, 둘째 해인 1947-1948년 반격, 셋째 해인 1948-1949년 승리, ⑤ 국민당정부의 종말과 미국정책의 실패로 구성되어 있다.

제14장 「1949년 이전의 마오쩌둥 사상」은 ① 학생운동에서 농민운동까지(1917-1927년), ② 당, 군인과 대중(1927-1937년), ③ 민족모순과 사회모순(1937-1940년), ④ 마오쩌둥 사상의 승리(1941-1949년)로 구성되어 있다.

위의 13개 장의 전체적인 구성을 보면, 국제관계와 1949년 이전의 마오쩌둥 사상을 예외로 한다면 그 내용은 기본적으로 국공양당 경합의 과정이라고 할 수 있을 것이다. 이것은 국민당의 패배와 공산당의 승리 구도를 갖고 있다고 할 수 있다. 상대적으로 실제 중국공산당의 역할이 부각되어 있다고 볼 수 있다. 이것은 대륙을 장악한 중국공산당에 대한 관심의 반영이라고 할 수 있을 것이다. 동시에 이것은 미국의 중국정책이 왜 실패했는가를 은연중에 상정한 것이라고 할 수 있다.

또한 도론에서도 그러했지만 13개의 장 중에서도 경제문제를 다룬 부분이 상대적으로 많다고 할 수 있다. 이것은 서구학계에서 중국경제

부문에 대한 관심이 지대하다는 점을 보여 주는 것이기도 할 것이다. 또한 중국혁명의 동력으로 농민혁명의 사회경제적 기초를 이해하고자 하는 측면도 반영되어 있을 것이다.

III. 서구학계와 중국학계의 중화민국사 이해의 접점

중국학계에서는 일찍부터 『케임브리지 중국사』 시리즈에 지대한 관심을 갖고 거의 전체를 번역하였다. 13권의 역자주는 주로 류징쿤(劉敬坤)이 붙였고 용어와 체제를 통일한 것도 류징쿤이었다. 본서의 역자는 1장 류징쿤, 2장 가오스화(高士華), 3장 리바오홍(李寶鴻), 4장은 류징쿤과 자오리장(趙麗江), 5장은 자오리장과 리치자(李啓家), 6장은 리치자와 자오리장, 7장은 딩위롄(丁于廉), 8장은 가오스화와 동후이(董卉), 9장은 판레이(范磊), 10장은 저우주시(周祖義), 11장은 쩡칭총(曾景忠), 12장 앞의 3분의 1은 왕자오광(汪朝光), 나머지 3분의 2는 리쉐통(李學通), 13장은 마샤오광(馬曉光), 14장은 예종이(葉宗敭), 지도는 장옌(張言)이다.

중화민국사에 관한 것만은 아니지만 미국학계의 중국근대사 연구에 관심을 가진 논고들은 대략 다음과 같다.

仇华飞; 李婷婷, 「美国学者中国近代史研究的多维视角」, 『近代中国』, 2013-02-28.
陶季邑, 「美国学者研究中国近代史的新成果——简评《乱世中的信任》」, Journal of Hunan city University, 2004-01-30.

刘广京,「三十年来美国研究中国近代史的趋势」, *Modern Chinese History Studies*, 1983-03-02.

保罗·阿·科恩,「美国的中国近代史研究」, *Historical Research*, 1980-04-15.

徐有威, 魏斐德:「以国际视野研究中国近代史」,『中国图书商报』, 2008-08-22.

王能应,「"西方中心论"与"中国中心观":美国学者研究中国近代史文献述评」, *Journal of Hubei Administration Institute*, 2008-06-01.

王小甫,「《剑桥大学中国学的历史与现状》一文的补正」,『中国史研究动态』, 1995-10-25.

尹飞舟,「美国研究中国近代史的新趋向」, *HUNAN SOCIAL SCIENCES*, 1998-04-30.

张国刚,「剑桥大学中国学的历史与现状」,『传统文化与现代化』, 1995-06-15.

张朋园;「黄克武, 两岸与美国:中国近代史研究的相关比较」, *Cultural Heritage Studies*, 2013-07-31.

钱小明,「黄宗智谈美国研究中国近代史和近代经济史情况」, *Social Sciences Shanghai China*, 1980-04-30.

陈芜,「中国近代史 四一二政变与美国对华政策」,『中国历史学年鉴』, 1986-01-01.

WANG Jian, "Presentation and Analysis of Perspectives of History of Modern China in America: Discussion Based on Discovering History in China," *Journal of Zhejiang University*(Humanities and Social Sciences), 2001-06-25.

이들 논고를 살펴보면, 중국학계에서는 『케임브리지 중국사』를 놓고 학술회의를 개최하여 중국학계 나름의 평가를 시도해 보기도 했다. 이들은 시각이 서구중심적이라는 점, 구체적인 사실의 오류가 많다는 점을 지적한다.

서방 역사연구자들이 중국근대사를 보는 시각은 대체로 이렇게 요약될 수 있을 것이다. 1960년대 말부터 미국의 경제사가들은 유럽중심론의 사조를 반대하여, 충격-반응 모델, 전통과 현대의 완전 대립을 비판하였다. 유럽중심론은 충격-반응 모델, 전통-현대 모델, 제국주의 모델 등 세 가지 모델을 갖고 있었다.[1] 이것들은 서구 충격론과 역사유산론, 내부동력론이라고도 할 수 있을 것이다. 1964년에서 1974년까지 베트남전쟁과 1972년의 워터게이트 사건(Watergate scandal), 1980년대 이후 중국 경제의 신속한 발전을 배경으로 하여 근대사학자들은 중국 내부의 발전요소를 중심으로 중국근대사를 재평가하기 시작했다. '유럽중심론'자의 근본적 착오는 지리환경 결정론과 종족문화 우열론이었다.[2] 이것은 문명충돌론을 전제로 한 접근이었다고 할 수 있다. 이러한 시각은 한국학계에도 폴 A. 코헨의 저작을 통해 전해졌다.[3] 또 월러스틴의 세계체제론적인 시각도 동아시아 학계에 일정한 영향을 준 것으로 보인다.

---

1 王能應, 2008, 「"西方中心论"与"中国中心观": 美国学者研究中国近代史文献述评」, *Journal of Hubei Administration Institute*, 2008.6.1. 91쪽.
2 王能應, 2008, 위의 글, 95쪽.
3 ① 폴 A. 코헨 저, 장의식 역, 1995, 『미국의 중국 근대사 연구』, 고려원. ② 폴 A. 코헨 저, 이남희 역, 2013, 『학문의 제국주의: 오리엔탈리즘과 중국사(Discovering history in China : American historical writing on the recent Chinese past)』, 순천향대학교출판부.

궁극적으로 서구의 충격과 중국의 반응 이론과 같은 것은 서구와 중국이라는 거대 주체를 내세워 서구 내부의 여러 시각과 중국과 서구 사이에 있는 다양한 주변의 시각을 소외시킨다는 점에서 영국과 러시아의 그레이트 게임의 논리와 유사한 함정을 가지고 있다고 생각된다. 이 책은 '충격-반응' 이론을 극복하려는 의지를 보여 주고 있으나 실제로 서구중심적, 중국중심적 논리의 한계를 극복하였는지는 구체적인 내용 분석을 통해 파악해 낼 수 있을 것이다.

한편 13권 중화민국사에 관한 중국학계의 언급은 대체로 다음과 같다.

郭德宏,「一种别开生面的论述 — 评《剑桥中华民国史》下卷抗日战争部分」,『安徽史学』, 1995-07-15.

郭绪印,「国民党派系斗争史之我见 — 评《剑桥中华民国史》第二部第三章中之《国民党派系斗争》」,『学术月刊』, 1999(01).

董国强,「评《剑桥中华民国史》中关于毛泽东思想研究的两个问题」,『毛泽东思想论坛』, 1997-10-30.

杜桂剑,「《剑桥中华民国史》(下)第四章中若干史实错误」,『湘潮(下半月)』, 2015-12-25.

马建标; 徐畅,「旁观者未必清楚 — 评《剑桥中国晚清史》《剑桥中华民国史》」, *Historical Review*, 2020-01-01.

马晓光,「中国史 剑桥中华民国史」,『中国图书年鉴』, 1995-01-01.

文一,「《剑桥中华民国史》(中译本)由社科出版社出版」,『民国档案』, 1994-11-15.

王剑,「美国中国近代史观的展现及其他 — 关于柯文《在中国发现历史》的思考」,『浙江大学学报(人文社会科学版)』, 2001(03).

汪朝光,「一种研究框架中的民国对外关系 — 评《剑桥中国史》第13卷第2章」,『近代史研究』, 1993-10-28.

王俊义,「从"冲击—反应论"到"中国中心观"的历史转变 —《剑桥中国清代前中期史》述评」,『社会科学战线』, 2010(12).

张廷友; 唐纯良,「对《剑桥中华民国史》一则"史料"的订正」, Journal of Chinese Communist Party History Studies, 1999-09-25.

朱华,「《剑桥中华民国史》书评会在沪召开」, ARCHIVES AND HISTORY, 1998-08-15.

朱华,「《剑桥中华民国史》学术书评会综述」,『上海党史研究』, 1998(04).

朱华,「专题研讨信息 本市学者评析《剑桥中华民国史》— 市党史学会举行学术书评会」,『上海社联年鉴』, 1997-05-23.

曾琦珣,「试析《剑桥中华民国史》中的新诗观」, Huazhong Humanity Forum, 2012-06-15.

陈景拴,「《剑桥中华民国史》(上卷) 三则史事正误」, Tribune of Social Sciences, 2018.11.10.

陈雁,「大国形象的塑造与中国国际地位的变迁 — 读《剑桥中华民国史》」,『探索与争鸣』, 1998(10).

叶哲铭,「在"西方中心"与"中国中心"之间 — 论《剑桥中国晚清史》中费正清的史学研究模式」,『杭州师范学院学报(社会科学版)』, 2005(06).

여기에서 중국학자들은 서방중심주의의 문제 외에 공통적으로 사실오류문제를 들고 있다. 주화에 의하면,『케임브리지 중국사: 중화민국사』연구는 "연구하는 시야가 비교적 넓어 많은 영역을 다루고 있으며, 이론적인 분석을 중시하고 있다." 또 "연구방법이 참신하여 각 장마다 독특한 시각과 분석개념이 있다." '충격과 반응' 양식은 서방중심주의 사관의 색채가 있고 중국민족의 주동성을 경시했지만 외래요소의 영향에 대해 생각할 바가 있다.⁴ 중화민국사 하권 4장을 검토한 두구이젠에 의하면, 몇 가지 분명한 사실 오류가 보인다. 1934년 국민당경찰이 코민테른의 연락거점을 파괴한 후 1937년까지 중국공산당과 코민테른은 연계를 상실했다. 그 사이에도 연계를 회복하려는 노력은 계속되었다. 1936년 봄 연계를 일시 회복했다. 그 이전인 1935년 11월 중순 코민테른 7차 대회에 참석한 린위잉[林育英, 林彪의 사촌형(堂兄)]도 코민테른의 반파시스트 통일전선 결성에 관한 지시와 암호를 가지고 외몽골을 거쳐서 섬서북부에 도착했다.⁵

IV. 『케임브리지 중국사 13권: 중화민국사』 하권의 한중관계사 서술

13권 중화민국사 하권의 한중관계사 서술이나 한국사 관련 내용은 매우 소략하다. 참고문헌에 실린 논저에도 한국역사가의 기여는 거의 없다. 거기에는 주로 미국, 일본, 타이완 학계의 연구성과가 망라되어 있다. 13권의 경우 한국학계가 전적으로 소외되어 있다고 할 수 있다. 중화민국사 하권에서 한국 관련 내용은 일차적으로 다음과 같은 내용을

---

4 朱华, 1998,「《剑桥中华民国史》书评会在沪召开」, ARCHIVES AND HISTORY, 1998.8.15, 80쪽.

5 杜桂剑, 2015,「《剑桥中华民国史》(下)第四章中若干史实错误」,『湘潮(下半月)』, 2015.12.25, 81쪽.

확인할 수 있다.

용어 색인(Glossary-Index)에는 일곱 번 내외로 한국과 관련된 내용이 나오는 것으로 파악된다. Chientao area 間島(90, 497쪽), Korea(82, 532쪽), Japanese primacy in(87쪽), and Chientao(90쪽), and Wanpaoshan incident(114쪽), settlers from Manchuria in(497쪽), postwar status of(532, 534쪽). 몽골과 비슷한 빈도로 등장한다. 한국 관련 내용이 등장하는 대목은 러일전쟁 이후 1907년 7월 30일 러일조약과 관련하여 남만주에서 세력권을 확정하고 한국에서의 우월권을 상호 인정한 부분이다. 이어서 간도문제와 대한제국인의 간도 이주문제를 언급했다. 일본은 한국을 장악한 이후 만주로 세력을 확대했다. 다음으로 한국이 등장하는 대목은 1931년 만보산 사건과 관련한 것이다.

간도문제, 만보산 사건, 만주 정착, 전후 지위 등 『케임브리지 중국사: 중화민국사』에 등장하는 한국 관련 내용은 국제질서에서 주체적인 모습을 보인다거나 모종의 국제적 역할을 하는 존재로 등장하지는 않는다. 기본적으로 비주체적인 대상자로 등장하는 모습을 보이고 있다. 이것은 당시의 실제 모습일 수도 있지만 동시에 중화민국사 집필자들의 한국 이해도가 낮았던 점도 관련이 있을 것이다.

『케임브리지 중국사: 중화민국사』를 본다면, 서구에서도 중국사를 다루면서 한국과 같은 주변국을 놓치고 있다고 할 수 있다. 이것 또한 서구 중심주의의 일환일 것이다. 역으로 중국 중심주의도 또 하나의 편향이라고 할 수 있다. 배경한의 연구에 의하면, "중국 중심주의, 즉 중화주의의 극복이라는 하는 것"이 여전히 현재의 과제라고 한다.[6]

---

6   배경한, 2016, 『중국과 아시아: 근현대 중국의 아시아 인식과 아시아주의』, 한울아카

V. 맺음말

『케임브리지 중국사: 중화민국사』 하권은 도론에서 "1949년 이전의 마오쩌둥 사상"까지 14개의 장으로 이루어졌다. 이것은 국공양당의 경합 속에서 어떻게 공산당이 승리하고 국민당이 패퇴했는가, 문화개방정책의 수호자였던 미국은 어떤 측면에서 중국정책을 그르쳤는가 하는 것을 다루고 있다고 하겠다. 또한 중국근대사의 기조에는 사회경제적 모순이 있다는 것을 부각시키고 있다고 할 수 있다. 전체적으로 '충격-반응' 논리를 극복하고자 하는 노력은 기본적으로 성공적으로 수행되었다고 할 수 있을 것이다.

서구에서 중국사를 어떻게 보는가 하는 점은 역으로 중국에서 서구를 어떻게 보는가 하는 점과도 연결된다. 이 문제는 『케임브리지 중국사』 시리즈에 대한 중국학계의 다양한 논의를 보면 개략적인 내용을 파악할 수 있다. 중국학계에서는 『케임브리지 중국사』 시리즈를 접하면서 세부사항의 미흡함을 지적하면서도 '반제국주의'론이나 '계급사관'과 같은 단선적인 논의를 넘어설 필요성을 자각한 것으로 보인다. 이 책의 중국어판 번역자 중의 하나인 왕자오광은 '주변으로부터의 시각'을 충분히 고려해야 한다는 관점을 제기하고 있다.

그런데 여기에서 한중관계사나 한국사 관련 부분은 소략하다 못해 거의 존재감이 없다고 할 수 있다. 이것은 『케임브리지 중국사: 중화민국사』 서술의 기조가 강대국 중심의 서술 기조를 유지하고 있는 점과도 관련이 있을 것이다. 『케임브리지 중국사: 중화민국사』 하권에서 주역은

데미, 218쪽.

당시 중국사를 만든 주역이었던 국민당과 공산당, 그리고 문화계와 농민운동까지 다양한 성분이 있다. 그러나 국제적으로 보면 일본, 러시아(소련), 미국 등이 크게 부각되어 있다. 이것은 당시 열강이 국제질서를 좌지우지했던 사정과도 관련이 있을 것이다. 그러나 또한 『케임브리지 중국사: 중화민국사』 하권의 관심사가 주변세력에까지 미치지 못하고 있던 데서도 기인할 것이다. 결국 한중관계사와 한국사에 관한 내용은 '케임브리지 한국사'에서 찾아야 할 것이다.

참고문헌

존 K. 페어뱅크 외 저, 김한식·김종건 외 역, 2007, 『케임브리지 중국사 11권(하)』, 새물결출판사.
배경한, 2016, 『중국과 아시아: 근현대 중국의 아시아 인식과 아시아주의』, 한울아카데미
폴 A. 코헨 저, 이남희 역, 2013, 『학문의 제국주의: 오리엔탈리즘과 중국사(Discovering history in China : American historical writing on the recent Chinese past)』, 순천향대학교출판부.
폴 A. 코헨 저, 장의식 역, 1995, 『미국의 중국 근대사 연구』, 고려원.

杜桂劍, 2005.12, 「《劍橋中華民國史》(下)第四章中若干史实错误」, 『湘潮(下半月)』.
王能应, 2008.6, 「"西方中心论"与"中国中心观":美国学者研究中国近代史文献述评」, *Journal of Hubei Administration Institute*.
朱华, 1998.8, 「《剑桥中华民国史》书评会在沪召开」, *ARCHIVES AND HISTORY*.

Fairbank, John K., ed., 1983, *The Cambridge History of China. Vol.12, Republican China 1912-1949 Part 1*, Cambridge: Cambridge University Press.
Fairbank, John K., ed., 1986, *The Cambridge History of China. Vol.13, Republican China 1912-1949 Part 2*, Cambridge: Cambridge University Press.

16장

최근의 중화인민공화국사 연구 동향에
비추어 본 『케임브리지 중국사 14권』의
연구 시각 검토

박상수 고려대학교 사학과 교수

I. 머리말

『케임브리지 중국사(CHOC, The Cambridge History of China)』 제14권과 제15권은 중화인민공화국 시기를 개혁개방 초기까지 다루고 있다. 두 권 모두 1983년 1월 하버드 대학 페어뱅크 센터에서 개최된 집필자 워크숍 등의 준비기간을 거쳐 1987년과 1991년에 각각 출간되었다. 본고의 검토 대상인 제14권(이하 '본서')은 마오쩌둥 통치 시기 전기(1949~1965년)를 대상으로, 주로 "정책 결정자들(policymakers)의 시각"에서 정치, 경제, 외교, 교육, 지식인 등의 주제를 폭넓게 다루고 있다. "중국 인민(people of China)의 시각"에서 중국 혁명이 갖는 의미를 다룬 2개의 장[1]은 제15권의 마지막 부분에 수록되어 있다.

본서는 "덩샤오핑의 실험이 첫 번째 주요 성과를 보인 1980년대 초기,"[2] 즉 지금으로부터 약 30여 년 전에 집필되었지만, 현재까지도 중화인민공화국사 연구의 초심자들에게 추천할 만한 '고전'과 같은 위상을 갖고 있음을 부인하기는 어렵다. 다만, 당시까지의 중화인민공화국사 연구는 그 연구 조건에서 많은 한계를 안고 있었다. 본서의 말미에 수록된 마이클 옥센버그의 '연구 동향' 정리[3]가 지적하고 있는 바와 같이 당시 중국 연구는 "많은 심각한 제약(many serious constrains)"이 존재했

---

1   Roderick MacFarquhar and John K. Fairbank eds., 1991, *CHOC, Vol. 15*, "Preface to Volume 15," Cambridge University Press, p. xxii 참조. 두 장의 내용은 각각 '농촌'과 '도시'의 실태를 조명하고 있다.
2   Roderick MacFarquhar and John K. Fairbank eds., 1991, 위의 글 p. xxi.
3   Michel Oksenberg, 1987, "Politics takes command: An essay on the study of Post-1949 China," in Roderick MacFarquhar and John K. Fairbank, eds., *The Cambridge History of China*, Vol. 14, Cambridge University Press.

다(543쪽). 페어뱅크가 서문을 통해 의식하고 있듯이 본서는 다양한 제약 속에서 시도된 중화인민공화국 초기에 관한 하나의 "잠정적인 평가(interim judgement)"라고 할 수 있다(xiv쪽).

중국 연구의 제약은 무엇보다도 이용 자료의 한계에서 연유하는 것이었다. 옥센버그의 언급대로, 비록 중국의 개혁개방 정책의 개시에 따라 일부 연구자들이 중국에 체류할 수 있게 되었고, 중국의 연구 기관과 연계된 현지 조사와 인터뷰 자료에 기초하여 새로운 성과들이 나오기 시작했지만, 그것은 매우 개별적인 것이었다. 일부 현지 조사를 통해 수집된 자료마저도 체계적으로 관리되거나 널리 공유되지 못했다(572-573쪽).

1980년대 초 여전했던 압도적인 냉전문화가 초래한 연구 시각의 편향이 연구를 제약했다. 주지하듯이 공산당 통치 체제에 대한 구미학계의 과도한 부정적 시각은 전체주의(totalitarian) 중국관을 벗어나지 못했다. 비록 문혁 시기 표출된 권력 투쟁과 파벌 대립에 착안하여 단일한 전체주의 모델 대신 다원주의/이익집단/파벌 경쟁 등의 새로운 시각이 제시되긴 했지만,[4] 사회 전반에 대한 당-국가 권력의 강력한 '통제(control)' 프레임은 여전히 학계의 주된 연구 시각이었다.

본서의 출간 이후 약 30여 년 이래 마오시대에 관한 연구 조건은 획기적으로 변화하였고, 그에 따라 수많은 연구성과들이 쏟아져 나왔다. 그 주된 특징들을 일별해 보면 다음과 같다.

첫째, 학문 연구의 탈(脫)정치화를 들 수 있다. 중국의 개혁개방의 개

---

[4] Harry Harding, 1984, "The Study of Chinese Politics: Toward a Third Generation of Scholarship," *World Politics* Vol. 36, No. 2 (January 1984).

시, 뒤이은 냉전의 종식으로 기존의 '혁명(革命) 서사(敍事)'는 크게 퇴조하였고, 연구자들은 다양한 시각을 통해 마오시대를 조명하기 시작했다. 연구 주제에서도 중앙 수준의 노선 대립, 권력 투쟁, 엘리트 정치, 공식 제도 및 조직의 수준을 넘어 지방적 차원의 다양성, 사회 관습, 개인의 사고와 행위, 기층 수준의 국가-사회 관계 등을 폭넓게 다루고 있다.[5]

둘째, 분과 학문의 경계를 넘는 연구 경향이다. 1949년을 경계로 그 이전은 역사학이, 그 이후는 사회과학이 연구해 오던 기존의 분업적 연구 경향은 문혁을 포함한 1949년 이후를 '역사로서' 접근하기 시작하면서 더 이상 존재하지 않게 되었다. 역사학이든 사회과학 연구든 '마오시대'는 더 이상 '현실 이슈'가 아닌 역사가 되었다.[6]

셋째, 이용 가능한 자료의 확대이다. 1980년대 이래 각종 자료집을 비롯한 공식 출판물의 폭발적 증가 이외에도, 지방 당안관(檔案館)이 1960년대 전반까지의 당-정의 공식 문서들을 점진적으로 개방하고 있다. 또한 당국의 통제를 거의 받지 않는 자유로운 외국 연구자들의 장기 체류와 현지 인터뷰가 가능하게 되면서 자료적 한계는 더 이상 마오시대 연구의 장애가 될 수 없게 되었다. 연구자들은 새롭고 풍부한 자료를 통해 선행 연구들을 재검토하고 새로운 성과를 생산해 내고 있다.

본서 각 장의 내용은 1965년까지 마오시대 전기를 대상으로, 신정권의 공고화 과정과 대약진이 야기한 지도부의 분열, 신질서 구축을 위한

---

5   Jeremy Brown & Paul G. Pickowicz eds., 2007, *Dilemmas of Victory: The Early Years of the People's Republic of China*, Harvard University Press.
6   Joseph W. Esherick, Paul G. Pickowicz, Andrew G. Walder eds., 2006, *The Chinese Cultural Revolution as History*, Stanford University Press; Julia Strauss ed., 2007, *The History of the People's Republic of China, 1949-1976*, Cambridge University Press.

교육 개혁 과정, 중공과 지식인의 관계 양상, 경제의 회복과 침체, 한국전쟁 및 중소대립을 포함한 외교관계 등으로 구성되어 있다. 전체적으로 개설적 내용을 담고 있으므로, 본고에서는 장별 내용을 각개식으로 접근하기보다는 최근 연구 관심과 성과에 의거하여 세 주제로 나누어 검토한다. '1949년 전후: 연속인가, 단절인가?', '대중운동과 정권의 공고화', '마오시대의 국가-사회 관계', 그리고 글을 맺으면서 다루게 될 '이용 자료의 한계' 문제가 그것이다. 우선 이 주제들에 관한 최근 연구 동향을 비교적 상세히 제시한 후[7] 그에 비추어 본서의 연구 시각이 갖는 특징을 논평하는 방식을 취한다.

II. 1949년 전후: 연속인가, 단절인가?

중화인민공화국 초기 역사를 다루는 연구자들에게 1949년 중국공산당의 집권과 중화인민공화국의 수립이 근현대사 전개 과정에서 차지하는 위상 문제는 중요한 연구 관심이 되어 왔다. 특히 최근 20여 년 이래에는 이른바 '신중국(新中國)'으로의 전환 시점인 1949년 '단절'보다는 그 전후의 '연속성'에 주목하는 새로운 관점이 힘을 얻고 있는 것으로 보인다. 우선 단절과 연속 두 관점의 몇 가지 인식론적 배경에 주목해 보자.

1949년을 단절로 보는 인식은 무엇보다도 중국공산당의 '혁명 서사'

---

[7] 각 주제의 연구 동향에 대한 더 상세한 검토는 박상수, 2015, 「1950년대 중공 혁명 연구의 다섯 가지 논쟁적 테제 述論」, 『史叢』 제85집 참조.

에서 비롯된다. 이에 따르면 공산주의 혁명을 통해 오랜 국내적 분열과 제국주의 간섭을 극복하고, 통일되고 독립된 '해방(解放)'된 중국이 새롭게 탄생하게 되었다. 혁명 서사는 1949년 이후 '새로운 중국(新中國)'의 국가, 제도, 사회가 '낡은 중국(舊中國)'과는 전혀 다른 것이었음을 주장한다. 이는 중국공산당의 공식 사관으로서 폭넓게 교육되었고, 주류 서사로서 중국을 넘어 외부 세계에도 널리 수용되었다.

1949년 단절의 서사는 세계적 차원에서 보면 냉전 프레임의 하나였다. 공산주의 세계를 '악마화' 했던 냉전의 영향 속에서 1949년은 중국이 '악의 괴물'이 된 시점이었다. '냉전 전사들(Cold Warriors)'은 '공산' 세계와 '자유' 세계 간의 차이를 거칠게 신화화 하면서 1949년을 '소련의 음모'에 의한 급격한 중단으로 간주함으로써 또 다른 기득권을 만들어 내고자 했다.[8] 공산당과의 경쟁에서 패퇴하고 타이완으로 건너간 국민당이 광명의 '자유중국(自由中國)'과 암흑의 '공산(共産)[共匪]중국(中國)'을 극명히 대조했던 서사 방식도 1949년 단절론에 힘을 실었다. 거의 모든 연구자들이 압도적 냉전의 환경으로부터 벗어나기 어려웠다는 점에서 '1949년 단절'은 유력한 담론의 지위를 확보하게 되었다.

1949년 단절론은 1980년대 초 이래 연속성론에 의해 심각한 도전을 받게 된다. 인식상의 변화를 이끈 것은 무엇보다도 개혁개방 정책에 따른 중국 자체의 새로운 변화였다. 1949년 이후 사라졌다고 간주되던 각종 관행의 부활, 마오가 창조하고자 했던 '새로운 인간' 대신 '낡은 인

---

8 Paul A. Cohen, 2003, "Reflections on A Watershed Date: The 1949 Divide in Chinese History," Jeffrey N. Wasserstrom, ed., *Twentieth-century China: New Approaches*, Routledge, p. 34.

간'의 귀환, 자율적 사회 영역의 성장 가능성 등이 주목을 끌었다.[9] 연구자들은 그러한 새로운 변화들 속에서 1949년 전후를 관통하는 어떤 공통성과 연속성을 발견해 내고자 했다.

개혁개방은 또한 탈정치화의 경향을 추동함으로써 주류 '혁명 서사'가 퇴조하고 '근대화 서사'가 등장하는 계기를 제공했다. 근대화 서사는 1949년 이후의 마오시대를 19세기 이래 중국이 근대화(modernization)를 달성하기 위해 달려온 연속적인 과정 속에 위치시킨다. 이에 따르면 1949년 이후 성취된 국가 주권의 회복, 통일된 중앙 권력의 수립, 사회 통합과 국민 경제 질서의 확립 등은 청 말(淸末)의 개혁가와 국민당 정권의 공통된 목표이기도 했다. '근대화'는 정치적 권력의 변화와 관계없이 "중국인들의 공유된 과제(consensual Chinese agenda)"였다.[10]

1949년 전후의 연속성에 대한 주목은 거시적 '역사 해석'의 차원을 넘어 구체적인 사례를 통해 접근한 성과들로 이어졌다. 윌리엄 커비는 국민당의 관료자본이 남긴 막대한 국가 부문(state sector)의 유산을 넘어 국민정부 국가자원위원회(國家資源委員會) 계획가들이 대륙에 남아 1950년대 말까지 국가 산업화 계획의 수립에 기여했음을 밝혀낸다.[11] 엘리자베스 페리는 사회세력으로서의 노동계의 문제들을 천착하면서, 노

---

9   Marie-Claire Bergère, 1984, "Après Mao. Le retour du vieil homme," *Vingtième Siècle, Revue d'histoire* No. 1 (janviaer 1984).
10 Paul A. Cohen, 2003, 앞의 글, pp. 30-31.
11 William C. Kirby, 1990, "Continuity and Change in Modern China: Chinese Economic Planning on the Mainland and on Taiwan, 1943-1958," *Australian Journal of Chinese Affairs* 24 (July, 1990). 산업의 국유화와 국가주의적 접근에서 국민당과 공산당의 유사성을 찾는 연구는 Mark W. Frazier, 2002, *The Making of the Chinese Industrial Workplace: State, Revolution and Labor Management*, Cambridge University Press 참조.

동자들의 투쟁성(militancy)의 원천으로서의 노동계의 분절(지역출신별, 젠더별, 숙련도별), 국민당과 공산당 권력의 노동계에 대한 정책(노동자의 계급적 이해를 국가 건설에 종속시키는 태도), 지식인과의 연계 여부에 따라 달라지는 파업의 향배(총파업과 파동적 파업) 등 1949년 전후를 가로지르는 노동계의 연속성을 강조한다.[12] 도시 사회의 핵심 조직으로서 1950년대 말 이래 확립된 '단위(單位)' 제도에 대해서도 연구자들은 신정권의 새로운 통제 프레임으로 접근하기보다는 중화민국 시기 이래의 노동자들의 저항의 유산, 노동운동 지도자들의 노동자 복지에 대한 관심의 연장선상에서 고찰한다.[13]

최근의 연구 경향들을 볼 때 1949년의 분기(分期)를 뛰어넘는 연속성에 대한 주목은 당분간 학계의 주요 관심사가 될 것으로 보인다. 시각상의 탈정치화, 학제적 연구, 다양한 자료에 기초한 사례 연구들을 통해 연구자들은 각종 제도·관습·문화, 사회 집단과 개인의 사고와 행위 등의 측면에서 1949년을 가로지르는 연속성을 발견해 내고 있다.[14]

본서의 편집자인 존 페어뱅크는 비록 1949년 이후의 국가 통일과 신정권에 의한 새로운 사회 개혁 '실험'에 주목하고, 그것이 세계적으로 전대미문의 것이었다고 평가하고 있지만, 1949년 이후의 역사를 중화제국

---

12 Elizabeth J. Perry, 1995, *Shanghai on Strike: The Politics of Chinese Labor*, Stanford University Press, 특히 pp. 254-258; "Shanghai's Strike Wave of 1957," *The China Quarterly* No. 137 (March 1994); "Masters of the Country? Shanghai Workers in the Early People's Republic," in Jeremy Brown & Paul G. Pickowicz, eds., 2007, 앞의 책, Elizabeth J. Perry & Li Xun, 1997, *Proletarian Power: Shanghai in the Cultural Revolution*, Westview Press.

13 Xiaobo Lu & Elizabeth J. Perry, 1997, *Danwei: The Changing Chinese Workplace in Historical and Comparative Perspective*, M.E. Sharpe.

14 일본학계의 접근은 久保亨 編著, 2006, 『1949年前後の中國』, 汲古書院 참조.

의 유산뿐만 아니라 정치, 경제, 사회 각 방면의 전반적인 근대화 과정 속에서 파악한다(xiii쪽). 보다 구체적으로는 제1장을 통해 마오를 중화제국 왕조의 창건자인 진시황, 수 문제, 명 태조 등에 견주어 그 유사성(resemblances)에 주목하거나, 마오의 독재와 권력관을 새로운 수명 '천자'의 관점으로 설명함으로써 새로운 통치자 마오를 오랜 중국 역사의 연속성 속에 위치시킨다(31-32쪽). 그는 1949년 이후 새로운 '혁명' 사상에도 불구하고 중국인의 생활 방식이 보여 주는 연속성, 유구한 대일통 관념의 지속, 그리고 근대 시기 이래의 모든 새로운 변화의 축적의 결과로서 1949년의 신정권을 평가한다(33-34쪽). 중국의 혁명가들은 외부로부터 온 마르크스주의라는 근대적 형식을 취하면서도 중화제국 이래의 오랜 단일 통치체제, 관료제, 정통론 등의 유산을 새로운 정권의 시스템과 결합시켰다(38쪽).[15]

페어뱅크식의 역사적 연속성에 대한 주목은 사실 역사가에게 흔한 시각이지만, 그 입론이 주로 '유사성' 비교에 입각하고 있다는 점에서 설득력은 커 보이지 않는다. 그의 접근 방식이 갖는 한계는 '정치 문화'의 시각에서 중화제국 시기와 1949년 이후의 연속성을 논하는 정치학자 루시안 파이의 저작이 보여 주는 결점과 다르지 않다.[16] 연속성에 대한 탐

---

15 중화제국의 정치구조와 1949년 이후의 공산주의 체제의 유사성에 관한 그의 논의는 John K. Fairbank, 1983, *The United States and China*, 4th Revised & enlarged edition, Harvard University Press, p. 359 참조. '마오이즘'을 마르크스-레닌주의와의 관계성보다는 중국의 문화적 유산을 통해 설명하는 접근 방식은 하버드 중국사 연구의 큰 특징이었다. Benjamin Schwartz, 1976, "The Essence of Marxism Revisited: A Response," *Modern China*, Vol.2, No.4 (October 1976) 참조.

16 Lucian Pye, 1988, *The Mandarin and the Cadre: China's Political Cultures*, Center for Chinese Studies, University of Michigan. 전통 전제주의 체제와 마

구는 시대를 격하여 관찰되는 유사성에 주목하기보다는 구체적인 '역사 과정'에 대한 검토를 통해 제시될 때 더욱 큰 설득력을 갖는다.

본서의 5장과 10장에서 멀 골드만(Merle Goldman)의 '중공과 지식인'의 관계를 다룬 글은 구체적인 지식인 인물 및 집단이 청 말 이래 어떠한 '과정'을 거쳐 1949년 이후 신정권과 관계하게 되었는지 분석함으로써 지식인과 권력과의 관계에서 드러나는 연속성을 논하고 있다는 점에서 주목된다. 저자에 의하면, 중화인민공화국 체제하의 지식인은 전통시대의 유교 지식인처럼 체제의 성공을 위한 정치적 비판자 역할을 수행했을 뿐만 아니라, 5.4 시기의 지식인과 같이 체제로부터 자유로운 독립성의 소유자이자 동시에 적극적 정치 참여자이기도 했다. 이러한 두 전통의 계승자로서 마오시대 지식인들의 존재 방식은 1930년대 루쉰 및 그와 함께한 작가 그룹 좌익작가연맹(左翼作家聯盟, 좌련)의 성립과 중공과의 갈등으로 거슬러 올라가 분석된다. 중공의 지식인 통제와 그에 반발하는 자율적·독립적 지식인의 활동, 혁명 사업에의 복종을 요구하는 당과 창작의 자유를 추구하는 지식인들의 갈등은 연안 시기와 내전 시기에도 지속되었고, 중화인민공화국 수립 후에는 사상 개조와 반우파 투쟁, 그리고 1960년대 전반의 지식인 저항으로 이어졌다. 특히 저자는 저우양(周揚)과 같은 5.4 지식인이자 당 관료 지식인의 개인적 역정과 당과의 관계 방식의 변화를 1930년대부터 1960년대 중반에 이르는 '역사 과정' 속에서 조명하고 있다는 점에서 1949년 전후의 연속성의 측면을 설득력 있게 보여 준다.

오이즘을 연결시켜 설명하는 초기의 시각은 Karl Wittfogel, 1960, "The legend of 'Maoism'," *The China Quarterly*, No. 1 (January and April 1960) 참조.

1949년의 의미를 둘러싸고 단절과 연속을 아우르는 절충적 시각은 긴요한 것으로 보인다. 19세기 이래 모든 중국인에게 공유되어 온 '근대화' 아젠다를 주장한다고 해도 1949년 중공의 집권이 근대화 실현을 가능케(혹은 그 실현을 위한 토대를 구축) 했다는 점을 간과할 필요는 없을 것이다. 또한 국가 권력의 성격과 그 건설 방식에서 보이는 1949년 이전과의 '형태상의 유사성'에도 불구하고 1949년 이후 도입된 '내용상의 차이점'을 놓쳐서도 아니 될 것이다. 과거의 제도와 관습의 '부활' 또는 현재와 과거와의 '유사성'이 과거로의 단순한 회귀나 재연이 아니라면, 그것이 가능하게 된 새로운 맥락(context)의 중요성이 더 깊이 천착될 필요가 있을 것이다. 이러한 의미에서 '1949년'은 단순히 '부정'되어야 할 시점이라기보다는 끊임없는 '재평가'의 잣대를 제공하는 기준점의 의미를 갖는다.

III. 대중운동과 정권의 공고화

마오시대의 큰 특징들 중의 하나는 전국적 혹은 지방적 차원에서 수많은 '운동'들이 전개되었다는 점이다. 통상적인 권위주의 정권들이 국가 관료제의 엄격한 통제 아래 매우 제한적인 범위에서 대중을 동원하고자 했던 것과 달리, 신정권은 광범한 대중의 '발동', '동원', '참여'를 적극 독려했다. 대중은 묵종, 도피, 냉소, 거부를 넘어 적극적으로 권력의 의도에 호응했다. 건국 직후의 토지개혁과 반혁명진압(鎭反)을 비롯하여 항미원조(抗美援朝), 삼반(三反)·오반(五反), 사상개조, 합작화(집체화), 백화제방, 반우파, 사회주의 교육, 문화대혁명 등 전국을 뒤흔든 거대한 운동들로부터 지방적 차원(또는 기층 차원)의 각종 소규모 운동에 이르기까지 국가의 거의 모든 정책의 집행은 대중동원을 통해 이루어졌다고 해도 과언은 아니다.[17]

일찍부터 연구자들은 대중운동의 구조, 방식, 효과를 둘러싸고 다양한 관점들을 제시해 왔다. 특히 대중운동이 1949년 이전의 혁명 투쟁의 승리와 1949년 이후 '정권의 공고화'를 가능케 한 유력한 수단이었다는 점은 통설적 견해라고 할 수 있다.[18] 대중운동에 관한 최근의 연구들은 운동의 성공적 측면에 대한 더욱 분석적인 성과를 산출하면서도 운동이 내포하고 있던 부정적 효과를 조명함으로써 다면적 시각을 보여 준다.

줄리아 스트라우스는 건국 초기(1949~1956년) 대중 참여와 도덕적 정당성이 결합된 대중운동이야말로 정권 강화, 국가 제도의 수립, 사회주의 개조를 성공적으로 이루어 내는 데 핵심적 요소였다는 점에 전적으로 동의하면서도, 표적이 된 사람들에게 가해진 잔인하고도 강압적인 폭력의 문제를 강조한다. 그녀는 더 나아가 초기의 대중운동의 방법은 너무나 효과적이어서, 정치적·사회적 환경이 바뀐 이후에도 정권은 끊

---

[17] '운동(campaigns)'의 유형 분석은 Charles P. Cell, 1997, *Revolution at Work: Mobilization Campaigns in China*, Academic Press; Gordon Bennett, 1976, *Yundong: Mass Campaigns in Chinese Communist Leadership*, Institute of East Asian Studies 참조. 운동의 구체적인 리스트는 F. T. C. Yu, 1967, "Campaigns, Communications and Development in Communist China," in D. Lerner and W. Schrim, eds., *Communication and Change in Developing Countries*, East-West Center Press, pp. 199-201 참조.

[18] Ilpyong J. Kim, "Mass Mobilization Policies and Techniques Developed in the Period of the Chinese Soviet Republic"; Mark Selden, "The Yenan Legacy: The Mass Line"; John Gardner, "The Wu-fan Campaign in Shanghai: A Study in the Consolidation of Urban Control," in A. Doak Barnett, ed., *Chinese Communist Politics in Action*, University of Washington Press, 1969, pp. 78, 150-151, 477-478.

임없이 그러한 운동의 방식을 통해 문제를 해결하고자 함으로써 결국 매우 부정적인 효과를 낳게 되었다고 본다. 대중운동을 통해 자신감과 도덕성을 획득할 수 있었던 "성공의 교훈이 후일의 실패를 초래하는" 아이러니가 일어나게 되었다는 것이다.[19]

토지개혁(土地改革), 진반운동(鎭反運動), 삼반운동(三反運動)에 관한 양규송(楊奎松)의 일련의 연구들은 이들 운동이 내포한 성격을 분명히 보여 준다. 그에 따르면, 토지개혁 운동에서 당의 관심은 단순한 "토지재산 분배가 아니라 농민 군중을 발동시켜 구세력을 일소하고 신정권의 통치 권위를 세우는 것"에 있었기 때문에, 어떤 구체적인 제도적 규정보다는 "가난한 농민들의 구세력에 대한 원한을 극단적으로 폭발"시킴으로써 과도한 폭력과 부농에 대한 획일적인 타격이 발생했다고 지적한다. 신정권의 국가 기구 내의 부패를 척결하고자 했던 삼반운동의 분석을 통해 저자는 그것이 일시적인 효과를 보았지만, 성숙한 법 체계를 통해 권력을 견제하는 제도적 방식이 아니라 오로지 군중운동의 방식을 채택함으로써 많은 왜곡이 발생했고 근본적인 문제 해결에 이를 수 없었다고 지적한다.[20]

거의 모든 정책들을 대중운동을 통해 실행하고자 했던 신정권의 '작동 방식'이 갖는 문제점은 리리봉(李里峰)의 토지개혁에 관한 일련의 연구가 더욱 체계적으로 분석한다. 그는 그러한 작동 방식을 "운동식(運動

---

[19] Julia Strauss, 2006, "Morality, Coercion and State Building by Campaign in the Early PRC: Regime Consolidation and after, 1949-1956," *The China Quarterly*, No. 188, The History of the PRC (1949-1976) (December, 2006), p. 912.

[20] 楊奎松,「新中國土改背景下的地主富農問題」;「新中國鎭反運動始末」;「毛澤東與 "三反"運動」, 楊奎松 著,『中華人民共和國建國史硏究』1, 江西人民出版社, 2009.

式) 치리(治理)"라고 명명하고, 그것이 국가 행정의 정규화(常規化)와 '제도화'에 장애로 작용했다고 본다. 그에 의하면, 토지개혁을 비롯한 모든 대중운동은 자원의 재분배, 권력의 조정, 엘리트에 대한 통제, 민중의 동원 등을 수반하는 정치적 행위로서 국가 권력의 사회 침투, 정치적 정당성의 강화, 당면 목표의 신속한 달성에는 효과적이었지만, 운동을 통해 얻은 성과가 정규 제도를 통해 안정화, 공고화되기 어렵다는 점, 장기적인 정치 발전이 불가능하게 된다는 점을 지적한다.[21] 이상의 논의들을 통하여 중공 정권의 성장, 성공, 그리고 '실패'의 과정들이 그 고유의 대중운동 방식과 밀접한 관련이 있음이 분명해진다.

사실, 대중동원을 혁명의 제도화(institutionalization)에 대한 장애물로 간주하는 관점 그 자체는 그리 새로운 것은 아니다. 류샤오치(劉少奇) 등의 안정적인 제도적 발전 지향(관료제 정치)과 대비되는 마오의 끊임없는 대중을 동원한 관료제(주의) 비판(동원의 정치)은 중국 정치 과정의 특징이자 문제점으로 흔히 지적되어 왔다.[22] 이에 비추어 보면 본서 제2장의 1950년대 정권 공고화 과정에 관한 서술은 양자 간의 관계 방식의 절충점을 찾고자 한 것으로 보인다. 저자 프레데릭 테이베스는 대약진 이전까지 신정권의 정권 공고화 과정이 "매우 성공적(remarkably successful)"(142쪽)이었다고 평가하면서 그것이 가능했던 다양한 요소를 들고 있다. 선명한 발전 목표를 제시해 줄 수 있었던 소련 모델, 정책

---

21 李里峰, 2010, 「運動式治理: 一項關於土改的政治學分析」, 『福建論壇』(2010年 第4期).
22 예컨대, Lowell Dittmer, 1974, *Liu Shao-chi and the Chinese Cultural Revolution: the Politics of Mass Criticism*, University of California Press 참조.

추진에 헌신하는 지도부의 단결, 규율 있는 당 기구 등을 통해 국가 발전과 변혁을 꾀할 수 있는 정권 역량의 강화가 그것이다. 특히 중공 정권은 다양한 권력의 기교(설득, 강제, 호소를 결합하여 인민의 복종을 이끌어 낸 것)를 통해 당의 권위를 높이고 인민의 지지를 확보해 갈 수 있었다(142-143쪽). 도시와 농촌을 불문하고 광범하게 전개된 전술한 모든 대중운동은 신정부에 대한 저항 세력을 제거하거나, 당-국가 이외의 일체의 권위(영향력)를 붕괴시키고, 정권 내부의 부정부패 관료를 정돈함으로써 정권 공고화에 기여했다(83-92쪽).

주목되는 것은 저자가 이러한 대중동원을 혁명의 제도화와 대립적인 것으로 간주하지 않는다는 점이다. 그에 따르면, 대중운동과 제도화는 양자 모두 사회주의 목표를 위한 적절한 수단이 되었다. 대중운동은 사회 변혁에 필요한 주요한 노력이었고, 강한 제도는 계획적인 발전을 지도하고 사회주의 사회를 관리해 가기 위해 필요한 것이었다(143쪽). 이러한 시각은 기존의 연구들과 달리 양자를 상호 배제적인 것이 아니라 양립 가능한 상보적 관계로 파악한 것으로 평가될 수 있을 것이다.

저자의 절충적 관점은 마오 시기 대중운동과 제도화의 통상적인 이항 대립적 관점을 넘어 양자의 관계를 다음과 같은 두 가지 차원으로 재음미할 수 있도록 이끈다. 첫째, 운동이 제도화를 방해했다기보다는 그것을 추동했다는 점이다. 1950년대는 제도적 측면에서 당-국가의 관료제 조직은 아직 취약한 상태에 처해 있었다. 당-정 기구는 사회의 저변에까지 확장되지 못했고, 그 기구를 담당할 간부인력(국가 에이전트)도 충분하지 못했다. 대중운동의 발동은 그러한 제도화의 취약성을 신속히 보완하고 후일 더욱 온전한 제도화로 나아가기 위한 조건을 마련하는 데 기여했다. 둘째, 운동이 신정권이 사회와 연계하는 중요한 '제도적' 역할을 담당했다는 점이다. 대중운동은 대중조직(群衆組織)과 그 조직을 담당하던 지역사회의 '적극분자(積極分子)'(열성분자)를 통하지 않고서는 전개되기 어려웠다. 사회를 직접적으로 파악(장악)하기 위해 국가가 보유한 자원은 제한적이었고, 대중의 '적극적' 호응 없이는 사회를 운용하기 어려웠다. 마오시대 전반을 통하여 끊임없이 전개된 대중운동은 사회의 자원을 최대한 동원하기 위한 하나의 제도적 장치로서 이해될 수 있다.

IV. 마오시대의 국가-사회 관계

1949년 집권에 성공한 중국공산당의 당-국가 권력이 국가 조직과 그 운용의 면에서 중국 역사상 전대미문의 사회 침투를 달성했다는 사실은 주지하는 바와 같다. 신정권은 가정의 일상사로부터 개인의 사고에 이르기까지 사회의 거의 모든 면에 간여 및 개조하고자 했던 개입주의적 속성을 지닌 권력이었다. 1950년대의 초기부터 최근에 이르기까지 당-국가가 새롭게 도입한 엄밀한 조직 구조와 통제 기제는 중요한 연구 주제였다. 많은 연구자들이 전체주의 모델(totalitarian model)에 따라 국가에 의한 사회의 전면적인 재편, 권력에 의한 사회의 균질화와 표준화(standardization), 사회에 의한 국가 개입의 완전한 수용 혹은 복종의 측면에 주목하여,[23] 당-국가 권력이 사회의 저변에 이르기까지 완전하고

---

23 W. W. Rostow, 1954, *The Prospects for Communist China*, Technology Press of MIT; Richard L. Walker, 1955, *China under Communism: The First Five Years*, Yale University Press; Franz Schurmann, 1968, *Ideology and Organization in Communist China* (new, enlarged edition), University of

도 촘촘한 지배에 성공했다고 간주해 왔으며, 이러한 시각은 여전히 많은 마오시대 연구자들에게 채택되고 있다.

한편, 당-국가 체제의 통제 기제, 국가의 완전한 사회 침투, 사회의 균질화 등의 관점은 몇몇 연구들에 의해 도전받아 왔다. 예컨대, 비비엔 슈는 국가 권력과 촌락의 기층 간부들과의 관계를 분석하고 당-국가 권력이 자신의 힘을 "벌집의 작은 방들(cell of honeycomb)"과 같은 촌락 사회에 제대로 투사하지 못했다는 점을 보여 주었으며,[24] 페리는 1957년의 노동자 파업에 대한 연구를 통해 1950년대 후반 그리고 그 이후에도 노동계의 분절, "사회-경제적 균열(socioeconomic cleavage)"이 엄존하고 있었음을 밝혀내었다.[25] 보다 넓은 문맥에서 필립 황은 국가와 사회 사이에 존재하던 '준(準)공식적 영역'의 중요성에 주목하여 마오시대의 국가를 '중앙집권적 최소주의' 권력으로 파악하고자 했다.[26]

이상의 서로 다른 관점들을 균형 있게 이해해 본다면, 마오시대 당-국가 권력은 강력한 사회 통제 의도와 전체주의적 사고 속에서 강압적 제도와 폭력적 수단을 통해 사회를 재편해 갔지만, 그 정도 면에서 권력의 의도에 온전히 부합하는 수준에 이르지는 못했다고 할 수 있을 것이

California Press; Martin King Whyte, 1991, "State and Society in the Mao Era," in Kenneth Liberthal et al. eds., *Perspectives on Modern China: Four Anniversaries*, M. E. Sharpe.

24 Vivienne Shue, 1988, *The Reach of the State: Sketches of the Chinese Body Politics*, Stanford University Press, pp. 17, 70, 130.

25 Elizabeth J. Perry, "Shanghai's Strike Wave of 1957," *The China Quarterly*, No. 137 (March, 1994).

26 Philip C.C. Huang, 2008, "Centralized Minimalism: Semiformal Governance by Quasi Officials and Dispute Resolution in China," *Modern China*, Vol. 34, No. 1 (January 2008).

다. 국가 권력의 사회 침투는 사안에 따라, 지역에 따라, 집단에 따라, 시기에 따라 서로 다른 층차를 보였다. 중공 국가 권력의 사회에 대한 효과적인 투사력은 그 이전 권력들과의 비교의 관점에서만 평가할 수 있는 것이었고, 사회에 대한 국가 권력의 문안 그대로의 완전한 침투와 재편이 일어났다고 보기 어렵다.

국가의 사회 침투의 정도와 성공 여부를 이상과 같이 이해한다고 해도, 그것이 국가-사회 관계의 전체상을 보여 주는 것은 아니다. 국가의 침투와 사회의 대응을 논하는 연구들은 거의 예외 없이 국가-사회를 대립적 이분법으로 접근함으로써, 국가-사회의 '상호 중첩'과 '상호 협력'이라는 양자 관계의 또 다른 측면을 조명해 주지 못하는 문제점을 안고 있다. 이분법의 패러다임에서는 국가의 제도적 장치와 행위들이 단순히 국가 권력의 사회 통제를 위한 수단으로 간주될 뿐, 그것들이 국가 영역과 사회 영역을 동시에 체현하는 이중적 속성을 통해 국가-사회의 협력을 매개하는 역할을 한다는 점을 주목하지 못한다. 특히 국가와 사회가 직접 대면하는 기층 수준(grassroots level)의 제도적 장치와 실천들은 국가-사회의 중첩과 협력의 측면을 벗어나서는 제대로 이해하기 어렵다.

본서에서는 위에서 언급한 국가-사회 관계의 다면적 접근은 찾아보기 어렵다. 1980년대 중반의 연구 조건과 그때까지의 연구의 제약으로 시각상의 편면성을 넘어서기는 어려웠던 것으로 보인다. 서양의 역사 경험으로부터 도출된 국가-사회 이분법 패러다임은 역사 해석의 기본 관점이었고, 본서 전체에도 이분법 패러다임은 도처에서 발견된다. 이에 따르면, 중화인민공화국에서 "국가의 사회 침투(state's penetration of society)", 공산당 권력의 "사회 속으로의 깊은 파급(reaching deep into society)"(68쪽)은 강요와 설득을 포함한 다양한 수단을 통해 관철되었다. 공회(工會)를 비롯한 각종 대중 조직들은 당의 의지와 정책의 "전달 벨트(transmission belt)"에 불과한 것으로 간주된다. 도시 기층 주민 조직이나 도시 노동자의 단위 조직들도 당-국가의 사회, 정치적 통제를 확장하기 위한 장치로 파악된다. 이에 따르면, 국가는 경제 계획을 통해 삶의 모든 측면을 규제(regularization)할 수 있었다(94-96쪽). 중국공산당은 선전부를 통해 사회, 정치, 경제 모든 분야에서 당의 공식 견해와 다른 독립적 사고와 행동을 반혁명으로 몰아 제거했다(241쪽).

국가-사회 관계에 관한 이러한 일면적인 이해 방식은 전체주의 모델에 따른 통제 프레임으로 중국 사회를 보던 1980년대까지의 연구 동향의 자연스러운 반영이었다. 또한 후술하듯이 이용 자료 면에서, 당안을 비롯한 기층의 삶을 조명할 수 있는 자료의 입수가 불가능했던 당시의 연구 조건이 시각상의 제한을 뛰어넘지 못하게 만들었다. 전술한 바와 같이 국가의 힘의 한계에 대한 주목은 1980년대 중반 이래 새롭게 제시되기 시작했고, 최근에는 국가-사회 관계 패러다임의 중국 적용이 초래하는 문제에 대한 성찰이 지속적으로 제기되고 있다. 위에서 언급한 국가-사회의 중첩과 협력의 측면 외에도, '국가'나 '사회'를 단일한 존재로 보는 시각을 넘어 시기와 사안에 따라 다르게 발현되는 '국가'의 양상들, 그리고 사회를 이루는 다양한 집단과 개인이 국가와 맺는 관계 양상의 다양성에 대한 관심들,[27] 그리고 국가의 '통제' 프레임으로는 설명될 수 없는 기층 사회 고유의 '공동체주의(communalism)'의 존재[28] 등에 대

---

[27] 최근의 국가-사회 관계에 대한 이론적 접근은 졸고, 「중국 근현대 국가-사회 관계의 함수」, 『동양사학연구』 145집, 2018 참조.

[28] Huaiyin Li, 2016, "Everyday Power Relations in State Firms in Socialist China: A Reexamination," *Modern China*, Vol. 43, No. 3 (October 2016); 박

한 주목들은 국가-사회 관계에 관한 새로운 지평을 열어 가고 있다.

V. 맺음말: 이용 자료의 한계와 향후 전망

 본서를 구성하는 각 장의 내용은 일반 연구논문에서 흔히 발견되는 쟁점 중심의 접근이라기보다는 그 각각의 주제에 관한 기존 연구성과를 매우 종합적이고 체계적인 방식으로 담아내면서 가능한 한 균형 있는 시각을 취하고 있는 것으로 보인다. 이로부터 본서는 중국사 연구자들에게 해당 시기에 관한 전문지식을 포괄적으로 전달하고 그로부터 새로운 연구의 진전을 도모하는 중요한 안내자의 역할을 자임하고 있다고 평가할 수 있을 것이다. 특히 본서의 말미에 수록된 연구동향 정리와 각 장 관련 연구문헌 목록 및 그에 대한 코멘트는 각 주제에 접근해 가는 연구자들에게 매우 유용한 선행 연구 정보를 제공해 주고 있다.

 오늘의 연구 상황에 비추어 보면 본서의 한계는 자명하다. 이는 무엇보다도 당시의 제한적인 자료 이용의 조건과 밀접히 관련된다. 본서가 집필되던 1980년대 중반까지 연구자들이 주로 의존했던 자료는 검열을 거쳐 중국 당국이 승인한 공식 출판물, 당 기관지[당 중앙위원회 기관지 『인민일보』이외에도 각 성시의 신문(일보) 역시 공산당지방위원회의 기관지이다], 대륙 라디오 방송 청취, 홍콩 등지의 망명자 인터뷰, 문혁 시기 정치투쟁을 위한 홍위병 간행물, 출처를 알 수 없는 반공적("共匪") 성향의 정

 상수, 2017, 「1950년대 北京市 基層의 '街道 積極分子'-實態와 變化-」, 『中國近現代史研究』 제74집.

보 파일들(주로 타이완 소장), 엄격한 통제하에 진행된 극소수의 현지 견문 기록 등이었다. 이 자료들은 대부분 정치적 편향이 농후했다는 점에서 마오시대의 중국에 대한 다면적 접근을 방해했다.

중국 당국의 공식 출판물과 기관지 등의 자료는 당-국가의 의도와 이데올로기, 전체적인 제도적 윤곽, 전국적인 국가 구조를 밝혀내기에는 유용했지만, 국가의 의도의 관철 여부, 제도의 운용 과정에서 드러나는 문제들, 국가 권력에 대한 사회의 반응, 기층 사회의 삶을 균형 있게 조명하는 것은 불가능했다. 많은 연구자들이 마오시대의 중국을 당-국가의 압도적인 힘이 사회의 저변에까지 관철되는 '전체주의(totalitarian)' 모델 또는 '통제(control)' 프레임으로부터 벗어나지 못했던 것은 이러한 제한적 자료에서 연유하는 바가 크다.

국내의 동란을 피해 홍콩이나 서방 국가로 빠져나간 망명자들에 대한 인터뷰가 인민의 일상적인 삶과 권력에 대한 반응을 엿볼 수 있는 기회를 제공했지만, 이 또한 정치적 편향을 벗어나지 못했다. 공산당 치하의 중국에서 견디지 못하고 떠난 일부 사람들에 대한 인터뷰는 마오시대의 강압적 통치 구조와 방식에 대한 편면적 이해를 더욱 심화시켰다. 예컨대, 마오시대 도시 주민의 삶을 조명한 제15권 제10장 마틴 화이트의 글은 주로 망명자 인터뷰에 근거하여 접근함으로써 마오시대 도시 거민위원회를 포함한 모든 조직적 구조를 "인민에 대한 고도의 조직화와 통제(a higher degree of regimentation and control over the population)"의 프레임으로 접근하도록 만들었다. 그가 동시에 그 조직 체계의 "심각한 결점(serious drawbacks)"을 지적하고는 있지만,[29] 연구 시각상의 통제

---

29 Martin King Whyte, 1991, "Urban Life in the People's Republic," *CHOC, Vol.*

프레임은 마오시대 통치 시스템의 효과나 한계에 대한 주목을 넘어 그 시스템의 구조와 작동을 다른 측면에서(다른 프레임으로) 접근하는 데 큰 장애가 되었다.

1990년대 이래 가속화한 중국의 개혁개방과 탈정치화 경향은 자료 접근의 가능성을 획기적으로 개선시켰다. 외국의 연구자들도 지방 당안관 자료를 이용할 수 있게 되었고,[30] 당국의 허가 없이도 현지 조사와 주민 인터뷰를 진행할 수 있게 되었다. 개인의 회고록들이 공개 출판되거나 소규모 인쇄소(印刷廠)를 통한 개인적 인쇄물의 형태로 쏟아져 나오고 있다.[31] 다만 그러한 풍부한 자료들의 활용 방식은 여전히 도전적인 과제이다. 개인의 구술이나 회고록의 '기억'의 문제는 차치하고라도 가장 체계적이고 포괄적인 내용을 담고 있다고 평가할 수 있는 당안 자료의 이용에도 주의가 필요하다. 당안은 어디까지나 당-정의 '통치'를 위해 생산된 문건으로 '피통치자'의 견해와 반응을 반영하는 데는 고유한 한계가 있기 때문이다. '통치의 목적'을 위해 생산된 자료는 엄밀한 사료 비판과 행간 읽기를 거칠 때 '다면적 연구'를 위한 유용한 정보로 활용될 수 있을 것이다.

15, Cambridge University Press, p. 697, 700.

30 필자의 지방 당안관 자료 이용 경험에 의하면, 최근 시진핑 집권 이후 일부 지방 당안관의 개방 정도가 일정한 위축을 보이고 있다고 할지라도, 전체적으로 마오시대 당안자료의 디지털화가 가속화되고 있고, 자료 개방의 폭도 점차 확대되는 추세에 있다고 할 수 있다.

31 물론 중국은 여전히 정치적으로 민감한 자료들에 대한 접근이 제한되는 '권위주의 체제'임을 부정하기 어렵다.

참고문헌

박상수, 2015, 「1950년대 중공 혁명 연구의 다섯 가지 논쟁적 테제 述論」, 『史叢』, 제 85집.
_____, 2017, 「1950년대 北京市 基層의 '街道 積極分子'-實態와 變化-」, 『中國近現代史研究』, 제74집.
_____, 2018, 「중국 근현대 국가-사회 관계의 함수」, 『동양사학연구』, 145집.

久保亨 編著, 2006, 『1949年前後の中國』, 汲古書院.
李里峰, 2010, 「運動式治理: 一項關於土改的政治學分析」, 『福建論壇』, 2010年 第4期.
楊奎松, 2009, 『中華人民共和國建國史硏究』1, 江西人民出版社.

Bennett, Gordon, 1976, *Yundong: Mass Campaigns in Chinese Communist Leadership*, Institute of East Asian Studies.
Bergère, Marie-Claire, 1984, "Après Mao. Le retour du vieil homme," *Vingtième Siècle. Revue d'histoire* No. 1 (janvier 1984).
Brown, Jeremy & Paul G. Pickowicz, eds., 2007, *Dilemmas of Victory: The Early Years of the People's Republic of China*, Harvard University Press.
Cell, Charles P., 1979, *Revolution at Work: Mobilization Campaigns in China*, Academic Press.
Cohen, Paul A., 2003, "Reflections on A Watershed Date: The 1949 Divide in Chinese History," Jeffrey N. Wasserstrom, ed., *Twentieth-century China: New Approaches*, Routledge.
Dittmer, Lowell, 1974, *Liu Shao-chi and the Chinese Cultural Revolution: the Politics of Mass Criticism*, University of California Press.
Esherick, Joseph W., Paul G. Pickowicz, Andrew G. Walder, eds., 2006, *The Chinese Cultural Revolution as History*, Stanford University Press.
Fairbank, John K., 1983, *The United States and China*, 4th Revised & enlarged edition, Harvard University Press.
Frazier, Mark W., 2002, *The Making of the Chinese Industrial Workplace: State,*

Revolution and Labor Management, Cambridge University Press.

Gardner, John, 1969, "The Wu-fan Campaign in Shanghai: A Study in the Consolidation of Urban Control," in A. Doak Barnett, ed., *Chinese Communist Politics in Action*, University of Washington Press.

Harding, Harry, 1984, "The Study of Chinese Politics: Toward a Third Generation of Scholarship." *World Politics* Vol. 36, No. 2 (January 1984).

Huang, Philip C.C., 2008, "Centralized Minimalism: Semiformal Governance by Quasi Officials and Dispute Resolution in China," *Modern China*, Vol. 34, No. 1 (January 2008).

Kim, Ilpyong J., 1969, "Mass Mobilization Policies and Techniques Developed in the Period of the Chinese Soviet Republic," in A. Doak Barnett, ed., *Chinese Communist Politics in Action*, University of Washington Press.

Kirby, William C., 1990, "Continuity and Change in Modern China: Chinese Economic Planning on the Mainland and on Taiwan, 1943-1958," *Australian Journal of Chinese Affairs* 24 (July, 1990).

Li, Huaiyin, 2016, "Everyday Power Relations in State Firms in Socialist China: A Reexamination," *Modern China*, Vol. 43, No. 3 (October 2016).

Lu, Xiaobo & Elizabeth J. Perry, 1997, *Danwei: The Changing Chinese Workplace in Historical and Comparative Perspective*, M.E. Sharpe.

MacFarquhar, Roderick and John K. Fairbank, 1991, "Preface to Volume 15," in Roderick MacFarquhar and John K. Fairbank, eds., *The Cambridge History of China*, Vol. 15, Cambridge University Press.

Oksenberg, Michel, 1987, "Politics takes command: An essay on the study of Post-1949 China," in Roderick MacFarquhar and John K. Fairbank, eds., *The Cambridge History of China*, Vol. 14, Cambridge University Press.

Perry, Elizabeth J. & Li Xun, 1997, *Proletarian Power: Shanghai in the Cultural Revolution*, Westview Press.

Perry, Elizabeth J., 1994, "Shanghai's Strike Wave of 1957," *The China Quarterly* No. 137 (March 1994).

Perry, Elizabeth J., 1995, *Shanghai on Strike: The Politics of Chinese Labor*, Stanford University Press.

Perry, Elizabeth J., 1997, "Masters of the Country? Shanghai Workers in the Early People's Republic," in Jeremy Brown & Paul G. Pickowicz, eds., *Dilemmas of Victory: The Early Years of the People's Republic of China*, Harvard University Press.

Pye, Lucian, 1988, *The Mandarin and the Cadre: China's Political Cultures*, Center for Chinese Studies, University of Michigan.

Rostow, W. W., 1954, *The Prospects for Communist China*, Technology Press of MIT.

Schurmann, Franz, 1968, *Ideology and Organization in Communist China* (new, enlarged edition), University of California Press.

Schwartz, Benjamin I., 1976, "The Essence of Marxism Revisited: A Response," *Modern China*, Vol.2, No.4 (October 1976).

Selden, Mark, 1969, "The Yenan Legacy: The Mass Line," in A. Doak Barnett, ed., *Chinese Communist Politics in Action*, University of Washington Press.

Shue, Vivienne, 1988, *The Reach of the State: Sketches of the Chinese Body Politics*, Stanford University Press.

Strauss, Julia ed., 2007, *The History of the People's Republic of China, 1949-1976*, Cambridge University Press.

Strauss, Julia, 2006, "Morality, Coercion and State Building by Campaign in the Early PRC: Regime Consolidation and after, 1949-1956," *The China Quarterly*, No. 188, The History of the PRC (1949-1976) (December, 2006).

Walker, Richard L., 1955, *China under Communism: The First Five Years*, Yale University Press.

Whyte, Martin King, 1991, "State and Society in the Mao Era," in Kenneth Lieberthal et al. eds., *Perspectives on Modern China: Four Anniversaries*, M. E. Sharpe.

Whyte, Martin King, 1991, "Urban Life in the People's Republic," in Roderick MacFarquhar and John K. Fairbank, eds., *The Cambridge History of China*, Vol. 15, Cambridge University Press.

Wittfogel, Karl A., 1960, "The legend of 'Maoism'," *The China Quarterly*, No. 1

(January and April 1960).

Yu, T. C., 1967, "Campaigns, Communications and Development in Communist China," in D. Lerner and W. Schrim, eds., *Communication and Change in Developing Countries*, East-West Center Press.

17장

탈정치, 탈냉전과 국제화에 기반한 수정주의적 해석 가능성 탐색:
『케임브리지 중국사 15권: 중화인민공화국』 제2부

채준형 인천대학교 역사교육과 교수

I. 머리말

중화인민공화국의 성립과 전개를 다루는 『케임브리지 중국사』의 14권과 15권은 이 시리즈 중에서도 독특한 위치를 차지한다고 할 수 있다. 왜냐하면 여전히 지속 중인 중화인민공화국을 어느 범위까지 역사화 할 수 있을 것이냐의 고민이 저자들의 서술에 관통하고 있기 때문이다. 특히 15권이 다루고 있는 중화인민공화국 편 2부는 문화대혁명(이하 '문혁'으로 약칭함)부터 대략 1980년대 초까지의 시기를 다루고 있는데, 이 책이 1991년에 출간되었다는 사실을 고려하면 편집자와 저자들 역시 역사화(historicization)의 문제에 대해서 적잖은 부담을 느꼈으리라 생각된다. 『케임브리지 중국사』시리즈의 다른 편과는 달리 정치학, 사회학, 문학 등 역사 이외의 분야의 전문가들, 대학뿐만 아니라 민간 연구 기관에서 중국을 연구하는 연구자도 참여하고 있다.[1] 그러나 저자들이 역사학적 방법을 충실히 사용하여 서술에 임하고 있어 역사학 전공자들도 거부감 없이 받아들일 수 있는 결과를 만들어 냈다고 평할 수 있다.[2]

---

1 로드릭 맥파커의 회고에 따르면 1960년대 초부터 저널 China Quarterly는 중화인민공화국의 역사화에 힘을 기울였다. 당시 미국 대학을 중심으로 활동하던 연구자들만으로는 중화인민공화국사에 대한 글을 출판하기 쉽지 않았기 때문에 대학뿐만 아니라 다양한 정부 기관, 민간 연구 기관, 시민 단체 소속의 중국 연구자들에게 의뢰할 수 밖에 없었다(Roderick MacFarquhar, 2006, "The China Quarterly and the History of the PRC," The China Quarterly no. 188, The History of the PRC(1949-1976) (Dec., 2006), pp. 1092-1093). 1960년대 중반 이후의 중화인민공화국을 다루고 있는 『케임브리지 중국사(Cambridge History of China)』 15권 역시 미국의 중화인민공화국사 연구 초기의 유산을 간직하고 있다고 할 수 있다.

2 예를 들면 기본적으로 정치학자라고 할 수 있는 해리 하딩과 로드릭 맥파커의 경우 최신 사회과학 방법론보다는 전통적인 역사학적 방법을 사용하여 서사(敍事)에 집요하게 집중하고 있다. 문혁부터 70년대 말까지의 역사 이 책의 두 장—해리 하딩과

1,000페이지에 가까운 방대한 분량으로 중화인민공화국의 1960년대 중반부터 1980년대를 중심으로 하고 있는 『케임브리지 중국사』 15권은 마오쩌둥 사상에 대한 스튜어트 슈람(1924~2012년)의 개략적인 해설을 시작으로 정치, 경제, 사회, 문화 각 분야의 역사를 폭넓게 다루고 있다. 총 12개의 장으로 구성되어 있는데 1960년대 초 문혁의 기원부터 덩샤오핑 정권의 등장까지를 하한으로 하는 정치-외교 중심의 4개의 장과 마오쩌둥 사상을 다루고 있는 첫 번째 장을 포함하면 5개의 장이 1960~1970년대 중화인민공화국의 정치를 다루고 있다. 정치-외교 분야 외에 도시와 농촌을 중심으로 한 사회 분야를 분석하는 2개의 장과 문화, 예술을 개략적으로 소개하는 2개의 장 그리고 경제, 교육, 타이완을 다루는 각 1개의 장으로 이루어져 있다. 구성이 정치에 편중된 감이 없지 않으나 1991년이라는 본서의 출판 시기를 고려하면 편집자들이 정치, 경제, 사회 등 각 부분의 균형을 맞추기 위해 매우 노력하였다고 볼 수 있다.

15권에 수록된 글들이 각 분야에 대해서 개설적이고 깊이 있는 내용을 다루고 있고 다양한 주제를 다루고 있기 때문에 글들이 어떤 일관된 지향점을 갖는다고 주장하기는 매우 어렵다. 다만 저자들이 광범위하게 공유하고 있는 학술적인 관점은 탈정치화, 탈냉전, 국제화라고 할 수 있다. 이는 이 책이 처음 출판되었던 1991년을 전후한 미국학계의 중화인

로드릭 맥파커—이 The Politics of China: Sixty Years of the People's Republic of China (Third Edition) (Cambridge, MA: Cambridge University Press, 2011)에 그대로 실렸다는 점을 상기하면 이 책이 가지고 있는 기본적인 사실과 관점이 학계에서 널리 받아들여질 수 있는 주류적 해석임을 입증한다고 볼 수 있을 것이다. 위의 책은 한국어로도 번역되었다(로드릭 맥파커 엮음, 김재관·정해용 역, 2012, 『중국 현대정치사: 건국에서 세계화의 수용까지, 1949-2009』, 푸른길).

민공화국 연구 경향을 반영한다고 할 수 있다.³

20세기 중반 이후 미국의 중화인민공화국 또는 중화인민공화국사 연구 경향을 시기적으로 대략 구분하자면 ① 1950년대부터 1960년대 초 ② 문혁을 전후로 한 1960년대 중반부터 1970년대 말,⁴ ③ 1980년대부터 동구권과 구소련의 몰락으로 인해 냉전이 끝나는 1990년대 초까지⁵ ④ 1990년대 중반부터 2000년대 말까지 크게 네 시기로 구분할 수 있다.⁶ 1950년대부터 1960년대 초까지는 중화인민공화국의 성립과 전체

---

3   Julia Strauss, 2006, "Introduction: In Search of PRC History," *The China Quarterly* no. 188, The History of the PRC(1949-1976) (Dec., 2006), p. 856.

4   Julia Strauss, 2006, 위의 글, p. 857; 중화인민공화국사 연구의 시기 구분과 연구 경향을 이 글에서 충분히 설명하기는 어려우나 첫 번째와 두 번째 시기의 대표적인 연구로는 Richard Walker, 1955, *China under Communism: the First Five Years*, New Haven: Yale University Press; Franz Schurmann, 1966, *Ideology and Orgainization in Communist China*, Berkeley: University of California Press; Hong Yung Lee, 1978, *The Politics of the Chinese Cultural Revolution: a case study*, Berkeley: University of California Press; Gordon Bennett and Ronald Montaperto, 1972, *Red Guard: The Political Biography of Tai Hsiao-ai*, New York: Doubleday 등을 들 수 있다.

5   80-90년대 초까지의 대표적인 연구로는 Maurice Meisner, 1986, *Mao's China and After* (2nd edition), New York: Free Press; Frederick Teiwes, 1984, *Leadership, Legitimacy, and Conflict in China: From a Charismatic Mao to the Politics of Succession*, Armonk, N.Y.: M.E. Sharpe; William C. Kirby, 1990, "Continuity and change in modern China: economic planning on the Mainland and on Taiwan, 1943-1958," *The Austrailian Journal of Chinese Affairs*, no. 24 (Jul., 1990), pp. 121-141; Frederick Teiwes, 1993, *Politics and Purges in China: Rectification and the Decline of party norms, 1950-1965*, Armonk, N.Y.: M.E. Sharpe; Kenneth Lieberthal, 1995, *Governing China: from Revolution through Reform*, New York: W.W. Norton.

6   1990년대 중반부터 2000년대 중반까지의 대표적인 연구는 Mark Frazier, 2002, *The Making of the Chinese Industrial Workplace: State, Revolution and Labor management*, New York: Cambridge University Press; Joseph Esherick, Paul Pickowicz and Andrew Walder eds., 2006, *China's Cultural Revolution as History*, Stanford: Stanford University Press; Paul Pickowicz

주의적 정치 체제 및 마오쩌둥 관련 연구가 주요 연구 주제였다고 한다면 1960년대 중반부터는 문혁의 발발과 더불어 이전 시기에 상대적으로 소홀했던 중국 사회에 중심을 둔 연구, 즉 기층 인민의 시각에서 중화인민공화국 사회를 이해하고자 하는 시도가 있었다. 서구 시각에서 기이하게 보였을 홍위병을 대상으로 한 연구가 좋은 사례라고 할 수 있는데, 중화인민공화국 성립 이후 어떠한 사회적 변화가 홍위병의 등장과 같은 현상을 낳게 되었는가 하는 문제의식에서 이전의 연구들과는 차별을 갖는다고 할 수 있다. 그러나 문혁과 냉전이라는 상황, 자료 확보의 어려움 등으로 인하여 연구에 일정한 한계가 존재한다고 볼 수 있다.

1980년대 초부터 1990년대 초까지는 중국이 개혁개방을 속도감 있게 진행하면서 그동안의 고립에서 탈피하여 세계 무대에 등장하던 시기였다. 또한 소련의 해체와 동구권의 몰락으로 사회주의권이 위기를 맞던 시기이기도 했는데, 중국에서는 1989년 6월 톈안먼 사건을 통해 공산당 정권이 커다란 도전에 직면하기도 했다. 이와 같은 시대적 상황에서 1980년대부터 1990년대 초까지의 중화인민공화국사 연구는 서서히 개혁의 속도를 높여 가던 중국을 이해하고자 하는 실용적인 측면에서의 수요에 부응하는 연구들이 많이 출현했다. 특정 주제에 대한 깊이 있는 인문-사회과학적 분석보다는 서사적인 측면에 초점을 맞춘 연구들이라

---

and Jeremy Brown, 2007, *Dilemmas of Victory: The early years of the People's Republic of China*, Cambridge, MA: Harvard University Press; Frank Dikötter, 2010, *Mao's Great Famine: the history of China's most devastating catastrophe, 1958-1962*, London, UK: Bloomsbury; Frank Dikötter, 2013, *The Tragedy of Liberation: a history of Chinese Revolution, 1945-1957*, London, UK: Bloomsbury; Frank Dikötter, 2016, *The Cultural Revolution: a people's history, 1962-1976*, London, UK: Bloomsbury 등이 있다. 이외에 개별 주제에 대한 최신 연구들에 대해서는 뒤에서 언급하도록 한다.

고 할 수 있다. 이 당시까지만 해도 지역 단위의 아카이브나 자료의 공개가 제한적이었기 때문에 연구의 주제가 한정적일 수밖에 없는 측면이 있었다.

요컨대 『케임브리지 중국사』 15권은 이러한 1980~1990년대 초까지의 연구성과를 집대성하고 사회주의권 몰락 이후 중국 연구의 방향을 제시하고 있다는 측면에서 높이 평가할 수 있다. 그러나 원고들이 쓰인 1980년대 중후반의 중국의 상황과 연구자들의 관점을 반영하고 있어 30여 년이 지난 지금 다시 들여다보면 이제는 상식적인 정보를 너무 진지하게 다루고 있다는 느낌도 없지 않다. 15권의 기본적인 서술의 특징은 크게 두 갈래로 요약될 수 있다고 보는데 그것은 탈정치적인 관점 속에서의 수정주의적 해석의 가능성 모색과 사회주의 혁명의 성공에 대한 회의적 입장 견지라고 할 수 있을 것이다. 본고는 우선 15권에서 다루고 있는 내용을 정치-외교, 경제, 사회 등의 분야를 중심으로 각 장에서 다루고 있는 내용을 정리하여 제시하고, 각 분야에서 저자들이 견지하고 있는 관점들이 필자가 제시한 탈정치, 탈냉전, 국제화의 방향에서 정리될 수 있다는 것을 보일 것이다.

II. 국가 권력의 파괴적인 자기 분열과 그것의 극복

15권에 수록된 논문들 중에서 역시 중국 내부의 정치를 다루는 해리 하딩(1946~)과 로드릭 맥파커(1930~2019년)의 논의는 시기적으로는 대략 문혁부터 덩샤오핑 집권 직전까지 다루고 있다. 하딩의 글은 문화대혁명 발생한 1966년부터 혼란이 최고조에 달했던 1969년까지를 중심으로 문혁의 성격과 결과를 논하고 있다. 그에 의하면 문혁은 1960년대 중국 사회에 대한 마오의 인식, 소련과의 관계 재설정, 권력 이양이라는 문제를 어떻게 처리할 것인가에 대한 문제 등이 복합적으로 작용하여 발생했다.

우선 문혁은 궁극적으로 마오의 1960년대 중국 사회에 대한 진단에서 비롯되었다. 당시 중국 사회와 당-국가는 모두 많은 문제점을 안고 있었지만 마오는 이를 극단적으로 해석하고 해결책을 제시하고자 하였고 그 결과가 문혁이라는 것이다. 마오는 1959년 루산 회의에서는 아닐지 몰라도 적어도 1962년 1월 8기 10중전회에서는 확실히 당내 계급투쟁이 필요하다는 결론을 내린 것으로 보인다. 또한 마오는 1950대 후반~1960년대 초반의 소련으로부터 많은 영향을 받고 있었다. 그러나 소련이 중국의 외교정책을 왜곡하고 경제 조종을 시도한다는 증거를 마주하고 소련에서 불평등과 침체가 점증하고 있다는 사실을 인식하게 되면서 마오는 이를 쇼비니즘과 수정주의로 규정하였을 뿐만 아니라 이러한 위험이 중국에서도 나타날 수 있다고 예상하였다. 그리하여 스탈린의 후계자들을 수정주의자로 규정하며 소련과의 관계를 재정립하고자 하였으며 이 과정에서 문혁이 발생하였다. 그리고 마오는 권력 이양 과정에서 나타날지도 모르는 수정주의의 발호를 어떻게 처리하느냐의 문제를 염려하였고 이를 방지하기 위한 방편으로 당원들과 중국의 젊은 세대를 혁명이라는 열정의 시험대에 밀어 올렸다는 것이다.[7]

---

[7] Harry Harding, 1991, "The Chinese state in crisis," in Roderick MacFarquhar and John K. Fairbank, eds., *Cambridge History of China vol. 15*, Cambridge, MA: Cambridge University Press, pp. 201-203.

문혁은 기본적으로 도시 혁명이었고 문화와 교육 측면에 심각한 영향을 끼쳤다. 특히 학자, 문인, 지식인들에게 심각한 영향을 미쳤다. 1950년대 말 반우파투쟁, 1960년대 말 문혁 등 급진적인 마오주의 군중운동으로 인해 도시 엘리트를 중심으로 약 1억 명 가까이 희생되었을 것으로 추측되는데, 이러한 재난에 가까운 정치적 동란에도 불구하고 문혁은 경제적인 측면에는 거의 영향을 끼치지 못했다.

문혁으로 심각한 타격을 받은 중앙 권력은 1980년대 중반까지 중국에 두 가지 지속적인 영향을 끼쳤다. 하나는 정부 부처, 산업-상무 부문, 공산당 내부에 깊이 자리 잡게 된 분파주의이며, 또다른 하나는 젊은 세대의 정치 시스템에 대한 불신이다. 문혁의 대혼란이 마오 이후의 시대의 개혁을 위한 중요한 조건이 되었지만, 문혁의 장기적 결과는 여전히 확실하지 않다. 문혁이 또다른 권력 투쟁의 선례로 작용할지는 아무도 모른다. 그러나 관건은 마오 이후 시대의 개혁이 제도화된 정치, 경제적 번영, 사회 안정 그리고 문화적 현대화를 만들어 내서 문혁과 같은 사건이 중국 인민들에게 더 이상 어필하지 못하게 할 수 있느냐일 것이다.

그렇다면 동란을 주도했던 마오에 대한 평가는 어떠해야 하는가? 스튜어트 슈람은 마오에게 정치적, 도의적 책임을 묻기보다는 마오가 그러한 동란을 야기할 수밖에 없었던 사상적 궤적을 마오의 텍스트를 통해 드러내고자 한다. 그에 따르면 대약진운동을 전후로 한 시기 마오의 사상이 지금 흔히 이야기되는 것과 같이 홍(紅)과 전(專)의 대립이라는 단순한 이분법적인 것은 아니었고 오히려 홍과 전의 병용이었다. 그러나 이러한 경제 건설에 대한 실용적인 입장에도 불구하고 그의 생각 깊은 곳에는 기술진보, 산업화, 그리고 지식인에 대한 회의가 자리 잡고 있었고 중앙집권에 대한 집착이 자리 잡고 있었다.[8] 마오 사상의 이러한 요소들이 대약진 이후 여러 사건을 거치면서 문혁 시기에는 개인 숭배와 중국 중심주의로 변화하게 된다. 그러나 문혁 시기에 나타난 마오의 사상적 변화를 소련이나 트로츠키주의자들이 그랬던 것처럼 중체서용론의 단순한 재현으로 평가하고 마오를 구식 민족주의자로 평가할 수는 없다. 중국 중심주의를 견지하면서 서구의 기술에 의존한 산업화를 달성하려는 일견 모순적인 목표를 추구하면서 마오는 후진국일수록 사회주의 혁명 성공의 가능성이 더욱 크다는 "후진성의 변증법"으로 이를 정당화하였다.[9] 이러한 설명 방식은 중국의 바깥에서 서구의 시각에서 중국을 바라보았던 1980년대 이전의 해석 방식과는 차이를 드러내는 것으로 1980~1990년대 중국의 내적 요인, 중국의 관점에서 중국 정치를 읽어 내고자 했던 15권 전체를 관통하는 탈냉전적 시각의 단면을 보여 준다고 할 수 있다.

문혁이라는 동란을 만들어 낸 것은 마오이지만 중국 공산당도 일정 정도 책임이 있었다. 즉 마오는 문혁을 일으키면서 적어도 당의 이름을 빌어 절차적 정당성을 확보하면서 문혁을 추진하였다는 것이다. 하딩은 만약 당권파 또는 당 중앙의 다수가 똘똘 뭉쳐서 마오와 조반파에 저항했더라면 마오가 문혁이라는 방식으로 당과 당권파를 공격하기는 어려웠으리라고 진단한다. 마오가 문혁에서 당을 공격하는 과정에서 보여준 투쟁의 방식은 집단지도체제와 당내 다수에 의한 지배라는 원칙에

---

8 Stuart R. Schram, 1991, "Mao Tse-Tung's Thought from 1949 to 1976," in Roderick MacFarquhar and John K. Fairbank, eds., *Cambridge History of China vol. 15*, Cambridge, MA: Cambridge University Press, pp. 98-99.

9 Stuart R. Schram, 1991, 위의 글, pp. 101-103.

위배되는 당의 입장에서는 매우 비정통적인 권력 투쟁 방식이었다는 것인데 당이 여기에 효과적으로 대응하지 못했다는 점에서 마오는 문혁의 필요조건이기는 하지만 충분조건은 아니라는 것이다.[10] 로드릭 맥파커(1930~2019년)의 1960년대 말 1970년대 초 중국 정치의 군사화에 대한 서술과 마오의 죽음 이후 권력 승계에 대한 서사에서 볼 수 있듯이 적어도 1976년 이전까지 중국 공산당 내의 권력 투쟁 또는 권력 이양의 문제들은 기본적으로 인치(人治)적인 요소를 과도하게 안고 있었다.[11] 덩샤오핑시대가 개막되면서 당내의 인치적인 요소를 제거하고 공산당과 정부 또는 인민(또는 군중) 사이의 관계를 법적으로 제도화하여 당의 역량과 통제를 강화하여 문혁 시기 군중이 짊어졌던 '전위'로서의 역할을 다시 당이 맡아야 하는 과제가 안겨졌다. 이러한 당의 기능과 역량의 제도화는 문혁과 같은 동란의 출현을 방지하는 기제로 작용할 것이다.[12]

또 하나 짚고 넘어가야 할 문제는 문혁에 대한 해석이 중국에서의 평가와 구미의 평가가 비슷한 궤적을 그리고 있다는 것이다. 사인방을 체포한 화귀펑 집권기까지만 해도 문혁에 대해 긍정적이었던 문혁에 대한 중국의 공식 평가는 1979년을 기점으로 '재난'으로 여겨지기 시작했고, 1981년 채택된 당의 역사 결의는 문화대혁명이 "중화인민공화국 성립

---

10 Harry Harding, 1991, "The Chinese state in crisis," in Roderick MacFarquhar and John K. Fairbank, eds., *Cambridge History of China vol. 15*, Cambridge, MA: Cambridge University Press, pp. 204-206.

11 Roderick MacFarquhar, 1991, "The Succession to Mao and the end of Maoism," in in Roderick MacFarquhar and John K. Fairbank, eds., *Cambridge History of China vol. 15*, Cambridge, MA: Cambridge University Press, pp. 311-370.

12 Roderick MacFarquhar, 1991, 위의 글, pp. 396-400.

이래 가장 심각한 퇴보와 엄중한 희생을 야기함으로써 당과 국가 그리고 인민을 힘들게 한 사건"이었다고 규정하였다. 이러한 문혁의 재평가는 서구 사회에서도 되풀이되었다. 문혁의 시작은 관료주의와 국가주의로부터 인민을 지키려고 하는 마오의 '숭고한 이상'에서 시작되었다는 긍정적인 평가가 1970년대에 서구 사회가 가지고 있던 문혁에 대한 평가였다. 그러나 중국에서 문혁이 평가절하 되면서 서구에서도 문혁에 대한 재평가가 시작되어, 결국은 문혁이 1960년대 중반 중국의 정치-사회적 문제에 대한 왜곡된 인식으로부터 기원하고 있다는 것으로 바뀌게 되었다는 것이다.[13] 이는 곧 문혁이라는 역사 문제에 대한 해석이 중국 내부의 탈정치 경향과 맞물려 변화해 왔고 중국 내부에서의 해석 변화에 따라 중국 외부의 해석에도 변화가 생겨 왔음을 보여 주는 것으로 적어도 중국의 당대의 문제에 관해서 중국 내부에서의 관점 변화가 매우 중요하다는 점을 상기시켜 준다.

3장과 5장은 1960~1970년대 중국의 대 소련, 대 미국 관계, 즉 중국, 소련, 미국 사이의 전략적 삼각관계에 대한 논의이다. 미국 기업연구소(American Enterprise Institute)의 중국 연구실장이었던 토마스 로빈슨(1935~2006년)은 문혁이 가지고 있는 국제적인 성격이 무엇인지를 상기시켜 준다. 그는 문혁 과정에서 뚜렷이 나타나는 민족주의적, 고립주의적 성격에도 불구하고 문혁의 원인 중에는 국제적인 성격을 지닌 것들이 있었다고 지적한다. 문혁 자체도 1969년의 전쟁 위기로 인하여 그 경로

---

[13] Roderick MacFarquhar, 1991, 위의 글, pp. 200-201; 여기에는 다양한 원인이 있었겠지만 60년대 중후반부터 서구 사회에서 일어난 일련의 진보적 정치 운동, 특히 서유럽에서의 68운동, 미국의 공민권 운동이 마오이즘과 문혁에 대한 긍정적 해석에 영향을 끼쳤다고 볼 수 있다.

가 변화하였다. 1965년 미국의 베트남전 참전은 중국 지도부 내부에 미국, 소련과의 관계를 둘러싼 전략적 논쟁을 촉발시켰고 이 논쟁은 당내의 반문혁파와 조반파 사이의 대립의 한 축을 형성하였다. 또한 1968년 소련의 체코슬로바키아 침공과 브레즈네프 독트린은 중화인민공화국의 주권을 심대하게 위협하는 것이었고 중-소 국경지대에서의 소련의 병력 증강은 중국 지도부를 긴장시켰다. 이른바 진바오다오 사건으로 인한 양국의 긴장, 그리고 중국으로서는 예상치 못한 소련의 대중 강경노선으로 인해 문혁의 '동란적 국면'은 종언을 고한다. 요컨대 문혁의 발동과 전개가 중화인민공화국 외부에서 있어난 사건들로 인해 영향을 받았던 것과 마찬가지로 문혁의 결과는 주변국들에게 직접적으로 영향을 끼쳤다는 것이다.[14]

문혁 시기 가장 중요한 전략적 전환이라고 할 수 있는 중-미 관계의 복원은 문혁 시기 중국이 대외관계에 있어서 우리가 생각하는 것만큼 고립적이지 않았다는 것을 보여 주는 반증이라고 할 수 있다. 조나단 폴락(1948년경~)의 상세한 논의는 한국전쟁 이후 경색에 들어간 양국의 관계를 역전시킨 중미 관계 개선은 아시아 지역의 국제관계를 재정립하게 되었음을 잘 보여 준다.

물론 중미 양국의 관계가 1972년의 이벤트 직후 급속도로 개선되지는 않았다. 양국 지도부는 국제정치적 전략적 전환을 고려하며 만났지만 만남이 끝난 후에는 정치적 생존을 고려해야 했다. 특히 중국에서는

---

14 Thomas Robinson, 1991, "China confronts the Soviet Union: warfare and diplomacy on China's Inner Asian frontiers," in Roderick MacFarquhar and John K. Fairbank, eds., *Cambridge History of China vol. 15*, Cambridge, MA: Cambridge University Press, pp. 218-220.

미국과의 국교 정상화 가능성이 저우언라이와 덩샤오핑에 대한 정치적 공격을 방어해 주는 기제로 작동하지 않았을 뿐만 아니라 중-미 관계 개선에 대한 마오의 지속적인 지지도 보장해 주지 못했다. 마오의 전략적 결단은 오랜 기간에 걸친 소련으로부터의 위협에 의한 것이었다. 미국으로의 접근은 소련의 위협을 상쇄하는 안보에 대한 고려 때문이었다. 여전히 소련과의 관계 또는 소련으로부터의 안보위협이 주된 관심사였다는 것이다. 또한 이 시기에 마오는 권력이양 문제에 사로잡혀 있었다. 이러한 이유들로 미국과의 관계 개선은 1970년대 말까지 미완인 채로 남게 되었고 마오는 죽을 때까지 미국과의 관계 개선을 안보의 관점에서 바라보는 것으로부터 벗어나지 못했다. 그는 미국을 레버리지로 경제적, 기술적 진보를 이룩하기 위한 새로운 길을 여는 것에는 무관심했다. 결국 1970년대를 마감하면서 미국과의 관계 개선으로 인하여 동아시아 지역에서의 중국의 정치적, 경제적 고립은 끝나게 되는데 그 변화를 더욱 실감했던 쪽은 중국이었다. 베이징은 이러한 미국과의 관계를 유지하기 위해서는 안보 전략적 협력을 뛰어넘는 정치적, 경제적, 제도적 관계의 다양한 조합을 통한 협력이 더욱 중요하다고 결론 내렸다.[15]

토마스 로빈슨과 조나단 폴락의 논의가 흥미로운 것은 이들이 문혁기 중국의 외교에 대한 수정주의적 시각의 단초를 제시하고 있기 때문이다. 일반적으로 받아들여지고 있는 서사, 즉 문혁 시기에 중국이 외교

---

15 Jonathan D. Pollack, 1991, "The opening to America," in Roderick MacFarquhar and John K. Fairbank, eds., *Cambridge History of China vol. 15*, Cambridge, MA: Cambridge University Press, pp. 469-471; 폴락의 이러한 관점은 동아시아 지역 내의 행위자를 미국, 중국, 일본, 러시아 등으로 한정 짓는 대국중심주의적 인식을 저변에 깔고 있는 것이라고도 볼 수 있다.

적으로 고립되었고 외부와의 교류가 철저히 단절되었다는 사실에 의문을 제기한다. 이들은 어떤 측면에서는 베이징의 대외 정책이 생각보다 매우 역동적이었으며 적극적이었다고 볼 수 있음을 지적한다.[16] 소련과의 국경지대에서 중국은 매우 적극적으로 행동했으며 미국과도 베트남 문제 그리고 전략적 삼각관계를 둘러싼 지속적인 접촉이 있었다. 미국과의 무역, 원조, 고위층의 방문 역시 비록 제한적인 수준이기는 했지만 지속되었다. 요컨대 중국의 자발적인 고립의 시기는 생각보다 짧았을 뿐만 아니라 외국과의 관계 단절 속에서도 중국 당시의 국제적 환경에 민감하게 반응하고 있었다는 것이다. 이러한 관점은 개혁개방 이후 중화인민공화국사 연구의 탈정치화의 결과 국제적인 시각에서 중국의 외교정책을 재평가할 수 있는 여지가 있음을 시사하고 있다.[17]

---

[16] Thomas Robinson, 1991, "China confronts the Soviet Union: warfare and diplomacy on China's Inner Asian frontiers," in Roderick MacFarquhar and John K. Fairbank, eds., *Cambridge History of China vol. 15*, Cambridge, MA: Cambridge University Press, p. 219.

[17] 이와 같은 수정주의적인 시각을 구체화시킨 최근의 연구는 Jian Chen, 2001, *Mao's China and the Cold War*, Chapel Hii, NC: University of North Carolina Press; Jeremy S. Friedman, 2015, *Shadow Cold War: the Sino-Soviet competitoin for the Third World*, Chapel Hii, NC: University of North Carolina Press; Sigrid Schmalzer, 2016, *Red Revolution, Green Revolution: Scientific farming in socialist China*, Chicago, IL: University of Chicago Press; Odd Arne Westad, 2017, *The Cold War: A World History*, New York, NY: Basic Books; Covell F. Meyskens, 2020, *Mao's Thrid Frontier: the militarization of Cold War China*, New York, NY: Cambridge University Press 등을 들 수 있다.

III. 1960~1980년대 중국 경제와 동아시아 경제 발전 모델

1966부터 1969년까지 가장 혼란스러웠던 3년을 제외하고 문혁 시기에 중국 경제는 견조한 성장을 이어왔다. 따라서 문혁 시기에 중국에 경제 정책이 없었다 또는 문혁 시기에 경제가 후퇴했다고 말하기는 어렵다. 자력갱생 또는 외국 수입품과 기술에 대한 의존을 최소화한다는 1966~1976년의 수사는 1950년대 자력갱생 정책이나 소련의 1930년대 외국 무역에 대한 정책과 크게 다르지 않았다. 즉 드와이트 퍼킨스(1934~)의 1960년대부터 1980년대 초까지의 중국 경제에 대한 논의에서 문혁으로 대표되는 '정치'는 중요한 의미를 갖지 않는다. 퍼킨스의 기본 입장은 1960년대부터 1980년대 초까지의 경제부문에 있어서 스탈린식 계획 경제 모델이 형식적으로는 지속되었지만 그 작동에 있어서는 이전과는 상당히 달랐다는 것을 강조하는 것이다. 1967~1968년을 제외하고 자본과 에너지 투입이 계속되는 한 성장-이 성장이 인민 개개인의 생활수준 향상에 효과적이지는 않았다-은 계속되었다. 주의해야 할 것은 산업 부문에서 그렇다는 것이고 농업 부문의 정책에서는 스탈린 모델의 유산이 형식적으로나 실질적으로 작동하지는 않았다는 점이다.[18]

1970년대 중반에 이르면 약 20년 간의 실질 임금의 정체로 인해 노

---

[18] Dwight H. Perkins, 1991, "China's economic policy and performance," in Roderick MacFarquhar and John K. Fairbank, eds., *Cambridge History of China vol. 15*, Cambridge, MA: Cambridge University Press, pp. 534-536.

동 규율이 무너지고 다칭을 비롯한 유전들의 생산이 정점을 찍고 감소하기 시작했다. 투자율은 계속 오르고 있었기 때문에 자본 대비 산출 비율이 훨씬 빠르게 오를 수 있었을지도 모른다. 인력과 자원의 방만한 운용에 기반한 성장의 시대는 주자파든 조반파든 누가 정치권력을 잡느냐에 관계없이 끝나가고 있었다. 1977~1978년에 극적인 반전이 일어나는데 산업 부문을 자극하기 위해 외국 기술을 수입하고 보너스를 부활시키고 농산물 매수가를 인상하고 총임금을 보전하는 조치 등을 취하게 되면서 문혁 시기의 경제 기조에서 탈피하였다.

  1978년 말과 1979년 초에 이르러 중국의 계획경제론자들은 마침내 스탈린식 경제에서 벗어났다. 국내에서의 소비와 외국과의 무역을 위한 소비재가 생산재보다 처음으로 우선 순위를 차지하였다. 중국의 경제 개발 전략은 동아시아 여러 나라에서 성공적으로 수행되었던 패턴을 향한 중요한 발걸음을 내딛었다. 그러나 개혁의 첫 국면에서 보이는 특징은 오래가지 않았는데, 전반적인 성장률을 낮춰서 경제 구조를 '조정'하려는 노력은 산업 부문과 농업 부문의 성장률이 충격을 받은 1981년까지였다. 중공업 부문의 비중 축소 역시 잠정적이었던 것으로 드러났다. 1982~1986년에 이르는 시기에 중공업 대 경공업의 비중은 문혁기와 비슷한 수준으로 되돌아갔다. 그렇지만 중국이 채택한 섹터별 발전 전략이 이전의 경제 개발 패턴을 완전히 뒤바꾸지는 못했다. 외형상으로는 수출 증대, 해외 차입, 외국인 직접 투자를 강조하는 변화가 계속되었고 또 증가하였다. 농업 생산의 급증은 높아지는 임금과 인센티브에 발맞춰 소비재가 대응할 수 있었음을 의미했다.[19]

---

[19] 동아시아 4개국(한국, 타이완, 싱가포르, 홍콩)의 경험과 비교해 보면 마오 이후 시대

그러나 수출은 한국이 그랬던 것만큼 중국의 개발 전략에서 큰 비중을 차지하지는 않았다. 이는 중국이 한국에 비해 큰 규모의 경제를 지니고 있었고 무역이 GNP에서 차지하는 비중이 중국처럼 큰 나라에서는 전형적으로 작게 나타나기 때문이기도 했다(한국과 같은 작은 나라와는 다르다). 중국의 무역 비중은 한국이나 타이완보다 훨씬 작았는데 1960년대 일본 경제에서 무역이 차지하는 비중과 비슷했다. 국가 경제에서 무역이 차지하는 비중을 동아시아 다른 작은 나라들과 비교하는 것이 중요한 이유는 중국이 왜 초기 경제 개발의 국면에서 중공업의 성장에 더 집중할 수밖에 없었는지를 설명해 주기 때문이다. 한국의 경우는 경제 개발 초기 경공업에 집중하면서 중공업 수요를 수입으로 충당했다.[20]

일찍이 1977년부터 해외 무역에 대한 중앙의 통제가 느슨해지기 시작했다. 그러나 통제가 느슨해지는 것을 틈타 기업들이 과도한 수입 계

중국의 경제발전은 이들 4개국보다 훨씬 외국 자본의 투자에 혜택을 많이 보았다. 관련 연구로는 Mary E. Gallagher, 2005, *Contagious Capitalism: Globalization and the Politics of Labor in China*, Princeton: Princeton University Press; Yasheng Huang, 2003, *Selling China: Foreign Direct Investment during the Reform era*, New York: Cambridge University Press.

[20] 1980-90년대 동아시아에서의 빠른 속도로 경제 성장을 이룩한 한국, 타이완, 홍콩, 싱가포르의 사례를 이론화한 소위 '동아시아 개발국가(developmental state) 모델'은 개혁개방 초기 중국의 경제 성장 분석을 위한 이론적 틀로서는 부적합하다는 관점이 견지되고 있다. 정치 시스템이나 역사적 경험에 대한 논의는 유보하고 규모와 다양성의 측면에서만 보았을 때 중국과 비교할 수 있는 국가는 아마도 인도일 것이다. 그러나 여전히 개발국가 모델 중국 사례에 적용하려는 시도가 있다. 중국 전체에 적용하는 것이 아니라 중국 지방정부의 경제 개발의 사례들을 이론적으로 분석하기 위해 동아시아 개발국가 모델을 이용하기도 한다. 대표적인 연구로는 Jean C. Oi, 1999, *Rural China Takes Off: Institutional Foundations of Economic Reform*, Berkeley: University of California Press이 있다.

약을 체결하기 시작하면서 중앙의 통제가 부활되어야만 했다. 1980년대 초에 생산책임제가 도입되고 1983년에는 농업 집단화가 폐기되었다. 1979~1983년에 이르는 5년 동안 중국 농업은 중앙의 엄격한 통제를 받는 농업에서 개별 농가가 시장 메커니즘을 통해 간접적으로 조절 받는 농업으로 전환하였다. 물론 몇몇 할당은 남아 있었지만 1980년대 중반이 되면 할당도 소멸한다.

산업 부문에서 스탈린식 계획과 경영을 일소하는 것은 느린 속도로 진행되었는데 농업 부문보다 상황이 더 복잡했기 때문이었다. 산업 시스템에 대한 실험은 1979년부터 시작된다. 처음에는 소비에트 스타일의 관료적 통제 시스템이 좀 더 잘 작동하게 하는 방향으로 개혁의 실험이 시도되었다. 변화는 관료가 아닌 기업 조직 내부에 의해 책임 경영되는 방향으로, 지역 시장에 대한 독점적 점유에서 시장에서의 경쟁을 자극하는 방향으로 시작되었다. 관료적 통제는 느슨해졌으며 계획에 의해 생산량을 강조하는 경영 목표 설정에서 탈피하여 효율성에 기반하여 경영 목표를 설정하도록 변화가 만들어져 갔다.[21]

1984년까지 농촌 개혁에서의 극적인 성공에 고무된 당은 산업 부문에서도 훨씬 전면적인 개혁에 나섰다. 1987년까지 중앙집권화 된 관료적 시스템을 시장 경제적 자율 통제와 중요한 섹터에 대한 계속적인 관료적 통제를 일정 정도 결합시키는 방향으로 개혁을 추진하였다. 목표는 1960년대 일본 또는 한국에서 발견되는 시장과 국가가 혼합된 통제의 사회주의적 버전이었다. 그러나 1987년 말의 중국은 소위 동아시아

---

21 Dwight H. Perkins, 1991, 앞의 글, pp. 537-538.

모델의 거대한 복사본이라고 할 수는 없었다.[22] 중국의 개혁론자들이 시장을 더 중요시하고 이용하도록 아무리 노력을 했어도 중국 경제 시스템은 동아시아 여러 나라들에서 보이는 사적 소유에 기반한 계획과 시장 시스템이 혼합되는 시스템과는 좀 다른 방향으로 나아갔다. 중국은 또 여타 동아시아 국가들에서 발견되는 도시화에 기반한 경제적 번영과는 여전히 거리를 두고 있었다. 그러나 중국은 1980년대 말까지 수 천 년 간 존재했었고 1970년대 초까지도 여전히 변형된 형태로 존재하던 가난으로 상징되는 농촌 소농 경제에서 벗어나기 위한 거대한 발걸음을 뗀 셈이었다.[23]

IV. 농촌과 도시 생활의 사회학적 분석

농촌과 도시 사회를 다루고 있는 두 개의 장은 일반 인민의 삶을 어떻게 바라보는지, 중국 사회주의를 어떤 관점으로 보고 있는지를 특히 잘 보여 준다고 할 수 있다. 캘리포니아 대학 샌디에이고 캠퍼스의 사회학자 리처드 매드슨(1941~)은 사회주의 중국의 농촌 사회에 대한 논의를 마오의 1927년 「후난농민운동고찰보고」로 시작하고 있는데 이 유명한 글에서 마오는 당시 중국 농민을 옭아매고 있는 네 가지 질곡을 지적한 바 있다. 그것은 1) 정치적 권위 2) 종족적 권위 3) 종교적, 초자연적 권위 4) 가부장적 권위였는데 매드슨의 중국 농촌 사회에 대한 논의

---

22 Dwight H. Perkins, 1991, 앞의 글, p. 538.
23 Dwight H. Perkins, 1991, 위의 글, pp. 538-539.

의 초점은 사회주의 혁명과 중화인민공화국의 국가 권력 침투가 중국 농민들을 이 질곡으로부터 해방시켰느냐에 모아진다.[24]

중화인민공화국의 농촌의 상황은 일반적으로 이야기되는 것보다 훨씬 복잡하다. 1960년대부터 1980년대 초에 이르는 시기에 정치 영역에서 중화인민공화국이 어떤 성과를 얼마나 냈는지를 논하는 것은 경제 영역에서의 성취와 과오를 논하는 것보다 훨씬 복잡한 문제이다. 그렇지만 중국 농민들은 1930~1940년대와는 달리 지역 사회의 토호, 토비 그리고 외부의 침입자로부터 억울한 피해를 당하는 것과 같은 일을 걱정할 필요는 없어졌다. 중화인민공화국의 공산당 정권은 농민들에게 적어도 1930~1940년대보다는 훨씬 안정적인 사회 질서를 이룩하였다.

토지개혁 기간 중 중국 공산당은 빈농, 고농을 중심으로 군중 운동을 조직하여 지역 사회의 착취계급을 타도하였다. 이들 농민 군중 조직의 힘은 점차 약화되었지만 공산당은 지역 사회의 중요 사안들이 어떻게 처리될 것인지에 대해 조직된 빈농 및 중하층 농민들과 논의를 지속하였다. 이러한 시스템이 결코 민주적이라고 말할 수는 없어도 빈농과 중하층 농민들이 정치적 결정 과정에 공식적으로 참여할 수는 있었다. 더욱이 생산조나 생산대를 책임지고 있던 기층의 간부들은 거의 모두가 같은 마을 출신이었기 때문에 기층 간부들은 같은 마을 출신 농민들과의 수많은 비공식적인 사회적 통제 속에 놓여 있었다고 할 수 있다. 이러한 일종의 느슨함 때문에 마을의 농민들은 이전보다 훨씬 책임감 있고 정직한 농촌 지도자를 가지게 되었다고 느꼈으며, 이로 인해 농민들

---

24 Richard Madsen, 1991, "The countryside under communism," in Roderick MacFarquhar and John K. Fairbank eds., *Cambridge History of China vol. 15*, Cambridge, MA: Cambridge University Press, p. 619.

은 자신의 일상에 개입하는 집단적 통제를 의식하게 되었다. 이 모든 것이 혁명 이전과는 다른 점이었다.

중화인민공화국이라는 국가는 선전활동을 통하여 농민들이 그들의 지역 공동체의 이익만을 생각하는 근시안적 행태에서 벗어나 새로운 '사회주의적' 농민으로 재탄생하기를 희망했다. 그러나 농민 대다수는 국가의 정책에 미심쩍어하는 소농적 멘탈리티를 유지하였고 자신의 가족, 마을의 삶에 집중하였다. 물론 어떤 농민들, 예를 들어 지역의 하급 당 간부 또는 제대한 병사 같은 경우 마르크스-레닌주의와 마오쩌둥 사상을 접해 본 경험이 다른 농민들보다 많았고 이것이 국가 체제 내에서 자신의 위치에 대한 약간의 이해로 귀결되기도 했다. 6년 동안의 기본적인 교육을 받은 젊은 농민들은 윗세대보다 정부의 이데올로기를 더 잘 이해했을 수도 있다. 그러나 이런 사람들조차 당시의 정치경제적 시스템하에서는 마을을 떠날 수 있는 가능성은 없었고 좀 더 넓은 공적인 일에 참여할 수도 없었기 때문에 촌락 공동체 속에서의 삶에 더욱 집중하였다.[25]

중앙정부는 촌락에서 멀리 떨어져 있는 미심쩍지만 강력한 존재로 각인되어 있었다. 1949년부터 1970년대 말에 이르는 대략 30여 년에 걸친 기간 동안 인민공화국 정부는 빈농과 중하층 농민들에게는 기본적으로 자비로운 존재였다. 1960년대 중반 수많은 농민들이 마오를 신과 같은 존재로 존경하였다. 그러나 문혁과 그 이후 이어진 파괴적인 정책들로 인해 농민들은 중앙정부에 대한 환상에서 깨어나게 되었다. 1950년대 후반에 정부는 촌락 생활에 개입함으로써 모험주의적인 대약

---

25 Richard Madsen, 1991, 위의 글, p. 678.

진 운동의 여러 정책을 추진할 수 있었던 열정의 짧았던 분출을 만들어 내기도 했고 1970년대 후반에는 농촌지역 경제에 대한 강력한 통제를 거두어들임으로써 잘 살아보겠다는 군중의 열정을 부추기기도 했다. 그러나 대략 1970년대 중반에 이르면 농민들은 중앙정부를 위험하고, 이질적이면서 간섭하기 좋아하는 힘으로 생각하게 된다.[26]

사회적 삶의 방식에 있어서의 변화에 대한 농민들의 평가는 정치적인 삶의 방식, 경제적 삶의 방식에 있어서의 변화에 대한 평가에서 나타나는 긍정적 또는 부정적 평가의 양상과는 다르다. 왜냐하면 농민의 사회적 삶은 이들의 정치적, 경제적 생활만큼 철저하게 변화하지 않았기 때문이다. 공산당이 전통적·사회적 삶의 방식의 기본 패턴을 흔들기 위해 고급 합작사를 조직하고 인민공사를 운영한 결과는 극도의 혼란이었다. 이 혼란의 결과는 농촌 사회의 파괴였고 결국 공산당은 농촌의 사회적 삶의 패턴을 더 이상 건드리지 않았다. 그리하여 사회주의하에서도 전통적인 가족은 여전히 한 개인의 삶에 있어서 가장 중요한 도덕적, 감정적, 경제적 존재로 남았다.[27]

1920년대 마오가 중국 농민과 농촌을 옭아매고 있는 밧줄로 지적한 네 요소 중 세 가지-정치, 종족, 젠더-는 여전히 농촌과 농민을 옭아매고 있는 것으로 보인다. 그렇다면 종교(미신)의 경우는 어떨까? 서구 학계의 종교(미신)에 대한 연구는 빈약하다. 그렇지만 구시대의 신들, 관료제적으로 정비된 정치 질서의 상징들이 지녔던 권위는 이미 죽었다. 거대한 사원(타이완의 농촌에서는 너무나도 흔한)은 없어졌다. 신성한 존재들

---

26 Richard Madsen, 1991, 위의 글, pp. 678-679.
27 Richard Madsen, 1991, 위의 글, pp. 679-680.

을 기리는 사치스러운 축제도 사라졌다. 문혁 전야에 정부는 전통적인 신들에 대한 숭배를 마오 개인에 대한 숭배로 대체하려 하였다. 그러나 공산당 정부에서 추진한 이러한 정치적 숭배는 농촌 지역 인민들의 감정적 반향을 일으키지 못했다. 문혁에 의해 파괴되거나 숨겨졌던 조상의 위패는 현재 다시 만들어지고 있거나 다시 나타나고 있다. 농민들은 여전히 조상을 기억하고 가족의 초월적인 단합을 기리는 페스티벌을 여전히 열고 있다. 무당과 점쟁이들은 탄압받았지만 1970년대 말 정부가 인정하였듯이 이들은 여전히 '봉건적 미신'을 섬기고 있다.[28]

위와 같은 매드슨의 중국 농촌에 대한 사회학적 분석은 사실 사회주의 혁명과 사회주의 정권의 국가 권력 침투가 중국 농촌에는 의미 있는 변화를 가져오는 데 실패했다는 사회주의 혁명의 한계를 드러내고자 한 분석이라고 볼 수 있다. 사회주의 혁명 이후 중국 농촌에 대한 매드슨의 분석과 유사한 관점에서 하버드 대학의 사회학자였던 마틴 킹 화이트(1942~) 역시 중화인민공화국 정권 아래에서의 도시 생활에 대한 분석을 시도하고 있다.

---

28 이에 대한 최근 관련 연구는 Jun Jing, 1996, *The Temple of Memories: History, Power, and Morality in a Chinese Village*, Stanford, CA: Stanford University Press; Thomas DuBois, 2005, *The Sacred Village: social change and religious life in rural north China*, Honolulu, HW: University of Hawaii Press; David A. Palmer, 2007, *Qigong Fever: Body, Science, and Utopia in China*, New York, NY: Columbia University Press; David Ownby, 2008, *Falun Gong and the Future of China*, New York, NY: Oxford University Press; Vincent Goossaert and David Palmer, 2012, *The Religious Question in Modern China*, Chicago, IL: University of Chicago Press 등이 있다. 이들은 역사적 관점에서 민국 시기와 중화인민공화국 시기 도시와 농촌 지역에서의 종교 활동과 국가 권력, 개혁개방 이후 자본의 침투와 종교 활동의 부활 등의 문제를 다루고 있는데, 매드슨의 분석과 비슷한 관점에서 사회주의혁명과 중화인민공화국 국가 권력 침투의 한계를 그리고 있다는 공통점을 지닌다.

화이트에 따르면 1980년대에 들어서면서 고도로 조직되고 평등을 지향하면서 전투적이며 생산적인 도시 공동체를 조직하고자 했던 공산당의 노력은 실패로 판명되었고, 그 결과 도시 거주민의 모습은 정부에서 바랐던 사회주의 정권과 교감하고 정권을 옹위하는 균질한 인민이라는 바람직한 도시 거주민의 이상적인 모습과는 거리가 멀었다. 수년간에 걸친 극적인 사건들과 정책의 전환으로 인한 세대 간의 상이한 경험의 차이가 도시 생활의 여러 국면에서 나타났다. 60세 이상 세대 특히 은퇴자의 경우 자신들의 전성기는 끝났다고 생각했다. 어떤 이들은 부유하고 결실 있는 삶을 누렸고, 어떤 이들은 자신의 재능이 새로운 사회에서 낭비되고 있다고 생각했으며 또 어떤 사람들은 시련을 견뎌 내고 있었다. 그러나 1980년대의 4대 현대화로 대표되는 정부의 미래에 대한 약속은 이 세대들에게는 더 이상 크게 어필하지 못했다. 사회의 연장자 그룹으로서 이들은 가족과 친구들을 통해 일상생활 속의 소소한 즐거움을 누리고자 하였다. 수많은 예외가 있겠지만 도시의 60세 이상 은퇴자 세대는 1980년대 현재 다른 젊은 세대보다는 자신의 생활에 대체로 만족하는 편이었다.[29]

1980년대를 40~50세에 시작한 세대는 1949년 직후부터 사회생활을 시작한 이들로 신중국에 대한 낙관적 전망에 가장 사로잡혀 있던 세대였다. 이들은 정부가 무자비하고 쉽게 만족하지 않는 존재라는 것을 알고 있지만 그럼에도 불구하고 정부를 좀 더 나은 사회 그리고 풍요로운 삶으로 이끄는 수단이라고 보았다. 그러나 이들은 1980년대에 들어서

---

[29] Martin K. Whyte, 1991, "Urban Life in the People's Republic," in Roderick MacFarquhar and John K. Fairbank, eds., *Cambridge History of China vol. 15*, Cambridge, MA: Cambridge University Press, pp. 737-738.

면서 국가에 대한 기대를 접기 시작했다. 이들이 지금 살고 있는 사회는 자신이 열심히 일해서 만들고 싶어했던 사회와는 달랐다. 여기에 불만이 있었지만 그럼에도 국가 시스템에서 완전히 벗어나고자 하는 용기는 없었다. 그래서 이 연령대의 구성원들은 1980년대의 사회적 트렌드와 정치적이고 공적인 선언에 대하여 냉소적이었고 모든 것들이 다시 옛날처럼 제자리로 잘 돌아갈 수 있기를 원하는 과거에 대한 향수에 사로잡혀 있었다.[30]

30대 연령 그룹은 다른 세대와 매우 다른 미래에 대한 전망을 가지고 있었는데, 특히 홍위병 경력이 있는 사람들이 그러했다. 이들도 원래는 낙관적이고 열정적인 환경 속에서 성장했지만 문혁과 그 이후 시기에 격한 경쟁을 경험하였다. 사회주의에 대한 낙관과 이를 위해 정부에 헌신했기 때문에 1966년 이후 경험한 그들의 삶의 궤적은 더욱 비극적이고 파괴적이었다. 특히 파벌 간의 폭력, 하방, 교육과 물질적 실망 그리고 도시의 저급한 일자리 등은 이들을 절망하도록 만드는 요인이었다. 이러한 것들로 인해 이 세대는 자신들이 국가 시스템으로부터 속고 있다는 느낌을 강하게 받았고, 그렇기 때문에 다른 연령 그룹보다 국가-사회 시스템에 대하여 가장 냉소적, 비판적이었다.[31]

1970년대와 1980년대 초에 학교를 졸업한 세대 역시 다른 그림을 가지고 있었다. 망가진 교육 시스템과 계속해서 일어나는 정치 캠페인이 이들에게 많은 영향을 끼치지는 못했다. 오히려 계속 바뀌는 기준과 이 당시의 어떤 불확실성은 이들이 수단과 방법을 가리지 않고 경쟁자를

30　Martin K. Whyte, 1991, 위의 글, pp. 738-739.
31　Martin K. Whyte, 1991, 위의 글, pp. 739.

제치고 자신이 원하는 것을 쟁취하는 것을 당연하게 생각하도록 만들었다. 이들은 체제에 걸고 있던 믿음이 크지 않았기 때문에 실망과 분노도 다른 세대에 비하면 높지 않았다. 다만 이들은 정치에 귀를 막은 대신 물질적 소비에 열중하거나 기성 세대와는 다른 라이프 스타일을 영위하는데 관심을 기울였다. 1980년대에 학교를 다니고 있던 가장 젊은 세대들이 사회-정치적 개혁을 꾀하는 정부와 어떤 관계를 맺게 될 것인지, 정부 정책이 이들의 기대를 충족시킬 수 있을 것인지는 두고 봐야 할 것이다.[32]

매드슨과 화이트의 중국 농촌, 도시 거주민들의 생활과 의식에 대한 분석을 통해 확인할 수 있는 것은 적어도 1960년대 중반부터 1980년대 중반에 이르는 기간 동안 사회주의 신중국의 기층 민중으로의 침투는 지연되었다는 것이다.[33] 농촌에 대한 분석에서도 1920년대 말에 마오에 의해 그리고 중화인민공화국 정권에 의해 중국 사회주의 혁명의 핵심 과제로 제시된 사회 개혁의 목표는 1980년대 중후반 현재 그 달성이 여전히 요원해 보인다고 주장한다. 이는 페어뱅크가 덩샤오핑 정권의 개혁개방 드라이브가 최고조에 달해 있던 당시 "중국 현대화의 엄청난 성취

---

32 Martin K. Whyte, 1991, 위의 글, pp. 739-740.
33 사회주의 국가 권력의 기층 침투가 지연되었고, 문화대혁명 종식과 개혁개방 이후 도시와 농촌에서의 전통적이고 자본친화적인 삶의 형태의 지속과 부활에 대한 연구로서 대표적인 것으로는 캘리포니아 대학의 옌윈샹(1954-)을 먼저 언급할 수 있을 것 같다. 대표적인 연구로는 Yunxiang Yan, 2003, *Private Life under Socialism*, Stanford, CA: Stanford University Press; Yunxiang Yan, 2009, *The Individualization of Chinese Society*, Oxford, UK: Berg 등이 있다. 문헌 자료를 중시하는 전통적인 역사학적 방법으로 기층 인민의 삶을 복원하고 관찰하는 것은 어려운 측면이 있다. 중화인민공화국 시기의 다양한 역사학적 주제를 탐구하기 위해서는 인류학적 방법을 비롯한 다양한 기법을 활용한 연구 또는 다른 인문사회과학 분과와의 협업이 필요하다고 본다.

에도 불구하고 여전히 사회 혁명의 문제점과 위험성을 안고 있다"고 지적한 것과 일맥상통한다.[34]

V. 맺음말

이상 정치, 경제, 사회 분야를 중심으로『케임브리지 중국사 15권: 중화인민공화국사』제2부에 대한 내용과 관점을 살펴 보았다.[35] 출판된 지 30년 여년이 흐른 현재까지도 이 책이 담고 있는 저자들의 통찰은 여전히 빛을 발하고 있으며 중화인민공화국의 역사를 공부하는 후학들에게, 중화인민공화국의 현재 행보를 역사적 관점에서 이해하고자 하는 진지한 독자들에게 훌륭한 학술적 길잡이가 되고 있다. 또한 미국을 중심으로 한 서구의 중화인민공화국 연구의 한 세대, 즉 1980년대의 연구를 마무리하면서 기존의 연구성과를 충실히 정리함과 동시에 탈정치, 탈냉전, 국제화의 관점에서 1990년대 이후 새로운 중화인민공화국 역사 연구의 방향을 제시한 역작으로 평가할 수 있다.

15권에는 당대의 역사를 얼마만큼 역사화 할 수 있을 것인가 하는 문제로 말미암아 전문적으로 역사학을 훈련받은 연구자들이 참여하지 않았고 사회과학 전공자들이 대거 참여하였다는 점에서『케임브리지 중국

---

[34] John K. Fairbank, 1986, *The Great Chinese Revolution, 1800-1985*, New York: Harper & Row, p. 351.

[35] 『케임브리지 중국사』15권의 정치, 경제, 사회 분야는 이 글을 통해 다루었지만 교육, 문학, 타이완 관련 글에 대한 리뷰는 지면 한계상 아쉽게도 다룰 수 없었다. 추후에 보충할 수 있는 기회가 생기길 희망한다.

사』 시리즈 중에서도 독특한 위치를 차지한다고 할 수 있다. 다만 이들 사회과학자들이 역사학적 방법을 이용하여 서술하고 있어 독자들에게 '역사'로서 무리없이 받아들여질 수 있었다. 큰 틀에서의 성과와 의의에도 불구하고, 앞서 밝힌 것처럼 탈정치의 관점을 지나치게 강조한 나머지 중화인민공화국의 성립을 가능하게 한 사회주의 혁명과 마오시대 중화인민공화국의 성취에 대해서는 인색하게 평가한 면이 없지 않다. 이는 이 책의 출판 직전 벌어진 소련과 사회주의권의 몰락 그리고 1989년 6월 톈안먼 사건이라는 탈냉전의 거대한 조류와 무관치 않다.

연구자의 입장에서는 1980~1990년대 중국 연구의 대체적인 경향을 파악할 수 있는 중요한 텍스트로서 『케임브리지 중국사』 15권을 평가할 수 있다. 1990년대 말 2000년대의 중화인민공화국 역사 연구 경향이 이 책이 담고 있는 주장과 한계를 극복하기 위한 것이었다고 할 수 있을 만큼 이 책이 가지고 있는 의의는 더욱 크다고 할 수 있다. 15권이 출판된 지 30여 년이 지난 지금 미국을 중심으로 한 서구학계와 중국을 비롯한 동아시아 각국에서 역사학 전공자들이 중심이 된 중화인민공화국사 연구 역량은 크게 신장되었다. 또한 글로벌 수퍼 파워로서 중국의 급격한 부상과 그에 따른 미-중 갈등이 첨예화되고 있는 2020년대는 중화인민공화국사 연구의 또다른 분기점이 될 수 있을 것으로 보인다. 1990년대 말과 2010년대까지를 하나의 분기로 삼아 신장된 중화인민공화국사 연구 역량을 반영한 새로운 개설서의 출현을 기대해 본다.

참고문헌

로드릭 맥파커 엮음, 김재관, 정해용 역, 2012, 『중국 현대정치사: 건국에서 세계화의 수용까지, 1949-2009』, 푸른길.

Bennett, Gordon, and Ronald Montaperto, 1972, *Red Guard: The Political Biography of Tai Hsiao-ai*, New York: Doubleday.

Chen, Jian, 2001, *Mao's China and the Cold War*, Chapel Hill, NC: University of North Carolina Press.

Dikötter, Frank, 2010, *Mao's Great Famine: the history of China's most devastating catastrophe, 1958-1962*, London, UK: Bloomsbury.

_____, 2013, *The Tragedy of Liberation: a history of Chinese Revolution, 1945-1957*, London, UK: Bloomsbury.

_____, 2016, *The Cultural Revolution: a people's history, 1962-1976*, London, UK: Bloomsbury.

DuBois, Thomas, 2005, *The Sacred Village: social change and religious life in rural north China*, Honolulu, HW: University of Hawaii Press.

Esherick, Joseph, Paul Pickowicz and Andrew Walder, eds., 2006, *China's Cultural Revolution as History*, Stanford: Stanford University Press.

Fairbank, John K., 1986, *The Great Chinese Revolution, 1800-1985*, New York: Harper & Row.

Frazier, Mark, 2002, *The Making of the Chinese Industrial Workplace: State, Revolution and Labor management*, New York: Cambridge University Press.

Friedman, Jeremy S., 2015, *Shadow Cold War: the Sino-Soviet competitoin for the Third World*, Chapel Hii, NC: University of North Carolina Press, 2015.

Gallagher, Mary E., 2005, *Contagious Capitalism: Globalization and the Politics of Labor in China*, Princeton: Princeton University Press.

Goossaert, Vincent, and David Palmer, 2012, *The Religious Question in Modern China*, Chicago, IL: University of Chicago Press.

Huang, Yasheng, 2003, *Selling China: Foreign Direct Investment during the Reform era*, New York: Cambridge University Press.

Jing, Jun, 1996, *The Temple of Memories: History, Power, and Morality in a Chinese Village*, Stanford, CA: Stanford University Press.

Kirby, William C., 1990, "Continuity and change in modern China: economic planning on the Mainland and on Taiwan, 1943-1958," *The Austrailian Journal of Chinese Affairs*, no. 24 (July 1990).

Lee, Hong Yung, 1978, *The Politics of the Chinese Cultural Revolution: a case study*, Berkeley: University of California Press.

Lieberthal, Kenneth, 1995, *Governing China: from Revolution through Reform*, New York: W.W. Norton.

MacFarquhar, Roderick, and John K. Fairbank, eds., 1991, *Cambridge History of China*, vol. 15, Cambridge, MA: Cambridge University Press.

MacFarquhar, Roderick, 2006, "The China Quarterly and the History of the PRC," *The China Quarterly* no. 188, The History of the PRC(1949-1976) (Dec., 2006).

MacFarquhar, Roderick, ed., 2011, *The Politics of China: Sixty Years of the People's Republic of China* (3rd edition), Cambridge, MA: Cambridge University Press.

Meisner, Maurice, 1986, Mao's *China and After* (2nd edition), New York: Free Press.

Meyskens, Covell F., 2020, *Mao's Thrid Frontier: the militarization of Cold War China*, New York, NY: Cambridge University Press.

Oi, Jean C., 1999, *Rural China Takes Off: Institutional Foundations of Economic Reform*, Berkeley: University of California Press.

Ownby, David, 2008, *Falun Gong and the Future of China,* New York, NY: Oxford University Press.

Palmer, David A., 2007, *Qigong Fever: Body, Science, and Utopia in China*, New York, NY: Columbia University Press.

Pickowicz, Paul, and Jeremy Brown, eds., 2007, *Dilemmas of Victory: The early years of the People's Republic of China*, Cambridge, MA: Harvard

University Press.

Schmalzer, Sigrid, 2016, *Red Revolution, Green Revolution: Scientific farming in socialist China*, Chicago, IL: University of Chicago Press.

Schurmann, Franz, 1966, *Ideology and Orgainization in Communist China*, Berkeley: University of California Press.

Strauss, Julia, 2006, "Introduction: In Search of PRC History," *The China Quarterly* no. 188, The History of the PRC(1949-1976) (Dec., 2006).

Teiwes, Frederick, 1984, *Leadership, Legitimacy, and Conflict in China: From a Charismatic Mao to the Politics of Succession*, Armonk, N.Y.: M.E. Sharpe.

_____, 1993, *Politics and Purges in China: Rectification and the Decline of party norms, 1950-1965*, Armonk, N.Y.: M.E. Sharpe, 1993.

Walker, Richard, 1955, *China under Communism: the First Five Years*, New Haven: Yale University Press.

Westad, Odd Arne, 2017, *The Cold War: A World History*, New York, NY: Basic Books.

Yan, Yunxiang, 2003, *Private Life under Socialism*, Stanford, CA: Stanford University Press.

_____, 2009, *The Individualization of Chinese Society*, Oxford, UK: Berg.

부록 1

『케임브리지 중국사』에 대한 학계의 서평 소개:
선진사 편과 진한사 편 위주로

조용준 중국인민대학교 역사학과 전임 조교수

I. 머리말

『케임브리지 중국사(The Cambridge History of China)』는 총 15권으로(현재까지 모두 13권이 출판됨), 미국 하버드 대학교의 존 K. 페어뱅크(John K. Fairbank) 교수와 미국 프린스턴 대학교의 명예교수인 데니스 트위체트(Denis Twitchett) 교수가 1960년 말에 저술을 계획하였고, 중국사 전반을 기원전 3세기 진제국(秦帝國)부터 현대 중국 마오쩌둥의 사망까지의 시기를 각각의 단대사(斷代史)로 구분하여 시리즈물로 집필한 책이다. 그중 제1권인 진한사(秦漢史) 편은 1986년에 정식으로 출판되어 나왔다.[1]

그리고 『케임브리지 중국 선진사(先秦史): 문명의 기원에서 기원전 221년까지(The Cambridge History of Ancient China-From the Origins of Civilization to 221 B.C.)』는 영국 케임브리지 대학교의 마이클 로이(Michael Loewe) 교수와 미국 시카고 대학교의 에드워드 쇼너시(Edward Shaughnessy) 교수가 공동 기획하여, 기원전 1500년경부터 기원전 221년까지의 시기를 중심으로 모두 14명의 학자가 집필에 참여하여 1999년에 정식으로 출판되어 나왔다.[2]

---

[1] Denis Twitchett and Michael Loewe eds., 1986, *The Cambridge History of China (Vol. 1: The Ch'in and Han Empires, 221 BC~AD 220)*, UK: Cambridge University Press. 그리고 이 책에 대한 중국어 번역판도 최근에 출판되어 나왔다. 崔瑞德·魯惟一 著, 楊品泉·張書生 譯, 2010, 『劍橋中國秦漢史 (公元前221年至公元220年)』, 北京: 中國社會科學出版社.

[2] Michael Loewe and Edward Shaughnessy eds., 1999, *The Cambridge History of Ancient China - From the Origins of Civilization to 221 B.C.*, UK: Cambridge University Press. 그리고 이 책의 중국어 번역판에 대해서는 중국 淸華大學校의 李學勤 교수가 기획은 하였으나 아직 정식으로 출판되지 않고 있다.

이 책들이 출판되고 나서 전 세계 중국학 연구자들의 뜨거운 관심과 비평이 쏟아졌고, 또한 그에 대한 수많은 서평들도 각종 출판물에 등재되기에 이르렀다. 특히 최근에는 미국의 에드워드 쇼너시 교수가 이러한 서평들을 모아 『고사신성(古史新聲)-《검교 중국상고사(劍橋中國上古史)》적편찬여반향(的編撰與反響)』이라는 서평 모음집을 출판하기에 이르렀다.[3] 이 책에 실린 토론의 핵심은 초기 중국사 연구에서 왕궈웨이(王國維)가 제창했던 '이중증거법(二重證據法)'[4]의 방법을 채택할 것이냐에 대한 서구학자와 중국학계의 논쟁이라고 말할 수 있다. 예를 들어, 미국 캘리포니아 대학교 로스앤젤레스 분교(UCLA)의 데이비드 스카버그(David Schaberg) 교수는 『좌전(左傳)』 등의 전통적인 전래문헌의 고고학 유물에 대한 간섭을 일체 배제하고서, 오로지 고고학 유물 및 그에 관련된 해독만이 정확한 역사인식을 가져다 줄 수 있다고 여기고 있다.[5] 그에 반해 중국사회과학원(中國社會科學院)의 탕지건(唐際根) 교수는 '이중증거법'의 과학성과 유효성을 여전히 중시하고 있다.[6]

이 글에서는 『고사신성-《검교 중국상고사》적편찬여반향』에 실린 내용을 중심으로 『케임브리지 중국 선진사(先秦史): 문명의 기원에서 기원

---

3 夏含夷 編, 2020, 『古史新聲 -《劍橋中國上古史》的編撰與反響』, 北京: 三聯書店.
4 '이중증거법'이란 갑골문(甲骨文), 청동기 명문(靑銅器 銘文), 간독자료(簡牘資料), 백서자료(帛書資料)와 같은 지하에서 출토된 고고학적 출토문헌 자료와 『左傳』, 『史記』, 『漢書』 등의 전통문헌의 내용을 서로 대조하고 오류를 교정하면서 중국 고대사의 진실을 파악하자는 노력으로 民國時代의 王國維에 의해 제창된 중국 고대사 연구방법의 하나이다.
5 史嘉柏 著, 張瀚墨 譯, 2017, 「文本與文物 -《劍橋中國上古史》書評」, 『國學學刊』, 第2期, 5-42쪽.
6 唐際根, 2004, 「考古學·證史傾向·民族主義 -《劍橋中國史·商代考古》提出的問題」, 『三代考古(一)』, 1-8쪽.

전 221년까지』와 『케임브리지 중국사』의 제1권인 진한사 편의 두 권에 대한 서구 학자와 중국학계의 대표적인 서평에 대해 간략히 소개하고자 한다.

II. 선진사 편에 대한 학계의 서평

먼저, 『케임브리지 중국 선진사: 문명의 기원에서 기원전 221년까지』에 대하여 서구학자와 중국학계의 대표적인 서평을 소개하면 아래와 같다. 본고에서는 선진사 편에 대한 서평의 주요 내용을 인용문의 형식으로 간단히 요약하여 소개하고자 한다.

1. 서구 학자의 서평

『케임브리지 중국 선진사: 문명의 기원에서 기원전 221년까지』에 대한 서구학자의 서평으로는 에드워드 쇼너시 교수와 마이클 로이 교수, 그리고 데이비드 스카버그 교수의 견해를 대표적으로 소개할 수 있다.

1) 에드워드 쇼너시와 마이클 로이의 서평

먼저, 쇼너시 교수와 로이 교수는 『케임브리지 중국 선진사: 문명의 기원에서 기원전 221년까지』의 「서언(序言)」에서 다음과 같이 언급하고 있다.

본서는 1986년에 출판된 『케임브리지 중국사』의 제1권인 진한사 편에서 미처 다루지 못했던 중국 선진사 편의 내용을 담고 있을 뿐만 아니라, 또한 서구의 중국학 연구자들이 여러 가지 기본적인 연구 조건이 충분히 성숙된 이후에 진제국 이전의 중국사 연구 분야를 서술하고 있다. 따라서 이 책의 출판은 서구 중국학 연구자들의 중국 선진사 연구성과를 집약적으로 드러내고 있고, 또한 이 분야 연구에 있어서 서구의 중국학 연구자들이 어느 정도의 자신감을 표출한 것이다.

이러한 자신감은 최근의 고고학적 발굴과 또는 기타 방식의 발견으로 획득한 최신 자료에 대한 분석과 연구를 기반으로, 대부분의 서구학자들은 중국의 전통적인 역사연구 방법을 반성하게 되었고, 이것은 최근에 발견된 유물자료를 통해 중국 고대 고고학적 문명의 재구성과 상이한 문명 간의 관계를 구축하는 방면에서 특히 두드러지게 나타났다.

그래서 이 책에서 다루고 있는 시기는 중국에서 발견된 최초의 역사문헌 기록 시기인 상(商)나라(기원전 1570년~기원전 1045년)에서부터 진(秦)나라가 6국(六國)을 통일한 기원전 221년까지의 천여 년의 각 역사 단계를 서술하고 있다.[7]

따라서 이 책의 기본적인 구성은 전설적인 시기인 3황오제(三皇五帝)에 대한 내용은 거의 다루어지지 않았으며, 중국 국내 학계에서 일반적으로 중국의 첫 번째 왕조라고 여겨지고 있는 하(夏)나라에 대해서도 제1장에서 미국 하버드 대학교의 장광즈(張光直) 교수가 쓴 「역사 시기 전야의 중국(China on the Eve of the Historical Period)」(pp. 37~73)에서

---

[7] 魯惟一·夏含夷, 2007, 「西方漢學的古史研究-《劍橋中國上古史》序言」, 『中華文史論叢』, 總第86輯, 1-19쪽.

간략히 그에 대한 몇 가지 문제 제기를 하는 데 그치고 있다. 그리고 갑골문(甲骨文) 등의 고고학적 유물이 출토되어 정식적인 '역사' 시기로 진입한 상나라 시기를 시작으로 중국 선진사를 기술하고 있다. 더욱이 이 책의 제4장을 집필한 미국 캘리포니아 버클리 대학교의 데이비드 N. 키틀리(David N. Keightley) 교수는 「상나라: 중국의 첫 번째 역사왕조(The Shang: China's First Historical Dynasty)」(pp. 232~291)라는 제목을 달았다.

2) 에드워드 쇼너시의 서평

그리고 쇼너시 교수는 『고사신성-《검교 중국상고사》적편찬여반향』의 「후기」 중에서 다음과 같이 언급하고 있다.

> 『케임브리지 중국 선진사: 문명의 기원에서 기원전 221년까지』라는 책은 출판된 지 이미 20여 년이 흘렀지만, 이 책은 당시 서구 중국학 학계의 최상의 학술 수준을 반영하고 있다. 더욱이 최근에 발견된 경천동지할 각종 상주(商周)시대 고고학적 유물들이 쏟아져 나오면서 중국 선진사에 대한 재집필의 요구도 한층 고조되고 있는 실정이다.
> 그러나 이 책이 지니고 있는 학술적 가치는 조금도 시대에 뒤떨어지지 않는다. 그것은 이 책이 원래의 기획 구상에 따라 고고학과 역사학을 수평적인 위치에 올려놓으려는 학문적 연구를 시도하여, 중국 선진사의 각 단계를 고고학적 각도뿐만 아니라 문자학자료인 역사학도 이와 동등한 입장에서 관찰하고자 하였기 때문이다. 그래서 이 책에서는 서구 역사학계에서 내린 엄격한 정의에 따라 중국 고대사에서 '역사' 시기의 시작을 갑골문 등의 문자학자료가 출현하는 상나라 후기로 설정하고 있다. 따라서

전설적인 시기는 고사하고 하나라에 대해서도 장광즈 교수가 간단히 언급한 것 외에, 서구학자 중에서는 오직 미국 프린스턴 대학교의 로버트 베글리(Robert Bagley) 교수가 「상나라 고고학(Shang Archaeology)」(pp. 124~231)에서 현재까지 '하'라는 문자학자료가 발견되지 않았기 때문에 하나라의 역사적 진실성에 대한 토론은 단순히 공론에 지나지 않는다고 언급하였을 따름이다.

그리고 최근 20여 년간의 괄목할 만한 고고학적 발견으로 내용상에서 약간의 증보는 할 수 있겠지만, 이 책의 기본적인 입장을 바꿀 만한 중대한 고고학적 발견은 아직까지 없었다. 예를 들어, 상나라 수도인 안양(安陽)의 고고학 발굴에서 원복상성(洹北商城)을 발견하는 등의 커다란 성과를 이루었고, 또한 주(周)나라의 출토문헌인 곽점죽간(郭店竹簡), 상박죽간(上博竹簡), 청화죽간(淸華竹簡) 등이 중국 고대 학술사에 커다란 영향을 미친 것은 사실이지만, 이러한 새로운 발견들이 단지 중국 선진사의 분량만 증가시킬 뿐이지 이 책이 지닌 기본적 구상에는 별다른 영향을 주고 있지 못한다.

그리고 다만 조금 아쉬운 부분은 인구의 증감에 따른 당시 사회 하층의 생활 상태, 도자기와 비단의 과학적인 기능, 천문학과 수학 등의 과학 발전, 중국 남방문화(南方文化) 등에 대한 문제에 대해 깊이 있는 토론이 진행되지 못하였다. 그래서 이 책에서 언급되지 못한 부분은 장차 후학들의 연구성과에 커다란 기대를 걸고 있다.[8]

위에서 소개한 서평에서도 알 수 있듯이, 쇼너시 교수는 『케임브리지

---

[8] 夏含夷, 2020, 「後記」, 夏含夷 編, 『古史新聲-《劍橋中國上古史》的編撰與反響』, 北京: 三聯書店.

중국 선진사: 문명의 기원에서 기원전 221년까지』가 출판되고 나서 이미 20여 년이 흘렀지만, 여전히 이 책의 가치는 전혀 시대에 뒤떨어지지 않았다고 주장하고 있다.

3) 데이비드 스카버그 교수의 서평

그 외에 스카버그 교수는 중국어로 6만여 자에 달하는 방대한 분량의 「문본여문물(文本與文物)-《검교 중국상고사》 서평」에서 아래와 같이 언급하고 있다. 본고에서는 그중에서도 중국 선사시대 연구방법에 대한 그의 서평을 중심으로 간단히 소개하고자 한다.

> 몇몇 중국 태생의 저명한 선사시대 연구자가 기조로 잡고 있는 독특한 중국 민족주의적 전통으로 인해 국제적으로 이 분야의 연구에 부정적인 영향을 초래하고 있음은 부정할 수 없다. 더욱이 최근에 벌어지고 있는 학문적인 논쟁에서도 알 수 있듯이 이러한 중국 선사시대 연구자의 연구와 중국의 역사문헌이 서방과 중국학자들 사이에서 일치된 공인(公認)을 얻을 수 있느냐에 대해서는 이미 회의적인 단계에까지 이르렀고, 이번에 출판된 『케임브리지 중국 선진사: 문명의 기원에서 기원전 221년까지』를 통해서 그 논쟁에 더욱 불을 지피게 되었다.
> 중국 선사시대의 전설적인 시기에 대한 중국의 '전통사학(傳統史學)'의 방법이란 『좌전(左傳)』, 『사기(史記)』 등과 같은 전통문헌에 대한 절대적인 의존을 의미하고, 이렇게 단순히 전통문헌에만 의존하는 것으로는 하나의 학문적 분과를 구성할 수가 없다. 그래서 중국 선사시대 연구자가 얻어 내는 지식은 바로 고고학자가 얻어 내는 지식이어야 하며, 또한 마찬가지로 충분한 증거와 그 증거를 어떻게 연구하느냐에 대한 공통된 인

식이 필요하다. 그러나 현재 중국 선사시대 연구에서 이용되는 증거의 성질로 보자면, 가장 엄밀한 학문적 방법으로도 단지 고립적이고 불완전한 초기 중국의 '역사'에 지나지 않으며, 자료가 풍부한 후대 역사시대의 연구 성과와는 전혀 비교가 되지 못한다.

이러한 입장에서 위의 책은 교묘한 부제를 달고 있고 내용에서도 완전하지 못한 역사 부분을 수록하고 있는데, 비록 의미 있는 고고학적 성과를 포함하고 있다고 하더라도 중국 선사시대 연구가 하나의 정식적인 역사학 분과로 정립되기 위해서는 앞으로도 머나먼 길을 걸어가야만 한다.[9]

위에서 소개한 서평에서도 알 수 있듯이, 스카버그 교수는 중국 선사시대의 연구에 있어서 전통문헌에 의존할 것이 아니라, 고고학적인 출토유물의 증거에 근거해야 한다고 주장하고 있다.

2. 중국학계의 서평

『케임브리지 중국 선진사: 문명의 기원에서 기원전 221년까지』에 대한 중국학계의 서평으로는 셰웨이양(謝維揚) 교수, 탕지건 교수, 그리고 린윈(林澐) 교수 등의 견해를 대표적으로 소개할 수 있다.

1) 셰웨이양의 서평

먼저, 중국 상하이 대학교의 셰웨이양 교수는 「수식여산진면목(誰識廬山眞面目)?-《검교 중국상고사》 독후(讀後)」에서 다음과 같이 언급하고

---

9 史嘉柏 著, 張瀚墨 譯, 2017, 앞의 책, 5-42쪽.

있다.

본서는 중국 선진사 연구에 있어서 대표성을 띠는 14명의 서구학자들이 가장 최근에 발표한 신작으로, 중국 선진사 연구에 대한 서구학자들의 최고 수준의 역량이 잘 드러나 있다고 할 수 있다. 그러나 본서가 출판되고 나서 중국 선진사 연구에 대한 연구 방법론에 있어서 중국학자들의 깊은 우려를 자아낸 것 또한 사실이다.

『케임브리지 중국사』의 제1권인 진한사 편을 출판할 적에 이 총서에서 중국 선진사 부분이 누락된 데에 대해 존 페어뱅크 교수와 데니스 트위체트 교수는 "최근에 발견된 새로운 자료가 중국 선진사 연구에 대한 우리의 관점을 완전히 바꿀 수도 있지만, 아직까지는 이러한 새로운 증거와 문자학적 자료에 대해 보편적인 공인에 이르지 못했다."[10]라고 하였다. 그러나 지금은 『케임브리지 중국 선진사: 문명의 기원에서 기원전 221년까지』라는 책이 이미 출판이 되었고, 당연히 15년이 지난 현재의 입장에서는 이 책이 당시에 '보편적인 공인'에 도달하였다는 충분한 자신감이 있었기에 출판하였으리라 여긴다.

그런데 나는 이 책을 읽고 나서부터 과연 이 책에서 서술하고 토론하고 있는 내용이 '보편적인 공인'에 도달하였을까?라는 생각을 머릿속에서 지울 수가 없었다. 그것은 최근 몇 십 년 이래로 중국 선진사에 대한 연구가 커다란 발전을 이루어 왔고, 또한 중국 국내 학계에서도 이러한 중차대한 기초적 문제와 연구방법의 원칙에 대해서 장족의 성장이 있었지만, 문자

---

[10] John K. Fairbank and Denis Twitchett, 1986, "GENERAL EDITORS' PREFACE," Denis Twitchett and Michael Loewe, eds., *The Cambridge History of China (Vol. 1: The Ch'in and Han Empires, 221 BC~AD 220)*, UK: Cambridge University Press, pp. v-vii.

학자료와 실물 증거의 함의가 지니고 있는 '보편적인 공인'의 단계에까지는 아직 요원한 편이었다. 그러다보니 당연히 중국학계와 서구학계 사이에서도 더더욱 이 단계에까지 도달할 수가 없었다.

현재 중국 국내에서의 선진사 연구의 커다란 흐름은, 이러한 중차대한 기초적 문제와 연구방법의 원칙에 대해 수많은 토론과 미래지향적 연구를 통해 '보편적인 공인'을 획득하는 방향으로 중요한 돌파구를 만들어 가고 있다. 이러한 점에서 보자면, 중국 국내의 이런 노력에 대해 본서의 몇몇 저자는 유보적인 태도를 보이고 있고, 심지어 어떤 학자는 이것을 부정적으로 판단하기도 하였다. 그래서 전반적으로 봤을 때 본서는 최근 중국 국내 선진사 학계와 고고학 학계가 진행해 온 방대한 작업들에 대해 제대로 된 이해를 못하였고, 또한 중국 국내 학계와는 상당한 거리감이 존재하였다고 말할 수 있다.

그런 점에서 본서는 중국 선진시대 각 역사 단계에 대한 전체 구성의 처리에 있어서 위에서 언급한 몇 가지 중차대한 문제의 토론에 대해 문을 완전히 닫아걸었을 뿐만 아니라, 더욱이 이러한 중차대한 문제에 대한 미래지향적 연구의 흐름도 완전히 반영하지 못하였고, 또한 미래지향적인 개방성도 부족하였다. 따라서 머지않은 미래에 몇몇 기본적인 문제에 있어서는 서구학자들의 이러한 방대한 규모의 작업이 완전히 시대에 뒤처진 관점이 되지 않을까 우려된다.[11]

그리고 「고서성서정황여고사사료학문제(古書成書情況與古史史料學問題)」에서는 중국의 고대사 문헌자료를 대하는 입장에 대해 언급하고 있

---

11 謝維揚, 「誰識廬山眞面目?-《劍橋中國上古史》讀後」, 『文滙報』, 2017年 4月 7日, '學林'.

다. 본고에서는 앞에서 소개한 「수식여산진면목?-《검교 중국상고사》 독후」의 서평과 함께 그 주요 내용을 간단히 요약하여 소개하고자 한다.

최근에 지하에서 새로이 출토되는 중국 고대 출토문헌들의 의미에 대한 견해가 서로 다르기 때문에, 학자들 사이에 중국 고대사 문헌자료에 대한 인식에 뚜렷한 차이가 두드러지고 있다. 그 대표적인 예가 바로 몇 해 전에 출판된 『케임브리지 중국 선진사: 문명의 기원에서 기원전 221년까지』라는 책이라고 할 수 있다. 본서는 서구학자들의 중국 선진사 연구의 대표적인 역작인데, 집필 과정에서 중국 고대사 문헌자료들인 출토문헌과 전통문헌을 '이원론적'인 매우 보기 드문 방법으로 정리한 것이 우리의 이목을 집중시키고 있다. 이에 대해 우리가 받은 인상은, 아마도 서구학자들은 이러한 '이원론적'인 방법을 통해서 지하에서 출토되는 자료만을 근거로 중국 선진사를 토론하는 것이 중국 고대사 사료학의 정통적인 관념임을 알리고자 하였을 것이다. 이렇게 되면 전통문헌의 지위는 결과적으로 '의존적'인 상태에만 머물게 되고 만다. 비록 직설적으로 전통문헌을 무시해야 한다는 말까지는 안 했지만, 서구학자들의 문장을 읽으면 전통문헌이 차지하고 있던 독립적인 중국 고대사 사료의 지위가 무척 애매해짐을 느낀다. 심지어 기본적으로 독립성조차도 전혀 갖추지 못하고 있기 때문에, 이러한 전통문헌에 근거하여 중국 선진사를 토론하는 일은 학문적 기초가 부족한 것으로 치부되었다.

그래서 각종 전통문헌에 보이는 하(夏)나라에 대한 기술은 우리가 이미 모두 다 잘 알고 있는 사실이지만, 본서에서는 고집스레 하나라에 대한 부분은 끝내 집필하지 않았다. 그러나 서구학자들의 이러한 중국 고대사 사료에 대한 관점은 아마도 현재의 대부분 학자들이 동의하지는 않을 것이다. 왜냐하면 『사기·하본기(夏本紀)』에 보이는 하나라 제왕의 세계 기술이 『사기·은본기(殷本紀)』와 그 성질상에서 비교하자면 서로 다른 점이 별로 없는데, 만약 갑골문이라는 '확고한 증거'의 발견이 아직 없었던 150년 전으로 되돌아간다면 본서의 집필 입장에서는 상(商)나라에 대한 언급도 전혀 없었을 것이다. 이처럼 가장 단순한 논리적 추론에서 출발하여, 확고한 증거가 있어야 공인을 하는 방법론으로 『사기·하본기』의 기술을 배척하는 일은 지나칠 정도로 독단적이라고 할 수 있다.[12]

그리고 중국 선진시대의 역사는 길고도 길지만 고대사에 대한 문헌자료는 상대적으로 부족하고 또한 옥석이 서로 뒤섞여 있어서, 현대적 연구방법론을 익힌 학자들은 한(漢)나라 사마천(司馬遷)의 『사기』 부류의 저작들과 상주(商周)시대의 전통문헌인 『상서(尙書)』, 『시경(詩經)』, 『좌전(左傳)』 등에 언급된 중국 고대사의 기술을 가볍게 여기곤 하였다. 지난 1920년, 1930년대에 활동한 '고사변(古史辨)' 계열의 학자들이 이러한 정서를 특히 강조하였는데, 이러한 경향은 서구의 학술 규범에 따라 훈련을 받은 서구의 학자들도 그 예외가 아니었다. 그러나 근대에 형성된 이러한 연구방법으로 중국 고대 문헌자료의 진위라든지 혹은 연대의 문제를 판단하는 일은 현재 다시 돌아보면 오류가 많다고 할 수 있다.

다시 말해서, 과거 고사변 계열 학자들의 주장처럼 고대인들이 고대사를 위조했을 거라는 일은 실제로 존재하지 않았고, 또한 과거에 가볍게 '위서(僞書)'로 판단했던 대부분의 고대 전통문헌들이 그보다 더 이른 기원에 근거를 두고 있음이 현재 확인이 되었을 뿐만 아니라, 고대 전통문헌들에 보이는 수많은 역사적 사실도 또한 각각의 독자적인 근거를 가지고

12　謝維揚, 2002, 「古書成書情況與古史史料學問題」, 吉林大學古籍研究所編, 『金景芳敎授百年誕辰紀念文集』, 長春: 吉林大學出版社.

있다. 그래서 선진시대의 수많은 중요한 역사적 사실은 각종 전통문헌들에 총체적으로 반영되어 있다고 말할 수 있다.[13]

위에서 소개한 두 편의 서평에서도 알 수 있듯이, 셰웨이양 교수는 중국 선진사 연구에 있어서 전통문헌의 중요성과 가치를 강조하고 있다.

2) 탕지건의 서평

중국사회과학원의 탕지건(唐際根) 교수는 「고고학(考古學) · 증사경향 민족주의(證史傾向 · 民族主義)-《검교 중국사(劍橋中國史) · 상대고고(商代考古)》제출적문제(提出的問題)」에서 중국 고고학의 성과에 대해 다음과 같이 언급하고 있다.

미국 프린스턴 대학교의 저명학자인 로버트 베글리 교수가 집필한 「상나라 고고학(Shang Archaeology)」(pp. 124~231)에 대해서 약간의 평론을 하고자 한다. 중국 고고학의 탄생은 지난 세기 초엽으로 거슬러 올라가는데, 1926년의 산시성(山西省) 하현(夏縣) 서음촌(西陰村) 발굴이든 1928년의 허난성(河南省) 안양시(安陽市) 은허(殷墟)의 발굴에서 시작하든, 지금까지 최소한 100여 년의 시간이 흘렀다. 그런데 최근 몇 년 동안의 중국 고고학 연구가 연구자의 민족주의적 경향을 포함하는 주관적 판단으로 대부분 치우쳐져 있을까, 아니면 학술적이고 과학적인 규범에 부합하고 있을까라는 질문을 던져보게 된다.
서구 학술지에서 중국 고고학 연구에 보이는 '민족주의적' 경향에 대해 토

---

13 謝維揚, 「誰識廬山眞面目?-《劍橋中國上古史》讀後」, 앞의 글.

론한 논문이 1990년 이후로 5편이나 되고, 베글리 교수의 「상나라 고고학」에도 여러 곳에서 이 문제에 대해 언급하고 있다. 베글리 교수와 같은 서구학자들의 눈에는 중국 고고학의 '민족주의적' 경향이 매우 엄중할 뿐만 아니라, 조금도 의심할 여지가 없는 보편성까지 띠고 있다고 여긴다. 실제로 초기의 중국 고고학 연구자들은 전통문헌의 신뢰도를 증명하는 것만으로는 여전히 부족하고, 더 나아가 중국 문명의 탄생이 외부의 자극에서 시작되었다는 결론에서 탈피해야 했으며, 더욱이 중국 고고학의 최고의 임무가 당시의 강력한 민족주의적 요구에 부응하는 것이었음은 부인할 수가 없다.

그러나 과거의 중국 고고학 연구자들의 작업이 모두 민족주의적 요구에만 부응하는 것이었다는 견해에 대해서 나는 동의를 할 수가 없다. 장중페(張忠培) 교수와 샤나미(夏鼐) 교수를 필두로 하여 1980년대 이후로 대부분의 중국학자는 고고학적 자료를 해석할 적에 모두 고고학적 기록에 근거를 두고 연구를 진행하였기 때문에 민족주의적 흔적은 거의 찾아볼 수가 없다. 이와는 반대로 현재 학술계의 주류인 서구의 관념을 잣대로 전 세계의 표준을 삼으려는 '서구 지상주의'적 사고가 오히려 새로운 형식의 '민족주의'는 아닐까 의심이 된다.

그리고 베글리 교수는 가혹할 정도로 고고학과 역사문헌의 관련성을 끊어버리려고 하였다. 그러나 지하에서 출토되는 자료가 어떤 경우에는 논리적인 해석이 불가능할 수도 있고, 반대로 논리적인 해석에 어느 정도 부합하는 경우도 있는데, 만약 역사문헌의 기록과 서로 비교해 보면 이러한 고고학자료의 해석에 많은 도움을 받을 수 있다. 더욱이 중국의 고고학자가 고고학자료와 역사문헌의 기록을 결합하여 연구를 진행할 적에는 고고학자료를 통해 역사문헌 기록의 오류를 교정하거나 사실을 증명하는 경우가 대부분이다. 따라서 왕궈웨이(王國維)가 제창했던 '이중증거법'의 방법으로 고고학자료를 통해 역사문헌 기록의 진실성을 증명할 수 있게 된다.

그 외에도 베글리 교수는 문자학적 자료로 증명이 안 된다는 이유를 들어 안양(安陽) 은허(殷墟)보다 시기적으로 이른 정주상성(鄭州商城)에 대해서 상(商)나라의 유적지인지 대해 매우 회의적인 의견을 제시하며, '이리강제국(二里崗帝國)'이라고 칭하고 있다. 그러면서 상나라 청동기의 분포 지역을 이 '이리강제국'과 동시에 언급하고 있는데, 이것은 매우 위험한 주장으로 보인다. 연구에 따르면, 청동기의 분포는 단지 '예기문화권(禮器文化圈)'에 불과하지 '제국(帝國)'과는 완전히 동일한 개념이라고 할 수 없다. 따라서 상나라 문명을 제대로 연구하기 위해서는 유적의 분포, 도기(陶器), 청동기 등 최소한 이 세 가지 요소에 기초를 하거나, 또는 더 많은 요소들을 통하여 보다 통일적인 해석이 필요하다.[14]

위에서 소개한 서평에서도 알 수 있듯이, 탕지건 교수는 중국 선진사 연구에 있어서 왕궈웨이가 제창했던 '이중증거법'의 방법을 적극적으로 활용해야 한다고 주장하고 있다.

3) 린윈의 서평

중국 지린 대학교의 린윈 교수는 「가사막(柯斯莫)《중국전제국시기적 북부변강(中國前帝國時期的北部邊疆)》술평(述評)」에서 중국 북방 변방 지역의 내용에 대해 다음과 같이 서평을 하고 있다.

14　唐際根, 2004, 앞의 책, 1-8쪽.

미국 하버드 대학교의 니콜라 디 코스모(Nicola Di Cosmo) 교수가 집필한 제13장 「제국 전(帝國前) 시기의 중국 북방지역(The Northern Frontier in Pre-Imperial China)」(pp. 885~966)에 대해서 다음과 같은 기본적인 관점에서는 나도 충분히 동의를 한다. 첫째, 유라시아 대륙의 유목문화가 기원전 8세기 무렵부터 형성되었다는 배경적 인식 아래 중국 북방지역의 유목민 출현을 고찰하였다. 둘째, 목양업과 농업을 겸하는 사회 민중들이 중원과 유목지역 사이에서 '완충기(緩衝器)'의 역할을 함으로써, 중국의 문헌자료에는 기원전 4세기에 이르러서야 이러한 유목민에 대한 기록이 보이기 시작한다. 셋째, 중국 북방지역은 여러 고고학 문화의 발상지이자 수많은 종족들의 거주지였고, 그들의 유목화는 오랜 시간에 걸친 역사 과정을 통해 이루어졌다.

그러나 또 다른 한편으로는 코스모 교수가 정의한 중국 '북방지역'의 구체적인 범위와 시대 구분 기준에 대해서 나는 조금 다른 관점을 가지고 있다. 먼저, 코스모 교수가 정한 중국 '북방지역'의 구체적인 범위로는, 동북지역을 배제하고 동쪽의 흑룡강(黑龍江), 지린(吉林)에서 시작하여 서쪽으로는 우루무치 사막과 초원 및 산림지대로 끝없이 이어진다고 보았다. 그러나 나는 동쪽의 서료하(西遼河) 유역에서 시작하여 연산(燕山), 음산(陰山), 하란산(賀蘭山)을 지나고, 서쪽으로는 황수(湟水) 유역과 하서주랑(河西走廊)에 이른다고 보는데, 대체로 지금의 내몽고 동남부, 허베이성(河北省) 북부, 산시성 북부, 산시성(陝西省) 북부, 내몽고 중남부, 닝샤(寧夏), 간수성(甘肅省)과 칭하이성(青海省)의 동북부 지역 등을 모두 포괄한다.

그리고 적인(狄人)과 융인(戎人)이 이러한 중국 북방지역에서 북쪽에서 남쪽으로 대규모 교체가 이루어졌다는 억측에 대해서는 구체적인 분석이 결여되면 '최초의 흉노식(匈奴式)' 유적지로 오판을 하게 되고, 또한 전국시대 이전에 중국 북방지역의 주된 거주민이 동아시아 몽고인종이었음에 대한 부주의 등의 견해는 내가 찬성하기 어렵다. 그중에서 기원전 650년 이후에 한 차례의 대규모 종족 이동이 있었다고 언급하였는데, 이러한 일은 전혀 발생하지 않았다.

그 외에도 ① 전국시대 이전의 제융(諸戎)의 역사는 연속적이었고, ② 중국 북방지역에서 융적(戎狄)의 이동이 있었는지 없었는지, ③ 중국 북방지역에서 경제 구조의 변환 문제, ④ '완충기' 민족의 인종문제, ⑤ 융적의 행방, ⑥ 코스모 교수가 러시아 극동의 자바이칼 지역과 몽고 동부의 독특한 문화에 대한 주의 부족으로 단지 서쪽에서 동쪽으로의 문화적 영향이 있었다고 보는 것은 일방적인 견해에 불과하다 등등에 대한 의견도 제시하였다.[15]

위에서 소개한 서평에서도 알 수 있듯이, 린윈 교수는 중국 북방 변방지역의 구체적인 범위에 동북지역까지 모두 포괄하여 고찰하고 있다. 이것은 이 지역에 거주하던 모든 북방 민족들을 중국사의 큰 범위 안에서 보려는 의도와 연관이 있을 것이다.

III. 진한사 편에 대한 학계의 서평

다음으로, 『케임브리지 중국사』 제1권인 진한사 편에 대하여 서구 학

---

15 林澐, 2003, 「柯斯莫《中國前帝國時期的北部邊疆》述評」, 『吉林大學社會科學學報』, 第3期, 79-85쪽.

자와 중국 학계의 대표적인 서평을 소개한다. 본고에서는 앞의 선진사 편과 같이 이 진한사 편에서도 서평의 주요 내용을 인용문의 형식으로 간단히 요약하여 소개하고자 한다.

1. 서구학자의 서평

마이클 로이 교수는 『케임브리지 중국사』 제1권인 진한사 편의 「서언」에서 다음과 같이 언급하고 있다.

『케임브리지 중국사』 제1권인 진한사 편에서 다루고 있는 주요 내용은 진, 전한[前漢(西漢)], 신(新), 후한[後漢(東漢)] 등으로 불리는 중국 최초의 몇몇 통일 제국들에 대한 역사이다. 즉, 기원전 221년의 진제국의 건립에서 한(漢)나라의 마지막 황제가 퇴위한 기원후 220년까지를 다루고 있는데, 다만 콜레주 드 프랑스의 폴 드미에빌(Paul Demiéville) 교수가 집필한 제16장 「한(漢)나라에서 수(隋)나라까지의 철학과 종교(Philosophy and religion from Han to Sui)」(pp. 808~872)의 사상사 부분에서는 불교와 도교의 철학과 종교에 대한 토론이 기원후 581년에 건립된 수나라까지 다루어졌다.

그리고 이 시기를 연구하는 본서 집필 역사학자들은 당연히 『사기』, 『한서(漢書)』, 『후한서(後漢書)』 등의 정사 형식을 갖춘 사료에 거의 의존할 수밖에 없었는데, 특별한 경우에만 정사의 편찬자가 근거로 둔 기타 문헌자료의 도움을 받았고, 또한 정사 사료를 통해 이 문헌자료들에 기재된 내용의 정확성과 신뢰도를 점검하곤 하였다.

본서의 원래 목적은 1차 사료에 보이는 모든 내용을 개괄하고자 하였지만, 지금까지 진행된 연구로 봤을 때 전한(前漢) 시기의 연구가 후한(後漢) 시기보다 많은 예에서처럼 진한시대(秦漢時代) 각 방면에 균등한 배분이 이루어지지는 못하였다. 그 외에도 기후변화와 그 예상되는 결과, 중국 과학기술의 발전, 문학과 예술 분야 등은 전반적인 내용을 개괄하기에는 시기적으로 아직 이른 감이 있어서 본서에서는 미처 언급을 하지 못하였다.[16]

위에서 소개한 내용에서도 알 수 있듯이, 로이 교수는 『케임브리지 중국사』 제1권인 진한사 편의 기본 범위와 특징, 서술방식을 소개하면서 자체적인 평가도 곁들이고 있다.

2. 중국학계의 서평

『케임브리지 중국사』 제1권인 진한사 편에 대한 중국학계의 서평으로는 청강(程鋼) 교수와 왕샤오웨이(王曉衛) 교수 등의 견해를 대표적으로 소개할 수 있다.

1) 청강의 서평

먼저, 중국 칭화 대학교(淸華大學校)의 청강 교수는 「《검교 중국진한사(劍橋中國秦漢史)》적기점계시(的幾點啓示)」에서 사상사 방면의 내용에 대해 다음과 같이 서평을 하고 있다.

---

[16] Michael Loewe, 1986, "Introduction," Denis Twitchett and Michael Loewe, eds., *The Cambridge History of China (Vol. 1: The Ch'in and Han Empires, 221 BC~AD 220)*, UK: Cambridge University Press, pp. 1-19.

본서는 진한제국의 중앙집권 정치체제의 건립과 공고화 과정에 대해 정치, 사회, 사상문화 등의 세 가지 주요 방면에서 '공감적 이해'를 바탕으로 집필이 되었고, 고대 역사발전의 맥락에 따라 각 저자의 해석이 첨가되었다. 이러한 '공감적 이해'라는 관념의 틀에서 본서의 저자들은 진한제국의 권위를 세우는 과정 중에서 정신생활의 역할을 매우 중시하였고, 그런 까닭으로 본서에서는 사상사가 상당한 비중을 차지하게 되었다. 이에 대해 중국 칭화 대학교의 리쉐친(李學勤) 교수는 중국어 번역판의 「《검교 중국진한사》 서(序)」에서 "사상 문화사가 전체 분량에서 3분의 1의 비중을 차지했다는 것은 서구 학술계가 사상문화 연구의 방법을 강조하고 있음을 반영하고 있는데, 중국에서 저술된 주요 통사들의 형식과는 매우 다른 현상이다."[17]라고 말하였다.

그리고 우리가 주목해야 할 부분으로는 본서의 기본적인 편집구상과 중국의 전통적인 사서편찬 형식과의 관계성인데, 수많은 평론과 단정 중에서 특히 본서의 제3장 「왕망(王莽), 한나라의 중흥, 그리고 후한(Wang Mang, the restoration of the Han dynasty, and Later Han)」(pp. 223~290)에서 미국 컬럼비아 대학교의 한스 비엘렌스타인(Hans Bielenstein) 교수는 반고(班固)의 『한서』 기술에 반박하며 황하(黃河)의 수로 변경이 왕망의 멸망을 초래하였다고 주장하였다. 그러나 이러한 그의 견해는 이미 50년대에 위잉스(余英時) 교수의 비판을 받았다.

그 외에 마이클 로이 교수가 언급한 "한나라의 황제들은 신의(神意)의 각도에서 도덕과 지성의 근거를 찾으면서 자신들의 통치를 합법화시켰는데, 이러한 결과는 두 세기에 걸친 종교, 사상, 경제 등의 문제를 논쟁하는 과

---

[17] 李學勤, 2010, 「《劍橋中國秦漢史》序」, 崔瑞德·魯惟一 著, 楊品泉·張書生 譯, 『劍橋中國秦漢史 (公元前221年至公元220年)』, 北京: 中國社會科學出版社, 3쪽.

정에서 획득한 것이었다. 이 논쟁은 신파(新派)와 개조파(改造派)의 두 가지 태도의 대립으로 표출되기는 하였지만, 당시에 일컫던 '법가'와 '유가'와 같은 그런 학파는 아니었다."와 미국 펜실베이니아 대학교의 명예교수인 더크 보데(Derk Bodde) 교수가 언급한 랑야(瑯琊) 비문(碑文) 중에 "기묘함으로 가득 찬 법가와 유가의 사상적 결합"이라는 표현 등은 모두 국제 중국학계에서 많은 비판을 받았다. 그래서 고대 사상학파의 귀속 문제는 상당히 복잡하기 때문에 반드시 구체적인 상황에서 구체적인 증거로 증명을 해 나가야지, 단지 몇 마디의 말로써 쉽사리 논단을 내려서는 안 된다.[18]

위에서 소개한 서평에서도 알 수 있듯이, 청강 교수는 『케임브리지 중국사』 제1권인 진한사 편의 사상사 방면에서 중국학계와 관점이 다른 서구학자들의 견해에 대해 반론을 펼치고 있다.

2) 왕샤오웨이의 서평

다음으로, 중국 구이저우 대학교(貴州大學校)의 왕샤오웨이 교수는 「《검교 중국진한사》 지하(指瑕)」에서 다음과 같이 서평(書評)을 하고 있다.

본서의 서술에서는 개별적인 논점이나 결론에 엄밀성이 떨어지거나 역사적 사실과 어긋나는 경우가 간혹 보인다. 예를 들어, 본서의 제15장을 집필한 미국 캘리포니아 대학교 샌타바버라 캠퍼스의 진계운(陳啓雲) 교수는 「후한의 유가, 법가, 도가(Confucian, Legalist, and Taoist thought

---

[18] 程鋼, 1995, 「《劍橋中國秦漢史》的幾點啓示」, 『華夏文化』, 第3期, 9-10쪽.

in Later Han)」(pp. 766~807)에서 "진나라 때나 한나라가 갓 개국이 되었을 무렵에는 대체로 주의력이 동방(東方) 선경(仙境)에 집중되어 있었다가, 왕망시대에는 적절한 호부(護符) 형식이 우주에 대한 사고에 더 중요한 의미를 갖게 되었다. 그리고 마지막으로 대략 기원후 100년부터는 그들의 주의력이 서왕모(西王母)와 그 선경의 방면으로 바뀌어 갔다."라고 하였다. 그러나 적어도 전한(前漢) 무제(武帝) 시기부터 문인(文人)과 일반 백성들뿐만 아니라 조정과 지방정부도 모두 서왕모와 그 선경의 전설에 대해 익히 알고 있었고, 또한 '서방낙토(西方樂土)'에 대해서도 이미 주의를 기울이기 시작했으며, 그리고 곤륜산(崑崙山) 선경에 대해서는 이미 상당히 숭배를 하였다. 따라서 저자의 서왕모와 그 선경에 대한 서술은 매우 부정확하고, 이에 따라 얻어진 결론도 완전히 틀리게 되었다.

그리고 개별적인 부분에서도 역사적 사실의 기술이 부정확함이 간혹 보인다. 예를 들어, 본서의 제8장을 집필한 한스 비엘렌스타인 교수는 「후한의 제도(The institutions of Later Han)」(pp. 491~519)에서 "더욱 흔히 보이는 것은 비교적 일상적인 업무의 직책을 책임지던 장군을 좌장군(左將軍)이나 우장군(右將軍)이라고 불렀다."라고 하였다. 실제로『한서』나『후한서』에는 좌우 장군이라는 표현의 출현빈도가 전후(前後) 장군이라는 표현보다 약간 더 많이 나타나는데, 아마도 저자가 이것을 근거로 하여 이렇게 서술하였을 것이다. 그러나 당시의 제도를 자세히 연구해 보면 이러한 표현은 정확하지 않음을 알 수가 있다.

그 외에 사료에 대한 이해와 해석의 오류로 인해 본서의 전체 학술 수준과는 어울리지 않는 경우도 간혹 있다. 예를 들어, 본서의 제3장을 집필한 비엘렌스타인 교수는 「왕망, 한나라의 중흥, 그리고 후한」(pp. 223~290)에서 "유수(劉秀)는 비록 대신급(大臣級)인 태상(太常)에 올랐지만, 군중에서는 여전히 하급의 부장(副將)을 맡고 있었다."라고 하였다. 이것은 유현(劉玄) 경시원년(更始元年)에 발생한 일을 가리키는데, 구경(九卿)의 으뜸인 태상의 높은 자리에 오른 유수가 어떻게 동시에 군중의 하급 부장을 맡을 수 있단 말인가? 그것은 아마도 저자가 '태상편장군(太常偏將軍)'을 오독하여 두 가지 관명(官名)으로 해석한 데다가 '편장군(偏將軍)'을 '부장(副將)'으로 이해했기 때문일 텐데, 그 바람에 구두(句讀)와 의미 해석이 모두 틀려버렸다.[19]

위에서 소개한 서평에서도 알 수 있듯이, 왕샤오웨이 교수는 『케임브리지 중국사』 제1권인 진한사 편에 보이는 몇 가지 오류에 대해 구체적으로 지적하고 있다.

IV. 맺음말

본고에서는 마이클 로이 교수와 에드워드 쇼너시 교수가 주편을 맡아 1999년에 출판한 『케임브리지 중국 선진사: 문명의 기원에서 기원전 221년까지』와 존 페어뱅크 교수와 데니스 트위체트 교수가 주편을 맡아 1986년에 출판한 『케임브리지 중국사』 제1권인 진한사 편에 대하여 서구학자와 중국학계의 대표적인 서평을 간단히 소개하였다.

본문에서 소개한 서평들을 통해서 우리는 중국 고대사를 바라보고

---

19 王曉衛, 1993, 「《劍橋中國秦漢史》指瑕」, 『貴州大學學報(社會科學版)』, 第3期, 90-93쪽.

이해하는 시각에 서구학자와 중국학계의 견해에 서로 많은 차이가 있음을 엿볼 수 있었다. 그러나 서구학자와 중국학계의 대표적인 서평자료 수집의 한계와 필자 개인의 전공지식 부족으로 좀 더 체계적인 정리와 더 많은 소개를 하지 못한 점은 많은 아쉬움으로 남는다. 그렇지만 본고에서 소개된 몇 편의 서평들은 서구와 중국의 대표적인 학자들의 견해인 만큼 나름의 참고가치는 충분히 있을 것으로 여긴다.

참고문헌

1. 선진사 편

Loewe, Michael, and Shaughnessy, Edward, 1999, *The Cambridge History of Ancient China-From the Origins of Civilization to 221 B.C.*, UK: Cambridge University Press.

夏含夷 編, 2020, 『古史新聲-《劍橋中國上古史》的編撰與反響』, 北京: 三聯書店.

魯惟一·夏含夷, 2007, 「西方漢學的古史研究-《劍橋中國上古史》序言」, 『中華文史論叢』第86輯.

夏含夷, 2020, 「後記」, 夏含夷 編, 『古史新聲-《劍橋中國上古史》的編撰與反響』, 北京: 三聯書店.

_____, 2020, 「《劍橋中國上古史》的讀者反響」, 夏含夷 編, 『古史新聲-《劍橋中國上古史》的編撰與反響』, 北京: 三聯書店.

_____, 2020, 「證2＋證3＝證5≡證＝一 (二重證據法加三重證據法等於五重證據法當且僅當終應歸一的證據)-再論中國古代學術證據法」, 夏含夷 編, 『古史新聲-《劍橋中國上古史》的編撰與反響』, 北京: 三聯書店.

史嘉柏 著, 張瀚墨 譯, 2017, 「文本與文物-《劍橋中國上古史》書評」, 『國學學刊』, 第2期.

史嘉柏, 2020, 「近十年西方漢學界關於中國歷史的若干爭論問題」, 夏含夷 編, 『古史新聲-《劍橋中國上古史》的編撰與反響』, 北京: 三聯書店.

王志平, 2020, 「鮑則岳《劍橋中國先秦史》"語言文字"章評述」, 夏含夷 編, 『古史新聲-《劍橋中國上古史》的編撰與反響』, 北京: 三聯書店.

李海榮, 2002, 「《中國前帝國時期的北部邊疆》一文介評」, 『北方文物』, 第2期.

林澐, 2003, 「柯斯莫《中國前帝國時期的北部邊疆》述評」, 『吉林大學社會科學學報』, 第3期.

唐際根, 2004, 「考古學·證史傾向·民族主義-《劍橋中國史·商代考古》提出的問題」, 『三代考古(一)』.

張瀚墨, 2020, 「關於中國上古史研究的史料構成問題」, 夏含夷 編, 『古史新聲-《劍橋中國上古史》的編撰與反響』, 北京: 三聯書店.

賀晨, 2012, 「歷史敍述的深層話語空間-基于對《史記》和《劍橋中國史》中"商鞅變法"話語構建的對比分析」,『寧波廣播電視大學學報』, 第10卷, 第1期.
謝維揚,「誰識廬山眞面目?-《劍橋中國上古史》讀後」,『文滙報』, 2017年4月7日, '學林'.
_____, 2002,「古書成書情況與古史史料學問題」, 吉林大學古籍研究所編,『金景芳敎授百年誕辰紀念文集』, 長春: 吉林大學出版社.

2. 진한사 편

Twitchett, Denis, and Loewe, Michael, 1986, *The Cambridge History of China (Vol. 1: The Ch'in and Han Empires, 221 BC~AD 220)*, UK: Cambridge University Press. 이 책의 중국어 번역판: 崔瑞德·魯惟一 著, 楊品泉·張書生 譯, 2010,『劍橋中國秦漢史(公元前221年至公元220年)』, 北京: 中國社會科學出版社.
王曉衛, 1993,〈《劍橋中國秦漢史》指瑕〉,『貴州大學學報 (社會科學版)』, 第3期.
李學勤,「《劍橋中國秦漢史》序」, 崔瑞德·魯惟一 著, 楊品泉·張書生 譯,『劍橋中國秦漢史 (公元前221年至公元220年)』.
_____, 1988,「西方秦漢史硏究的集大成之作-《劍橋中國史》第1卷簡介」,『史學情報』, 第4期.
周群, 2016,「世界歷史進程中的西方漢學硏究-以魯惟一爲個案的考察」,『東嶽論叢』, 第7期.
郝常見, 2020,『當代中西歷史編撰比較硏究-以《中國通史·秦漢時期》和《劍橋中國秦漢史》爲中心』, 碩士學位論文, 河北: 河北大學歷史學院.
問永寧, 2001,「《劍橋中國秦漢史》第12~16章讀後」,『人文論叢』.
程 鋼, 1995,「《劍橋中國秦漢史》的幾點啓示」,『華夏文化』, 第3期.
彭 衛, 2004,「評《劍橋秦漢史》」,『燕京學報輯刊』, 第17輯.

3. 기타

胡志宏, 1994,「西方漢學的重要成果-讀《劍橋中國史》有感」,『中國史動態研究』, 第11期.
魏校稷, 2017,「漢學主義範式的空間結構-以《哈佛中國史》爲中心的考察」,『全球史評論』, 第2期.
龔傑, 1995,「讀《劍橋中國史》」,『華夏文化』, 第1期.

부록 2

『케임브리지 중국사』 중세사 부분의 한국사 관련 서술과 인식 분석

이동훈 고려대학교 한국사연구소 연구교수

I. 머리말

『케임브리지 중국사』는 총 15권 분량으로 출판 계획되었고, 현재까지 제4권을 제외하고 모두 출간되었다. 이 중 본고에서 분석을 맡은 부분은 제2권 육조시대, 제3권 수당사, 제5권 송사, 제6권 요서하금원사이다. 『케임브리지 중국사』에서 한국사 부분은 주로 각 권의 대외관계 부분에 집중되어 서술되어 있다. 그러나 중국의 특정 왕조의 역사나 문화를 서술하는 과정에서 한국사와 관련된 서술이 간간이 눈에 띈다. 대부분 스쳐 가듯이 가볍게 언급되는 경우가 많지만, 서양인의 한국사에 대한 인식을 이해하기 위해서라도 해당 부분은 간단히 넘어갈 수 없다. 『케임브리지 중국사』는 중국사 서술에 있어서 사실관계와 인명, 지명 등의 기술이 잘못된 부분이 적지 않다고 하는데, 주제와 거리가 먼 한국사 관계 서술도 마찬가지다. 본고는 관련 부분을 중점적으로 살펴볼 계획이다. 참고로 본고는 정확한 분석을 위해 영문 원서 *The Cambrige History of China vol. 2, vol. 3, vol. 5, vol. 6*를 기본 텍스트로 삼았다. 중역본 『검교중국사(劍橋中國史)』 3권·6권은 원문의 중국어 번역 과정에서 문제가 없는지 살펴보기 위한 자료로 사용했다. 기술된 페이지는 원문을 기준으로 한 것이다. 또한 지도 부분의 검토를 위해 특별히 『하버드 중국사』(중역본)도 비교의 대상으로 삼았다.

II. 한국사 관련 서술

『케임브리지 중국사』는 중국사를 서술하면서도 한국사와 관련된 표현이 곳곳에 산재되어 있다. 대부분 전문적으로 다루기보다는 지나가듯이 가볍게 서술하는 것이 보통이다. 다만 중국 역사 전개와 밀접한 관계가 있는 중요한 사건에 대해서는 비교적 자세하게 다루었다. 대표적인 것이 수당제국과 고구려의 전쟁, 거란요제국과 고려의 전쟁, 몽골의 고려 침공 등이다. 그리고 발해의 멸망 이후 발해지역에 대한 지배도 요금의 이중지배방식과 더불어 곳곳에서 자주 언급되고 있는 사항이다. 대체로 중국에 건립된 왕조들의 대외관계를 서술하는 과정에서 언급되었기 때문에 한반도 자체의 역사에 관한 체계적인 서술은 결핍되어 있지만, 산발적으로 흩어진 자료를 조합하면 한국의 역사에 관한 본서의 입장을 대략적이나마 이해할 수 있다.『케임브리지 중국사』의 한국사 관련 서술은 전체적으로 보았을 때 대체로 객관적이고 합리적으로 표현했다고 판단할 수 있다. 그리고 몇몇 부분에서는 기존에 접할 수 없었던 분석을 시도하여 참신하다는 느낌이 든다. 예를 들어 고수전쟁의 배경의 하나로서 "멀리 서쪽에 수도가 있었던 수나라 조정이 북제시대부터 분리주의 정서가 죽지 않았던 하북 지역에서 군사적으로 강한 고구려의 영향을 두려워했다"는 가설을 소개하거나, 612년에 수나라의 원정이 시작된 것은 중국의 심장지역과 베이징의 대운하를 연결하는 주 운하인 영제거가 완공된 것과 연관되었을 것이라고 한 점이 관심을 끈다. 그리고 당 태종의 고구려 원정의 동기에 대한 해석이 이채로운데, 중국의 이익에 저촉되는 고구려에 의한 한반도 통일의 가능성의 차단과 고구려와 말갈과 일본의 연맹 방지를 위한 것도 하나의 원인이었다고 분석한 것은 지나친 감이 없지 않지만, 과감한 가설이라는 점에서 주목을 끈다.(vol. 3, pp. 233~234) 그 밖에 태종의 고구려 원정의 동기의 하나로 태종의 아들 간의 왕위계승 분쟁 이후 갖게 된 정신적인 무력증을 든 것은(vol. 3, p. 239) 당 태종이 정치적으로 처한 개인적 상황과 정신분석학적으로 접근한 참신한 발상이라고 할 수 있다. 다만, 사실과 위배되는 기술도 적지 않아 이에 대해 다음과 같이 구체적으로 지적하고자 한다.

(1) 고수전쟁 전개 과정에 관한 설명. 수 양제의 고구려 침입을 설명하는 가운데 잘못된 부분도 있다. 주지하듯이 수 양제의 고구려 원정은 612년, 613년, 614년 총 3차례 전개되었다. 가장 유명한 것은 살수대첩이 있었던 612년 제1차 원정이다. 그런데 본문에서는 살수대첩에 대해서는 설명하지 않고, 제1차 원정의 원래 계획은 신속하게 고구려 수도를 압박하는 것이었지만, 랴오허 동안(東岸)의 제성들이 완강히 저항하고, 늦은 여름에 큰 비가 내려 군사작전의 수행이 어려웠기 때문에 철수한 것으로 기술했다. 그리고 614년 제3차 원정에 대해서는 수나라 군대가 평양의 근교까지 침입하였다면서 고구려왕이 사자를 보내 항복을 청하고, 고구려에 항복한 수나라 장군을 송환하자, 당시 수나라 선봉대가 평양을 공파하고 고구려왕을 사로잡으려고 했음에도, 수 양제가 군대를 소환시켰다고 한다. 그런데 실제 614년의 상황을 보면 내호아가 이끄는 수군이 비사성을 공격하여 고구려군 1,000명을 죽이는 등 약간의 전과를 거두긴 하였지만, 수양제는 회원진에 이르고 난 다음에 여러 가지 상황으로 인해 더 이상 나아가지 못하는 상황이었다. 그런데 고구려는 수나라와의 연이은 전쟁으로 인해 국력이 피폐해진 상태였기 때문에 대결보다는 외교적 해결책을 모색하였다. 그 결과 613년 양현감의 난에 연

루될까 두려워 고구려에 망명했던 병부시랑 곡사정을 수에 송환하면서 항복을 요청하였고, 국내적 위기가 가중되던 시점에 있었던 수 양제는 고구려의 항복 요청을 받아들여 철군을 결정하였던 것이다.『케임브리지 중국사』의 수 양제의 고구려 원정에 관한 서술은 이와 같이 사실과 차이가 있다.

  (2) 천리장성의 축조 기간에 대한 기술. 본서는 "게다가 620년대에 고구려는 중국이 그들의 영토를 다시 침공할 가능성을 대비하기 위해 조심스레 랴오허 서안을 따라 대규모 요새를 건설하기 시작했다. 이 방어선은 완성하는 데 약 10년이 걸렸다."(vol. 3, p. 231)라고 했다. 이것은 10년이라는 공사 기간이 소요되었다고 한 것으로 보아 천리장성의 축조를 지칭한 듯하다. 그런데 천리장성은 631년 당나라의 사신이 고구려에 와서 경관을 허물어버린 것을 계기로 하여 당나라의 침략에 대비하기 위해 축조하기 시작한 것으로 알려지고 있다. 천리장성의 축조는 620년대가 아니라 631년인 것이다.

  (3) 고수전쟁 당시 남부의 신라와 백제가 고구려 땅을 빼앗았다는 기사. 본문은 "고구려 측은 중국과의 지속적인 평화 기간을, 수의 침략에 대한 방어에 몰두하던 때에 한반도 남부 이웃 신라와 백제에게 빼앗긴 영토를 수복하는 데에 사용하고 싶어 했다."(vol. 3, p. 232)고 한다. 그렇지만, 고수전쟁 당시 백제는 수나라를 돕겠다고 약속했지만, 전쟁이 발발한 이후에는 양국이 싸운 기록이 없다. 고수전쟁 때 신라가 고구려 남쪽의 땅을 빼앗았다는 기사는 연개소문의 말에 등장하지만, 진흥왕대의 한강유역 확보를 지칭하는 것으로 보는 견해도 있다. 그러므로 본서에서 적어도 신라가 아닌 백제가 고구려 땅을 빼앗았다는 기사는 잘못된 것이다.

(4) 연개소문의 중국 사신 억류 시기. 본문은 "태종의 연개소문 처벌의 실패는 후자를 더욱 중국인에 대해 거만하게 만들었다. 그는 당 사신을 억류하기 시작했고, 신라에 대한 침략을 재개했다."(vol. 3, p. 234)고 한다. 그런데 연개소문은 태종의 원정 이전인 644년 당 사신 장엄(蔣儼)을 억류한 적이 있지만, 645년 이후에는 없었다. 사실의 선후관계가 잘못되었다.

(5) 고려 천리장성 축조와 관련된 기술. 본서는 "재건된 수도 개경은 1029년에 더 강력한 외성을 갖게 되었고, 1033년부터 1044년까지 압록강 입구에서 동해(일본해)의 연포까지 국경 전체를 따라 방어용 성이 건설되었다."(vol. 6, p. 112) 라고 하였다. 그런데 원문에서는 동해를 'east sea'가 아니라 한국어 발음을 그대로 옮긴 'Tonghae'로 기술하고, 가로 안에는 '일본해(日本海)'가 아니라 'Sea of Japan'이라는 영문 표기를 했다. 동해를 'east sea'로 표시하지 않는 것이 특이한데, 중역본은 원문의 'Tonghae'를 '통해(通海)'라고 번역했다. 가로 안에 'Sea of Japan'이라는 표현이 있음에도 불구하고, 'Tonghae'를 '동해(東海)'가 아닌 '통해(通海)'로 번역한 것은 다소 의도적인 것처럼 보인다. 현행 중화인민공화국 지도에서 '동중국해'를 '동해'로 표기하는 가운데, 한국의 '동해' 표기에 반대하는 중국의 정치적 입장이 그대로 반영된 것 같다.

이와 같이 영문 원서와 중역본을 비교하면 번역에 문제가 있는 부분이 적지 않다. 예를 들어 백제부흥운동의 지도자의 이름을 원문에서는 '복신(boksin)'이라고 했는데(vol. 3, p. 282), '모잠(牟岑)'(중역본 3권, p. 286)으로 잘못 번역했다. '모잠', 즉 검모잠은 주지하듯이 고구려부흥운동의 지도자이다. 또한 당나라가 발해를 견제하기 위해서 적당한 협력자를 모색하다가 흑수말갈을 선택하는데, 본서에서는 그 배경으로서 "발해왕들은 그들의 이웃인 아무르 유역의 말갈족에게 심하게 거절을 당한 적이 있었다(vol. 3, p. 441)"고 한다. 그런데 중역본은 "발해의 몇 대 국왕은 이전에 북부의 이웃인 헤이룽장 유역의 말갈족에게 크게 패한 적이 있었다."(중역본 3권, p. 449)라고 오역을 했다. 『신당서』 발해전에 의하면 "대조영 사후 아들 대무예가 즉위하여 영토를 크게 확장하자, 동북의 모든 오랑캐들이 겁을 먹고 그를 섬겼다"고 한다. 원서에서 제시하는 상황도 문헌으로는 직접적으로 입증되지는 않지만, 정황상으로 볼 때 초기 발해와 흑수말갈의 관계가 좋지 않았다는 것은 미루어 짐작할 수 있다. 하지만 『신당서』의 기록과 비교해 보면 적어도 발해가 초기에 몇 대의 국왕에 걸쳐 말갈족과의 전쟁에서 패했다는 중역본의 서술은 완전히 믿을 수 없다. 그 밖에 연개소문의 이름을 원문은 'Yon Kae-so-mun'(vol. 3, p. 282)이라고 했는데, 중역본은 '천개소문(泉蓋蘇文)'으로 번역했다. 연개소문은 중국문헌에 '천개소문'으로 기록되어 있기 때문에 충분히 이해할 수는 있지만, 원문에서 '연개소문'이라고 하여 한국의 주장을 채택한 이상, 번역본에서는 주석을 통해 "영문 원서에서는 한국식 표기에 따라 '연개소문'이라고 했지만 중국의 문헌 기록에 의거하여 '천개소문'으로 번역한다"는 식으로 주를 달아 그렇게 번역한 이유를 분명히 밝혔으면 어떠했을까 하는 아쉬움이 든다. 참고로 『하버드 중국사』 중역본 제3권은 원문의 표기대로 '연개소문(淵蓋蘇文)'으로 번역했다.[1] 이렇게 본서는 한국사에 관련된 서술이 그다지 많지 않음에도 불구하고 고구려 역사 등에 대한 기본적인 사실관계 서술에서 잘못된 부분이 적지 않다고 할 수 있다. 그리고 중역본의 경우는 '단순 오역' 또는 '의도적

---

[1] [美] 陸威儀, 2016, 『世界性的帝國: 唐朝』(哈佛中國史03), 中信出版社, 138쪽.

오역'을 통해 원문의 의미를 더욱 더 왜곡하고 있는데 이것이 바로 본고에서 중역본을 분석 자료로 채택하지 않고, 원문을 직접적인 분석 자료로 선택한 이유이다.

다음은 부가적으로 지도에 대해서 분석해 보고자 한다. 서방에서 제작된 한국고대사와 관련된 지도는 잘못된 경우가 많은데, 예를 들어 『하버드 중국사』 1권, 지도 14 〈한대동북지구〉는 아산만에서 울진지역을 잇는 경계선의 북쪽 지역을 모두 한사군의 위치로 표시했으며,[2] 2권 지도 2 〈삼국(250년)〉은 중국 삼국시대 위나라의 강역 중 한반도 부분의 경우 요동반도를 지나 평안도, 황해도, 경기도, 충청도를 거쳐 전라도 남해안에 이르기까지 모두 위나라의 강역에 속하는 것으로 표시하는 황당한 실수를 저질렀다.[3] 이에 비하면 『케임브리지 중국사』의 한국사와 관련된 지도는 대체적으로 객관적으로 표시되었다고 할 수 있다. 그러나 몇 몇 부분에서 오류가 보인다. vol. 6, 지도 20 〈만주와 산둥의 반란〉(p. 255)에는 금나라의 영역과 더불어 대진국과 고려의 영역도 표시되어 있는데, 대진국에 대해서는 1233년 고려 침입을 준비하던 몽골군에게 공파 당했다고 기록했다. 그런데 지도에서는 고려의 영역을 대동강에서 원산만 이남지역으로 표시했다. 주지하듯이 포선만노가 세운 대진국의 세력 범위는 그 전성기 때 서남쪽으로는 오늘날 랴오닝성 단둥의 구련성(九連城) 부근이고, 남쪽으로는 함경남도 도련포에 이르렀다고 한다. 그런데 고려는 금나라와 대체로 압록강을 경계로 하고 있었다. 그럼에도 불구하고 지도 20은 통일신라와 발해국과의 경계선을 이용하여 대

---

2 [美] 陸威儀, 2016, 『早期中華帝國:秦與漢』(哈佛中國史01), 中信出版社.
3 [美] 陸威儀, 2016, 『分裂的帝國:南北朝』(哈佛中國史02), 中信出版社, 33쪽.

진국과 고려의 경계선을 표시하고, 압록강 이남에서 대동강 이북의 지역을 대진국의 영역으로 표시하는 우를 범했다. 이러한 잘못은 vol. 5 지도 28 〈(송) 이종 계승 당시 변경 상황〉(p. 846)에서도 반복되는데, 대진국과 고려의 경계를 앞에서 지적한 vol. 6의 지도와 똑같이 잘못 표시하였다. 게다가 대진국의 존속 기간은 vol. 6, 지도 20에서 표시된 것처럼 1215~1233년인데, vol. 5의 해당 지도에서는 1211~1233년으로 표기되었다. 포선만노가 몽골군 원정에 처음 나선 시기는 1211년이지만, 금에 반란을 일으키고 동경에서 자립하여 대진을 세운 것은 1215년이기 때문에 이것은 사실과 어긋난다. 그리고 vol. 5의 지도 3 〈송의 영역과 그 이웃(1111~1291년)〉(p. 19)에서 요금과 고려의 국경선 지도는 압록강과 두만강을 경계로 하는 현재의 국경선과 같이 표시되었다. 이러한 것들은 다음 개정판에서 반드시 수정되어야 할 부분이다.

    여기서 특별히 중역판 지도에 대한 문제점을 제기하지 않을 수 없다. vol. 6에 수록된 지도 1 〈거란과 북중국 기원후 908년〉은 발해를 'POHAI'로 표시하고, 한반도 지역은 발해와 접경부근에 조그마한 글자로 후고구려(later KOGURYŎ)라고 표시했는데(vol. 6, p. 55). 중역본(중역본 6권, p. 55)은 '후고구려'라는 글자를 한반도 전역에 걸쳐 크게 표시함으로써 동시대에 존재했던 후백제와 신라의 존재를 망각하게 하여 마치 후고구려가 당시 한반도의 유일한 왕조로 착각하기 쉽게 하였다. 원본에 충실하지 못해 독자에게 착각을 일으키게 한 잘못된 번역본의 구체적인 사례다.

III. 서양인의 한국사 인식

본서에 대해 중국학자들은 연구방법의 참신함과 더불어 본서를 통해 다양한 서양학자들의 중국사에 대한 인식을 확인할 수 있다는 점에서 긍정적으로 평가하면서도, 한자로 기록된 원문 활용의 저조, 중국학계의 연구성과의 누락, 정치사 위주의 편중된 서술 등을 지적하는 데, 특히 민족관계의 서술에 문제가 있다고 비판한다.[4] 『검교 중국 요서하금원사(劍橋中國遼西夏金元史)』 중역본 서문은 본서의 특징과 가치를 평가하면서 몇 가지 문제점을 지적했는데, 그중의 하나가 "토번과 발해 등의 지역을 일본과 신라 등의 지역과 성질이 다름에도 불구하고 한데 섞어 논했다"는 것이다.(前言, p. 10) 이 점은 『케임브리지 중국사』에 대해 서평을 남긴 대부분의 중국학자들이 공통적으로 지적하는 문제인데, 예를 들어 한 중국학자는 『검교 중국 요서하금원사』에 대해서 다음과 같이 평한다.

> 10~14세기 중국 강역상의 각 정권 사이의 관계를 본서는 국제관계로 상승시켜, 송, 요, 서하, 금, 원, 및 토번, 대리 사이의 통사(通使), 통공(通貢), 조약을 모두 외교관계로 보았는데 이것이 본서의 또 다른 큰 특징이다. … 이 점은 중국의 사학자들의 표현과 다르다. 국내 사학자들은 송, 요, 금, 서하, 원 및 토번, 대리와의 관계를 국내 각 정권, 각 민족 사이의 관계로 보고, 그들과 일본, 고려, 동남아제국 및 중앙아시아, 서아시아, 유럽 각국의 관계만을 외교관계로 보고 있다. 또한 국제관계라는 표현은 거의

---

4 陳晨, 2011, 『劍橋中國史中的金史硏究』, 黑龍江大學碩士學位論文.

사용하지 않는다.[5]

통일적다민족국가론에 기초한 이러한 중국사학자들의 역사인식은 21세기가 시작되던 무렵에 우리나라에도 큰 충격을 주었는데, 영문 본서는 중국 중심적인 역사관에 의해서 주변민족관계를 처리하는 것을 단호하게 배격한다.[6] 이러한 논조하에 한국사에 대해서도 좀 더 다른 차원에서 접근하는데, 예를 들어 다음과 같은 문장은 주목할 만하다.

외국 민족을 다루는 중국 전통 사학의 문제점 중 하나는 변하지 않는 이론과 끊임없이 진화하는 현실을 일치시키지 못했다는 것이다. '오복제'라는 고대의 이상은 하늘의 위임통치자인 중국 혹은 그 통치 왕조가 정치적, 문화적, 도덕적 권위를 동시에 지닌, 유일한 합법적인 의심할 수 없는 권위의 소유자라는 세계를 그려 내었다. 주변 민족들, 중국문화에 완전히 참여하지 않았던 '야만인'들은 이 이상적 모델에서 자발적으로 황제에게 복종하여 그의 신하가 되어야 했다. 그리고 그들의 나라는 황제의 도덕적 권위 아래에서, 그러나 그의 실제 통제를 넘어 민간인 직접 행정 영역 밖에서 일종의 외부 경계가 되어야 했다. 수세기 동안 실제 외부 세계와의 접촉에도 불구하고, 이 모델은 중국 엘리트들이 상상했던 것처럼 세계의 상징으로 지속되었다. 중국인과 야만인 사이에 극명하게 분열된 상상의

---

5 史衛民, 1999, 「『劍橋中國遼西夏金元史』飜譯出版」『中國史研究動態』, 1999-2
6 참고로『劍橋東南亞史』역시 중국과 월남의 관계를 국제관계로 다룬다. 이점에 대해서 동남아사 전공 중국학자들은『劍橋中國史』시리즈에서 중국과 주변국가의 관계를 국제관계로 처리한 것을 비판하는 대부분의 중국역사학자들과 동일한 논조를 가지고 비판한다(梁晨, 祝湘輝, 2010, 「"『劍橋東南亞史』評述與中國東南亞史硏究"硏討會綜述」,『世界歷史』2010-2).

세계에 바탕을 둔 이러한 태도의 잔재들은 이 책이 다룬 시대 이후 수세기 동안 다른 민족과 중국의 관계를 계속 악화시켰다. 이것은 중국이 다소 낮은 수준의 문화발전과 느슨하고 비합리적인 정치조직을 가진 민족들에 의해 사방에 포위되어 있을 때, 먼 옛날에는 어느 정도 타당성이 있었을지도 모르는 이론이었다. 그러나 그것은 당나라 동안 완전히 달라져 있었다. 수대에는 한반도 북부와 만주 서남부에 있는 고구려만이 정주인구와 안정적인 제도를 가진 국가라고 주장할 수 있는 유일한 중국의 이웃 국가였다. … 어쩌면 더 중요한 것은 그들 중 어떤 민족도 고구려를 제외하고는 서면 문자를 가지지 못했다는 것이다. 그렇지만, 고구려는 중국의 문자를 사용했다. … 750년을 지나 이러한 상황은 완전히 변했다. 후기의 당은 안정적인 국가들로 둘러싸였다. … 만주의 발해, 한국의 신라 … 이들 모든 국가들에는 글을 읽고 쓸 줄 아는 엘리트들이 있었다. 어떤 국가는 문자언어로서 중국어를 사용하고, 어떤 국가들은 그들 자신의 문자시스템을 사용했다.(vol. 6, introduction, pp. 3~4)

중국의 주변국가에서도 유독 한국의 발전수준을 높게 평가하고 있는 것이다. 이러한 관점은 '수당사' 서술에서도 다시 확인된다.

581년 중국은 정주 인구를 가진 안정되고 잘 조직된 국가로 묘사될 수 있는 유일한 이웃으로 고구려를 마주하고 있었다. 그 외에는 중국은 느슨하게 조직된, 문화발전 단계에서 중국보다 현저히 떨어지는 대부분의 유목적이고 문맹인 부족 사람들에 의해 둘러싸여 있었다. (vol. 3, p. 37)

발해가 일어난 후 당 왕조는 동북에서 새로운 형세에 직면했다. 신라와 발해는 중국보다 현저하게 낮은 발달수준의 부족 민족도 아니고, 완전히 이질적인 삶의 스타일과 사회조직을 가진 유목제국도 아니었다. 그들은 중국 자체와 마찬가지로 중앙집권적 관료왕국으로 조직화된 정주사회였다. 그리고 그들과 함께 당 왕조는 과거의 어떠한 이웃의 경우보다 훨씬 더 큰 수준의 평등과 공동문화를 받아들이는 새로운 유형의 관계를 고안해야 했다.(vol. 3, p. 443)

사실 한반도에서 고대국가의 성립 시기는 중국의 다른 주변국가에 비해 이른 편이다. 생태학적으로 판이한 유목제국은 그 자체의 발전 규율이 있어 정주국가와 단순 비교하기는 어렵지만, 안정적인 중앙집권적 국가로 발전된 시기는 고대 한국에 미치지 못한다. 본서는 수나라 초기에 이미 중국의 중앙집권적인 체제를 구축한 나라로 고구려를 예시했지만, 한반도에서 중앙집권적 고대국가가 등장한 시기를 구체적으로 4세기로 보는 것 같다.

즉 "고구려의 통치자는 빠르면 32년에 중국식 칭호 '왕'을 주장한 것으로 알려졌다. 하지만 한국의 원'삼국'의 나머지 두 왕조(남서쪽 백제, 남동쪽 신라)는 아마 실제로는 4세기에 이르러서야 조직화된 국가들(organized states)이 되었을 것이다."라고 한다. 또한 "한국의 역사적 발전은 4세기에 불교가 도입되기까지 거슬러 올라간다."(vol. 2, pp. 44~45, 주19)고 하였다. 일반적으로 한국사에서 중앙집권적 고대국가는 고구려는 소수림왕(4세기), 백제는 근초고왕(4세기), 신라는 법흥왕대(6세기)에 완성된 것으로 보고 있는데, 대체로 불교의 도입 시기와 일치한다. 불교가 사상사적인 측면에서 중앙집권국가 완성에 일정한 공헌을 했기 때문이다. 4세기가 한국 역사 발전에서 중요한 시기라는 것은 분명한데, 본서에 반영된 서양학자들의 인식도 한국사의 보편적 인식과 궤도를 같이 한다고 할 수 있다. 다음은 고구려와 발해 그리고 임나일본부설에 대한 본서의 인식에 관한 것이다.

동북공정과 맞물려 국가귀속문제를 거론하고 있는 일부 중국학계의 주장과는 달리 본서는 고구려와 발해의 역사와 관련하여 한국역사에 귀속된다는 입장을 취하고 있다. 고구려에 관한 입장은 다음과 같은 표현을 통해 확인할 수 있다.

> 서쪽의 비중국계인 선비와 동쪽의 원시한국 고구려의 위협에 대응하기 위해 최초의 공손씨 군벌은 선비와 고구려 사이에 있던 만주 중부 유역의 송화강에 위치한 또 다른 비중국계 공동체인 부여의 족장과 딸을 결혼시켰다. (vol. 3, p. 441)
>
> 모용에 입양되었던 원시한국 고구려 왕실의 후예가 연의 차기 천왕에 즉위했다. … 새로 즉위한 (원시한국) 천왕이 자신의 지지자들에게 살해된 후 ….(vol. 2, p. 143)

원문 곳곳에서 등장하는 고구려 앞에 특별히 부여한 'proto korean'이라는 수식어는 음미할 가치가 있다. 확실하지는 않지만, 서양학계에서 최근 고구려 역사 귀속문제를 둘러싼 한중 간의 대립을 의식한 것과 연관이 있지 않을까 하는 생각을 조심스럽게 해 본다. 여기서 잠시 이 부분의 중역본과 비교해 볼 필요가 있는데, 제3권을 비교해 보면 중역본은 원문의 'proto-korean state Koguryŏ'나 'native kingdom, Koguryŏ'을 간단히 '고려(高麗)'로 번역하고, 'proto-korean' 부분은 생략했다. 고구려 역사와 현재의 한국의 계승관계를 부인하려는 중국학계의 불온한 정치적 의도가 담겨 있는 것이다. 발해에 관해서는 다음의 몇 가지 표현을 통해서 본서의 인식을 확인할 수 있다.

> 예맥지배계급과 고구려 말갈족 출신의 이 민족들이 모두 반란을 일으켰다. 전 고구려 장군 대조영이 지휘 아래 지금의 길림성 송화강 유역 상류에 피신하였다. 그곳에서 그는 진국(중국어로는 'chen')의 왕을 자처하고, 돌궐 카파한의 신하가 되었다. (중략)
> 해(奚)와 거란(契丹)인은 돌궐의 원조를 받아 신흥 진국(나중의 발해가 됨. 남만주의 고구려 잔당이 조직)처럼 돌궐의 부용이 되었다. (중략)
> 남만주 고구려 잔당들에 의해 형성된 신흥국 진(후의 발해)과 마찬가지로 돌궐의 신하가 되었다.(vol. 3, p. 364)

이와 같이 원문은 발해 건국자 대조영이 전 고구려 장군이고, 그가 세운 진은 고구려의 남은 무리들에 의해 건국되었다는 점을 분명히 했다. 영문 표기에 있어서도 한국어 발음인 'parhae'를 사용했다. 다만 그 다음에 중국어로는 'pohai'라고 한다고 설명을 덧붙이는 경우가 많았는데, 5권도 'parhae'를 먼저 표기하고 다음에 'po-hai'라는 중국어 발음을 병기했다.(vol. 5, p. 249) 그런데 6권의 발해의 영문 표기는 이와는 달리 'pohai'라고 하고, 한국어 발음으로는 'parhae'라고 한다고 설명을 곁들이는 식으로 서술했다. 고구려가 본문에 'gaogouli'라는 중국어 발음 표기가 전혀 보이지 않고, 일률적으로 'Koguryŏ'라고 표현한 것과는 상당한 차이가 있다. 발해에 관해서는 한국의 견해를 우선하면서도 중국의 견해도 완전히 무시하지는 못하는 것 같다. 그렇지만 발해의 역사를 한국과 결부시킨 것이 본서의 기본적인 논조라고 할 수 있는데, 발해 멸망 이후 고려와의 관계를 설명하는 다음의 표현은 주목할 필요가 있다.

> 980년대까지 거란의 한국과의 관계는 그다지 중요하지 않았다. 926년 거란이 발해를 정복한 결정적인 시기에 갈등이 예상되었지만, 한국에서 정치적으로 분열된 시기와 일치했다. … 926년에 한국은 삼국으로 분열되어 있어, 발해를 지키고 싶어도 발해 방어에 나설 수 없었다. … 926년에 이전의 모든 영역이 요나라에 편입된 것은 아니었고, 모든 발해인이 요나라의 통치를 받아들인 것은 아니었다. 발해관료집단의 상당수가 고려에 피신했다. 발해 그 자체는 잔류한 고구려통치엘리트에 의해 세워졌으므로 북방을 지향하는 고려 왕조를 먼 친척이나 잠재적 동맹으로 간주했다. … 자칭 고대 고구려의 후계자로서 그들[고려]의 통치자들은 대동강 북쪽의 압록 계곡을 향해 영토를 재정복하는 것을 목표로 삼았다. (vol. 6, p. 100)

본문 중 '발해를 지키고 싶어도 발해 방어에 나설 수 없었다.'라는 서술은 발해와 한반도 후삼국의 혈연적 유대를 중요시한 것으로, 몽골계 선주민인 거란의 침입에 대항하여 발해와 동일한 족적연원과 문화적 공통성을 가진 한반도의 국가들이 협력해야 한다는 당위성을 내포하고 있는 표현이라고 하겠다. 이것은 발해가 확실히 한국의 역사에 귀속된다는 본서의 논조가 은근히 표현된 것으로 이해된다.

발해의 역사와 관련하여 한 가지 주목할 점은 발해 멸망 이후 발해유민이나 발해영역에 관한 이해 방식이다. 1029년 발해왕실의 후예 대연림이 지휘했던 발해유민의 저항운동에 대하여 본서는 요의 대외관계에 포함하고, 요와 송, 요와 고려 다음에 서술한 것이 특징이다. 본서에서는 발해가 요에 정복된 이후에도 상당 기간 동안 반독립적인 국가로 존재했고, 따라서 발해인은 신민으로서 세금을 납부하지 않고, 속국으로서 공물을 납부했다고 한다. 따라서 요에 멸망당했음에도 불구하고 발해를 요에 완전히 편입되지 않는 국가로 취급하였는데, 본서는 이러한 논조 하에 서술되었다. 이것은 지도 7〈요제국, 1045년〉에도 충분히 반영되었는데, 대략 오늘날 요녕성 지역에 속하는 동경도의 외곽은 요제국의 범위에 포함되지 않았다.(vol. 6, p. 119) 현재의 중국 강역을 기준으로 편찬된 「중국역사지도집」 등 현행 중국의 역사지도는 만주지역 전체를 요의 강역으로 표시하는 것과는 차이가 있다. 역사상의 만주지역의 동부지역은 대체적으로 중국의 강역에 포함되지 않았다. 후대의 청의 류조변(柳條邊)은 이러한 전통을 계승한 것이다. 본서도 이러한 전통적인 관점에 근거하여 강역을 표현했다는 점에서 의의가 있다.

한편 고대 일본과 한국에 관한 본서의 입장에도 주목할 필요가 있다. 본문은 전근대적인 중국의 조공체계에 의한 중국의 공식직함의 획득이 지역 강자들에 의해 그들을 정당화하고 경쟁에서 우위를 점하는 데 도움이 되는 것이 입증되었다고 하면서 대표적으로 일본의 사례를 들었다. 이러한 교류가 일본 통치자의 국내에서의 위신을 높여 주었고, 현재 한반도에 대한 부분적 지배에 대한 일본의 주장을 지지하기 위해 추구되었다는 것이다. 육조 시기 일본이 남조로부터 획득한 도독제군사의 관호(官號) 같은 중국식 직함은 임나일본부설의 유력한 증거 중의 하나로 제시되는데, 본서는 "실제로 일본인은 한반도의 일부를 통치했기보다는, 그곳에서 아마도 대개 군사보조원(military auxiliaries)으로서만 활동했을 것이다."라고 하여 임나일본부설을 배척하는 입장을 취하였다.

IV. 맺음말

　이상으로 『케임브리지 중국사』 중세사 부분에 나타난 한국사 관련 서술에 대해 살펴보았다. 대체로 본서는 한국과 중국의 역사 해석에서 논쟁이 되고 있는 지점에서 한국의 입장을 두둔하고 있다. 고구려를 대한민국의 선행 국가로 인식하고, 발해는 그러한 고구려를 계승한 국가로 이해한다. 또한 중국중심적인 역사관을 배척하고, 고구려, 신라, 발해를 당시 중국과 마찬가지로 중앙집권적 관료왕국이자 조직화된 정주사회로 파악하고 중국에 버금가는 발달수준을 가진 국가로 이해했다. 또한 일본이 주장하는 임나일본부의 허상에 대해서도 정확히 이해하고 있다. 이러한 인식은 관련 용어의 표기 방식에서도 나타난다. 고구려의 영문 표기는 'Koguryŏ'라는 한국어 발음을 따르고, 발해는 대체적으로 'parhae(pohai)'라는 형식으로 중국어 발음과 병기하는 가운데 한국의 발음을 우선으로 했다. 그리고 지도에서 나타난 한국의 고대 왕국의 강역은 대체적으로 객관적으로 표현되었다. 다만 한국사 관계 서술은 『케임브리지 중국사』 전체에서 차지하는 분량이 극히 적음에도 불구하고, 구체적인 서술에 있어 사실에 부합하지 못한 부분이 적지 않은 한계를 드러냈다. 특히 문제가 되는 것은 『케임브리지 중국사』 중역본의 오역 문제이다. 한국사 관련 서술은 '단순 오역'을 넘어 '의도적인 오역'도 적지 않았다. 고구려 앞에 수식어처럼 언급되던 'proto-korean state'를 번역과정에서 삭제하거나, 동해를 동해가 아닌 통해(通海)로 오역한다거나, 발해와 흑수말갈과의 초기 관계에 대해서는 원문과는 다른 의미로 완전히 오역했다. 한국사와 관련하여 잘못 서술된 이러한 부분은 추후 개정판에 반영되도록 노력할 필요가 있다.

참고문헌

[美] 陸威儀, 2016, 『早期中華帝國:秦與漢』(哈佛中國史01), 中信出版社.

_____, 2016, 『分裂的帝國:南北朝』(哈佛中國史02), 中信出版社.

_____, 2016, 『世界性的帝國:唐朝』(哈佛中國史03), 中信出版社.

譚其驤 主編, 1982, 『中國歷史地圖集』, 中國地圖出版社.

史衛民, 1999, 「『劍橋中國遼西夏金元史』飜譯出版」『中國史研究動態』, 1999-2.

梁晨, 祝湘煇, 2010, 「"『劍橋東南亞史』評述與中國東南亞史研究"硏討會綜述」, 『世界歷史』 2010-2.

陳晨, 2011, 『劍橋中國史中的金史研究』, 黑龍江大學碩士學位論文.

부록 3

중국학계의 『케임브리지 중국사』 시리즈에 대한 평가 분석:
명청시대를 중심으로

김종건 대구한의대학교 기초교양대학 교수

I. 머리말

『케임브리지 중국사』 시리즈는 전체 16권의 방대한 편성을 과시하고 있을 뿐만 아니라 다양한 필진이 분담 집필하면서 출간 시기도 장기간에 걸쳐 간행된 서구학계의 중국사 연구성과를 종합 정리한 결과물이라고 할 수 있다.

중국학계에서는 이 시리즈가 처음 기획되었던 1966년 당시 서방에서의 중국사 연구가 극히 미약한 상태였음에도 불구하고 당시 중국사 연구자를 대표하던 페어뱅크(John K. Fairbank)와 트위체트(Denis C. Twitchett) 등이 총주편이 되어 각 권 주편도 당시 해당 시기 중국사 연구를 대표하던 권위자들로 세우고 각 권 각 장의 집필자도 각 영역에서 특출한 연구성과를 내고 있던 인물들로 선정하여 각 권이 하나씩 출간되어 나오게 됨으로써 서양에서의 중국사 연구의 수준과 동향을 대표하면서 각국 독자들이 중국사를 연구함에 있어서 중요한 참고 도서가 되었다는 의의를 높이 평가하고 있다.

중화 의식을 아직도 온전히 계승하고 있는 중국학계에서 이 『케임브리지 중국사』 시리즈에 대한 관심은 대단히 높아서 영어판에 대한 중역본 번역 간행도 신속히 이루어지고 있다. 이 시리즈의 1978년, 1980년에 간행된 제10, 11권인 『검교 중국만청사(剑桥中国晚清史)』는 1985년 2월에 중문으로 번역 간행되었다.[1] 1988년 2월과 1998년 1월에 출간된

---

[1] 이 두 책은 한국어 번역본도 2007년에 각 권 2권씩 모두 4권으로 분권되어 간행된 바 있다. 김한식·김종건 외 역, 『캠브리지 중국사 10: 청 제국 말 1부 (상)』(서울: 새물결, 2007.8);『캠브리지 중국사 10: 청 제국 말 1부 (하)』(서울: 새물결, 2007.8); 『캠브리지 중국사 11: 청 제국 말 2부 (상)』(서울: 새물결, 2007.9);『캠브리지 중국사

제7, 8권 『검교 중국명대사(剑桥中国明代史)』(상하)는 1992년 2월과 2006년 12월에 중문으로 번역 간행된 바 있다. 2002년에 출간된 제9권(상)은 『검교 중국청대전중기사(桥中国清代前中期史)』(상)로 2020년 4월에 중문으로 번역 간행되었으나, 2016년 5월에 간행된 제9권(하)은 아직 중문판이 나오지 않은 상태이다.[2] 이 『케임브리지 중국사』 시리즈에 대한 서평과 논평도 다양하게 발표되고 있다.

이러한 논평들에 대한 분석을 통해 서방의 중국사 연구에 대한 중국에서의 인식이 어떠한지 파악할 수 있으며, 서방 역사학계의 중국 역사학계의 관심과 인식의 차이와 특징도 확인할 수 있다.

명대사 부분에 대하여 전반적인 논평을 시도한 것으로는 장떠신(張德信)의 「『케임브리지 중국명대사』의 득과 실(《剑桥中国明代史》的得與失)」[3] 등이 있고, 특정 주제나 번역상의 문제에 대한 논평으로는 허지앤웨이(和建偉)의 「『케임브리지 중국명대사』에서 주원장(朱元璋)의 모습(《剑桥中国明代史》中的朱元璋形象)」,[4] 리우꿔팡(劉國防)의 「명 초의 하미와 그 왕족-『케임브리지 중국명대사』 관련 부분 평을 겸함(明初的哈密及其王族-兼评《剑桥中国明代史》的相关部分)」,[5] 샤오칭스(肖慶仕)의 「『케임브리

11: 청 제국 말 2부 (하)』(서울: 새물결, 2007.9).

2 중국사회과학출판사에서 1985년부터 각 권에 대한 번역본이 속속 출간된 이래 현재 12권이 번역 간행되고 있다.

3 张德信, 1994, 「《剑桥中国明代史》的得与失」, 『中国社会科学』 1994年 第4期, 北京: 中国社会科学院, 147-161쪽.

4 和建伟, 2014, 「《剑桥中国明代史》中的朱元璋形象」, 『安康学院学报』 第26卷 第1期, 安徽 凤阳: 安徽科技学院, 116-120쪽.

5 刘国防, 1999, 「明初的哈密及其王族-兼评《剑桥中国明代史》的相关部分」, 『西域研究』 1999年 第2期, 新疆 乌鲁木齐: 新疆社会科学院, 29-34쪽.

지 중국명대사』 오류 검토(《劍桥中國明代史》勘误)」[6] 완떠징(萬德敬)의 「『케임브리지 중국명대사』에서 인명 오류 (《劍桥中國明代史》中的一处人名讹误-辑考《元史》之外同名异人的孛罗帖木儿)」[7] 등이 있다. 청대사에 대해 다룬 논평으로는 왕준이(王俊義)의 「"충격-반응론"으로부터 "중국중심관"의 역사적 전변-『케임브리지 중국청대전중기사』 술평(从 "冲击—反应论" 到 "中国中心观" 的历史转变 —《劍桥中国清代前中期史》述评)」,[8] 자오칭밍(趙淸明)의 「케임브리지 중국만청사 간평(簡評)《劍桥中国晚清史》」[9] 등이 있다.

이 글에서는 특히 『케임브리지 중국사』 시리즈의 명청시대 부분에 대한 중국학계의 논평들과 기타 본 시리즈에 대한 대표적인 논평들[10]을 검토함으로써 서구학계의 중국사 정리에 대한 중국학계의 평가와 의미 부여의 면모를 살펴보고, 특히 쟁점으로 지적하는 부분들이 가지는 배경과 성격에 대한 접근을 시도해 보고자 한다. 이를 통해 중국 역사학계의 연구성과에 대하여 어떠한 자세를 가지고 있는지도 조명해 보려고 한다. 분석 과정에서 한국사 관련된 부분은 특별히 주목하여 살펴보고자 한다.

---

6 肖庆仕, 2019, 「《劍桥中国明代史》勘误」, 『皖西学院学报』 第35卷 第1期, 安徽 合肥: 安徽大学 歷史系, 132-139쪽.

7 万德敬, 2019, 「《劍桥中国明代史》中的一处人名讹误-辑考《元史》之外同名异人的孛罗帖木亚」, 『运城学院学报』 总第37卷 2, 山西 运城: 运城学院中文系, 28-32쪽.

8 王俊义, 2010, 「从"冲击—反应论"到"中国中心观"的历史转变—《劍桥中国清代前中期史》述评」, 『社会科学战线』 2010年 第12期, 吉林 长春: 吉林省社会科学院, 95-102쪽.

9 赵清明, 2009, 「简评《劍桥中国晚清史》」, 『日梁高等专科学校学报』 第25卷 第4期, 山西 离石: 日梁高等专科学校, 82-87쪽.

10 胡志宏, 1994, 「西方汉学的重要成果 -读《劍桥中国史》有感《劍桥中国史》」, 『中国史研究动态』 1994年 第11期, 北京: 中国社会科学院 歷史研究所, 27-31쪽 등 참조.

II. 명대사에 대한 평가

 『케임브리지 중국사 7권: 명대사』(이하 『케임브리지 중국명대사』)의 구성은 제7권은 전체 12장으로 이루어져 있으며, 원(元)나라 말기 명조의 흥기로부터 명나라가 붕괴된 이후 남명(南明) 정권까지를 다루고 있다. 제8권은 명대의 행정, 재정, 법률, 대외관계, 경제, 교통통신, 사상, 종교 등의 내용으로 편성되었다.

 중국학계에서는 『케임브리지 중국명대사』 2책의 출판이 기본적으로 서방 학자들의 중국사에 대한 이해를 보여 주는 의미가 있다고 인식되고 있으며, 아울러 중국의 독자들이 서방 학자들의 중국사 연구의 현황을 볼 수 있는 매개가 된다는 점도 크게 주목하고 있다. 특히 그들의 사고 방식, 관찰, 연구 시각, 연구 방법 및 표현상의 특징을 볼 수 있을 뿐만 아니라 역사적 사실이나 인물에 대한 연구를 통해 제시되는 견해와 정연하게 서술되는 내용 표현에서도 깊은 인상을 얻을 수 있다는 의의를 찾고 있다.[11]

 그러면서도 각각의 전문가들이 각 편을 집필한 다음 주편자가 이를 아울러 각 권을 완성하는 체제를 취하고 있음에 따라 역사적 전개를 체계적으로 연계하여 편성되지 못한 면에 대해서는 아쉬움을 표현하고 있다. 특히 내용상 중복, 오류, 누락 및 동일 사항에 대한 서로 다른 내용도 있다는 약점이 있음도 주목하였다.

 『케임브리지 중국명대사』의 권과 장 구성에 대해서 특히 아쉬움을 피력하고 있다. 제7권에서의 각 황제의 치세 순으로 내용을 편성하면서 장

---

11 張德信, 1994, 앞의 글, 147-148쪽.

절 구성에서 명 태조 연간 관련 내용을 전체 12장 가운데 3개 장이나 편성하면서 필연적으로 서술의 중복이 발생하게 되었음을 지적하고 있다.[12] 그리고 기타 장절 구성에 있어서도 기간의 장단 또는 내용의 많고 적음 등에 근거하지 않고 있는 등 치세의 장별 구분에 무리가 있음이 거론되고 있다. 예를 들어 성격이 다른 성화제(成化帝)와 홍치제(弘治帝)의 치세가 하나의 장으로 구성될 것이 아니라 나뉘어 서술되어야 마땅하다는 견해도 보이고 있다.[13] 아울러 제7권의 마지막 장으로 편성된 「시대적 역사저술(時代的歷史著述)」은 문화를 다루고 있는 제8권으로 편성해야 마땅하며, 제8권에 편성되어 있는 국토, 인구, 국경 등 내용은 제7권으로 편성되어야 내용상의 중복을 피할 수 있었음도 지적하고 있다.[14]

『케임브리지 중국명대사』의 각 장과 장, 장과 절에서의 중복이 있음과 각 장의 절의 표제도 중복이 많은 것도 아쉬운 점으로 거론되고 있으며, 그로 인해 내용상의 중복과 일탈이 생겨나게 되었다고 평하고 있다. 그런 원인으로는 전체 주편자와 각 장의 집필자 사이에서의 협조가 이루어지지 않았고, 지나치게 각 장 편찬자의 책임과 독립성을 지켜 줬기 때문이라고 분석하고 있다. 중국에서의 총서 편찬의 경우 주편자의 주도 하에 체계적인 통일과 안배를 지향하고 있는 것과 차이가 크다는 점을 특히 주목하고 있다.

내용상의 중복에 대한 지적도 많다.

---

12 한편, 和建偉는 『케임브리지 중국명대사』에서 주원장에 대한 서술이 긍정적인 면과 부정적인 면을 충실하게 정리하고 있다는 긍정적인 평가도 하고 있다. 和建偉, 2014, 앞의 글, 116-120쪽 참조.
13 張德信, 1994, 앞의 글, 149-150쪽.
14 張德信, 1994, 위의 글, 150쪽.

제7권 제1장과 제2장에서 명 태조 주원장의 초기 경력과 명 왕조 건설로 나아가는 과정에 대한 내용이 많이 중복되고 있는 점, 영락제(永樂帝) 때 신설된 내각(內閣)에 대해서 제7권 제4장의 영락제 치세 설명 중에 자세히 소개하고 있음에도 불구하고 제6장에서 「내각의 지위(內閣的地位)」라는 절을 다시 구성하여 서술하고 있는 점 등이 거론되고 있다.

그리고 명대에 극심했던 환관들의 폐해에 대하여 마땅히 중요시하고 상세히 서술하여야 함에도 불구하고 왕진(王振), 왕직(汪直) 등에 대해서는 여러 곳에서 중복하여 설명하고 있는 한편, 훨씬 더 국정을 농단했던 유근(劉謹)이나 위충현(魏忠賢) 등의 폐해에 대해서는 서술이 미진한 점, 그 외에도 명대의 군사제도나 내서당(內書堂) 등 관제, 정덕제(正德帝)의 사망 원인 및 대례(大禮)의 의(議) 등에 대한 내용이 특히 중복됨이 지적되고 있다.

사실에 대한 잘못된 접근이나 내용 서술상의 오류에 대한 부분도 많이 거론하고 있다.

제7권 제2장에서 명대의 군사제도인 위소제(衛所制)가 1364년에 건립되었다고 한 것은 1364년에 주원장이 17위(衛)를 편성하였으나 위소제의 확립은 1374년에 이르러 이루어지는 것을 잘못 서술한 것이라 지적하고 있으며, 1380년에 도위(都衛)를 도지휘사사(都指揮使司)로 개명하였으나 직능에 변동이 없다고 서술한 것 역시 그 개편 이후 관할 범위와 직능 영역에 변화가 있었음을 잘못 설명한 것이라 지적하고 있다.[15]

제7권 제3장에서 1395년에 홍무제(洪武帝)가 「조훈록」의 수정본을 관원들에게 배포했다고 한 것은 1369년에 편찬된 「조훈록」의 수정본인

---

15 張德信, 1994, 위의 글, 152-153쪽.

『황명조훈(皇明祖訓)』을 각 분봉 제왕들에게 배포한 것을 잘못 설명한 것임도 지적하고 있다.[16]

제7권 제3장에서 1382년에 황제가 한림원(翰林院)에서 4명의 대학사(大學士)를 선발했다고 한 것은 그중 1명만 한림원에서 선발되고 나머지는 예부와 기타 부서에서 선임된 사실과 부합하지 않으며, 그 대학사들이 각 전각(殿閣)에 분산되어 있어서 황제의 의지에 힘을 모아 도전할 수 없었다고 한 것도 각 대학사의 직함 앞에 붙여진 전각 명칭이 직급 구별에 불과할 뿐 모두 문연각(文淵閣)에 모여 황제에게 자문을 하였다는 사실과 부합하지 않는 설명임을 지적하고 있다.[17]

제7권 제4장에서 영락제가 북방 원정으로부터 난징(南京)으로 복귀한 것을 1420년 8월 중순이라 한 것도 8월에 베이징으로 돌아와서 4개월 뒤인 12월에 난징으로 복귀한 사실을 잘못 설명한 것이라고 지적하고 있다.[18]

그리고 제7권 제2장에서 원나라에 충성을 다하다가 명 태조에게 죽음을 당한 진우정(陳友定)이 명 태조에게 투항했다고 한 서술,[19] 제8권 제4장에서 난군(亂軍)에 의해 피살된 것으로 보이는 환관 왕진(王振)이 원정 중 선봉에 섰다가 전사하고 영종(英宗)이 포로로 잡히게 되었다고 한 서술 등도 오류라고 지적하고 있다.[20]

또, 제7권에서 황후의 부친 보로테무르(孛羅帖木兒)를 천계(川系) 군

---

16 张德信, 1994, 위의 글, 153-154쪽.
17 张德信, 1994, 위의 글, 154-155쪽.
18 张德信, 1994, 위의 글, 155쪽.
19 肖庆仕, 2019, 앞의 글, 132-133쪽.
20 肖庆仕, 2019, 위의 글, 133쪽.

벌 보로테무르(孛羅帖木兒)와 혼동한 오류에 대한 지적도 있다.[21]

그리고 명조와 하미(哈密) 지역과의 관계, 하미 충순왕(忠順王)의 왕족과 그 유래, 그들의 신앙 등에 관한 서술에 있어서 사료상의 보완과 교정이 필요하다는 지적도 있다.[22]

동일한 문제에 대한 상호 모순된 설명이 병존하고 있음도 거론하고 있다.

제7권 제4장에서 선종(宣宗)이 1435년 36세에 사망하였다 하면서 영종의 즉위를 설명할 때에 8세로 제위를 이었다 하고 있으나, 실록의 기록에 따르면 그의 재위가 11년이며 38세까지 살았고, 또 영종이 1427년생이므로 즉위 시의 나이가 9세여야 하는 것을 잘못 서술하고 있다고 지적하고 있다.[23]

제7권 제5장에서 토목보(土木堡)의 변(變)을 설명하는 표현도 '사변(事變)', '재'(災), '사건(事件)', '위기(危機)', '재화(災禍)', '변(變)' 등 너무 다양하게 쓰고 있으며, 특히 오이라트에 대한 출정에서 영종이 피랍되고 패전한 사건인데 그 결과를 과도하게 위기로 표현한 것 등은 사실과 거리가 먼 표현이라는 지적도 있다.[24]

타당하지 않은 주장들도 거론하고 있다.

제7권 제2장에서 주원장이 1356년 지칭(集慶)으로 들어가면서 자신의 정권을 '명(明)'이라 하였고, 이후 1368년에 정식 국호로 삼았다고 하는

---

21 万德敬, 2019, 앞의 글, 28-32쪽.
22 刘国防, 1999, 앞의 글, 29-34쪽.
23 張德信, 1994, 앞의 글, 155-156쪽. 관련 자료는 『明宣宗實錄』 卷115, 宣德10年 正月 乙亥條, 丁酉條; 『明史』 卷95 「宣宗本紀」에 근거함.
24 張德信, 1994, 위의 글, 156쪽.

주장은 1364년에 겨우 오왕(吳王)을 칭하고 아직 칭제(稱帝)하지 않고 있다가 2년 후 소명왕(小明王)이 죽은 이듬해에 비로소 오(吳) 원년으로 바꾼 것을 감안하면 불가능한 설명이라고 지적하고 있다.[25]

제7권 제2장에서 명 왕조의 군사 활동과 관련하여 1372년 북진하여 제압했다는 기록은 1388년경 북벌이 완료되었다는 사실과 어긋난다는 점, 1382년 서남 지역 원정의 군사 활동이 마무리된다고 한 기록은 1382년에 가서야 서남 지역 평정이 완료된다는 사실과 부합하지 않는다는 점 등을 지적하고 있다.[26]

참고도서와 관련하여 기본적으로 사료나 자료들을 폭넓게 인용하고 있다는 점을 긍정적으로 평가하고 있지만, 그러나 2차 사료를 많이 활용하고 있는 한편 1차 사료의 활용이 상대적으로 적은 점, 1차 사료보다 2차 사료를 더 중시하고 있는 듯한 각주 서술 방식, 중국 연구자들의 연구성과보다 서방 학자들의 연구성과를 더 많이 인용하고 있는 점 등을 지적하고 있다.

지난 2016년 교육부인문사회과학중점 연구기지 중대 항목 "명청사학과 근대학술의 전형연구"의 일환으로 2018년 9월 발표된 중국학계의 21세기 명대사학사 연구 동향에 의하면 외국의 명대사학 연구성과를 보다 적극적으로 번역하고 소개해야 하는데 상대적으로 흡수하는 속도가 느린 점을 지적하고 있다. 국제학계의 명대사연구는 중국학계의 명대사 연구뿐 아니라 역외 사학을 연계해 비교적 넓은 연구 시야를 보여 주고 있지만, 외국의 명대사학 연구성과에 대한 번역과 소개가 상대적으로 늦

25　張德信, 1994, 위의 글, 157-158쪽.
26　張德信, 1994, 위의 글, 158-159쪽.

어지고 있다. 특히 일본, 독일 서방 학계의 관점을 홀시할 수 없다고 하면서『케임브리지 중국명대사』에 대해 서구학계의 명대사에 대한 종합적인 연구성과라고 평가하고 있다. 이를 통해 중국학계의 구미학계의 인식을 파악할 뿐 아니라 일본, 그 외 주변국에 대해 어떻게 논평하는지 분석할 필요가 있으며, 다양한 주제어를 통해 접근해야 함을 시사하고 있다.

III. 청대사에 대한 평가

『케임브리지 중국사』청대 편은 제9권이 중국청대전중기사(中國淸代前中期史), 제10권과 제11권이 중국만청사(中國晩淸史)로 구성되어 있다.

본 시리즈의 19세기 이후 청 말까지를 다룬 제10권과 제11권은 1978년과 1980년에 각각 간행되었고, 이 두 책은 바로 중문 번역이 시도되어『검교 중국만청사(劍橋中國晩淸史)』(상하)로 중국사회과학출판사(中國社會科學出版社)에서 1985년 2월에 간행되었다. 그런 한편, 제9권은 훨씬 늦은 2002년에 상편이 간행되고, 2016년에 하편이 간행되어, 상편의 중문 번역본이 2020년 4월에 출간되고, 하편에 대한 중문 번역은 아직 나오지 않은 상태이다. 제7권 명대사(상), 제8권 명대사(하)도 1992년과 2006년에 각각 출간되어 시간적 편차가 상당히 크지만, 청대사 4개 부분은 집필 과정과 편찬 과정이 30년이나 차이가 나는 어려운 간행 과정의 산물이었다. 이 시리즈의 기획이 1966년에 이루어졌음을 근거하면 청대사 마지막 간행은 50년이라는 세월에 거친 결과물인 셈이다.

중국학계에서는『케임브리지 중국청대사』부분에 대해서 이러한 시간적 편차에 근거하여 변화상이 보이는 것에 대하여 기본적인 주목을 하고 있다.

우선 중국사 연구의 관점에 있어서 기본적인 차이점이 있음을 주목하고 있다.

상대적으로 빨리 집필 작업이 시작된 『케임브리지 중국만청사』 경우는 20세기 서양에서의 중국사 연구의 1세대라고 할 수 있는 존 K. 페어뱅크(Fairbank)가 주편을 맡았고, 20세기 중엽의 중국사 연구의 전형적인 접근 방식인 페어뱅크가 제시한 '충격-반응론'이나 조지프 R. 레빈슨(Joseph Richmond Levenson)이 제시한 '전통-근대' 모델 등 서구 중심적 시각이 깊이 반영되어 있다고 보고 있다. 그러나 상대적으로 뒤늦게 집필 간행된 『케임브리지 중국청대전중기사』는, 기존의 서구 중심적 시각을 벗어나 중국 중심적 시각에서 중국을 연구하려는 폴 코헨(Paul A. Cohen) 등이 시도한 새로운 경향이 상대적으로 잘 반영되어 있다고 하는 점을 특별히 강조하고 있다.[27]

그리고 연구 방식에 있어서도 상당히 뚜렷한 차이점이 있음을 주목하고 있다.

『케임브리지 중국만청사』 경우는 집필이 이루어질 당시 중국에서 이른바 '문혁(文革)'의 영향으로 중국 내 역사학이 위축되어 있었고, 중국과의 학술 교류도 극히 적었을 뿐만 아니라, 방대한 당안(檔案) 자료나 중국에서의 연구성과를 서방에서 쉽게 접근하지 못하던 한계 상황 속에서 집필되어 서구에서의 연구성과에 주로 근거하여 정리될 수밖에 없는 한계가 있었다고 보고 있다. 한편 상대적으로 뒤늦게 집필 간행된 『케임브리지 중국청대전중기사』는 주요 집필자들의 면모도 보여 주고 있듯이

---

27 王俊义, 2010, 앞의 글, 99-101쪽.

중국의 개혁 개방 이후 중국 내 역사학이 왕성한 성과를 내고, 중국 내 당안 자료들이 대거 공개되고, 중국 대외 학술 교류가 왕성해진 변화된 환경 속에서 중국 내 1차 사료와 중국학자들의 연구성과들을 폭넓게 접근한 바탕 위에서 정리 서술되었다는 차이점이 있음을 강조하고 있다.

또한 『케임브리지 중국만청사』가 간행될 당시에는 서방 학자들의 필요와 의무에 의한 집필의 성격이 강하였다. 한편, 『케임브리지 중국청대전중기사』가 간행되는 시기에 이르러서는 중국의 중요성이 전보다 놀랄 정도로 높아지고, 세계가 글로벌화, 정보화의 길로 깊이 진입한 때였다. 그 결과 세계가 중국을 연구하고 중국을 인식할 필요성이 확연히 높아진 배경 속에서 집필되었기에, 편제와 접근 시각과 서술상 주목하는 내용상의 변화가 뚜렷이 부각되게 되었음도 주목하였다.

중국학계에서는 『케임브리지 중국사』 시리즈의 청대사 특히 만청사 부분의 경우 연구 분야가 다양하고, 여러 계층에 대하여 객관적이면서도 미시적 분석이 시도되고 있으며, 계량적 분석이 돋보이며, 중국사의 대외적 요소를 중시하며 다양한 접근이 돋보인다고 긍정적인 평가를 하고 있다.

다양한 연구 분야의 사례로는 인구 문제와 관련하여 구체적인 수치와 변화상을 근거하여 인구 문제가 청 말 사회 변화에서 차지하는 의미가 대단히 큼을 서술한 것 등을 들고 있다.

여러 계층에 주목하고 있음과 관련해서는 자료가 풍부한 지배 계층이나 관료 학자들뿐만 아니라 피지배층이나 다양한 직업군에 대하여 사상, 문화, 관습, 사회 심리 등 다양한 면모를 살피고 있음이 의미가 깊다고 평하고 있다. 계량적 분석과 관련하여서는 여러 학문 영역에서 청 말 사회 경제에 대하여 연구한 성과와 통계 자료들을 계량적으로 정리함으로써 내실을 증진하고 있다고 주목하고 있다. 중국사의 대외적 요소와 관련해서는 서양 문화가 근대 중국에 미친 영향을 깊이 다루고 있음을 특징으로 뽑고 있다.

그러나 『케임브리지 중국사』 시리즈의 청대사 특히 만청사 부분에서 아쉬운 면모도 함께 지적하고 있다.

서양의 제국주의적 중국 침략과 중국에서의 서구 문화 수용에 적극적인 부분에 대해서 비교적 우호적인 서술을 하고 있는 반면 중국에서 서양에 대하여 항거하고 반대한 모습에 대해서는 충실한 서술이 이루어지고 있다고 보기 어렵다는 점을 거론하고 있다.

농민운동이나 의화단운동을 비롯한 서양 기독교 반대운동과 관련하여 근대화를 후퇴시킨 듯이 부정적으로 보고 있음을 지적하면서, 이러한 민중운동이 어느 정도 사회 혼란을 야기하고 발전을 저해한 면모가 있지만 제국주의의 중국 분할을 막았다는 긍정적 의미도 있음을 반론으로 내세우고 있다.

중국 혁명에 대한 서술에서 쑨원을 지나치게 강조하고 있음도 거론하면서 신해혁명이 부르주아 계급이 주도한 결과 필연적으로 갖게 되는 계급적 한계에 대한 충분한 설명이 결여되어 있음도 문제점이라 거론하고 있다.

중국 근대화 과정에서 서양 문화가 중국에 기여한 면모만 강조할 것이 아니라 중국의 근대화 과정에서 작용하게 되는 중국의 내재적 요소도 함께 중시되어야 한다는 점도 주목하여야 할 것임을 지적하고 있다.[28]

---

[28] 이상 趙淸明, 2009, 앞의 글, 86-87쪽 참조.

IV. 맺음말

　중국학계에서는 『케임브리지 중국사』 시리즈의 연구성과에 대해서는 기본적으로 높이 평가하고 있다. 서방 학자들이 중국사 연구를 어떤 시각으로 어떤 방법으로 어떻게 진행하고 있으며, 그 시대적 변화상도 어떠한지를 잘 보여 주는 자료인 것으로 보고 있다.
　그러나 중국학계의 『케임브리지 중국사』 시리즈에 대한 논평, 특히 명청대 관련 논평에서는 다음과 같은 몇 가지 특징이 부각된다.
　우선 중국학계의 현재적 중국사 연구 방법론을 지나치게 우선적 가치가 있는 것으로 전제하고 있다. 즉, 1차 사료의 중요성을 강조하고 있는 중국학계의 연구 방법론을 지나치게 강조하고 있는 측면이 있다. 본 시리즈의 집필이 서구학자들의 분담에 의해 오래전에 집필이 시작되었으므로 중국 쪽 1차 사료를 보다 긴밀하게 활용하기 어려운 시대적 외교적 여러 가지 한계가 있었음을 고려해야 마땅할 것이다. 그러나 중국학계의 현재적 관점에서 비롯된 다분히 과도한 지적이라고 여겨진다.
　중국 전형의 중화주의가 여전히 기능하고 있다는 점이 확연히 보인다. 인용 자료와 관련하여 중국학자들의 연구성과가 서방 학자들의 연구성과보다 덜 인용되고 있는 점 등에 대한 지적이 많다. 서방 학자들이 중국 쪽 연구성과를 모두 참고하여 연구성과를 정리하기에는 한계가 있을 것임을 염두에 넣지 않은 평이라고 할 수 있다. 중국 역사 연구는 중국의 연구성과를 중심으로 이루어져야 한다는 논리는 분명 존중되어야 하겠지만 중국에서의 연구성과가 제대로 나오기 전인 반세기 전에 시작된 『케임브리지 중국사』 시리즈의 초기 집필분에까지 이런 문제를 거론

『케임브리지 중국사』 시리즈에서는 중국사 외에도 우리나라를 비롯한 주변 지역사에 대한 서술이 상당히 많은데, 그럼에도 불구하고 명청시대사에 대한 논평에서 중국 주변 지역사에 대한 주목이 거의 보이지 않고 있다. 이러한 면모는 전형적인 중국 중심주의적 지적으로 판단된다.

하는 것은 과연 합당한 관점이라고 할 수 있을까 의문이 든다. 그리고

참고문헌

『明宣宗實錄』.
『明史』.

존 K. 페어뱅크 외 저, 김한식·김종건 외 역, 2007, 『캠브리지 중국사 10: 청 제국 말 1부 (상)』, 서울: 새물결.
_____, 김한식·김종건 외 역, 2007, 『캠브리지 중국사 10: 청 제국 말 1부 (하)』, 서울: 새물결.
_____, 김한식·김종건 외 역, 2007, 『캠브리지 중국사 11: 청 제국 말 2부 (상)』, 서울: 새물결.
_____, 김한식·김종건 외 역, 2007, 『캠브리지 중국사 11: 청 제국 말 2부 (하)』, 서울: 새물결.

张德信, 1994,「《剑桥中国明代史》的得与失」,『中国社会科学』1994年 第4期, 北京: 中国社会科学院.
和建伟, 2014,「《剑桥中国明代史》中的朱元璋形象」,『安康学院学报』第26卷 第1期, 安徽 凤阳: 安徽科技学院.
刘国防, 1999,「明初的哈密及其王族-兼评《剑桥中国明代史》的相关部分」,『西域研究』1999年 第2期, 新疆 乌鲁木齐: 新疆社会科学院.
肖庆仕, 2019,「《剑桥中国明代史》勘误」,『皖西学院学报』第35卷 제1期, 安徽 合肥: 安徽大学 歷史系.
万德敬, 2019,「《剑桥中国明代史》中的一处人名讹误-辑考《元史》之外同名异人的字罗帖木亚」,『运城学院学报』总第37卷 2, 山西 运城: 运城学院中文系.
王俊义, 2010,「从"冲击一反应论"到"中国中心观"的历史转变—《剑桥中国清代前中期史》述评」,『社会科学战线』2010年 第12期, 吉林 长春: 吉林省社会科学院.
赵清明, 2009,「简评《剑桥中国晚清史》」,『日梁高等专科学校学报』第25卷 第4期, 山西 离石: 日梁高等专科学校.
胡志宏, 1994,「西方汉学的重要成果-读《剑桥中国史》有感《剑桥中国史》」,『中国史研究动态』1994年 第11期, 北京: 中国社会科学院 歷史研究所.

부록 4

변함없는 카운터 파트너:
중국학계의 『케임브리지 중화민국사』 · 『케임브리지 중화인민공화국사』 인식

손성욱 선문대학교 역사·영상 콘텐츠학부 조교수

I. 머리말

역사는 하나의 거울로, 과거를 살피어 오늘을 알고, 역사를 배워 현명해질 수 있다. 역사를 중시하고, 역사를 연구하고, 역사를 거울삼는 것은 중화민족 5,000여 년 문명사의 좋은 전통이다. 당대(當代) 중국은 역사적 중국의 연속이자 발전이다. 새로운 시대에 중국 특색의 사회주의를 견지하며 발전시키고, 중국 역사와 문화에 대한 체계적 연구가 더욱 필요하다. 인류 발전의 역사 법칙을 더 깊이 파악하고, 역사에 대해 깊이 고민하고 궁리해 지혜를 얻고 미래로 나아가야 한다. 역사연구는 모든 사회과학의 기초다. 오랫동안 당의 영도(領導)하, 우리나라 역사학계는 인재를 배출하고 풍부한 성과를 거두어, 당과 국가사업 발전에 적극적으로 공헌하였다. 우리나라의 많은 역사연구 종사자들이 계속해서 좋은 전통을 계승하며, 중국역사·세계역사·고고학 등의 연구역량을 통합해 연구수준과 창조적 역량을 제고하는 데 전력을 다하고, 역사학 관련 학문의 융합 발전을 추동하며, 역사경험을 총정리해 역사법칙을 제시하고 역사의 흐름을 장악하여 중국 특색의 역사학 학문체계·학술체계·담론체계 구축에 박차를 가하길 희망한다.[1]

---

*이 글은 동북아역사재단에서 2020년 12월에 개최한 '구미학계의 중국사 인식과 한국사 서술 기획연구' 학술회의에서 발표한 글을 수정한 것이다. '케임브리지 중국사' 중화민국·중화인민공화국사 분권을 다루며 '케임브리지'를 '검교(劍橋)'라고 표기한 것은 본고에서 다루는 중국학계의 논문은 보다 엄격히 얘기하자면, '케임브리지 중국사' 중국어 번역본에 대한 인식이기 때문이다.

1 "歷史是一面鏡子, 鑒古知今, 學史明智. 重視歷史·研究歷史·借鑒歷史是中華民族5000多年文明史的一個優良傳統. 當代中國是歷史中國的延續和發展. 新時代堅持和發展中國特色社會主義, 更加需要系統研究中國歷史和文化, 更加需要深刻把握人類發展歷史規律, 在對歷史的深入思考中汲取智慧, 走向未來. 歷史研究是一切社會科學的基礎. 長期以來, 在黨的領導下, 我國史學界人才輩出·成果豐碩, 爲黨

2019년 초 중국의 시진핑(习近平) 주석이 중국역사연구원(中國歷史硏究院)² 출범에 보낸 축전 중 일부이다. 시 주석은 역사의 중요성을 설파하며, 역사연구의 중요성을 강조하였다. 중국역사연구원은 이에 부응하기 위해 중국사회과학원(中國社會科學院) 산하에 있던 기존 역사 관련 기관을 재편해 연구역량을 제고하는 한편, 역사대중화 사업을 강화하고 있다. 그 일환으로 중국역사연구원 산하의 역사연구잡지사(歷史硏究雜誌社)는 2020년 『역사평론(歷史評論)』이라는 역사 대중잡지를 창간하였다. 역사연구잡지사는 중국의 권위 있는 역사 학술저널인 『역사연구(歷史硏究)』를 간행하는데, 정부 연구기관의 잡지사가 대중잡지를 창간했다는 사실에 주목할 필요가 있다.

『역사평론』의 구성은 상당히 파격적이다. '방담(訪談)'(인터뷰), '역사경위(歷史經緯)', '사조평의(思潮平議)', '사학론형(史學論衡)', '서평(書評)', '문췌(文萃)'(글모음) · '망언(網言)'(인터넷 글) 등으로 구성되어 있으며, 주로 논쟁이 되는 문제를 명확히 밝히고, 평론 위주의 글을 다룬다. 눈에 띄는 것은 '문췌' · '망언'으로 인터넷에서 주목받는 글을 선별해 게재한다. 기존 잡지에서 보기 힘든 신선한 구성이다. 대중성을 획득한 글을 권

和國家事業發展作出了積極貢獻. 希望我國廣大歷史研究工作者繼承優良傳統, 整合中國歷史 · 世界歷史 · 考古等方面研究力量, 著力提高研究水平和創新能力, 推動相關歷史學科融合發展, 總結歷史經驗, 揭示歷史規律, 把握歷史趨勢, 加快構建中國特色歷史學學科體系 · 學術體系 · 話語體系." 「習近平致中國社會科學院中國歷史研究院成立的賀信」, http://www.xinhuanet.com/politics/leaders/2019-01/03/c_1123942672.htm (검색일: 2021.5.30.)

2 중국역사연구원은 2019년 1월 3일 중국 정부가 중국사회과학원 산하의 역사 관련 기관을 분리시켜 출범시킨 역사연구 기관이다. 산하 연구소로 考古研究所, 古代史研究所, 近代史研究所, 世界歷史研究所, 中國邊疆研究所, 歷史理論研究所가 있다.

위 있는 잡지사가 발간하는 대중잡지로 옮겨와 권위를 부여하는 것이다. 『역사평론』은 이를 통해 대중적 역사 담론의 방향을 제시하면서, 정부와 민간 사이에 존재하는 역사인식의 간극을 좁히고자 하는 것으로 보인다. 창간호에 실린 장하오(張皓)의 「신중국 탄생의 세계사적 의의(新中國誕生的世界歷史意義)」, 양화(楊華)의 「누가 중화문명은 연속성이 없다고 하는가?(誰說中華文明沒有連續性?)」, 리궈창(李國强)의 「'일대일로'는 결코 역사상 조공관계를 복원하려는 것이 아니다("一帶一路"倡議絕非恢復歷史上的朝貢關係)」, 멍칭룽(孟慶龍)의 「침략과 이용: 미국 굴기 중 대중국 정책의 축(侵略和利用 : 美國崛起中的對華政策之軸)」 등과 같은 글의 제목만 봐도 그 성격을 잘 알 수 있다.

중국역사연구원이 야심차게 기획한 『역사평론』 창간호에 『검교(劍橋) 중국청대전중기사(中國淸代前中期史)』(The Cambridge History of China: The Ch'ing Dynasty to 1800)와 『검교 중국만청사(中國晚淸史)』(The Cambridge History of China: Late Ch'ing 1800-1911)·『검교 중화민국사(中華民國史)』(The Cambridge History of China: Republican China, 1912~1949)에 대한 서평 두 편이 실렸다. '청대(淸代) 전중기사(前中期史)' 서평은 청제국의 중국 왕조로서의 연속성과 신청사 문제에 관련해 중국학계의 입장을 밝히며, 만청사와 중화민국사 서평은 중국의 근대적 전환을 '충격(impact)-반응(response)'으로 이해할 수 있는가에 대해 논하며 서구 중심적 중국사 인식에 대해 비판적 목소리를 냈다.[3]

창간호에 『케임브리지 중국사』 서평이 실린 것은 의미심장하다. 중국

---

3 馬子木, 2020, 「這是什麼樣的"中國中心觀"?─『劍橋中國淸代前中期史』讀後」, 『歷史評論』, 2020-1; 馬建標·徐暢, 2020, 「旁觀者未必淸楚 ─ 評『劍橋中國晚淸史』『劍橋中華民國史』」, 『歷史評論』, 2020-1.

학계에서 『검교 중국청대전중기사』 시리즈는 서구학계를 대표하는 중국사 연구서로 여겨지는데, 여러 시대 중 서평 대상으로 『검교 중국청대전중기사』, 『검교 중국만청사』, 『검교 중화민국사』를 택했다. 지난 10년 동안 중국학계에서 신청사에 대한 논의가 뜨거웠고,[4] 중국의 제국성 및 대일통(大一統)과 밀접한 관련이 있는 주제인 만큼 청대사 파트를 선택한 것은 전혀 이상하지 않다. 일대일로를 추진하며 중화민족의 부흥을 꿈꾸는 중국의 관심을 반영한 서평이라 할 수 있다. 하지만 『검교 중화민국사』는 조금 의아하다. 이 책의 중국어 번역본이 출간된 지 30년 가까이 지났고, 현재 중국학계에서 과거처럼 비중 있게 인용되지 않기 때문이다. 그동안 이 책의 중심이 되는 '충격-반응' 모델도 상당한 비판을 받았으며,[5] 대안적 연구도 상당히 축적되었다. 그럼에도 불구하고 『역사평론』이 청대에서 중화인민공화국 시기에 이르는 『케임브리지 중국사』 서

---

[4] 鐘焓, 2014, 「北美"新淸史"硏究的基石何在?-是多語種史料考辨互證的實證學術, 還是意識形態化的應時之學?(上)」, 『中國邊疆民族硏究』 7; 李治亭, 2015, 「"新淸史": "新帝國主義"史學標本」, 『中國社會科學報』 728, 2015年 4月 20日; 楊念群, 2015, 「詮釋"正統性"才是理解淸朝歷史的關鍵」, 『讀書』 2015-12; 劉文鵬, 2016, 「內陸亞洲視野下的"新淸史"硏究」, 『歷史硏究』, 2016-4; 張志强, 2016, 「超越民族主義: "多元一體"的淸代中國-對"新淸史"的回應究」, 『文化縱橫』, 2016-2; 汪榮祖, 2018, 「"中國"槪念何以成爲問題-就"新淸史"及相關問題與歐立德敎授商榷」, 『探索與爭鳴』, 2018-6; 方維規, 2018, 「"中國"意識何以生成-勘測"新淸史"的學術地層及其周邊構造」, 『探索與爭鳴』, 2018-6; 鍾焓, 2018, 『淸朝史的基本特徵再探究: 以對北美"新淸史"觀點的反思爲中心』, 中央民族大學出版社; 汪榮祖 李磊 殷之光 周展安 黃銳傑 田雷, 2019, 「"新淸史"與中國歷史主體性」, 『東方學刊』, 2019-1; 蒼銘·劉星雨, 2019, 「從『皇淸職貢圖』看"新淸史"的淸朝非中國論」, 『中央民族大學學報(哲學社會科學版)』, 2019-6; 李立民, 2020, 「淸代宗學·科學與宗室知識精英的社會認同——兼論新淸史"滿洲認同"的轉向問題」, 『北京社會科學』, 2020-9; 趙軼峰, 2020, 「重新思考明淸鼎革——兼談"十七世紀危機"·"大分流"·"新淸史"」, 『古代文明』, 2020-5 등.

[5] Paul A. Cohen, 1984, *Discovering History in China: American Historical Writing on the Recent Chinese Past*, New York: Columbia University Press.

평을 다루었다는 것은 학술적 의의뿐만 아니라, 현실적인 의미가 투영된 것처럼 보인다.

본고는 『역사평론』에 투영된 그 의미를 추적하기 위해 『검교 중화민국사』와 『검교 중화인민공화국사(中華人民共和國史)』[The Cambridge History of China: The People's Republic, Part 1: Emergence of Revolutionary China, 1949-1965; Part 2: Revolutions Within the Chinese Revolution, 1966~1982; 검교 중화인민공화국사 상권: 혁명적중국적흥기(革命的中國的興起), 1949~1965년, 하권: 중국혁명내부적혁명(中國革命內部的革命), 1966~1982년]에 대한 중국학계의 인식에서 그 실마리를 찾고자 한다. 『검교 중화인민공화국사』까지 확장해 살펴보는 것은 장기적인 시각에서 중화민국 시기와 중화인민공화국의 성립은 '현대화'의 연속선에 존재하며, 20세기 초 시작되어 미완성의 혁명을 완수하기 위해 펼쳐진 지속적인 역정이었기 때문이다. 중국공산당사(中國共産黨史)의 문제는 중국의 현실 인식과 밀접한 관계를 맺고 있어, 『케임브리지 중국사』가 중국에서 갖는 의미를 보다 선명하게 보여 줄 것이다.

II. 『검교 중화민국사』에 대한 인식

1983, 1986년에 나온 『케임브리지 중화민국사』 1, 2부[6]는 각각 1991,

---

6 *The Cambridge History of China: Republican China, 1912-1949, Part 1* (edited by John K. Fairbank and Twitchett), New York : Cambridge University Press, 1983; *Republican China, 1912-1949, Part 2* (edited by John K. Fairbank and Albert Feuerwerker), New York : Cambridge University Press, 1986.

1992년 상하이인민출판사(上海人民出版社)에서 중국어 번역본이 출판되었으며, 1994년에는 베이징에 소재한 중국사회과학출판사(中國社會科學出版社)에서 다른 번역본이 출판되었다. 두 종의 번역본이 나올 정도로『검교 중화민국사』는 중국학계의 큰 관심을 받았다. 하지만 중국어 번역본 출간 이래 5년 동안 중국 학술저널에 발표된 관련 논문은 2편에 불과하다. 1995년 궈더훙(郭德宏)이 발표한 「어떤 별개생면(別開生面)의 논술:『검교 중화민국사』하권 항일전쟁 부분을 평하다(一種別開生面的論述-評『劍橋中華民國史』下卷抗日戰爭部分)」[7]와 1997년 둥궈창(董國强)이 발표한 「『검교 중화민국사』의 마오쩌둥 사상연구와 관련된 두 가지 문제에 대한 평가(評『劍橋中華民國史』中關於毛澤東思想研究的兩個問題)」[8]이다. 이후 상하이시 중공당사학회(中共黨史學會)가 1998년 5월 30일『검교 중화민국사』서평회를 개최하였으며,[9] 이를 계기로 여러 편의 글이 발표됐다. 중국학계의 큰 관심에 비해, 중국어 번역본 출간 5년이 지나서야『검교 중화민국사』를 평하는 글이 본격적으로 발표된 것은 국민당과 공산당에 대한 평가에 있어, 비교적 '민감'할 수 있는 문제가 산재해 중국학계가 신중하게 접근했기 때문일 것이다. 1990년대 혁명사관과 마르크스주의사관에 대한 반성이 일어났고, '현대화'에 있어 민국시기 국민정부의 영향과 항일전쟁에 있어서 국민당의 역할에 대한 재평가 움직임이 있었지만, 여전히 기존 역사 서술의 관성이 존재했다.

---

7 郭德宏, 1995, 「一種別開生面的論述——評『劍橋中華民國史』下卷抗日戰爭部分」, 『安徽史學』, 1995-3.
8 董國强, 1997a, 「評『劍橋中華民國史』中關於毛澤東思想研究的兩個問題」, 『毛澤東思想論壇』, 1997-4.
9 朱華, 1998a, 「『劍橋中華民國史』書評會在滬召開」, 『檔案與史學』, 1998-4.

〈표 1〉 중국학계의 『검교 중화민국사』 관련 논문

저자명	논문명	저널	권호	저자 소속기관
郭德宏	一種別開生面的論述——評『劍橋中華民國史』下卷抗日戰爭部分	安徽史學	1995-3	中共中央黨史研究室
董國強	評『劍橋中華民國史』中關於毛澤東思想研究的兩個問題	毛澤東思想論壇	1997-4	南京大學歷史系
朱華	『劍橋中華民國史』學術書評會綜述	上海黨史研究	1998-4	中共上海市委黨校
陳雁	大國形象的塑造與中國國際地位的變遷——讀『劍橋中華民國史』	探索與爭鳴	1998-10	復旦大學
郭緖印	國民黨派系鬪爭史之我見——評『劍橋中華民國史』第二部第三章中之『國民黨派系鬪爭』	學術月刊	1999-1	上海師範大學歷史系
張廷友 唐純良	對『劍橋中華民國史』一則"史料"的訂正	中共黨史研究	1999-5	牡丹江師範學院, 哈爾濱師範大學
史承鈞	『劍橋中華民國史』在文學史料方面的問題	上海師範大學學報(哲學社會科學版)	2002-1	上海師範大學人文學院
曾琦珣	試析『劍橋中華民國史』中的新詩觀	華中人文論叢	2012-1	華中師範大學文學院
杜桂劍	『劍橋中華民國史』(下)第四章中若幹史實錯誤	湘潮(下半月)	2015-12	中共中央黨校
陳景拴	『劍橋中華民國史』(上卷)三則史事正誤	社會科學論壇	2018-6	河南大學歷史文化學院
馬建標 徐暢	評『劍橋中國晚清史』『劍橋中華民國史』	歷史評論	2020-1	復旦大學歷史學系

『검교 중화민국사』에 대한 중국학계 최초의 논평인 궈더홍의 「어떤 별개생면의 논술: 『검교 중화민국사』 하권 항일전쟁 부분을 평하다」는 항일전쟁 부분을 집중적으로 다루고 있지만, 중국학자들의 『검교 중화민국사』에 대한 전반적인 인식을 잘 보여 준다. 그는 이 책의 특징을 세

가지로 제시했다. 첫째, 여러 학자가 참여하면서 일반적인 역사 서술의 방식을 택하지 않고, 저자마다 각기 다른 주장과 방법론을 제시하며 심층적인 분석을 시도했다. 둘째, 당시 중국학계가 항일전쟁 연구에 있어 전선(戰線), 전략(戰略), 전시 정책 등 전투와 관련된 문제에 집중한 것과 달리, 『검교 중화민국사』는 중국학계가 크게 관심을 기울이지 않던 사회문제, 군중심리, 정치 시스템 등 전쟁과 관련된 폭넓은 주제를 다루었다. 셋째, 이 책은 문제의식이 두드러지며, 새로운 관점이 많고 분석과 평론이 비교적 공정하다.[10] 이 세 가지 특징으로 미루어 볼 때, 궈더훙은 『검교 중화민국사』를 상당히 긍정적으로 평가하고 있다.

중국공산당의 혁명사관에 따른 역사 서술에 익숙한 중국학계의 분위기 속에서 '비교적 공정'하다는 평이 나올 수 있었던 것은 『검교 중화민국사』가 일본 제국주의 정책을 비판적으로 서술하고, 항일전쟁과 국공내전 시기 국민당의 부정적인 면모를 미화하지 않고 기술했기 때문에 가능했다. 궈더훙이 지적하듯, 『검교 중화민국사』는 일본 제국주의 침략을 인정하고 난징대학살이나 일본이 항일근거지에서 펼쳤던 '삼광(三光)' 정책을 비판적으로 서술했다. 그는 이 책이 국공 양당의 평가에 있어 중국학계와 일부 다른 관점을 보이지만, 비교적 객관적으로 서술했다고 평가했다. 『검교 중화민국사』가 항일전쟁 이후 국민당 정부와 군대의 정신이 피폐해지고 기율이 부패해져 1949년 공산당의 승리에 일조했다는 평가를 인상적으로 봤다.[11] 『검교 중화민국사』가 중국어로 번역 출판된 것은 이러한 평가를 전제하고 있었기에 가능했을 것이다.

---

10 郭德宏, 1995, 앞의 글, 59-60쪽.
11 郭德宏, 1995, 위의 글, 62쪽.

긍정적 평가와 함께 궈더훙은 크게 세 가지 문제점을 지적했다. 첫째, 기본적인 중화민국사의 흐름을 서술하는 데 있어 체계적이지 못하다. 이는 『검교 중화민국사』가 공저이다 보니 피할 수 없는 문제이다. 둘째, 일부 역사적 사실의 본질을 명확하게 밝히지 않아 이해에 혼란을 야기한다. 예를 들어, 그는 1937년 중일전쟁의 발발 원인을 설명하면서 일본이 획책한 정황이 없으며, 일본은 전면전을 일으킬 의도가 없었기에 루거우차오(卢沟桥) 사건 당시 중국이 저항하지 않았다면, 대규모 전쟁으로 확전되는 일은 없었을 것이라는 『검교 중화민국사』의 주장을 비판한다.[12] 궈더훙은 9.18 사변과 화베이 사변의 연속선에서 루거우차오 '사변'을 이해해야 하며, 이는 일본이 계획했던 중국 침략의 일환이었다고 반박한다. 일본이 지속해서 중국의 판도를 침범하며 압박했는데, 중국이 저항하지 않았다면 전쟁이 발발하지 않았을 것이라는 주장은 논거가 빈약하다는 것이다. 셋째, 마오쩌둥에 대한 평가 문제이다. 마오쩌둥에 대한 평가는 비교적 공정하지만, 그가 천성적으로 권력을 사랑했으며, 1942년 옌안 정풍운동을 통해 자신을 신격화시켰다는 서술은 사실에 부합하지 않는 내용으로 마오쩌둥을 폄하하기 위한 것이라고 비판한다.[13] 궈더훙이 지적한 문제점은 중국학계가 『검교 중화민국사』를 긍정적으로 평가하면서도, 학술적으로 논의 가능한 부분과 수용할 수 없는 주장에 대한 근본적 한계를 명확히 보여 준다.

---

12 루거우차오 사건 당시 일본은 전쟁 의도가 없었다는 내용은 『劍橋中華民國史』下卷의 이리에 아키라(Akira Iriye)가 쓴 10장과 로이드 E. 이스트만(Lloyd E. Eastman, 易勞逸)이 쓴 11장에 나온다. 전자는 비교적 단정적으로, 후자는 유보적으로 서술하고 있지만, 궈더훙은 큰 차이가 없다고 이해했다.
13 郭德宏, 1995, 앞의 글, 62-64쪽.

동귀창은 1997년에 발표한 「『검교 중화민국사』의 마오쩌둥 사상연구와 관련된 두 가지 문제에 대한 평가」에서 『검교 중화민국사』 2부에 수록된 스튜어트 슈람(Stuart R. Schram)이 쓴 「1949년 이전 마오쩌둥 사상」을 맹렬히 비판했다. 슈람은 마오쩌둥을 보수적 민족주의자로 평가했다. 마오쩌둥의 신민주의혁명 이론을 중국 전통의 보수적 요소와 마르크스주의의 실용적 요소가 결합한 산물이라고 설명하며, 마르크스주의 시각에서 볼 때 비정통과 이단적 요소가 선명하다고 결론 내린다. 동귀창은 이에 대해 중국 혁명과 중국 공산정권, 사회주의 제도를 부정하는 이론 근거라고 주장하며 비판한다.[14] 동귀창이 볼 때 슈람의 주장은 마오쩌둥의 영도하 성공한 중국 공산혁명의 정당성을 폄훼하고, 중국식 사회주의의 근간을 흔드는 것이었다. 그의 비판은 너무나도 자연스러운 반응이었다. 하지만 그가 『검교 중화민국사』를 전면적으로 부정하는 것은 아니다. 그는 슈람만 집중적으로 비판했다.

1998년 5월에 이르러 중공상하이시위당교(中共上海市委黨校) 주화(朱華)의 주도하에 30여 명의 연구자가 모여 『검교 중화민국사』 서평회가 열렸다.[15] 저자도 없이 30명이 넘는 평자가 모여 토론했다는 사실은 당시 중국학계가 이 책에 얼마나 주목했는지 잘 보여 준다. 이후 서평회의 토론을 정리한 주화의 글을 살펴보면, 서평회 참석자들은 『검교 중화민국사』의 서술 방식, 연구 방법, 중국학계와 구별되는 새로운 시각에 대해 대체로 동의하면서도, 중국공산당의 정통성을 훼손하는 부분에 대해서는 비판적인 시각을 보였다. 예를 들어, 화둥사범대학(華東師範大學)

---

14 董國强, 1997a, 앞의 글, 79쪽.
15 朱華, 1998a, 앞의 글, 80쪽.

부교수였던 치웨이핑(齊爲平)은 전술한 동궈창과 같이 스튜어트 슈람의 관점에는 동의할 수 없다고 주장했다.[16] 다만 슈람의 연구에서도 주의를 기울일 부분이 있는데, 마오쩌둥 사상연구에 있어 그의 사상이 전통문화의 배경 속에서 어떤 위치를 지니며, 마르크스와 레닌 등의 사상과는 어떤 차이를 갖는지 주의를 기울일 필요가 있다고 지적했다. 이것은 슈람 등 외국학자의 시각이나 방법론에 동조하자는 것이 아니라, 외부에서 관심을 두는 문제에 중국학계 역시 연구를 진행하고 중국의 관점을 제시해야 한다는 주장이다.

이후 서평회에 참석했던 천옌(陳雁), 궈쉬인(郭緒印), 스청쥔(史承鈞) 등 학자가 관련 논문을 발표했다. 천옌은 『검교 중화민국사』에서 쉽게 간취할 수 있는 '충격-반응' 모델을 비판하였다. 그는 충격에 따른 반응이 중국 현대화의 유일한 동력이 아닐 뿐만 아니라, 주요 역량도 아니었다고 비판했다. 그는 '충격-반응' 모델에 기초한 『검교 중화민국사』는 중국 근대사 연구에 있어 모종의 충격으로 볼 수 있으며, 이에 대응해 중국학자들이 미래에 적극적으로 '반응'할 것이라고 주장했다.[17] 물론 여기서 '반응'은 『검교 중화민국사』를 일일이 비판하는 것이 아니라, 중국적 맥락에서의 독자적 연구를 의미한다. 이와 함께, 『검교 중화민국사』는 중일 관계, 중소 관계, 중영 관계 등 중국과 열강 관계가 중국의 '현대화'에 있어 중요한 요인이라고 설명하지만, 천옌은 외부적 요인보다

---

16 朱華, 1998b, 「『劍橋中華民國史』學術書評會綜述」, 『上海黨史硏究』, 1998-4, 30쪽.

17 陳雁, 1998, 「大國形象的塑造與中國國際地位的變遷 ― 讀『劍橋中華民國史』」, 『探索與爭鳴』, 1998-10, 47쪽.

중국의 자익(自益)에 따른 내부적 동력을 강조한다.[18] 이러한 주장은 중국 근현대사의 전개에 있어 중국을 주동적 주체로 파악해야 함을 강조한 것이다.

국민당 파벌 투쟁 문제에 대해 다룬 궈쉬인은 『검교 중화민국사』가 중통(中統)과 정학계(政學界) 파벌 문제를 1927~1937년에 국한해서 분석하고, 그 원인을 명확하게 밝히지 못했다고 비판했다. 당시 훨씬 복잡하고 다양한 파벌이 경쟁했으며, 이는 그 이전의 갈등에서 기원해 장기적인 영향을 끼쳤기에, 구체적인 사실에 기초해 장기적인 흐름으로 서술해야 한다고 주장했다.[19] 그리고 구체적인 사료를 제시해 『검교 중화민국사』의 사료 오류를 지적하였다.

스청쥔은 「『검교 중화민국사』 문학사료 관련 문제」라는 글에서 『검교 중화민국사』는 기초적인 사실을 기술하는 데 있어 오류가 적지 않고, 사료 오독의 문제가 두드러진다고 지적했다.[20] 스청쥔의 지적은 중국학계가 '케임브리지 중국사'를 비판할 때 보이는 전형적인 방식이다. 특정 서술이나 관점을 간단히 제시하고, 그 오류에 대해 구체적인 사료를 제시해 실증적으로 비판한다. 2010년대 이후 발표된 정치쉰(曾琦珣),[21] 두

---

18 陳雁, 1998, 위의 글, 48쪽.
19 郭緒印, 1999, 「國民黨派系鬪爭史之我見――評『劍橋中華民國史』第二部第三章中之『國民黨派系鬪爭』」, 『學術月刊』, 1999-1, 88쪽.
20 史承鈞, 2002, 「『劍橋中華民國史』在文學史料方面的問題」, 『上海師範大學學報(哲學社會科學版)』, 2002-1.
21 曾琦珣, 2012, 「試析『劍橋中華民國史』中的新詩觀」, 『華中人文論叢』, 2012-1.

구이젠(杜桂劍),[22] 천징쉬안(陳景拴)[23] 등도 사료의 오류를 중심으로 역사적 사실에 부합하지 않는 부분을 주로 지적하였다. 하지만 『검교 중화민국사』가 중국에 소개된 지 상당한 시간이 흘렀고, 구미학계뿐만 아니라 중국학계에서 중화민국사 연구가 상당히 축적되어 단순한 오류 지적은 큰 의미가 없다.

III. 『검교 중화인민공화국사』에 대한 인식

1987, 1991년 출판된 『케임브리지 중화인민공화국사』 1, 2부[24]는 각각 1990, 1992년 상하이인민출판사와 사회과학출판사(社會科學出版社)에서 각기 다른 번역자들에 의해 번역되어 출판되었다. 하이난출판사(海南出版社)에서도 1992년 『검교 중화인민공화국사』 2부를 출판하였다. 『검교 중화인민공화국사』를 평하는 논문도 30편 가까이 발표됐다. 『검교 중화인민공화국사』를 분석하는 프로젝트도 진행됐다. 현 푸단 대학(復旦大學) 역사학계(歷史學系) 교수인 동궈창은 1996~1998년 국가사회기금청년 프로젝트(國家社科基金靑年項目)로 『케임브리지 중국사』 중

---

22 杜桂劍, 2015, 「『劍橋中華民國史』(下)第四章中若幹史實錯誤」, 『湘潮(下半月)』, 2015-12.
23 陳景拴, 2018, 「『劍橋中華民國史』(上卷)三則史事正誤」, 『社會科學論壇』, 2018-6.
24 *The People's Republic, Part 1: Emergence of Revolutionary China, 1949–1965* (edited by Roderick MacFarquhar and Fairbank), New York : Cambridge University Press, 1987; *The People's Republic, Part 2: Revolutions Within the Chinese Revolution, 1966–1982* (edited by MacFarquhar and Fairbank), New York : Cambridge University Press, 1991.

중국공산당사와 관련된 내용을 분석 및 평가하는 연구를 진행했다.[25] 중공중앙당교(中共中央黨校) 교수 진춘밍(金春明)이 이끈 연구팀은 국가철학사회과학연구(國家哲學社會科學硏究) '95 계획(九五規劃)'으로 『검교 중화인민공화국사』를 평가하는 연구를 진행하였다. 하나의 연구팀이 구성되어 두 권으로 된 연구서를 분석하는 프로젝트가 진행될 수 있었던 것은 『검교 중화인민공화국사』의 서술이 중국공산당과 밀접한 관계가 있었기 때문이다.

1992년 유춘(尤存)은 『사학월간(史學月刊)』에 「해외 한학가 눈에 비친 현대 중국-『검교 중화인민공화국사, 1949-1965』를 읽고(海外漢學家眼中的現代中國―讀『劍橋中華人民共和國史1949-1965』)」라는 글을 발표했다.[26] 『검교 중화인민공화국사』에 대한 비평문은 1997년 이후에서야 본격적으로 나오기 시작했다. 그 이전 발표된 글은 유춘의 글과 1995년 판서우신(範守信)이 발표한 「신중국의 성립으로 보는 『검교 중화인민공화국사』의 왕조순환관(從新中國的成立看『劍橋中華人民共和國史』的王朝循環觀)」 두 편에 불과하다. 『검교 중화민국사』에 대한 반응과 마찬가지로 중국학계는 큰 관심을 가졌지만 정치적 환경을 고려하며 신중하게 접근한 것이다.

그런데 유춘은 과감하게 『검교 중화인민공화국사』 중국어 번역본 출간 직후 비평문을 발표하였다. 그는 『검교 중화인민공화국사』가 1949~1965년을 '왕조순환론'의 시각에서 중화인민공화국 초기 역사를

---

25 https://baike.baidu.com/item/%E8%91%A3%E5%9B%BD%E5%BC%BA/5450244?fr=aladdin (검색일: 2020.12.2).

26 尤存, 1992, 「海外漢學家眼中的現代中國 ― 讀『劍橋中華人民共和國史1949-1965』」, 『史學月刊』, 1992-2.

잘못 이해하고 있다고 지적하면서도, 중국학자들이 '신민주주의혁명 → 사회주의 혁명 → 사회주의 건설'의 틀에서 이해하는 것과 달리 '현대화' 라는 '독특한' 시각으로 이 시기를 설명하는 것에 주목했다. 『검교 중화인민공화국사』는 '현대화'의 모색 방식을 기준으로 이 시기를 소련모델을 모방하는 시기(1949~1957년)와 중국식 모델을 모색하는 시기(1958~1965년)로 구분했다. 유춘은 이에 대해 중국의 특수한 내재적 발전 과정을 연구대상으로 삼고 있다고 하면서, 그 의의를 높게 평가했다. 더 나아가 그는 『검교 중화인민공화국사』의 사료의 오용과 오독, 역사적 사실에 대한 오해와 왜곡은 불가피한 것으로 이것을 일일이 밝히고 반박할 필요가 없다고 주장한다. 오히려 중화인민공화국의 사회주의 진전이 심화되면, 그 과거는 현재와 미래에 점차 국내외 학자로부터 전면적이고 객관적으로 이해될 것이라고 전망했다.[27] 유춘은 직접적으로 당시 중국의 중화인민공화국사 연구를 비판하고 있지 않지만, 그의 전망은 사실상 지엽적인 문제에 천착하지 말고, 중화인민공화국에 대한 새로운 시각을 보여 주는 『검교 중화인민공화국사』의 학술적 의의에 주목하여, 이후 중국의 중화인민공화국사 연구는 열린 시각으로 담대하게 나아가야 한다는 주장을 내포하고 있다.

유춘의 글이 발표되고 3년 뒤 중공중앙당교 교수인 판서우신이 「신중국의 성립으로 보는 『검교 중화인민공화국사』의 왕조순환관」이라는 글을 발표하였다. 『검교 중화인민공화국사』의 제1장은 중국이 서양과 달리 제왕이 중국을 통치하는 전통적인 힘이 존재해 왔으며, 중화인민공화국의 건국을 혁명의 결과가 아닌 전통적 왕조의 반복으로 이해한

---

27 尤存, 1992, 위의 글, 65쪽.

다.[28] 이는 중국공산당의 당사(黨史)를 정리하고 그 정통성을 세우는 중공중앙당교에서 도저히 수용할 수 없는 주장이기에, 판서우신은 '왕조순환관'을 매우 강하게 비판한다. 그는 중화인민공화국의 수립은 중국공산당 영도하 이뤄 낸 반제반봉건의 인민대혁명이자 승리의 결과이며, 중국 역사상 인민이 처음으로 국가의 주인이 되어 새 시대를 연 것이라고 강조하였다.

1997년 동궈창 역시 두 편의 글을 발표하여『검교 중화인민공화국사』를 강하게 비판하였다. 앞서 살펴보았듯, 그는 이미 마오쩌둥은 보수적 민족주의자라는 스튜어트 슈람의 주장을 강하게 비판한 바 있다. 1997년 발표된 두 편의 글은 바로 그 연장선에 있다. 우선「50~60년대 중국외교의 몇 가지 문제-『검교 중화인민공화국사』관점에 대한 평가(關於 50—60年代中國外交的幾個問題 — 評『劍橋中華人民共和國史』的有關觀點)」에서『검교 중화인민공화국사』가 소련은 강대국이고 중국은 약소국이라는 시각으로 1950년대 중소갈등을 다루고 있으며, 1958년 타이완 해협 위기와 1959년 인도-중국 전쟁이 중국 외교정책 변화의 전환점이 되었다는 주장을 비판했다. 그는 1950~1960년대 중국의 외교 정책은 일관되었으며, 평화에서 호전 기조로 전환된 적이 없다고 반박했다. 변경 지역에서 벌어진 일련의 분쟁은 국가의 주권을 지키기 위한 것으로, 주권 국가라면 당연한 대응이라고 강변한다.[29]

또 다른 논문인「"타국을 멸하기 위해서는 반드시 그 역사를 먼저 멸해야 한다."-『검교 중화인민공화국사』평가("滅人之國必先去其史" - 評

28　董國强, 1997b,「關於50—60年代中國外交的幾個問題 — 評『劍橋中華人民共和國史』的有關觀點」,『當代中國史研究』, 1997-2.

29　董國强, 1997b, 위의 글, 22쪽.

『劍橋中華人民共和國史』)」는 제목에서부터 이야기하고자 하는 바를 명확히 제시한다. 그는『검교 중화인민공화국사』가 현실의 필요에 따라 역사적 사실을 부정하고, 상대를 공격하기 위한 저작이라고 부정적으로 평가했다. 그러면서 이 책의 잘못된 관점과 반동 논조를 어떻게 무시할 수 있는가 반문한다.[30] 이것은 앞서 살펴본 유춘의 주장과는 전혀 상반된 목소리였다.

하지만 동궈창의 목소리는 중국학계의 주류가 아니었다. 물론 유춘의 목소리도 주류는 아니었다. 중국학계의 주류 목소리는 그 중간 즈음 위치하는데,『검교 중화인민공화국사』의 장점과 새로운 시각을 인정하면서도, 사료의 오류와 역사적 왜곡을 조목조목 반박하는 것이었다.『검교 중화인민공화국사』에 대한 반박은『검교 중화민국사』보다 더 체계적으로 이루어졌다. 〈표 2〉는 중국학계에서 발표된『검교 중화인민공화국사』관련 논저 목록이다. 저자들의 소속을 보면, 대부분 당사(黨史) 관련 연구기관에 소속되어 있는 것을 알 수 있다. 중국의 현실 정치와 밀접한 관계가 있는 시기를 다룬『검교 중화인민공화국사』의 '오류'와 '곡해'를 간과하는 것은 중화인민공화국의 정당성을 약화시킬 수 있기에, 그들은 적극적으로 대응했다.

---

[30] 董國强, 1997c,「"滅人之國必先去其史" — 評『劍橋中華人民共和國史』」,『內部文稿』, 1997-3, 30쪽.

〈표 2〉 중국학계의 『검교 중화인민공화국사』 관련 논문 목록

저자명	논문명	저널	권호	저자 소속기관
尤存	海外漢學家眼中的現代中國——讀『劍橋中華人民共和國史 1949-1965』	史學月刊	1992-2	上海華東化工學院人文社會科學研究中心
範守信	從新中國的成立看『劍橋中華人民共和國史』的王朝循環觀	當代中國史研究	1995-6	中共中央黨校
董國强	"滅人之國必先去其史"——評『劍橋中華人民共和國史』	內部文稿	1997-3	南京大學歷史系
董國强	關於50-60年代中國外交的幾個問題——評『劍橋中華人民共和國史』的有關觀點	當代中國史研究	1997-2	南京大學歷史系
張志明	『劍橋中華人民共和國史(1966-1982)』若干史實辨證	當代中國史研究	1998-4	中共中央黨校黨建教研部
朱地	對建國初期知識分子思想改造學習運動的歷史考察——評『劍橋中華人民共和國史』的一個觀點	中共黨史研究	1998-5	中共中央黨史研究室
楊春雨	先例旣開,來日方長——評『劍橋中華人民共和國史』朝鮮戰爭部分	軍事歷史研究	1999-3	미상
潘正祥 胡羨敏	中蘇友好時期的幾個是非問題——評『劍橋中華人民共和國史』的幾個觀點	重慶大學學報(社會科學版)	2000-2	中國科技大學哲學社會科學部
周敬青	林彪外逃中一個揷曲的眞相——『劍橋中華人民共和國史』中有關九一三事件的一則史實辨析	黨的文獻	1999-4	中共中央黨校
周敬青	解開林彪是否被挾持之謎——兼評『劍橋中華人民共和國史』中的有關記述	黨的文獻	2000-4	中共中央黨校
劉傳利 潘正祥	關於『劍橋中華人民共和國史』中蘇分裂問題正誤	江淮論壇	2000-6	中國科技大學哲社部
李海燕 潘正祥	新中國爲什麼"一邊倒"——評『劍橋中華人民共和國史』的有關論點	史學月刊	2000-6	中國科技大學社科部

朱地	也論"大躍進"的緣起——評『劍橋中華人民共和國史』的有關論述	中共黨史研究	2001-1	中共中央黨史硏究室
劉學申	『劍橋中華人民共和國史1949-1965年』質疑	晉中學院學報	2009-5	安徽師範大學政法學院

앞서 언급했듯 중공중앙당교 교수 진춘밍은 국가 프로젝트를 진행했으며, 〈표 2〉에서 보이는 주디(朱地), 주징칭(周敬青), 판정샹(潘正祥), 장즈밍(張志明) 등이 이 프로젝트에 참여했다. 이외에 쑨후이룽(孫慧榮, 중공중앙당교), 장잉(江英, 중국군사과학연구원), 왕훙쉬(王紅續, 중공중앙당교), 천수(陳述, 중공중앙당교), 리쟈촨(李家泉, 중국사회과학원타이완연구소), 류신(劉新, 중국사회과학원타이완연구소), 리전샤(李振霞, 중공중앙당교) 등이 참여했다. 참여 연구자의 소속에서 볼 수 있듯 당사(黨史) 연구 기관의 연구원들이 대거 참여했다. 이들은 프로젝트를 진행하는 과정에서 여러 편의 논문을 발표했으며, 최종적으로 2001년 『『검교 중화인민공화국사』 평가(評『劍橋中華人民共和國史』)』[31]라는 책을 출판하였다. 이 이 책은 각 장절의 제문제에 대한 간략한 평가와 함께 동의할 수 없는 논설을 제시한 후 그 내용을 조목조목 반박한다. 책의 목차만 살펴봐도, 어떤 부분이 쟁점이 되는지 쉽게 알 수 있다. 책의 목차는 다음과 같다.

제1장 중화인민공화국의 역사상 지위
    제1절 '왕조순환'이 아니라 새로운 역사의 장을 열었다
    제2절 공산당 승리와 국민당 실패는 어디에 있는가

---

31 金春明 主編, 2001, 『評「劍橋中華人民共和國史」』, 湖北人民出版社.

제3절 중화인민공화국 수립 의의
제2장 중국의 사회경제제도 건설
　　제1절 사회 개조의 창의적 실험
　　제2절 제1차 5개년 계획의 몇 가지 문제
　　제3절 소련 모델과 중국 현실
제3장 50년대 사상·정치 운동들의 평가 및 분석
　　제1절 건국 초기 지식인 사상개조운동
　　제2절 50년대 중반 당 간부와 지식인 상호관계의 기초
　　제3절 지식인과 1957년 정풍(整風)
　　제4절 마오쩌둥이 정풍(整風)에서 반우(反右)로 전환을 결정하게 된 원인
　　제5절 '대약진'의 기원에 관하여
제4장 신중국 외교관계에 대한 간략한 분석
　　제1절 신중국은 왜 '일변도(一邊倒)' 정책을 폈는가
　　제2절 신중국은 왜 조선전쟁[한국전쟁]에 참가했는가
　　제3절 중국은 왜 평화 5공존 원칙을 제시했는가
　　제4절 왜 진먼(金文)을 포격했는가
　　제5절 중국과 인도 변경 충돌은 왜 발생했는가
　　제6절 중소 동맹은 어떻게 깨졌는가
　　제7절 마오쩌둥이 제시한 새로운 외교이론을 어떻게 이해할 것인가
　　제8절 신중국 대외관계 연구 방법에 대한 분석과 평가
제5장 '문화대혁명' 재인식
　　제1절 '문혁'이 벌어진 원인 재고
　　제2절 마오쩌둥이 '문혁' 발동은 소위 '정치연맹'이라는 논쟁에 관하여

제3절 '문혁'이 가져온 결과에 대한 평가에 관하여
제6장 마오쩌둥 사상의 유산에 대한 정확한 평가
 제1절 마오쩌둥 사상은 마르크스주의의 중국화라는 것을 어떻게 이해
   할 것인가
 제2절 마오쩌둥이 추구한 중국 건설의 길은 유토피아를 추구한 것인가
 제3절 마오쩌둥이 잘못을 저지르게 된 원인 분석
 제4절 기타 여러 관점
제7장 중국 특색 사회주의 길 건설의 시작
 제1절 '계승권을 위한 투쟁'은 1962~1982년 중국 역사 발전의 주제가
   아니다
 제2절 무시된 위대한 역사성의 전환
 제3절 무시된 역사 주제
제8장 '분리된 성(省) 타이완'의 역사 진실
 제1절 타이완의 역사적 지위
 제2절 일본 점거 시기(1895~1945) 타이완 사회 발전에 대한 정확한
   평가
 제3절 중외(中外) 인사의 '2.28 사건'에 대한 다른 이식
 제4절 타이완 경제·정치 발전
 제5절 타이완 문제에 있어서 미국의 역할
제9장 역사관과 방법론에 관한 여러 문제
 제1절 역사관과 방법론의 역사학 연구에 도전
 제2절 역사와 논리, 주관과 객관의 일관성 문제
 제3절 걸출 인물과 군중의 역사상 역할에 대한 평가 문제
 제4절 역사관과 방법론 이해의 몇 가지 오해

부록(1) 『검교 중화인민공화국사(1966~1982)』의 여러 역사적 사실 변증
부록(2) 린뱌오(林彪)는 협박당했다는 미스터리를 풀다 - 『검교 중화인민공화국사』 중 '9.13' 사건의 역사적 사실 분석과 판별

우선 한국전쟁에 관한 내용을 중심으로 살펴보겠다. 최근 중국이 '항미원조(抗美援朝)'를 강조하고 있고, 한반도와 밀접한 관계를 맺고 있기 때문이다. 제4장 2절 '신중국은 왜 조선전쟁[한국전쟁]에 참가했는가'에서 본서는 『검교 중화인민공화국사』가 비교적 객관적으로 중국의 참전 원인을 기술하고 있다고 평했다. 마오쩌둥은 타국의 전쟁에 휘말리고 싶어 하지 않았고, 중국의 전쟁을 선동했다는 증거도 없다는 설명에 동조한다. 하지만 한국전쟁 전반 서술에 있어 서방의 평론가들을 인용해 중국인민해방군이 전쟁 말기에 이르러 정신적으로나 체력적으로 피폐해졌고, 어떤 때는 군대라 할 수 없을 정도로 무너져 무기를 버리고 투항했다는 기술은 사실이 아니라고 반박한다. 게다가 『검교 중화인민공화국사』는 이 전쟁을 '항미원조'로 인한 중국의 애국주의 고조라는 긍정적 영향보다 부정적 영향이 컸다고 평하고 있는데, 이것은 절대 동의할 수 없다고 밝히고 있다.[32]

이 부분을 기술한 장잉(江英)[33]은 '항미원조'를 승리로 규정하며, 역사적으로 중대한 영향을 끼쳤다고 설명한다. 우선 '항미원조, 보가위국(保家爲國)'의 목적에 따라 '조선민주주의인민공화국'을 구했고, '조선반도'

---

32 金春明 主編, 2001, 위의 책, 269-270쪽.
33 江英이 기술했다고 책에 명기되어 있지 않지만, 이 부분은 江英의 박사학위 논문인 「五十年代黨的國家安全戰略硏究」(中共中央黨校, 1999)의 일부 내용이다.

의 정세를 안정시켰으며, 중국 대륙의 안전을 지키고, 아시아와 세계 평화를 수호했다고 강조한다. 다음으로 미국에 엄중한 교훈을 주었고, 미국의 침략 기세를 꺾어 사람들이 국제 패권주의 세력과 싸울 수 있는 자신감을 심어 주었으며, 중국의 국제 지위를 제고시키고, 아시아와 국제 사안에 대해 중요한 지위를 확보했다고 설명한다. 마지막으로 중국 인민의 정치적 각성을 가져와 애국주의를 고조시켜 중국의 경제 회복과 발전을 촉진했다고 평가한다.[34] 이는 중국이 그동안 견지해 온 한국전쟁에 대한 인식이자 평가이며, 최근에 중국은 이를 적극적으로 환기시키고 있다. 시대의 필요에 따라 특정 내용이 호출되고 강조되지만, 한국전쟁을 포함해 『검교 중화인민공화국사』 평가』에 제시된 시각과 설명이 대부분 현재까지 견지되고 있다. 이는 중화인민공화국의 현실적 이익과 밀접한 관계를 맺고 있는 만큼 앞으로 큰 변화는 없을 것이다.

이 책의 핵심은 제9장 「역사관과 방법론에 관한 여러 문제」에 집약되어 있으며, 그 핵심은 제1절 '역사관과 방법론의 역사학 연구에 도전'이다. 이 절에서 우선 중화인민공화국 헌법에 따라 마르크스-레닌주의, 마오쩌둥 사상, 덩샤오핑 이론은 중국의 지도사상이며, 이는 수많은 중국 지식인이 인정하는 세계관이자 방법론의 지도원칙이라고 밝히면서, 외국학자들에게 마르크스주의 역사관과 방법론을 강요할 수 없으며, 실용주의 역사관과 방법론을 신봉하는 외국학자들도 중국에 실용주의를 신봉하라고 요구할 수 없다고 지적한다. 강요하는 것은 무익하며 해만 있을 뿐이며, 이견이 존재하기에 교류와 논쟁이 필요하고, 학술교류를 강

---

[34] 金春明 主編, 2001, 앞의 책, 284-287쪽.

화하는 것은 유익하다고 밝히고 있다.[35] 이데올로기적으로 차이가 있지만, 『검교 중화인민공화국사』로 대표되는 서양학계와 '과학적 역사관과 방법론'을 통해 학술교류가 가능하다고 설명한다. 과학적 역사관과 방법론에 있어 다음 사항이 전제되어야 한다고 제언한다. (1) 과학적 역사관과 방법론은 역사학 종사자가 역사상 진실과 역사 본연의 모습을 서술할 것을 요구한다. (2) 과학적 역사관과 방법론은 객관적인 관찰과 역사 서술을 요구한다. (3) 과학적 역사관과 방법론은 발전적 변화의 시각으로 관찰과 역사 서술을 요구한다. (4) 과학적 역사관과 방법론은 충분히 인지하여 역사의 복잡성을 서술할 것을 요구한다. (5) 과학적 역사관과 방법론은 역사학 종사자가 엄격하게 역사 발전 변화의 원인을 탐구할 것을 요구한다.[36]

학술교류를 위해 제시하고 있는 과학적 역사관과 방법론은 당위적 제언으로 보인다. 이를 뒷받침 하는 근거로 『검교 중화인민공화국사』에 구사된 언설을 제시한다. 서로 다른 역사관과 방법론을 구사하더라도, 그것은 근대 학문으로서 '과학적'이어야 한다고 명확히 밝힌 것이다. 하지만 이 제언은 그렇게 간단하지 않다. 역사 현상을 단순화시켜 '폄훼'하는 것을 차단하고, 발전론적 역사 이해를 요구한다. 이를 통해, 『검교 중화인민공화국사』에서 부분적으로 보이는 왕조순환론, '권력투쟁'론, '계파투쟁'론, 사회구조론을 비판한다. 왕조순환론은 앞서도 언급한 바와 같이, 중화인민공화국 수립을 '왕조순환'의 연속으로 보는 것이다. 하지만 이는 역사적 사실에 부합하지 않으며, 중국 혁명의 성격과 지도자의

---

35 金春明 主編, 2001, 위의 책, 537-538쪽.
36 金春明 主編, 2001, 위의 책, 540-546쪽.

공적을 곡해하는 것으로, 중화인민공화국은 중국인민이 주체가 되어 제국주의와 봉건주의 통치를 단절시켰다고 반박한다.[37] '권력투쟁'론은 신중국을 중국공산당이 권력을 독점하는 국가로 묘사하고, 중국에서 벌어진 수많은 사건을 당과 국가 지도자들의 권력 투쟁에서 비롯됐다고 보는 시각이다. 하지만 '권력투쟁'론은 복잡다단한 요인을 고려하지 않고, 모든 문제를 지도층 내 권력 투쟁의 결과로 수렴시켜 일면적인 역사상을 만들어 내며, 실제 역사적 사실에 부합하지 않는다고 반박한다. 더 나아가 '권력투쟁'론은 비과학적이며 형이상학적 역사관이라고 비판한다.[38] '계파투쟁'론은 '권력투쟁'론의 연속선에 있다.[39] 사회구조론은 『검교 중화인민공화국사』에서 명확하게 밝히고 있지 않지만, 전통적 사회질서와 정치관이 뿌리박힌 기초 위에 신중국(新中國)이 만들어져 현대화의 구조적 한계가 있다는 것이다. 이에 대해, 『『검교 중화인민공화국사』 평가』는 이러한 설명이 중화인민공화국 초기의 발전을 현대화의 과도기적 단계로 이해하는 것이라면 수용할 수 있지만, 만약 신중국의 변화를 부정하는 것이라면, 이는 전근대 중국의 "천부변(天不變), 도역부변(道亦不變)" 관념과 같이 '중국 특색'의 형이상학적 관점에 정체된 시각이라고 비판했다.[40]

---

37 金春明 主編, 2001, 위의 책, 562-563쪽.
38 金春明 主編, 2001, 위의 책, 563-565쪽.
39 金春明 主編, 2001, 위의 책, 565쪽.
40 金春明 主編, 2001, 위의 책, 567-568쪽.

IV. 맺음말

　지금까지 『검교 중화민국사』와 『검교 중화인민공화국사』에 대한 중국학계의 인식을 살펴보았다. 두 책의 중국어 번역본 출간 이후, 많은 사료가 공간(公刊)되었고 혁명사관 일변도의 역사 서술을 탈피한 연구 성과가 많이 축적되었으며, 현재 중국학계는 다각적으로 20세기 중국사를 연구하고 있다. 2016년에는 중국 '본토' 학자들이 타이완 학자와 함께 작업하여 『양안 신편 중국근대사(兩岸 新編 中國近代史)』 만청권(晚淸卷)·민국권(民國卷)을 출간했을 정도로 역사 서술에 있어 상당히 유연해졌다. 중국공산당의 정통성을 지탱하는 혁명사관을 전면 부정할 수는 없지만, 이념적 대립으로부터 자유로워졌다. 이런 흐름 속에서 1990년대 나온 『검교 중화민국사』와 『검교 중화인민공화국사』의 관점과 서술에 대한 강한 비판은 2000년대 들어 거의 사라졌다. 이후 나온 글들은 지엽적인 오류를 지적하는 데 그치고 있다. 중국학계에서 두 논저는 연구사적 의의가 크지만, 중국 내 사료를 적극적으로 활용할 수 없는 상황에서 나온 저작인 만큼 오류도 적지 않아 현재 학술적 효용은 크지 않다. 최근 중국학계의 연구에서 인용되는 경우도 드물다.

　지난 30년간 중국학계의 중국 근현대사 연구는 『검교 중화민국사』와 『검교 중화인민공화국사』 중 현재 중국의 근간을 흔들 수 있는 내용을 강하게 비판하면서도, 타자의 시각으로부터 자극을 받아 혁명사관 일변도의 역사 서술을 탈피하고, '현대화'의 시각에서 중국 근현대사를 중화민족의 부흥을 위해 노력했던 과정으로 바라보며 중국의 특수한 역사발전을 설명하기 위해 노력해 왔다. 2000년대 이후, 중국학계가 적극적으근현대 관련 '통사'를 내놓은 것도 그 일환으로 볼 수 있다.[41] 하지만 지금 중국의 길은 난관에 봉착해 있다. 일대일로 이후 서구의 중국의 굴기에 대한 외부의 경계는 더욱 커졌고, 지난 몇 년간 미중전략경쟁의 가속화 속에서 미국은 중국을 강하게 압박하고 있다. 『역사평론』이 '케임브리지 중국사'를 다시 환기시킨 것은, 현재 서구가 중국을 바라보는 인식이 충격과 반응 모델의 틀에서 전근대 중국적인 것을 낙후된 것으로 인식하고, 중국의 '현대화'는 서구의 충격으로 추동되었으며, 중화인민공화국을 전제왕권의 순환으로 이해하는 것과 밀접한 관계를 맺고 있다고 판단했기 때문이라고 생각된다. 중국의 입장에서 그것은 극복해야 할 대상이며, 『검교 중화민국사』와 『검교 중화인민공화국사』는 중국어본이 소개된 이래 중국학계의 변함없는 카운터 파트너로 중국의 역사연구가 당면한 현실적 과제를 명확히 보여 준다.

---

41 張海鵬 主編, 2009, 『中國近代通史』(全十卷), 江蘇人民出版社; 張憲文·張玉法 主編, 2015, 『中華民國專題史』(全十八卷), 南京大學出版社; 劉國新 主編, 2010, 『中華人民共和國歷史長編』(全九卷), 天津人民出版社; 當代中國研究所, 2012, 『中華人民共和國史稿』(全五卷), 人民出版社; 鄭謙·龐松 主編, 2019, 『中華人民共和國通史』(全七卷), 廣東人民出版社.

참고문헌

金春明 主編, 2001, 『評「劍橋中華人民共和國史」』, 湖北人民出版社.
張海鵬 主編, 2009, 『中國近代通史』(全十卷), 江蘇人民出版社.
張憲文·張玉法 主編, 2015, 『中華民國專題史』(全十八卷), 南京大學出版社.
劉國新 主編, 2010, 『中華人民共和國歷史長編』(全九卷), 天津人民出版社.
當代中國研究所, 2012, 『中華人民共和國史稿』(全五卷), 人民出版社.
鄭謙·龐松 主編, 2019, 『中華人民共和國通史』(全七卷), 廣東人民出版社.
MacFarquhar, Roderick and Fairbank, John K., eds., 1987, *The Cambridge History of China: The People's Republic, Part 1: Emergence of Revolutionary China, 1949-1965*, New York : Cambridge University Press.
_____, 1991, *The Cambridge History of China: The People's Republic, Part 2: Revolutions Within the Chinese Revolution, 1966-1982*, New York : Cambridge University Press.

馬子木, 2020, 「這是什麽樣的"中國中心觀"?―『劍橋中國清代前中期史』讀後」, 『歷史評論』, 2020-1.
馬建標·徐暢, 2020, 「旁觀者未必清楚―評『劍橋中國晚清史』『劍橋中華民國史』」, 『歷史評論』, 2020-1.
郭德宏, 1995, 「一種別開生面的論述―評『劍橋中華民國史』下卷抗日戰爭部分」, 『安徽史學』, 1995-3.
董國强, 1997a, 「評『劍橋中華民國史』中關於毛澤東思想研究的兩個問題」, 『毛澤東思想論壇』, 1997-4.
_____, 1997b, 「關於50―60年代中國外交的幾個問題―評『劍橋中華人民共和國史』的有關觀點」, 『當代中國史研究』, 1997-2.
_____, 1997c, 「"滅人之國必先去其史"―評『劍橋中華人民共和國史』」, 『內部文稿』, 1997-3.
朱華, 1998a, 「『劍橋中華民國史』書評會在滬召開」, 『檔案與史學』, 1998-4.
_____, 1998b, 「『劍橋中華民國史』學術書評會綜述」, 『上海黨史研究』, 1998-4.
陳雁, 1998, 「大國形象的塑造與中國國際地位的變遷―讀『劍橋中華民國史』」, 『探索與爭鳴』, 1998-10.
郭緒印, 1999,「國民黨派系鬪爭史之我見―評『劍橋中華民國史』第二部第三章中之『國民黨派系鬪爭』」, 『學術月刊』, 1999-1.
史承鈞, 2002,「『劍橋中華民國史』在文學史料方面的問題」, 『上海師範大學學報(哲學社會科學版)』, 2002-1.
杜桂劍, 2015,「『劍橋中華民國史』(下)第四章中若幹史實錯誤」, 『湘潮(下半月)』, 2015-12.
曾琦珣, 2012,「試析『劍橋中華民國史』中的新詩觀」, 『華中人文論叢』, 2012-1.
陳景拴, 2018,「『劍橋中華民國史』(上卷)三則史事正誤」, 『社會科學論壇』, 2018-6.
尤存, 1992,「海外漢學家眼中的現代中國―讀『劍橋中華人民共和國史1949-1965』」, 『史學月刊』, 1992-2.
江英, 1999,「五十年代党的国家安全战略研究」, 中共中央党校 박사학위논문.

찾아보기

ㄱ

「가사막《중국전제국시기적북부변강》 술평」 482
간도문제 405
간독(簡牘) 34
갑골문 26
강족 62
『강좌 중국사』 49
강희제 257, 259, 260, 288
개항장 367, 368, 376, 381, 382
개혁개방(중국) 410, 414, 415, 430, 527
개혁운동 365, 371
거란 121, 122, 124, 126, 152~154, 157, 159~161, 163~171
거인(擧人) 193
거자오광(葛兆光) 299
건강 정권 75
건강제국 75, 76, 77
건륭제 257, 262, 266~270
건문제 201
건주위 206
건주좌위 186
『검교 중국만청사』 516
『검교 중국명대사』 517
『검교 중국사』 480
『검교 중국진한사』 486
「검교 중국진한사》지하」 488
『검교 중국진한사』 488
『검교 중국청대전중기사』 517
검모잠 500
경제 개발 451
고고학 480
「고고학·증사경향민족주의-《검교 중국사·상대고고》제출적문제」 480
고구려 105, 106, 108~113
고니시 유키나가(小西行長) 211
고려 162, 165~168, 186, 200
『고려사』 168
『고사신성-《검교 중국상고사》적편찬여반향』 469
「고서성서정황여고사사료학문제」 477
고염무(顧炎武) 286
고조선 54, 55
고헌성(顧憲成) 194
공녀 208
공동체주의 427

공민왕 200
공산주의 372, 373
『공양전』 31
공친왕 323, 324
과거제도 180
관중(管仲) 33
광둥 무역 189
광서신정 329
광해군 209
『교우론』 194
교육제도 180
구질서(the old order) 278
국가-사회 관계 412, 413, 424, 426~428
국공내전 541
국민정부 365, 366
국민혁명 365, 373, 374
국제화 437
군국지(郡國志) 61
군벌 365, 369~371, 382
궈팅이(郭廷以) 312, 324
권력 투쟁 411, 412
권력투쟁 557
근대화 서사 415
금궤지맹 124
금문(金文) 24
금의위 184
기독교 320, 325~329
기미정책 206
기자(箕子) 63

기황후 208

ㄴ

나가사키 192
나하추 200
난징 189, 522
난징교안 195
남명(南明) 519
남북조(南北朝) 72
남송(南宋) 118~120, 128, 130~132, 134, 136
남월(南越) 64
남조(南朝) 74
내각(內閣) 521
내륙아시아 267, 272
내서당(內書堂) 521
냉전 411, 412, 414
네덜란드 189
노동계 415, 416, 425
농민운동 528
농업 집단화 452
농촌 개혁 452
누르하치 183, 211
니시지마 사다오(西嶋定生) 49

ㄷ

다국체제(Multistate System) 154, 161
다민족 사회 264
단위(單位) 416, 427

단절 413, 414, 419
당(唐) 183
당 덕종 98, 99
당 헌종 99
당 후기 99, 101, 102, 104, 112
당권파 443
『당대사의 조명』 96, 97, 104
당안(檔案) 526
당안관 412, 430
대고(大誥) 184
대구주설(大九州說) 52
대례(大禮)의 의(議) 521
대리시(大理寺) 184
『대명률』 184, 203
『대명률고』 184
『대명회전』 203
대무예 501
대연림 510
대운하 192
대일통(大一統) 537
대조영 509
대중운동 413, 419~421, 423, 424
대진국 502
대학사(大學士) 522
덩샤오핑(鄧小平) 410, 440
데니스 트위체트(Denis Twitchett) 18, 304, 388, 468, 516
데이비드 스카버그(David Schaberg) 21, 469, 470, 474
데이비드 키틀리(David N. Keightley) 25, 26, 472
도교 194, 195
도미니칸 189
도요토미 히데요시(豐臣秀吉) 211
도위(都衛) 521
도지휘사사(都指揮使司) 521
도찰원(都察院) 184
도쿠가와 막부 296
도쿠가와 이에야스(德川家康) 211
동남아시아 185
동림당 194
동북공정 106, 109, 111, 112
동아시아 모델 452
동월(董越) 204
동인도회사 189
동진(東晉) 72, 74
동치중흥 323, 324, 331
동해 500

ㄹ

러시아 309, 321, 325
레이 황(Ray Huang, 黃仁宇) 48
로버트 베글리(Robert Bagley) 20
로타 팔켄하우젠(Lothar von Falkenhausen) 20
루거우차오(卢沟桥) 542
루쉰(魯迅) 418
류광징(劉廣京) 307, 312, 323, 324
리리봉(李里峰) 421
리링(李零) 20

리쉬에친(李學勤) 56
리우꿔팡(劉國防) 517
린윈(林澐) 482
룽산(龍山)시대 22

ㅁ

마닐라 189
마르코 폴로 170
마르크시즘 371~373
마리 클레르 베르제르(Marie-claire Bergère) 366
마셜 사절단 398
마오쩌둥 사상 398, 455
마오쩌둥(毛澤東) 410, 437, 542
마이클 로이(Michael Loewe) 19, 56, 468, 470, 485
마이클 옥센버그(Michel Oksenberg) 410, 411
마카오 188
마크 에드워드 루이스(Mark Edward Lewis) 25
마테오 리치(Matteo Ricci) 189, 194
마틴 윌버(Martin Wilbur) 366, 373
『만국공법』 199
만력제 196
만주 205
만주사변 397
만주족 256~261, 264, 267, 268, 271~274
맹가첩목아 206

맹약관계(Treaty Relations) 154, 161
명 태조 520
명·청 교체 189, 213, 214
명대사 519, 525
명사(明使) 202, 204, 288
명수의 변 133
명조 519
명질서(明秩序) 186
명청시대 518
몽골 185
몽골(원) 152
「문본여문물-《검교 중국상고사》 서평」 474
문연각(文淵閣) 522
문치주의 121
문학혁명 396
문형조례 184
문화대혁명 419, 436, 526
문화변용(acculturation) 155, 160
미켈레 루지에리(Michele Ruggieri) 194
민월 62, 63
민족등급제 157

ㅂ

박한제 96, 97, 113
반우파 418, 419
반혁명진압 419
발해 105, 106, 108, 109, 112, 114, 168, 169

방이지(方以智) 286
백화제방 419
버마 187
번국 198, 214
번진 98, 99, 101, 102, 113
번호 206
베이징정부 365, 370
베트남 186
벤저민 슈워츠(Benjamin Schwartz) 366
변(變) 523
변경(the frontier) 154
보갑제 191
보로테무르(孛羅帖木兒) 522
'복신(boksin)' 500
봉건적 미신 457
부(府) 180
부산(傅山) 288
부여 508
부정지국 187
북로남왜 182
북방민족 152, 160, 161, 163, 164, 169~171
북벌 524
북송(北宋) 118~121, 123~126, 128, 131
북조(北朝) 74
분과 학문 412
분봉왕(分封王) 180
분파주의 442

불교 193, 195
비비엔 슈(Vivienne Shue) 425
비한인 256, 263, 269, 270, 272

ㅅ

사(士) 193
『사기』 24
사마광(司馬光) 130
사상개조 419
사신 204
사이(四夷) 51
사행 202
사행로 206
사회구조론 557
산관제(散官制) 181
삼국시대 70
삼반(三反) 419
『상서』 24
상호영향권 22
색목인 157
샬럿 퍼스(Charlotte Furth) 366
서건학(徐乾學) 289
서광계(徐光啓) 195
서구의 충격과 중국의 대응 371, 376
『서국기법』 194
서양 기독교 반대운동 528
서양인 185
서역 316
서학 194

선교사 325, 326, 328
선비(鮮卑) 62
선사시대 18
선조 211
선종 523
선주(先周) 29
선진사(先秦史) 467, 468
설사(楔斯) 204
섭향고(葉向高) 195
성(省) 182
성리학 193, 285
성화제(成化帝) 520
세력균형 161, 162
『세본』 22
세조 208
세폐 124
셰웨이양 475
소농 경제 453
소명왕(小明王) 524
소빙기(小氷期, Little Ice Age) 191
소중화 299
소흥화의 131, 132
속국 197, 198, 214
손기봉(孫奇逢) 285
송(宋) 157, 159~161, 169, 182, 183
송궤(頌簋) 23
쇼비니즘 441
수(隋) 70
수당대(隋唐代) 70
「수식여산진면목?-《검교 중국상고사》

독후」 475
수잔 만 존스(Susan Mann Jones) 307, 309
수정주의 441
순망치한 211
순무(巡撫) 292
순치제 257, 258, 259, 288
숭명배청(崇明排淸) 214
쉬조윈(許倬雲) 22
스탈린 모델 449
스페인 189
승선포정사 184
『시경』 24
시진핑(習近平) 535
신고(信古) 19, 57
신법(新法) 126~130
신사(紳士) 191
신장(위구르) 186
신중국 413
신청사 185, 282, 298
실크로드 64
심유경 211
심학 285
십국 118~120, 123, 124
십육국 72, 74
싼싱두이 유적 27
쑨원(孫文) 528

ㅇ

아담 샬 폰 벨(Adam Schall von Bell)

195
아리스토텔레스 194
아이훈 조약 321
아편전쟁 316~319, 321, 327, 329~331
안양(安陽, 殷墟) 27
안원(顔元) 286
액튼 경(Lord Acton) 388
앤드루 네이선(Andrew Nathan) 366
앨버트 포이어워커(Albert Feuerwerker) 366
양규송 421
양명학 193, 215, 285
양무운동 324, 329, 331
양무파 관료 327
양세법 182
양정균(楊廷筠) 195
어니스트 영(Ernest P. Young) 366, 369
얼리강기 27
에드워드 쇼너시(Edward Shaughnessy) 19, 468, 470, 472
에센(Esen) 185
엘리자베스 페리 415
엘리트 442
여진 186, 201, 205, 257, 258, 274
연개소문(淵蓋蘇文) 501
연속성 413, 415~418
연운16주 154
연행록 300

열정(列鼎)제도 31
영락제 182, 521
영종 522, 523
영파(닝보) 188
『예기』 20
예부 203
예수회 189
오(吳) 524
오군도독부 184
오규 소라이(荻生徂徠) 296
오대 118~120, 122, 123, 126
오반(五反) 419
오복제 505
오사운동 365, 371, 372
오왕(吳王) 524
오이라트 523
오형 184
오환(烏桓) 62
『옥스퍼드 중국사 수업』 48
옹정제 257, 260, 261, 268, 269
완떠징(萬德敬) 518
왕간(王艮) 193
왕궈웨이(王國維) 469
왕기(王畿) 193
왕부지(王夫之) 286
왕샤오웨이(王曉衛) 488
왕안석 119, 120, 126~130
왕조순환론 547
왕준의(王俊義) 518
왕직(汪直) 521

찾아보기 | 569

왕진(王振) 521, 522
왕징(王徵) 195
왕후이(汪暉) 60
왜구 183
요동 200, 205
우왕 200
우훙(巫鴻) 20
운동식(運動式) 치리(治理) 421
워싱턴 회의 395
원(元) 178, 519
원시한국 508
위소제(衛所制) 521
위안스카이(袁世凱) 365, 369, 370, 374, 382
위원(魏源) 328
위잉스(余英時) 52
위진남북조 70, 72~75, 80, 82, 83
위진남북조사 72
위충현(魏忠賢) 521
위화도 206
위화도회군 200
윌러드 피터슨(Willard Peterson) 280
유교 195
유근(劉謹) 521
유럽 190
유럽인 188
유럽중심론 401
유리 피네스(Yuri Pines) 34
유종주(劉宗周) 285
육조 72, 73, 75, 76

은(銀) 189
「은본기」 26
응우옌 정권 295
의고(疑古) 20, 25, 57
의례(儀禮) 20
의례개혁 31
의례혁명 30
의화단 329, 330
의화단운동 528
이갑제(里甲制) 182
이광지(李光地) 290
이만주(李滿住) 186
이성계 206
이성규 50
이순신 211
이여송 211
이옹(李顒) 286
이중증거법 469
이지조(李之藻) 195
이토 진사이(伊藤仁齊) 296
인구 191
인삼 203, 208
인신무외교 200
인조 209
일대일로 537
일본 189, 199
일조편법(一條鞭法) 182
『일통노정도기』 192
임나일본부설 511
임진왜란 197, 207, 210

임춘(林春) 193

ㅈ
자본주의 맹아 183
자오칭밍(趙淸明) 518
자유중국 414
자주지방 199
자코모 로(Giacomo Rho) 195
장거정(張居正) 183
장광즈(張光直) 22, 471
장떠신(張德信) 517
장시 191
장엄(蔣儼) 500
장팅푸(蔣廷黻) 307, 312
재정 181
저우양(周揚) 418
저우언라이(周恩來) 447
적극분자 424
전각(殿閣) 522
전덕홍(錢德洪) 193
전략적 삼각관계 445
전연의 맹 124
전체주의 411, 424, 427, 429
전통과 근대 접근법 341
'전통-근대' 모델 526
정덕제(正德帝) 521
정복왕조 185
정성공(鄭成功) 189
정전론(正戰論) 54
정화(鄭和) 187

제국 43, 44
제국주의 528
제국주의 접근법 342
제도화 422, 423
제시카 로슨(Jessica Rawson) 29
제임스 셰리든(James Sheridan) 366
제출적문제(提出的問題) 480
제치삼사조례사 126
젠더 456
조·명 관계 196
조공 52, 208
조공국 198
조공시스템 291
조공체제 161, 162, 170, 185, 206
조광윤 121, 122
조반파 443, 450
조선(朝鮮) 62, 186, 197, 214
조선열전 54
조선전쟁[한국전쟁] 553
조약체제의 성립 278
조운 192
『조훈록』 521
존 페어뱅크(John Fairbank) 18, 278, 304~309, 311~313, 317~319, 327, 332, 366, 388, 410, 411, 416, 460, 468, 516
종교(미신) 456
종족 456
좌익작가연맹 418
『좌전』 22

주(州) 180
주공(周公) 33
『주례』 20
주변 지역사 530
주원장(朱元璋) 517, 521
주자파 450
주희(朱熹) 193
죽서기년(竹書紀年) 24
줄리아 스트라우스(Julia Strauss) 420
중공 413, 418, 419, 422, 426
중국 185
중국 근대화 528
'중국 자신에 입각한(China-centered)' 328
중국 중심 접근법 342
중국 중심주의 530
중국 혁명 528
중국만청사 525
중국적 세계질서 278, 291
중국중심관 518
중앙연구원 121
중원(中原) 158
중일전쟁 366, 542
중종 208
중화(中華) 299
중화민족 537
중화왕조 273
중화인민공화국사 410
중화제국 97, 102, 103, 283

지구사(global history) 191
지리지(地理志) 61
지식인 410, 413, 416, 418
지칭(集慶) 523
진교역 122
진사(進士) 193
진우정(陳友定) 522
진한사 467, 468, 484
진한시대 43
진확(陳確) 285
진회 130~134
쯔루마 카즈유키(鶴間和幸) 49
찐씨 정권 295

ㅊ

참파 186
책립(책봉) 113
책명(冊命) 23
책봉 208
천리장성 499
천주교 194
『천주실의』 194
천하 51
철령위 206
청(淸) 189
청강(程鋼) 486
청대사 525
청불전쟁 329, 330
청일전쟁 329
청제국 254~258, 261, 263~266,

268~274
초경사(肖慶仕) 517
촉영부성 124
총리아문 323~325
추수익(鄒守益) 193
추연 52
추원표(鄒元標) 194
충격(impact)-반응(response) 536
충격과 대응 접근법 341
충격-반응 모델 401
충격-반응론 518, 526
충순왕(忠順王) 523

ㅋ

『케임브리지 내륙아시아 초기역사』 157
『케임브리지 중국만청사』 518
『케임브리지 중국명대사』 518
『케임브리지 중국청대전중기사』 518

ㅌ

타이완 189
탁발국가 76
탈냉전 437
탈정치화 415, 416, 430, 437, 448
탕구트 160, 164, 171
탕지건(唐際根) 469, 480
태평천국 316, 319~321, 327, 329
톈진 조약 319, 322, 329
토목보(土木堡) 523

토목의 변 206
토욕혼 105~107
통신사 211
통일적다민족국가 134
티베트 105~107, 109, 111, 112, 185

ㅍ

파벌주의 370
팔기 258, 259, 261, 262
페리 제독 321
포르투갈 188
포세신(包世臣) 328
폴 코헨(Paul Cohen) 313, 323, 325, 327, 328, 379, 401, 526
표전 사건 201
풍계분(馮桂芬) 325, 327, 330
프란체스칸 189
프레더릭 웨이크만 2세(Frederic Wakeman, Jr.) 310, 317, 318

ㅎ

하(夏) 28
하미(哈密) 523, 517
『하버드 중국사』 44, 45
『하버드 중국사 당』 98, 102, 111, 113
학제적 연구 416
한(漢) 187
한국 178

한림원(翰林院) 522
『한서』 61
한인 256~259, 262~264, 266~270, 272~274
한족(漢族) 158
한중 관계 197, 214
한화 155, 162~165, 170, 268, 271~273, 282
합작화 419
항미원조 419, 555
항일전쟁 539
해금 188
해금령 192
해상무역 190
향약 191
허지앤웨이(和建偉) 517
혁명 서사 413, 414
혁명사관 539
현(縣) 180
형부 184
호부 182

홍무제 181, 521
홍위병 428
홍치제 184, 204, 520
화이변태(華夷變態) 296
환관 180, 204, 521
『황명조훈』 522
황종희(黃宗羲) 285
회피제(回避制) 181
『효경』 195
후고구려 503
후마 스스무(夫馬進) 299
후진성의 변증법 443
『후한서』 61
흉노 61
흑수말갈 501

기타

21개조(일본) 395
CBDB 프로젝트 136
'parhae' 509
'proto korean' 508

집필진

심재훈 단국대학교 사학과 교수

『중국 고대 지역국가의 발전: 진의 봉건에서 문공의 패업까지』(일조각, 2018), 『청동기와 중국 고대사』(사회평론아카데미, 2018), 『고대 중국에 빠져 한국사를 바라보다』(푸른역사, 2016) 등

김병준 서울대학교 동양사학과 교수

『중국고대 지역문화와 군현지배』(일조각, 1997), 『문자와 고대한국』(공저, 주류성, 2019), 『아틀라스 중국사』(공저, 사계절, 2007), 「경계를 넘어서: 동아시아 시각에서 본 고구려벽화」(『아시아리뷰』 11(1), 2021), 「고대동아시아의 해양네트워크와 사행(使行)교역」(『한국상고사학보』 106, 2019) 등

조성우 서울대학교 동양사학과 부교수

「돈황본 『佛說般泥洹後比丘十變經』 소고-찬술 시기와 종교적 배경을 중심으로」(『중국고중세사연구』 43, 2017), 「6세기 북조의 불교 신앙과 반란-중국의 불교 구세주 신앙과 관련하여」(『중국고중세사연구』 39, 2016), 「후한위진 진묘문의 종교적 특징과 도교-五石을 중심으로」(『동양사학연구』 117, 2011) 등

정병준 동국대학교 사학과 교수

「唐 德宗代 李納의 齊 建國과 그 性格」(『중국고중세사연구』 56, 2020), 「唐代 異民族 管理方式의 다양성 및 그 변용-羈縻府州 제도를 중심으로」(『동양사학연구』 143, 2018), 「吐蕃의 吐谷渾 倂合과 大非川 戰鬪-唐朝의 韓半島 政策과 관련하여」(『역사학보』 218, 2013) 등

이근명 한국외국어대학교 사학과 교수

『왕안석 평전』(신서원, 2021), 『송명신언행록 역주』(전4권, 소명출판, 2020), 『왕안

석 자료 역주』(한국외국어대학교 지식출판원, 2017), 『남송시대 복건사회의 변화와 식량수급』(신서원, 2013), 『송원시대의 고려사 자료』 1·2(공저, 신서원, 2010), 『아틀라스 중국사』(공저, 사계절, 2007) 등

이장욱 동북아역사재단 한국고중세사연구소 소장

「"전연의 맹약" 체결과정과 사신들의 교섭 활동」(『중국지식네트워크』 16, 2020), 「캠브리지 세계사 총서와 한국사」(『동북아역사문제』 82, 2014) 등

윤영인 영산대학교 성심교양대학 교수

「13세기 금 멸망 이후 몽골-남송 관계의 추이」(『동양문화연구』, 제34집, 2021), "Manchuria and Korea in East Asian History"(*International Journal of Korean History* 21.1, 2016), 「서구학계 한국사 개설서 고려시대 서술의 문제」(『한국사학보』 60호, 2015), 「동아시아 다원적 국제질서의 범위와 성격에 대한 새로운 접근-'세계체제이론'과 불교문화권 시각의 가능성」(『만주연구』 제20집, 2015), 『위태로운 변경』(번역, 동북아역사재단, 2009) 등

계승범 서강대학교 사학과 교수

『모후의 반역: 광해군 대 대비폐위논쟁과 효치국가의 탄생』(역사비평사, 2021), 『중종의 시대: 조선의 유교화와 사림운동』(역사비평사, 2014), 『정지된 시간: 조선의 대보단과 근대의 문턱』(서강대학교출판부, 2011), 『조선시대 해외파병과 한중관계』(푸른역사, 2009), *The Cambridge World History of Slavery*, Vol. 2(공저, Cambridge University Press, 2021) 등

이화승 서울디지털대학교 중국학과 교수

『관료로 산다는 것-명대 문인들의 삶과 운명』(더봄, 2020), 『조총과 장부』(글항아리, 2019), 『상인이야기』(행성:B, 2013), 「명대 동남연해 주사무역 연구」(『명청사학회』 53, 2020), 「명중기, 동남연해 해적 연구」(『역사문화연구』 69, 2019), 「16世紀中國東南沿海倭寇的走私貿易活動研究」(中國史學國際學術硏討會論文集, 國立臺灣師範大學歷史硏究所, 2019), 「명대, 왕도곤의 태함집 분석」(『명청사연구』 47, 2017) 등

김선민 고려대학교 민족문화연구원 교수

Ginseng and Borderland: Territorial Boundaries and Political Relations between Qing China and Choson Korea, 1636-1912(University of California Press, 2017), 「청대 길림의 팔기 관병과 호랑이 진공」(『사총』 102, 2021), 「1812

년 홍경래의 난으로 본 조청관계」(『중국학보』 90, 2019), 『滿文老檔譯註』(공역, 소명출판, 2017), 『滿洲實錄譯註』(공역, 소명출판, 2014) 등

손성욱 선문대학교 역사·영상콘텐츠학부 조교수

『사신을 따라 청나라에 가다』(푸른역사, 2020), 「5.4운동 이전 상하이 영자신문의 3.1운동 보도」(『중국근현대사연구』 90, 2021), 「王世子 冊封으로 본 淸·朝 관계(康熙 35년~乾隆 2년)」(『동양사학연구』 146, 2019), 「'外交'의 균열과 모색: 1860~70년대 淸·朝관계」(『역사학보』 240, 2018) 등

홍성화 부산대학교 역사교육과 교수

『비교와 연동으로 본 동아시아사』(공저, 글항아리, 2020), 『동아시아사의 순간들』(공저, 선인, 2019) 등

이준갑 인하대학교 사학과 교수

『건륭제와 천주교』(혜안, 2021), 『중국사천사회연구 1644-1911: 개발과 지역질서』(서울대학교출판부, 2002), 『아틀라스중국사』(공저, 사계절, 2007), 『명청시대 사회경제사』(공저, 이산, 2007), 『룽산으로의 귀환: 장다이가 들려주는 명말청초 이야기』(번역, 이산, 2010), 『반역의 책: 옹정제와 사상통제』(번역, 이산, 2004), 『강희제』(번역, 이산, 2001) 등

김승욱 충북대학교 역사교육과 부교수

『도시는 역사다』(공저, 서해문집, 2012), 『경계초월자와 도시 연구』(공저, 라움, 2011), 「중국 근대 역사학에서 國家 개념의 재구성」(『역사와 담론』 89, 2019), 「중국의 역사강역 담론과 제국 전통」(『역사문화연구』 63, 2017), 「사회주의 시기 상하이 도시 개조와 공인신촌」(『역사비평』 117, 2016), 「上海時期 (1840~1862) 王韜的世界認識」(『中國學報』 73, 2015), 「20세기 전반 한반도에서 일제의 도항 관리 정책」(『중국근현대사연구』 58, 2013) 등

박장배 동북아역사재단 북방사연구소 소장

「20세기 전반기 티베트의 민족 인식과 국가 형성」(『동양사학연구』 제143집, 2018), 「1930년대 顧頡剛의 역사지리 인식과 변강학 연구」(『중국근현대사연구』 제76집 2017), 「19세기 말~20세기 초 티베트의 군주론의 변용」(『동북아문화연구』 제19집, 2009), 「만철 조사부의 확장과 조사 내용의 변화」(『중국근현대사연구』 제3집, 2009) 등

박상수 고려대학교 사학과 교수

『중국혁명과 비밀결사』(심산, 2006), 『동아시아 근대 '네이션' 개념의 수용과 변용』(공저, 동북아역사재단, 2005), 『동아시아, 인식과 역사적 실재: 전시기(戰時期)에 대한 조명』(공편, 아연출판부, 2014), 『동아시아, 인식지평과 실천공간』(공편, 아연출판부, 2010) 등

채준형 인천대학교 역사교육과 교수

「중국의 우라늄 광상 탐사와 개발 소론, 1943-1960」(『인문과학연구』 42, 2020), 「근대 중국 新宗敎의 종교성과 세속성에 대한 再考」(『동양사학연구』 146, 2019), 「抗戰期 膠東地區의 社會救濟活動－青島市의 救濟院, 中國紅十字會, 世界紅卍字會의 사례를 중심으로」(『중국근현대사연구』 82, 2019), 「錢學森(1911-2009)의 과학기술론과 사회발전론」(『사총』 95, 2018) 등

조용준 중국 인민대학교 역사학과 전임 조교수

『상나라 갑골문에 나타난 샤머니즘(殷商甲骨卜辭所見之巫術)』([중국]중화서국(中華書局), 2011), 「공가파(孔家坡) 한간(漢簡)「일서(日書)」편에 보이는 주술적 의료활동 고찰」(『연세의사학』 49, 2021), 「A Research on the Shamanistic Medical Activities as Seen in the Recipes for Fifty-two Ailments Written in the Mawangdui Silk Manuscript」(『의사학』 28(3), 2019), 『중국 문자학 강의』(번역, 고려대학교출판부, 2013) 등

이동훈 고려대학교 한국사연구소 연구교수

『고구려 중·후기 지배체제연구』(서경문화사, 2019), 『초기 백제사의 제문제』(동북아역사재단, 2018), 『중국역사교과서의 통일적다민족국가론』(동북아역사재단, 2011), 「고구려와 북조의 조공관계 성격」(『한국사학보』 75, 2019), 「위진남북조시기 중국의 코리안 디아스포라－고조선·고구려·부여계 이주민집단 연구」(『한국사학보』 72, 2019) 등

김종건 대구한의대학교 기초교양대학 교수

「韓末 言論의 中國 情況 報道의 內容과 性格」(『중국사연구』 130, 2020), 「梁啓超의 義和團運動 認識」(『중국사연구』 116, 2018), 「최근 중국근대사 연구의 현황과 과제」(『역사학보』 231, 2016), 「청말 중국에서의 국채상환운동－[신보] 기사를 중심으로－」(『대구사학』 2015), 『캠브리지 중국사 10; 청 제국 말 1부 (상·하)』(공역, 새물결, 2007), 『캠브리지 중국사 11: 청 제국 말 2부 (상·하)』(공역, 새물결, 2007) 등

동북아역사재단 연구총서 132

구미학계의 중국사 인식과 한국사 서술 연구

초판 1쇄 인쇄　2021년 12월 20일
초판 1쇄 발행　2021년 12월 31일

엮은이	동북아역사재단 한국고중세사연구소
지은이	심재훈, 김병준, 조성우, 정병준, 이근명, 이장욱, 윤영인, 계승범, 이화승, 김선민, 손성욱, 홍성화, 이준갑, 김승욱, 박장배, 박상수, 채준형, 조용준, 이동훈, 김종건
펴낸이	이영호
펴낸곳	동북아역사재단
등　록	제312-2004-050호(2004년 10월 18일)
주　소	서울시 서대문구 통일로 81 NH농협생명빌딩
전　화	02-2012-6065
팩　스	02-2012-6189
홈페이지	www.nahf.or.kr
제작·인쇄	(주)동국문화

ISBN　978-89-6187-710-7　93910

- 이 책은 저작권법으로 보호를 받는 저작물이므로 어떤 형태나 어떤 방법으로도 무단전제와 무단복제를 금합니다.
- 책값은 뒤표지에 있습니다. 잘못된 책은 바꾸어 드립니다.